千華 **50**th 築夢踏實

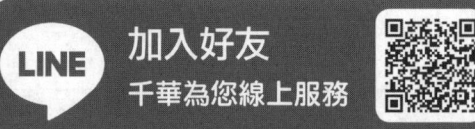
U0165359

千華數位文化
Chien Hua Learning Resources Network

公務人員
「高等考試三級」應試類科及科目表

高普考專業輔考小組◎整理

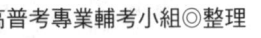

完整考試資訊

http://goo.gl/LaOCq4

★普通科目

1.國文◎（作文80%、測驗20%）

2.法學知識與英文※（中華民國憲法30%、法學緒論30%、英文40%）

★專業科目

類科	科目		
一般行政	一、行政法◎　　二、行政學◎　　三、政治學 四、公共政策		
一般民政	一、行政法◎　　二、行政學◎　　三、政治學 四、地方政府與政治		
社會行政	一、行政法◎　　二、社會福利服務　　三、社會學 四、社會政策與社會立法　五、社會研究法　六、社會工作		
人事行政	一、行政法◎　　二、行政學◎　　三、現行考銓制度 四、公共人力資源管理		
勞工行政	一、行政法◎　　二、勞資關係　　三、就業安全制度 四、勞工行政與勞工立法		
戶　政	一、行政法◎ 二、國籍與戶政法規（包括國籍法、戶籍法、姓名條例及涉外民事法律適用法） 三、民法總則、親屬與繼承編 四、人口政策與人口統計		
教育行政	一、行政法◎　　二、教育行政學　　三、教育心理學 四、教育哲學　　五、比較教育　　六、教育測驗與統計		
財稅行政	一、財政學◎　　二、會計學◎　　三、稅務法規◎ 四、民法◎		
金融保險	一、會計學◎　　二、經濟學◎　　三、貨幣銀行學 四、保險學　　五、財務管理與投資學		
統　計	一、統計學　　二、經濟學◎　　三、資料處理 四、抽樣方法與迴歸分析		
會　計	一、財政學◎　　二、會計審計法規◎　　三、中級會計學◎ 四、政府會計◎		

法　制	一、民法◎　　　二、立法程序與技術　　　三、行政法◎ 四、刑法　　　五、民事訴訟法與刑事訴訟法
法律廉政	一、行政法◎　　二、行政學◎ 三、公務員法（包括任用、服務、保障、考績、懲戒、交代、行政中立、利益衝突 　　迴避與財產申報） 四、刑法與刑事訴訟法
財經廉政	一、行政法◎　　　二、經濟學與財政學概論◎ 三、公務員法（包括任用、服務、保障、考績、懲戒、交代、行政中立、利益衝突 　　迴避與財產申報） 四、心理學
交通行政	一、運輸規劃學　二、運輸學　　　　　三、運輸經濟學 四、交通政策與交通行政
土木工程	一、材料力學　　二、土壤力學　　　　三、測量學 四、結構學　　　五、鋼筋混凝土學與設計 六、營建管理與工程材料
水利工程	一、流體力學　　二、水文學　　　　　三、渠道水力學 四、水利工程　　五、土壤力學
水土保持 工程	一、坡地保育規劃與設計（包括沖蝕原理） 二、集水區經營與水文學 三、水土保持工程（包括植生工法） 四、坡地穩定與崩塌地治理工程
文化行政	一、文化行政與文化法規　　　　　二、本國文學概論 三、藝術概論 四、文化人類學
機械工程	一、熱力學　　　二、流體力學與工程力學　　三、機械設計 四、機械製造學

註：應試科目後加註◎者採申論式與測驗式之混合式試題(占分比重各占50%)，應試
　　科目後加註※者採測驗式試題，其餘採申論式試題。

各項考試資訊，以考選部正式公告為準。

千華數位文化股份有限公司
新北市中和區中山路三段136巷10弄17號
TEL: 02-22289070　FAX: 02-22289076

公務人員
「普通考試」應試類科及科目表

高普考專業輔考小組◎整理

完整考試資訊

http://goo.gl/7X4ebR

★普通科目

1. 國文◎（作文80%、測驗20%）
2. 法學知識與英文※（中華民國憲法30%、法學緒論30%、英文40%）

★專業科目

一般行政	一、行政法概要※ 二、行政學概要※ 三、政治學概要◎
一般民政	一、行政法概要※ 二、行政學概要※ 三、地方自治概要◎
教育行政	一、行政法概要※ 二、教育概要 三、教育行政學概要
社會行政	一、行政法概要※ 二、社會工作概要◎ 三、社會政策與社會立法概要◎
人事行政	一、行政法概要※ 二、行政學概要※ 三、公共人力資源管理
戶　　政	一、行政法概要※ 二、國籍與戶政法規概要◎（包括國籍法、戶籍法、姓名條例及涉外民事法律適用法） 三、民法總則、親屬與繼承編概要
財稅行政	一、財政學概要◎ 二、稅務法規概要◎ 三、民法概要◎
會　　計	一、會計學概要◎ 二、會計法規概要◎ 三、政府會計概要◎
交通行政	一、運輸經濟學概要 二、運輸學概要 三、交通政策與行政概要
土木工程	一、材料力學概要 二、測量學概要 三、土木施工學概要 四、結構學概要與鋼筋混凝土學概要

水利工程	一、水文學概要　　　　　二、流體力學概要 三、水利工程概要
水土保持 工程	一、水土保持（包括植生工法）概要 二、集水區經營與水文學概要 三、坡地保育（包括沖蝕原理）概要
文化行政	一、本國文學概要　　　　　二、文化行政概要 三、藝術概要
機械工程	一、機械力學概要　　　　　二、機械設計概要 三、機械製造學概要
法律廉政	一、行政法概要※ 二、公務員法概要（包括任用、服務、保障、考績、懲戒、交代、行政中立、利 　　益衝突迴避與財產申報） 三、刑法與刑事訴訟法概要
財經廉政	一、行政法概要※ 二、公務員法概要（包括任用、服務、保障、考績、懲戒、交代、行政中立、利 　　益衝突迴避與財產申報） 三、財政學與經濟學概要

註：應試科目後加註◎者採申論式與測驗式之混合式試題(占分比重各占50%)，應
　　試科目後加註※者採測驗式試題，其餘採申論式試題。

各項考試資訊，以考選部正式公告為準。

千華數位文化股份有限公司
新北市中和區中山路三段136巷10弄17號
TEL: 02-22289070　FAX: 02-22289076

112年起
高普考等各類考試刪除列考公文

考試院院會於**110年起陸續通過**，高普考等各類考試國文**刪除列考公文**。自**112年考試開始適用**。

考試院說明，考量現行初任公務人員基礎訓練已有安排公文寫作課程，各機關實務訓練階段，亦會配合業務辦理公文實作訓練，故不再列考。

等別	類組	變動	新規定	原規定
高考三級、地方特考三等、司法等各類特考三等	各類組	科目刪減、配分修改	各類科普通科目均為：國文（作文與測驗）。其占分比重，分別為**作文占80％，測驗占20％**，考試時間二小時。	各類科普通科目均為：國文（作文、公文與測驗）。其占分比重，分別為作文占60％，公文20％，測驗占20％，考試時間二小時。
普考、地方特考四等、司法等各類特考四等				
初等考試、地方特考五等		科目刪減	各類科普通科目均為：**國文刪除公文格式用語**，考試時間一小時。	各類科普通科目均為：國文（包括公文格式用語），採測驗式試題，考試時間一小時。

參考資料來源：考選部

～以上資訊請以正式簡章公告為準～

千華數位文化股份有限公司

新北市中和區中山路三段136巷10弄17號

TEL: 02-22289070　FAX: 02-22289076

目次

第二篇 進階篇

第三篇 強化篇

第四篇 最新試題及解析

編寫特色

「行政學」這幾年幾乎為各大學公行系所入門基礎學科,更是國家考試行政類科中必考熱門之科目。但對一個非公共行政或管理科系背景出身的考生而言,要在一年半載光陰,完全消化吸收,並非易事。更須倉皇面對數萬來自四面八方的各路英雄好漢,處境艱難可想而知。

基本上「行政學」是由政治學、公共管理、公共政策、人事行政、財務行政、公務倫理等科目匯集而成,足見其內容之浩瀚,如果沒有一套有系統的閱讀方法,勢將徒勞無功,難以事半功倍。

爰此,筆者根據多次考取公職及教學經驗,與80/20法則:「80%題目仍是出自20%的重點」,足見考古題的重要性。本書歸納試題至民國113年,並補充增加最新管理概念及時事議題,讓各位能精準命中考題。

這將是一本以考生立場所編撰的參考書,儘可能摒棄冗長論述,採清晰條列方式,輔以大量圖表生動說明,並由歷屆考題中探尋還原各章節重點所在。書中另羅列國內大學重點考題,因各大學教授常擔任國考命題委員,且各研究所同型考題往往較國考早一、二年出題,可為準備國考趨勢的重要參考。

章節編排為:重點精要、牛刀小試、鑑往知來、精選試題,讓你在面對考試時能放鬆心情、充滿自信,過關斬將。第一篇為基礎篇;第二篇為進階篇;第三篇為強化篇。其編寫特色不僅針對高普考亦針對初等考試,內容鉅細靡遺,圖表將近百幀,可謂全方位參考書,並為筆者多年教授公開,期望能略盡棉薄之力,以助學子榮登金榜。

楊銘

《念茲在茲者為:本書讀者均能金榜題名,並引以為座右銘》

114年行政學考前準備與趨勢分析

國考行政學考試自民國104年地方特考開始，選擇題部分逐漸增加了一些具有辨識度的題目，題型也有了很明顯的改變，不再只是考傳統的理論題型。例如考了一些情境（實例題）、時事題、法規內容、行政學者專論、跨領域題（財務行政、政府危機管理、公共管理、公共政策等）。法規部分則考了包括：地方制度法、財團法人法、行政法人法、預算法、公共債務法、中央財政收支劃分法、統籌分配稅款分配辦法、政府採購法、行政程序法、地方制度法、地方稅法通則、政府資訊公開法、災害防救法、性別平等法、政治獻金法、遊說法、公投法等；跨領域部分：〈公共管理〉的跨域治理、公私協力關係等內容；〈公共政策〉之倡導聯盟架構（ACF）、網路輿情分析、政策行銷等；〈管理學〉的穀倉效應、組織公民行為（OCB）等；學者專論的〈政府組織改造回顧與展望〉、〈政府績效管理與OKR應用之可行性〉等。

申論題部分113年高考第1題：「組織管理的功能包含規劃、組織、領導與控制等四項，請舉政府部門實例申論各項功能」；第2題：「請闡釋目標管理（Management By Objectives, MBO）應用於政府績效管理所具有的重要特徵為何？」均屬於「考古題」加「應用題」，也比較偏向管理學內容。112年地特三等第1題：「在公共服務的供給和輸送上，政府與非營利組織各有其優劣，試論述此兩大部門在公共治理運作上具有何種競爭與合作的關係？」第2題：「組織衝突在實務上是難以避免的，當組織內部發生衝突時，從管理層面降低組織衝突的有效作法有那些？請分析說明之。」均屬於基本理論型。不過第1題「非營利組織與政府互動模式」則屬於〈公共管理〉的範疇，也是常考的考古題。

辦理各項國家考試有一項不成文的慣例，就是最近3年考過的申論式試題不得再考。換言之，可能再考的考古題會是4年以前的題目。同理選擇題式測驗亦復如此。不過《行政學》單科的大學用書約有10幾本，面對一年這麼多次的考試，從初考、身障、高普考、薦升、退役、外交、原民到地方特考，很難避免重複，為遵守這樣的規定就只能愈考愈偏，這樣的情形在過去四等（普考）考試，尤其顯著，103的普考就是一個範例，題目裡有公共管理、公共政策、行政程序法、國籍法的內容，甚至是專論、報告，正這也正符合「考試規則」第5條第12點：「各科目試題之難易程度，分難、中、易三等，應於命題卡上註明，其比例以25%、50%、25%為原則。」也就是難度高的題目可以佔到25%，真是苦了考生。

這種情形過去也曾發生在前考選部長楊朝祥的任內，出題委員為了符合規定，結果題目越出越偏，到後來簡直已偏離考選核心的價值，只得重新檢討。真正的問題是出在題型，過去命題方式90%取材自行政學者著作的某一段某一行。這種傾向可參考酌著《行政學歷屆試題精闢新解》，即可窺見一般。除非改變命題方式，像高中（職）或大學入學考試，題目出的很活、很生活化。

近年更為了讓題目更難，以增加考試的辨識度，就只能從法規著手，畢竟公務員須依法行政。但問題是考生還不是公務員？或考跨領域的題目，如此可能對考三等（讀的範圍比較廣）會比較有利？甚至期刊論文，但問題是議題也不見得是最新的？或考公務員內部升等訓練資料等。

上述趨勢自112年似乎有所轉機，有一點拉回行政學領域，例如加重行政學基礎理論、行政組織與文化、行政管理、行政倫理與責任等考題，不過此種改變會不會持續仍有待觀察。基於前述的認知，對應這樣的改變有以下幾點建議：

1. 準備選擇題方面，課文任何一個環節都須注意，為求高分雖考古題仍占大部分（80%），但還是要注意「三年內考古題」限制的禁錮，防止枝微末節題型的出現。
2. 多做題目並培養從題目判斷「關鍵字能力」，如看到新公共管理的題目，會馬上聯想到市場性、公共選擇理論、成本、結果導向……。要是有公共性或黑堡宣言的選項，就不該選。
3. 準備申論題部份，從80-113年各類考試行政學科目，能考的題目幾乎都已出過，而還是沒有考過就是尚未被發現。所以準備應由各類考試獨立來作分析，例如高考試題往前推3-5年已考過試題（排除），頂多再與地方三等比較。如此，幾乎就可精準推估可能命題的方向。
4. 在〈公共政策〉或〈公共管理〉考科中申論題常會有理論結合實務的題型，行政學也陸續出現這類題型，所以在準備時尤應加強實務或應用方面的應對。
5. 考試院院會民國112年3月2日通過，調整高普考專業科目數與內涵，高考一般行政類科專業科目少科2科（公共管理、民法總則與刑法總則）；普考一般行政類科少考1科（公共管理概要）。因此，可見未來行政學勢必會增加公共管理的考題，不可不注意。
6. 行政類科中的公共管理、公共政策都是由行政學獨立出來，所以在閱讀時，應融會貫通，答題時可相互為用。
7. 與考試科目有關的資料，如期刊、論文最新論述、最新法規條文、歷年考古題、考試科目命題大綱，亦應稍加留意。本書會盡力幫讀者蒐集完備。
8. 近年學界或政府關注議題，也是考試的重點，如跨域治理、公私協力關係、網絡式組織、政策行銷、社會企業、民眾參與、公共治理、參與式預算、開放政府（政府資料公開）、網路輿情分析或群眾外包等。
9. 申論題作答應練習採用「三段論法」的最佳答題方式：即開門見山的「破題」以簡潔精湛的文字點出重點；其次為綱舉目張的「主要論述」，宜條理分明、清晰有力的陳述；最後歸納總結，可運用名家、名言以爭取認同，但不可忘記的是可出奇制勝，即在正規答案之外，補充個人或其他見解，但切記不能偏離主題。

楊銘

參考書目

 1. 江岷欽、林鍾沂等合著，《公共組織理論》，國立空中大學印行，2000。
 2. 吳定、張潤書、陳德禹、賴維堯、許立一等合著，《行政學（一）、（二）》，國立空中大學印行，2003。
 3. 吳定、張潤書、陳德禹、賴維堯合著，《行政學（上）、（下）》，國立空中大學印行，2007。
 4. 吳定著，《公共政策》，國立空中大學印行，2003。
 5. 吳瓊恩著，《行政學》，三民書局，2008。
 6. 吳瓊恩、周光輝、魏娜、盧偉斯等合著，《公共行政學》，智勝文化，2004。
 7. 吳瓊恩、李允傑、陳銘薰等合著，《公共管理》，智勝文化，2006。
 8. 林鍾沂著，《行政學》，三民書局，2005。
 9. 孫本初著，《公共管理》，智勝文化，2006。
10. 孫本初等人合著，《新公共管理》，一品文化，2006。
11. 陳德禹著，《行政管理》，三民書局，2006。
12. 黃朝盟、黃東益、郭昱瑩等合著，《行政學》，東華書局，2018。
13. 張潤書著，《行政學》，三民書局，2007。
14. 賴維堯、夏學理、施能傑、林鍾沂等合著，《行政學入門》，國立空中大學印行，2000。
15. 蕭武桐著，《公務倫理》，智勝文化，2002。
16. 丘昌泰著，《公共政策基礎篇》，巨流圖書，2000。
17. 丘昌泰著，《公共管理》，智勝文化，2005。
18. 朱志宏著，《公共政策》，三民書局，2002。
19. 一品公共行政研究室編著，《行政學辭典》，一品文化出版社，2008。
20. 詹中原、朱愛群、李宗勳等合著，《政府危機管理》，國立空中大學印行，2006。
21. 楊銘著，《行政學》，大東海文教機構印行，2009。
22. 林淑馨著，《公共管理》，巨流圖書，2012。

第一篇 基礎篇

第一章 行政綜論

本章依據出題頻率區分，屬：**B** 頻率高

行政學成為一門獨立學科，學者們相信是由威爾遜發表〈行政的研究〉為濫觴。本章為行政學入門，開宗明義即由行政學時序演進，從政治、管理、公共政策、公共性不同觀點加以解釋，甫以羅聖朋公共行政界說。另行政學典範變遷、行政與政治關聯性、公共行政與企業管理比較亦可釐清加深印象，以上皆為本章重點所在。

重點精要

公共行政學自美國學者威爾遜（W. Wilson）於西元1887年在《政治季刊》（Political Service Quarterly）發表〈行政研究〉（The Study of Administration）一文後，開始受到世人矚目，並朝獨立方向發展。爰此，於學習公共行政學之前應對「行政」一詞能有充分的認識。

壹 行政學的意義

行政係「公務之推行」此乃最廣義之解釋，若由「行政學」演進歷程觀之，行政意涵大抵可由四個不同觀點來加以剖析：即「政治」、「管理」、「公共政策」及「公共性」觀點：

一、政治觀點
(一) 政府分工「三權分立」
   1. 魏勞畢（W. Willoughby）認為：「行政就是政府行政部門所管轄事務」。
   2. 我國辭源中的解釋：「凡國家立法司法以外的政務總稱為行政」。
(二) 政治運作觀點：古德諾（F. Goodnow）在《政治與行政》一書認為：「政治是國家意志的表現；行政是國家意識的執行」。

二、管理觀點
自科學管理運動產生後，政府較重視效率與成本觀念，據以提升績效。
(一) 李帕斯基（A. Lepawky）認為：「行政是各組織在履行責任與執行方案，所需運用某些行政實務與管理技術」。

(二) **懷特（L.White）看法**：「行政是為完成某種目的時，對許多人所作的指揮、協調與控制」。

(三) **費堯（H.Fayol）認為**：「行政就是計劃、組織、指揮、協調、管制等（POCCC）五大功能的表現」。

(四) **古立克（L.Gulick）於「科學價值與行政」論文提出「POSDCORB」**：P代表計劃、O組織、S人事、D指揮、CO協調、R報告、B預算。整個字完整解釋為：行政即是在釐定可行的計劃，建立合理的組織，運用有效的人力資源，並經由適切的指揮與協調，定期適時向有關單位、人員及公眾作報告，及妥善運用經費以執行業務。

(五) **張金鑑於《行政學典範》以十五M來表示行政**：Aim目標、Program方案、Men人員、Money金錢、Materials物材、Machinery組織、Method方法、Command指導、Motivation激勵、Communication溝通、Morale士氣、Harmony協調、Time時間、Room空間、Improvement改進。

三、公共政策觀點

1970年代後期，主張行政與公共政策實為一體兩面。

(一) **戴伊（T.Dye）認為**：公共政策係「政府選擇作為或不作為的行為」。

(二) **伊斯頓（D.Easton）認為**：「公共政策即政府對社會價值所作權威性分配之行為」。

(三) **林水波、張世賢合著《公共政策》認為公共政策運作過程可分成五個階段：**

問題認定	決策者於面對決策情境時，首需確認問題之所在，方能對症下藥，解決問題。
政策規劃	政策問題經確認後，主事者即應規劃可能解決問題之行動方案。
政策合法化	政策行動方案規劃完成後，尚須經立法機關，依一定程序，予以審議與核定，使之達到合法化地位。
政策執行	政策立法後，既應由負責執行機關，組合各種必備要素，採取行動並透過適當管理與激勵手段，以完成政策期望達成的目標。
政策評估	最後利用有系統客觀的方法，評斷政策執行過程，以提供現行政策運作之成果資訊，並可作為政策持續、修正或終結之基礎。

四、公共性觀點

與西元1968年在美國所發展「新公共行政運動」有密不可分關係，強調行政研究不能偏離公平、正義與自由等倫理價值。而欲彰顯此公益實踐之公共目的，行政人員應發揮「效率」、「回應」、「前瞻」三種角色功能。【註一】

五、綜合觀點

(一) 奈格羅父子（F.Nigro & L.Nigro）將公共行政界定為

1. 在公共環境中群體合作性的努力。
2. 包含行政、立法、司法三部門及彼此的關係。
3. 在公共政策形成過程中具有重要角色，並為政治過程的一部份。
4. 與私部門的管理在某些方面顯著不同。
5. 提供社區服務時與甚多私人團體及個人關係密切。

(二) 張潤書教授將行政涵意歸納為

1. 與公眾有關事務，須由政府或公共團體來處理者。
2. 涉及政府部門的組織及人員。
3. 政策形成、執行、與評估。
4. 運用管理方法以完成政府機關的任務與使命。
5. 以公法為基礎的管理藝術。
6. 為達成公共福祉與公共利益為目的。

牛刀小試

1. 何謂「行政學」？外國學者有何不同的說法？
2. 試分別就政治的、管理的、公共政策的、公共性的觀點，闡述「行政」的意涵？【原三】
3. 古立克（L.Gulick）曾杜撰「POSDCORB」七字箴言，藉以描述行政的意義，其意涵為何？今昔有何基本觀點之改變？【註二】【國軍檢覈、地三】

貳 公共行政界說

羅聖朋（D.Rosenbloom）在《公共行政：管理、政治與法律在公部門中的瞭解》一書，基於管理、政治與法律途徑運用為公共行政界定。其後夏福利茲與羅素（J.Shafritz & E.Russel）在《簡介公共行政》一書，另加入職業的觀點使描述更加周延。

一、公共行政的政治界說

公共行政之存在無法跳脫政治系絡。

(一) 指政府的作為： 據詹森（W.Johnson）分析現代政府職能有保護民眾生命財產、民生資源供給無虞、照顧無依民眾、促進經濟穩定、提升生活品質、保護自然環境、獎勵科技發展。

(二) 涉及直接和間接向民眾提供服務： 公共行政不只由政府本身提供各式財貨服務於人民，有時亦由委託機構代為提供。尤其1980年代以後美國雷根、英國柴契爾夫人政府均屬行民營化政策。

(三) **為公共政策制訂循環的一個階段**：政府部門或人員處理大眾關心問題與事件，所採取之行動方案，其制定過程可分為議程設定、政策規劃、政策合法化、政策執行與政策評估等階段。

(四) **執行公共利益**：公共行政被寄以厚望去達成公共利益的目標。而根據李普曼（W.Lippmann）對公共利益敘述：一個人能看清楚、理性思考、公正與仁慈的行動，所作的選擇即符合公共利益標準。

而全鍾燮（J.Jun）則認為應重視：公民權利、倫理與道德的標準、民主程序、專業知識、非預期的後果、共同利益、輿論、公開。

傅瑞德里格森（H.Frederickson）更指出公共行政精神之主要精髓在「公共性」的實踐。

(五) **集體力量完成個人無法單獨完成之事**：公共行政是種社群精神的成熟表徵，旨在提供公共財與基礎建設。

二、公共行政的管理界說：強調公共行政管理面向

(一) **涉及政府中行政部門作為**：如漢彌爾頓（A.Hamilton）在《聯邦論集》第72條所言：「政府的行政在最精確意涵應侷限於執行細節，而屬於行政部門領域裡。」韋伯（M.Weber）亦云：「現代國家，政府所能使起自身發生效力者，…實繫於日常生活中行政事務之推行。」

(二) **是種管理專業**：找適當人選來負責經營組織，作出適當工作。而於運作環節中，高階主管決定重大政策，並負責組織成敗；中層管理者負責政策執行、解釋與日常事務運作；基層行政人員則負責政策執行。

(三) **官樣文章的米老鼠（Mickey Mouse）**：美國雷根總統曾抱怨：「美國政府達成預算政策，就像任何政府機構所經歷那種最不負責任的米老鼠戲碼」。米老鼠給人印象是費了很大勁，卻一事無成，事情做做，卻無下文。將其用在公共行政上卻意謂著「官樣文章」（red tape），代表著繁文縟節，已成為拘泥或慣例象徵。寇夫曼（H.Kaufman）總結道：「官樣文章已成為我們制度的核心而非息肉」；「一位行政人員之官樣文章，也許是另一位人員珍貴的程序保障」。

(四) **是藝術而非科學；反之亦然**：傑依（A.Jay）曾對有企圖心的行為者訓勉：「你需學習帶領小組之本領，以成為帶領大組織之歷練，而且只有站在前導的位置上。」針對行政實務而言，需同時兼具藝術修養與科學能力。

三、公共行政的法律界說：國家主權觀念作為，事涉法律規範

(一) **法律運作**：公共行政作用乃在執行公法，其運作需接受相關法律的規範。

(二) **是種管制**：政府應告知民眾何者當為與不當為。管制是最古老的政府功能之一，在古巴比倫帝國「漢摩拉比法典」中即規定：泥水匠蓋房子若倒塌壓死人即應處以死刑。

(三) **國王的恩典**：帝制國王擁有一切，恩賜犒賞；現代統治者則對聽話者給予福利或警察保護等公共服務。夏福利茲與羅素分析，現代國家福利制度亦源自於此。

(四) **竊盜行為**：公共政策之倡導，代表著社會資源重分配，其目標乃將個人福利與利益加以重新分配而轉移給另一個人。蕭伯納（G.Shaw）即曾直截指出：「政府總是依賴某人的支持，竊取另一人的資源而作轉移性的支付。」

四、公共行政的職業界說

泛指政府機關服務之公務人員。

(一) **職業類別**：泛指廣義行政人員，如醫師、教師等身處政府機關提供服務者。

(二) **文稿競賽**：科層生涯中寫作能力優於其他技能，優美文句與引人入勝文章，將是陞遷的良好保障。

(三) **行動中理想主義**：許多人滿懷道德與理想進入行政組織，希望一展長才，濟弱扶傾；基於此，公共行政不僅是職業或專業，更是志業的展現。

(四) **學術領域**：公共行政成為一門獨立學科，一般均以西元1887年威爾遜發表〈行政的研究〉一文作為濫觴。然而，作為一門研究領域，由於跨學科之性質使然，使其涵蓋了政治學、社會學、管理學、心理學、法律學等學科。也由於公共行政的研究借取了許多學科分析，導致被質疑是有否具有真正的學術研究核心，而成為一門正統的學術領域。瓦爾多（D.Waldo）於西元1975年斥責道：「公共行政面臨著認同危機，雖大肆擴張邊緣，卻無保留核心價值。」

(五) **專業活動**：嚴格專業應具備六項特質：

　　1. 涵蓋一種全職的職業。

　　2. 具備一種規範、行為期望與倫理典則。

　　3. 為提升並維護該種水準而設立之專業組織。

　　4. 專業化知識是以教育、訓練為基礎；惟此種知識須經正式鑑定過程始可證明。

　　5. 需以服務為導向。

　　6. 專業人員於決策時，享有一定自主權，惟此種自主權須以落實責任為限。

五、廣義的界說

林鍾沂教授綜合上述將其定義為：「行政機關及其人員，在法定的權限下從事公共政策的管理與執行，以履行責任的行為實踐或學術研究。」

牛刀小試

1. 論者指出公共行政的涵義，得從政治、管理、法律、公共性四個面向加以界說，試闡釋之。【105原三】

2. 何謂Red Tape？

3. 何謂公共利益？而檢定公共利益的之標準為何？【地三】

　行政學的特性與功能

一、行政學特性

行政學係針對行政現象與事實作有計劃、有組織的科學研究，所獲致原理原則，其本身具有以下六大特性：

(一) **行政學是方法的、工具的**：係針對行政現象與事實探求共通條理與法則，以作為治理機關業務及解決問題的工具。

(二) **行政學是系統的、組織的**：乃以科學方法為基礎，就各種行政事務作有組織的觀察，所得到的系統知識。

(三) **行政學是實在的、客觀的**：行政學所研究皆係機關中常見問題，而所提解決方案亦經客觀分析驗證所得。

(四) **行政學是進步的、創新的**：行政現象會隨時代演進而改變，因此行政學所採理論法則，亦須不斷地創新改變。

(五) **行政學是綜合的、科技的**：研究行政現象需採全方位觀點，故需擷取各種學科的理論及方法為基礎。

(六) **行政學是正義的、公平的**：行政學所追求的係全民的福祉與公共利益的具體實現。

二、行政功能種類

行政部門為達成政府任務，及選擇執行工具，其主要功能有四項：

保衛功能	為政府最初與最基本的功能，在於保衛國家安全與社會安定，使國家主權與人民權利不致遭受侵害。
管制功能	政府為謀求國家發展與增進人民福祉，對妨礙公共利益活動，從事溫和的限制與檢查，如山坡地開發標準、集會遊行申請許可。
輔助功能	政府採取各種方法與技術，係為輔導社會各行業之繁榮與發展，如農業改良、教育獎勵。
服務功能	政府需提供各種公共建設與公共事業供人民使用，以滿足人民需求，如電力、水力、煤氣提供。

三、行政功能特質

基礎性	此為政府之第一功能，無行政則無國家，行政功能是整個政府的基礎。而公務員執行公務、推動政務行為就是行政功能的表現。
服務性	政府成立目的係為民服務，故須舉辦各種公用事業，以低廉價格、良好品質提供民眾享用。
強制性	政府是公權力執行者，對職權範圍內事務具有管轄權，人民若有違法，將可依法處分。

行動性	行政就是行動，行政就是執行，行政功能本質既在於解決社會問題，故須強調迅速有效的行動。
完整性	政府是由一個團隊所構成，必須分工合作方能成事。故行政功能是整體一貫的，而非支離破碎的。
藝術性	公務員所處理業務，固然有法可循，但面對快速社會變遷仍有許多事務無法可循，必須憑藉人員隨機應變，因事制宜。
公共性	現代化政府主張公平正義、責任倫理、公民意識等價值。

四、現代行政的特質

規模龐大	現代政府之職能日漸擴張，所僱用公務員數倍增，組織亦相對膨脹擴大。
性質複雜	由於時代進步與社會結構改變，政府功能日增，已由早期保衛、管制，擴增了輔助與服務功能。
利害錯綜	現代政府每項行政措施，無不牽涉多方利益，且此些利益，往往是相互衝突的。
專業化	現代政府分工日細，非普通常識者所能勝任，須由具備專門知識者來擔任。
相互依存	各單位、人員彼此相互依存，須打破本位主義，通力合作工作才能順利推行。
人情味缺乏	由於機關組織龐大，人員眾多，工作繁重，人員間互動日減，辦事一切依法，不講情面。
法律限制	現代政府施政，受法律限制比過去多，公務員僅能奉命行事，依法辦理。

五、現代政府行政主要精神

積極性	過去行政的性質是消極性的，公務員常抱多一事不如少一事的心態；而現代的政府處變遷社會，就必須採取積極的行政措施，公務員則應具備勇於任事的態度。
主動性	過去政府抱著「民不告官不理」的被動態度及「當一天和尚敲一天鐘」的敷衍心態；而現代行政則主張政府應主動研擬各種方案計劃，發揮「防患未然」之精神。如杜魯門總統所提的「公政」、詹森的「大社會計劃」、羅斯福的「新政」。
創造性	過去的政府只要蕭規曹隨、沿用舊習，時至今日，各種事務錯綜複雜，故必須日新月異、精益求精，方足以應付無窮事項，徹底解決問題。
效率性	過去政府在方法上，往往顯的雜亂無章，缺乏系統，無計劃導致事倍功半；但現代化政府講求計劃，運用科學方法以完成組織使命。

牛刀小試

1. 現代行政特質甚多，試就「性質複雜」及「規模龐大」兩點來申論之。
2. 行政功能之主要特質有那些？
3. 行政學具有那些特性？試列舉說明之。
4. 試列舉說明現代行政之精神及現代行政的特質。【身三】

肆 行政學的範圍與內容

行政學係對各種行政現象作有系統研究所獲致的具體知識，故其範圍廣泛，茲將其分析整理如下：

一、行政學本質與發展狀況

為所有行政運作「共同理論」部份，故首須認識行政學意義及其研究主題、內容、定位，並比較其與企業管理異同，最後再論研究行政學目的及研究途徑。而行政學說發展，宜由傳統理論、修正理論、整合理論及當代理論四個時期加以探索。

二、行政組織

行政現象最基本問題是組織，扮演了最重要角色，其研究範圍包括：組織理論、組織結構、組織動態、組織發展等。

三、行政運作

此部份在研究行政動態現象，亦稱行政行為包括：行政領導與行政監督、行政計劃與行政決定、行政授權、行政溝通與協調、行政運作等新的觀念。

四、公務人力資源管理

又稱「公務員制度」或稱「文官制度」，包括公務人員考選、任用、俸給考績與紀律、訓練、權利、義務、責任、保險、撫卹及退休養老等項目。

五、財務行政

「財政為庶務之母」財務行政為公共行政重要一環，其範圍包括：預算制度、會計制度、決算制度及審計制度。

六、公務及資訊管理

主要在研究行政機關辦公時各種技術及其改建，包括環境空間管理、文書檔案管理、物財管理、庶務管理、資訊管理等。

七、行政倫理

主要在探討公務人員於推展政務時，應有之角色扮演及分際，包括行政倫理、行政貪污、行政中立、行政責任等。

八、公共政策

在瞭解行政系統內決策制定過程，包括問題認定、政策規劃、政策合法化政策執行與政策評估等議題。

九、比較行政

就各國行政現象，作有系統歸納與分析，以瞭解各國行政特色，包括行政制度、行政行為、社會文化、社會結構、生態環境與行政關係。

十、行政變革與展望

面對二十一世紀來臨，公共行政有許多新興議題及理念產生，值得關注與專研，如行政革新與治理轉型、公民參與、民主行政、新公共行政、新公共管理、政府再造、行政學研究發展方向等議題。

> **牛刀小試**
>
> 何謂行政學？其研究範圍有包括那些？

伍　行政學研究方法與途徑

行政學是社會科學中一門新興科學，內容豐富充實，研究方法更是日新月異，其研究途徑可藉由傳統與新進研究方法比較說明。

一、由法則到事實研究

早期研究著重放諸四海皆為準之「原則」建立，其中心思想為「金科玉律」，過分注重價值判斷—「應如何」；新近學者重視問題解決，強調真象的探求，注重「是什麼」的觀念。

二、由靜態到動態研究

早期研究者僅注意組織結構、權責分配、法令規章等結構研究。新近學者認為行政是由行政行為者之行為所構成，強調研究非正式組織、溝通及人員交互行為關係等。

三、由比較到生態研究

早期研究者對行政問題僅作演變上觀察、比較與檢討。近期學者認為不能單就國家與國家比較，因為各國的國情不同，應由整個世界尋求若干行政模式，再以此「模式」來衡量各國行政制度之特質所在，又稱「模式」研究法。

四、由間接到直接研究

早期研究者多從即有資料中來研究行政問題，又稱為「圖書館式研究法」。近期學者則著重在對個別的行政問題作實事求是之調查與分析。

五、由生理到心理研究

早期研究者多研究機關人員之生理需要與生理條件，注重環境改善、待遇提高與福利增加等。晚近學者則認為行政是人群活動所形成現象，因此注重心理因素對員工之影響。

六、詮釋理論的研究

認為真正知識來自於「觀念」而非感官經驗。其所運用方法係由發現行動者意向開始，賦予行動者實踐內容意義，其目的在促進人類相互溝通對話可能性，說明人類行動與其生活各層面關係。詮釋研究具有下列特點：

(一) 將行動與行為加以區別，行動具有特定的意識與意向，而行為僅是單純的刺激反應動作，研究的焦點在於對行動的意向進行詮釋。

(二) 主張一種以「理解」為基礎的研究方法，藉以了解人類內在精神與感受，以及如何表現在外在方式。

(三) 行動註定是社會性的，其意義發生在與他人分享價值、規範所織成的網絡之中，研究焦點致力於瞭解個人如何賦予自身行動、他人行動及所處社會情境的意義。

(四) 並非加強一個意義的架構在行動者身上，而是希望引導其由自身觀點來界定行動、價值、規範、所處情境意義，並自行找尋改變現狀方式。

(五) 並非追求通則性規律，而是嚮往「個例性」的知識。

(六) 特別強調語言在社會互動過程中的重要性。

七、批判理論的研究

此理論與詮釋理論差異在於詮釋理論比較強調「理解」的知識過程，而批判理論則偏重於「批判」的知識過程。故批判理論研究特別重視理論與實務之間的關係，意圖透過批判質疑方法，找尋弊端與偏見，從而促進現狀改善，拉近理論與實務距離。其重點包括：

(一) 重視歷史演化觀點。

(二) 不應區分經驗與規範的理論。

(三) 社會科學應以行動作為分析單位。

(四) 著重分析組織理論學術社群與其成員互動關係。

(五) 重點放在各種研究方法限制的討論。

八、行動理論之研究

由哈蒙（Harmon）提出，行動理論研究由人性假定出發，認為人的本性是主動而非被動的，人類行動必須於社會互動系絡中，才能找到真正意義。爰此，行動理論重新喚起公共行政有關價值之研究，並回歸到以人為本之行政精神。其基本假定有四：

(一) 人類本質是主動的、社會性的。
(二) 應以人與人之間「面對面的遭逢情境」作為研究的分析單元。
(三) 應注意人們於建構事物意義時的「交互主觀性」。
(四) 在實務上應重視道德與倫理層面考量,以發揚人文主義的關懷。

牛刀小試

> 試敘行政學研究方法及途徑?

陸 行政學的典範變遷

針對典範(Paradigam)一詞,呂擇(G.Ritzer)曾言簡意賅指出:「典範,為科學研究主題之基本形貌。它提供何種研究應加以界定?何種問題應被提出及如何被質疑?以及詮釋答案時,何種法則應被遵循?」因此,典範是被奉為規臬的觀點,對事實提供最基本假設形成普遍規範,及在某一特定時期,參與某科學研究學術社群所共同接受的基本觀點。

一、典範的定義

依學者界定典範意涵為:

(一) **李天擎(G.Lichtenberg)意指「眾所接受的標準模式或型態」。**

(二) **吳瓊恩教授歸納典範為**

　　1. 一套「信念或信念系統」(blief system)。

　　2. 一種「世界觀」(world view)。

　　3. 一種「觀察方式」(a way of seeing)。

　　4. 一種「普遍性觀點」(a general perspective)。

　　5. 為最高的「共識單位」(unit of consensus)。

二、典範形成發展過程

「典範」首先由孔恩(T.Kuhn)於1962年出版的《科學革命結構》一書中提出的。並指出典範之形成依循下列過程而發展:

前典範階段	典範階段	危機階段	科學革命	新典範階段
此一階段存在著許多不同的理論、途徑與思想派別,且彼此間相互競爭,無法凝聚較大共識。	一旦科學的學門累積相當知識與理論,則主導典範就得以建立,且不容許成員挑戰其理論概念。	一旦主導典範面臨異例產生,而無法有效解決科學難題時,則典範危機就會出現。	一旦典範危機產生,多數與論者會對主導典範提出質疑,並構思其他可行代替典範。	此一階段新的典範逐漸形成。

另呂澤（G.Ritzer）也提出典範變遷過程為：

典範 I　▶　常態科學　▶　異例　▶　危機　▶　革命　▶　典範 II

三、亨利之公共行政典範分析

亨利（N.Henry）應用孔恩典範以說明行政學定位，由五個相互重疊典範，延續發展構成的一個學術領域，且不同的典範時期有其各異的研究定位與定向。

典範I　政治與行政分立（1900-1926）

主要以古德諾（F.Goodnow）出版的《政治與行政》及懷特（L.White）出版的《公共行政研究導論》之立論作為標準。研究定向在於政府的官僚體制。強調行政研究可以採「價值中立」作為目標，重點在「經濟」、「效率」的研究。

典範II　行政原則確立（1927-1949）

主要以魏勞畢（W.Willoughby）出版的《公共行政原理》及古立克（L.Gulick）與尤偉克（L.Urwick）合著《行政科學論文集》為標準。有許多重點，而無一個定向。強調行政原理具有放諸四海皆準之普遍性，研究偏重機械之效率觀，而缺乏「公共性」的探討，所謂「行政原理」並非真正的經驗原理，而是一種規範性原理。

典範III　公共行政即政治科學（1950-1970）

以高斯（J.Gaus）《公共行政理論趨勢》為代表，行政學變成政治學附庸或次等公民，並非一門獨立學科，而是政治學同義語，即有公共而無行政。著重「個案研究法」與「比較行政研究」。

典範IV　公共行政即管理學（1956-1970）

以西元1956年《行政科學季刊》的創刊提及「行政就是管理」；韓德森（K.Henderson）在《當代美國公共行政綜論》、馬區與賽蒙（J.March & H.Simon）合著《組織學》、賽特與馬區（R.Cyte & J.March）合著《廠商的行為理論》、湯普遜（J.Thompson）所著《行動的組織》均提供了管理的理論基礎，並倡導組織理論可作為公共行政之典範，僅提供重點而非定向。強調管理科學，研究上著重組織行為的實證研究與量化的管理技術研究。

典範V　公共行政即公共行政（1970迄今）

西元1970美國「全國公共事務與行政學聯盟」（NASPAA）成立，代表公共行政獨立自主的發展階段，力求一行政科學之定向。社會科學逐漸形成「實證的」、「詮釋的」、「批判的」三個研究典範，超越了過去狹隘的「技術理性」。行政研究朝多元化專業領域邁進，開始具備比較明顯的獨立性格。

四、丹哈特之公共行政典範分析

丹哈特（R.Denhardt）在《公共組織理論》一書所建構類型分析，認為公共行政晚近發展可就主觀—客觀面向和政治—組織面向，分為四種類型，一為行政控制以賽蒙之決策理論為代表；二為組織學習以哥倫比斯基（R.Golembiewski）之組織發展為典型；三為政治教育強調瓦爾多（D.Waldo）之民主行政；四為政治結構著重歐斯洞（V.Ostrom）之公共選擇觀點。如下圖所示，並概敘如下：

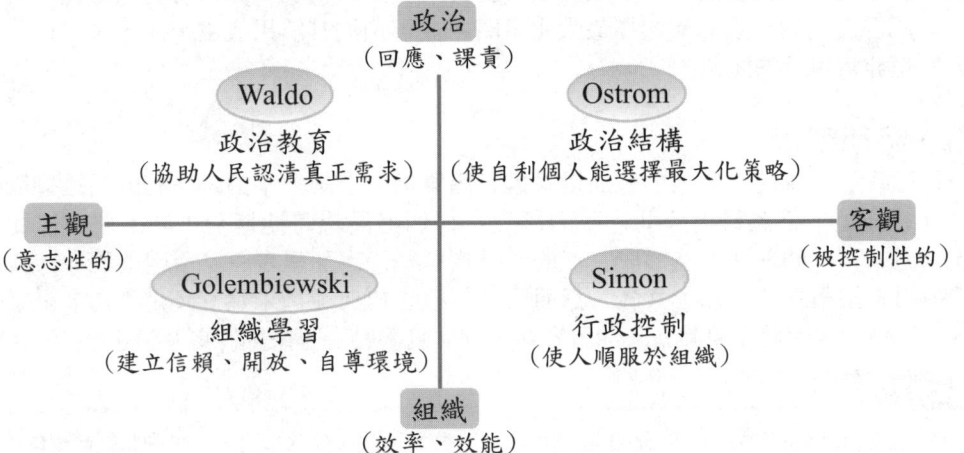

(一) **行政控制典範**：公共行政長期以來發展，且大部分著作，都與行政控制有關。自威爾遜認為「行政應自政治分立而來，以類似企業的方法來經營憲法」，以迄泰勒、韋伯、古立克，甚至是1960年代盛行的「系統理論的組織分析」，都可說明在行政控制典範的主導和主宰下而呈現的觀點。其基本假設為：科學可提供我們工具性陳述，而行政管理者能夠使用該陳述以控制屬員行為或處理環境的不穩定性。賽蒙是此典範代表人物，並師法巴納德之「無異議地帶」，倡言「理性決策」及「權威接受論」。

(二) **組織學習典範**：認為過去的行政理論，太重視組織目標的客觀實際，並以效率、效能、生產力作為組織績效之基本指標。然而，組織運作成敗，不應止於此觀點考量，而應及於組織成員對組織感受及組織成就與人性、個性發展之間的融合關係，此種觀點被形容為「人文主義的行政」（a humanistic administration）。晚近之組織理論認為欲致力於組織學習，則應建立意義分享的關係，並創造出信賴、開放、自尊與社群共同體情誼。

(三) **政治教育典範**：任何行政運作均難脫國家政治結構的影響，而政治的目的係在伸張社會正義或達效率，亦對政策決定產生深遠的影響，所以任何的行政作為均係圍繞在政治目的的考量之下。認為行政運作良窳與成敗，除民眾主觀感受外，亦繫於行政人員主觀意識發揮和主體生命力的實踐。晚近行政倫理倡導更成為政治教育典範的核心課題，其推動搖籃者應推瓦爾多民主行政的貢獻。瓦

爾多並進一步指出未來官僚型態必須兼顧：服務性、參與式與代表性官僚三種角色功能。

(四) **政治結構典範**：屬「公共選擇途徑」的觀點，而非一般泛稱的政治結構。根據穆勒（D.Muller）的定義，公共選擇是指「非市場之決策制定的經濟研究或僅將經濟學應用在政治學中」。歐斯洞認為過去行政理論太依重於韋伯所建構的合法—理性官僚制度，官僚組織運作之最大缺點，在於無法迅速反應，以應付多樣化需求。爰此，認為組織設計應針對特定的情境，建構特有的組織結構，使得自利的個人能夠選擇最大化策略，並可預期其結果發生，而「民主行政」是非常可行的途徑。

五、典範辨正

公共行政是否應就「典範」來加以敘述，確實仍有爭議。不論是亨利的描述抑或丹哈特的分類，不難看出公共行政的研究在每個階段或時期皆有不同的理論彼此競逐，從未有一個理論儼然形成主流的「正規科學」，而呈現百家爭鳴的現象。典範常被用來指稱學科之基本共識，然而公共行政正規典範迄未建立，是否為一嚴謹學科不無疑問。因此，視其為一門可容納不同理論觀點之專業則將更為恰當。

> **牛刀小試**
>
> 1. 美國行政學者亨利（N.Henry）在其所著之「公共行政與公共事務」一書中將行政學的演進與發展分為五個「典範」（Paradigam）時期，試就此五個「典範」加以說明並評論。【地三】
> 2. 「典範」（Paradigam）意涵為何？【交通升資】
> 3. 根據美國行政學者亨利（N.Henry）歸納，行政學的發展迄今，曾經歷那幾個典範」時期？試略述各個典範時期的名稱、期間及主要論點為何？【普】

柒 行政學目的

一、提高行政效率

效率與效果實為一體兩面，效率是指運用資源程度與能力，而效果則是為達成目標的程度，亦即資源運用以後所產生結果。行政效率提高與否，可由以下三點來加以衡量：

技術與經濟觀點	凡是能以最少的「投入」獲得最大的「產出」就是效率。
管理與計劃的觀點	凡是能夠按照機關或組織原定計劃完全促其實現者；或在既定情勢下作最佳的抉擇，能夠及時有效的解決問題者。
組織與系統觀點	1.效率不只是要達成組織目標，更應顧及對社會貢獻。 2.組織是與外在環境保持互動的體系，故組織因應外在環境變化之能力與程度成為衡量效率的標準。

二、促進行政現代化

一般而言，行政現代化主要內容涵蓋以下數端：

科學化	政府公務員於處理公務上要以科學化精神並運用現代化科技，以解決問題。
制度化	政府級公務員於推行政務或執行業務時，須依法令規章及標準為根據。
民主化	民主化行政包括公務員民主修養，民主的領導方式、決策參與、行政授權與意見溝通等。
專業化	現代行政包羅萬象、性質複雜，非普通人所能勝任，須由具備專門知識者來擔任。
適應性	現代行政不應墨守成規或閉關自守，必須適應時代的變遷而作調整。
效率性	行政學的知識是科學的、合理的、只要據之以行，政府效率一定可以提高。

三、培養行政通才

現代社會特徵之一是專業化，然而，專家本身墨守成規、自視甚高，易犯「本位主義」缺點，不與人合作，另常有「知偏不知全」、「見樹不見林」之偏見。為了矯正專家時代缺失，行政通才培養極為重要，其基本條件須具備：廣博知識、平衡思想、遠大眼光及領導能力等。兩者比較如下：

類別	行政專才	行政通才
意義	特定範圍內擁有專精能力	在較大範圍內對各方面均知悉
思維能力	善於分析、見樹不見林	善於綜合、見林不見樹
具備要件	專門知能、正規教育、證書	綜合思考、廣博知識、高瞻遠矚
缺點流弊	本位主義、技術官僚	偏重領導、與溝通，較欠缺技術能力
行政組織劃分	委任一至五職等人員	政務官

為期達到專家與通才互補效果，現代政府行政一方面走向專業化；另一方面卻又須行政通才，務期作到「行政專家的工作，須有行政通才的領導」。而在政府中政務官既非靠專門知能以任職，亦非以該職為終身職，其任務在設計、決策與領導等。事務官既是專門人才，亦是永久職業者，其功能在實作與執行。

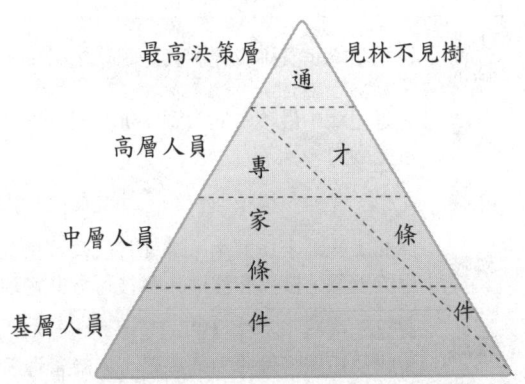

四、促進行政公平與正義

瓦爾多於西元1968年號召33位年輕行政學者，在雪城大學舉辦了一次革命性的學術研討會，會中對公共行政研究目的作了一番省思，認為行政學不應侷限於追求狹義的效率觀，而應是謀求全民福祉與利益，一切行政的投入與產出皆須以公平、正義為目的。

> **牛刀小試**
>
> 1. 行政學目的在於提高行政效率，試從經濟的、管理的及組織的觀點來說明「效率」一詞的意義。
> 2. 試從技術和經濟觀點、管理和計劃觀點及系統與組織觀點，來衡量行政效率一詞。
> 3. 行政學目的之一是在促進行政現代化，是就有關「行政現代化」的問題回答之：(1)試說明行政現代化的涵義。(2)試說明行政現代化的內涵（應具備之基本條件）。
> 4. 專家與通才之間有何互補關係？組織各階層對於專家與通才各有何不同要求？試析論之。

捌 行政管理之要素與資源

一、行政管理的要素

行政組織	係行政管理之第一項要素，行政管理非個人工作，而是多數人通力合作的團體行動，因此必須借助良好的行政組織與權責分配，方能收指揮協調之效。
行政人員	為政在人，「用人」為行政根本，近年來「人力資源管理」已成為各機關首要之務，沒有好的人才，空有組織架構，亦難能事竟其功。
行政物質	為達成行政目標除組織與人員外，尚須財務與物資配合，以為工具或手段。
行政行為	即公務員以實際的行動，直接推行政府功能，完成國家使命，行為是一切行政根源，故行政行為是行政最重要的要素。

二、行政管理資源

組織結構	組織結構是安排及運用其他資源的架構，並提供組織成員運用其他資源的規範和程序。
人員	人是組織中最珍貴的資源，亦是最大的問題根源。人員更是運用其他資源以達成目標的直接動力。
財物	財力、物力、科技與資訊是使人員能發揮組織功能，達成效果的基礎。
科技	係知識的組合與運用，非僅指工具或機械等實體，同時亦包含解決問題與達成目標所使用的智慧、技術和程序。科技可分為物理科技與社會科技。
資訊	資訊是指為了某種目的，而將原始資料作有系統的整理所產生的資料。在資訊社會裡，資訊及知識將是權力的基礎，亦為管理者執行管理功能的基礎。

行政系統之運作須依賴那些資源？又行政系統之功能有何特性？【基三】
（行政系統之功能特性請參考前述參大點、第三小項、行政功能特質作答）

玖　行政歷史發展過程

部落國家時代　神權的迷信行政

為人類組織第一階段，係指太古時代之「全民行政」，當時社會組織，為
「圖騰獵群」（Totemic Hunting Group），是一國也是一部落；或指殷商時
代之「神權行政」，重視敬天法祖、卜筮問神。

封建國家時代　宗法的習慣行政

為人類農業社會，屬封建國家時代，統治係基於傳統禮儀與宗法，屬行等級
服從，人民不可踰越。

專制國家時代　權力的刑罰行政

行政表現出「朕即國家」、「普天之下，莫非王土，率土之濱，莫非王
臣」，統治基礎基於軍隊與官僚制度，人民若反抗則施以嚴厲刑懲。

民主國家時代　法意的保障行政

在民權革命風潮後，推翻專制，建立民主國家。主張「天賦人權，一律平
等」，一切行政皆以法律為依據，而制度設計上採行「分權制度」，屬法治
國家、警察國家。

福利國家時代　法益的保障行政

二十世紀以來，「計劃主義」取代「放任主義」，「社會化政策」戰勝了
「個人主義」。由法治國家進入福利國家，認為國家行政應用科學知識以為
社會服務，滿足人民需求。故政府應由專家構成，並由民意所支配，成為萬
能政府。

政府行政的歷史發展共經歷了五個時期，試說明此五個時期的行政特色。

拾 行政與政治的關聯性

「行政學」係由「政治學」母學分枝獨立而茁壯成長之一門學術領域，瓦爾多（D.Waldo）即直陳「行政與政治關係是公共行政最核心問題」，兩者在理念上如何建構適當的關聯與理論，值得重視。

一、關係演進

行政與政治關係演進，大致上可區分為三個不同時期：

行政與政治分立時期	此時期約在西元1887至1947年，強調公共行政不具任何色彩，亦即主張行政中立；目標建立適用的行政原則；行政不應受政治干擾，行政與政治兩者分立。
行政與政治復合時期	此時期約在西元1947至1970年，學者認為政治與行政無法截然劃分，所以行政無法中立，公務員須忠於執政黨之政策。
行政尋求獨立時期	此時期約在西元1970之後，學者認為行政應可自行發展成一個獨立的領域。

二、行政、政治二分理論興起與沉寂

(一) **源起**：自威爾遜於1887年發表〈行政的研究〉專論，力主「行政是政治生活的一部分，是在政治適當範圍之外。行政問題不是政治問題，雖然政治設定了行政的工作，但不應操縱行政的運作，政府的廣泛計劃不是行政，計劃的詳細執行才是行政。」其後包括：

1. **古德諾主張**：為有效推行「行政」，必須排除政治控制與政黨分贓。
2. **魏勞畢主張**：傳統三分法應修正為五分法（選舉、立法、司法、政務、行政），致力於行政理性化與非政治化之改革。
3. **古立克認為**：政治與行政是兩種異質性功能，必須予以制度性分離，如予結合，行政結構會產生無效率。

(二) **潮湧**：「行政、政治二分理論」出現並成為主流思想，除上述學者宣揚，更因科學管理運動，使之更具企業管理色彩，而有了良好的典範領域；行為主義運動使行政發展目標成為「公共的企業管理」或「非政治的行政學」。瓦爾多即

言：「兩者分離主張適巧符合19世紀末、20世紀初排斥價值探討之科學概念，亦符合朝向專業化的社會運動所需。」此外，凱登（G.Caiden）亦言：「非政治的公共行政學終會被創造出來，俾以保障民眾免受政治分贓之弊害，並助於行政學科學層次的提升。」

(三) **沉寂**：二次大戰後，美國行政學界開始批判源自威爾遜傳襲演變的行政、政治二分說法。其中以亞波比（P.Appleby）最具代表，認為如將政策界定為國會之決策、行政界定為行政部門之行為，則兩者當可分立，但毫無意義。行政部門任何層級之工作均具有政策制定與執行之密切關係，兩者之間並無清楚的界線存在，也不應該存在。其結論為：「公共行政就是政策制定，但不是自主性、排他性或獨立性之政策制定，而是在各種社會力量競爭領域中所發展的一種政策制定，仍須受制於其他眾多政策制定者的政策制定。」佛萊（B.Fry）總結上述說法認為「傳統二分理論經亞波比批評後，從此二者糾結難分之論點已成通論，甚少再生爭辯。」

三、行政與政治互動關係模式

政治人物與文官在政策議題之互動關係。

(一) **亞伯赫（J.Aberbach）、普特南（R.Putnam）與羅克曼（B.Rockman）的分類模式或形象**

模式一 政策／行政關係	為傳統古典理論，認為政治人物制定政策而文官則負責執行政策，彼此關係截然分立，代表學者為威爾遜、古德諾。
模式二 利益／事實關係	承認政治人物與文官共同參與政策，惟彼此各有不同的貢獻與功能，前者引進利益與價值（政治靈敏度），後者提供事實與知識（中立才能）。
模式三 衝勁／平衡關係	不僅承認政治人物與文官均從事政策制定，亦認為兩者均從事與政治有關的工作。前者負責表達無組織群眾廣泛性利益，後者負責協調有組織利益團體之特定利益。
模式四 純然混合關係	二十世紀末雙方角色重疊，顯現「科層的政治化與政治的科層化」徵兆。政治人物與文官均須扮演結合實質專業與政治承諾之純合角色。

政治人物與文官互動關係四模式特徵比較表

政策工作 職責歸屬	政策／行政 關係模式	利益／事實 關係模式	衝勁／平衡 關係模式	純然混合 關係模式
執行政策	文官	文官	文官	文官
規劃政策	政治人物	共同職責	共同職責	共同職責
協商利益	政治人物	政治人物	政治人物	共同職責
表達理想	政治人物	政治人物	政治人物	共同職責

說明：政治人物含國會議員、行政首長、部長、政治任用人員。
資料來源：Aberbach, Putnam, & Rockman, 1981：239

(二) **彼得斯**（B.Peters）**探索性模式**：係根據理想型原則所建構。
 1. **正式（法律）模式**：強調政策制定權由政務官掌理，文官則扮演「遵命辦事」的服務執行角色。
 2. **村落生活模式**：指高級文官與政務官雙方具有相當類似的價值及目標，為兩者的水平整合，以共同抗拒外界力量的干擾。
 3. **功能模式**：村落生活模式的延伸變形，指政府各個功能部門內各該兩群官員有效整合及與外界相關團體的密切聯繫，為兩者之垂直整合。
 4. **敵對模式**：政務官與文官是權力與政治控制的競爭對手，彼此互不信任，雙方衝突是必然的結果，其來源途徑有：被動性或無意性的衝突、主動性或意圖性的衝突、組織生存的衝突、政策的黨派衝突。
 5. **行政國模式**：指現代政府職能擴增與性質複雜，使立法機關及政務官無法承荷治理工作，而自願地移由文官處理。

政治官與文官互動關係五模式特徵比較表

模式名稱	性質	勝利者	衝突解決	互動基礎	政策後果
正式模式	整合	政務官	層級命令	權威	多變
村落生活模式	整合	共同贏家	協商	互信	管理整合
功能模式	整合	共同贏家	協商	專業	利益消長
敵對模式	整合	輸贏不定	權力	競爭	多變
行政國模式	整合	文官	政務放棄	專業	穩定

說明：政治人物指部長及政治任用人員。
資料來源： Peters, 1988：162

四、關聯理論建構

史跋勒（J.Svara）在其著作《文獻分析》中歸納行政與政治關聯模式，大致可分成
四種：

(一)**政策行政二分模式**：強調政府的民主控制及依法治
理，政治人物制定政策，行政人員執行政策，雙方
各自獨立，以避免政治干預行政而衍生無效率。

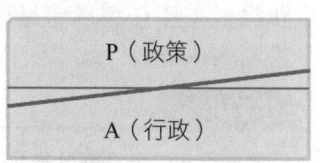

政策行政二分模式

(二)**政策混合模式**：認為政策制定是政治人物與行政
人員雙方職能的混合。行政人員不僅有參與制定機
會，且有相當權力資源與政治人物協商或抗衡。

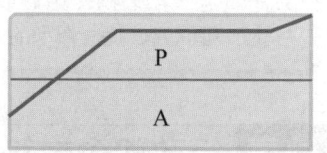

政策混合模式

(三)**行政混合模式**：強調議會或政務首長對行政應具有
深入影響力，惟並非干預行政，而是肯定其過問行
政的權力，以及經由立法監督與否決，以抑制科層
體制惡化與無法控制。

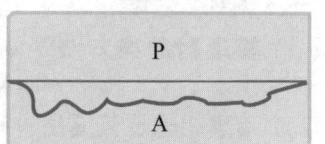

行政混合模式

(四)**政策夥伴模式**：為新公共行政學者所倡導，主張行
政人員具有提昇平等及參與價值，並反對政治人物
危害弱勢群體的倫理義務。

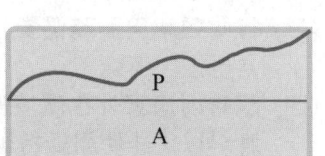

政策夥伴模式

史跋勒提出「行政政治分立二元模式」理論，
確立政治與行政核心概念，即兩類工作：決定
作什麼、如何做好；四項功能：任務、政策、
行政、管理。

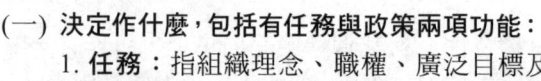

(一) **決定作什麼，包括有任務與政策兩項功能：**
　　1. **任務**：指組織理念、職權、廣泛目標及
　　　　作為或不作為的抉擇。
　　2. **政策**：中層政策制定，如預算編訂、新
　　　　機關及分配服務層級等。

(二) **如何做好工作，包括有行政與管理兩項功能：**

　　1. **行政**：為達成政策目標所需具體決定、辦法規章、程序步驟及服務慣例等。

　　2. **管理**：有關政策及行政功能之支援行動，如人力、物力、資訊與技術的控制等。

史跋勒並主張任務制定是政治人物職責，而機關管理則是行政人員的職責，至於介乎當中的政策與行政二階段，應是雙方的適當分工。

> **牛刀小試**
>
> 1. 傳統行政二分法理論經過二次大戰後，有了什麼不同的見解？
> 2. 說明史跋勒（J.H.Svara）建構的行政與政治關聯模式？
> 3. 請試述政治人物（議員或政務官）與行政人員（即常任文官）在政策和行政管理領域上，可能處於那些類型的角色責任或分工關係？【108高三】

拾壹　行政與企業管理的比較

一、相似之處

(一) **管理對象與方法**：兩者皆使用系統的科學方法，以處理「人」、「財」、「事」、「物」，期能減少浪費並提高效率。

(二) **治事組織及其運用**：政府行政依權能區分原理，產生政權與治權機關，分別有其運作功能；而企業組織以股東大會為最高權力機關，董監事會則為決策機關或監察機關。

(三) **行政效率與服務品質提升**：兩者目的皆在提高效率與服務品質，均以顧客滿意為至上之考慮。

(四) **隨時須適應外在環境變遷**：兩者均需視外在環境改變，不斷執行自我調整與適應，以便能使組織持續成長，並立於不墜之地。

(五) **高階主管所應具備條件**：兩者之高階主管均應具備決策能力。【註四】

二、相異之處

(一) **目的與動機的不同**：政府行政推行，其主要目的與動機，是在謀求社會的「公共利益」；工商企業組織，其目的與動機，則是在追求「個人私利」。

(二) **一貫與權變的不同**：政府行政必須具有始終一致的貫徹精神，一切作為並必須注意「平等」，不能存有歧視之不平等待遇。而企業經營除應遵守法令規章外，可隨時變通和機動調整。

(三) **獨占與競爭的不同**：政府行政具有獨特性，對其管轄範圍內事項，可作統一處理，並強制人民遵守；而企業經營則強調自由競爭，任何人皆不得壟斷市場。

(四) **政治考慮與管理因素不同**：在民主政治下，政府施政須受民意與輿論監督，因此，政治考量極為重要；而企業經營比較不須考慮政治因素，而是以管理因素為考慮重點。

(五) **對外環境因應程度不同**：一般而言，政府因受立法監督與預算控制，無法如私人企業那樣迅速因應，故其進步與革新均較企業組織緩慢。

(六) **所有權不同**：行政組織是全民所有，其施政自當以民意為依歸；而企業組織則為私人所有，兩者在實際運作與法令限制上有明顯不同。

(七) **管理的重點不同**：行政管理強調的是法令規章、權責分配、公共政策訂定、行政領導運用乃至財政收支等，皆係以達成全民服務為目的；而企業管理重點則是在生產、成本、品質、行銷、研發、財務管理等，其目的在追求利潤。

(八) **組織目標評估不同**：公共行政目的在謀求公共利益，其意涵過於抽象，以致施政績效不易評量；而企業管理之目標以「利潤」為考量，可以金錢數字計算，較易衡量。

(九) **決策程序不同**：民主政體之下，講究「正當程序」與「依法行政」之原則，故政府決策程序繁雜冗長。相對地，企業組織，事權得以有效集中，決策程序可依實際需要加以簡化。

(十) **受公眾監測程度不同**：在民主社會中，政府任何舉措都要秉持公開透明原則，接受公眾與輿論之批評與監督，故政府行政行為，不但要獲內部共識，並要贏得廣大群眾支持；而企業僅要向股東報告營運狀況即可。

	兩者同異比較項目	公共行政	企業管理
相同	管理對象與方法	處理人事財物	
	治事組織及其運用	立法院與行政院	股東大會與董事會
	提高效率與品質	藉以提高民眾滿意	藉以提高顧客滿意
	適應外在環境改變	適應環境以維持不墜	
	高階主管具備條件	較多概念化能力	
相異	性質	獨占	競爭
	行政作為	一貫	權變
	目的與動機	公共利益	私人利益
	對外環境因應程度	受立法控制較慢	迅速
	管理重點	強調依法	追求利潤
	政治考量	受民意監督	較不須考量
	所有權	全民所有	私人所有
	公共監督	金魚缸效應	僅向股東報告
	決策程序	過於冗長	依實際簡化
	績效衡量	過於抽象難衡量	可具體量化易衡量

三、我國政府改造工程取法企業管理理念作法

(一) **在組織改造面**：目標為「引進企業管理精神，調整政府職能與角色，建立小而能政府，以提高國家競爭力。」工作項目包括：訂定「中央政府機關組織基準法」、「中央政府機關總員額法」；中央行政機關及地方政府組織調整；建立組織員額績效評鑑制度。

(二) **在人力及服務再造面**：目標為「活絡人力資源運用，提昇行政效能。引進服務行銷理念，展現卓越服務品質。」工作項目包括：進行人事制度全面再造、簡併人事法規、電子化政府建立、行政單一窗口、全面提升服務品質。

(三) **法制再造面**：目標為「以興利、簡政、便民為原則，建立現代化、高效率法制環境。」工作項目包括：調整政府角色、改革重大業務制度、檢討管制方式。

拾貳 公共行政與私人企業分合關鍵

一、公共組織的「公共性」

羅聖朋提出四個面向用以說明公共組織的公共性，亦即公共行政運作的主要原則：

憲政體制	具公共性，須經由憲政體制加以體現，如美國憲政係基於分權與制衡，艾克敦爵士（L.Acton）曾言：「權力有腐化傾向；絕對的權力，絕對的腐化」。
公共利益	公共組織存在目的，主要在回應民眾利益，體現公共利益，而公共利益不但是行政人員行為準則，亦是「文明政體的核心概念」。
市場機能	公共組織運作缺乏市場機能的壓力，造成許多深遠的影響，如公共財（public goods）提供及行政績效評估的困難。
主權	行政機關具有至高無上的政治權力與權威，負責政策推動。而行政機關與公務人員為「公眾信託」代言人，須執行主權意志。

二、公共行政的獨特性質

根據吳瓊恩教授的歸納具有七大特質：

(一) 公共行政活動深受法律規章與規則程序的嚴格限制：無法朝令夕改。

(二) 權威之割裂：民主國家重視權威之分立與制衡。

(三) 公共行政受到高度的公共監督。

(四) 公共行政常受政治因素影響相當深遠。

(五) 公共行政之組織目標大多模糊不清且難以測量。

(六) 公共行政提供「公共財」，故較不受市場競爭的影響。

(七) 公共行政較具有「強制性」之特質。

三、公私部門異同辨正

公私部門異同，長久存有兩派不同見解：

本質上無差異

波則曼（B. Bozemon）：
「公部門與私部門在重要處相同，在不重要處不同」。

⟸⟹

本質上不相同

1. **謝爾（W. Sayre）：** 企業與公共管理只有在所有不重要的地方才相同或譯「在一切無關緊要的面向上，企業與政府行政是相似的」。
2. **包爾（J. Bower）：** 兩者存在相似，實為錯覺。
3. **艾里森（G. Allison）：** 極力主張「差別的重要性，遠勝於其相似之處」、「公私兩域管理只有在細微末節上相似雷同」。
4. **哈特與史考特：** 更重要的是，企業價值並不適合公共行政任務…公共行政目標乃在提升公民之法定權利。

四、公共管理強調的特性

(一) **法令限制較多：** 政府機關經常是「法有明文規定乃可以做」與企業之「法無禁止就可以做」完全不同。

(二) **績效很難衡量：** 政府機關運作以服務與管制為主，其公共產出無市場機能，經費來自預算，不向民眾收費，故其績效衡量相當困難。

(三) **目標多元又低度相容：** 政府機關追求目標除效率外，尚需兼顧公平、正義等平行目標，常發生「順了姑意，逆了嫂意」之兩難狀況。

(四) **公共監督：** 政府機關常招致來自四面八方壓力，如議會、傳播媒體、在野政黨等，如「金魚缸效應」（goldfish-bowl effect）。

牛刀小試

1. 行政管理與企業管理之差異為何？試比較說明之。【高三人】
2. 晚近各國興起師法企業（businesslike）的風潮。試問，公共行政與企業管理有何相似及相異之處？目前我國政府致力於政府改造工程，其中有那些作法，係取法企業管理的理念？請試舉例說明之。
3. 公共行政與企業管理在本質上相同嗎？有那些相同或不同？請加以討論。【薦升】
4. 學者指出公共行政與企業管理之所以有所差異，其原因來自於公共行政特有的「公共性」，請舉例說明何謂公共性？其次，請比較說明公共行政與企業管理二者之差異。【103原三】
5. 美國行政學者賽耶（Wallace Sayre）曾說過，為了提升組織的效率與效能，公部門與私人企業的管理「在所有不重要的面向上，大多是相同的。」請問以上所謂相同的部分是指那些功能？公共行政又有那些與企業管理不同的重要面向？【111高三】

拾參　公共行政關切重點

一、提升公共性

公共行政首應關切重點是「公共性」，基於公共考量，提昇大眾福祉，之所以將其稱為「公共行政」而非「政府行政」，即在顯示此一深刻之倫理意涵。

二、發展公共政策

行政組織即為「公眾信託者」就應有義務本於專業，去澄清問題，調和不同利益，促進公民參與和提出負責任的政策選擇。

三、執行公共政策

公共政策執行乃是成立行政組織的天職，政策執行不但要重視經濟、效率與效能之管理價值，更應重視民眾需求，社會正義之政治回應。

四、建立民主行政

民主政治的發展幾乎是全體人民的一致希望，而公共行政目的，即在達成民主政治的生活方式。

五、詮釋社會問題

社會問題重重，行政機關處理問題不能用過去「想當然爾」之觀點加以解釋，而應將社會與行政問題看得更複雜多元，以一種「傾聽」與「設身處地」的態度去對待，如此政策擬訂和執行才能穩健。

六、瞭解人類行為互動

公共行政主體與客體多屬人類行為與人際關係。因此，須對行政組織的相關人事和社會群體的主觀動機、意志、利益和期待等作深入的瞭解，如此方能掌握事務脈動與行政運作訣竅。

七、探求行政知識

行政機關向來被視為行政專業的知識寶庫，但由於現代科技一日千里，為行政管理帶來無限挑戰，只有不斷地鑽研、豐富管理的管理知識，與時並進，才不致侷限於過去農業或工業社會的管理觀點上打轉。

拾肆 行政學本土化

一、行政學本土化意涵

本土化（indigenization）可說是擺脫西方學術壟斷或優勢的一種反省，亦是弱勢者對優勢者的一種知識性抗爭。行政學本土化意義在：

(一) 透過理論發展，指引實務發展更進一步發展與創新。

(二) 提供研究之觀念架構及方向，避免淪為外國理論的附庸。

(三) 提供適合本國環境的教材。

(四) 在世界化的理論中有其貢獻。

二、努力方向

依吳定教授指出，行政學本土化作法包括：

(一) 任何組織管理的理論、技術、原則、觀念等，不論出自何處，均應在接受之前，先透過我國的環境系統予以檢視過濾，合則留、不合則棄。

(二) 凡檢視後認為有實用或參考價值的理論、技術、原則、觀念等，均應將其「中國化」，不僅在遣詞用句要中國化，而其概念、內涵、實施方法等亦應中國化。

(三) 透過集體努力方式，有計劃、系統地整理分析古代有關行政運作之思想、看法、制度、技術等，以供發展行政理論參考。

(四) 學術與實務界應充分合作，深入研究我國目前之實際行政運作情況與行政問題，並系統編成個案集，以供學者及實務人員參考。

(五) 除繼續吸收美國行政學者知識外，亦應注意吸收日本及歐洲國家行政學研究成果，並據以比較分析，找出異同點，作為行政制度或技術移轉參考。

(六) 根據我國目前社會、政治、經濟、文化及行政價值觀念等條件，建立自己的行政理論，包含規範性理論與經驗性理論。

> **牛刀小試**
>
> 1. 為因應時代環境及行政學潮流之趨勢，我國未來的行政學，在研究主題上，應置重點於那些新興議題？試析論之。【高三人】
> 2. 試說明行政學本土化的意義及其努力方向。【普】

重要註解

【註一】從三個核心概念來界定公共行政定義（吳瓊恩—行政學）

　　1. 強調效率：由威爾遜（Wilson）以來理念經泰勒（Taylor）、韋伯（Weber）、梅堯（Mayo）一直到賽蒙（H.Simon）1947出版《行政行為》指出「公行是有關於如何建構組職，以便有效率地完成工作」。

　　2. 強調反應力：以歐斯洞（V.Ostrom）的民主行政與丹哈特（Denhart）為代表；Denhart指出「公行即關於公眾在追求各種社會價值的變遷過程管理」。

3. 強調前瞻性：以全鍾燮（J.S.Jun）為代表，指出「公行不僅是執行公共政策工具而已，現已扮演設計與執行經濟、技術、政治與社會變遷之主導因素」亦即策略規劃之能力。

【註二】1. 卡爾生與歐培曼（Garson & Overman）1983於《美國公共管理研究》一書提出修正為「PAFHRIER」；PA政策分析、F財務管理、HR人力資源、I資訊管理、ER外部關係。

2. 葛雷漢（Graham）與漢斯（Hays）1993年將五字箴言結合行政運作過程需求，進一步整合為「PAMPEC」；P計劃、A分配、M市場、P生產、E熱忱、C協調。

【註三】全鍾燮（J.S.Jun）更提出「民主行政」應具備以下特色：1.公共利益的代言人；2.代表性官僚；3.資訊開放性；4.超越派閥黨團（特殊利益團體）；5.嚴防專業主義對民主原則的傷害；6.參與。

【註四】1. 卡茲（D.Katz）認為管理人員應具備：概念、人際、技術技能。

2. 明茲伯格（Mintzberg）認為管理者應扮演三類十種角色：
   (1) 人際角色：形象人物、領導者、聯絡官。
   (2) 資訊角色：偵測者、資訊傳遞者、發言人。
   (3) 決策角色：創業家、干擾處理者、資源分配者、協商者。

3. 丹哈特（R.Denhardt）根據美國人事管理局研究，指出管理人員應具備：
   (1) 個人方面：技術能力、人際關係。
   (2) 團隊方面：彈性、領導、行動取向、成果取向。
   (3) 組織方面：環境感受力、策略觀與全方位視野。

鑑往知來

1. **威爾遜（W.Wilson）**：曾擔任美國總統於西元1887提出**「行政研究」**（The Study of Administration）：主張行政與政治分立、行憲比制憲還困難、廢除分贓制度（spoil system）─行政學之父。【90初障、91基普、92地、93普、94地、95初普地、96原、98初、99初身地、100身原地、101原、103普地、104普、109地、110地、111高】

2. **古德諾（F.Goodnow）**：在《政治與行政》一書認為「政治是國家意志的表現；行政是國家意識的執行」─公共行政之父。【90初、91普基、92初、93初、94普、95普身、96退、99地、101身地、102高、103普】

3. **費堯（Henri Fayol）**：提出行政五大功能，即計劃、組織、指揮、協調、控制「POCCC」。【90初、91普地、94初、97身】

4. **古立克（L.Gulick）**：1937「科學價值與行政」論文提出POSDCORB；P代表計劃、O組織、S人事、D指揮、CO協調、R報告、B預算。【90初高、91初普基、92高、93高地初、94初、95普、96薦、97初、100普地、103身普地、104普地、108普、111普】

5. **戴伊（T.R.Dye）**：認為公共行政係「政府選擇作為或不作為的行為」。【90普、93高、94地、95高地、100原】

6. **全鍾燮（J.S.Jun）**：認為行政要符合公共利益應重視公民權利、倫理道德、民主程序、專業知識、非預期後果、共同利益、輿論、公開等八項。【93普】

7. **羅聖朋**（D.H.Rosenbloom）：在《公共行政：管理、政治與法律在公部門中的瞭解》一書，基於管理、政治與法律途徑運用為公共行政界定。【93初地、94地、97身、99地、106地】

8. **公共行政的管理界說**：官樣文章的米老鼠（Mickey Mouse）—意味「**官樣文章**」（red tape）成為拘泥或慣例象徵。【97初】

9. **公共行政的法律界說**：法律運作、管制（古巴比倫帝國「漢摩拉比法典」規定）國王的恩典、竊盜行為（社會資源重分配）。【92地、93初普地、95地】

10. **典範**（Paradigam）：首先由**孔恩**（T.Kuhn）提出，常被用於行政學分析與定位，其定義為奉為規臬的觀點，對事實提供最基本假設形成普遍規範、在某一特定時期，參與某科學研究學術社群所共同接受的基本觀點、一套信念或信念系統、世界觀、觀察方式、普遍性觀點、最高共識單位。【90初高、91普高、92地、93高、95普、97地】

11. **亨利**（N.L.Henry）：應用孔恩典範以說明行政學定位，有五個相互重疊典範，典範一：行政與政治分立；典範二：行政原則確立；典範三：公共行政即政治科學；典範四：公共行政即管理學；典範五：公共行政即公共行政。【90普地退、91普高地原、92初、93初地、95地、100地、102原、103地、107地、108普】

12. **丹哈特**（R.B.Denhardt）：在《公共組織理論》一書所建構類型分析，有四類：行政控制以賽蒙「決策理論」為代表；組織學習以哥倫比斯（R.Golembiewski）的組織發展為典型；政治教育強調**瓦爾多**（D.Waldo）的民主行政；政治結構著重歐斯洞（V.Ostrom）的公共選擇觀點。【93地普、95高、99原、100地、101地】

13. **行政管理與企管比較**：相似處—管理對象方法、治事組織與運用、效率品質提升相似、隨時適應外在變化。相異處—獨占與競爭、一貫與權變、目的與動機、對外環境因應程度、管理重點、政治考量、所有權不同、公共監測程度、決策程序、組織績效評估。【90路員、91初普、91高、92高、93初、94地、97地、99原、111普】

14. **史塔寧**（G.Starling）：指出公私部門管理最大差異，乃在於公共管理者須花費較大精力於「**政治管理**」。【90初】

15. **公共財**（public goods）：具有生產與分配不可分割性、非排他性、非敵對性、集體消耗性、利益均霑、外溢效果。【90初普、91普、93地普、102原、103身地】

精選試題

( ) **1** 下列那一位學者說過「政治是國家意志的表現：行政是國家意志的執行」？ (A)古立克（L.H.Gulick） (B)古德諾（F.J.Goodnow） (C)懷特（L.D.White） (D)費堯（H.Fayol）。

( ) **2** 費堯將管理工作分為五項職能，下列何項非其所說之職能？ (A)計劃 (B)組織 (C)溝通 (D)控制。

（ ） **3** 下列那一位學者被尊為「中國行政學鼻祖」？ (A)張佛泉教授 (B)傅斯年教授 (C)張金鑑教授 (D)胡適之教授。

（ ） **4** 自行政學發展的歷程來看，可從四種不同的角度來剖析行政的意涵。其中為最近所強調的觀點為何？ (A)政治觀點 (B)公共政策觀點 (C)公共性觀點 (D)管理觀點。

（ ） **5** 行政學強調公共性，此深受下列那一個學派之影響？ (A)系統理論 (B)新公共行政 (C)人群關係學派 (D)新管理主義。

（ ） **6** 美國學者羅聖朋（D.H.Rosenbloom）認為公共行政可以透過以下哪些途徑加以界定？ (A)政治、法律、心理 (B)政治、管理、社會 (C)管理、心理、經濟 (D)政治、管理、法律。

（ ） **7** 學者全鍾燮（J.S.Jun）曾提出八項公共利益判別準則，下列何者不在其內？ (A)公民權利 (B)充分開放 (C)專業知識 (D)黨派調適。

（ ） **8** 所謂公共行政為「國王的恩典」，比較會是下列何種界說的範疇？ (A)法律 (B)政治 (C)職業 (D)管理。

（ ） **9** 根據夏福利茲（Shafritz）羅素（Russell）之見，公共行政即「文稿競賽」是在強調公共行政的何種界說？ (A)管理 (B)政治 (C)法律 (D)職業。

（ ） **10** 下列那位學者不贊同政治與行政二分的概念？ (A)威爾遜（W.Wilson） (B)瓦爾多（D.Waldo） (C)懷特（L.D.White） (D)古德諾（F.J.Goodnow）。

（ ） **11** 學者論及嚴格的專業條件，下列何者不屬之？ (A)一種全職的職業 (B)須具備一套行為規範和典則 (C)以決策為導向 (D)以專業證照為基礎。

（ ） **12** 於1887年發表「行政的研究」一文，奠定行政學開端的學者為？ (A)韋伯（M.Webr） (B)威爾遜（W.Wilson） (C)賽蒙（H.A.Simon） (D)張金鑑。

（ ） **13** 行政學是從下列哪個領域中獨立出來的一個學科？ (A)憲法學 (B)法律學 (C)政治學 (D)管理學。

（ ） **14** 在某一特定時期，參與某一個科學研究工作的學術社群所共同接受的基本觀念與研究方法為以下哪一項概念？ (A)理論 (B)技術 (C)典範 (D)權威。

（ ） **15** 亨利（N.Henry）以典範概念來形容行政學的發展歷程，其中第一個範圍為： (A)行政與管理融合 (B)政治與行政分立 (C)打破行政諺語 (D)建立行政原則。

（ ） **16** 亨利（N.Henry）將行政學的發展區分為五個典範，其中第五個典範是？ (A)公共行政必須回歸政治學 (B)公共行政必須回歸管理學 (C)公共行政就是公共政策 (D)公共行政就是公共行政。

（　）**17** 下列哪位學者被丹哈特（R.Denhardt）認為是組織學習研究典範之代表？　(A)瓦爾多（D.Waldo）　(B)歐斯壯（V.Ostrom）　(C)哥倫比斯基（R.Golembiewski）　(D)賽門（H.Simon）。

（　）**18** 公共行政與企業管理二者之間主要差異在於？　(A)服務品質　(B)科學管理　(C)組織運用　(D)獨占強制。

（　）**19** 下列何者不是研究行政學的主要目的？　(A)提高行政效率　(B)改善人際關係　(C)培養行政通才　(D)促進行政的公平與正義。

（　）**20** 用最少的投入獲得最大的產出，學理上此種概念稱為？　(A)效率　(B)效能　(C)效果　(D)效應。

（　）**21** 關於政務官與事務官的互動分析架構，史跋勒（J.Svara）提出「政治行政分立二元模式」，認為最適合由政務官擔綱的個別職責領域是何者？　(A)政策　(B)任務　(C)行政　(D)管理。

解答					
1 (B)	2 (C)	3 (C)	4 (C)	5 (B)	6 (D)
7 (D)	8 (A)	9 (D)	10 (B)	11 (C)	12 (B)
13 (C)	14 (C)	15 (B)	16 (D)	17 (C)	18 (D)
19 (B)	20 (A)	21 (A)			

Note

第二章　行政學基礎理論

本章依據出題頻率區分，
屬：**B** 頻率高

基礎理論非常重要，亦為考試重點所在，從科學管理、行為科學、系統理論、權變理論到追求卓越的現代理論，舉凡各學派代表人物、著作、學說皆須熟讀，不可偏廢，特別是修正時期理論可搭配激勵理論閱讀。

重點精要

行政學就其發展演進歷史觀之，大抵可分為三個時期（四個階段）即傳統理論時期、修正理論時期與整合理論時期。如下表所示：

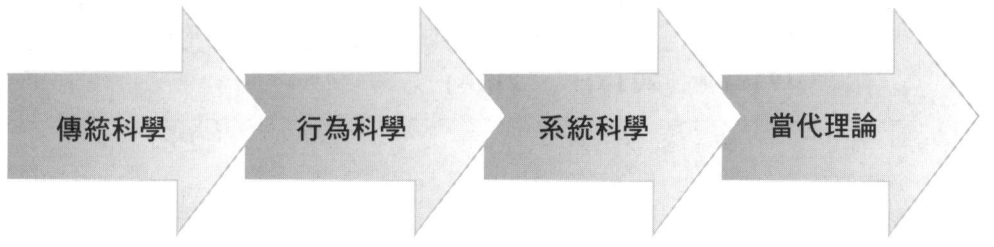

傳統科學　→　行為科學　→　系統科學　→　當代理論

行政學理論階段發展

比較構面	傳統理論時期	修正理論時期	整合理論時期
期間	1887-1930年	1930-1960年	1960年之後
研究方法	價值研究（應如何）	事實研究（是如何）	權變研究（什麼是應該）
理論基礎	科學管理	行為科學	系統理論
組織性質	封閉	封閉	封閉到開放的連續體
研究重點	靜態研究（研究法令規章、工作方法）	動態研究(心理反應及人員交互行為)	生態研究（環境的影響）
對人性看法	X理論（性惡論）	Y理論（性善論）	Z理論（權變論）
效率觀點	機械效率	社會效率	層次效率

比較構面	傳統理論時期	修正理論時期	整合理論時期
主要學派	政治與行政二分學說、管理技術學說、行政管理學說、動態管理學說、官僚模式學說	霍桑實驗理論、動態平衡理論、理性決策理論、需要層次理論、激勵保健理論	一般系統理論、環境系統理論、社會系統理論、生態理論、權變理論
重要原則	系統化、計劃化、協調化、效率化、標準化	思想交流、相互領導、上下一體、內外並重、自由溝通、民主參與	整體觀念、環境適應、開放系統、反饋作用、新陳代謝、穩進發展、權變法則

壹　傳統理論時期（1887-1930）

工業革命後對整個社會、經濟結構產生重大影響，如勞資糾紛、成本控制、產能提高、品質提升等問題紛至沓來。為求能圓滿解決此些管理問題，導致科學管理的產生。

本時期著重於權責之合理分配、組織結構健全及工作方法標準化、系統化，並尋求最佳的行政原則，以使組織有效運作，達到最高效率及理性目標。

一、政治行政二分學派

主張行政不應受政治干擾。

(一) **威爾遜**（W.Wilson）

1. 行政學之父。
2. 西元1887年發表〈行政的研究〉。
3. 普林斯敦大學校長、紐澤西州州長及美國第28任總統。
4. **主張**：行憲比制憲愈來愈困難[註一]、行政是在政治適當範圍之外、行政問題不是政治問題、行政是法律較詳細系統性的執行、公共行政應該像企業一樣、建立有效率又專業的文官體系、輿論應扮演「權威性評論」的角色、行政改革應參酌他國長處並加以本土化。

(二) **古德諾**（F.Goodnow）

1. 美國公共行政之父、行政政治二分理論集大成者。
2. 西元1900年出版《政治與行政》。
3. 哥倫比亞大學行政法教授、美國政治學會第一任主席。
4. **主張**：政治是國家意志表現，行政是國家意志執行。
   政治與**行政應分開**，政治是非科學且非理性，而欲有效推行政須剷除「**分贓制度**」，採行用人唯才的「**功績制**」。

二、管理技術派

注重改善基層人員工作方法。

(一) **泰勒（F.Taylor）**

1. 科學管理之父。

2. 西元 1895年發表「論件計酬制」及「差別計件比率」、1903出版《工廠管理》、1911年出版《科學管理原則》。

3. 密得威鋼鐵公司總工程師、伯利恆鋼鐵公司顧問。

4. **主張**：建立科學方法、並以此選擇訓練員工、人員間配合、部門劃分、權責分明、嚴格獎懲。

(二) **甘特（H.Gantt）**：提出工作及獎金制度、發展出「甘特圖」以控制工作進度，使產量大幅提高。

(三) **吉爾布勒斯夫婦（F.Gilbreth）**

1. 動作研究之父、管理第一夫人。

2. 西元1915年出版《管理心理學》，主張：動素、陞遷三職位計劃（過去、現在及未來職位）、三種管理風格（典型、科學、過渡）。

(四) **貢獻**

1. 強調最佳方法，對組織作業無形中產生求新求變改革之風。

2. 動作與時間研究結果，易於控制進度，且有助管理階層預先估計生產成本。

3. 獎金制度的實施，有利於產量提高。

(五) **缺失**

1. 過分強調生理因素，忽略了心理因素與社會因素。

2. 過分強調工資及獎金為激勵員工工作行為的唯一因素。

3. 視員工為生產工具，否定其人格尊嚴與價值。

4. 就方法論而言，經科學方法檢驗唯一方最佳方法之獲得，不無疑問。

5. 泰勒管理學說充滿父權主義思想，以控制思想為措施。

牛刀小試

1. 行政學奠基學者威爾遜（Woodrow Wilson）對行政學說及政府運作，有何主張？另就今日治理系絡而言，其論述有何不足之處？【108高三】

2. 何謂「科學管理」？其產生時代背景是什麼？主要代表人物及其管理理論又是什麼？試一一說明之。

3. 科學管理創始人是美國人泰勒，試就其生平事蹟、重要著作即理論要點等一一加以說明之。

4. 試說明泰勒的科學管理主要內容，並評論之。

三、行政管理學派

注重中、上層人員之管理方法改善。

(一) **費堯**（H.Fayol）

1. 現代管理理論之父、法國管理學之父。
2. 西元1915年出版《一般管理和工業管理》。
3. 取得採礦工程師資格、科費德公司總經理。
4. **主張：**
   (1)行政五要素：POCCC，即組織、指揮、計劃、協調、控制。
   (2)提出組織結構的OSCAR原理（目標、專業化、協調、權威、職責）。
   (3)列舉14項管理原則：

費堯14項管理原則

分工原則	透過分工可達專業化，提高效率
權責相當原則	權力應伴隨著責任
紀律原則	員工需遵守組織規定
統一指揮原則	每位員工都應只接受一位上司命令
目標一致原則	具同一目標工作，均應只有一位上司及一套計劃
共同利益優先原則	個人利益應置於組織利益之下
報酬公平原則	完善薪酬制度須具備：公平待遇、績效獎勵、適度獎勵
中央集權化原則	組織須視員工素質與組織狀況決定集權程度
階層鏈鎖原則	從最高層到最低層權力路線應正視：骨幹原則（垂直關係）與跳板原則（水平關係）
秩序原則	員工與物料均應在適當時候，出現在適當地方
公正原則	管理者應和善公平對待下屬
任期穩定原則	管理者應做好人事規劃，減少人員流動，穩定人事
主動原則	讓員工參與計劃可激發、培養其創意與成就感
團隊精神原則	高階管理者須強化員工團結與協作精神

(二) **古立克**（L.Gulick）**尤偉克**（L.Urwick）

1. 西元1937合編《行政科學論文集》。
2. 布朗婁委員會（Brownlow Committe）成員。

3. 提出行政管理七項功能：

P計劃（Planning）	擬出欲完成工作大綱及完成方法。
O組織（Organization）	建立正式權威結構，使各部門及單位得以協調與分工。
S人事（Staffing）	建立人事作業與措施。
D指揮（Directing）	權責之分配，指揮隸屬系統設定以及服從層級確立。
CO協調（Coordinating）	組織中各部門間工作聯繫與協調。
R報告（Reporting）	使組織成員知悉組織之進展情況。
B財政（Budgeting）	有關財物運用方面之活動，包括預算編制、經費運用、會計作業及審計查核等。

4.提出分部化四原則：

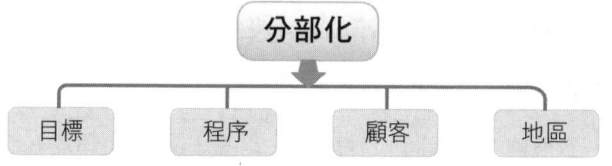

(三) **評價**

1. 所謂行政原則，只是組織現象而已。
2. 所建構之原則間的關係，並未能加以詳細申論。
3. 未考慮到人類的慾望、動機與態度對其行為的影響。
4. 4P充其量只是四種不同的工作性質而已，並不能作為進一步基礎。

牛刀小試

1. 費堯（H.Fayol）乃行政管理學派之主要代表性人物。試就其生平、事蹟及管理理論說明之。
2. 美國學者古立克（L.Gulick）於西元1937年所提POSDCORB，對當前行政仍具實務參考價值，試扼要解析其內容。【國軍】

四、動態管理學派

注重人類行為心理因素。

(一) 傅麗德（M.Follet）

1. 管理學之母、注意行政的心理因素少數先驅。
2. 西元1920年發表「新國家」、1924年「創造性的經驗」。
3. 研究政治、法律與哲學學者。

4. **主張：**

(1)**額外價值**：團體生活能使人產生一種強烈感情，而影響團體中每個人的每一行動，所以人在團體中思想行動，無法由其個人所控制，將全部受團體所發生之影響所支配。此種額外價值生命才是社會上人類行動的真正基礎。

(2)**團體中衝突**：團體中衝突為必然現象，應透過整合而非妥協或鬥爭。

(3)**協調四原則**：協調為管理核心，協調應遵守直接、早期、連續及互惠原則。

(4)**權威運用看法**：純粹根據「情勢法則」，權威一定要去除人的因素才發號施令。

(5)**主管與部屬關係**：非「命令與服從」關係，而是以「職能合作」精神為基礎。

(6)**社區服務哲學**：強調社會人士扮演社會角色的重要性。

牛刀小試

試論述傅麗德（M.Follet）的行政理論要點。

五、官僚科層體系學派

偏重靜態的組織研究。

(一) 韋伯（M.Weber）

1. 現代社會學奠基者。

2. 西元1904年出版《新教倫理與資本主義精神》、1925年著《經濟組織與社會組織》。

3. 德國社會學家、宗教家、經濟及政治學家。

4. **重要理論：**

(1)**合法權威演變三階段**：

A. **傳統權威**：古代地方部落、封建王國，權力源自文化信仰，易被懷疑、打倒。

B. **超人權威**：宗教先知、戰爭英雄、革命領袖，權力源自個人特質、影響力，容易人亡政息。

權威支配類型

支配類型	要求服從的基礎
傳統型	服從我，因為我們人民一直這樣做
奇魅型	服從我，因為我能改變你們的生活
法理型	服從我，因為我是你們法定的長官

資料來源：F.Parkin

C. 合法合理權威：科層組織，為高度組織化與制度化結構，權力源自法定、理性基礎，為「理想型」型態的組織。

(2)**理想型官僚組織特性**：簡單而言可以以「專業分工、層級節制、依法辦事、功績管理」代表之。而較詳細特徵為：

A. 人員有正式與固定執掌，依法行使職權。

B. 組織型態為一層級節制體系。

C. 組織成員辦事原則係「對事不對人」。

D. 人員按專業而分工並施予技術訓練。

E. 人員任用採公開方式甄選，具永業化傾向。

F.薪資給付依人員地位和年資。

(3) **實施理想型官僚組織型態理由：**

A. 指揮運如、命令貫徹。　　　　　B. 權責明確。

C. 消除營私舞弊。　　　　　　　　D.機關業務達高度專業化。

E. 工作有保障可使人員工作效率提高。

(二) 評價

優點	1. 高度實用性。　　　　　　　2. 可為學術分析之奠基。 3. 官僚化傾向的肯定。　　　　4. 法規完備、權責明確。 5. 指揮協調一致、去人情化。 6. 人員任用依專長能力、良好待遇與工作保障。
批評	1. 過分強調機械性的正式組織功能，而忽略了組織的動態面。 2. 專業分工固能促進工作效率，也容易造成「受過訓練的無能」。 3. 升遷依照年資，使人員只注意保護其即有的利益而忽略了服務對象的利益。 4. 層級節制減弱了上級對下級的影響力。 5. 過分重視法令、規章，容易造成墨頓「目標轉換」[註二]的現象。 6. 成員永業化的趨向，易造成停滯不求進步。 7. 人員行為僵化。 8. 韋伯的機關組織體系分析，非根據實驗主義而來，僅憑主觀觀念想像而構成。 Hoy&Miskel就Weber所提的官僚組織五個主要特徵，列表對照其正負功能： 　　**韋伯官僚組織型模的正功能與負功能** | 負功能	官僚組織特徵	正功能
---	---	---
枯燥乏味	←　　分工　　→	專業技能
缺乏士氣	←　無人情取向　→	理性
溝通阻礙	←　權威的層級　→	有紀律的服從與協調
僵化與目標替代	←　法規與規則　→	持續與一致
成就與年資的衝突	←　終生取向　　→	激勵	 資料來源：吳瓊恩《行政學》P294
學者評述	1. 韋伯擔心科層體制日益膨脹，將導引整個社會邁向「鐵的牢籠」。 2. 班尼斯（W.Bennis）預言，科層組織將在未來25年至50年間消失。 3. 哈利比（E.Halevy）認為：科層體制絕非是民主政治之充分條件，但它是一個必要條件。 4. 史特勞斯（E.Strauss）名言：「現代人必須與現代巨靈（科層體制）生活在一起，問題不在如何殺死它，而是如何馴服它。」

(三) **現代意涵**：阿布洛（M.Albrow）認為bureaucracy有七種不同之現代意涵：

1. 理性組織。

2. 組織無效率的病象（末稍神經麻痺症候群）。

3. 行政官員所控制統治的政府。

4. 行政制度或文官制度（護國型、階級型、恩惠型、功績型）。

5. 組織管理方法。

6. 大型組織（結構化恐龍）。

7. 當代社會（鐵的牢籠）。

(四) **官僚組織的修正**：針對韋伯官僚組織的諸多缺點，學者提出各種不同的修正主張如：

1. **丹哈特（R.Denhardt）提出**：「民主行政」組織不能僅注重內部效率，應反映民眾需求，並與民主相配合。

2. **葛德納（Gotner）主張**：應建立代表制官僚組織、採取保障弱勢團體措施。

3. **海克契（C.Hecksher）提出**：「後官僚組織模型」其意涵為：

(1) 權威形成源自對組織承諾。　　(2) 具有共同使命。

(3) 強調彈性原則。　　　　　　　(4) 組織分工，採跨功能或層級。

(5) 績效評估應公開。　　　　　　(6) 生涯規劃強調多項專業能力。

(7) 對變革預期心理。

1. 韋伯所提出之官僚體系，其特徵為何？【薦升】

2. 韋伯之官僚體系理論，對公共行政之發展具有重大貢獻，然而此一理論仍有若干可批評之處，試就其可能缺失加以論述？

3. 試評述韋伯「理想型官僚制度」之內涵。【普】

4. 德國人韋伯提出官僚組織理論，對政府行政及管理造成巨大的衝擊，世人對其理論觀點亦有譽有譽。其理論特點及所遭遇批評各為何？【港務】

5. 試扼要說明科學管理學派、行政管理學派與官僚組織體系學派之貢獻與缺失。

6. 後官僚組織（The Post-Bureaucratic Model）的特性為何？試舉一例分析之。【104地三】

7. 試闡述韋伯的官僚制度理論。【105高三】

8. 韋伯（Max Weber）提出的理想性官僚組織有那些特點？其又有那些限制？請試從相關論點檢討我國現行之中央政府行政組織。【106身三】

六、傳統理論時期的評價

(一) 重要原則

1. **系統化**：組織欲達系統化須作到下列四點要求，即：

   (1)自然而準確工作方式與程序。　　(2)確實的事權分配。

   (3)輕重緩急之先後次序。　　　　　(4)適當安排事務的場所。

2. **計劃化**：在機關中從事任何工作都應先擬定計劃，如金錢收支應有預算、人事管理要先訂出計劃、國家之各種施政訂有近程、中程及長程計劃。

3. **協調化**：系統化造成組織上之分工，有分工就須合作，否則各自為政。協調化目的即在要求各單位異事同工地共同合作，以完成任務。

4. **效率化**：科學管理最初目的，就在於提高效率。亦即於達成任務過程，研究如何以最經濟的手段來獲得最大效果。

5. **標準化**：處理一切事務都要依據可靠的事實或一定標準來作，而不可僅憑臆斷或主觀好惡行事。

(二) 傳統理論的缺失

1. 過分強調機械的效率觀念，以致抹煞了人性尊嚴。

2. 過分重視組織的靜態面，而忽略組織的動態面。

3. 將組織視為「封閉系統」。

4. 對人類行為做了不切實際的假設。

5. 憑個人的知識、經驗以及有限觀察所立下的原理原則，經不起考驗。

> **牛刀小試**
>
> 1. 傳統行政理論有何重要原則？其缺失為何？試論述之。
> 2. 科學管理有那些應遵守的重要原則？試說明之。【基三】
> 3. 傳統行政組織理論的核心要旨為何？其有何重大缺失？【高】

貳 行為科學時期（1930-1960）

二十世紀中期以後，整個社會文化環境，發生了劇烈改變，人們教育水準普遍提高，已不能再像過去僅憑藉經濟手段來滿足員工慾望，必須運用新的方法，才能保持員工有效參與。

本時期著重於組織中人員行為之研究，如人性激發、人格尊重、意見溝通、非正式組織影響等，試圖建立通則，以運用至各社會科學領域。

一、行為科學與後行為主義

(一) **行為主義**：西元1930年在美國興起，從過去「應如何」或「不可如何」規範性理論，轉變為強調社會現象之「實然」研究。而「行為科學」名詞，則是由芝加哥大學教授於1949年，在美國福特基金會補助鉅款的「個人行為與人群關

係」研究計劃喊出，簡稱為「行為科學」。嗣後乃大為流行，1960年並蔚為主流。其意義為：

1. **貝里遜與史坦奈（B.Berelson & G.Steiner）**：在《人類行為》一書中，簡明扼要主張：「我們是從事直接與人類行為有關的科學研究。」必須具備：研究人類行為與運用科學方法。

2. **賽蒙（H.Simon）採行政學觀點**：
   (1)傳統行政學欲建立「行政原則」，其實只不過是一些「行政諺語」。
   (2)區分事實與價值因素，據以區分行政與政策。
   (3)行政學與其他科學相同，均以事實問題為對象的實證研究。
   (4)建立科學原則，必先發展概念工具。
   (5)重視心理學、社會學、經濟學的發展以研究行政行為。

3. **綜合而言**：
   (1)以科學方法來研究人類行為問題的科學。
   (2)運用某些自然科學研究方法來研究社會現象與事實的科學。
   (3)為多學科性的，但非屬其空隙地帶。
   (4)其目的在建立社會科學中可共同使用的「一般理論」。
   (5)以驗證的方法來進行研究的學問。
   (6)有時與行為研究途徑通用。

(二) **後行為主義**：伊斯頓（D.Easton）於西元1969年發表〈政治學新革命〉一文，對行為主義表達不滿，呼籲政治學應追求相關性與行動主義，並積極從事價值的研究與建設，而開啟了後行為主義時代的來臨。其特徵有：
   1. 實質先於技術。
   2. 行為主義隱藏了一個經驗保守主義的意識型態。
   3. 行為主義研究與事實脫節，而後行為主義即在打破此種沉寂障礙。
   4. 研究有建設性的發展價值。
   5. 知識份子任務在保護人類文明價值。
   6. 知即有行的責任，行即是社會的重建。
   7. 知識份子有義務去應用知識。

二、霍桑實驗學派（Hawthorne Studies）

(一) 對管理中人性問題做實證研究，開啟了人群關係學派先河。

(二) 美國國家科學院所屬研究委員會，於1924至1932年間，在西方電氣公司設於芝加哥市西賽羅附近的霍桑工廠，所進行工廠場地照明對產量影響的研究計劃；其後公司聘請哈佛大學梅堯等三人加入研究。

(三) 西元1933年梅堯（E.Mayo）發表〈工業文明中人的問題〉。
   西元1938年懷德海（T.Whitehead）發表〈工業界的工人〉。
   西元1939年羅次力斯伯格（F.Roethlisberger）與狄克遜合著《管理與工人》。

(四) 實驗過程

階段	時間	實驗名稱	重要結論
初期階段	1924至1927年	燈光照明 與產量關係實驗	未獲肯定結果
第二階段	1927年	繼電器裝配 試驗室實驗	發現「人格尊重」與「社會平衡與士氣」結論
第三階段	1928年至1931年	面談計劃	得到「參與情緒的發洩」結論
最後階段	1931年11月	接線工作室 觀察實驗	發現「小團體及其約束力」

(五) 重要理論

1. **人格尊重**：尊嚴維護並非取決於物質條件改進上，在精神的條件上還是要設法滿足，如此才能產生激勵作用。
2. **參與及情緒的發洩**：面談可減少人員緊張與不滿情緒、可以滿足部屬參與感並可發掘工人慾求作為改進參考。
3. **小團體與小團體之約束**：發現個人在團體中行為，除了受正式的法令規章所限制外，亦會受到非正式組織（小團體）的約束。
4. **社會平衡與士氣**：認為組織中所謂「社會平衡」的狀態，當此狀態可維持時，縱使受到外在逆境衝擊，工作人員仍能繼續合作保持運行。

(六) 評價

1. 開啟個人及團體行為奧秘的研究。　2. 領導功能獲得重視。
3. 非正式組織研究。　4. 奠定了人群關係的理論基礎。

牛刀小試

1. 行為科學演進與意義？
2. 何謂「霍桑研究」？試就所知，論述霍桑實驗的重要發現及對行政管理的影響。
3. 試就所知，論述霍桑實驗（Hawthorne Experiment）的重要發現及其意涵。
4. 解釋名詞：霍桑研究（Hawthorne Studies）。【國軍】
5. 何謂霍桑研究（Hawthorne Study）？對人群關係理論的發展有何啟示？

三、動態平衡學派

注重人員互動相互瞭解。

(一) 巴納德（C.Barnard）

1. 現代行為科學之父、非正式組織理論先驅。
2. 西元1938出版《主管人員的職能》。
3. 紐澤西貝爾電話公司總經理，成功企業家。

4. **重要理論**：
(1) **互動體系論**：組織是由共同的目標、貢獻心力意願及相互溝通能力所組成。
(2) 非正式組織是無意識、不定型的，能為正式組織擔任三項積極功能：
　　A. 傳遞不便溝通的意見資料。
　　B. 培養員工熱忱，維持組織團結。
　　C. 其互動方式可避免正式控制，保持個人自尊。
(3) **貢獻與滿足之平衡**：人之所以向組織貢獻心力，主要原因在組織能給他最大的滿足。貢獻就是提供工作，而滿足就是誘導或動機，誘導不能只靠物質條件，更應重視非物質條件。（C→貢獻、I→誘導）

$$C > I \quad \blacktriangleright \quad \text{決定不參與。}$$

$$\text{當} \quad C = I \quad \blacktriangleright \quad \text{難於立即決定取捨。}$$

$$C < I \quad \blacktriangleright \quad \text{將決定參與此組織。}$$

C ➡ 貢獻
I ➡ 誘導

(4) **權威接受論**：認為權威不在發令者，而在被命令者，而欲使受命者完全接受命令必須符合—受命者確已瞭解、合於組織目標、不違背受命者利益、受命者有能力加以執行，符合上述條件，稱為「無利害區、無異議區、或無差異區」（Zone of Indifference）。
(5) **溝通問題**：溝通是重要的行政工作，而行政主管就是實際溝通管道的中心點，要做好溝通應作到以下幾點：
　　A. 溝通管道明確為人所知。
　　B. 為使溝通管道正式化，應規定部屬與主管間的溝通關係。
　　C. 溝通路線應儘量直接而簡短。
　　D. 溝通路線應循序進行，不可繞道。
　　E. 主管人員之能力應足以勝任溝通中心之重任。
　　F. 溝通路線在工作進行時不能中斷，在職者因故不能視事時，應有人代理。
　　G. 應給與溝通者具備正式之溝通權威的確認。
(6) **主管職能**：認為在一個正式組織中，主管是關鍵人物，就如同身體之中樞神經，應執行三項職能：
　　A. 建立一套溝通系統。
　　B. 積極取得必須的努力應包括將員工導入合作關係、激發員工對機關認同的步驟。
　　C. 界定組織目標。
(7) **責任道德觀**：由職業、法律及道德等要素構成，而這些規律之效力，主要不在外在制裁，而是在於人的內在義務感。

(二) 評價

1. 採動態觀點分析主管的功能。
2. 目標、規劃、領導、控制、組織等議題再獲得重視。

四、理性決策學派

研究組織決策制定過程。

(一) 賽蒙（H.Simon）

1. 決策學派創始人、諾貝爾經濟學獎得主。
2. 西元1947年出版《行政行為》、1953年出版《公共行政評論》。
3. 芝加哥、伊利諾大學教授。
4. **重要理論：**
   (1) **決策理論：**所謂行政行為根本就是組織中決策制定的整個過程。而決策活動包括：

情報活動	**設計活動**	**抉擇活動**
觀察或探究政治、文化、經濟等各方面狀況。	擬定並評估各種解決問題的可能方案及其細節。	就各種可能方案，最後選擇一種予以實施。

   此三項活動必須密切環環相扣，而「溝通」居間扮演重要角色。
   (2) **滿意決策理論：**一般行政人只能做出「滿意決定」，無法做出最適決定，但有兩種方式可使人們臻於夠好或滿意的決策即行為模式與直覺模式。
   A. 行為模式非達成最佳化結果，而是植基於方案優先順序考量。
   B. 直覺模式則是假定人類正確決策，主要來自良好的直覺與正確判斷，此種頓悟經驗惟須付出數十年專注苦練而成。並認為社會決策之理性過程，須面對三種可能限制：注意力的限制、多元的價值與不確定性。
   (3) **組織平衡論：**承襲巴納德之理論貢獻與滿足平衡加入激勵作用。
   (4) **目的—手段的連鎖理論：**任何行政行為均是經由各種價值前提與事實前提考量。而價值本質上可分為「內在價值」與「工具價值」，兩者連結，即形成「目的手段之連鎖」。
   (5) **行政的政治：**行政機關於決策形成與執行過程中，須爭取外界支持，其對象包括社會大眾、利益團體、大眾傳播、國會部門、總統及其幕僚機關。其作法為：【彭文賢】

社會大眾	進行政策宣導並多與民眾溝通。
利益團體	積極誘導如人事任命、差別待遇等措施。
大眾傳播	與之維持良好關係，並主動提供訊息。
國會部門	減少立法部門的敵視並爭取其支持。
總統及其幕僚機關	增加主管聲望及機關行事效率。

(二) **評價**：雖對傳統時期之行政原則提出攻擊，卻仍同樣關注效率，並流露出對權威與層級的相同旨趣。經由「行政行為」方法上重新詮釋，其論證反而更為理性。丹哈特（R.Denhardt）將賽蒙形容為理性模式行政理論的大師。

牛刀小試

1. 試扼要說明巴納德之「貢獻—誘導平衡原理」的內涵。
2. 試說明巴納德（C.Barnard）之組織理論的大要，並評論之。
3. 解釋名詞：巴納德（C.Barnard）。
4. 就一個行政組織而言，決策過程應包括那幾項主要活動？試說明。
5. 試就「行政的政治」（the politics of administration）角度，申論行政機關爭取「外在支持」的方法。
6. 賽蒙（H.Simon）早期在建構有限理性的決策模式時，認為決策應包括那些活動？嗣後又提出行為模式和直覺模式加以闡明，其意涵為何？請說明敘論之。【高】
7. 解釋名詞：賽蒙（H.Simon）。【高】

五、需求層次學派

管理者應設法滿足人員需求。

(一) **馬斯洛（A.Maslow）**
　　1. 人本主義心理學之父。
　　2. 美國布蘭迪斯大學心理系主任。
　　3. 西元1943年「人性激勵的理論」論文、1954年著作：《激勵與個性》。
　　4. **重要理論：**
　　　(1)特別重視人員需求的滿足，提出「需求之層次」理論，認為人類有五個基本的需求即：（滿意累進模式）

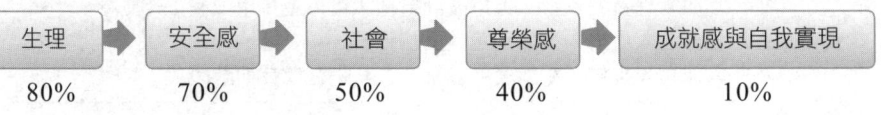

生理	安全感	社會	尊榮感	成就感與自我實現
80%	70%	50%	40%	10%

　　　　需求由低而高，循序漸進，組織須設法滿足其需求。
　　　　其具體作法，就組織面而言應涵蓋：
　　　　A. **生理需求**：維持溫飽，食、衣、住、行等基本需求，如薪資，津貼、工作環境。
　　　　B. **安全需求**：免於恐懼與威脅之需求，如勞健保、職業安全、退休金制度。
　　　　C. **社會需求**：歸屬感與被愛的需求，如同事情誼、工作團隊、員工聚會。
　　　　D. 尊榮感需求：期望尊重別人與受他人尊重需求，如獎狀、勳章、名銜、地位。
　　　　E. 自我實現需求：強調存在價值，可望達成真善美、正義實現，如自我理想實現。

以下圖示為與阿特福ERG理論、麥克里蘭三需求理論、赫茲柏格雙因子理論比較。

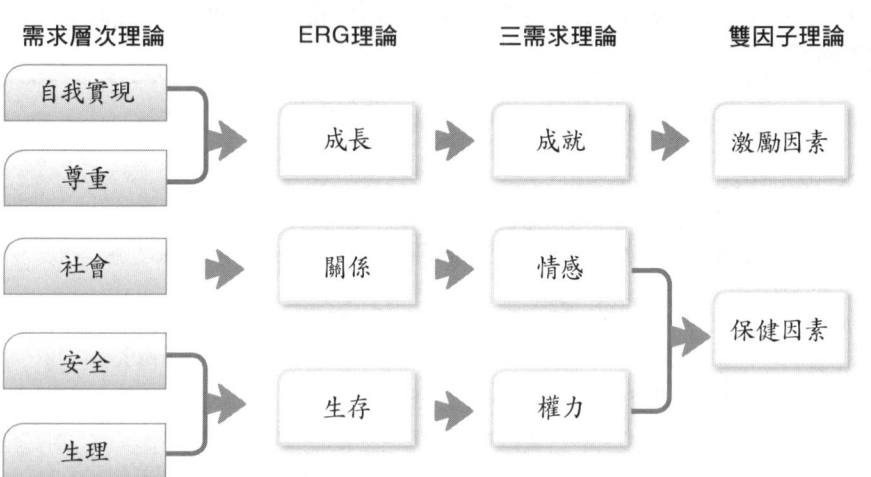

(2)除建構需求層級理論外，亦將五種需求粗略分為匱乏性需求及成長性需求。

(3)在論及「健全心理管理」時，更指出自我實現之基本需求獲得滿足後，會追求存在價值滿足，如真善美等靈性需求、審美需求，稱超越自我的靈性需求，又稱第六種需求。

(4)其滿意累進模式特別指出低層次需求並非須100%滿足後，才會追求更高層次需求滿足，而是隨著層級上升滿足比率下降。

(二) 評論

優點	1. 可供管理實務參考，據以設計各種激勵措施，以激發工作動機。 2. 使管理人員對人類個別差異更加瞭解。 3. 需求理論提供了組織發展參考，尤其是在成長期階段。
批評	1. 建立在玄思冥想的推論之上，未曾重視實驗資料。 2. 自我實現需求過於空泛。 3. 認為人類低層次需求滿足後，進而追求更高層次需求；相反的，阿特福卻認為人類無法追求更高層次需求時，會有退而求其次的需求。 4. 忽略了許多中介變數、現實因素之影響。 5. 只是單向思考之建構，缺乏周延思慮。 6. 未考量文化與價值之情境因素。
運用	1. **生理需求面：**如訂定合理獎懲制度、功績制度、舒適工作環境、合理待遇、和諧人際關係等。 2. **心理需求面：**如組織共同目標、參與式管理、主管適切領導方式、提案制度、學習成長等。

1. 試從馬斯洛（A.Maslow）的需要層次理論，說明如何激勵士氣？
2. 馬斯洛（A.Maslow）的需要層次理論其內容為何？此一理論對組織管理有何貢獻？此一理論有何可評論之處？試一一論述之。

六、激勵保健學派

人類需求分保健激勵因素。

(一) **赫茲伯格**（F.Herzberg）

1. 美國凱利澤大學心理系教授。
2. 著作《工作與人的本質》。
3. **重要理論**：促使人感到滿意或不滿意因素有二：
   (1) **保健因素**：屬消極的，在維持原有狀況，對進一步改善並無幫助，稱為「不滿意因素」，如待遇、監督、公司政策、工作環境、工作保障、人際關係。
   (2) **激勵因素**：具有積極作用，可激發人員工作意願，亦稱「滿意因素」，如賞識、責任、成就感、工作本身、升遷發展、自我實現。

赫茲伯格雙因子理論

保健因素	激勵因素
待遇	賞識
監督	責任
公司政策	成就感
工作環境	工作本身
工作保障	升遷發展
人際關係	自我實現

(二) **影響**

1. **對領導者啟示**：領導如欲發生影響力需同時兼顧「激勵」與「保健」因素。
2. **對工作設計之影響**：影響1960年代後之工作設計，特別是工作豐富化和工作生活品質。

(三) **缺點**

1. 研究對象僅限於會計師、工程師，抽樣不夠分散，不具代表性。
2. 受訪者作答題時，可能基於自我防衛理由，有所保留，影響結果的正確性。
3. 保健及激勵因素之認定很難有一致標準可言。

牛刀小試

1. 請說明赫茲伯格（F.Herzberg）的「激勵保健理論」。
2. 何謂「激勵—保健理論」？組織如何運用此一理論以激發員工的工作意願俾便提高工作績效？試詳述之。【退三】

七、人性本善學派

人性是善良，對工作有主動積極精神。

(一) **麥克葛羅格（D.McGregor）**
　　1. 西元1906出版《企業的人性面》。
　　2. MIT教授。
　　3. **重要理論**：X理論與Y理論（Theory X、Theory Y）
　　　(1)**X理論**：人性厭惡工作、逃避責任、無雄心及抱負，須強施威壓使其達成目標。
　　　(2)**Y理論**：工作如同遊戲一樣自由、一般人並非天生厭惡工作、一般人潛力只發揮1／3、會自治自律、設法尋求職責、有豐富想像力、創造力。
　　　(3)根據Y理論，主張應採人性化管理，其手段不外乎為：民主領導、人人參與、積極溝通、滿足需求、潛能發揮、及適當授權。

(二) **當代組織論對人性之看法**：由於X理論與Y理論將人性視為過分極端，無法符合事實，因此當代學者提出兩者之綜合即「Z理論」。
　　1. 人性即非全善，亦非全惡，應視不同角度、環境加以觀察。
　　2. 人有時喜於工作，有時卻又希望休息，此乃自然現象。
　　3. 人有個別差異，管理方式實無一定準則可行。

牛刀小試

1. 行政學人性論中所謂的「X、Y理論」，試說明其理論之大意，並提出當代組織論對人性之看法。
2. 試根據美國學者麥克葛羅格（D.McGregor）的論著，扼要說明X理論和Y理論的主要內涵。【普】
3. X理論、Y理論及權變理論對於人性各有何假定性看法？基於對人性看法之差異，此三種理論對於管理方式各有何不同主張？試析述之。【退三】

八、人群關係學派與後人群關係學派

(一) **人群關係學派**：人群關係學派源自於科學管理學派只重視效率與效能提升，而忽略人性的缺失，並立即成為管理界一項新興的學問。而最早使用「人群關係」一詞者，為美國人事協會於1918年所舉行的銀灣會議。1920年威廉士出版了第一本以人群關係觀點來探討管理問題的《員工的慾望》一書。人群關係學派主張採用行為科學方法以研究組織中複雜的人事關係，並探討組織內部人員間或單位間的互動行為。

1. **理論基礎：**
   (1)人的潛能應加發揮。　　　　　(2)個別差異的原則。
   (3)人格尊嚴應加以維護。　　　　(4)激勵的運用。
2. **實施方法：**
   (1)人事諮詢制度建立。　　　　　(2)工作建議制度建立。
   (3)員工態度調查。　　　　　　　(4)主管與員工接觸計劃。
   (5)鼓勵團體活動。　　　　　　　(6)人員動態審計。
   (7)人員訓練發展。
3. **限制**：根據孫本初教授見解有以下三點：
   (1)仍強調「效率與生產力」，並未將員工福祉視為終極目標。
   (2)史考特（G.Scott）評其為「母牛社會學」，對人員關懷，背後是工具的觀點。
   (3)阿吉瑞斯（C.Argyris）與麥克葛羅格（D.McGreor）認為人群關係學派企圖根絕官僚體制的反功能，卻不願改革官僚體制。

(二) **後人群關係學派**：受人群關係之啟蒙，主張以組織中個人為中心，強調個人需求，並質疑組織目標是否就是個人目標，提倡組織民主化。以阿吉瑞斯（C.Argyris）、馬斯洛（A.Maslow）、麥克葛羅格（D.Mcgreor）等人為代表。後人群關係學派脫離人群關係學派之功能論原則，開始以組織中個人為中心，視之為「人文主義」的組織理論，而史考特（G.Scott）則對組織人文主義提出如下說明：
1. 人性尊嚴必須在平等基礎上加以保護及培養。
2. 人類有追求至善天性。
3. 組織的利益即為個人利益，應是適當而公平的分配給員工，不應由管理者所獨享。
4. 組織中的決策階層與考核階層之權力，應來自員工同意。
5. 組織變革，應讓組織成員對所有備選方案充分瞭解，以及凝聚共識後的結果。

九、修正理論時期的評價

(一) 重要原則

尊重人格	每個人在組織中均應受到人格尊重，不可因其職位高低而有所不同。
相互利益	組織只有在人員整體配合下，才能完成使命，而要整體配合就必須瞭解相互依存、相互利益的重要性。
積極激勵	利用人的上進心及尊榮感，使人奮發努力，勇於任事。
意見溝通	意見溝通可使組織成員，對組織目標、政策、計劃及工作有一致瞭解。
人人參與	民主的人人參與原則，已成為現代管理上之一個重要原則。
民主領導	是一種影響力運用，組織人員之間，產生影響力，皆可稱之。

(二) **修正理論優點**：採取科學方法之至學精神、研究對象生動有趣、由事實中尋找新理論概念。

(三) **修正理論缺失**：無法加以貫通、漠視法令規章重要性、有違社會研究宗旨、未注意外在環境對人影響。

(四) **產生影響**

基本觀念上	由價值判斷轉為發掘問題，找出真相。
行政組織上	由靜態的研究到動態研究、非正式組織理論、組織平衡論與群組角色重視。
管理方式上	由監督到人性激發、由消極懲罰到積極激勵、由專斷領導到民主領導、由唯我獨尊到意見溝通。
權力觀點上	非完全依靠法令規章，主要是依靠下屬對長官權力接受程度大小而定。
人事行政上	由「管人」轉為「治事」，由建立「效率」的工作員到培養「快樂」的工作員。

(五) **與科學管理學派比較**

1. **有效領導運用**

    (1)科學管理學派主張主管對部屬領導應採專斷、獨裁式領導，組織應有明確規章或程序以釐清權責。

    (2)人群關係則主張民主、參與式領導，給予部屬尊重、關懷。

    (3)在實際運用方面則應視實際情況，如工作是否明確、部屬能力等因素來加以衡量運用。

2. **兩者比較**

科學管理	人群關係
專斷領導	民主領導
監督制裁	人性激發
消極懲罰	積極激勵
唯我獨尊	意見溝通
職位權力	影響力
任務取向	人員取向

牛刀小試

1. 行為科學產生，對行政學的影響甚大，試就其對行政學基本觀念、組織理論的研究、管理方式上及人事行政上的影響分別加以闡述之。

2. 請對照科學管理學派與人群關係學派的理論，深入討論兩者如何運用於有效領導的行為？【國軍】

參　整合理論時期（1960-）

自二十世紀後，社會日趨複雜，變動快速，人類知識轉變為高度的專化與分化。以往許多科學，致力於分析發現事實，但仍僅偏限於少數主題，無法建立普遍的理論架構。已經到了須加以綜合、調和以及整合時期。

1960年代起，社會科學研究進入一個嶄新的紀元—整合時期。認為傳統理論與行為科學理論皆有所偏頗，主張：應將組織視為一種「開放型的系統」、管理方面無所謂單一最佳組織方法，需視組織與環境互動性而因時因地因事制宜。

一、系統概念與特性

系統理論可謂當代各種學科的「共通典範」。

(一) **意涵**：一個有目的、有組織的許多不同部份的複合體，系統的構成份子或次級系統各有其特定的功能與目標。

(二) **特性**

次級系統	任何系統均由二個以上相互關聯的份子或要素所組成。
整體觀	總體大於分子相加之合，系統本身是一個完形的整體。
開放性	系統無法離開環境而孤立的存在，會與外在環境交換資訊、資源或訊息。
投入轉換與產出過程	系統與環境形成動態關係，其自環境取得各種投入，經轉換處理產生變化，成為系統對環境的產出。
系統界限	區隔系統與環境的所在，作為系統與環境的過濾機制。
能源不絕（反熵作用）	封閉系統因與環境阻絕，乃出現「蠟炬成灰淚始乾」的「能趨疲」現象。開放系統因與環境相通有無，故能生生不息，永續發展。
動態平衡	系統因開放性而來的投入轉換產出過程，其變化是有規律、有秩序性的變動，變動中維持和諧。
回饋	系統產生對環境作用，及系統本身運作訊息，須送回系統，俾便作為重新投入或修正的依據。
層級相連	彼此相關聯各系統會形成上下、大小層級不同的「層級秩序」。
分工合作	因應成長，系統組織會更加分工、協調。
多元目標	系統目標可多元化，追求多元的價值。
殊途同歸	系統可經由各種不同的方法以達成相同的結果或目標。

(三) **評論**：嚴格而言，系統理論與其說是一種「理論」，倒不如說是一種「理論的骨架」或「概念架構」或「思維革命」。如社會學科之行政學、政治學、管理學、經濟學均可運用系統理論從事研究，發展其理論的「血肉與精髓」。

二、一般系統理論

所有系統理論基礎。

(一) 貝特蘭菲（L.Bertalanffy）

1. 一般系統理論創立者。　　2. 提出平行論、開放系統與封閉系統概念。

(二) 鮑丁（K.Boulding）

1. 一般系統理論發揚光大者。

2. 提出九個層次系統（1-3為機械，4-6為生物，7-9為人類及社會層次）。

三、環境系統理論（開放系統理論）

組織系統的外在系統，行政系統或組織，乃是社會系統的一個單元，與外在環境頻繁的交互作用，相互溝通，彼此影響，社會向組織提供資源、支持，組織亦對社會提供服務、產品及貢獻。

(一) 卡斯特與羅森威（Kast & Rosenzweig）：可分一般（社會）及特定（任務）環境。

(1) **一般環境**：文化環境、科技環境、教育環境、政治環境、法律體制、天然資源、人口特質、社會環境、經濟環境。

(2) 特定環境：顧客的因素、供應者的因素、競爭者的因素、社會政治的因素及技術的因素。

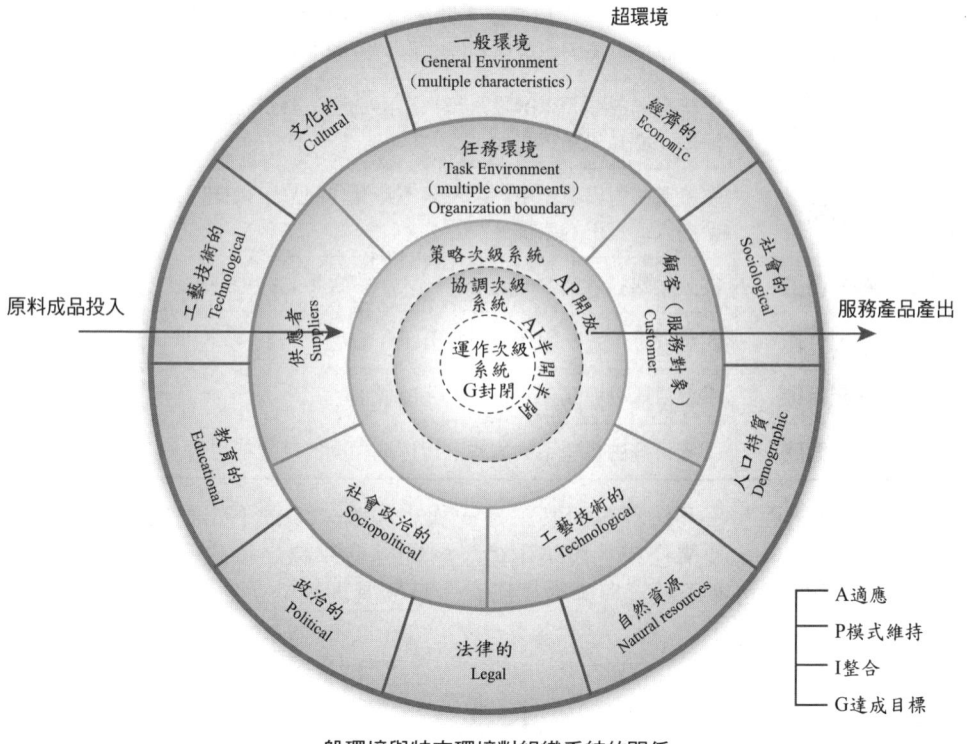

一般環境與特定環境對組織系統的關係

(二) **開放組織系統應包括兩大次級系統**

　　1. **垂直性次級系統**：策略次級系統或階層、管理階層、技術階層。

　　2. **水平性次級系統**：根據卡斯特與羅森威所著《組織與管理》敘述，包括有結構的次級系統、技術的次級系統、心理—社會的次級系統、目標與價值的次級系統、管理的次級系統。

牛刀小試

1. 一個開放的組織系統應包括那些次級系統？試闡述其內容。
2. 將組織視為一開放系統，其意涵與特徵為何？試說明並評論之。
3. 系統理論時期的組織理論具有那些特質？試論述之。【高】
4. 整合理論的行政學重視外在環境系統，而外在環境系統又可分為一般環境與特定環境，試說明兩者區別，並就一般環境系統的內涵加以論述。

四、社會系統理論

組織均是社會系統的次級系統。

(一) **霍曼斯**（G.Hpmans）：利用系統研究法以研究社會團體，並設立一個「社會系統模式」。認為社會系統有活動、互動與情緒三個要素。

(二) **帕森斯**（T.Parsons）

　　1. 美國社會學家。　　　2. 1960年著有《現代社會的結構及過程》。

　　3. **重要理論：**

社會系統四大功能	
適應 （Adaptation）	系統必須具有妥當的準備與相當彈性，以適應新的變化。
整合 （Intergration）	維持系統內部各單位部門間協調、團結以保護系統。
達成目標 （Goal Attainment）	動員所有能量與資料來達成其追求目標。
模式維持 （Patten maintenance）	補充新員，並以社會文化使成員接受系統特有模式。
組織三大管理階層	
策略階層	為行政首長，其主要功能為「模式維持與適應」。
管理階層	又稱協調層級，其主要功能為「整合與適應」。
技術階層	為公司之生產部門，主要功能為「達成目標」。

五、生態環境理論

研究生物與其環境之關係。

(一) 高斯（J.Gaus）

　　1. 使用生態觀點研究政府行政現象第一人。

　　2. 西元1936年發表「美國社會與公共行政」、1947年發表「政府生態學」認為政府組織與行政行為必須考慮生態環境因素。

(二) 戴爾（R.Dal）

　　1. 政治學者。　　　　　　2. 提出行政的生態研究主張。

(三) 雷格斯（F.Riggs）

　　1. 「行政生態理論」的集大成者。

　　2. 著有《行政生態學》、《開發中國家行政：稜柱社會理論》。

　　3. 創立「鎔合的─稜柱的─繞射的模型」（Fused-Prismatic-Diffracted Model）用以解釋社會變遷過程。〔註三〕主要探討開發中國家行政特質：

　　　(1) **異質性**：社會上處處出現新舊雜陳現象。

　　　(2) 重疊性：過渡社會中結構重疊，產生權責混亂情形。

　　　(3) 形式主義：現代化形式完備，事實上行為卻仍表現傳統社會形態。

　　　(4) 多元的社團：傳統社會中各種因素在組織中形成許多小的社團分別有其各自形態與價值觀，行為亦皆以其社團利益為中心。

　　　(5) 多元行為規範：各個社團皆有其各自行為形態與價值體系。

開發中國家行政文化的特質	權威主義、家族主義、因緣主義、形式主義、人情主義、官運主義、通才主義、特權主義。
已開發國家行政文化的特質	理性主義、功績主義、相對主義、冒險主義、事實取向主義、行政中立主義。

(四) **在公共行政上解釋與應用**

1. 生態學本為自然科學研究生物與其環境之間關係的一種科學。「橘逾淮為枳」為生態學通俗說明，其要義主要是採生態學精神，運用於行政研究之上。

2. **解釋與應用面：**

(1)須注意到「制度是不能生硬移植的」，否則會產生水土不服現象。

(2)以生態觀點來研究行政制度，如雷格斯認為研究開發中國家行政須採生態學觀點。

牛刀小試

1. 「社會系統理論」其內涵為何？
2. 我國諺語「橘逾淮為枳」，試就此一諺語及其在公共行政上之解釋與應用加以申論之。【北市基三】
3. 請扼要說明雷格斯（F.W.Riggs）所稱之稜柱社會及鎔合的─稜柱的─繞射的模型」之意涵與研究上用途。

六、權變理論

設計最適合組織設計管理方式，無放諸四海而皆可行方法，管理者需視組織與環境互動性因時因地制宜。

(一) **背景**：整合時期之行政研究，注重開放性、生態性、整體性與層次性，與行為科學理論大異其趣。近十年來，更發展出一套具前瞻性及實用性之理論，即權變理論。

(二) **意涵**：主要在研究組織與環境之主要變數，其彼此間交互行為的模式，同時也強調組織的多變性，在面對外在環境衝擊，組織及其管理不可能有一套絕對最好的方法，所謂「萬靈丹」是不存在的。任何方法不見得絕對有效，但也不見得絕對無效，應視各組織的實際狀況與環境條件而定。

(三) **代表人物**

1. **伍華德（J.Woodward）：**

(1)權變理論先驅。

(2)西元1958年出版《管理與技藝》。

(3)英國著名社會學家。

(4)發現無任何一種管理方式可以有效運用於所有公司，亦無那一種組織型態可以有效適用於所有公司。

2. **柏恩斯（T.Burns）、史杜克（G.Stalker）：**

(1)提出最具影響力研究，奠定權變理論途徑之學術地位。

(2)研究紡織、電器等20家公司的任務及其環境與組織所採行管理型態之間關係。

(3)為組織與管理建構「機械式的」（mechanistic）和「有機式的」（organic）組織之區別。

(4)發現機械式管理途徑適合於任務明確與環境穩定組織；有機式途徑則適合於任務需要創新冒險與環境多變之組織。

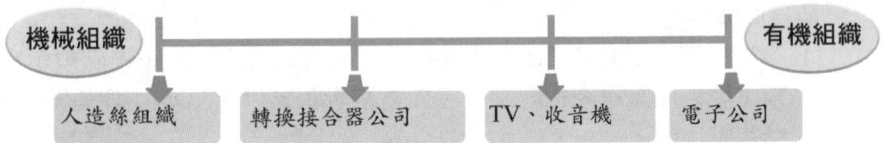

3. **其他學者**：李克特之「人類組織」、雪恩之「組織心理學」、卡斯特與羅森威之「權變觀點組織與管理」、羅希與勞倫斯之「組織設計的研究」、湯普森之「行動組織」等。

(四) **主要內容**

1. **否定兩極論**：應視組織為一個由封閉至開放的連續體；在管理方面否定兩極，既非X、非Y理論，在管理上應避免固定採取某一方法，需因時、因人、因地、因事有所不同。

2. **彈性的運用**：無一套絕對的組織原則、無一種最好的管理方法，需彈性運用。

3. **效率與效果並重**：效率強調達成目標手段，而效果為達成目標的程度，兩者需兼顧。

4. **殊途同歸**：所謂「條條大道通羅馬」，任何方法都能達到組織的目的。

5. **管理的層次性**：可分技術階層、協調階層與策略階層其管理方法、手段不盡相同。

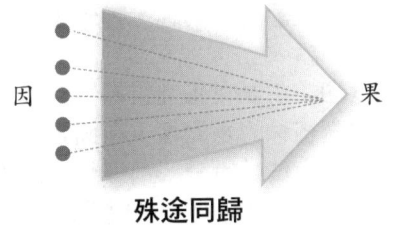

殊途同歸

資料來源：張潤書《行政學》

6. **管理人員的職責**：策略制定、組織設計、資訊系統之設計、塑造影響力系統及領導、組織改善。

7. **若即關係**：「若」是獨立變數，「即」是相依變數，管理人員必須確實瞭解所處情境，適當處理運用。

(五) **與新公共管理相通之處**

1. 兩者皆強調變遷概念的重要性。

2. 兩者在組織結構設計上均重視分權化與扁平式的組織。

3. 兩者皆採工具理性為基礎，追求效率與效能。

七、整合時期理論評價

(一) **功用**

1. **系統理論**：

(1)能更明確解釋組織現象。　　(2)對組織研究產生整合作用。

(3)使組織的管理更具彈性。

2. **權變理論：**
　　(1)將過程、計劃及行為學派整合。
　　(2)融合組織與管理的系統觀念。
　　(3)對當前管理知識的分析解釋提供實用基礎。
　　(4)可作為系統性與協調性新研究方向之研究架構。
　　(5)將理論概念與經驗研究轉化為可供現代人運用技術。

(二) **特性**：開放體系、動態均衡、反熵作用（新陳代謝循環）、必要多樣性（結構機判多元）、殊途同歸性、系統演化（結構制度演化）。

(三) **系統理論限制**
　1. 心理社會次級系統無法加以理性控制。
　2. 所提各種相互關係理論未獲經驗證明。
　3. 所提界限問題概念抽象易陷矛盾。
　4. 易陷於「決定主義」評論。
　5. 否認組成份子間個別目標存在。
　6. 有物化〔註五〕之嫌疑。
　7. 隱含偏袒管理者的意識型態。
　8. 高估「同形主義」〔註六〕適用性。
　9. 過度簡化組織生命週期分析。

(四) **學者看法**：管理學者庫茲（H.Koontz）於西元1961年發表「管理理論叢林」文章中陳述：「長期以來管理發展已至百花齊放、百家爭鳴地步，學派林立，猶如一場叢林混戰，兩種途徑因而產生，即系統途徑與權變途徑。」

牛刀小試

1. 行政學研究在整合時期強調的是權變理論的運用，請論述權變理論的意義背景及內涵，並評論其價值。【原三、公路、國軍】
2. 權變理論反對「為達目的，不擇手段」，強調效率與效果並重，此一論點的內涵為何？又此派理論一主張組織改善，其意涵如何？試說明之。【退三】
3. 何謂權變管理學派？其產生原因為何？其學說的要旨為何？試分別說明之。【高二】
4. 語云：「條條大道通羅馬」。組織設計與管理並無放諸四海而皆準的金科玉律。何謂「權變理論」？其產生的背景及主要論點為何？並作評論。
5. 在多元變遷當前社會中，權變概念在行政管理上日顯重要。試問何謂權變理論？主要論點為何？權變理論與新公共管理之論點有何相通之處？【特三】

八、追求專業的當代理論

追求專業的當代近期理論，有三大主張分別是：新公共行政、黑堡宣言、新公共管理。前兩者立場相近，但與第三者迥然不同，恰如公共行政思想界的左派與右派。有關近代公共行政理論可以用下圖解析：

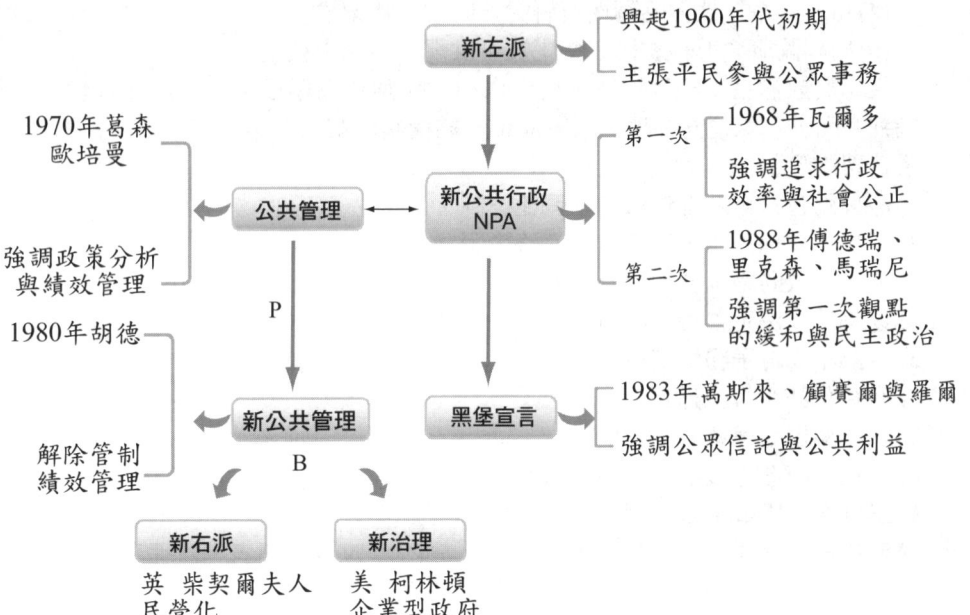

(一) **新公共行政**：新公共行政（The New Public Administration）的出現，無疑是二十世紀公共行政知識發展史上一個重要里程碑。由於此派觀點激盪，使公共行政論述取向上，重拾價值辨證的課題，而避免走上唯工具主義的極端。

1. **第一次明諾布魯克會議：**
   ◗**背景**：西元1960年代末期，處於「革命時代」。
   ◗**時間**：西元 1968年9月。
   ◗**人物**：瓦爾多（D.Waldo）號召33位年輕學者。
   ◗**地點**：雪城大學明諾布魯克中心。
   ◗**過程**：「華山論劍」式徹底總體檢，討論公共行政所面臨問題，以及未來應發展的方向。
   ◗**著作**：由馬林尼（F.Marini）主編成書，於於西元1971年出版《邁向新公共行政：明諾布魯克觀點》。
   ◗**主要論點**：新公共行政主要觀點可歸納如下：

(1) **趨向入世相關的公共行政**：傳統公共行政係建立在技術理性之上，今後應勤於規範反思，並應探究「知識何用？」專注於研究與學術、社會、行政人員有關的問題，如分權、組織演化與參與管理等，而不應再侷限於「學術象牙塔」中不問蒼生。

(2) **採用後邏輯實證論**：反對實證邏輯論的價值中立，主張單純的資料蒐集與統計分析之事實研究是不夠的，社會科學家應根據本身專業知識從事價值判斷，並強調「社會公道」與「社會正義」的重要性。

(3) **適應環境的動盪不安**：面對社會與日俱增的複雜性及互賴性，未來環境之動盪不安是可預期的。是故行政理論與實務，應重新調整組織型態與設計新的工作程序，並以公開方式讓民眾參與決策，以解決問題。

(4) **發展新組織形式**：基於對抗和動盪不安的環境，傳統的科層組織已無法符合時代的需求，而對抗的行政與受益者導向的組織，將成為未來組織的另一風貌。面對此種潮流與看法，學者科哈特（L.Kirkhart）提出了協和式模式（consociated model）的組織型態，並認為此種組織型態之結構特徵有以下數點：
    A. 專案團隊是基本的工作單位。
    B. 多元的權威結構。
    C. 所有的組織均植基於時間的迫切性，解決特定問題須在特定的時間限制下為之。
    D. 以不同的專案計劃來處理相同的基本問題。
    E. 社會關係是以高度的獨立自主和相互依賴為特徵。
    F. 顧客的需求得以在組織中表達。
    G. 組織講究短暫僱用，而非終身職。
    H. 以電腦來保存文獻資料。
    I. 專業角色除重視技術技能外，更要避免形成額外的社會階層。

(5) **建立受惠者導向組織**：未來的組織發展應重視受益者的導向與需求，任何組織的目標應與受益者需求的表達密切相關，凡無法迎合受益者之需求，其運作正當性便會被質疑。

⏵行政價值：新公共行政運動主張，行政人員應體現以下價值：
(1) 堅持更寬廣社會公平。　　　　(2) 關切更廣泛政治參與。
(3) 追求行政理論與實務的規範意義。
(4) 致力知識與實踐的整合。　　　(5) 正視多元主義缺失。

2. **第二次明諾布魯克會議：**
   🔾 **背景**：水門事件、經濟衰退。
   🔾 **時間**：1988年。
   🔾 **人物**：68位公行學者與實務人士參加。
   🔾 **過程**：回顧檢討公共行政發展並展望未來。
   🔾 **著作**：古依（M.E.Guy）將之歸納為11項重要論點：

   (1) 採取溫和態度去正視民主法治與制度的實際運作。
   (2) 認為公共行政核心在民主價值的關注。
   (3) 規範性觀點與行為主義點之爭論未減。
   (4) 社會與勞動力多樣性，被視為基本價值。
   (5) 對公共行政抱持審慎期望。

    前5項乃是和第一次作比較

   (6) 「務實規則」的接受。
   (7) 公共行政的科技整合仍困難。
   (8) 對企業採強烈的反對態度。
   (9) 強烈要求改革人事制度。
   (10) 不願提及科技的問題。
   (11) 不願正視政府應做的種種細節。

   後6項放在「當前及未來之願景」上

🔾 **對行政人員角色主張**：依巴頓（R.Barton）研究，認為行政人員應扮演以下角色：
   (1) **社會公平促進者**：行政人員不應過分強調行政中立，而是應解決弱勢群體困苦並改善其福祉，以提昇所有民眾的生活品質。
   (2) **機關變遷催生者**：行政人員要做集權規劃及分權執行的連結者，並確保行政過程的公正性，以及發展機關的社會責任。
   (3) **代表性行政人**：行政人員要使機關人力組合愈接近社會母體的人力組合，亦即行政人員要代表社會大多數人執行政務，並要兼顧少數人的利益。
   (4) **倡議性行政人**：行政人員要遵守服務對象至上原則，並關懷服務對象，鼓勵民眾參與。
   (5) **非統一性行政人**：行政人員要同時扮演多重角色或經常轉換角色，以執行各種行政功能。
🔾 **對公共行政的影響**：根據傅德瑞克森與馬瑞尼回顧，此些議題對公共行政的影響如下：
   (1) 研究重點由重視機關管理轉移到政策議題上。
   (2) 強調效率經濟外增加了社會公正作為政策立場。
   (3) 行政中立觀點被否定後，何者為行政人員所應信仰者將構成問題所在。
   (4) 行政倫理、誠信、責任再度受重視。

(5)「精簡組織文獻」有長足發展。

(6)管理變遷成為效能主要標準。

(7)有效率公共行政是在主動與參與的公民意識中。

(8)執行理論和行動應被發展出來。

(9)理性模型之正確性與層級節制嚴明的概念有用性，受到嚴厲批評。

(10)多元主義已無法成為準則。

○ **對我國行政革新意涵：**

(1)革新方案規劃執行應重視民眾參與的必要性。

(2)不能僅重視行政資源的有效分配，更應重視資源配置合理性。

(3)應重視理論與實際結合。

(4)公務員應確實體認舊官僚體制須徹底改造。

(5)公務員應忠於服務對象與計劃，並應站在民眾立場考量。

○ **對我國行政運作啟示：**新公共行政亦為我國行政運作帶來了影響與啟示作用：

(1)**倫理法制面：**新公共行政重視民主參與與倫理價值，而我國除民主運動推展外，政府部門亦推動資訊公開法、行政程序法、公務員財產申報法等陽光法案，而對公務員倫理行為規範主要依據「公務員服務法」，近年推動利益衝突迴避法與遊說法更是NPA精神的體現。

(2)**運作執行面：**對於弱勢群體關注與代表性官僚體系，亦可由身心障礙特考、原住民特考與退除役特考之舉辦，與政府部門設置客家族群委員會、原住民委員會，充分體現NPA社會公平正義精神。

○ **評論：**

(1)**貢獻：**

A. 其理論研究已跳脫傳統狹隘「理性模型」研究，而著眼於「意義與價值」之關懷。

B. 新公共行政興起與NASPAA成立，更象徵著公共行政學邁向獨立發展階段。

C. 新公共行政研究擴大了公共行政領域，舉凡公共哲學、民主行政、公民參與等。

D. 重新界定公共組織目的，賦予其新的使命。

E. 對公共行政教育深層化，強調行政人員才德兼備、高瞻遠矚、濟世助人。

F. 其主張減少層級節制、分權、參與、回應、公共服務、行政倫理重視對行政實務影響甚鉅。

(2)**批評：**湯普森（V.Thompson）曾將NPA批評為「偷竊人民主權的無恥企圖」及「對正當性政治權威的不當挑戰」。新公共行政造成民主的行政與政治的民主間邏輯上的困境。

兩次明諾布魯克會議比較：綜合而言，兩次會議關注重點為：公共哲學建構（范垂斯曾言：行政是政府的核心，而公共更是國家重心）、行政倫理的重視、社會公平的倡導、公民精神與公民參與、主張後邏輯實證論。
馬瑞尼觀察歸納兩次會議異同如下：

同	1. 對公共行政及其未來皆存有深刻承諾。 2. 深切關懷我們社會與存在於其中問題。 3. 對於公共行政能創造更美好未來表示極為樂觀態度。 4. 關注公共行政的認識論和本體論，並對公共行政應抱持價值立場與達成途徑高度重視。 5. 認真地看待社會理論的啟發性。 6. 重視公共行政及其實務與學界人士真誠態度。
異	1. 第二次會議較諸第一次更能深入公共行政核心價值。 2. 第二次會議較諸第一次始有一個全新多元共容典範出現。 3. 第二次會議以後，學術發展趨向「事事交互關連」思維模式。

3. 第三次明諾布魯克會議：

背景：公共問題日趨複雜與嚴峻挑戰。

時間：西元2008年9月3日至7號。

人物：由奧里瑞（R.O'Leary）召集，應邀出席學者56人，在種族、性別和國籍均較前兩次會議，更具多元性。

地點：雪城大學明諾布魯克中心。

討論議題：「全球的公共行政、公共管理與公共服務未來的發展」。

過程：分兩階段進行，第一階段（9月3-5日）為「會前研討會」。
　　　　　第二階段（9月5-7日）討論與審查論文。

著作：正由雪城大學教授Rosemary O'Leary，David Van Slyke和Soonhee Kim，編輯中。

關注議題：民主績效管理、財務管理、全球化／比較的觀點、資訊管理、法律，政治與公共行政的管理、領導、網絡管理、績效評量、公共行政價值及理論、社會公平正義、課責制等。

主要論點：有感於公共問題日趨複雜與嚴峻挑戰，在全球化、技術創新、政府間衝突以及網絡理念的興起，促使公共行政出現 "from government to governance" 的轉變。會議中並提出未來公共管理應具有協作式問題解決能力與協商的能力（collaborative problem solving and negotiation）；同時為因應社會多元參與和衝突，公共管理也應具備審議與包容（deliberative and inclusive）的價值與內涵。【資料來源：銘傳大學】

新公共行政與傳統公共行政比較

傳統公共行政基本假定	新公共行政基本假定
行政、政治二分法	行政、政治交互相關
行政中立	倫理責任
效率與生產力	效能
集權與控制	分權與參與
跨文化比較	跨文化與區域比較
功能維持	功能與職責重新設計
廣泛性、理性規劃	參與性、社會性規劃
被動性解困、改變與學習	主動性解困、改變與學習
事實與價值的分立	事實與價值的檢討
強調利益團體的影響	強調多元與參與的民主
重視專家	重視公民
垂直協調與權威關係	水平合作與人際網路
充裕資源下組織成長	有限資源下表現卓越
資訊累積	資訊分享與交流

全鍾燮【J.S.Jun】

由上表比較可瞭解到兩者差別，主要在「公共」字義上。新公共行政既然多了「公共」，必涉及「公共利益」、「平等」、「自由」、「公道」。

有關公共行政之公共哲學可由三種角度與五大理論評析：

1. **三種角度：**
   (1)公共哲學就是民主體制下公共利益服務。
   (2)為行政程序上，行政裁量權的公眾取向依據。
   (3)為提倡「社會公道」觀的公共行政理論。

2. **五大理論：**
   (1)**多元論觀點**：公共即利益團體。　(2)**公共選擇觀點**：公共即消費者。
   (3)代議觀點：公共是代議士。　(4)**服務顧客觀點**：公共即顧客。
   (5)公民資格觀點：公共即公民。
   所謂公共及其涵蓋對象，會因理論不同而有所差異。

牛刀小試

1. 美國在60年代末期，一批年輕的行政學者提出了「新公共行政」的主張，試闡述新公共行政的主要論點並評論之。【高三人】
2. 試說明「新公共行政」（New Public Administration）的產生背景及其主要論點。【普身退三】
3. 「新公共行政」與傳統公共行政主要差異為何？公共行政的「公共」哲學觀點為何？試分別說明之。【薦升】
4. 何謂新公共行政？其主要的論點為何？對我國當前行政運作有何啟示？試分別析論之。【高三】

(二) **黑堡宣言**：制度背景的新公共行政或明諾布魯克觀點。

　○**背景**：西元1970-1980年政黨交替之際，瀰漫一股反官僚、反權威、反政府風尚，稱「斥責官僚」的現象。

　○**時間**：西元1983年。

　○**人物**：萬斯來（G.Wamsley）、顧塞爾（C.Goodsell）、羅爾（J.Rohr）、懷特（O.White）。

　○**地點**：美國維吉尼亞理工學院。

　○**過程**：探討政府職能以腦力激盪方式完成。

　○**著作**：由萬斯來發表「公共行政與治理過程」。

　○**主要論點**：

　　(1)行政人員應可成為具有自我意識的公共利益受託者。

　　(2)行政組織基本上應具有專業能力，提供特定社會功能，以成為公共利益的制度性寶庫。

　　(3)公共行政可成為憲政秩序下，政府治理過程的正當參與者。

　　(4)公共行政的權威實繫於政府治理過程中，能夠涵蓋不同的利益，藉以促進公共利益的實現。

　○**行政人員應扮演的角色（對文官的期許）**：

　　(1)憲政秩序的瞭解者與捍衛者。　　　　(2) 不同機構的利益平衡軸。

　　(3)擁有專業地位的道德和超驗執著者。　(4) 民眾參與的促進者。

　　(5)社會治理過程受託者以及正當而重要的參與者。

　　(6)睿智的少數，而非吼嚷的多數或有權的少數。

　　(7)輔助者與教育者。

　○**公共利益詮釋**：顧塞爾認為公共利益作為公共對談的政治象徵，會涵蓋下述六種建構性價值或規則：(1)合法性與道德；(2)政治回應性；(3)政治共識；(4)關注邏輯性；(5)考量結果；(6)議程察覺。

　○**行政價值**：黑堡宣言強調行政價值重塑與社會變遷推動，均須經由「集體懷抱價值、認知、態度以及行為」的改變，由行政人員與科層制度雙管齊下，才能提升行政績效。如果說新公共行政運動屬行政理念個人主義，那黑堡宣言就是「奠基於制度之明諾布魯克觀點」。

1. **與公共管理差異：**
   (1)**基本精神不同**：黑堡宣言試圖建立公義性政府，公共管理則是企圖建立以顧客為導向的政府。
   (2)**對行政人員要求不同**：黑堡宣言主張行政人員應是「主權受託者」，必須秉持專業良知，追求政府治理過中公共利益最大化。公共管理目的在創造一個提供良好服務政府，其目標首在為政府注入企業家精神。即要求行政人員主動、積極、效率、創造。
   (3)**管理體系改造方向不同**：黑堡宣言著重官僚體系中行政人員專業倫理強化，認為行政人員是公共利益核心、民主守護神。而公共管理目的在形塑具有企業精神的公共管理者，亦即「企業型官僚」。

2. **兩者與公共行政差異：**
   (1)**政治與行政的互依性**：公共行政不僅是執行公共政策之工具，而且影響公眾理解政治世界。
   (2)**事實vs價值**：新公共行政不反對實證研究，但更注意規範理論。
   (3)**效率vs平等**：所謂平等，即為大多數弱勢族群提供最多福利，與效率相反。
   (4)**層級體系與參與**：新公共行政學者認為金字塔層級組織終將萎縮，取而代之的是層級較少的民主式組織。

牛刀小試

1. 當八〇年代盛行「公共管理」之時，1983年美國即有「黑堡宣言」為官僚體制辯護，其主要內涵什麼？與公共管理的基本精神有何不同？
2. 晚近公共行政發展出現了新公共行政及黑堡宣言的觀點，二者主要的論點為何？其與傳統公共行政有何不同意涵及看法？【身三】
3. 新公共行政學派和「黑堡宣言」的擁護者十分重視常任文官體系，原因為何？他門主張常任文官在治理過程中，應扮演那些重要的角色？【高】

(三) **公共管理**：培理（Perry）與克雷馬（Kraemer）認為公共管理起源於1887年威爾遜發表〈行政的研究〉一文，主張建立「師法企業」的公共行政。其後唐恩（Dunn）認為公共管理是介於企業管理與公共行政之間的第三條路。

1. **內涵**：公共管理繼承科學管理的傳統，作為一種應用性的社會科學，它反映出科技整合的取向，雖向公共政策與企業管理之知識領域獲取養分，但卻未自限於政策執行的技術性質以及企業管理追求營利之偏狹目標。

2. **研究範圍**
   (1)**葛森與歐培曼**（Garson & Overman）：認為隨環境改變與價值觀變遷，傳統「POSDCORB」行政管理已轉化為「PAFHRIER」五要素。

PA	Policy Analysis	政策分析
F	Financial Management	財務管理
HR	Human Resource Management	人力資源管理
I	Information Management	資訊管理
ER	Exteral Relation	外部關係

(2)**葛拉漢與海斯**（Graharm & Hays）：西元1993年在「管理公共組織」進一步整合提出「PAMPECO」。

P	Planning	規劃	運用經驗使決策者作出最好的政策
A	Allocation	分配	針對公私部門需求，追求資源有效分配
M	Market	市場	對每一市場提供更多且開放的機構
P	Productivity	生產力	以產出或公共服務來確保公共利益的達成
E	Enthusiasm	熱忱	設計一套可激發人員創意與熱忱的人事政策
CO	Coordination	協調	強化組織人員於評估時的自我協調能力

(3)**史塔寧**（Starling）：西元1998年提出公共管理的範圍包括：

方案管理	發揮管理的功能
資源管理	人力、財力、資訊
政治管理	政黨、公眾關係

3. **核心要素**：馬許金（Mushkin）提出公共管理有三個核心要素：政策管理、資源管理與方案管理。

4. **研究主題特性：**
   (1)同時重視策略與過程，但仍注意到外部性取向。
   (2)對政策科學有更多的強調，並且持續將重點置於管理藝術上。
   (3)研究分析對象為高階的公部門經理人。
   (4)涵蓋非營利團體、私人企業之公共面向和混合型組織。
   (5)重視規範性理論。

5. **研究途徑**：波則曼（B.Bozeman）對公共管理研究途徑可分：
   (1)**應用公共政策管理（P途徑）：**
   　　A.對傳統式的公共行政及政策執行研究予以拒絕。
   　　B.偏向於前瞻性與規範性的理論研究。
   　　C.著眼於高階層管理者定的策略研究。

D. 透過個案發展所需的知識。

E. 公共管理研究，視公共管理與政策分析為一體。

(2)企業管理（B途徑）：

A. 偏好運用企業管理的原則。

B. 對公私部門的差異不作嚴格的區分。

C. 除對策略管理與組織間的管理逐漸予以重視外，並強調組織設計、人力資源、預算方面的過程取向研究。

D. 以量化實驗設計作為主要的研究方法，個案研究僅是教學上的一項補充教材而已。

(3)P途徑與B途徑的異同：

區別／類別	P途徑	B途徑
對象	高階管理者	具有文官資格的公共管理者
擅長	實務及個案研究	量化研究
心態	排除與傳統公共行政的關係	公共行政即「管理學」
區別	公私部門有別	無差異
交集	公共管理與政策分析為一體	公共管理與政策分析無交集

6. **特徵**：根據波則曼所言，公共管理具備以下特徵：

(1)以公經理人為探討對象：重視管理經驗與個案研究的實務經驗。

(2)內外並重：針對公共組織及其管理的公共特性與外部政治因素影響，檢視期間互動關係。

(3)更加重視公共策略的擬定與執行部份。

(4)主張理論與實務並重：強調公共管理的科技整合效益。

7. **公共行政與公共管理比較：**

	公共行政	公共管理
重點	(1)民主與行政 (2)公平與正義	(1)機關內部結構安排 (2)人員激勵、資源分配
地位	政治家	公經理人
對象	公部門	公私部門
方法	政治、法律、文化、社會等環境皆須考量	(1)管理工具、知識既能運用 (2)方案評估，強調領導藝術
設施	著重硬體	軟硬體並重
定義	狹義	廣義
重視	價值性判斷	規範性理論
特性	科學管理	應用性社會科學

牛刀小試

何謂「公共行政」？何謂「公共管理」？兩者的基本概念差異在那裡？是否有其相似之處？試一一論述之。

(四) **新公共管理**

1. **背景**：起源1980年代，主要為解決1970年福利國家所帶來「政府失靈」而產生的各項危機，是各國再造的實務，又稱為新右派、新治理、管理主義、企業型政府或以市場為基礎的公共行政等，但卻可被統稱為「新公共管理」。

2. **意涵**：新公共管理是相對於傳統以機械觀點為中心的公共組織管理策略；在基本觀念上方面，屬於新右派思想，也就是強調：政府應該以減少其對社會及市場的干預，讓市場機制得以充分發揮，而且認為政府必須重視產出的效能性，以滿足顧客的心態來滿足民眾的需求，至於達成此一目標之首要途徑就是為政府注入「企業家精神」。

3. **發展原因**：其肇因實可歸納為反國家主義，主張小而美政府觀的思潮衝擊與美國柯林頓總統所屬行NPR政府再造運動影響。而根據赫奇斯（O.Hughes）看法其原因有：對公部門挑戰、經濟理論思潮的變遷、私部門的變化與知識經濟時代的來臨。

4. **要素**：
   (1)根源於「管理主義」或「新泰勒主義」（New-Taylorism）的理念。
   (2)師法私部門企業管理的實務與技術。
   (3)是一種手段，企圖將官僚的、權威式的作風及消極性民主的政體，轉換成為有效率的、回應與顧客導向的新治理典範。

5. **核心信念**：依據弗德（C.Hood）主張包括：
   (1)將焦點放在管理而非政策。
   (2)各機關依使用者付費基礎進行互動。
   (3)利用準市場與簽約外包方式來塑造競爭環境。
   (4)削減成本。
   (5)強調產出目標、期限合約、自由空間的管理型態。
   根據許立一教授見解，歸納其核心觀念實應涵蓋：
   (1)顧客導向：以市場為取向，將人民視為消費者。
   (2)公共組織內部市場化：應將市場競爭觀念導入公共組織中。
   (3)企業型政府：公共經理人應具備大膽創新、追求變革、前瞻視野與接受挑戰特質。

6. **特徵**：
   (1)專業管理的公部門。
   (2)目標必須明確，績效可以被衡量。
   (3)特別強調產出控制，亦即重視實際的成果。

　　　(4)打破公部門的本位主義。

　　　(5)引進市場競爭機制，降低施政成本及提高服務品質。

　　　(6)強調運用私部門的管理風格。

　　　(7)強調資源的有效使用。

7. **內涵：**

　　　(1)**效率導向的新公共管理模式**：將官僚體系視為資源浪費、效率不彰的機構，以追求效率為指南，期能將公部門建立為類似企業組織，柴契爾夫人所推動續階計劃可為代表。

　　　(2)精簡與分權化的新公共管理模式：強調公共組織人力及預算應力求精簡，大型組織應予分權化，因次必須進行瘦身計劃。

　　　(3)追求卓越的新公共管理模式：由組織文化著眼，要求組織中所有成員皆能以追求卓越為目標，並全力以赴。

　　　(4)公共服務取向的新公共管理模式：為目前最新發展的公共管理模式，象徵著公私管理的融合，更描繪出公共服務任務之願景。歐斯本與蓋伯樂之「新政府運動」可謂典型著作。

8. **評述：**

　　　(1)**管理主義意識形態**：新公共管理出自新右派的意識形態，即有新右派必然有新左派，容易陷入意識之爭。

　　　(2)經濟理論基礎問題：新公共管理奠基於新古典經濟理論，但經濟理論應用於公共管理的政治環境中必然產生滯礙難行。

　　　(3)私人管理基礎問題：新公共管理者肯定私部門管理優於公部門，故應引進企業管理方法與技術於公部門內，但公部門績效卻很難衡量。

　　　(4)新泰勒主義：新公共管理者強調經費的控管，象徵著科學管理學派復活，關心如何控制員工，而這些行政控制途徑必須量化。

　　　(5)政治所衍生責任與倫理問題：由於政治與行政密切互動關係，容易產生腐化現象。另新公共管理將大量的公共服務民營化，亦會衍生諸多問題。

　　　(6)**執行與士氣問題**：管理改革是一件浩大工程，而新公共管理對於官僚體系的負面抨擊，將嚴重打擊官僚人員的士氣。

　　　(7)**消費主義限制**：私部門與公部門顧客不盡相同，因公部門顧客須進入政治過程，以致於產生政治參與與代表性公民精神問題，故私部門消費主義不能引進公部門當中，應作名詞上的修正；而最適當名詞應是公共服務取向。

9. **對行政運作啟示**：公共行政面對此一運動的衝擊，在理論上會將傳統的官僚典範轉移為後官僚典範（the post-bureaucratic paradigm），而在組織結構、運作方式和基本價值上有了重大改變。換言之，從過去官僚制度的運作特徵是根據韋伯所建構的理性—合法的官僚型態來進行，強調控制成本、嚴守法規與標準程序、監督成員、重視層級節制與命令統一等。步入後官僚典範則本著企業家精神以進行官僚體制變革與再造，倡導顧客取向的組織、考量施政品質的價值、授能員工、實踐公民的價值偏好、確立行政責任等。

10. **新公共行政與新公共管理比較：**

(1)**傅德瑞克森（Frederickson）比較：**同為對傳統公共行政的反動而展現「新」的格局、觀念與作為。

變遷面向	相同點	要求變遷皆為主要課題。
	相異點	1.新公共行政深信專業知識與組織能力、追求彈性並謀變遷的慣例化、不太執意考量民眾需求、對政府能夠完成工作過度樂觀。新公共管理深化官僚制度的解體、力求創新與企業家行動、著重顧客授能、將官僚服務轉化為個別授能。 2.新公共行政變遷較屬過程取向，重視可加改變組織、發展績效標準；新公共管理對變遷理念發展較不重視，認為「政府本身是問題製造者」。
相關性、回應性與授能性的概念	相同點	皆相當強調相關性、回應性與授能的價值。
	相異點	1.兩者對回應的假定與哲學確有基本差異，一係強調民眾（提升民眾意識），另一係顧客（促使個人在競爭市場選擇）。 2.新公共行政致力於公職服務與提供有效而公正的公共服務；而在新公共管理中，服務被視為是空洞的，將為授能員工與行政人員所取代。
理性理論	相同點	1.新公共行政強調借重專家處理問題，展現任務取向；新公共管理主張導航與操槳分開。皆主張政府不應全面干預，應重投入。 2.兩者皆強調民選政務首長應負責政策改造，再驅使官僚企業家合作達成任務。
	相異點	1.層次上存有差異，新公共行政以培養主動積極的公民意識；新公共管理則以更多的效率與生產力作為導航目的。 2.新公共管理為了迴避行政二分與理性問題，而使用「治理」。
組織結構與設計	相同點	兩者有許多相同觀點，如分權化、扁平化組織、簽約外包以及合產制或公私合夥。
	相異點	1.新公共行政希望行政更制度化，更傾向於服務的提供與更多的管理；新公共管理則傾向於減低制度化、委託服務。 2.新公共行政較考量層級體系與管理；新公共管理則較重視建構誘因、進行契約監督和著手管理創發。
管理與領導理論	相同點	對達成管理與領導的途徑在實質上有其相通之點，如在權威運用上，新公共行政強調工作團隊權威；新公共管理則主張權威下授。
	相異點	新公共行政致力於有效的專業公職服務和公正的政策執行，而新公共管理則強調系統地驅逐官僚體制。

認識論、方法論 和價值問題	相同點	在價值方面，均強調更具創發、創新和感知的管理，並著重服務對象、公民或顧客的觀點。
	相異點	1.對新公共行政學者而言，認識論與方法論的問題是極其重要的關鍵，其倡導者亦被訓練為社會科學家。而新公共管理則不在乎方法論的問題，許多表達直接引述他人經驗。 2.在價值論方面新公共行政較重視政治、民主政府、多數決、少數權力問題。新公共管理並不關心政治，僅使用治理、全面品質、企業家、再造問題試圖與基本政治問題相接壤。

綜合而言，就管理組織而言，兩者皆追求變遷的動力，唯兩者對回應卻表現出不同方式。再者，新公共行政較政治與制度取向，而新公共管理較不考慮制度並迴避政治問題，至於理性、認識與方法論的問題，對新公共管理不具重要性，但對新公共行政卻相當重要。最後，新公共管理價值乃在提升個人選擇、誘因提供、競爭的使用與市場作為政府的運作模式，而新公共行政價值注重人文與民主的行政、制度的建立、專業的能力，涉及較多的政治和社會公正議題。

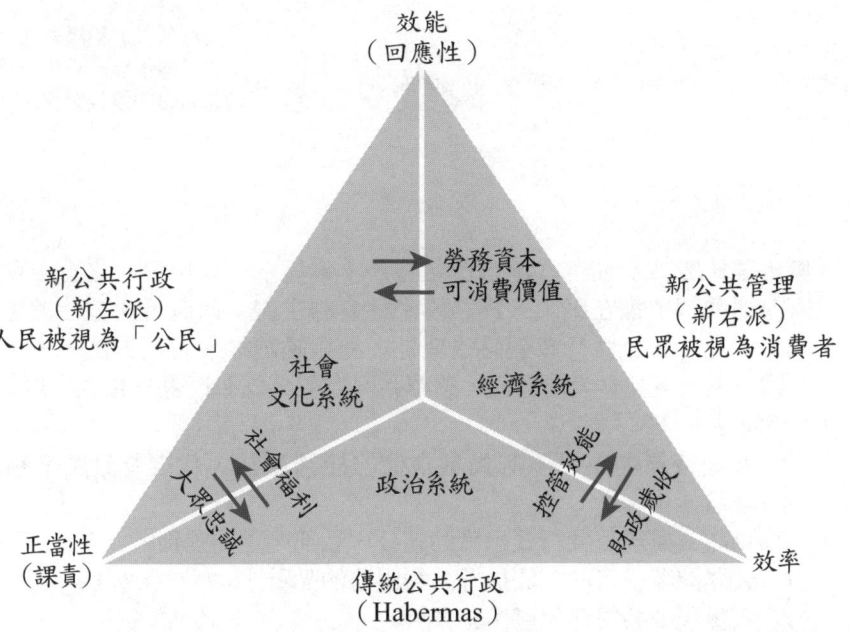

(2)林鍾沂教授的歸納：

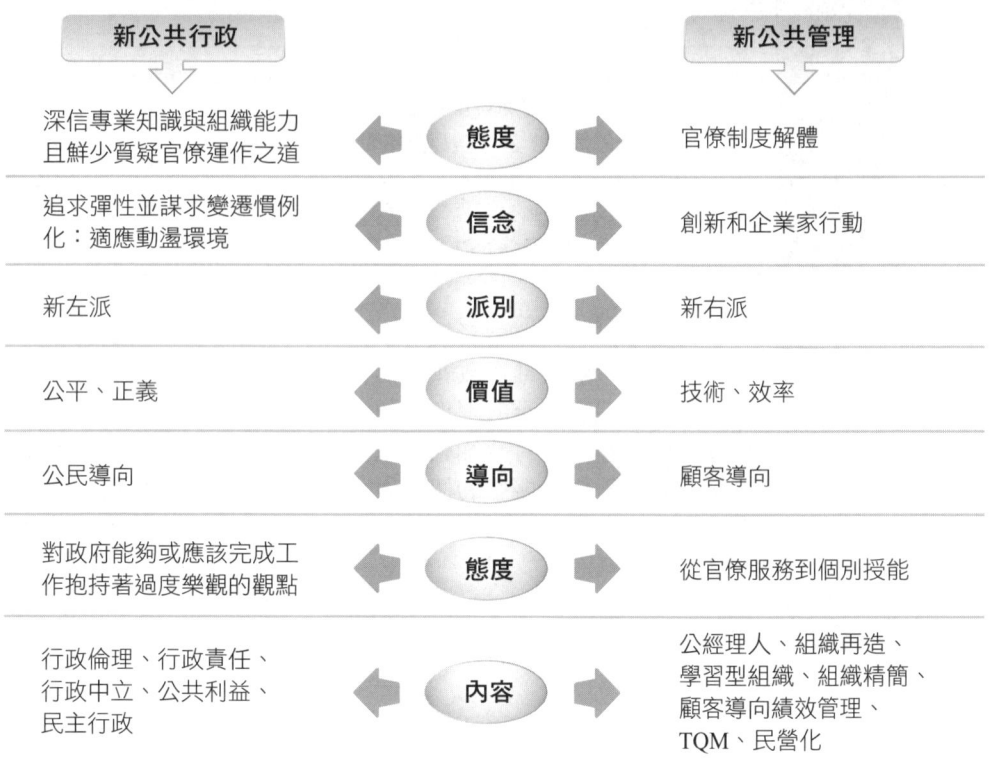

新公共行政		新公共管理
深信專業知識與組織能力且鮮少質疑官僚運作之道	態度	官僚制度解體
追求彈性並謀求變遷慣例化：適應動盪環境	信念	創新和企業家行動
新左派	派別	新右派
公平、正義	價值	技術、效率
公民導向	導向	顧客導向
對政府能夠或應該完成工作抱持著過度樂觀的觀點	態度	從官僚服務到個別授能
行政倫理、行政責任、行政中立、公共利益、民主行政	內容	公經理人、組織再造、學習型組織、組織精簡、顧客導向績效管理、TQM、民營化

資料來源：林鍾沂專題論文

11. **與治理比較**：治理字根源自於希臘乃「掌舵」、「引導」之意，現代民主國家則強調主權在民、人民乃國家社會的主體，政府行使統治權係基於人民的委託。在公共行政觀點治理是一種組織結構、管理方法、決策過程，亦即一種上下互動管理過程，確認共同目標，以進行對公共事務的管理。

(1)**相同點**：

　A. 共同特質均主張限制民選官僚的控制權利，代之為具企業精神的管理者。

　B. 均認為傳統公共行政過度強調公、私部門之間差別。

　C. 皆強調競爭目的在於提升公共服務的品質。

　D. 較重視公共服務的產出結果。

　E. 均強調政府領航的角色。

(2)**相異點：**

理論建構／類型	治理	新公共管理
意涵界定	認為公共服務是公共利益的延伸性質不同於私人所提供財貨	公私部門所提供服務，差異僅在於產品品質
著重面向	較重視公共服務過程	較重視公共服務結果
理論層次	屬於政治理論	屬於組織理論
對政治控制	重視政治控制事實	亟欲擺脫政治控制的限制
意識形態	無明顯意識形態	具新右派意識型態

資料來源：Peters

(五) **新公共服務**（The New Public Service）：丹哈特夫婦（R.Denhardt & J.Denhardt）於西元2000年在《公共行政評論》期刊上〈新公共服務而非領航〉一文後，引發了行政界的廣泛討論。其後並於2003年出版《新公共服務而非領航》一書，更明確說明新公共服務（NPS）的意涵。

1. **理論基礎：**「民主的公民資格理論」、「社群與公民社會的模型」、「組織的人本主義與新公共行政」、「後現代公共行政」。

2. **核心概念**

(1)**服務公民而非顧客：**公職人員所要回應的是公民需求而非顧客，焦點應在於人民之信任與合作關係。

(2)**公共利益的追求：**公共行政者必須致力於建立集體與共享的公共利益觀念。

(3)重視公民資格更勝於企業精神：公共利益會更加提昇，因係透過公職人員與公民對作出有益社會的貢獻產生認同。

(4)策略思維、民主行動：達成公共需求，政策與方案必須透過集體努力與合作程序，有效且負責地達成。

(5)理解課責並非容易：公職人員除須注意市場外，更須同時注意憲法、法律、社群價值、政治常規、專業標準與公民利益。

(6)**服務而非領航：**公職人員應以共享的價值為基礎的影響力，協助公民表達意見並追求共同利益，而非運用新的方式領航社會。

(7)**重視公民而非重視生產力：**公職人員所參與的公共組織及其網絡，若其能透過基於尊重人民的合作流程與共享的領導上，組織與網絡運作終將成功。

3. **傳統公共行政（PA）、新公共管理（NPM）與新公共服務（NPS）的比較：**丹哈特夫婦更進一步將傳統公共行政、新公共管理與新公共服務的內涵，分別比較如下：

比較面向	傳統公共行政	新公共管理	新公共服務
基本理論與認識論的基礎	政治理論,以樸實的社會科學所延伸的社會與政治評論	經濟理論,以實證的社會科學為基礎的更精緻對話	民主理論,知識的多元途徑,包含實證的、詮釋的、批判的以及後現代的。
主流理性及其相關的人類行為模式	概要的理性,「行政人」。	技術與經濟理性,「經濟人」,或自利的決策者	策略理性,理性的多元檢測(政治的、經濟的、組織的)
公共利益的概念	公共利益乃政治的體現並於法律層次中展現	公共利益乃個人利益之整合	公共利益是共享價值與對話的結果
接受「公共服務者」政府角色	委託者與選民操槳者(注重單一的政治界定之目標,其政策的設計與執行)	顧客、領航者(扮演市場力量的媒介)	公民、提供服務者(公民與社群團體利益的談判與協商)
達成政策目標的機制	政府各機構的方案行政	透過民營化與非營利機構創造機制與誘因結構	建立公、民營、非營利機構聯盟以滿足相互需求
課責的途徑	層級節制─行政人員向民選的政治領袖負責	市場趨力─自利的加總將導致廣大的公民團體(或顧客)其所要求的結果	多面向的─公共服務人員必須關注法律、社群的價值政治規範、標準與公民利益
行政裁量	允許行政官員有限的裁量	寬廣的幅度以達成企業的目標	裁量是必須的,但必須受限並負責
組織結構的假定	官僚體系的特徵,機構內由上而下的威權,及對服務對象的控制與管制	分權的公共組織,機構內保有主控權	內外共同領導的合作結構
公共服務者與行政人員激勵基礎的假定	薪資與福利,文官服務的保障	企業精神,意識形態上要求縮減政府規模	公共服務,要求貢獻社會

資料來源:R.B & S.Denhardt

4. **對「政府再造」的啟示**:孫本初教授歸納新公共對「政府再造」具有之重大啟示如下:

(1)政府再造的改革趨勢,將符合「鐘擺理論」所闡述的內涵,亦即行政革新的理念,是在NPA與NPM的兩端進行擺盪。

(2)NPS是NPA與NPM的修正論,更是公共管理新的研究途徑,即所謂「公民資格的研究途徑」,至於NPS在實務上能否取代NPM,應由市場決定。

(3)從「學術研究的角度」來看,NPA與NPM相對立價值正可在實務界增加對話的可能、出現瓶頸時的另類思考與決策基礎。

牛刀小試

1. 試說明新公共管理理論的時代背景、內容並加以多角度的評析。【身三】
2. 解釋名詞：新公共管理（new public management）。【地三】
3. 何謂「新公共管理」？又「新公共管理」對行政運作有何重要啟示與缺失？請加以分別敘述。【薦升】
4. 二十世紀的七〇年代及八〇年代，在行政學界曾發展出新公共行政及新公共管理兩種理論，試比較兩種理論之差異。【國軍、原三】
5. 何謂「治理」（Goverance）？其與「新公共管理」（New Public Management）間有何相同與相異之處？【特三】
6. 試申論「新公共服務」的核心概念。【交通升資、地三】

重要註解

〔註一〕德國行政法學開山祖師麥耶（O.Mayer）在其所著行政法第三版序言有段名言：「憲法消逝，行政法長存」，以形容憲法理想與基本重要規定，必須仰賴行政法始竟其功。與威爾遜實有異曲同工的見解。

〔註二〕墨頓（R.Merton）指出韋伯嚴密法規特性所產生的反功能：「嚴格遵守法規，便會使法規條文原為達目的而採用手段，轉換成具價值目標」，稱之為「目標錯置」或「目標轉換」。

〔註三〕針對自我實現需求在《邁向存在心理學》一書中，將之描述為具有以下意象：對實體有效認知；接受自性、別人及自然；自發性；以問題為中心；獨立及追求隱私；自主性及抗拒奴化；持續新的感知和豐富的情緒反應；頻繁的高峰或神秘經驗；認同人類物種之共同性；深層人際關係；廣泛增加的創造力；價值系統的若干改變。

〔註四〕雷格斯利用「三稜鏡」為工具，並以白光射過三稜鏡之景況來解釋社會變遷之過程。「稜柱模型」在研究上用途可解釋帕恩斯所提出「角色關係理論」，並充分說明「制度是不能任意移植」的概念。稜柱社會特色：財政制度（捐贈支付、恩寵是預算、納貢式稅收）、行政組織（沙拉）、政治舞台（鬥雞場）、社會結構（稜柱團體）、經濟制度（市集會品店）。

〔註五〕物化（reification）：由伯格（P.Berger）與魯克曼（T.L.Luckman）提出，意味將虛幻不存在事物擬人化、具體化，物化世界是個去人性世界。

〔註六〕同形主義（insomorphism）：原為生物學概念，意指成功存在有機體，其活動模式會為其他有機體所仿效，仿效成功程度愈高，生存機率愈大。

〔註七〕賽蒙（Herbert A.Simon）整合了政治學、管理學。心理學、社會學、經濟學及各種組織理論，研究行政行為並提出「決策理論」，其本人也因此理論得到1978年諾貝爾經濟學獎。其主要要理論：

1. 傳統行政學的研究不夠科學，雖試圖建立「行政原則」但均只不過是一些經常 相互衝突的「行政諺語」（administrative proverbs）而已。
2. 事實與價值（facts & values）應予分開，並以之做為行政與政策的區別基礎。
3. 行政學與各社會科學及自然科學相同，都是以事實問題為對象的實證研究。
4. 行政學要建立科學原則，必先發展概念工具。就賽蒙而言，此一概念工具就是 他主張的「行政行為」。
5. 重視以心理學、社會學、經濟學的發現去研究行政行為。

鑑往知來

1. **威爾遜（W.Wilson）**：〈行政的研究〉係開啟「行政政治二分」及「政治中立」先河，亦是行政學邁向獨立研究的文獻。【90初基、91基普、92地、93普、94地、95初普原、96原、98初、99初、100身、103普地、104普】

2. **泰勒（F.Taylor）**：於1895年發表「論件計酬」、「差別計件比率」、1903出版「工廠管理」、1912年出版「科學管理原則」，使用科學方法來研究最佳方法，注重基層人員工作方法改善，被稱為科學管理之父。【90障路、91初普、92初高委升、93初地、94初原、95特、97特、98普、99初地、100身、102高普原地、103地】

3. **甘特（H.Gantt）**：發展出「甘特圖」，用以控制工作進度、流程完成期限。【90路員、91初基、94初、95特、96初】

4. **費堯（H.Fayol）**：於1915年出版《一般管理和工業管理》，提出管理14原則、POCCC、OSCAR，注重中上階層人員的管理及其方法改善，被譽為「現代管理之父」、「法國管理之父」。【90初、91初基、92高、93基、94初、95身、96原、100身、101地、102高、108地】

5. **古立克（L.Gulick）與尤偉克（L.Urwick）**：1937合編《行政科學論文集》提出行政七要素「POSDCORB」；4P分部化原則：依目的、過程、對象、地點加以分工。【90初國軍、91初基國軍、92委升、93基、94初委升、95普地高、96初、99身地】

6. **傅麗德（M.Follet）**：於1920年發表「新國家」主張：額外價值、團體中衝突（整合）、協調四原則（直接、早期、互惠及連續）、權威運用應依「情勢法則」。為傳統時期注意行政的心理因素少數先驅，被譽為管理之母。【90基、91初普高、92初、93初、94初委升、96初、97身、98地、100身、101普原、104高地】

7. **韋伯（M.Weber）**：研究普魯士政府，為建構官僚理論主要學者，其主張為：理想型組織演進可分為三階段—傳統、領袖魅力型、合法合理型。而其中最理想組織型態為建構在高度組織化與制度化、法律基礎之合法合理權威。其特徵為：專業分工、層級節制、依法辦事、正式甄選與永業化、功績管理。【90初、91初高國軍、92高地、93初、94高、95普、96初、97特、98普地、99原地、100原地、101身原、102地原、103高身、106地、107高、109地、110地、111初、111身】

8. **墨頓（R.Merton）**：指出韋伯嚴密法規特性所產生的反功能：「嚴格遵守法規，便會使法規條文原為達目的而採用手段，轉換成具價值目標」，稱為「目標錯置」或「目標轉換」。【91初、92高、93普、94初、95特、96初原、98初、99初、107普】

9. **海克契（C.Hecksher）**：提出「後官僚組織模型」其意涵為：權威形成源自對組織承諾（影響力）、具有共同使命目標、彈性原則（非固定法規）、組織分工、績效評估（具體貢獻價值）、官僚生涯規劃、對變革預期心理；後官僚組織之特性為服務性、參與式、代議性官僚。【95原、107地】

10. **傳統理論的重要原則**：標準化、效率化、協調化、計劃化、系統化。【91基高、95原、96原】

11. **霍桑實驗**（Hawthorne Studies）：開取了人群關係學派先河，由梅堯、羅次力斯伯格、懷德海於1927-1932應西方電氣公司從事研究。實驗中發現：人格尊重（繼電器裝配試驗）、參與與情緒的發洩（面談計劃）、小團體與小團體之約束（接線板工作室觀察）、社會平衡與士氣。【90初、91初基國軍、93初、94初地委升、95地、96初普原、97身、98初地、99原、100身、101普身、102地原、103身、104高、107地、108普、110高】

12. **最早提出人群關係名詞**：1918年銀灣會議；第一本專著為1920年威廉士所著《員工的慾望》。

13. **巴納德**（C.Barnard）：1938出版《主管人員的功能》，主張互動體系論、非正式組織、貢獻與滿足之平衡、權威接受論（欲使受命者接受，須符合受命者瞭解、合於組織目標、不違背受命者利益、受命者有能力執行）、責任的道德觀、溝通問題、主管職能，被譽為現代行為科學之父。【90高、91初、92地、93基、94初、95原、96普原、97身、99身地、100原地、101身原、104地、110地、111普】

14. **賽蒙**（H.Simon）：諾貝爾經濟學獎得主，著有《行政行為》提出：決策理論—情報、設計、抉擇活動；人為有限理性，行政人只能做到「滿意決定」，會受到注意力的限制、多元的價值、不確定性；組織平衡論—貢獻與滿足加入激勵；行為與直覺模式；傳統行政原則只是「行政諺語」。【90初、91初普高、92委升、93基、94地委升、95普、96普、97特高、98初、99地、100初身、104普地、107地】

15. **馬斯洛**（A.Maslow）：著《激勵與個性》，特別重視人員需求的滿足，提出「需求之層次」理論認為人類有五個基本的需求既：生理→安全感→歸屬感與愛→尊榮感→成就感與自我實現需求由低而高，循序漸進，組織須設法滿足其需求。被譽為人本主義心理學之父。【90初障、91初基原、93初普、94初、94委升、95高原、96普退、97身、99原地、100身、102地身、103身普、107地】

16. **赫茲伯格**（F.Herzberg）：著有《工作與人的本質》主張：促使人感到滿意或不滿因素有二：保健因素—防止不滿意因子，如管理政策、工作環境、待遇、人際關係、監督、工作保障；激勵因素—增加滿意因子，如賞識、成就、責任、升遷、工作本身。【90初普路、91初基普高、92高地、93初普、94初地原、95普身、96退、97初身、99初、100原地、101普身、108地、111高】

17. **麥克葛羅格**（D.McGregor）：1906出版《企業的人性面》，提出：X與Y理論。X理論假設人性厭惡工作、逃避責任，須強施壓使其達成目標。Y理論假設一般人並非天生厭惡工作、會自治自律、設法尋求職責、有豐富想像力與創造力。【90退、91初基、92地、93初、94地、95地委升、96普退原、97退、101普、102普、104地、107地、109地、111普】

18. **修正理論重要原則**：尊重人格、相互利益、積極激勵、意見溝通、人人參與、民主領導。【96退、97初特】

19. **後人群關係學派**：主張以組織中個人為中心，強調個人需求；如史考特（W.Scott）曾以「母牛社會學」批評人群關係學派只求生產力，不重視人員福利及存在目的，力主「組織的人文主義」。【95地、111高】

20. **組織是一個「有結構的社會及技術系統」由結構（權責分配、工作細則）、技術、心理及社會（組織氣候）、管理（貫穿整個組織）、目標與價值（社會責任）次級系統所構成。**【92地、93初】

21. **社會系統理論**：組織均是社會系統的次級系統由帕恩斯（T.Parsons）、霍曼斯（G.Hpmans）所倡導，主要內涵：系統須執行適應、整合、達成目標、模式維持功能，而執行三個階層為策略、管理、技術階層。【90路員、91初基、92、93地、94初地、95普、96身、99原、100身、101身原地、102身地、103身、105原、107高、110地】

22. **雷格斯（F.W.Riggs）**：「行政生態理論」的集大成者，出版《開發中國家行政：錢柱社會理論》探討開發中國家行政特質：異質性、重疊性、形式主義、多元的社團、多元行為規範。（權威、人情、因緣、通才、官運主義）【91基、92初、95原、96初、97身、101高、110地】

23. **已開發國家特質**：理性、功績、相對、冒險、事實取向、行政中立主義。【90高、91委升、92地、96地、98身、100地、102原、104地、107地】

24. **權變理論**：認為無放諸四海而皆可行方法，管理者需視組織與環境互動性因時因地制宜。主要內容有否定兩極論、彈性的運用、效果與效率並重、殊途同歸、管理的層次性、若即關係。【91普、92地、93初、94初原、95普、96初原、98初、100身、101普原、102原、104普、108普、110普、111地】

25. **1968年9月瓦爾多（D.Waldo）號召33位年輕公行學者於紐約雪城大學明諾布魯克會議中心討論問題及未來發展方向，會後由馬林尼（Marini）歸納其結論有：**入世相關之公共行政、採用後實證邏輯論（強調社會公平正義）、適應環境動盪不安、發展新的組織型態（科哈特提出協和式模式）、建立受惠者導向組織。【90初普退身高、91初高、92普、93初、94初地、95普原、96特、97初、98地、100身原地、101普原、104地、108普、110普、111普】

26. **新公共行政基礎思想為新左派，強調社會正義、民主政治、倫理責任與社會公道，具公共性。**【102原、103身、104普地】

27. **1983年萬斯來（G.L.Waamsley）、顧塞爾（C.T.Goodsell）、羅爾（J.A.Rohr）、懷特（O.F.white）於美國維吉尼亞理工學院探討政府職能，主張：**行政人員為「主權受託者」、「憲政詮釋者」，應憑藉「專業知識」與「職業倫理」針對具體情況達成「公共利益」並實踐「社會公道正義」。對文官期許需扮演憲政捍衛者、社會治理過程受託者、睿智少數、不同機構的利益平衡軸、專業地位道德執著者、民眾參與促進者。【90普、91普基、93高地、94地、95原、96初原、98初、99原地】

28. **黑堡宣言**：又稱「制度背景的新公共行政或明諾布魯克觀點」或「奠基於制度之名諾布魯克觀點」，其重要主張：行政人員應可為公共利益的受託者、行政專業能力為社會功能的提供者、公共行政乃憲政秩序下治理正當參與者、公共行政的權威涵蓋不同的利益。【91初普、92地、93地、94地、96原、99初、100身、101普、102身、103普、104地、108普、111普】

29. **公共管理**：有別於公共行政者，特別強調市場交易，其研究重點迄無共識，眾說紛紜，魏帖克（G.Whitaker）將現階段公共管理研究領域比喻為「變形蟲」。

30. **波則曼（B.Bozeman）**：將公共管理研究途徑分為：應用公共政策管理（P途徑）與企業管理（B途徑）。【90高、91高、94原】

31. **新公共管理**：又稱為新右派、新治理、管理主義、企業型政府或以市場為基礎的公共行政，主張減縮政府職能、契約外包、善用市場機能、授能員工、重視成果導向，被批易造成「空洞國家」。【90高、92初、93普地、96退薦升、97初地、99初、100初、101原地、109高地、110普】

32. **新公共服務的核心概念**：(1)服務公民而非顧客；(2)服務而非領航；(3)重視人民，而非只重視生產力；(4)重視公民資格更甚企業精神；(5)建立共享的公共利益觀點；(6)策略思維、民主行動；(7)理解課責並非易事。【109高、110普】

精選試題

( ) **1** 強調要找到「最佳方法」（one best way）來做事的學者是？ (A)韋伯（M.Weber） (B)泰勒（F.W.Taylor） (C)威爾遜（W.Wilson） (D)賽蒙（H.A.Simon）。

( ) **2** 甘特圖（Gantt Chart）可呈現？ (A)組織分層負責情形 (B)組織內部的辦事細則 (C)組織工作流程與完成期限 (D)組織的歷史發展。

( ) **3** 被後人稱為「現代管理理論之父」者為何人？ (A)費堯 (B)韋伯 (C)胡桑 (D)泰勒。

( ) **4** 古立克（L.H.Gulick）提出POSDCORB來表示行政管理的七大項職能，S是指？ (A)服務（Service） (B)精神（Spirit） (C)用人（Staffing） (D)研究（Study）。

( ) **5** 公共行政領域中的管理內涵及功能，在公共管理的主張有五項功能，以PAFHRIER為代表，請問PA代表？ (A)政策分析 (B)財務管理 (C)資訊管理 (D)對外關係。

( ) **6** 管理學者傅麗德（M.P.Follett）特別重視人類的團體生活，她曾以何種概念來形容團體對人的影響？ (A)額外價值 (B)合法權威 (C)情勢法則 (D)人性本善。

( ) **7** 傅麗德（M.P.Follett）認為解決衝突的方法，應該透過？ (A)妥協 (B)鬥爭 (C)支配 (D)整合。

( ) **8** 韋伯（M.Weber）將權威分為哪三種類型？ (A)傳統的、超人的、理性—合法的 (B)傳統的、現代的、後代的 (C)交換型、轉換型、開誠布公型(D)政治的、經濟的、心理的。

( ) **9** 韋伯（M.Weber）認為，理想型的官僚制度是建立在以下何種權威的基礎上？ (A)傳統權威 (B)制裁權威 (C)合法合理權威 (D)超人權威。

( ) **10** 下列何者不是理想型官僚組織的特徵？ (A)依法規定 (B)專業分工 (C)公平交易 (D)層級制度。

( ) **11** 工作人員不把辦好事情當作目標，反而將「法規的嚴格遵守」視為其辦事的目標。此種組織病象稱之為？ (A)依法行政 (B)目標錯置 (C)組織怠惰 (D)白京生定律。

( ) **12** 五零年代美國學者賽蒙（H.A.Simon）認為，行政學傳統時期所提出的各項行政原則不夠科學，那些原則不過是一些？ (A)行政事實 (B)行政諺語 (C)行政現象 (D)行政推論。

( ) **13** 下列何項開啟了人群關係學派的先河？ (A)霍桑研究 (B)黑堡宣言 (C)新公共行政理論 (D)新公共管理理論。

( ) **14** 下列何者不是霍桑實驗（Hawthorne Experiments）之主要理論內容？ (A)貢獻與滿足平衡 (B)社會平衡與士氣 (C)小團體的約束力 (D)參與及情緒發洩。

( ) **15** 下列哪一位學者曾提出與賽蒙（H.A.Simon）「貢獻與滿足平衡」相似的概念？ (A)巴納德（C.Barnard） (B)何茲伯格（F.Herzberg） (C)馬斯婁（A.H.Maslow） (D)墨頓（J.Mouton）。

( ) **16** 根據學者賽蒙（H.A.Simon）的看法，所謂「行政行為」就是下列何種活動的過程？ (A)決策制定 (B)心理交流 (C)社會互動 (D)權力政治。

( ) **17** 賽蒙（H.A.Simon）認為決策行為包括以下哪三種活動？ (A)設計、執行、考核 (B)設定目標、發展策略、評估結果 (C)設定目標、解決問題、評估結果 (D)情報、設計、抉擇。

( ) **18** 馬斯洛（A.Maslow）的「需要層次」理論認為人的五種需要由低而高分別為？ (A)生理、愛、安全、自我實現、尊榮感 (B)生理、自我實現、愛、尊榮感、安全 (C)安全、自我實現、生理、愛、尊榮感 (D)生理、安全、愛、尊榮感、自我實現。

( ) **19** 心想事成的需求，包括個人成長、發揮個人潛力，以及實現理想等，是馬斯洛（A.H.Maslow）需求層次理論的哪一個層次的需求 (A)社會需求 (B)自我（性）實現需求 (C)生理需求 (D)尊榮需求。

( ) **20** 麥克葛羅格（D.McGregor）將人性本善的假定稱之為？ (A)x理論 (B)y理論 (C)z理論 (D)權變理論。

( ) **21** 下列因素哪一個屬於赫茲伯格（F.Herzberg）激勵保健理論（或稱之為雙因素理論）當中的保健因素？ (A)成就 (B)責任 (C)賞職 (D)報酬待遇。

( ) **22** 下列何者是赫茲伯格（F.Herzberg）「二元因素論」之激勵因素？ (A)與上司的關係 (B)工作保障 (C)自我實現 (D)薪水。

( ) **23** 以人群為關係為主的行政學，不注重下列何項原則？ (A)人格尊重的原則(B)相互利益的原則 (C)對事不對人的原則 (D)人性激發的原則。

( ) **24** 帕森斯（T.Parsons）認為，技術階層負責何種功能？ (A)整合 (B)適應(C)模式維持 (D)達成目標。

( ) **25** 我國有一具諺語「橘逾淮為枳」指的是什麼科學的通話說明？ (A)行政科學 (B)社會心理學 (C)生物學 (D)生態學。

( ) **26** 學者格雷斯（F.Riggs）以研究何種學說著稱？ (A)行政生態學 (B)組織動態學 (C)決策理論 (D)人群關係理論。

( ) **27** 下列何項不是行政生態學的概念？ (A)恆溫調控 (B)水土不服 (C)橘逾淮為枳 (D)制度是長成的。

( ) **28** 權變理論（contingency theory）的核心概念是？ (A)效率觀念 (B)公平觀念 (C)人性觀念 (D)動態觀念。

( ) **29** 下列何者不屬於權變理論的內容主張？ (A)否定「兩極論」 (B)尋找唯一「最佳方法」 (C)彈性的運用 (D)殊途同歸性。

( ) **30** 巴頓（Rayburn Barton）認為在新公共行政的浪潮下，行政人員需扮演不同角色，其中那一項角色鼓勵民眾參與？ (A)機關變遷催生者 (B)代表性行政人 (C)倡議性行政人 (D)社會公平促進者。

( ) **31** 有關新公共管理思潮的主張，何者有誤？ (A)重視品質效率 (B)主張顧客選擇與滿意至上 (C)強調競爭市場概念 (D)主張新公共服務精神強化公民參與意識。

( ) **32** 近年公共行政發展，有所謂「黑堡宣言」（Blacksburg Manifesto）。請問下列對其內容的敘述，何者有誤？ (A)重視文官集團的代表性及其專業權威 (B)方法論上強調規範價值與理論建構 (C)強調個人利益的重要性 (D)尊重市場機制，反對小而美的政府。

( ) **33** 下列何項並非丹哈特（R.B.Denhardt）夫婦所提出新公共服務的理念之一？ (A)服務公民，而不是服務顧客 (B)領航而非操槳 (C)重視公民權益勝過重視企業家精神 (D)思考要具有民主性，行動要具有戰略性。

解答	1 (B)	2 (C)	3 (A)	4 (C)	5 (A)	6 (A)
	7 (D)	8 (A)	9 (C)	10 (C)	11 (B)	12 (B)
	13 (A)	14 (A)	15 (A)	16 (A)	17 (D)	18 (D)
	19 (B)	20 (B)	21 (D)	22 (C)	23 (C)	24 (D)
	25 (D)	26 (A)	27 (A)	28 (D)	29 (B)	30 (C)
	31 (D)	32 (C)	33 (B)			

第三章　行政組織理論

本章依據出題頻率區分，
屬：**A** 頻率高

政府組織為一龐大官僚組織，爰此，學習行政學須對組織意涵、意象、理論發展與種類結構有一番透徹瞭解。同時亦須對政府組織與運作現況、病象及改進之道，作全盤的瞭解，另中央行政機關組織基準法亦為最近考試重點。此處可搭配動態組織一起閱讀。

重點精要

人是社會動物，無法離群索居，為了共同的方便與保護，自然而然形成各組織，藉以達成共同目的。

壹　組織的意義

組織一詞，源自希臘字「Organon」，意為工具或手段，是指用來幫助達成目標活動的機械設計。其後，由於各學者專家所採研究途徑相異，而有不同解釋：

一、靜態的意義（static）

由許多不同的部份所共同構成之完整體；即機關權責分配關係或層級節制體系，可以用「組織系統表」表示之。

二、動態的意義（dynamic）

組織人員交互行為，視組織為一活動體，為完成工作所需的分工合作。

三、生態的意義（organic）

係一有機的生長體，隨時代環境的演變自求適應、自謀調整的團體，西諺有云：「制度是生長起來的，不是製造出來的」，正足以說明。

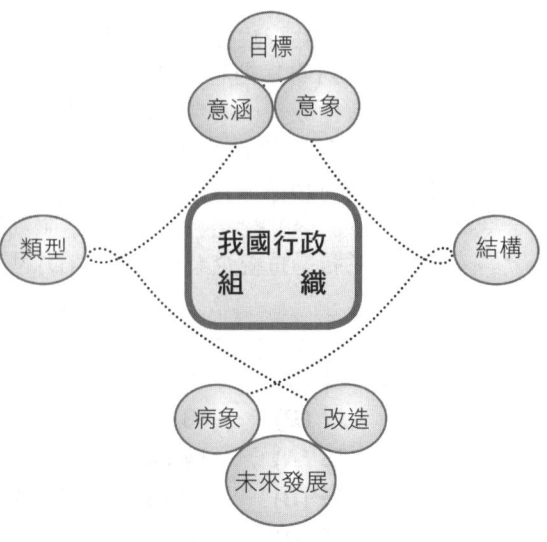

四、心態的意義（psychological）

機關人員對權責觀點的認識、感情交流與思想溝通所形成的一種團體意識。

五、綜合觀點

組織乃是一群人為了達成共同目標時，經由權責分配、層級結構所構成的一個完整有機體，它是隨著時代與環境改變而自謀調整與適應，同時人員之間建立的一種團體意識，不過其範圍僅指政府或公眾而言。

組織意象

莫根（G.Morgan）於西元1998年在《組織的意象》（The Images Organization）一書以八個隱喻（metaphor）來敘述組織分析箇中差異：

機械意象	機器設計可貴在於精心安排每個部分，使之有效運作，意指組織合理、明確地進行結構分工與組合，並全神貫注於目標、結構、效率。
有機體意象	源自於生物學，乃物種如何找到生存利基（niche）以為生存發展及如何適應環境而不斷自我調整，使成為良好適應。
大腦的意象〔註一〕	組織決策如同「神經中樞」體系，隨時掌握資訊處理，並注意環境變化，尤其透過負向反饋以達成「學習型組織」，達成正確決策。
創造「社會實體」的意象	係採文化觀點，認為任何制度運作，難脫「大社會」制約，有什麼樣社會，就會形成什麼樣組織制度。
政治體系的意象	強調團體對抗、統治聯盟形成、派系勢均力敵、不同利益需求的匯集與表達，如普瑞樓和莫根（Burrell & Morgan）將組織形容為「迷你國家」。
心靈囚籠的意象	我們常成為自己所喜歡思考方式的陷阱，正如同柏拉圖洞穴（Plato's cave）中人們，只是井底之蛙。
流變與轉變的意象	源於混沌理論中之「蝴蝶效應」，意味著處混沌邊緣情境中，微小重要變遷，即可能引發關鍵性轉型效果。
宰制工具意象	米勒（A.Miller）著名話劇「推銷員之死」及柏曼（D.Berman）的「死於工作」顯示員工健康、生活皆成為現代組織建造的祭壇犧牲品。

組織理論發展

源自西元1937年古立克與尤偉克二人合著《行政科學論文集》，始有「組織理論簡說」。根據卡斯特（F.Kast）及羅森威（J.Rosenzweig）所著《組織與管理》將組織理論分為三個時期：

一、傳統組織理論時期（1900-1930）

偏重於靜態的組織研究，是以經濟學及技術的觀點來觀察組織。其要點如下：

(一) **組織是一個分工的體系**：依計劃性質與執行性質之工作而分工，還要依工作程序、工作地區、及工作人員之不同而分部。

(二) **組織是一個層級節制的體系**：以便達成指揮統一，命令貫徹的目的。

(三) **組織是一個權責分配的體系**：組織中每一個職位皆有明確的工作分配，使人員在執行職務時明瞭其所負擔的任務。

(四) **組織是一個法令規章的體系**：組織有許多法令規章來規範工作程序與組織結構，形成一個完整的法令規章體系。

(五) **組織是目標指向的**：任何組織皆有其目標，否則便不成組織，而組織的基本要務就是達成目標。

(六) **組織是一個協調體系**：由於分工與層級節制的關係，組織各部門間保持了協調狀態。

二、行為科學時期組織理論（1930-1960）

以動態觀點詮釋，認為組織不僅是為一種「經濟及技術的系統」，而且也是一種「心理及社會的系統」，主要研究組織中「人」的問題。其要點如下：

(一) **組織是一個心理及社會系統**：人們參加組織是為了滿足社會慾望（友情、歸屬感等）。

(二) **組織是一平衡系統**：人員貢獻其心力，組織提供最大滿足，兩者保持平衡狀態。

(三) **組織是一個提供合理決定的機構**：日常運作過程中，會遭遇許多問題，必須制定決策以為解決。

(四) **組織具有非正式的一面**：非正式組織對於正式組織具有正、反兩方面的作用，必須加以考慮，才能對組織有深刻的瞭解。

(五) **組織是一個影響力的系統**：此種影響力貫穿整個組織之內，不僅上級可以影響下級，而且下級也能影響上級。

(六) **組織是一個溝通系統**：組織本身就是一個溝通系統，沒有溝通就不能稱為組織。

(七) **組織是一個人格整合的系統**：組織是由許多不同人格的人所構成，往往會有衝突，組織基本功能就是將這些衝突加以調和。

三、系統理論時期（1960-）

著重組織與外在環境關係，視組織為一「開放型的系統」，其基本要旨如下：

(一) **組織是一個外在環境中的開放系統**：組織為了維持生存，須對外在環境開放，並與環境維持適當的關係。

(二) **必要的多樣性**：組織為處理環境所帶來的多樣性和挑戰，促使組織會形成若干的「次級系統」，根據卡斯特（F.Kast）及羅森威（J.Rosenzweig）的敘述，一個組織應包括結構、技術、心理-社會、目標價值和管理等五大次級系統。

(三) **組織具有界限性**：組織與外在環境保持了一種界限，此一界限是用來方便的說明、瞭解其與外在環境的關係。基本上，組織的界線具有：過濾、確定組織活動的範圍、交切面的觀念等三項功能。

(四) **組織是一個反饋系統**：經由反饋過程，組織可以繼續自外界輸入訊息而有助於組織的調整。

(五) **組織是一個新陳代謝的系統**：組織是開放的，與外在環境有互動的關係，可以輸入其所需要的資源、能量與訊息，使得組織得以永不墜落。

(六) **組織是一個交錯重疊的體系**：組織可以用層級節制的意義來說明，它本身由許多次級系統所構成，而它又是外在環境系統的一環。

(七) **組織具有適應與維持的作用**：組織具有自我調節與保持穩定狀態的能力。一方面維持整個系統的平衡，另一方面必須具有適應作用，以促進組織與環境的一致。

(八) **組織的開放系統具有殊途同歸性**：組織為了達到目標或實現其期望中的最終情況，可以透過不同的途徑。

(九) **組織的成長是經由內部精心的設計**：組織因為能保持與外在環境的互動關係，所以在不斷調整內部組織、工作過程、管理方法，使得組織日趨成熟、完整與成長。

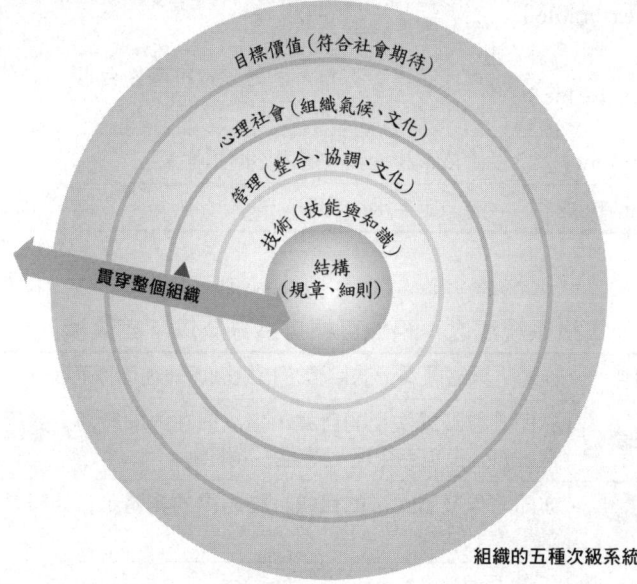

組織的五種次級系統

肆　組織目標

係組織所欲達成的最後結果，亦是人員的目標。

一、性質

組織目標性質具有一致性、社會性、層次性、差異性、明確性、參與性。

二、作用

(一) 使組織合理化。　　　　　　　　(二) 作為考核的依據。
(三) 增進組織的協調。　　　　　　　(四) 成為部屬自我引導的標準。
(五) 激發員工的合作意識。

三、目標設計原則

組織目標設計須符合SMART原則：

具體明確（Specific）	應具體的告訴員工要作什麼，要完成什麼。
可以衡量的（Measurable）	可以量化的指標，應該將其量度表現出來並讓成員知道如何衡量其工作結果。
可以達到的（Attainable）	可設定具有複雜、困難度及挑戰性目標，但不能設定難以達成的目標。
合適的（Relevant）	應依業務性質，選用不同指標。
時效性（Timely）	有一定期限或時程。

四、類型

就組織內部構造及次級系統觀之，組織目標可區分為以下三大項：

總目標	社會目標	亦即「策略層次」的目標，指組織與外在環係而言。
	管理目標	亦即「協調層次」的目標，指組織在內部管理上是否可以達成理想而言，如分工是否合理、溝通是否順暢。
	技術目標	亦即「作業層次」的目標，指組織的具體工作技術是否可達到效率要求。

分目標	人事目標、財務目標、研發目標、生產目標、行銷目標等。
個人目標	如馬斯洛之需求層級理論所敘述，人類需求包括：生理需求、安全需求、社會需求、尊重需求與自我實現需求。

五、目標管理（MBO）

(一) **意涵**：西元1954年杜拉克《P.Drucker》於《管理實務》一書提出，意指上下級人員經由會談方式，來共同訂定組織目標及各部門目標，而人員於執行目標過程中，作自我控制、自我考核。下圖為目標管理與傳統管理比較：

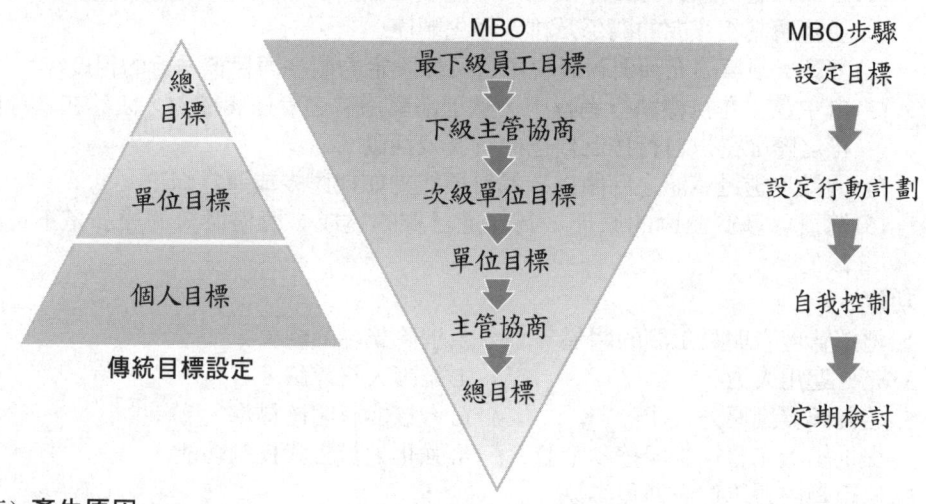

(二) **產生原因**

1. 成員未認清組織目標、個人潛力能未發揮。

2. 組織充滿個人、本位主義。

3. 員工一切依法行政，缺乏自動自發精神。

4. 溝通協調不夠，產生衝突。

5. 決策權在主管，人員無法參與。

6. 首長不願授權。

(三) **特性**

1. 以人員為中心。　　　　　　　2. 將組織目標與個人目標結合。

3. 並使用激勵與民主參與方式。　4. 充分發揮分權。

5. 維護人格尊嚴。

(四) **步驟**

1. 計劃階段（P）：主要的工作有二：目標設定與行動方案的規劃。

2. 執行階段（D）：主要的工作為行動方案執行。

3. 檢查階段（C）：主要的工作為效果的確認。

4. 檢討與改進循環以進行（A）：主要的工作為標準化、檢討與改進，以及選定下次的目標或主題。

(五) **要素與型態**

1. **要素**：MBO方案有四個共通的要素：具體目標化、決策參與、限期完成、績效回饋。

    (1)具體目標化：明確的目標可增加工作的績效。

    (2)決策參與：上級與下級共同參與設定各對應層次的目標。

    (3)限期完成：每一個目標都有明確的時間期限要求。

    (4)績效回饋：將實現目標的達成狀況反饋給當事人，藉以調整其行動。

2. **基本型態**：

    (1)目標設定：應將工作產出結果所達成協議，以書面方式把目標呈現出來，並釐清其相互間的關係及排定優先順序。

    (2)預算：預算的充沛與否將會影響目標設定的順序與目標執行的程度。

    (3)自主性：在目標執行過程中，賦予部屬適當之責任與權力，使其在執行目標之際，得以自行控制自己的行為及活動。

    (4)回饋：透過資訊之回饋以確保目標能夠如期達成或適當修正。

    (5)獎償：基於激勵的原理，為促進目標的達成，獎償系統的設計是不可或缺的。

(六) **功能**

1. 增進管理者與員工間的關係。　　2. 消除集權的缺失。

3. 充分運用人力。　　　　　　　　4. 維護人格尊嚴。

5. 培養與發掘優秀人才。　　　　　6. 考核能有明確標準。

7. 提供組織完整規劃與控制系統。　8. 強化人員自我控制功能。

9. 使組織內各單位溝通更容易。

(七) **優缺點**

優點	缺點
目標明確、工作改進、控制容易、增進動機、評鑑客觀、士氣高昂。	上司利用員工承諾壓迫部屬、無法釐清個人與部門目標、繁瑣文書流程、只重目標達成而不重過程、部屬易於設定容易達成目標。

(八) **運用上限制**

1. **在適用體系方面**：其運用在封閉系統較易管理，較不適用於面對動態環境系統。

2. **在時間成本方面**：其管理系統須投入大量文書作業的時間成本。

3. **在信任問題方面**：其實施須打破層級節制的官僚體系，高層與低階人員須互信、充分合作並非易事。

4. **在政府本質方面**：政府部門在實施MBO會面臨諸多政治阻力：

(1)多元目標取捨。

(2)質化目標如何轉化為可以量化的目標。

(3)政府目標週期配合預算均為一年，可能忽視組織長期發展規劃。

(4)政務官任期屆至或政策存廢而影響其成效。

5. **在績效評量方面**

(1)其評鑑完全以成果為導向，而忽略了達成的過程。

(2)促使員工僅專注份內工作而缺乏對組織整體的關懷。

6. **其他限制**

(1)易促使員工狹隘地界定其工作。　(2)受限於只評量個人績效。

(3)通常以一年為期來進行。

(九) **成功要件**

1. 高階主管支持與配合。　　　　2. 支持性組織氣候建立。

3. 目標質量並重。　　　　　　　4. 整合長短期目標與計劃。

5. 融入共同願景。　　　　　　　6. 採取多元管理方式。

牛刀小試

1. 目標管理是行政機關實現前瞻性激勵管理的方法之一。請說明何謂目標管理？其作用為何？如何實施目標管理？

2. 請說明目標管理（MBO）的意義、性質、優缺點。

3. 說明目標管理的意義，基本型態或組織要素。

4. 目標管理在公部門實施迄今已數十年，試說明行政機關採行目標管理時應注意那些事項？【省營升】【可參考前頁(八)運用上限制】

5. 何謂目標管理？其產生的原因及作用？機關組織推行目標管理的步驟又如何？【身三】

伍　組織的分類

(一) **以社會功能區分**：帕森斯（T.Parsons）提出組織中每一次級系統對社會皆有獨特功能因而形成不同組織。〔註三〕

1. **經濟生產為目標組織**：動員其資源，解決適應環境問題為功能的機關，其範圍很廣，如企業公司、飯店及娛樂性機構等。

2. **達成政治為目標組織**：達成社會價值目標，並以權力的產生與分配為運行重點，如政府機構。

3. **達成社會整合目標組織**：其主要功能在協調衝突，以完成機關的期望及鼓動人群行動。如法院、律師公會、政黨、利益團體等。

4. **模式維護為目標組織**：其功能在解決合法價值間的衝突，以保持文化與價值於不墜。如學校、教會、文藝性質的機構等。

類型	經濟生產型	政治目標型	社會整合型	模式維持型
社會功能	經濟生產	權力產生分配	協調衝突	維持價值
例子	企業公司、飯店、娛樂性機構	政府機構	法律、律師公會、政黨、利益團體	學校、教會、藝術機構

(二) **以人員順從度區分**：艾桑尼（A.Etzioni）以機關人員下級對上級「順從」程度加以分類。
　　1. **強制型組織**：以鎮壓或威脅控制部屬，重視紀律、懲罰，如監獄、集中營、監禁式的精神病院等。
　　2. **功利型組織**：以功利或物質報酬方式管理部屬，如工商企業、銀行、保險公司等。
　　3. **規範型組織**：以榮譽報酬方式管理部屬，如學校、教會、政黨等。

類型	強制型	功利型	規範型
順從度	鎮壓威脅	物質報償	榮譽報酬
例子	監獄、集中營、精神病院	銀行、保險公司、工商企業	學校、教會、政黨

(三) **以主要受惠者區分**：布勞（P.Blau）及史考特（W.Scott）以組織主要受惠者加以分類。
　　1. **互利組織**：維護並促進全員利益，如政黨、工會、商會、宗教組織。研究重點在加強內在民主程序。
　　2. **服務組織**：服務特定社會大眾，如大學、醫院、社福團體。研究重點在協調專業人員與行政人員之間衝突。
　　3. **企業組織**：謀求股東最大利潤，如企業公司。研究重點在如何降低成本，追求利潤。
　　4. **公益組織**：受外在民主控制，提供全民服務如警察機關、行政機關、軍事機關。研究重點在如何加強外在民主控制。

類型	互利組織	服務組織	企業組織	公益組織
主要受惠者	一般參與者	特定社會大眾	企業主股東	一般社會大眾
例子	政黨、工會、商會、人民團體、宗教團體	大學、醫院、社福團體	銀行、製造公司、企業公司	軍隊、警察、行政機關

(四) **以人員能否自由參加為區分**

1. **自願性組織**：可隨時自由參加或脫離，如政黨、協會、學會等。
2. **半自願性組織**：參加組織受許多資格及考試限制，如企業公司、行政機關。
3. **非自願性組織**：人員無論參加或脫離組織，均受到嚴格限制精神病院、監獄。

類型	自願性組織	半自願性組織	非自願性組織
參加脫離度	可自由	無法充分自由	受嚴格限制
例子	政黨、協會、學校	企業公司、行政機關	監獄、勒戒所、精神病院

(五) **以創辦人與受惠者間關係區分**：卡斯特（F.Kast）與羅森威（J.Rosenzweig）以創辦人與受惠者間關係加以區分。

1. **合作組織**：創造之成本與價值皆由全員共享，如公會、合作社。
2. **營利組織**：創造之成本由受惠者負擔，價值由創辦人享受，如企業公司。
3. **服務組織**：創造之成本由創辦人負擔，價值由受惠者享受，如教會慈善機構。
4. **壓力組織**：創造之成本與價值皆由創辦人負擔與享受，如遊說團體。

類型	合作組織	營利組織	服務組織	壓力組織
創辦與受益人	價值共同分享	成本歸受惠者價值歸創辦人	成本歸創辦人價值歸受惠者	成本與價值皆歸創辦人
例子	公會、合作社	企業公司	教會、慈善機構	遊說團體

(六) **以回應力區分**

1. **無回應性組織**：不採任何行動去瞭解民眾需求、認知與偏好，僅大言不慚地解說其知什麼是最好。
2. **謹慎回應性組織**：對標的群體需求，表現願意知悉興趣。
3. **高度回應性組織**：使用系統化資訊蒐集，如民調、討論會，並調整服務。
4. **完全回應性組織**：熱衷於滿足外界需求，將民眾視為衣食父母，如好的教會和工會。

牛刀小試

1. 依組織之「主要受惠者」為標準，組織可區分為那幾類？其受惠者各為何？試說明之。
2. 試分別就人員的順從以及主要的受惠對象之標準，略述組織可能分類。【身三】

陸　行政組織的類型

一、首長制與委員制

以機關最高負責者之人數為標準。

首長制	委員制
亦稱為獨任制或部長制，指一機關之事權完全交由一人單獨負責處理者，美國總統可為代表。	亦稱為合議制（會）的組織，指一機關事權交由若干人共同負責處理者，瑞士聯邦政府可為代表。
優點 事權集中、責任明確、指揮靈敏、行動迅速、保守祕密、爭取時效、減少衝突。	**優點** 符合民主精神、集思廣義、不易營私、考慮周詳、減輕負擔。
缺點 不符民主精神、流於專斷獨裁、易營私舞弊、考量欠周詳、工作不勝繁劇。	**缺點** 責任分散、行動緩慢、傾軋與排擠、難守祕密。

(一) **兩制之運用**
1. **西諺曾云**：「作事是一人的事，議事是眾人的事」。
2. **懷特認為**：「執行與執導事務應採首長制，政策尋求與決定應採委員制」。
3. **張居正亦言**：「天下之事，慮之貴詳，行之貴力，謀之於眾，斷之於獨」。
4. **大體上而言，凡行政的、行動的、執行的、事務的、技術的、軍事的、速決的、紀律的一類性質事務辦理，宜採首長制；至於顧問的、討論的、立法的、調節的、政策的、設計的一類性質事務之辦理，則宜採委員制。**

(二) **我國行政院各部會組織設計**
1. 單就機關名稱，部、署、局、處（例如：經濟部、考選部、衛生福利部、文化部、行政院主計總處）確為首長制機關無誤，但委員會名稱者，絕大多數非委員制或合議制組織。
2. 行政院現在有9個委員會與3個獨立機關，除公平交易委員會、中央選舉委員會、金融監督管理委員會、國家通信傳播委員會（NCC），是少數可歸為混合制的中央行政機關，尤其公平交易委員會更具委員制組織特色。其餘8個委員會實為首長制組織。

二、業務部門與幕僚部門

以實際執行與否為標準。

(一) **業務部門**：亦稱實作部門，乃行政組織中實際執行或推動工作之部門，如教育部的高教司、社教司、國教司均屬之，或台北市政府環保局、勞工局。

(二) **幕僚部門**：與組織目標不發生直接的執行關係，專司襄助或支援業務部門單位，如教育部人事處、總務處等。其功用可協助首長工作分配、蒐集資料、釋答諮詢、研究行政措施、與大眾溝通。其種類可分：

種類	說明	例子
一般性幕僚	猶如「篩子」或「漏斗」在替首長過濾與選擇	常次、政次、主任秘書
輔助性幕僚	乃在輔助首長、維持機關團結與存在	總務處、人事處、會計處
技術性幕僚	解決某一特殊問題或工作而存在的	參事室、法制室、技術室
報導性幕僚	為機關首長耳目及喉舌，作用在蒐集事實、溝通內外	統計處、新聞處、公關室
諮議性幕僚	主要功能在諮詢及建議	參議、諮議、顧問
監督性幕僚	代替首長考察工作實際狀況	督察室、政風室、考核室

(三) **衝突與調和**

1. **衝突原因**：社會背景差異（年齡、教育、專業）、組織結構因素（功能分化、對幕僚重視、服務功能轉成控制功能）。

2. **調和途徑**

(1)加深對業務與幕僚關係的瞭解。

(2)業務單位主管必須聽從幕僚意見並善加利用。

(3)業務單位必須對幕僚單位提供意見。

(4)幕僚工作必須完整，以便受用採行。

(5)幕僚人員須瞭解全局，其建議必須注意到環境的適應要求。

(6)幕僚人員須能說服業務單位以接受變遷。

三、中樞機關與派出單位

以服務對象及擁有自主權為標準。

(一) **中樞機關**：負責領導與統籌總機關，如警政署。

(二) **派出機關**：設置各地分支機關，如各地警察局。

(三) **派出機關與地方政府差異**

1. **地方政府**：地域性行政組織、綜合性統治組織、具有法律規定的本身權力（自主權）。

2. **派出機關**：功能性業務組織、單純管理組織、上級的委託機關或代理人。

四、集權制與分權制

以行政權行使性質與範圍而分。

(一) 集權制：一機關事權由本機關自行負責，不下授或委派；下級機關需完全秉承中央之意志者。

優點	政令統一、力量集中、層級節制、統籌靈活。
缺點	重全體忽略部分、易形成專斷與獨裁、奉命行事缺乏主動、地方需求易被忽視。
形成理由	亞倫認為採取集權制理由為組織遭遇危機、部屬柔弱、內部擴大及首長獨裁。

(二) 分權制：設置上下不同層級機關，使其於職權範圍內，獨立自主，不受指揮；為適應各地區需要，分別於各地成立之，具獨立法律人格。

優點	符合民主精神、分權分工、分層負責。
缺點	過度分權危及國家統一、上級易受下級牽制、易引其各機關衝突。
形成理由	機關分併、地域分佈廣、實際無法控制、部屬能力強、首長柔弱、工作性質分歧。

(三) 均權制度：由孫中山先生所創：「權力分配，不當以中央或地方為對象，而當以權之性質為對象，權之宜屬於中央者屬之中央可也，權之宜屬於地方者屬之地方可也。如軍事外交宜統一不宜分裂，此權之宜屬於中央者也，教育衛生隨地方情形而異，此權之宜屬地方者也」。

(四) 事業部門制：由美國通用汽車公司總裁史龍（A. Sloan）所創，主要精神在於擷取兩制之長，而避其短。其組織型態特色為：

1. 主張集權式的政策與分權式的管理。
2. 推行產品（服務）中心。
3. 實施（責任）利潤中心。
4. 總管理處擁有一陣容堅強之幕僚群。

分權化管理

五、公營事業單位

亦稱公企業或公共事業，係由國家或地方政府基於各種政策目的及公共利益，發揮經濟職能，所經營不以權力為要素之事業。

(一) 成立目的

1. 攸關民生重要產品，不宜由私人經營。		2. 發達國家資本。
3. 促進經濟發展。	4. 增加政府收入。	5. 維持物價穩定。
6. 增進就業機會。	7. 充實國防力量。	8. 培養經建人才。

(二) 種類

1. 政府獨資經營者：

(1)行政組織式的公營事業：設一行政機構，並納入政府的組織系統內，受行政體系監督，執行某項事業營運之營業單位。如自來水場、公路局、鐵路局等。

(2)特別組織式的公營事業：有些國家常設一種專營機構經營某項事業，雖不隸屬於行政系統，但在行政上仍受其節制。如美國之各種管理局，係一種特別組織（adhoc），較具獨立性。

(3)公司組織式的公營事業：與其他行政部門完全分離，可不受行政部門的一些嚴密法令規章限制，有自己會計、人事及監督機構，如台電公司、中油公司、台糖公司。

2. 公私合營方式：

由政府與人民合資經營，若政府資金超過百分之五十者，與政府獨資經營經營機構受同樣管理控制；若未超過百分之五十者，則依公司法規定予以管轄。

牛刀小試

1. 行政組織的設計有首長制與委員制，試比較說明兩者之意義、優劣與實際運用情況。並據以論述我國行政院各部會組織設計。
2. 試分析業務部門與幕僚部門間發生衝突之原因。並說明如何有效調和兩者衝突。
3. 試以教育部為例，說明業務單位與幕僚單位的意義，以及兩類單位人員間時常發生衝突的主要原因。【普】
4. 幕僚機關種類有那些？其功用如何？
5. 行政權力的集中與分散一直是學者討論的熱門話題，試就「集權制」與「分權制」的理論及其優劣利弊加以比較說明之。

柒 組織結構

組織結構即組織內部各層級與各部門之間，所建立的一種相互關係模式。其意義有二：「正式關係與權責的一種模式」，「正式的法規、運作的政策、工作程序、控制過程、報酬設計與其他引導成員行為的設計」。

一、類型

正式組織結構	經過正式設計的結構，主要用意在有效地達成組織的使命。
非正式組織結構	非經正式規劃，而發生於組織成員間的一種活動關係或模式。

二、要素

(一) 卡斯特認為組織由組織圖、職位、工作說明書、法令規章、權力關係模式、溝通網路、工作流程所建立。

(二) 麥克法蘭（D.B.McFarland）在《管理：原則與實務》提出：縱的層級、平行單位、職位任務、直線與幕僚、變態結構為基本要素。並提出直線組織、幕僚結構、機能結構與委員會結構四種結構型態。

三、成分

複雜性	分工越細，上下層級越多，則複雜性程度越高，也就越難協調人們及其事務。
正式化	指組織內使用規則、程序來引導員工行為的程度，規定與管制愈多，組織結構就越正式化。
集權化	有些組織決策權是集於高階層的中央集權；有些組織集權化程度很低，通常稱之為分權化。

四、功能

追求效率	使資源有效地運用，以最小的投入，得到最大產出。	促進溝通	良好的組織結構可發揮溝通功能，達到暢通無阻狀態。
工作滿足	組織結構除提供人員的任務、責任、權力關係，並提供其地位及歸屬關係，大部份人員可經由組織得到工作滿足。	齊一組織	經由組織分工及權責安排，就可匯集各人的努力與行動，使組織目標易於達成。

五、原則

(一) **穆尼（J.Mooney）與雷利（A.Reiley）**

　　1. **階梯原則**：組織應有上下的層級節制。

　　2. **機能原則**：同階層間因工作性質不同而分工。

　　3. **幕僚原則**：組織中有劃分實作與輔助性單位。

　　4. **協調原則**：各部門間應有良好的溝通。

(二) **孔茲（Koontz）**

　　1. **組織結構目的**：目標一致、組織效率、控制幅度適切。

　　2. **組織結構本身**：階梯、授權、分工、分離（控制與一般部門）、絕對責任、指揮一致、權力同等、機能明確。

3. **建立過程方面**：平衡、彈性、促進領導方便原則。

(三) **古立克與尤偉克**（L.Gulick & L.Urwick）

1. 目的原則。	2. 專業化原則。	3. 協調統一原則。
4. 權限明確原則。	5. 職責原則。	6. 職位權限定義明確化。
7. 權責一致原則。	8. 控制幅度五至六人。	9. 結構平衡原則。
10. 繼續性原則。		

(四) **張金鑑見解**：完整統一、協同一致、指揮運如、管理經濟、事權確實。

六、類型

(一) **軍事組織**：嚴密層級節制、統一貫徹指揮、機動靈活運用。

(二) **生理組織**：首腦統攝全體功能、各有專司之分明系統、新陳代謝、平衡和諧功能。

(三) **機械組織**：具高度複雜化、正式化與集權化、僵化特性，強調規定、管制及例行性工作，重視標準化，偏向於固定、嚴密與制度化，較適用於生產與作業部門。

(四) **有機組織**：一種低度專業化、正式化與高度分權的組織，較為鬆散且有彈性的調適型組織。具有彈性能應付變遷環境、高度適應力、集權程度低、知識權力基礎高的特性，整合困難較適用於研發部門。

有機組織結構與機械組織結構特徵比較

特徵	有機	機械
控制幅度	寬	狹
權力層級	少	多
管理生產員比	高	低
集權程度	低	高
互動情況	高	低
法令規章	低	高
目標明確性	低	高
意見溝通	忠告消息	指定決定
報酬差距	狹	寬
技術層級	狹	寬
知識權力	高	低
地位權力	低	高

資料來源：Kast & Rosenzweig

七、影響組織結構因素

(一) **策略**：錢德勒（A.Chandler）主張「結構追隨策略」，認為如果高階管理者在組織策略作重大改變，則結構亦須修正；而明茲伯格（H.Mintzberg）則主張「策略追隨結構」，認為組織結構改變亦會導致策略的改變。

(二) **內部**：包括組織規模、作業多樣化、員工特質因素。

(三) **外部**：環境穩定性、科技（物理性與知識性）、外部壓力（政府法規、顧客、供應商與競爭者）。

八、公共組織設計途徑

依羅聖朋主張，公共組織設計可用管理、政治、法律三種主要隱喻加以透視。

(一) **公共組織管理途徑**：追求經濟、效率、效能，重視結構分部化與工作水平化，組織層級與工作垂直化、MBO、TQM與組織文化等。

(二) **公共組織政治途徑**：致力於表達、回應與課責之主要標準與價值，強調多元主義、自主性、分權、與國會聯繫。

(三) **公共組織的法律途徑**：建立公平裁決與化解衝突爭議結構，其特徵有：獨特性、委員會形式、隔離片面接觸與影響、獨立聽證行政法官、裁決人事配套、另類爭議化解（ADR）。

牛刀小試

1. 試就所知論述影響行政組織結構因素。
2. 組織結構構成要素為何？機械性組織與有機組織結構各有何特性？【高】
3. 機械性與有機組織結構之主要差異為何？就組織設計權變觀點而言，在何種情況下應採機械式結構？在何種情況下應採有機性結構？【郵政公路】
4. 在組織結構中，所謂機械式、有機式和矩陣式組織，其理論精義為何？試申述之。【國軍】
5. 試從管理途徑、政治途徑與法律途徑三面向，來說明公共組織的設計在結構面各自應出現那些特徵？【原三】

捌　組織結構分化

一、垂直分化（vertical differentiation）

又稱層級化或階層化，以層級節制體系為代表，乃依功能相似但地位不同而劃分的層級。分化標準為權力大小、責任程度及管轄部屬數目，可分為四個主要階層：高層管理、中層管理、低層管理、基層員工。

(一) **控制幅度（Span of Control）**：又稱管理或監督幅度，由葛萊克納斯（A.Graicunas）於1993年所提出。是指一個主管，直接所能指揮監督的部屬數目，有一定限度，超過了限度，不但無法充份管理部屬，部屬亦會感到不滿，招致工作推展上障礙，理想應不超過6人。一般組織採用嚴格控制幅度會造成高架式組織結構，採取寬廣控制幅度則會造成扁平式組織結構。

(二) **決定最適度的控制幅度要素**

1. **紐曼（W.Newman）依權變觀點**：認為控制幅度大小可視以下幾個條件予以決定：

在監督工作上所花費的時間	凡在監督工作上所費的時間越多,則控制幅度越小,反之則越大。
對所監督工作的複雜性與重要性	凡屬較為複雜與重要性者,其控制幅度相對的減少,反之則擴大。
工作的反覆性	對於所監督的工作,一再反覆其經驗,養成習慣後,幅度即放大;則開始監督時,管理當然要困難些。
部屬的能力	部屬若受過良好的訓練,且具有良好的判斷力及創造力,並有義務感的話,監督工作較為輕鬆,幅度可加大。
權責劃分的程度	如果權責劃分清楚明確,則那些微細的瑣事即不須監督者勞心勞力,部屬可多些。
幕僚的襄助	若幕僚很得力,控制的界限自然可以擴大。

2. **孔茲（H.Koontz）之彈性控制幅度觀點**：認為影響控制幅度大小有部屬的教育訓練是否健全、授權規定權責是否明確、計劃程度與性質、組織的歷史、業績標準、傳達指示的技術。

3. **綜合而言,其決定因素可由四個面向考量：**
   (1) **組織性質**：組織變遷速度越慢幅度可越大,機關分散程度越小幅度可越大,工作重複性、目標一致性、員工交往程度、內部協調溝通程度越高幅度可越大,反之則小。
   (2) **管理方式**：集權者幅度小,分權者幅度大,考核制度健全者、計劃越精密、幕僚襄助程度高可用大,反之則小。
   (3) **成員特性**：主管學識能力、部屬能力自主性皆與控制幅度成正比。
   (4) **科技的運用**：組織資訊化程度亦與控制幅度成正比。

(三) **層級化與控制幅度關係**：兩者呈反比,亦即組織層級愈多時,控制幅度愈小;相對的,組織層級愈少時,則控制幅度愈大。一般而言,若採用嚴格控制幅度,組織階層數增加,會造成高架（高塔）式的組織結構（tall organization）;反之,若採取較寬廣控制幅度則會造成扁平（平坦）式的組織（flat organization）。

(四) **優點**
   1. 釐清權責關係。　　　　2. 澄清組織目標。　　　　3. 說明決策程序。
   4. 明定事權範圍。　　　　5. 滑潤歧異。　　　　　　6. 減輕主管負擔。
   7. 規範組織運作。　　　　8. 規範組織擴張。　　　　9. 避免上級干涉。

(五) **缺點**
   1. 重單位目標而忽略整體利益。　　2. 忽略組織動態層面。
   3. 增加機關層級間隔閡。　　　　　4. 易形成組織地位競爭。
   5. 升遷循序漸進。　　　　　　　　6. 增加溝通障礙與衝突。
   7. 形成機關制式行為。

二、橫向分化（horizontal differentiation）

又稱分部化或水平分化，分化是組織結構分工的具體表現。

(一) 分部化界說

1. **海曼（Haiman）認為：**「係一種將各式各樣之活動，歸類至個別單位之中的過程，俾使各單位有明確工作範圍，而每一工作範圍主管皆有管轄權力和負責的義務」。

2. **麥克法蘭（McFarland）認為：**「將組織按功能、活動或工作建立許多部門或單位過程。簡言之，即為機關組織水平擴張過程。」

3. **古立克（L.Gulick）及尤偉克（L.Uiwick）認為：**「在由下而上地建立機關組織時，需面對分析工作及如何將其分配至各單位。必須依據四項因素：目的（Purpose）、程序（Process）、人（Person）、地區（Place）

4. **綜述其要義：**組織水平擴張過程、依工作性質歸類、同階層各部門平行、為達「工作專業化」利益、分工。

(二) 原因

1. 機關工作日益複雜，以及組織日趨龐大。　　2. 為求行政效率提高。
3. 為期「管理幅度」的適切。　　　　　　　　4. 為達工作專業化的利益。
5. 為期獲致一個大小適度，並能妥善運用管理的技能。
6. 組織水平擴張的必要過程。

(三) 原則

1. 一定職掌。　　　　　　　　　　　　　　　2. 明確的責任。
3. 階層結構單位設置的一致性。　　　　　　　4. 確切的從屬關係。
5. 單一指揮原則。　　　　　　　　　　　　　6. 權責相稱。
7. 分層負責。　　　　　　　　　　　　　　　8. 適確的管理幅度。
9. 幕僚單位與實作單位的配合。

(四) 分部化基礎

	定義	優點	缺點
功能分部化	將相同或相似的活動，歸類形成一個部門。為最常用、最基本的或機關成立之初的分部化形式。如製造、人事、總務、會計、行銷、採購等部門。	1. 合乎邏輯且常為人所沿用。 2. 符合專業分工原則。 3. 事權劃一，職責明確。 4. 經營更合乎經濟原則。 5. 工作更易協調。	1. 易導致集權，無法適應變遷需求。 2. 功能部門層次增多，導致溝通及決策緩慢。 3. 本位主義濃厚，易忽略組織總體目標。 4. 培養專才容易，高階領導人則不易培養。 5. 功能單位分化過多，導致協調困難。 6. 業務目標混淆不清，不易作明確權責劃分。

	定義	優點	缺點
程序分部化	依工作程序或設備不同為基礎而設置之部門。採用此方式，主要是基於經濟或技術方面考量，一般在生產及操作階層中較常用。如紡織廠分裁布、縫合、包裝部門或政府專門性機關。	1. 對現代化技術作高度利用，並有效運用專業化。 2. 可進行大量生產。 3. 便於成本及工作效率分析。 4. 符合經濟原則易於管理。	1. 重視技術而輕視政策。 2. 無法適用在所有的工作上。 3. 易破壞首長領導控制功能。 4. 易養成專業人員傲氣。 5. 忽略其他部門重要性，協調困難。
顧客或物分部化	根據所服務的對象或管轄事務和物材為基礎，來設置部門。如原住民委員會、勞工委員會或企業電子部、傢俱部等。	1. 使行政與大眾的關係簡化。 2. 可針對個別顧客需要，提供相關服務。 3. 容易因地制宜並符合顧客需要。 4. 可減少交通往返不便。	1. 易犧牲技術專業化所帶來效果。 2. 易與工作程序分部化方式相衝突。 3. 各自為政，協調困難。 4. 管制不當，易受壓力團體控制。
地區分部化	根據地區或處所為基礎而設置部門，當組織活動分部於一個廣大區域時，經常會採用此方式。如經濟部商品檢驗局在台中、台南等地均有設立分局。	1. 可因地制宜。 2. 能迅速有效解決問題。 3. 容易培養領導人才。 4. 便於地區內各種工作協調及監督。	1. 各自為政，挾地自重。 2. 不利統一政策施行。 3. 易產生地域觀念。 4. 易與地方勢力結合。

三、整合途徑（Intergration）

將組織各類活動聚合起來或將每一組織成員、單位的努力聚合起來的一種表現。其途徑有四項：

(一) **領導**：領導可說是獲致組織結構整合的一個最直接、最有效途徑。

(二) **協調**：李特爾（J.Litterer）提出三個基本協調途徑：層級節制體系、行政管理體系、各種志願性活動。

(三) **溝通**：組織常依靠溝通以促進成員活動之協調，特別是在面對無法預期環境下，溝通就成為達成協調整合之最重要設計。

(四) **監督**：監督之作用在使每一單位或成員，皆能勝任所指派職務，並使組織各單位間充分協調。

牛刀小試

1. 何謂組織結構分化與整合？組織賴以整合途徑有那些？試分別論述之。
2. 何謂組織整合（intergration）？組織整合為何日受重視？組織賴以整合的途徑有那些？【身三】
3. 何謂組織結構？組織結構分化面向及其原則各有那些？【普】
4. 試分別說明垂直分化與平行分化的意義；並論述垂直分化與「控制幅度」二者的關係，及對組織結構的影響。【退、北市基四、國軍、薦升】
5. 何謂組織結構的分化？組織結構的分化可分為那些不同面向？「機械的」與「有機的」組織結構二者特徵差異為何？試分別說明之。【高】
6. 試就組織性質、管理方式、成員特性，以及科技的運用等角度，扼要說明「控制幅度」的決定因素。【高】
7. 何謂控制幅度？當考慮控制幅度之大小時，宜注意那些因素？試列舉說明之。【101原三】
8. 試說明在設計行政機關的組織結構時，若依功能（function）為標準來設計各部門（分部化），有何優缺點？【102地三】

玖　組織結構型態

一、魏伯（R.Webber）於「管理導論」提出之型態

(一) **傳統組織型態（圖一）**：任何一個初創組織，其組織結構大部分屬於此類型。
(二) **理性官僚體制（圖二）**：韋伯（M.WEber）所創的官僚體制，此種組織型態常見於現代的、規模較大的組織中。
(三) **雙層金字塔結構（圖三）**：目前許多組織（特別是企業組織）中，常見型態是大金字塔上再加上一個小金字塔。

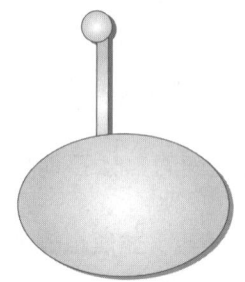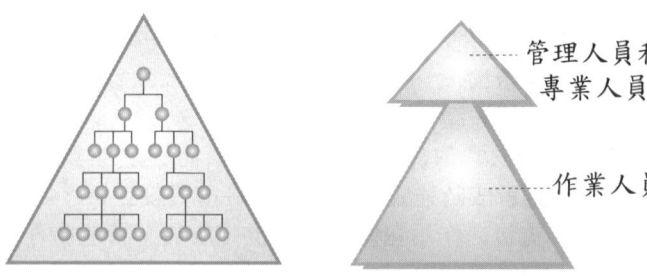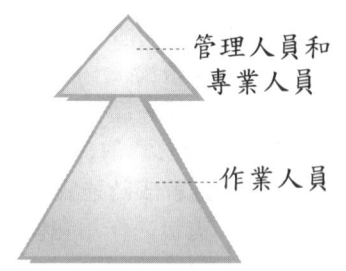

管理人員和
專業人員

作業人員

圖一　傳統的組織型態　　圖二　金字塔型的理性官僚體制　　圖三　雙層金字塔型結構

(四) **新興組織**
1. **專案組織（圖四）**：肇始於美國航空與太空工業之產品研發策略所形成的彈性組織結構，是一種專業分部化與自給自足原則交互運用的混合體制。又稱矩陣組織、欄柵組織、多構面式組織，係為達特定任務而成立，屬臨時性動態開放性組織，如團隊、工作小組，具備功能與產品分部化之優勢。

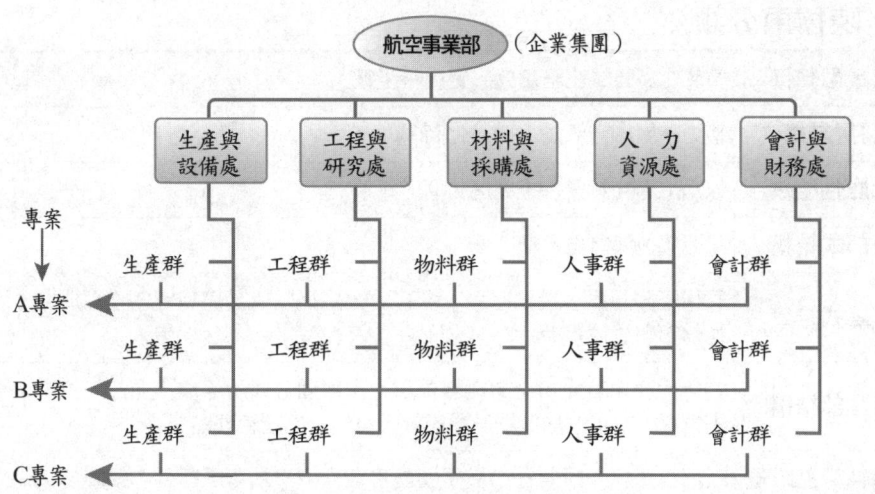

圖四　專案（矩陣）組織

(1) **特性**：臨時性動態組織、開放性團體、人員互動頻繁、為特殊目的成立。
(2) **優點**：專案主管任務明確、可訓練通才、專案人員能發揮所長、具備彈性、可消除本位主義。
(3) **缺點**：專案與功能主管間容易產生職權衝突、組織設備不可能完全由一專案所占用、人員變動大、容易產生雙重忠貞問題。
(4) **型態**：依密德爾頓（C.T.Middleton）分類可分為個人型、幕僚型、混合型及集結型專案組織。

2. **鐘型組織（圖五）**：為極端集權之集體領導，分為首長群、日益萎縮的中層管理人員、多數執行高度程式化的下層人員。

3. **直立式橄欖球型（圖六）**：係專家之擴增，其上層為少數具備通才高階主管，中層是一大群知識工作者，最下層為作業人員。

4. **同心圓型（圖七）**：為民主化組織，主管與人員之間不論地位高低，溝通十分頻繁。

5. **自由式組織（圖八）**：又稱變形蟲式組織，是一種多重型態組織，依權變觀點而設計，會隨時空與外在環境而變化。

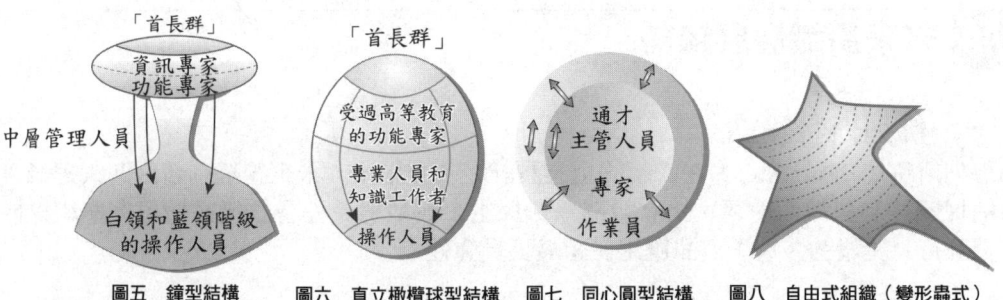

圖五　鐘型結構　　　圖六　直立橄欖球型結構　　圖七　同心圓型結構　　圖八　自由式組織（變形蟲式）

二、陳德禹分類

簡單型結構	複雜化與正式化程度低，屬扁平組織。
科層結構	權力階層劃分清楚、形式化高。
功能性結構	以功能導向為整個組織之結構形式。
分部式結構	每個單位擁有自治權。
矩陣式結構	又稱矩陣組織、欄柵組織、多構面式組織，係為達特定任務而成立，屬臨時性動態開放性組織
事業部結構	70年代晚期首先由奇異電器採用，由數個分部所組成，並由一位事業部經理人負責，為最效的協調溝通設計，可培養高階管理階層。
有機性組織附屬結構	任務小組係一短暫性結構；委員會結構依然為組織配件，歸屬於某個功能性部門。

三、明茲伯格（H.Mintzberg）的論述

(一) **機械官僚制度及分部化形式**：適用於任務單一、環境穩定之情況下，其運作非常有效，僅適用於「生產」或「效率導向」的公司。

(二) **專業化官僚制度**：適用於任務複雜、環境穩定情況下，員工擁有較大自主權，如大學、醫院及其他專業化組織均適合採用。

(三) **簡單結構**：適用於任務不太複雜、不穩定環境下情況，可快速作決策，如某些年輕又富創新的公司。

(四) **臨時性任務編組**：係由班尼士（W.Bennis）新造之術語，用以形容在動盪環境下為完成複雜而不確定的工作，所臨時組成的專案團隊。

> **牛刀小試**
>
> 1. 矩陣組織有何特性？在設計上存有那些問題？試論述之。
> 2. 何謂專案組織？其特性有那些？其主要優、缺點有那些？【基三、高三】
> 3. 試扼要說明「矩陣式組織結構」的意義及其產生原因和適用時機。【北基三】

拾 未來組織發展趨勢

一、佛列斯特論點

佛列斯特（J.Forrester）在〈新的企業設計〉一文指出，未來組織創新之四大思維：捨權威控制採激勵途徑、捨層級關係採民主參與型態、社會次級系統研究使組織內交互行為更增強、電子資訊應用使組織更具彈性。

二、阿吉瑞斯論點

阿吉瑞斯（C.Argyris）之組織發展與組織學習提出應減少成員對管理階層依賴、減少專斷獨裁作風、紓解成員受壓抑情緒、創造組織成員所屬文化與價值的非正式組織。

三、綜合觀點

金字塔組織優勢日減，未來新興組織趨勢為組織民主化（如同心圓組織）、自由式組織（如變形蟲組織）、多重型態組織、全像圖組織（一專多能）[註一]。

拾壹　我國行政體系

一、中央政府

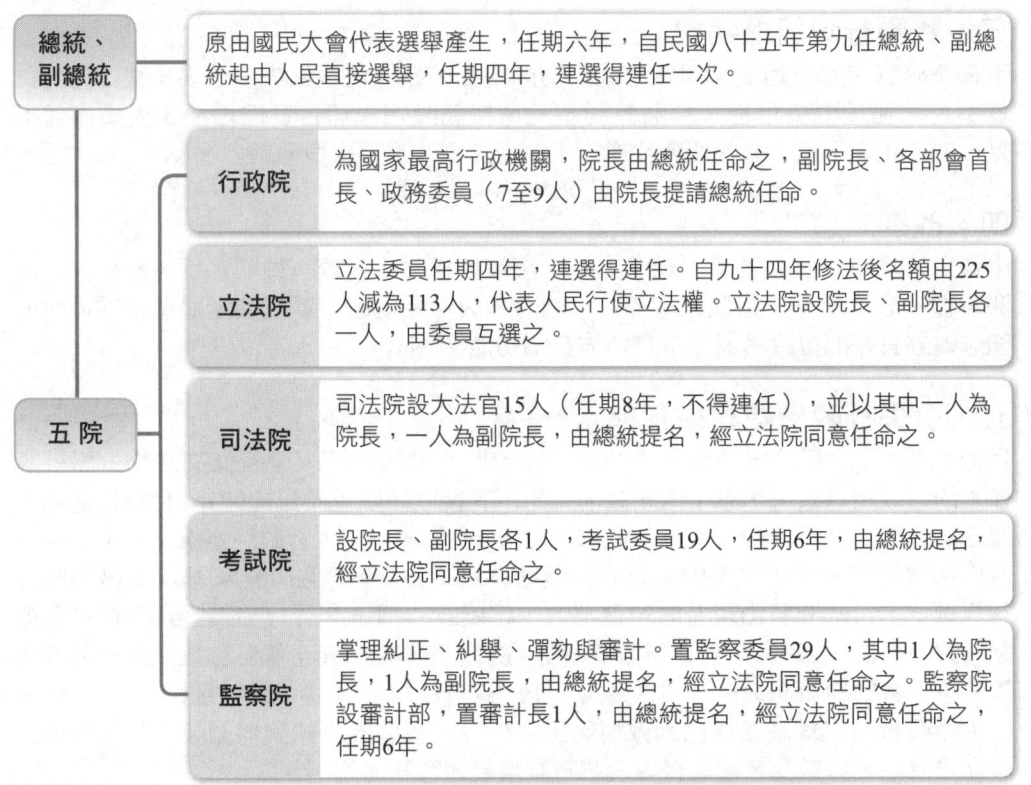

總統、副總統		原由國民大會代表選舉產生，任期六年，自民國八十五年第九任總統、副總統起由人民直接選舉，任期四年，連選得連任一次。
五院	行政院	為國家最高行政機關，院長由總統任命之，副院長、各部會首長、政務委員（7至9人）由院長提請總統任命。
	立法院	立法委員任期四年，連選得連任。自九十四年修法後名額由225人減為113人，代表人民行使立法權。立法院設院長、副院長各一人，由委員互選之。
	司法院	司法院設大法官15人（任期8年，不得連任），並以其中一人為院長，一人為副院長，由總統提名，經立法院同意任命之。
	考試院	設院長、副院長各1人，考試委員19人，任期6年，由總統提名，經立法院同意任命之。
	監察院	掌理糾正、糾舉、彈劾與審計。置監察委員29人，其中1人為院長，1人為副院長，由總統提名，經立法院同意任命之。監察院設審計部，置審計長1人，由總統提名，經立法院同意任命之，任期6年。

二、地方政府

(一) 地方自治法規規定為省（市）、縣（市）、鄉（鎮）三級，現有11個縣3個省轄市與368個鄉鎮。但由於省的轄區與中央政府重疊性高，為避免「葉爾欽效應」，及順應政府再造行政革新的時代潮流，自民國87年12月21日起停止省長與省議員之選舉。另依據地方自治法規定，人口聚集達125萬人以上，且在政治經濟、文化及都會發展上，有特殊需要得設直轄市。現有台北市、新北市、台中市、台南市、高雄市，未來國土規劃，將設置「五都十五縣」，據以提升行政資源之規劃與配置效率。

(二) 直轄、省轄、縣轄市整理如下：
1. 直轄市：臺北市、新北市、桃園市、臺中市、臺南市、高雄市。
2. 省轄市：基隆市、新竹市、嘉義市。
3. 縣轄市：竹北市、苗栗市、頭份市、彰化市、員林市、南投市、斗六市、太保市、朴子市、屏東市、宜蘭市、花蓮市、臺東市、馬公市。

三、我國行政組織病象

事權不確實、冗員過多、組織龐大、功能重疊、政務處理偏失、法規繁複、分層負責不足、偏重中央集權、機關體制不一、機關設置未切合實際需要、人員溝通不足、缺乏統一行動、缺乏新陳代謝、不健全人事、委員會型態過多。

四、改進之道

由精簡、增設、調整著手、精簡人事、決策機構強化、統一機關名稱、嚴格劃分機關事權、分層負責、組織應具彈性、隨時檢討法令規章、執行機關避免採委員會型態、建立良好的行政溝通、落實地方自治功能。

五、中央行政機關組織基準法

民國93年6月23日總統公佈了「中央行政機關組織基準法」全新條文39條，對爭議多年的行政組織缺失，有了匡正釐清作用，其後立法院並於民國99年1月12日通過攸關政府機關組織再造的「行政院組織法」等4項法案。（「行政院組織法」、「中央政府機關總員額法」、「中央政府組織基準法」和「行政院功能業務與組織調整暫行條例」）行政院將由現有的37個部會，精簡為27個，共計14部、8會、3個獨立機關、1行、1院、2總處。包括新設立的勞動部、農業部、衛生福利部以及海洋委員會等單位，機關總員額數減為17.3萬人。新的政府組織從民國101年1月1日開始實行。中央行政機關組織基準法已大致規範出中央行政機關的組織架構機關及其內部單位設立之原則、層級及名稱規範等。茲將其重要內容簡述如下：

(一) 適用範圍為行政院及所屬各級機關。

(二) 中央行政機構型態分為**機關、獨立機關、附屬機關、附屬機構及行政法人**等五種。

(三) **行政機關名稱定名如下：**
　1. **院**：一級機關用之。
　2. **部或委員會**：二級機關或獨立機關用之。
　3. **署或局**：三級機關用之。
　4. **分署或分局**：四級機關用之。
(四) **機關內部單位分類如下：**
　1. **業務單位**：指執行本機關職掌事項之單位。
　2. **輔助單位**：指辦理秘書、總務、人事、主計、研考、資訊、法制、政風、公關等支援服務事項之單位。
(五) **機關內部單位層級定名如下：**
　1. **一級內部單位**
　　(1) **處**：一級機關、相當二級機關之獨立機關或委員會之業務單位用之。
　　(2) **司**：二級機關部之業務單位用之。
　　(3) **組**：三級機關業務單位用之。
　　(4) **課**：四級機關業務單位用之。
　　(5) **處、室**：各級機關輔助單位用之。
　2. **二級內部單位**：科。
(六) 行政院設14個部、8個委員會、3個獨立機關；三級機關最多70個。至於機關內部單位規模，明定二級機關以下機關設立各級業務單位與輔助單位之標準，以14部所設之司總數不得超過120個。
　　獨立機關：指依據法律獨立行使職權，自主運作，除法律另有規定外，不受其他機關指揮監督之合議制機關。一級、二級機關首長列政務職務；三級機關首長除性質特殊且法律有規定得列政務職務外，其餘應為常務職務；四級機關首長列常務職務。機關首長除因性質特殊法規另有規定者外，應為專任。

政府組織再造一覽表

	新法	暫況
部	14	8
會	8	17
獨立機關	3	4
司（部之業務單位）	112	104
署、局	70	50
中央政府機關總員額	17萬3000人	19萬200人

新部會表

14部	內政、外交、國防、財政、教育、法務、經濟及能源、交通及建設、勞動、農業、衛生福利、環境資源、文化、科技
8會	國發、大陸、金管、海洋、僑務、退輔、原民、客家
3獨立機關	中選會、公平會、通傳會（NCC）
1行	中央銀行
1院	故宮博物院
2總處	行政院主計總處、行政院人事行政總處

遭裁併部會

1	新聞局業務併入文化部、外交部	2	青輔會業務併入勞動部、教育部
3	體委會併入教育部	4	公共工程委員會併入交通及建設部
5	蒙藏委員會併入陸委會	6	國科會、原能會併為科技部
7	研考會、經建會併為國家發展委員會	8	消保會併入行政院

六、行政院組織法

(一) **行政院各部之設置**：行政院設下列各部：一、內政部。二、外交部。三、國防部。四、財政部。五、教育部。六、法務部。七、經濟及能源部。八、交通及建設部。九、勞動部。十、農業部。十一、衛生福利部。十二、環境資源部。十三、文化部。十四、科技部（第3條）。

(二) **各委員會之設置**：行政院設下列各委員會：一、國家發展委員會。二、國家科學及技術委員會。三、大陸委員會。四、金融監督管理委員會。五、海洋委員會。六、僑務委員會。七、國軍退除役官兵輔導委員會。八、原住民族委員會。九、客家委員會（第4條）。

(三) **主計總處及人事行政總處之設置**：行政院設行政院主計總處及行政院人事行政總處（第6條）。

(四) **中央銀行、國立故宮博物院之設置**：行政院設中央銀行、國立故宮博物院（第7、8條）。

(五) **獨立機關之設置**：行政院設下列相當中央二級獨立機關：一、中央選舉委員會。二、公平交易委員會。三、國家通訊傳播委員會。

(六) **政務委員之設置**：行政院置政務委員七人至九人，特任。政務委員得兼任前條委員會之主任委員（第5條）。

七、地方行政機關組織準則

茲將其重要內容簡述如下：

(一) **適用範圍**：所稱地方行政機關，指直轄市政府、縣（市）政府、鄉（鎮、市）公所及其所屬機關。但不包括學校、醫院、所屬事業經營、公共造產性質機關（構）。

法規一點靈

地方制度法

(二) **地方行政機關名稱**

1. 直轄市政府所屬機關以分二層級為限，其名稱如下：
   (1)局、處、委員會：一級機關用之。處限於輔助兼具業務性質之機關用之。
   (2)處、大隊、所、中心：二級機關用之。
2. 縣（市）政府所屬機關以分二層級為限，其名稱如下：
   (1)局：一級機關用之。
   (2)隊、所：二級機關用之。
3. 鄉（鎮、市）公所所屬機關以一層級為限，其名稱為隊、所、館。

(三) **機關內部單位層級定名**

1. 直轄市政府一級單位下設科、組、室，科下並得設股。
   直轄市政府所屬一級機關內部單位為科、組、室、中心，其下得設課、股；所屬二級機關內部單位為科、組、室、課，科、室下得設股。但為執行特殊性質業務者，得設廠、場、隊、站。
2. 縣（市）政府一級單位下設科，其所屬一級機關下設科，科之人數達十人以上者，得分股辦事；其所屬二級機關下得設課、股、組、室。
   縣（市）政府所屬一級機關所設派出單位之名稱，得因業務性質，不適用前項規定。警察及消防機關，不受第1項規定之限制。
3. 市之區設區公所，置區長一人、秘書一人，均由市長依公務人員任用法任免之。前項區公所內部單位不得超過六課、室。

八、地方立法機關組織準則

(一) **適用範圍**：所稱地方立法機關，指直轄市議會、縣（市）議會、鄉（鎮、市）民代表會。

(二) **行政單位組織**

1. 直轄市議會置秘書長一人、副秘書長一人；下得分設九組、室辦事。
2. 縣（市）議會置秘書長一人；下分設組、室辦事。
3. 鄉（鎮、市）民代表會置秘書一人；鄉（鎮、市）人口超過十五萬人者，其代表會得分設二組辦事。

九、行政法人

行政法人係指國家及地方自治團體以外，由中央目的事業主管機關，為執行特定公共事務，依法律設立之公法人。

前項特定公共事務須符合下列規定：

(一)具有專業需求或須強化成本效益及經營效能者。

(二)不適合由政府機關推動,亦不宜交由民間辦理者。

(三)所涉公權力行使程度較低者。

牛刀小試

1. 我國現行行政組織有那些尚待改進之處?試根據組織的理論與原則加以闡述之。【退三、交通郵政】

2. 試從行政學觀點,簡述我國目前行政組織的主要缺失及改進作法。【基三】

3. 請依據「中央行政機關組織法」的規定回答下列問題:(一)該法主要內容為何?(二)該法之通過與施行應可解決那些行政組織之缺失?(三)何為獨立機關?其首長任命方式為何?【交通升資】

4. 簡要解釋下列名詞:中央行政機關組織基準法。【原三】

5. 組織再造的意涵為何?中央行政機關組織基準法規定行政院部會,應精簡為13部、4委員會及5個獨立機關,此一規定是否符合組織再造之精神?精簡部會將面臨何種困難?【高】

6. 試扼要說明中央行政機關組織基準法的重要內容為何?並據以論述我國當前行政組織的主要缺失有那些?及相關改進之道為何?【地三】

7. 何謂行政法人?請問公立大學若改制為行政法人,其在組織管理和運作上,將面臨那些重要的改變和挑戰?【107高】

重要註解

〔註一〕全像圖的組織設計:西元1948年由蓋伯(D.Gabor)發明全像圖照相(holography),其特點為任一小碎片皆能用以重現整個形象。莫根(G.Morgan)據此提出一個全像圖設計原理:

1. 將整體植入所有部份:組織的DNA、網絡情報、重塑自之全像圖結構、整體團隊之分殊化角色。

2. 重疊的重要性:部分重疊與功能重疊。

3. 必要的多樣性:由亞敘理(W.R.Ashly)提出。

4. 適中規範:管理者對一項特殊創新活動,本著恰如其分的拿捏。

5. 學習如何學習:具雙圈學習組織應發展審視環境變遷、改變現行運作能力、允許適當策略與組織型態。

〔註二〕次級系統理論:卡斯特(F.E.Kast)及羅森威(J.E.Rosenzweig)認為組織為一個開放系統及內部次級系統,這些次級系統各有其個別功能,並彼此影響。

1. 結構的次級系統:指組織中人員權責分配、上下、平行關係之正式化說明,如組織規程、工作說明書、辦事細則等。

2. 技術的次級系統:為達成組織目的,所必須具備的各項知識與技術。

3. 心理-社會的次級系統:係由個人之間、團體之間及個人與團體之間的交互行為所構成,包括個人的行為動機、角色地位、團體動態性以及影響力系統,如人員情緒、態度、期望與價值觀等。

4. 目標價值的次級系統:組織即為一開放系統,則須考量對社會貢獻,不僅要達成所追求目標,亦應符合社會需求,如社會責任、公害防範等。

5. 管理的次級系統:此一系統貫穿整個組織,其作用為整合、協調、設計與控制,如目標訂定、策略運用、組織設計、控制過程等。

〔註三〕帕森斯（T.Parsons）的社會系統模式，主張社會系統必須具備四種功能：

1. 適應功能：社會系統視環境需求或情況，尋求取得生存資源，如經濟性與勞務生產以提供社會消費的商業公司或娛樂公司。
2. 整合功能：社會系統須整合各次級系統間合作關係，整合各方意見與特殊利益為導向組織，如法院、律師公會。
3. 模式維持：社會系統必須創造、保存或傳遞系統文化與價值觀，使模式能夠永續維持，如學校、教會或文藝機關。
4. 目標達成：社會系統必須設定並達成既定的目標，如政府各級機關。

鑑往知來

1. **組織意涵：靜態觀點**—組織結構、權責分配、法令規章；**動態觀點**—人員交互行為；**生態觀點**—有機生長體；**心態觀點**—感情交流與思想溝通形成的團體意識。【90障委升、91高原、92初地、93地、94初、95原、97初、99身、地原、100地原、101地、102身、103身、104普】
2. **莫根（G.Morgan）**：在《組織的意象》一書以八個隱喻（metaphor）敘述組織分析箇中差異：
   (1) **機械意象**：明確有效地進行結構分工組合。
   (2) **有機體意象**：如何適應環境而不斷自我調整。
   (3) **大腦的意象**：組織決策像「神經中樞」體系。
   (4) **創造社會實體的意象**：什麼樣社會，就會形成什麼樣組織制度。
   (5) **政治體系意象**：普瑞樓和莫根將組織形容為「迷你國家」。
   (6) **心靈囚籠的意象**：柏拉圖洞穴中人們，只是井底之蛙。
   (7) **流變與轉變的意象**：源於混沌理論中「蝴蝶效應」。
   (8) **宰制工具意象**：米勒（A.Miller）著名話劇「推銷員之死」及柏曼（D.Berman）「死於工作」員工健康、生活成為現代組織建造的祭壇犧牲品。【91委升、93普地、95高】
3. **行政組織構成基本要素為職位與職員。**【91普、93地、100身】
4. **傳統組織理論時期偏重靜態研究，組織為一分工、層級節制、封閉形式、權責分配、法令規章、目標指向、協調體系，機械性重效率。**【91基、92初、93地、94初、95普、97特、111普】
5. **行為科學時期組織理論以動態觀點詮釋，不僅是「經濟技術系統」而且也是「心理及社會系統」重視人性。視組織為一心理及社會、平衡、具影響力、溝通、人格整合系統，有非正式的一面。**【90高、91基、92高、110地】
6. **系統理論時期組織理論著重組織與外在環境關係，視組織為一開放系統、次級系統，具適應維持、界限性、反饋、新陳代謝作用，交錯重疊體系，殊途同歸，成長經由內部精心設計。**【90高普、91基、92初地、93初地、94初地、95高】

7. **熵值（entropy或譯為能趨疲）**：為一物理現象，從零到一。零時能量處於穩定平衡狀態，系統運作，熵值升高達極限，平衡受干擾，終致死亡。系統開放，輸出輸入之循環足以抵銷熵之增加。【90初、91基、93地、98地、106地】

8. **目標管理（MBO）**：1954年杜拉克（P.Drucker）於《管理實務》一書提出，意指上下級人員經由會談方式，來共同訂定組織目標及各部門目標，而人員於執行目標過程中，作自我控制並自我考核。其特性係以人員為中心、將組織目標與個人目標結合、並使用激勵與民主參與方式、充分發揮分權、維護人格尊嚴，並透過PDCA循環以進行。【90初普高、92初地、94初、95普、97特】

9. **以社會功能區分**：如帕森斯（T.Parsons）：
   (1) **整合性組織**：法院、律師公會、政黨、利益團體。
   (2) 模式維護組織：學校、教會、藝術機構。
   以人員順從度區分：如艾桑尼（A.Etzioni）：
   (1) **規範型組織**：以榮譽報償方式管理部屬，如學校、教會、公益團體。
   (2) **強制型組織**：以鎮壓威脅手段控制，如軍隊、監獄。
   (3) **功利型組織**：以功利或物質報償方式管理部屬，如工商企業、銀行、保險公司等。
   以主要受惠者區分：如布勞（P.Blau）及史考特（W.Scott）：
   公益組織：受外在民主控制，提供全民服務，如警察機關、行政機關、軍隊。
   互利組織：應加強內在民主程序，以一般參與者為為受惠對象，如工會、商會。
   【91基原、92地、93普、95身、97特身、98地、99身、100身】

10. **首長制**：亦稱為獨任制或部長制，指一機關之事權完全交由一人單獨負責處理者，美國總統可為代表。
    優點：責任明確、事權集中、指揮靈敏、行動迅速、保守祕密、爭取時效、減少衝突。
    缺點：不符民主精神、流於專斷獨裁、營私舞弊、考量欠周詳、不勝繁劇之苦。
    【90障、91普高、94初、95地、101地、111普】

11. **委員制**：亦稱為合議制（會）的組織，指一機關事權交由若干人共同負責處理者，瑞士聯邦政府可為代表。
    優點：符合民主精神、集思廣義、不易營私、考慮周詳。
    缺點：責任分散、行動緩慢、傾軋與排擠、難守祕密。【90基高、91基、92高、93地、95地、109地】

12. **公平交易委員會、國家通訊傳播委員會、中央選委會、行政院金融監督管理委員會為混合制的中央行政機關，其中最具委員會組織型態為「行政院公平交易委員會」。**【90障、95特】

13. **懷特認為「執行與執導事務應採首長制，政策尋求與決定應採委員制」；張居正亦言「天下之事，慮之貴詳，行之貴力，謀之於眾，斷之於獨」。**【91基、92地、93高】

14. 凡行政的、行動的、執行的、事務的、技術的、軍事的、速決的、紀律的一類性質事務辦理，宜採首長制；至於顧問的、討論的、立法的、調節的、政策的、設計的

一類性質事務之辦理，則宜採委員制。【90基、91普、92高、93地、97身、98初】

15. **組織結構**：為組織內部各層級與各部門之間，所建立的一種相互關係模式。其典型表現為「組織圖」。【91基、93地、94初、98地】

16. **公共組織政治途徑**：致力於表達、回應與課責之主要標準與價值，強調多元主義、自主性、與國會聯繫、分權。【93地、95高、97特、100初】

17. **鐵三角關係**：形容相互支援之行政機關、國會委員會、與利益團體之制度化結構。【90普、91普、93地、94地、100地】

18. **彼得與伍特曼**（Peter & Waterman）：1982年提出良好的組織設計七大要素：策略、結構、制度、人員、技術、風格、共享價值。

19. **垂直分化**：又稱層級化或階層化，以層級節制體系為代表，乃依功能相似但地位不同而劃分的層級，可分為四個主要階層為高層管理、中層管理、低層管理、基層員工。【91初、92特、93地、94地、97初特、98初、99原、101高、102地、106地、107地】

20. **控制幅度**：指一個主管，直接所能直揮監督的部屬數目，與組織層級化有密切關係。兩者呈反比，亦即組織層級愈多時，控制幅度愈小；相對的，組織層級愈少時，控制幅度愈大。【91普、92地、93地、94初特、95原、99原、101高、107地、110普】

21. **橫向分化**：又稱分部化或水平分化，分化是組織結構分工的具體表現。垂直分化形成各層級，平行分化形成各部門。【90基、91初、92初特、93地、94特、104地】

22. **古立克**（L.Gulick）**及尤偉克**（L.Urwick）：認為「在由下而上地建立機關組織時，需面對分析工作及如何將其分配至各單位。須依據四項因素：目（Purpose）、程序（Process）、人（Person）、地區（Place），即所謂4P原則。【90基、91初、92高、95特、96退】

23. **功能分部化**：為機關成立之初所採用，係依相同或相似活動歸類如人事、會計等或教育部區分高教司、中教司、國教司。【90高基、90基、94特、96薦、97特、99身、100地、101原地、102身地、106地、107地】

24. **顧客分部化**：以服務對象為主如行政院退輔會、原住民委員會。【90高、91基、92特、97特】

25. **程序分部化**：適用於政府專門性機關，為最能對現代化技術知識作高度利用的組織設計方式。【97特】

26. **組織整合途徑有四**：領導（為最直接、最有效途徑）、協調、溝通、監督。【90高、91普、95原】

27. **新興組織**：專案組織、鐘型組織（極端集權）、直立式橄欖球型（專家擴增）、同心圓型（民主化組織）、自由式組織（變形蟲式）。
【90路員、91初高、94特、97身、100原】

28. **矩陣組織**：又稱欄柵組織、多構面式組織，係為達特定任務而成立，屬臨時性動態開放性組織，其優點為兼具功能產品分部化優點、可訓練通才、專案人員能發

揮所長、具備彈性、人員互動頻繁、可消除本位主義。缺點：人員變動大、各主管間易產生衝突、產生雙重忠貞問題。可分為前緣、局部化、分裂型、後續型矩陣。【90普高、91普初、92初第、93地、94地、96初原退、97初、100身、103普】

29. **網絡型結構**：專注於本身獨特的長處，保留核心業務，以外則透過委外或聯盟方式，以最有效率與效能的方式，將產品或服務提供給組織的顧客。其主要特色是富有彈性，而且包括許多組織外的合作對象。

30. **機械組織**：複雜化、正式化、集權化、僵化程度高，採固定、嚴密監督，屬金字塔型組織，適用生產作業部門。【90高、91高、98地、101高、104普】

31. **有機組織**：正式化、集權化程度低，適應性、工作滿足高，其特徵為高度分化低度整合、層級少控制幅度大、決策層級高、強調彈性適用於研發部門。【90高、91高、95原、96原、97普、98地、104普】

32. **中央行政機構型態分為機關、獨立機關、附屬機關、附屬機構及行政法人等五種。**【97普、99地】

33. **中央行政機關層級只設四級**：院、部或委員會、署或局、分署或分局。各機關內部一級單位、院與相當二級機關均定名為「處」、部則為「司」，三級機關為「組」，四級機關為「課」；二級單位名稱一律為「科」。一級～三級機關之組織以法律定之，四級機關之設置以命令定之。【99地、100原、107普、110普、110地、111普】

精選試題

( ) **1** 從組織的權責分配關係或層級節制體系研究，係屬下列何種觀點的組織意義？ (A)靜態的意義 (B)動態的意義 (C)心態的意義 (D)生態的意義。

( ) **2** 組織人員的團體意識，是屬於組織哪方面的意義？ (A)心態的 (B)動態的 (C)生態的 (D)靜態的。

( ) **3** 從組織分析的角度來說，構成行政組織的基本元素為何？ (A)工作單位 (B)職位與職員 (C)基層管理者 (D)功能部門。

( ) **4** 開放系統因與環境互通有無，並能生生不息永續發展，學理上稱為？ (A)反熵作用 (B)移情作用 (C)情緒管理 (D)例外管理。

( ) **5** 組織系統論者所指的「界限防守」，具有下列何種功能？ (A)篩選及肯定之功能 (B)儀式及象徵之功能 (C)消化及吸收之功能 (D)控制及監督之功能。

( ) **6** 下列哪一次級系統是負責組織目標的訂立、策略的運用、結構的設計和控制過程的安排？ (A)結構的次級系統 (B)技術的次級系統 (C)心理—社會的次級系統 (D)管理的次級系統。

( ) **7** 阿米巴（Amoeba）的組織最能說明哪一時期的組織理論？ (A)古典組織理論 (B)傳統組織理論 (C)人群關係學派 (D)系統理論。

( ) **8** 「目標管理」一詞為下列哪位學者所提出？ (A)李克特（R.Likert）(B)尤偉克（L.Urwick） (C)古立克（L.Gulick） (D)杜拉克（P.Drucker）。

( ) **9** 組織各部門及各層級之間所建立的一種相互關係模式稱之為？ (A)組織結構 (B)組織溝通 (C)組織發展 (D)組織學習。

( ) **10** 組織結構的整合過程中，最直接有效的手段是？ (A)激勵 (B)監督 (C)協調 (D)領導。

( ) **11** 美國行政運作在多元主義觀點的影響下，有所謂「鐵三角」（irontriangles）之說，下列何者不在其中？ (A)國會委員會 (B)內閣聯席會 (C)利益團體 (D)行政機關。

( ) **12** 組織結構的垂直分化又稱為？ (A)層級化 (B)部門化 (C)擴大化 (D)複雜化。

( ) **13** 一個主管直接所能指揮監督的部屬數目，是有一定限制的，稱為？ (A)主管授權 (B)監督才能 (C)控制幅度 (D)能力幅度。

( ) **14** 下列哪一項是最普遍的組織分部化方式？ (A)按功能分部化 (B)按地點分部化 (C)按顧客分部化 (D)按程序分部化。

( ) **15** 我國行政院「客家委員會」的組織方式是基於下列何種分工的需要而設計成立的？ (A)目標 (B)功能 (C)程序 (D)服務對象。

( ) **16** 下列對於專案組織的說明何者有誤？ (A)臨時性動態組織 (B)主要在訓練專才 (C)人員主要自各功能部門借調而來 (D)可消除部門間的本位主義。

( ) **17** 「多重型態組織」是下列何種非科層式組織的最佳寫照？ (A)專案組織 (B)鐘型組織 (C)民主化組織 (D)自由式組織。

( ) **18** 同心圓形的組織結構，主要強調組織的何種特質？ (A)理性分工 (B)專業擴增 (C)彈性化 (D)民主化。

( ) **19** 下列有關「首長制」的敘述，何者正確？ (A)事權集中，責任明確 (B)不易保守秘密 (C)行動迅速，符合民主原則 (D)指揮靈敏，不易營私舞弊。

( ) **20** 下列何者不是新興的組織型態？ (A)專案組織 (B)金字塔型組織 (C)矩陣組織 (D)欄柵組織。

( ) **21** 何者不是我國中央二級獨立機關？ (A)中央選舉委員會 (B)國家發展委員會 (C)公平交易委員會 (D)國家通訊傳播委員會。

解答	1 (A)	2 (A)	3 (B)	4 (A)	5 (A)	6 (D)
	7 (D)	8 (D)	9 (A)	10 (D)	11 (B)	12 (A)
	13 (C)	14 (A)	15 (D)	16 (B)	17 (D)	18 (A)
	19 (A)	20 (B)	21 (B)			

第四章　組織動態與發展

本章依據出題頻率區分，
屬：**B** 頻率中

組織除了有完善架構與制度外，最重要的是如何使人員同心齊力，為共同願景努力，其中最重要的是如何建立一種團體意識。因此，須對成員間所表現組織行為、組織衝突、組織氣候，與組織整體表現出來組織文化、組織學習及組織發展、組織病態有深入認識。本章組織衝突及衝突心理學、組織文化與東西文化比較、單圈與雙圈學習、學習型組織極為重要、非正式組織的特性與類型、組織病象幾乎每次考試會考個一、二題，需加強留意，以上為此處重點。

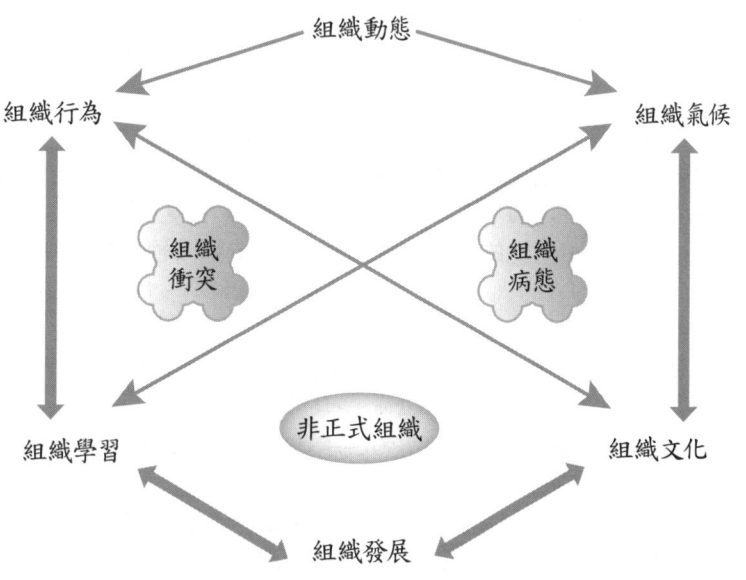

｜ 重點精要 ｜

壹　組織行為

嘗試暸解人們在組織中，究竟是如何作為之學問，亦即人們在組織中一切行為之表現。而影響組織行為之要素有：組織成員、組織結構、方法技術與外部環境。

一、沿革

由歐文（R.Owen）於西元1800年首先提出，認為組織應注重其成員需求，並致力改善員工的工作環境，使員工樂在工作。其後尤爾（A.Ure）在1835年，於其所著《生產學》中亦提出，將組織裡員工視為生產過程中重要環節。迄1900年由於泰勒等人倡導對組織內員工問題探討，逐漸蔚為一股風潮。

二、基本概念

人類本質面	個別差異	人與人之間基本上有相類似及差異的地方。
	全人觀	人們於工作中表現的情緒及態度，會受其居家生活的影響。
	動機論	人員之動機為推動整個組織營運的主要驅動力量。
	人性價值	人們皆有被他人尊重及肯定的需求。
組織本質面	社會系統	人們的行為會受其同儕團體或自身驅動力所影響。
	相互利益	組織內部均存在著相互利益的觀念。
行為動態面	人格	個人內在自我，包括個人動機、思想與習慣。
	行為	人表現於外在，為他人所見之行動。
	態度	人類對於特定事物所採取持續而一貫性的行為趨向。

三、行為改變

	判斷別人途徑常見三種：	
察覺（perception）	假定類似（similarity）	以人同此心，心同此理方式加以推論。
	刻板印象（stereotyping）	根據對某群體認知，來判斷屬於群體中的成員。
	暈輪效果（halo effect）	根據單一表徵，來產生個人整體的印象。
行為改變	由華森（R.I.Watson）於1962年首倡，乃是運用心理學原理原則，以改變人類行為，並鼓勵人們增進良好行為、去除不良行為方法。	

貳 組織衝突

兩個或兩個以上個人、團體，因意識、目標、利益不一致，所引起思想矛盾、語言攻訐、權力爭奪及行為爭鬥。

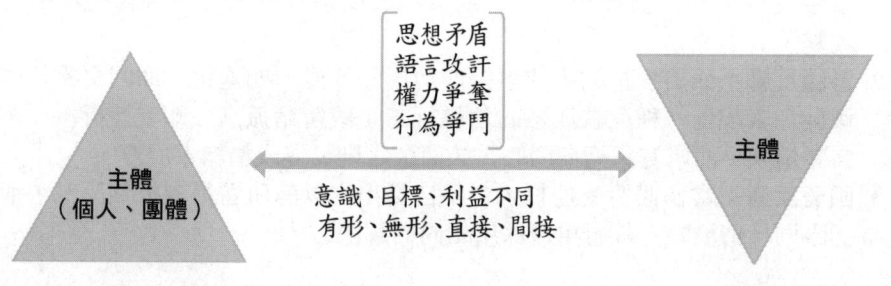

一、構成要素

衝突的主體、衝突的客體、衝突的活動與交互行為。

二、對衝突看法

(一) **傳統學派**：衝突是有組織性且具破壞性，需設法減少或消除。

(二) **行為學派**：衝突為組織運作不可避免的現象，須設法加以解決。

(三) **互動學派**：不但認為是正常合理，且要利用衝突以發揮組織效能。

三、衝突種類

(一) **依來源區分**：感情、利益、價值、認知、目標、實質與替代的衝突。

(二) **依組織層次區分**

　　1. **個人的衝突**：個人的角色衝突、個人的目標衝突、個人的團體衝突。

　　2. **團體的衝突**：盧聖斯（F.Luthans）認為類型有層級間、職能間的、業務與幕僚間、正式與非正式團體間的衝突。

四、衝突原因

(一) **賽蒙（H.Simon）觀點**

　　1. **因要建立王國**：擴充職權、爭取經費、增加用人。

　　2. **背景不同**：價值觀與見解亦不同。

　　3. **不同的團體意識**：各專業單位會認為其工作目標較其他單位目標，更能契合組織目標。

(二) **小休爾（F.Shull）觀點**

　　1. **功能主義**：層級節制產生不同層級溝通障礙。

　　2. **部門化**：平行部門增加，易產生衝突。

　　3. **非正式組織影響**：與組織合作或對抗均將影響效率。

(三) **尼爾森（E.Neilsen）**

　　1. 目標的無法並存。　　　　　　　2. 直線與幕僚衝突。

　　3. 工作的互依性。　　　　　　　　4. 競爭有限資源。

　　5. 權力分配的差異。　　　　　　　6. 激勵與報酬系統。

　　7. 不確定與曖昧的部門關係。

五、衝突心理學

(一) **挫折行為反應**

　　1. **攻擊反應**：即對引起挫折的人或事採取反擊行動，可分為直接攻擊與轉向攻擊。

　　2. **退讓反應**：面對挫折的人或事採取消極的態度，如退化，即回復原始的反應傾向，表現出一種欠缺成熟的幼稚行為；或情緒孤立，即受挫折後，不表露自我情感，而將其壓抑於內心，久而久之則易造成情緒上冷漠。

　　3. **固著反應**：當個體遭受挫折，會不自覺出現以前所習得刻板性反應，而再度面臨同樣情境時，就會重覆採用相同的解決方式。

4. **折衷反應**：個人遭遇挫折後，如既不能採取攻擊行為，又無法退讓，就產生了折衷反映的兩種方式：一是文飾作用，又稱合理化作用；另一則為補償作用，即個人目標未能達成時，設法尋求其他方式彌補。

(二) **心理學上主要類型**

1. **雙趨衝突**：兩個都為個人渴望事物，產生「魚與熊掌」難以取捨的衝突。

2. **雙避衝突**：同時面臨兩種不利事物，卻又必須抉擇，產生「兩害相權取其輕」的無奈選擇。

3. **趨避衝突**：對某一目標同時具有趨近與逃避動機，形成「欲迎還拒」、「既期待，又怕受傷害」的矛盾心理，最難以解決。

六、衝突功能

(一) **團體束縛力**：可使團體的自我意識增加，團體中的份子對團體向心力更大。

(二) **團體凝聚的功能**：團體間衝突，往往造成衝突雙方都更加團結一致。

(三) **衝突對組織影響**

1. **正向功能**：(1)可激發人員的成長與創造力；(2)被迫尋求一些新的途徑或方法，以解決問題；(3)長久存在問題可獲得解決；(4)人們被迫去釐清許多他們的觀念；(5)人員的能力可在衝突過程中獲得試驗；(6)可產生許多更好的構想；(7)可以強化個人與團體的工作績效。

2. **負向功能**：(1)對成員可能造成壓力或倦怠；(2)人際間距離可能加大；(3)形成不信任與猜忌的風氣；(4)可能降低工作滿足感與工作績效；(5)造成人員對組織變遷抗拒；(6)迫使人員因恐懼或不安而離開組織。

七、衝突利用與解決

(一) **衝突的利用**：賽蒙說：「衝突，不但不足怕、不足恨，而卻可愛。若從領導者立場言，衝突乃是獲取內部控制的主要工具。」

(二) **衝突的解決**

1. **勞倫斯（P.R.Lawrence）認為解決方式有三：**

(1)**面對問題**：即面對問題由上級居中協調，使衝突雙方不再各執己見，消弭紛爭，是三者最有效方式。

(2)**滑潤歧異**：只能減少雙方的摩擦，如潤滑油可減低機器間摩擦一般。

(3)**強迫決定**：迫使衝突雙方，對問題採行某種共同的行動，此種方式雖可收一時之效，但難以持久。

2. **賽蒙（H.Simon）認為必須經由四個過程來反應衝突：**

(1)**問題解決**：針對引發衝突問題，提出方法加以解決。

(2)**說服**：游說衝突雙方，使能接受另一方意見。

(3)**協商**：以協商方式，使雙方認知趨於一致。

(4)**政治**：運用各種政治手段，以解決團體間的衝突。

3. **魏伯（R.A.Webber）**
　(1)**支配**：單獨支配、聯合支配、多數壓力支配。
　(2)**層級決斷**：訴諸神明或機緣、共同上級或仲裁者。
　(3)**談判或協商。**
4. **尼爾森（E.Neilsen）**：在「理解與管理團體間的衝突」論文中提出解決衝突九個策略：身體分離（人員調離）、官僚方法、有限互動、整合者、會面與協商、第三者諮商、人員輪調、工作互賴與上級目標確立、團體間的訓練。

八、衝突管理

係針對衝突發生的原因，由主管、衝突收關者或第三人，運用各種方法、技術和行動，以化解衝突原因，期化阻力為助力。
雷辛（A.Rahim）於「組織衝突管理」提出管理衝突過程模式：
(一) **診斷**：管理衝突第一步，目的在對症下藥，而診斷項目包括：1.衝突及其來源以及效能的衡量；2.分析上述彼此間關係。
(二) **干預**
　1. **行為途徑**：讓組織成員瞭解各種衝突處理型態之運用與適當情境，以便藉此管理衝突。
　2. **結構途徑**：針對組織結構加以改變，如分化與整合機制等。
(三) **處理衝突型態**：雷辛根據「對自己的關心」與「對別人的關心」兩種構面，提出五種處理衝突的型態，如右圖所示：

M. Rahim「五種衝突處理型態」

　1. **整合**：高度關心自己與別人。
　　指彼此間以坦誠、資訊交換、檢視差異所在等合作方式，來獲致彼此可接受解決方案，屬「雙贏」的型態。
　2. **取悅**：低度關心自己，高度關心別人。
　　企圖減少差異，同時強調犧牲大我以滿足他方利益，屬「輸贏」型態。
　3. **支配**：高度關心自己，低度關心他人。
　　不顧他人期望與需求，為求勝利不計代價。屬「贏輸」型態。
　4. **逃避**：低度關心自己及別人。
　　對問題處理常採退縮、推諉延擱之解決方式，企圖將問題延滯以挺佳機來臨或乾脆退出，屬「雙輸」的型態。
　5. **妥協**：中度關心自己與別人。
　　對衝突雙方各讓一步，以獲致各方均能接受之決定，是一種「取和予」的中庸方式，屬於「無輸贏」的型態。

九、政務官與事務官衝突

(一) **衝突原因**：兩者衝突原因可能來自對政策規劃、政策執行、資源爭取或人事政策意見相左，也有可能來自組織惰性或事務官循例辦事態度、政黨甫輪替時施政理念的不同。

(二) **解決途徑**

　　1. **針對政務官方面**：政務官任職前須接受有效管理公共組織訓練，就職後應常與事務官溝通交換意見，以確保官僚體系對現任最高首長的負責。

　　2. **針對事務官方面**：常任文官應習於政權更替之政策轉變，改變習以為常的「僚氣」，本於專業對政務官提出最佳建議與方案。

牛刀小試

1. 試說明組織衝突的意義及原因，並提出解決之道。
2. 試闡述個人在組織中可能發生衝突的類型，以及組織衝突的正功能與負功能。【104高三】
3. 試說明衝突管理的意義；並闡述政務官與事務官發生衝突之主要原因，及調和兩者衝突作法。【基三】
4. 何謂組織衝突？請說明組織中部門間衝突之解決途徑。【地三】
5. 造成行政組織中「團體衝突」的因素為何？有那些解決的途徑？試舉例說明。【106薦升】

 組織氣候

黎特文（G.Litwin）與史春格（R.Stringer）倡導以整體與主觀的環境觀念來研究行為動機與表現。

一、意涵

(一) **達克里（R.Taguri）的定義**：代表一機構內部環境之一種較具持久性的性質，其特徵為：1.來自成員經驗；2.可影響其行為；3.可運用一系列組織特色之數值加以描述。

(二) **張潤書的定義**：在一特定環境中，個人直接或間接地對此一環境的察覺。

二、衡量方法

(一) **黎特文與史春格之測量表**：採用九個尺度五十個項目的變項來衡量組織氣候，分別是：支持、標準、責任、認同、人情、結構、風險、衝突、獎酬。

(二) **李克特（R.Likert）之七變數**：在「人類組織」提出七變數：領導、溝通、決策、管制、激勵、互動、目標制定過程。

(三) **席斯克（H.Sisk）六變數**：在「管理原則」提出六變數：員工個性、目標一致性、員工交往程度、人數多寡、組織狀態、決策層級高低。

(四) **布雷克（R.Black）與莫頓（J.Mouton）**：在1964合著《管理格道》，提出其所建立組織氣候理論；係以對人關懷，對工作關懷兩項變數為衡量，共產生了81種不同組織氣候。

肆 組織文化

文化是一群人表現在外的共同行為模式，以及支持行為何以如此表現的信念、價值與規範。而組織文化就是以組織為範圍，所表現出來特定的文化風格。

一、意涵

(一) **辛錫亞與葛理諾（Sethia & Van Glinow）**：認為組織文化乃是組織成員持續共有的一組基本價值、信念與行為假設。

(二) **威廉大內（W.Ouchi）**：組織文化乃透過符號象徵、儀式與祕思等將組織內的基本價值與信念傳遞組織中的成員。

(三) **雪恩（E.Schein）**：由特定的組織團體發明或發展出來之一種行為假設，用來適應外在環境，並解決內部整合問題。此種假設若有效，將透過社會化傳授給新進人員，使其在思考、認知及感覺有所遵循。

二、內容

(一) **器物層面**：指可明顯觀察到的人員行為、結構、程序、制度、規則與各種硬體設施。

(二) **信念層次**：包括組織的理念、知識、名言、傳說等。

(三) **規範**：指規約人員行為之準則，說明那些是適當的行為，那些是不合宜的舉措。

(四) **價值**：即普遍被接受的是非標準。

(五) **前提**：係指組織成員共同的思考模式，理解事物的認知架構，或是無法言傳說明，但卻能指導決策作為的組織潛意識。

三、層次

雪恩（E.Schein）認為組織文化有三個層次，包括：

(一) **器物與創造物層次**
   1. **言詞的創造物**：旗徽等符號、組織的歷史典故、流傳特定語言。
   2. **行為創造物**：精心設計的儀式、慶典等。
   3. **物品的創造物**：組織建築物風格、器具形式、人員服飾。

(二) **價值與信念層次**：個人或團體社會所偏好的事物、行為模式或有關生存的終極目標，包含價值、規則與倫理等內涵。

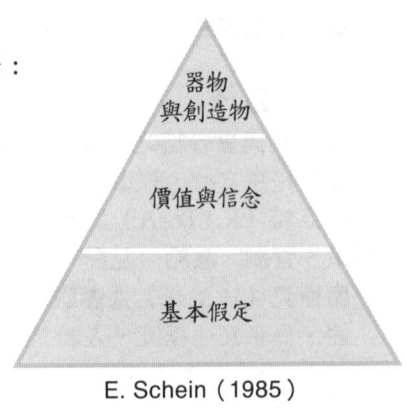

E. Schein（1985）

(三) **基本假定層次**：「基本假設」為組織文化內在精髓，係成員對周遭人、事、物，以及組織本身所持有的一種潛藏信念。

四、文化特性

特性	說明
概括性	文化係生活方式累積，故其內涵至廣，幾乎無所不包。
抽象性	文化通常是一些抽象概念，非指具體的事實或現象。
樣式性	各個社會或國家因其民族性格、地理位置、歷史背景、生活條件不同，而產生特殊不同的文化樣式。
功能性	文化提供了某一社群之生活準繩及行為規範。
可變性	文化係某一社群在某一時空環境生活方式的累積概念，可透過有意的人為操控或無意的時間推移，加以改變。

五、類型

(一) **內發式組織文化**

　　1. **哈理生（Harrison）之分類**

　　　　(1) **權力取向**：組織強調「控制與競爭」的信念。

　　　　(2) **角色取向**：組織重視正當性、合法性與責任歸屬的價值。

　　　　(3) **工作取向**：組織內部以能否達成上級交付任務。

　　　　(4) **人員取向**：人員為中心，倡導關懷、互助、體恤的價值。

　　2. **雷曼與韋納（Reimann & Wiener）之分類**

　　　　(1) **企業家型**：人治的色彩較濃，組織比較能夠掌握環境，作適時調整。

　　　　(2) **策略型**：決策作成主要依循經驗例規，並以理性來進行策略性的規劃。

　　　　(3) **盲從型**：組織的價值體系係反映少數幾位精英領導者的價值觀念。

　　　　(4) **排他型**：決策過程獨斷，不容異議。

(二) **外發式組織文化**

　　1. **迪爾與甘迺迪（Deal & Kennedy）之分類**

　　　　(1) **長線風險**：組織較重視層級權威、過去歷史的經驗及專家的意見判斷。

　　　　(2) **硬漢式**：組織一切皆以成敗來論英雄，成王敗寇。

　　　　(3) **強調過程**：組織重視形式、程序，但求穩定、無過。

　　　　(4) **辛勤工作盡情享樂**：先去做、再修正，不斷嘗試新方法。

　　2. **奎思與麥克葛雷斯（Quinn & Mcgrath）分類**

　　　　(1) **理性的**：典型的績效導向文化，重視效率、生產力、利潤與成本控制的價值。

　　　　(2) **發展的**：組織強調願景與領袖魅力以維持人員與工作士氣。

　　　　(3) **共識的**：強調人員參與、共識達成、團隊合作以及友善信任之價值。

　　　　(4) **層級的**：強調組織的穩定性、行為的可預測性、協調合作與責任感等價值。

茲將四種組織文化的特性比較如下表：

交互期望或主導的規則

	理性的文化	發展的文化	共識的文化	層級的文化
組織的目標	目標的追求	廣泛的目的	團體維持	規則的執行
績效標準	生產力、效率	外界的支持資源爭取	內聚力、士氣	穩定/控制
權威所在	老闆	魅力	組織成員	規則
權力基礎	能力	價值	非正式組織的地位	技術知識
決策	決定的發布	直觀的洞察	參與	事實分析
領導風格	指揮	創新	關懷的	保守的
順從	契約的合意	效命於價值	從過程中得到效命	監督與控制

資源轉引自：吳瓊恩，《行政學》，P416。

六、組織文化與組織氣候比較

(一) 共同點

1. 所處理皆為組織成員認識其所處環境方式。
2. 都是組織成員行動的基礎。
3. 透過社會化過程與符號互動學習而來。
4. 皆具多元面向性。

(二) 相異點

組織文化		組織氣候
組織共同的信仰、價值觀與基本假設。	概念	指組織內部環境持久的特性。
源於人類學，研究方法上採「定質途徑」。	方法論	源於心理學，研究方法上採「定量方法」。
難以控制與管理。	管理面	可以塑造，較為容易控制與管理。
訊息是透過歷史途徑來傳達。	溝通方式	透過例行公事與獎懲制度傳達訊息於組織成員。
是一種無法意識的意義體系。	形成方式	只是一種組織組織氣氛，可被刻意營造。
持續性較強，其範圍較廣。	範圍方面	範圍比較狹窄，僅是組織文化一部分。

七、東西管理文化特質比較

主要是以威廉大內（W.Ouchi）所提出Z理論（Theory Z），另一者為彼得斯與沃特曼（T.Peter & R.Waterman）的《追求卓越》（In Search of Excellence）一書。

(一) 威廉大內Z理論組織文化具有以下特徵

特徵	說明
長期僱用	使員工有安全感並效命於組織，其核心價值強調「組織效命」。
緩慢升遷率	經由多功能角色的歷練，使員工擴大工作經驗及增進不同生涯路徑，其核心價值著眼於「生涯取向」。
參與共識決策	此須「合作與團體工作」才能有效，透過公開地溝通與相互增強的方式取得價值的共識。
團體決定人人負責	此需培養「信任與相互支持」的氣氛與價值，同時也要強調團體的忠誠度。
全局取向	強調「全人」的觀點，而非個人的工作角色，符合平等主義精神，使所有員工平等合作以完成共同的目標。

(二) 彼得斯與沃特曼強調卓越的組織文化具有以下特質

特徵	說明
1.偏重行動	強調促使員工願意去實驗和承擔風險。
2.接近顧客	組織的管理和行動，皆是執著於服務和品質。
3.自主能力與企業家精神	允許新理念的自由表達和公司內部的相互競爭。
4.生產力是透過人力開發的	將員工視為是一位成熟的成年人，應被信賴與尊重。
5.動手去做，價值導向	重視價值的表達，並由管理者全力以赴來實現。
6.堅守崗位	做自己最擅長者，以免形成過度的差異化。
7.簡單形式，簡樸的人事	避免高層權力集中和複雜的組織結構。
8.鬆緊特性並存	重視穩固的中央領導與最大的個人自主之調和與運用。

八、參與管理之文化特徵

(一) **平等主義**：較少傳統權威領導，講求尊重與平等之民主式領導，肯定成員能力與表現，重視薪酬、參與、資源分配的公平性。

(二) **互信合作**：參與是一種講求坦誠與開放的管理技術，組織必須建立信任與合作的基礎。

(三) **冒險進取精神**：相對於傳統官僚保守之組織文化，參與式管理的組織必須建立創造、勇敢與自治精神。

九、組織文化對行政革新之意涵

行政革新應培育新的組織文化，並運用李文之變革三步曲，即「解凍—改革—再凍結」過程，由信念、價值觀、行為著手，以塑造有利的執行氣氛。

> **牛刀小試**
>
> 1. 何謂組織文化？組織文化對行政革新之意涵？
> 2. 組織文化的意義為何？有哪些組織文化的特性有助於健全參與管理之發展？試分別說明之。
> 3. 試分別說明組織文化及組織氣候的意義，並比較兩者的差異。【基三】
> 4. 解釋名詞：組織文化（organizational culture）。【國軍、高三】
> 5. 何謂組織文化？大內（William Ouchi）的《Z理論》以及彼得斯與沃特曼（T.Peter & R.Waterman）的《追求卓越》書中，各對日本和美國企業的管理文化特質有何描述？請分別敘述之。【高三】
> 6. 何謂組織文化？根據雪恩（E.Schein）的看法，組織文化又分為那些不同分析層次？試舉實例配合說明。【高三】

伍 組織學習

早期之組織學習，僅是一個附屬的次級概念，主要用以說明「組織受外在環境之刺激，所引發內部結構與人員行為改變的一種反應過程」。

一、意涵

組織學習係為了促進長期效能與生存發展，而在回應環境變化的實踐過程中，對其根本信念、態度行為及結構安排所為之各種調整活動，此活動可藉由正式與非正式人際互動關係加以實現。

二、目的

由於環境複雜動盪，組織需具備持續改善的能力，方足以應付外在的挑戰。

三、內容

組織持續改善問題的能力 可由五方面來論述：

組織精神面	成員是否認同組織目標，能在價值觀念、思考邏輯、行動取向上形成共識。
組織心理面	組織成員與決策高層在心理上呈反對與抗拒。
組織結構面	組織結構調整會影響成員信念、行為改變。
組織社會面	組織學習會受社會關係、社會規範影響。
組織行為面	牽涉人員行為改變，如工作態度、方法、技術。

四、組織學習理論

(一) 理性抉擇觀點的組織學習論

1. **適應理性系統：**
   (1) **湯普森認為：**組織為一自然系統，為謀生計，應從經驗學習到掌握環境變化與自謀調整訣竅。
   (2) **賽蒙、希爾特、馬區等人：**組織係藉由理性抉擇之機能以適應環境。亦即透過簡化認知模式掌握不確定性，透過決策例規掌握衝擊。

2. **例規化組織行為與標準作業程序：**決策者執簡馭繁方式來處理問題，源自於「刺激—反應」的「例規化」行為模式。而當組織遭逢類似刺激反應後，自然會發展出「程式化的行為表現」或「標準作業程序」（SOP）。其層次可分通則性決策規則及特定的作業規則。

3. **決策例規學習：**組織面對環境衝擊，經理性抉擇過程，選擇應變方案。可分「例行式的適應方式」與「組織創新」二種。

(二) **行動理論觀點之組織學習：**阿吉利斯（C.Argyris）與熊恩（D.Schon）1978年著《組織學習：行動理論觀點》最具代表。

1. **行動理論：**認為人類具有的意圖、目的、深思熟慮行為都是基於某種認知基礎而展開。此種認知基礎稱為行動理論，而行動理論發展過程亦為學習過程，學習結果就是行動理論的持續修正。

2. **組織行動：**組織行動如個體行動一般，亦由行動理論的根基，其具體表現為組織結構與任務的安排、組織的規範、行動的策略與聯結規範策略間因果關係之各種假定。

3. **行動理論的改變：**即對行動理論認知錯誤的探查與矯正過程，便會形成個人在組織生活中的「學習回饋圈」。若僅針對組織行動策略與策略目標間因果假定，所進行的探究矯正過程稱之為「單回饋圈學習」（single-loop learning）；而不僅對策略與假定的認知錯誤，更深一層探究關於組織規範、目標認知的錯誤並予以矯正的過程稱為「雙回饋圈學習」（double-loop learning）。

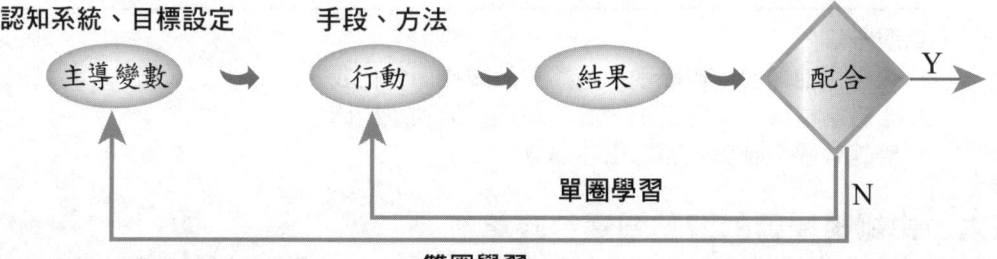

五、組織學習障礙與轉換

(一) 組織學習困境

1. **組織防衛**：大部份組織屬「受限制學習系統」，進行學習主要困難在於人際間自我防衛心理及行為，故應先克服組織防衛。而組織防衛又可分為：

儀式性會議	由於傳統型組織強調層級權威，在決策會議上，上級掌握了議題與程序，往往使得有挑戰性、創新性意見受到忽視，久而久之成員懷抱犬儒主義的行為，因而趨向悲觀的態度，並養成推卸責任的習性。
防衛賽局	行政人員因恐自己意見表達出來後，會被視為「非我同類」，因而特地隱藏起來，壓抑己見，甚至採取相反見解，以迎合他人。
自欺行為	儘管行政人員知道他們正在執行一件錯誤的決策，但他們仍然會繼續進行。

2. **組織學習的障礙**：彼得‧聖吉（P.Senge）針對人員的思維傾向或心智模型提出七種組織學習的障礙：

本位主義的思考方式	組織成員由於功能性的分工，長期以來養成忠於自己本位的工作，使角色與自己身分混淆。
歸罪於外在的態度	本位主義的思考方式，往往將責任推卸給別的部門，肇因於缺乏系統思考方式所造成的結果。
負起責任的幻想	管理者在面對難題時宣稱須要負起責任，即面對難題、解決問題，但通常「前瞻性」只是「回應性」的偽裝託辭。
專注個別事件	若成員專注於短期的事件，在組織中就無法持續創造性的學習，頂多在事件發生前，預測其情形並加以妥善因應。
煮蛙的譬喻	從組織失敗的系統研究中發現，對生存有致命的威脅，來自於對逐漸改變的適應不良。
從經驗中學習的錯覺	每個人都有「學習的範圍」，任何行動都有時空上的有效範圍，當行動的結果超過學習範圍時，就無法從直接經驗中學習。
管理團隊的迷思	管理團隊中成員大多為組織中各部門的精英份子，往往為了維持團結的表象，而壓抑不同的意見，無法容許對團體整體的基本假定，有不同意見的質疑。

(二) 克服方法

1. **人性價值開發**：組織干預策略在讓成員面對自我。
2. **組織結構調整**：可採矩陣式的組織型態加以因應。
3. **管理哲學**：參與式領導風格建立。

六、由組織學習的觀點闡釋行政革新

組織學習係為了促進組織長期效能與生存發展，而在回應環境變化的實踐過程中，對其根本信念、態度行為及結構所為的各種調整活動，而政府欲達成行政革新，須透過組織學習包括：

(一) **官僚層級節制體系改造**：透過組織再造或非正式組織營造一個有利員工學習的環境。
(二) **管理技術與回饋系統建制**：行政革新易帶來不確定性與員工抗拒心態，應透過管理與回饋方式迅速掌握資訊。
(三) **集體學習**：鼓勵公民參與透過對話互動，以營造政府、公民共同學習環境。

陸　學習型組織

二十世紀之工業社會，由於組織內部運作強調功能性分工，以及整體社會環境愈趨專業化結果，使人們漸漸習慣用片斷或單向度的角度來詮釋所面對複雜問題，結果無法解決，往往製造出新的問題。

彼得·聖吉（P.Senge）於是以系統動力學為基礎，並根據Forrester「企業新設計」啟發，發展出學習型組織（Learning Organization）。並於1990年在所著《第五項修煉：學習型組織的藝術與實務》，首倡「學習型組織」。

一、意義

(一) **瓦特金與瑪席克**（Watkins & Marsick）：認為「學習型組織是一種不斷在學習與轉化的組織」。
(二) **班尼特與布萊恩**（Bennett & Obrien）：認為「一種能夠將學習、適應、變革等能力深值組織文化的組織」。
(三) **約夏帕拉**（Jashapara）：認為「學習型組織是一種能夠賡續調適的組織，亦即掌握競爭對手的動態、滿足服務對象的變動性需求，並能藉系統思考的方法來提升個人、團體，乃至組織整體的調適能力」。

二、內涵

(一) **系統思維**：塑造學習型組織五項修練中的神髓，也是展開變革行動的哲學與理論基礎。聖吉認為一般人在思考問題時，常會犯下同樣的錯誤，這些思考上毛病包括：過於依賴經驗學習、錯誤的問題解決邏輯。系統思考就是幫助我們擺脫這些思考上的障礙，培養我們以簡御繁的方法，摒棄片段思維，採整體觀點來處裡動態複雜的外在事物。
(二) **超越自我**：自我超越是學習型組織的首要修練。人皆有肯定自我及追求成長的動機，本於此假設，組織可說是個人實現自我的場所；學習型組織就是以自持自勵、超越自我、認真負責的成員為基礎，逐漸發展而成。
(三) **改善心智模式**：主要是用來矯正傳統層級節制的管理方式，所產生對組織內人際互動關係的扭曲、對溝通所形成的障礙，以及對政策過程的誤導與對人員創意生機的抹殺。具體而言，組織應力求在「同中求異」而不強制「異中求同」。

(四) **建立共享願景**：願景是整個組織學習的動力，這個願景不是虛無飄渺、事不關己的，而是和個人的需求願景緊密聯繫；這個願景不是上級派定、被動勉強接受的，而是出自於共通的想法與承諾。

(五) **團隊學習**：工作團隊是組織學習的基本運作單位，團隊指的是跨越部門層級等職務分工，因接觸互動的密切關係所自然形成的團體。聖吉認為，團隊學習係指發展出某種願意戮力與共同的能力，而塑造此種團隊的關鍵在於其所屬成員之間進行「對話」與「討論」的能耐。

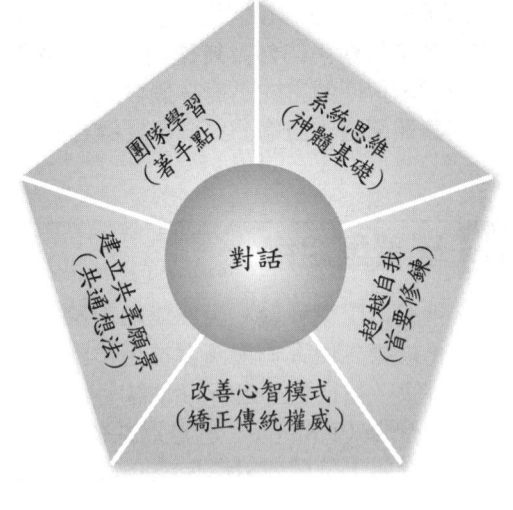

三、原則

倪賓（D.Tobin）提出學習型組織五個原則：每一個人都是學習者、彼此相互學習、學習促進變遷、學習是持續的、學習是一項投資而非消費。

四、建立條件

倪賓（D.Tobin）進一步提出建立學習型組織五項條件有：

(一) **明確清晰的領導**：領導者須有願景、決心、信心並重視員工溝通，面面俱到。

(二) **思考能力培養**：必須具有溝通、經營、團隊、自我管理等廣博性的知識技能。

(三) **克服功能性的近視**：透過教育訓練、組織設計改變、政策調整關注較大目標。

(四) **建立與維持有效的學習團隊**：透過各種技巧消除個人、文化與結構上的障礙。

(五) **作為師傅的管理人**：管理者應協助或促進員工能力成長。

五、策略

(一) 在組織內推動行動學習。

(二) 增進組織成員「學習再學習」的能力。

(三) 在組織內進行對話的訓練。

(四) 規劃組織成員的生涯發展。

(五) 建立團隊學習的技巧。

(六) 鼓勵組織成員實踐系統性的思考。

(七) 改善心智模型。

(八) 鼓勵組織成員發展多元化、國際化視野

六、作法

(一) **強化個別學習**：其具體做法有：

　　1. 與員工溝通使組織目標與員工需求相結合。

　　2. 管理者扮演協調者、顧問角色，對員工學習給予支持。

(二) **強化團隊學習**：為克服個人防衛性慣例的障礙，學習型組織必須運用各種方法使成員去面對問題，而行動學習則是最佳的團隊學習方法。

(三) **強化組織學習**：為了成為真正的學習型組織，組織必須採取適當變革，其變革必須是整合性的、系統性的、雙回饋的、團隊的學習。

七、傳統型組織與學習型組織之比較

Daniel Tobin製作一個區分傳統型組織與學習型組織的比較表，如下：

	傳統型組織	學習型組織
基本環境	穩定的	快速的，不可預測的變遷
	可預測的	不可預測的
	地方的，區域的，國內的	全球性的
	僵固的文化	彈性文化
	只有競爭	競爭，合作，共同創造
經營方向	基於過去的經驗	基於現在發生什麼
	程序導向	市場導向
經營優勢	標準化及低成本	適應顧客的獨特需求
	效率	創造力
員工必備條件	遵循慣例	因應例外
	服從命令	解決問題，改善措施
	避免風險	不避風險
	持續一貫	有創造力
	遵守程序	與他人合作
	避免衝突	從衝突中學習

資料轉引自：吳瓊恩，2008：375

八、學習型政府

學習型政府（learning government）係指能夠持續學習與創新改變政府組織，無論是個人、團體或整體組織均能透過各種有效的途徑與措施持續地進行學習，進而激發個人與組織的發展能力，以充分提升政府效能，並為民眾創造更多福祉，達成順應變遷、引導變革與創新發展目的。

牛刀小試

1. 試從組織學習的觀點闡釋行政革新的意義。
2. 試說明學習型組織的概念意涵,並進一步說明實現學習型組織的主要策略。
3. 何謂學習型組織?若欲建立學習型組織,一般而言,宜具備那些條件?試分析說明之。
   【高三】
4. 彼得聖吉(Peter Senge)曾著有《第五項修煉》一書,業已完成學習型組織的最佳楷模,試就該書的精義予以闡述。【國軍】
5. 學習型組織是1990年代以來的新型組織。試說明學習型組織之意義及內涵。【原三】
6. 何謂學習型組織?政府機關為何要採取學習型組織?實現學習型組織的策略為何?【國軍】

柒 組織發展

乃是透過外在技術與人力資源來賦予組織新的刺激、活力與生機的一種過程。此理論形成於西元1940年代後期,主要受到李文(K.Lewin)於西元1946所推動的「實驗室訓練法」及「調查研究回輸方法」影響,至西元1960開始茁壯,李文認為組織發展應視為「解凍、變遷、再凍結」的三階段過程,解凍步驟以減少組織變革阻力為重點;變遷步驟乃採取行動以改變組織系統;再凍結則指建立一種過程使新行為運作持續下去。

一、意義

(一) **班尼斯**(W.Beninis):針對組織變遷的一種反應,是一個複雜的教育策略,目的在改變組織信仰態度價值觀念。
(二) **傅蘭琪及貝爾**(French & Bell):是增進一個組織解決問題,更新過程的一種長遠努力,以組織中正式工作團隊為重心,包括行動研究,以解決問題、革新程序。
(三) **勃克及史密特**(Burke & Schmidt):是一種藉著整合個人對組織目標成長與發展的意願,以增進組織效率的過程。
(四) **葛德納**(Gardner):組織發展與組織更新同義。
(五) **白卡德**(Beckard):預先計劃的變革措施。
綜合而言,組織為適應不斷變遷環境,透過「計劃變遷」之策略運用,於實現組織目標前提下,藉提供個人自我實現機會,達成個人目標與組織目標協調。

二、特性

依傅蘭琪及貝爾（French & Bell）之見解，組織發展特性有：
(一) 是一種進行中的互動過程。　　　　(二) 應用行為科學的一種形式。
(三) 變動的規範性再教育策略。　　　　(四) 以系統方法來觀察組織。
(五) 以資料為基礎作有計劃的變動。　　(六) 以經驗為基礎。
(七) 強調目標設定與規劃。　　　　　　(八) 集中於完整的工作團隊。

三、OD過程

初步診斷　資料蒐集　發現主要問題　制定解決行動方案　團體意識評估　跨組交流　成果評估

四、組織發展干預技術

(一) **發展個人方法**
　1. **敏感性訓練**：又稱實驗性訓練、T團體訓練法，目的在使組織成員了解自己與他人相處關係，以改進個人溝通技巧，增進團體和諧。而依參加者彼此關係可分為陌生人實驗法、堂兄弟實驗法、家庭實驗法與群聚實驗法。
　2. **工作豐富化**：透過良好工作設計，給予員工更挑戰性工作內容與自主性（縱向、更多權利與責任），以提高員工個人工作效率，進而達到自我發展目標。
　3. **工作擴大化**：擴大其工作的範圍，即工作的多樣性，屬水平類型的工作設計。
　4. **人際溝通分析**：TA源於1964柏恩（E.Berne）其後，哈里（T.Harris）加以發揚，主要利用心理分析方法，以瞭解人類認知過程，藉以改進人際溝通程序。
　5. **第三者干預法**：兩造衝突時，由具諮詢專業知識者，進行了解、干預與控制。
　6. **管理格道訓練**：藉由各種管理型態，自我檢視，發覺自己管理風格，經由訓練，調整、改變成理想的管理型態。
　7. **角色扮演**：選定一主題，據以設定狀況，並由參與成員扮演狀況中角色。
　8. **情境模擬法**：注重於如何解決某項組織之難題並採分組方式進行。
　9. **生活事業計劃法**：經由團體諮商方式，確立個人生活目標與事業計劃，藉以增進組織效能。
(二) **發展團體**：團隊建立法、對抗會議、增進小團體間關係法。
(三) **發展組織**：團體間的討論、組織協調會議、調查回饋發展技術、組織內部組織發展人才培養。

五、OD優缺點

優點	可培養組織自我更新能力、理論能實際運用於目標達成、運用理性與科學仍會兼顧權變性。
缺點	過分強調彈性結構、缺乏客觀評分標準、過分迷信規範性改變。

六、未來發展方向

(一) 不僅注意結構面亦注意文化、策略面。

(二) 趨向建立整合性的權變理論。　　　(三) 由組織診斷走向組織學習。

(四) 由諮商漸漸走向企業取向。　　　(五) 從適應環境到試圖改變環境。

綜合上述有關學習理論與發展可以下圖解析：

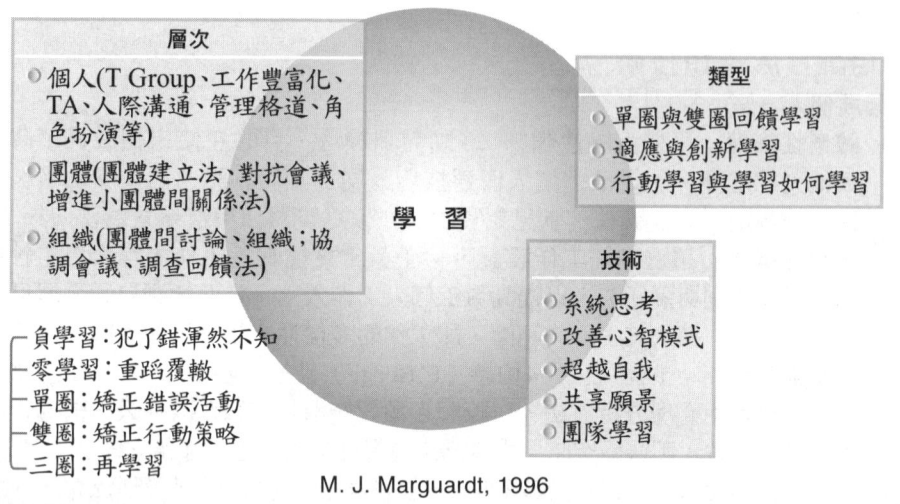

層次
- 個人(T Group、工作豐富化、TA、人際溝通、管理格道、角色扮演等)
- 團體(團體建立法、對抗會議、增進小團體間關係法)
- 組織(團體間討論、組織；協調會議、調查回饋法)

學　習

類型
- 單圈與雙圈回饋學習
- 適應與創新學習
- 行動學習與學習如何學習

技術
- 系統思考
- 改善心智模式
- 超越自我
- 共享願景
- 團隊學習

- 負學習：犯了錯渾然不知
- 零學習：重蹈覆轍
- 單圈：矯正錯誤活動
- 雙圈：矯正行動策略
- 三圈：再學習

M. J. Marguardt, 1996

牛刀小試

1. 組織發展的意義和特性各為何？試分別申述之。
2. 組織發展（OD）的基本概念為何？組織發展的未來趨勢如何？
3. 何謂組織發展（Organization Development）？組織發展的策略與方法有那些？試析述之。【原三】
4. 試舉例說明李文（K.Lewin）的組織發展變革模式的主要內涵。

捌　非正式組織

早期學者對組織研究，偏重正式的、結構的和法制的，但自行為科學被運用在組織研究之後，即發現像非正式組織等問題對組織影響甚大。

一、意義

(一) **戴維斯（K.Davis）界說**：非正式組織乃是基於人與社會關係所建立的交往系統，並非建立或取得於正式的權威，而是基於人的結合自發地形成。

(二) **巴納德（C.Barnard）界說**：是由機關組織中個人的接觸交互影響，自由綜合所造成的聯合體，此結合純屬於意外而不帶目的。

(三) **卡斯特與羅森威（F.Kast & J.Rosenweig）**：非正式組織乃是相對於正式組織而言，是指所有非經正式設計而自發地形成的參與者的互動關係。

綜合而言，非正式組織是正式組織的副產品，也是一種必然的現象，因為人在組織中會產生交互行為，彼此就會有瞭解與認同，此種認同關係包括同學、同鄉、同宗、同好、同事、同個性之「六同關係」。

二、相關研究

(一) **霍桑試驗**：首先將行為科學之觀點與方法應用在組織與管理研究上，其中第四階段的「小團體的研究」，奠定了非正式組織的理論。

(二) **塔夫研究所試驗**：英國塔夫研究所對英國煤礦工人的工作行為所作的研究，原先採短牆法，由於人員互動佳，生產量維持一定水準；改採長牆法，須較大團體，溝通不易，生產量下降，此研究誘發工業心理學對非正式組織的重視。

(三) **巴納德**：為研究非正式組織的先驅學者，認為正式組織是有意識的協調與互動系統，而非正式組織則是無意識的、不定型的結合，兩者如影隨行。

(四) **賽里斯尼克**：對不同的組織中不同種類的工人團體作觀察研究，發現非正式組織對正式組織產生重大的影響。

三、參加原因

(一) **滿足友誼**：尋求友誼、建立社會關係是人之通性，藉由非正式組織之社交活動，可滿足友誼的需求。

(二) **追求認同**：經由非正式組織，人們可以取得社會地位，得到承認，並透過生活中不同角色扮演，使人產生歸屬感。

(三) **取得保護**：一個人的力量有限，必須藉著團體力量來維護維護自己利益，此種消極的保護自己心理，即促成非正式組織的形成。

(四) **謀求發展**：為謀求發展，就不能孤立無援，須透過團體的形成，以相互奧援，於是形成非正式組織。

(五) **彼此協助**：人是群體的動物，唯有透過組織力量才能達成個人的願望，所以人在組織中必須互助。

四、特性

(一) **順乎自然**：其形成完全是人們基於交互行為與認同，所自然結合而成的團體，並非被迫或故意安排。

(二) **交互行為**：人們在組織中彼此交往、溝通、相互瞭解，於是形成非正式組織。

(三) **感情移入**：由於交互行為而使組織中人員彼此認識，進而產生感情，故非正式組織中人員，彼此感情較親密，關係較接近。

(四) **社會距離**：人員結合係基於相同的背景或共同的友誼，因此人際間的社會距離就縮短了。

(五) **民主指向**：成員是自由結合的，並無法律限制或地位高低，以一種平等的原則交往，任何行為須經大家同意，充分表現民主的氣氛。

(六) **以影響力來領導**：非正式組織若有領導的行為產生，非依恃「法規命令」之權力基礎，而是來自「影響力」。

(七) **團體壓力**：雖係自然結合，具民主指向，但既已形成一個團體，就有團體所公認的「行為規範」，雖非明文訂定，但卻存在於每個成員心中。

(八) **附著力及統一力**：非正式組織的存在主要是由於人員之間有一種共同的認識，這種「認同」的力量把大家緊密的團結在一起。

(九) **成員的重疊性**：非正式組織在正式組織中的數目不只一個，因此人員會重複地加入不同的團體，故其成員表現出重疊性。

五、類型

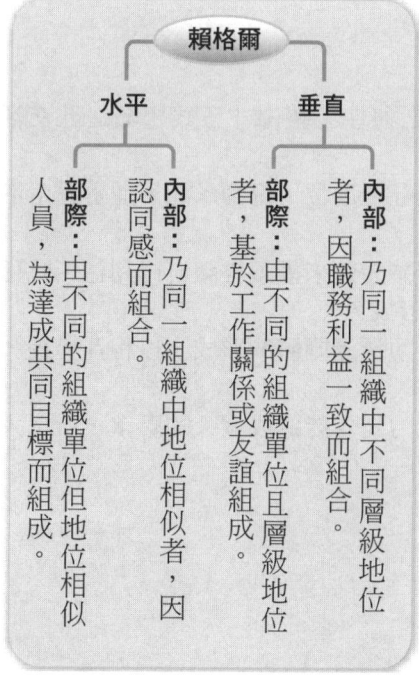

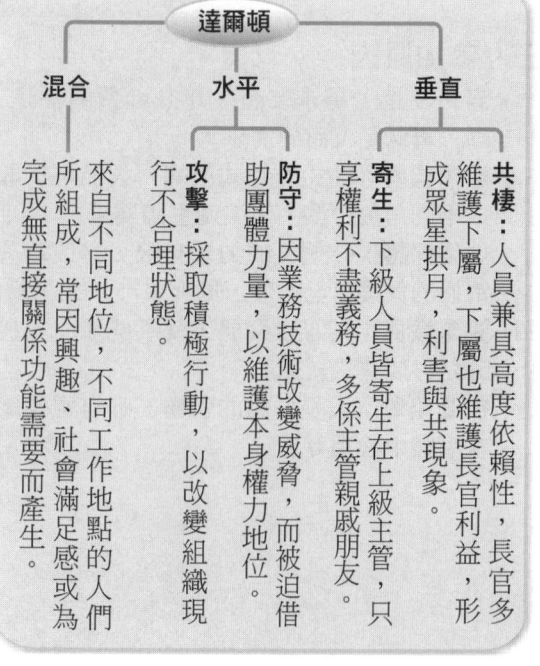

六、正功能（優點）

非正式組織的正功能有：

(一) **維護團體所抱持的文化價值**：非正式組織成員彼此抱持相同的觀念與價值，為了此目的而團結合作，更增強了團體的內聚力。

(二) **提供人員以社會滿足感**：非正式組織能使成員在龐大組織體系中，得到互動連繫機會，給於人員歸屬感與地位的滿足。

(三) **促進有效的溝通**：非正式組織可建立迅速傳遞消息的網狀體系，俾使參與者能瞭解管理當局所作各種措施的意圖，可避免正式溝通的障礙。

(四) **具有社會控制作用**：非正式組織具有約束成員的力量，而其作用包括內在控制（引導成員順從團體文化價值）與外在控制（以外團體所加諸成員之力量）。

(五) **高度的伸縮性**：正式組織之工作程序，多為事先制定，缺乏伸縮性，經常無法應付突發狀況，而非正式組織往往不受程序約束，較具彈性。

(六) **可以分擔正式組織主管人員領導的責任，減輕其負擔。**

(七) **可以彌補正式命令之不足。**

(八) **可以安定組織，使正式組織的人員離職率大為減少。**

(九) 可作為員工的挫折行為或遭遇困難問題時的發洩通道，進而使員工在精神上得到補償。

(十) **非正式組織能矯正管理措施，使主管人員必須對若干問題，作合理的計劃與處理，改變過去領導的錯誤，不再濫用職權，因而產生一種制衡作用。**

七、反功能（缺點）

非正式組織的反功能有：

(一) **反對改變**：組織有時因技術改良或法令修改，不得不改變工作程序，往往會影響非正式組織成員利益，而招致維持現狀或慣性作用的抵制。

(二) **角色衝突**：非正式組織能提供社會滿足感，此一重要作用可能使屬員遠離機關之目標，對機關冷淡而不關心。

(三) **傳播謠言**：非正式組織內，人員頻繁的溝通，一旦消息幾經輾轉相傳，往往失去真實性而成為謠言。

(四) **高度順適**：非正式組織具有「社會控制」的作用，成員為順應團體之行為標準，不得不將自己的特色收斂起來，造成抹殺人員個性等不良現象。

(五) **徇私不公**：非正式組織成員因凝聚力特強，彼此會攀附援引，成員往往會為自身利益，循私枉法、相互勾結。

八、克服反功能途徑

(一) **培養革新氣氛**：組織為因應外在環境的變化必須不斷地改革，但往往會遭致小團體的反對，故應設法培養組織內部改革的氣氛，以期獲致支持。

(二) **避免角色衝突**：應謀求組織與小團體的利益相調和，並增加彼此互動的機會，以避免兩者目標背道而馳。

(三) **消除謠言傳播**：讓組織成員瞭解工作的情境和現況，並加強人員的意見溝通。

九、測量

(一) **墨理諾（J.L.Mereno）之社交測量圖**：以小團體份子之間相互吸引關係，而產生社交測量圖，依其個人感覺列出最喜歡與最不喜歡之工作夥伴，所觀察出最多人喜歡觀察者，可能產生較多的影響。

(二) **戴維斯（K.Davis）之組織交互作用圖**：以工作人員相互實際的接觸關係，來描繪出工作人員與誰接觸次數最多、時間最長藉以瞭解組織中正式與非正式的聯繫。

(三) **赫曼（Hemanus）的社會測量法**：將人員區分為內部核心份子、邊緣份子、外層份子。

十、控制方法

培養革新氣氛、避免角色衝突、消除謠言傳播、採取圍堵政策、實施工作輪調、遷調非正式組織成員、圍堵非正式組織、權責重新分配、建立申訴制度、採取符合人性需求的管理與領導。

十一、正式組織與非正式組織比較

項目	正式組織	非正式組織
目標	整體的	個人的
結構基礎	職位上的	個別角色的
溝通基礎	正式關係	形式上
權力基礎	合法權威	專家認同
控制力量	法令規章	影響力
組織型態	垂直、平行	網狀交織
產生原因	設計	自然
互動關係	權責關係	六同關係
認同感	不一致	一致

牛刀小試

1. 非正式組織（informal organization）的意義為何？有那些正、負面的功能？請分別說明之。
2. 試論述非正式組織的測量方法和有效運用之道。
3. 非正式組織的形成原因有那些？試就行政主管的立場，申論如何有效的運用並控制非正式組織。
4. 試就所知，論述非正式組織的特性。【基三】
5. 解釋名詞：informal organization。【地三、原三】
6. 何謂正式組織？何謂非正式組織？非正式組織的正功能與負功能各為何？試分別回答之。【普】

玖　組織經濟學

長期以來，有關組織研究領域大多集中於社會學和心理學的研究途徑，而近年來採取經濟學研究途徑，日漸受到重視，其中尤以組織經濟學研究（Organizational Economics）儼然已成為一門新興的組織研究科目。

組織經濟學主要在探討自利的個人如何參與組織性的契約行為，以降低其交易成本。並認為組織係由一連串契約所組成，因此主要在探討契約事前（即誘因的結合）的財產權理論與代理人理論，以及研究契約執行面的交易成本理論。

一、交易成本（Transactiona-cost）

在新古典經濟學時期，寇斯（R.Coase）是少數主張對經濟活動理解必須將其制度系絡考量進來的學者，並於1937年發表「公司之本質」文章，認為公司生產活動中，往往須花費很多精力於交易活動上，成本不可謂不高。理性決策者會運用制度方式來代替市場機制，而科層制通常比市場來得有效率。可以說是組織經濟學最重要啟蒙者，但並未獲注重。直至1986年始由威廉森（O.Williamson）在《經濟組織：公司、市場與政策控制》一書進一步發揚。認為因有各種交易方式不同，而產生不同的交易成本，威廉森延用亞羅（K.Arrow）對交易成本定義，認為交易成本就是經濟體系運作的成本。均發生在經濟組織簽訂契約過程，包括事前交易成本，如起草、談判、保證；事後交易成本，如交易後調適不良問題、事後討價還價、保證履行的約束成本。

二、交易成本與一般成本比較

(一) **一般成本**：執行某一計劃或政策方案所需直接或間接投入要素，如人力、財力、物力、時間、資訊等，通常可轉換成貨幣單位加以計算。

(二) **交易成本**：指促成市場交換行為所需負擔的額外成本，包含因合作需要交易所引起的調適不良成本、事後討價還價成本、爭議發生時必須訴諸治理結構所需設立成本等，難以用成本利益方式加以計算。

三、代理理論（Agent theory）

所謂代理就是一種契約的關係，由一個或多個主理人與委託人，去雇用代理人，根據主理人的理念授予代理人制定決策的職權，使其依照委託者的意念從事指定的服務，並增進委託者的最大利益。代理理論由詹森與麥克林（Jensen & Mecklin）提出，用以解釋代理問題，另外在資訊不對稱狀況下，容易導致事前的「逆選擇」（adverse selection）或事後的「道德危險」（moral hazard）問題。

> **牛刀小試**
>
> 1. 很多人認為「交易成本」的概念，可以用來說明組織的形成、規模與變遷。請說明何謂「交易成本」？它與「一般成本」有何異同？【國軍】
> 2. 何謂代理理論？

拾 組織病象與診治

行政組織猶如人體與機器一般，經過一段時間運轉與外在環境衝擊影響，無法避免故障或生病，此些不良徵候，稱為「組織病象」。

一、現代行政組織病象

規模龐大	現行組織規模日益龐大，易產生：溝通不易、天高皇帝遠、失去自我價值、首長獨裁、難以發揮創造力、無法協同一致及缺乏人情味現象。
法規森嚴	實行民主為防專斷舞弊，乃訂定各種法規卻易造成：員工循例行事、法規修正曠日費時、法規往往缺乏彈性、形式主義、目標移轉、官僚怠工、科員政治、紅包政治、法規惡性循環現象。
權力集中	首長權力集中易造成：專斷獨裁、缺乏民主精神、決策品質差、增加成員唯命是從、缺乏主動任事精神。
組織與功能重疊	易產生組織衝突、爭功諉過、人力與物力浪費、公文旅行。
組織異化	分裂與片斷化、存在與本質分離，是一種心理情感，其結果會導致自我或與他人間的無力感、無規範感與自我疏離。
過度服從	過度順服保守成為技術主義者、官樣文章、產生訓練有素的無能。
無回應力	無法切合民眾特殊需求、缺乏辯證思考能力、回應力品質粗糙。
無情無義	單向度人（重視專業技術）、物化思考、缺乏關懷耐心、回應僵化。
組織疏離感	由哈雷克（R.Urick）提出，在大規模組織下由於工作過度分化，個人角色難以與整體發生關聯，而產生無力感、孤立感、無意義感、無規範感與自我孤絕感。

二、組織病象研究理論

(一) **「白京生定律」**（Pakinson's Law）：
1. 行政首長喜好增加用人，以彰顯權勢（建立王國現象）。
2. 機關年代愈久，其成員素質愈低。
3. 開會時間長短，與議題重要性成反比。
4. 機關採用「委員會」型態的組織必愈來愈多，委員數也愈多。
5. 機關內部行政效率日趨低落，外部建築設備卻日趨富麗豪華。
6. 機關可用之錢必盡量用完（消化預算）。

(二) **寡頭鐵律**（Iron Law of Oligarchy）：由邁可斯（R.Michels）所提出，認為：只有「寡頭政體」才是最普遍的制度。**領導者權力之增加與組織之龐大成正比，與成員之權力成反比**。易言之，機關組織愈大，領導階層權力就愈大，而被領導者之權力也就愈小。在寡頭制下，機關易產生病象為：
1. 下情無法上達，上令無法貫徹，增加溝通的困難。
2. 少數人決定多數人命運，不合乎民主需求。
3. 領導間易造成嚴重傾軋與鬥爭。
　　寡頭**制度容易形成高塔式的組織型態，因此，近年來各國政府均較為積極地主張行政機關應該朝分權方向設計，主要是為了解決此種困境的產生。**

(三) **彼得定律**（Peter's Principle）：又稱「才能遞減」、「反才能」病態，由彼得及哈爾（L.Peter & R.Hull）在《彼得定律》一書提出，認為在層級節制體系中，每一位成員傾向被擢升至其無法勝任職位上，除非經過進修與訓練，否則將無以為繼。

(四) **邁爾斯定律**（Miles Law）：由邁爾斯（R.Miles）提出，原文為「職位決定立場」，進一步闡釋如「不僅取決於所擔任職位，亦來自對職務堅持程度」、「換了位置，換了腦袋」、「本位擺中間，其他放兩旁」、「人在江湖、身不由己」。

(五) **莫非定律**（Murphy's Law）："If anything can go wrong，it will"，「假如事情會出錯，就一定會發生」、「小問題常成大災禍」、「事情絕不會像外表看來那麼簡單，需防微杜漸」、「相信差錯、致力無錯」。

(六) **不完全控制定律**（Law of Imperfect Control）：由黨斯（A.Downs）主張，依據墨菲定律原理，推論不少科層組織行為下的定律，即「沒有人能夠完全控制大型組織的行為」。

(七) **不稀罕效應**（BOHICA）："Bend it over，Here it comes again" 成員對革新計劃採抵制態度，認為只要忍耐即可不受影響，將組織革新計劃視為「舊酒新瓶」，是一種反革新情結。

(八) **格勒善定律**（Grasham's Law）：劣幣驅逐良幣現象，庸碌者常多於優異者。

(九) **保守增加定律**（Law of Increasing Conservation）：黨斯（Downs）於西元1967年指出：所有的組織成立愈久，就愈趨保守；而經快速擴張或重組的機關例外。

三、我國行政組織病象

事權不確實、機構冗員多、組織規模龐大、法規繁複、分層負責不足、行政職能擴張、組織型態偏重中央集權、機關名稱混亂、地方自治職的不足、委員會組織名實不符、政府間缺乏統一協調行動。

四、改進之道

嚴格劃分事權、行政體系之調整、縮減組織規模、修改不合時宜法令規章、屬行分層負責、釐清機關名稱、執行機關避免採委員會型態、裁汰冗員、建立良好行政溝通與協調、機關組織、編制應具彈性。

五、組織病象診治

(一) **分權**：杜拉克（P.Drucker）認為採用分權制度可以達到診治現代行政組織某些病象，而所謂分權係指聯邦分權制度及功能分權制度。

(二) **民主**：現代組織應灌輸民主思想，採行民主領導，具體而言如：

　　1. 使機關人員參與決策，重視部屬意見及需求。

　　2. 所有人員接受人文教育，養成民主風度及素養。

　　3. 提高人民政治教育程度，加強公共事務興趣。

　　4. 使機關民主化。

(三) **簡化**：現代組織病態即組織龐大、法規繁複，診治之道應採簡化，其作法為：包括行政組織、組織人員、法令規章與工作方式應簡化。

➲ **邁爾斯管理七定律：**

　　1. 職位決定立場。　　　　　　2. 權責不相當、責總是大於權。

　　3. 向上爭權、向下攬權。　　　4. 伺候多名上司非難事。

　　5. 愛說話、不耐聽。　　　　　6. 夾處上司部屬兩面光。

　　7. 服務惡化、不滿就多。

牛刀小試

1. 機關組織逐漸成長後，常會造成「規模龐大」、「法規森嚴」及「權力集中」的現象，請分別說明這三種現象會使機關組織的運作產生那些病象。

2. 試分別論述行政組織嚴密法規可能產生的正負功能。

3. 試扼要說明「白京生定律」（Pakinson's Law）所闡述的組織病象。

4. 組織長期成長後會產生那些「組織病象」？如何改善？

5. 當前我國行政機關之組織存在那些病象？試己見評論之。【原三】

6. 簡要解釋下列名詞：白京生定律（Pakinson's Law）；邁爾斯定律（Milies' Law）。【原三】

鑑往知來

1. **刻板印象**（stereotyping）：根據對某群體認知，來判斷屬於群體中成員。
   暈輪效果（halo effect）：所注目的不僅是月亮的大小，還包括周遭暈輪景象。
   意指根據表徵來產生整體印象，是心理學上「好的以偏概全」。【97初、111普】
   尖角效應（horns effect）：對壞的印象有先入為主觀念，心理學上「壞的以偏概全」。

2. **對衝突看法：傳統派**—有組織性，需設法減少；**行為學派**—不可避免須加以解決；**互動派**—不但認為是正常，且要利用衝突以發揮組織效能。【91初基】

3. **雙趨衝突**：「魚與熊掌無法兼得」。**雙避衝突**：「兩害相權取其輕」。【104地】
   趨避衝突：「既期待，又怕受傷害」、「欲迎還拒」、「想吃羊肉又怕沾腥」。
   【90普、92高、96特薦升、97特、100鐵原、101高】

4. **賽蒙**（H.Simon）：認為衝突解決須經過四個過程來因應：問題解決→說服→協商→政治手段。【92地、95原、101高、111高】

5. **組織文化**：係由特定的組織團體發明或發展出來之一種行為假設，用來適應在環境，並解決內部整合問題。【95身原、97初、98地、111高】

6. **雪恩**（E.Schein）：認為組織文化有三個層次，包括器物、價值、其他假定層次。【90高、91基、93普、94初、95普、96原、101原、102高地、106地、108地】

7. **奎思與麥克葛雷斯**（Quinn & Mcgrath）：對組織文化分類有：層級的（依法辦理）、理性的（績效導向）、共識的（團隊精神）、發展的（願景塑造）組織文化。【91原、92地、96原退、97特、99原、101身】

8. **威廉大內**（W.Ouchi）：**Z理論**組織文化特徵：長期僱用、緩慢升遷率、參與共識決策、團體決定人人負責、全局取向。【93地、95地、98地、101原、102身、103普、106地】

9. **彼得斯與沃特曼**（T.Peter & R.Waterman）：於《追求卓越》書中，指出具成就公司文化特質：偏重行動、接近顧客、企業家精神、生產力開發、價值導向、堅守崗位、簡單形式、調和運作。【93地】

10. **單圈學習**：僅針對達成組織績效手段與方法進行改善即工具理性學習。
    雙圈學習：組織成員探索與重新調整組織目標與政策。【90高、91高、92地、93初高、95身、96原】

11. **組織學習困難在於人際間自我防衛心理，故應先克服組織防衛。**【91普】

12. **組織防衛可分**：儀式性會議、防衛賽局、自欺行為。

13. **聖吉**（P.Senge）：針對人員的思維傾向或心智模型提出七種組織學習的障礙：本位主義的思考方式、歸罪於外在的態度、負起責任的幻想、專注個別事件、煮蛙譬喻、從經驗中學習的錯覺、管理團隊的迷失。【94原、97身】

14. **彼得·聖吉**（P.Senge）：於1990年著《第五項修煉：學習型組織的藝術與實務》，首倡「學習型組織」。【90普、91高、92地】
    ※最近復提出「群體執行力」作為第六項修練。

15. 「**學習**」一詞最早出現於1953年賽蒙所著《公共行政評論》。

16. **學習型組織內涵**：系統思維（神髓、核心、基礎）、超越自我（首要修練）、改善心智模式（改變主管管理方式）、建立共享願景、團隊學習（建構學習型組織著手點）。【92地高初、93高、94初、95身、96初原、97特、99地、101原、103身、109地】

17. **李文**（K.Lewin）：提出組織變革三步曲：「解凍→變遷→再凍結」三階段過程。【91普、92地、94地、95身、99原】

18. **組織發展**是一項以行為科學的理論與技術為架構，以特定行動方案與執行技術為基礎，目的在維持更新與改變人為組織制度，以達成個人及組織目標協調。【91普、93普地、100身】

19. 組織發展個人方法有敏感性訓練、工作豐富化、人際溝通分析、第三者干預法、管理格道訓練、角色扮演、生活與事業計劃法。

20. **敏感性訓練**：又稱實驗性訓練、T團體訓練法，目的在使組織成員瞭解自己與他人相處關係，以改進個人溝通技巧，增進團體和諧。【90基、91普、93地普高、95身】

21. **工作豐富化**：透過良好工作設計，給予員工更挑戰性工作內容與自主性，以提高員工個人工作效率，進而達成自我發展目標。（縱向加載、垂直性工作性質、更多權利與責任、自我管制與參與）【90基、93地高、97特】

22. **工作擴大化**：擴大其工作的範圍，工作的多樣性，屬水平類型的工作設計。

23. 非正式組織係人於組織中交互行為，所自然結合成團體。強調專家、認同或影響力的權威，結構基礎為個別角色。【90高、92高、111普】

24. **非正式組織參加原因**：滿足友誼、追求認同、取得保護、謀求發展、彼此協助。

25. **非正式組織特性**：順乎自然、交互行為、感情移入、社會距離縮短、民主指向、以影響力領導、團體壓力、附著力與統一力、成員的重疊性。【91基高、92初、94初、95普、100原、101身地】

26. **垂直共棲團體**：上級對下級刻意拔擢，下級對上級感恩圖報。長官部屬間相互維護、互利互賴，可謂「眾星拱月、利害與共」。【91高、94特、100身、107高】

27. **垂直寄生團體**：下級人員多寄生在上級主管，只享權利不盡義務，多係主管親戚朋友，可謂「一人得道雞犬升天」。【90基、91原高、92初、107地、109地】

28. **水平防守團體**：消極防止自己利益減少。【103普、110身】
    水平攻擊團體：積極行動，向上級爭取權益。

29. **非正式組織正功能**：維護文化價值、人員社會滿足感、有效溝通、高度伸縮、社會控制、減輕主管負擔、彌補正式命令不足、安定組織、發洩通道、矯正管理措施。
    非正式組織反功能：反對改變、角色衝突、傳播謠言、高度順適、徇私不公。
    【92初地、93初、94原、95地原、99原、100身、111高】

30. **非正式組織測量**：墨理諾（J.L.Mereno）的社交測量圖、戴維斯（K.Davis）的組織交互作用圖、赫曼（Hemanus）社會測量法。【91高、101普】

31. 組織經濟學將組織視為由一些交易行為所組成的整體，而此些交易行為則受到一組契約的規制。易言之，組織就是一套契約關係。

32. 「**規模龐大**」所產生病象：溝通不易、天高皇帝遠、失去自我價值、首長獨裁、難發揮創造力、無法協同一致、缺乏人情味。【91高、107地】

33. **「法規森嚴」所產生病象**：循例行事、法規修正曠日費時、形式主義、目標移轉、官僚怠工、科員主義、紅包政治、法規惡性循環。【90障、91普高、92初、93高、95原、96退、109地】

34. **「組織疏離感病象」**：由哈雷克（R.Urick）提出，在大規模組織下由於工作過度分化，個人角色難以與整體發生關聯，而產生無力感、孤立感、無意義感、無規範感及自我孤絕感。

35. **「白京生定律」**（Pakinson's Law）：
    (1) 行政首長喜好增加用人，以彰顯權勢。
    (2) 機關年代愈久，其成員素質愈低。
    (3) 開會時間長短，與議題重要性成反比。
    (4) 機關採用「委員會」型態的組織必愈來愈多，委員數也愈多。
    (5) 機關內部行政效率日趨低落，外部建築設備卻日趨富麗豪華。
    (6) 機關可用之錢必儘量用完。【90高基路、91初普高基、92地、93地、94地初、95初普原、96身、97初、100身、102身普、103身、104地、105原】

36. **「寡頭制度鐵律」**：1920年邁可斯（R.Michels）在《政黨》一書提出，認為組織機關龐大，權力將集中少數人手中，形成高塔式組織。易產生溝通困難、爭權奪利、不符民主等病象，是故近年各國政府積極主張分權設計原因。【90障、92地高、94地、95地、96原、97特、101原、102原、103身、108普】

37. **邁爾斯定律**（Miles Law）：「職位決定立場」、「換了位置換了腦袋」、「嘴巴要講什麼話，由屁股決定」皆在說明此意。【91普、92初地、94地、95地、96身薦、97身、99地、101普、103地、106地、107地】

38. **彼得定律**（Peter's Principle）：在層級節制體系中，每一位成員傾向被擢升至其無法勝任職位上。鼓勵訓練進修、與知能工作升遷有關。【94地、95普、101身、109地】

39. **莫非定律**（Myrphy's Law）：美國公共行政學會（ASPA）發行的學術期刊《公共行政評論》，在1976年7/8號的第469頁，刊登「莫非定律」詳細的八點意義：
    (1)會出錯的事情一定會發生。
    (2)會出錯的事情一定會在最糟糕的時機發生。
    (3)事情絕不會像外表看來那麼簡單。
    (4)假如眾多事情都有機會出錯，那出錯者一定是為害最大的事情。
    (5)每件事情都會推拖拉遲。
    (6)不管事情，放手任他去，會把事情愈搞愈糟。
    (7)老天總是偏袒隱性缺失。
    (8)假如任何事情看起來都運作順利，那你一定忽略了某些事情。【95初地原】

40. **不稀罕效應**（BOHICA）：為一種抗拒變革，舊酒新瓶、反革新情結。【95初、99原、100初地、101地、109身】

41. **格勒善定律**（Grasham's Law）：劣幣驅逐良幣現象，庸碌多於優異者。【93高】

42. **保守增加定律**：由黨斯提出，指所有組織成立愈久，就愈趨保守；而經快速擴張或重組機關例外。

43. **推託定律**：由帕金森提出，又稱「無效能定律」，指增加員工並未能增進工作績效，多數員工只是公文傳遞者。

44. **瓦稜達效應**：一位成功領導者必須對事件結果，採取正面和樂觀看法，而非將全副心思花在避免錯誤、防範未然上。

45. **組織病象診治方法**：包括分權、民主、簡化。

46. **組織承諾（organizational commitment）**：個人對組織的忠誠、認同與投入。

精選試題

( )　**1** 雪恩（E.H.Schein）在探討組織文化時，將文化分為哪三種層次來分析？ (A)器物、建築與哲學　(B)器物、價值與假定　(C)器物、價值與藝術 (D)器物、建築與假定。

( )　**2** 非正式組織的「權力基礎」在於下列何者？　(A)合法理性的權威　(B)法令規章　(C)傳統權威　(D)專家或認同的權威。

( )　**3** 下列哪一項不是非正式組織的特性？　(A)順乎自然　(B)感情移入　(C)不具有團體壓力　(D)以影響力來領導。

( )　**4** 下列何者不屬於非正式組織的反功能？　(A)反對改變　(B)任務角色衝突 (C)傳播謠言　(D)具有創造力。

( )　**5** 「一人得道，雞犬升天」係屬於下列何種非正式組織制度的特徵？　(A)垂直共棲集團　(B)垂直寄生集團　(C)混合集團　(D)垂直部際集團。

( )　**6** 非正式組織的人員之間具有高度依賴性，長官多維護其下層助其掩飾錯誤，而屬下也維護長官之利益。此種非正式組織稱為？　(A)垂直共棲團體　(B)垂直寄生團體　(C)水平攻擊團體　(D)水平防守團體。

( )　**7** 李文（K.Lewin）認為組織變遷是何種過程？　(A)刺激—反應—反饋 (B)投路—刺激—產出　(C)解凍—變遷—再凍結　(D)分析—調整—再分析。

( )　**8** 組織發展主要係基於對組織成員的何種訓練上？　(A)敏感性訓練　(B)物理性訓練　(C)防衛性訓練　(D)辯證性訓練。

( )　**9** 授與職位更多權力、責任與自主性，而非在工作說明書中加入更多的任務，稱之為？　(A)工作擴大化　(B)工作豐富化　(C)工作疏離化　(D)工作感應化。

( )　**10** 下列何者為豐富工作化（job enrichment）的理論基礎？　(A)兩因理論（two-factortheory）　(B)科學管理（scientific management）　(C)有限理性（bounded rationality）　(D)系統途徑（systems approach）。

( )　**11** 經由在職訓練，使人員擔任多種水平類型工作的工作設計策略為何？ (A)工作豐富化　(B)工作擴大化　(C)生涯發展　(D)無缺點計劃。

（　）**12** 聖吉（Senge）提出五項修練，作為建立學習組織的方法，下列何者非其所提項目？　(A)系統思考　(B)自我封閉　(C)心智模式　(D)團聚學習。

（　）**13** 僅針對達成組織績效的手段與方法進行改善，屬於下列何種類型的組織學習活動？　(A)單回饋圈學習　(B)雙回饋圈學習　(C)再學習　(D)終身學習。

（　）**14** 下列何者不是組織「規模龐大」所造成的組織病象？　(A)個人失去自我價值感、創造力與潛能　(B)形式主義與目標錯置　(C)天高皇帝遠的心理　(D)決策上進，首長獨裁之現象。

（　）**15** 下列何者不是因為行政機關法規森嚴所造成的惡性循環？　(A)形式主義　(B)本位主義　(C)目標錯置　(D)科員政治。

（　）**16** 行政管理有所謂「白京生定理」（Parkinson's Law），請問下列何者不屬於其中內容？　(A)機關年待遇久遠，則人員素質愈低　(B)機關採用「委員會」形態的組織愈多，則效率愈低　(C)機關建築外觀新穎，則行政效率便愈能提高　(D)開會時間愈長，則所處理的議題就愈不重要。

（　）**17** 「職位決定立場」是下列何種觀點的基本要旨？　(A)莫非定律　(B)寡頭鐵律　(C)麥爾斯定律　(D)不希罕效應。

（　）**18** 機關組織愈大，領導階層的權力就愈大，而被領導者之權力則愈小，此種趨勢稱為？　(A)白京生定律（Parkinson's Law）　(B)寡頭鐵律（Ironlaw of oligarchy）　(C)格雷安定律（Graham's Law）　(D)彼得定律（Peter's Law）。

（　）**19** 「欲迎還拒」、「既期待，又怕受傷害」是屬於何種類型的衝突？　(A)雙趨衝突　(B)趨避衝突　(C)替代衝突　(D)折衷衝突。

（　）**20** 彼得原理是描述組織員工之知識能力與下列何者之關係？　(A)職務輪調　(B)職務升遷　(C)生涯發展　(D)派系競爭。

（　）**21** 一個組織之中，通常會流傳著一些有關創辦人的傳奇故事，這是屬於組織文化的那一個面向？　(A)器物與創造物　(B)規範　(C)前提　(D)信念。

（　）**22** 就奎恩與麥克葛雷斯（Quinn and McGrath）對於組織文化的分類而言，下列何類組織文化特別強調效率與客觀績效標準？　(A)理性的組織文化　(B)共識的組織文化　(C)發展的組織文化　(D)官僚層級的組織文化。

解答	1 (B)	2 (D)	3 (C)	4 (D)	5 (B)	6 (A)
	7 (C)	8 (A)	9 (B)	10 (A)	11 (B)	12 (B)
	13 (A)	14 (B)	15 (B)	16 (C)	17 (C)	18 (B)
	19 (B)	20 (B)	21 (D)	22 (A)		

第五章 行政運作

本章依據出題頻率區分，屬：**B** 頻率中

這裡是行政學最重要單元，因政務推廣有賴政府部門日常行政運作，故其良窳將影響政府施政品質。其活動包括行政決策、行政領導、行政溝通、行政激勵與行政監督均不可忽視。本章重點為領導與激勵之基本理論，另近年來政府部門強調與民眾溝通與衝突管理亦為申論題命題焦點。

重點精要

壹 行政決策

一、行政計劃意義

計劃（Planning）亦稱為設計或企劃，是行政過程中最重要的一環，亦是一切管理工作的基礎。如無計劃則其他如組織、協調、控制與考核等行政過程，將無從實施，俗語謂：「凡事豫則立，不豫則廢」，足見其重要性。

(一) **卡斯特（F.Kast）及羅森威（J.Rosenzweig）看法：**「計劃是事前先決定作什麼及如何去作過程，包括選定目標、制定政策、方案及程序以達成目標。」

(二) **孔茲與奧丹尼爾（H.Koontz & O'Donnell）見解：**「計劃是預先決定要做何事？如何去做？何時去做？由何人來做。它是經由合理的程序，對於各種行動方案作有意識的決定，並根據目標、事實和經過思考的估計，作為制定決策基礎。」

(三) **張潤書之見解：**「根據機關使命與目標，審察現勢，展望將來，預先決定所要達成任務及實施方法與步驟，作為執行張本。」

二、行政計劃重要性

(一) **孔茲與奧丹尼爾指出計劃的重要性理由**

1. 可抵銷不確定與變動的影響。
2. 使注意力集中在目標上。
3. 使作業符合經濟要求。
4. 使工作易於管制。

(二) **陳德禹見解**

1. 可提供指引。
2. 可提供統一的架構。
3. 可顯示未來的機會與威脅。
4. 有助於控制。
5. 能減輕重疊與浪費的活動。

三、行政計劃特性

具有領先性、抉擇性、邏輯性、整體性、效率性與效果性、管理性與管制性。

四、行政計劃的原則

實際性	擬定計劃應本客觀態度與實事求是的精神，廣泛蒐集資料、瞭解實況。
具體性	計劃內容要具體確實，最好都能以數字表示之，不可含混籠統。
可行性	考量執行時是否能按照原定計劃實施，並預判可能遭遇之阻礙，預想有無克服對策。
適應性	考量計劃是否能適時適切完成，能否達到預期之目標。
可受性	考量達成目標所需付出之代價與犧牲，政府人民或企業所能忍受之程度。
整體性	自目標的確立，到活動細節，應有統一的規劃，顧全整體的發展。
普及性	考量計劃是否符合大眾利益，並為大眾所瞭解，內容是否正確，具體精密。
繼續性	計劃須前後一致，尤其遠程、中程、近程計劃要能連貫配合，能不斷延伸與發展。
時間性	計劃時程，預定的進度，必須確實掌握，同時注意人力、物力、財力之相互關係。

五、行政計劃程序

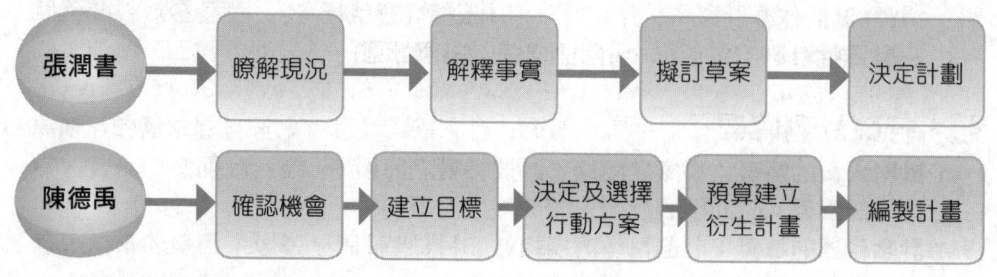

六、行政計劃種類

(一) **按時間區分**

　　1. **即時計劃**：工作須立即予以處理者。

　　2. **年度計劃**：以一年為期者。

　　3. **短期計劃**：二年以內應完成者。

　　4. **中期計劃**：二年以上六年以內應完成者。

　　5. **長期計劃**：指六年以上的計劃，屬策略性選擇。

(二) **按發展步驟區分**

　　1. **目標計劃**：明確決定業務目標的計劃。

　　2. **政策計劃**：決定實現目標的行動方案計劃。

　　3. **業務計劃**：依目標與政策決定實施的業務計劃。

　　4. **程序計劃**：決定實施業務之步驟與程序的計劃。

　　5. **時間計劃**：決定實施業務之日程與時間計劃。

(三) **按功能區分**

1. 業務性計劃。	2. 擴充性計劃。	3. 改良性計劃。
4. 效用性計劃。	5. 預防性計劃。	6. 備用性計劃。

(四) **按層級區分**

　　1. **上層計劃**：屬高層策略性的計劃。

　　2. **中層計劃**：屬中層一般管理性的計劃。

　　3. **下層計劃**：基層人員所須達成的作業性目標。

(五) **按範疇與目標區分**

　　1. **策略性計劃**：決定組織未來欲完成的目標與方法，係透過精細分析，並將構想轉變為策略，進而實踐策略的過程。

　　策略性規劃程序為：

　　　　(1) 界定組織的使命：應先界定出組織存在的意圖。

　　　　(2) 建立目標：將使命轉換成可落實的項目。

　　　　(3) 評估外在的環境：瞭解總體環境狀況，找尋機會並避免威脅。

　　　　(4) 分析組織的資源：分析組織擁有的資源及能力，找出相對的優勢與弱勢。

　　　　(5) 確認與評估替選策略。　　　　(6) 制訂策略計劃。

　　　　(7) 制訂作業計劃。　　　　(8) 根據計劃執行。　　　　(9) 結果評估。

　　2. **營運性計劃**：包括單一用途計劃與常備性計劃。

七、行政計劃障礙

(一) **計劃人員的障礙**：專家之障礙、計劃機構之障礙。

(二) **時間的障礙**：時間限制計劃、時間幅度的限制。

(三) **計劃目標的障礙**：計劃目標的多邊性、目標時間相互衝突。

(四) **使用資料的障礙**：資料之不全或不正確。

(五) **計劃經費的障礙**：經費是否為立法機關所通過。

(六) **地區差異的障礙**：地域觀念與習俗之不同、或各地區環境不一，步驟難以一致。

(七) **其他因素障礙**：法規的限制、技術與知識不足、人類的惰性、習慣與信仰、自私心、不合理的建議、部屬的反抗、偶發事件、障礙因素的隱藏性與易變性。

八、行政計劃的技術

自第二次大戰以來，由「作業研究」所演進而來的系統分析，就是機關從事決策最重要的工具。

(一) **系統分析**：代表一種處在不確定狀況下，從事抉擇之複雜問題的途徑或方式。

(二) **系統分析的運作環境**

　　1. **計量與非計量性質**：政府機關所處理的行政問題，有些可藉數字分析，有些

則難以量化。系統分析要求，儘可能將分析的事物予以數量化，並設法考量非計量的因素。

2. **決策環境性質：**
   (1) **確定情境：**可採用成本利潤分析法、償付矩陣法或線性規劃法。
   (2) **風險情境：**可採用決策樹、最可能發生狀況、平均期望值、績效標準決策法。
   (3) **不確定情境：**可採用最少遺憾原則、悲觀、樂觀原則、主觀機率、博弈理論。

3. **計劃執行的技術：**
   (1) **計劃評核術（PERT）：**西元1958年美國海軍執行「北極星飛彈計劃」發展出一套採網狀圖作為計劃管制技術，步驟為規畫、配當與跟催，其功能有利於設計規劃、執行監督、協調合作與管制考核。
   (2) **要徑法（CPM）：**為杜邦公司所發展，係利用網狀圖將作業活動之開始，以及到最後一項作業完成之活動路線描繪出來，並尋求其中需時最長的途徑，以為計劃管制要徑。

九、行政決定（決策）

機關為達成任務及解決問題時，就若干可能的行動方案，作最佳抉擇過程。賽蒙曾指出，所謂行政就是機關整個決策活動，可見決策或行政決定之重要性。

十、行政決定原則

(一) **把握時機：**應把握時機，絕不能等到問題擴大後再作決定。
(二) **完備周密：**各方面因素均要考慮，使決定能夠符合各方需求。
(三) **確實可行：**決定內容要使執行人員確實能夠執行。
(四) **調配得當：**各資源應調配得當，不能有浪費或不及的地方，即所謂決策品質問題。
(五) **多元參與：**決定之前應廣徵各方意見，使決定更為理想。

十一、行政決定步驟

清晰瞭解問題 → 尋求相關事實 → 分析事實資料 → 擬訂可行方案 → 選擇最佳方案

十二、行政決定方法

(一) **非理性方法：**求神問卜、訴諸權威、直覺判斷。
(二) **理性方法：**常識判斷、邏輯推理、科學方法（電腦模擬、線性規劃、博弈理論、機率理論、作業研究OR）。

十三、影響行政決定因素

(一) **決策情境**：決策時會受決策事件重要性、決策時間長短、組織層級、例規程序、現存實質決策等影響而影響其品質。

(二) **決策環境**：一般會面對確定、風險與不確定環境。

(三) **決策者本身**：影響決策者本身因素包括：

　　1. **決策模式**：可分理性決策者、有限理性決策者與直覺決策者三種。

　　2. **決策者數目**：又分為群體決策與個人決策方式。

　　3. **政治考量**：決策係各相關利益團體折衝妥協結果，有時須考量各利害關係人看法。

十四、行政決定障礙

(一) **理性限制的障礙**：賽蒙認為人的理性是有限的，因此實際行為不可能合於客觀理性的要求。

(二) **心理上的障礙**：人總是喜歡選取與本人相符的觀點，而排拒不合的觀點。

(三) **沉澱費用（sunk cost）的障礙**：指在決定時，受到已有設備限制，不能做出合理決定。

(四) **法令規章的障礙**：行政人員須根據法令規章來辦事，但此些法規卻限制了人員的創造力與想像力。

(五) **全體參與的障礙**：人群關係學者主張，讓員工參與決策可鼓舞工作情緒，並可收集思廣益之效。事實上參與行使並非毫無限制，仍須考量時間、經費。

十五、團體決策方法

(一) **腦力激盪法（Brainstorming）**：鼓勵成員突破常規、大膽的想像，能由各種不同角度理解問題，彼此激盪，提出看法，較常用於決策初期階段。

(二) **名目群體法（Nominal Group technique）**：又稱「見面的群體互動」，與傳統之委員會的「合議制」沒有差別，主要為整合個人思考與團體互動。

(三) **德菲技術（Delphi technique）**：又稱「不見面的群體互動」，成員不面對面開會，採書面方式為之，其步驟較為複雜。

(四) **面對面的會議（Face-to-face meeting）**：成員於會議中提出問題討論，並建議解決方案，再評估其利弊得失，最後投票決定所欲採取方案，為最常見團體決策方法。

(五) **視訊會議（E-meeting）**：經由電腦資訊設備連線而達到交談目的之集體決策方式。

(六) **魔鬼的倡議（Devil's Adovacy）**：用以克服團體決策時，造成團體迷思與團體偏移。係由不同團體提出反對意見，以促使團體作出最好決定。

牛刀小試

1. 行政規劃有何功能上的重要性？策略性規劃過程有那些步驟？試列舉說明之。
2. 何謂決策？理性決策的一般程序包括那些程序？一般管理者作決策時會受那些因素的影響？
3. 一般而言，良好的行政決定應遵守那些原則？試說明之。【基三】
4. 試簡述行政機關規劃政策或計劃時，應遵守之原則。【普】
5. 行政決定常遭遇的主要障礙有那些？試說明之。【高三】
6. 何謂計劃評核術（PERT）？有何功能？
7. 解釋名詞：sunk cost。【基三】

貳 行政領導

一、領導涵義

(一) **重視權威**：運用組織正式賦予的力量，即依組織派予職位或職務行事。

(二) **重視影響力**：運用非組織職位或權威之非正式力量以影響成員行為。

(三) **強調目標、價值、意義和遠見者**：史杜第（R.Stogdill）認為「領導係針對組織目標，為完成其目標而影響團體活動之程序」，亦即提供思想並轉化成事實能力。

(四) **講究輔助者**：強調領導實用性係以調適（學習）活動來評估，目的在消弭衝突及解決問題。海菲茲（R.Herifetz）主張「調適性領導」重點即在協調矛盾與衝突。

(五) **強調動態過程的團體發展**：丹哈特（R.Denhardt）主張：「領導是團體發展的動態過程，是一團體或組織中某個人的行動激勵他人，更清楚地認識到他們本來潛在的需求、願望、與潛能而一起工作以求其實現。」

二、領導者與管理者之區別

卓茲尼克（A.Zaleznik）曾在〈管理者與領導者有何不同？〉一文中，指出兩者分野：

目標取向	1.管理者：非人情化態度；事後回應；目標係依實際需要而設定，深受組織文化、歷史影響。 2.領導者：重視個人遠見；事前反應；目標係依個人積極理念形塑，強調變遷建立明確期望目標。
工作取向	1.管理者：視工作為執行過程；促發成員與創意之互動以制定策略與決策；估算得失利弊；減少衝突；善用談判、議價以及獎懲手段。 2.領導者：以新穎途徑解決組織積弊，針對議題提出新的選擇；領導者不僅為藝術家，也是審美創作作品之主要部份。
人群關係取向	1.管理者：接近人群；不喜孤獨；關心工作完成方法。 2.領導者：比較情緒化；比較直覺；關心組織事務對成員之意義。
自我取向	1.管理者：單生人格，隨遇而安。 2.領導者：雙生人格，孤立分離。

三、領導與影響力

(一) **權力**：強制的力量及命令與服從的關係，可分為體能（拳頭）、物質（金錢）、象徵（藉給予尊榮產生影響力）的權力。

(二) **權威（職權）**：由正式法律途徑所賦予職位上的權力。其來源有：
1. **形式主義**：係由上而下，層層下授的權力。
2. **接受理論**：巴納德（C.Barnard）於1938年所提出。
3. **情勢理論**：上下認知之合正，由傅麗得（M.Follet）於1942年《動態行政》所提出。

其種類可分為直線職權、幕僚職權、功能性職權。

(三) **影響力**：具有改變他人行為與思想力量者。而產生影響力方式有：1.見賢思齊（效法大企業家、政治家、運動員或明星）；2.開誠建議；3.理性說服；4.強制命令。

四、領導的基礎與條件

傅蘭琪（J.French）與雷芬（B.Raven）1959年於「社會權力的基礎」文中指出，領導基礎有五種：即獎賞權力、強制權力、合法權力、專家權力（自然領袖）、參照權力（歸屬權）。雷芬與克魯格蘭斯基（W.Kruglanski）1975年認為應加上「資訊權」。赫賽（P.Hersey）與高史密斯（M.Goldsmith）1979年認為「關聯權」亦為領導的基礎。

(一) **獎勵權力**：凡能使他人得到獎賞與鼓勵者，如讚美、獎金、記功等。

(二) **強制權力**：若不接受領導將受懲罰，此種權力僅在不得已情勢下才使用。

(三) **合法權力**：任何組織都有其行為規範，或明文規定、存在每個人員心中。

(四) **參照（歸屬）權力**：領導者因為在學識、能力、技能與為人處事方面德高望重、品德高潔而受成員認同、敬仰並成為學習的榜樣。

(五) **專家權力**：指專門知識的權力，或稱自然領袖，如資訊或法律專家。

(六) **關聯權力**：與組織內具權勢者有密切關係者，又稱連針人，如首長的秘書。

(七) **資訊權力**：由於領導者擁有或接近具有價值的資訊權力，如發言人。

參照權（歸屬權）
資訊權（可接近有價值資訊）
專家權（自然領袖）
領導者的權力
關聯權（連針人）
合法權（職位、權威）
強制權（脅迫懲罰）
獎勵權（加薪升遷）

張潤書教授認為欲成為一個成功領導者所應具備條件為：

(一) **學識與資質方面**：具高智力、學識、自信、表達能力。

(二) **道德修養方面**：「政者正也，子帥以正，孰敢不正。」

(三) **性格和體格方面**：有創造力、人緣好、社交性、判斷力、積極性、堅決意志、幽默感、協調性活力、運動能力、儀表。

而針對領導者應有修練，吳瓊恩教授則提出五點：

(一) **哲學思考**：子曰：「下學而上達」，應從日常生活中重複行為習慣批判反思其所預期假定，並尋找改變現狀機會。

(二) **辨證思考**：應由主觀、客觀面向對立轉化為相互相依的圓形思考方式，避免分裂性思惟方式。

(三) **內容真理的體驗**：莊子言：「凡外重者內拙」，成功領導者應有寬宏胸襟與容人雅量，所謂：以出世思想作入世的事業。

(四) **培養全人的人格**：成功的領導者應是通才而非專才，在人格培養過程中重視知、情、意三方健全發展。

(五) **理性與直觀能力互補**：高階領導人不但要有直觀能力以統籌全局，更應重視理性分析能力使之互補。

五、領導之研究理論

(一) **人格特質研究論（偉人理論，The Trait approach）**：大約在1950年代以前的領導研究，都偏向此一途徑。認為領導者必有其異於常人的特質，如漢武帝、唐太宗、亞力山大、拿破崙等人，乃所謂「英雄造時勢」。戴維斯將之歸納為四項特質：智慧、社會成熟性與廣博性、內在動機與成就慾、人群關係的態度。
主張人物：史杜地、泰德（O.Tead）及戴維斯（Keith Davis）。

(二) **環境決定領導論（環境學派、情境理論，The situations approach）**：認為領導是由環境來作決定，所謂「時勢造英雄」，如史達林之於蘇俄、羅斯福之於美國，皆因環境使然。J.P.Campell等人認為環境決定變數有：組織結構屬性、組織氣氛、角色特質、部屬特質等。
主張人物：巴納德（C.Barnard）、李比特（R.Lippitt）。

(三) **功能研究論**：認為在高度專業化組織中，領導並非專屬一人，而是普遍分散於專才與功能之人手中，故應特別重視機關人員之功能與專業知識。

(四) **交互行為論**：認為領導是由組織中人員交互行為過程而產生。是否產領導作用三項指標：互動頻率、互動深淺、主動或被動。
主張人物：傅蘭琪。

六、領導的功能

張潤書教授認為領導具有以下的功能：

協調	將機關內人員相互衝突的利益融合在一起，而引導人員達到共同目的的技巧。
團結	領導者應設法使人員的目標趨於一致，讓大家都具有團隊精神。
激勵	領導者應設法瞭解人員的需要，進而設法滿足。
計劃	領導者應決定工作計劃，工作標準，以為本機關努力的目標與根據。
授權	機關組織日趨規模宏大，人數眾多，必須分科辦事，分層負責。
指導	領導者要適當的指導部屬，以發揮領導作用。
溝通	一個成功的領導者，就是組織溝通網絡的中心。
考核	當工作計劃與標準決定後，領導者尚須對執行計劃的工作單位及人員考核。
公共關係	領導者應注意公共關係的運用，讓外在環境對組織能夠產生有利的影響。

七、領導的方式

(一) 二分式的領導型態

1. **密西根大學研究**：1940年李克特與其同僚提出雙構面領導風格理論，區分為「工作導向」及「員工導向」領導風格。研究顯示，注重「員工導向」領導風格在工作績效表現上較佳。

2. **俄亥俄州大學研究**：以「定規」及「關懷」雙構面加以呈現。研究結果在生產部門「高定規」之領導風格績效較佳，而非生產部門則以「高關懷」領導風格，其績效表現較佳。

(二) 三分式領導型態

李文（K.Lewin）、懷特（R.White）與李比特（R.Lippet）將領導型態歸納為三種領導方式：

1. **獨裁式領導**：專制、權威式領導，採嚴密監督、以生產為中心、決策權集中一人、主觀判斷、功勞歸首長獨享、與員工互動差。

2. **民主式領導**：適度領導，理性政策指導、授權、關心部屬、員工參與決策、獎懲公平、與部屬關係良好密切。

3. **放任式領導**：無為而治，首長放棄決策權、不關心過問部屬、缺乏明確之規範及制度、獎懲被動、與員工關係疏離。

(三) **四分式領導型態**：依照一般管理者對人性假設，李克特（R.Likert）將領導型態分為四種：

1. **壓榨的權威式**：適用系統一者，性惡論，應採嚴厲監督，相當專斷、獨裁。

壓榨的 ｜ 權威的 **系統一**	仁慈的 ｜ **系統二**　權威的
諮商的 ｜ **系統三** 民主的	**系統四**　參與的 ｜ 民主的

李克特的管理系統

2. **仁慈的權威式**：適用系統二者，人是被動消極的，應採權威式領導，但會考慮被領導者立場。

3. **諮商式**：適用系統三者，接近性善論、假設員工自動自發，領導者徵詢部屬意見以作為決策參考。

4. **參與式**：適用系統四者，性善論，假設員工會主動、積極完成工作、領導者採參與管理，給予員工參與決策權力。

(四) **五分式領導型態**：布拉克（R.Black）與莫頓（J.Mouton）於1964年提出《管理格道》並於1978年又合寫《新管理格道》，將管理格道理論精緻化。認為管理者欲達成組織特定目的，在從事管理活動時，必須具有某種程度的關心工作產量與關心員工態度。而管理者對於兩者的關心情況就決定了他所採管理者可能在81種不同組合之管理格道中呈現一種領導方式。而其所重視者係以下五種方式：

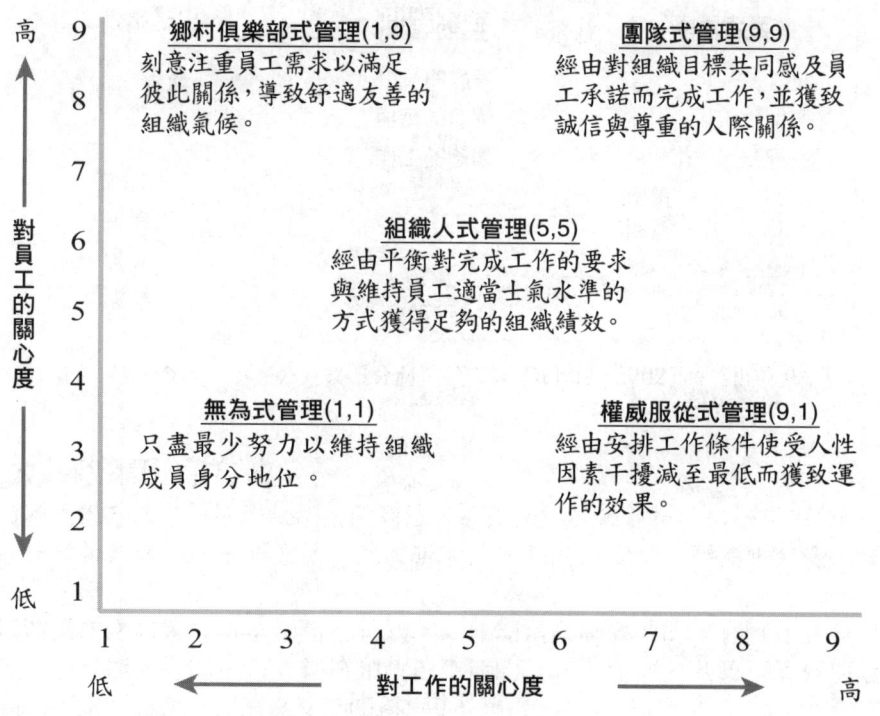

資料來源：Blake & Mouton, 1985：12

1. **權威服從式管理**：又稱業績中心型，係主管對產量顯示最大關心與對員工顯示最少關心的管理方式，管理者藉專斷權力行使，促使員工達到最高產力。

2. **鄉村俱樂部式管理**：又稱懷柔型，係主管對員工顯示最大關心與對產量顯示最少關心的管理，管理者努力重點在促進部屬良好感覺。

3. **無為式管理**：又稱放任、無為型，係主管同時對員工與產量顯示最少關心的管理方式，管理者只從事最少努力，以求在組織中保住其身分地位。

4. **組織人式管理**：又稱平衡、中庸型，係主管同時對產量與員工表示適度關心管理方式，為大多數管理者所採用的管理方式。

5. **團隊式管理**：又稱理想型，主管同時將關心員工與關心產量整合的最高水準管理方式，是一種團隊合作方式。以目標為取向，透過參與、投入、承諾與衝突解決等方式，以獲取較高品質與產量的結果。

八、權變領導理論

通權達變之意，因人事時地物制宜，採適當領導方式。

(一) **愛樊雪維其（J.Ivancevich）情境因素說**：認為領導者在選擇與運用領導行為，應注意四項情境因素：管理者特性、部屬特性、團體因素、組織因素。

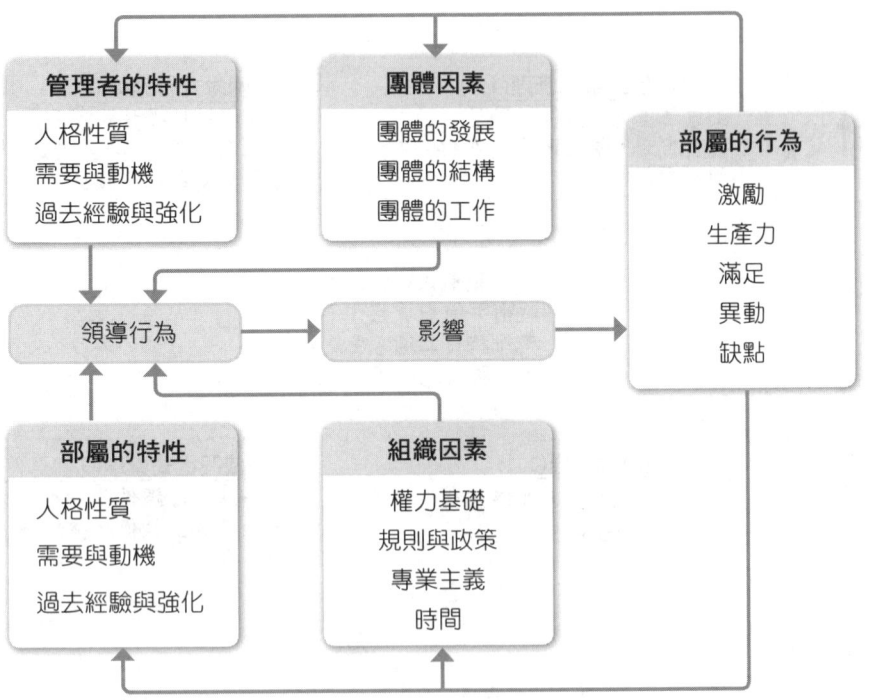

領導情境因素圖

(二) **費德勒（F.Fiedler）權變領導理論**：1951年提出LPC量表（最難共事同仁量表）及影響領導之三項情境因素：職位權力、工作結構、領導者與部屬關係。領導型態可分為任務導向（專斷、體制式）及關係導向（民主、體諒式），當領導情境屬於有利與不利兩個極端時應採任務導向之領導型態。相反的，若處於有利與不利之間，則應採關係導向之領導型態，較易獲得高度績效表現。

研究發現：無任一領導型態可放諸四海皆準、強調領導效能重要、依情境選擇適當領導者。

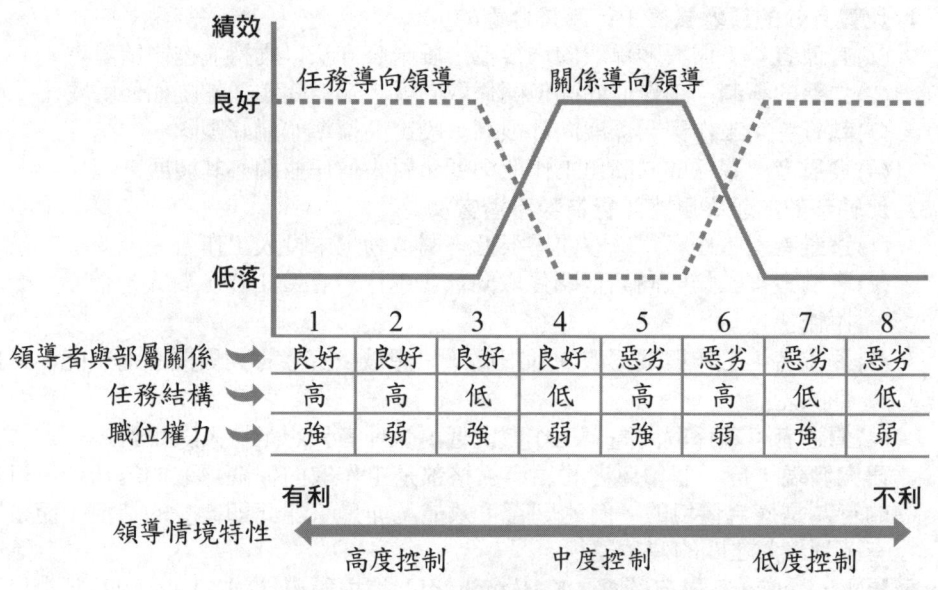

費德勒的權變領導型態

(三) **雷登（W.Reddin）3D管理的理論**：乃綜合管理格道與費德勒的權變理論而成。
先就工作與關係取向兩面向分為四種風格即關係的、分離的、整合的、奉獻
的。再加入「效能因素」，使之變為三面向的領導效能型模。依此界定兩大類
別領導風格：

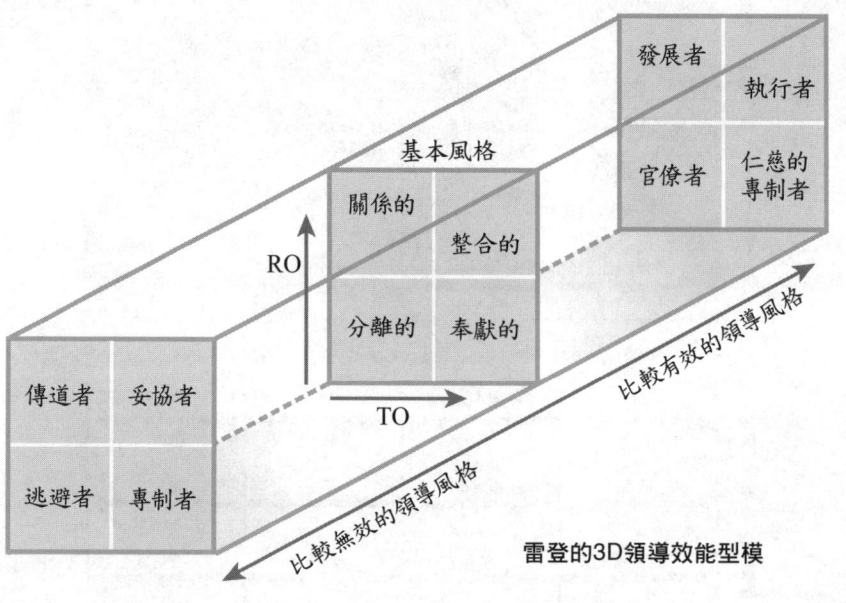

雷登的3D領導效能型模

1. **比較有效的領導風格（行為是合適的）**
   (1) **官僚者**：工作與關係取向均很低，屬奉公守法以維持並控制情境者。
   (2) **仁慈的專制**：工作取向高但關係取向低，知道問題並知曉如何處理。
   (3) **執行者**：工作與關係取向都很高，設定高標準並偏好團隊。
   (4) **發展者**：關係取向高但工作取向低，對人信任並關心其發展。
2. **比較無效的領導風格（行為較不適當）**
   (1) **逃避者**：工作與關係取向均很低，屬被動也未投入工作者。
   (2) **專制者**：工作取向高但關係取向低，專注於直接工作，對人無信心，令人不愉快。
   (3) **妥協者**：工作與關係取向都很高，只想減少直接壓力與問題而未能促進長期的產能。
   (4) **傳道者**：關係取向高但工作取向低，管理者只想維持人際和諧。

   研究發現：每一個領導者的領導風格都是工作取向與關係取向的結合，但有的行為是適合情境的，有的則否；效能並非是「非此即彼」的情況，而是從有效到無效之間的連續體。

(四) **赫賽（P.Hersey）與布蘭查（K.Blanchard）情境領導理論**：西元1993年提出領導方式取決於被領導者之人格成熟度，又稱「生命週期的領導理論」。領導風格可依任務與關係行為雙構面，區分四種類型：

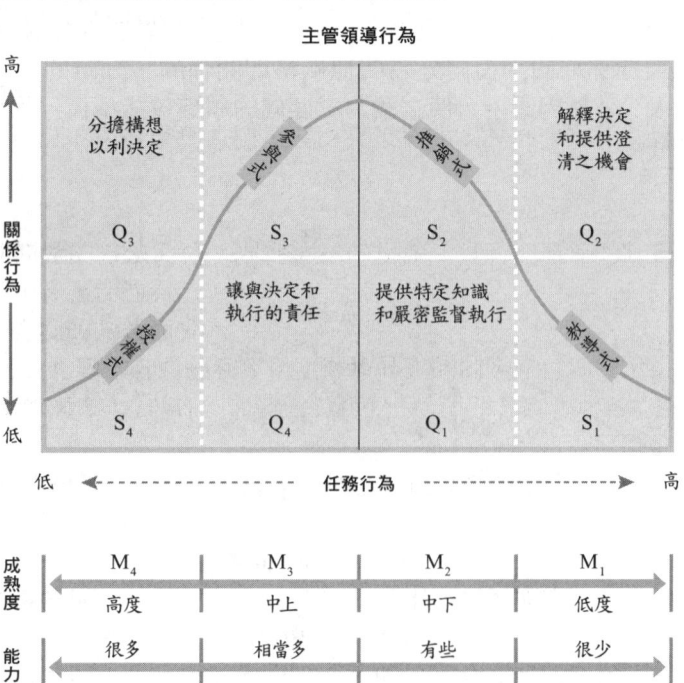

赫賽與布蘭查的權變領導型態

1. **教導式領導**：領導者提供明確的工作指示，告訴部屬於何時、何地該做何事。屬高任務行為、低關係行為導向的領導風格。於M1情境下部屬執行工作成熟度低，亦即低能力低工作意願宜採此種領導型態較為有效。

2. **推銷式領導**：領導者提供直接的幫助與暗示，並經雙向溝通與解釋，使其在心理覺得符合預期的行為。屬高度任務與高度關係行為導向。於M2情境下部屬人格成熟度屬中度偏向低度，亦即低能力但有執行工作意願，宜採此領導型態較為有效。

3. **參與式領導**：領導者與部屬提出構想並相互溝通，共同規劃以利決策達成，屬高度關係與低度任務行為導向。於M3情境下部屬人格成熟度屬中度但已偏向高度，亦即已具有相當多的能力但無執行工作意願，宜採此領導型態較為有效。

4. **授權式領導**：領導者授權予部屬，使其自行決定與執行，僅提供少許指示與支持。屬低度關係與低度任務行為導向。於M4情境下部屬人格已具高度成熟，即有能力又有意願去執行工作，領導者宜採此種領導型態較為有效。

(四) **豪斯（R.House）途徑目標理論**：乃根據佛洛姆（V.Vroom）之期望理論引伸而來，認為一個人的激勵程度，受個人達成任務努力與慾望影響，領導者須扮演好輔助角色及功能。而領導行為應以工具行為、支持、參與行為、成就導向為架構。故領導採取之風格（型態）包括：

1. **指導型領導**：明確指示工作方向、內容及方法，利用規章、制度、說明。

2. **支援型領導**：以友善、親和、支持態度關心部屬，提供各項支援，滿足其動機與需求。

3. **參與型領導**：訂定方案、決策時會徵詢部屬意見，請其支援建議。

4. **成就導向型領導**：設定具挑戰目標激勵部屬，使其不斷努力與成長。

綜合而言，當部屬缺乏自信時應採支援型領導，工作不明確時採指導型領導，部屬有高度成就動機或工作缺乏挑戰時應採成就導向型領導，部屬自主責任需求強時應採參與型領導。

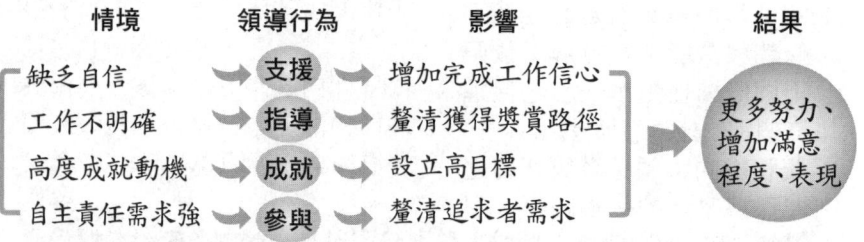

豪斯途徑目標理論

九、轉換型領導（變革型領導）

最早出現在柏恩斯（J.Burns）1978年所著《領導》，認為領導是一種領導者與部屬間相互影響關係之演進過程，透過此一歷程工作動機與合作道德可獲提昇，並經由人際互動得以促進組織社會系統、體制變革。其後，貝斯（B.Bass）補充轉換過程三重點：領導者在不同情境運用不同領導型態應本於個人良知，確實明瞭領導行為價值；領導者應超越私利，謀求組織最大利益；應賦予部屬更寬廣自主權與自我發展空間。

(一) **意涵**：又稱「變革型領導」，是一種能夠結合組織成員共同需求與願望的組織變革過程，透過領導作用建立起人員對組織目標的共識與承諾，基於此種共識承諾，領導者能夠成功的創造與轉變組織原有價值觀點、人際關係、組織文化與行為模式，使之成為有利的條件。

(二) **理論基礎**：轉換型領導源自魅力領導與交易領導兩種理論：

　1. **魅力領導**：韋伯認為合法權威歷程（傳統→魅力→合法合理權威），領導者個人具備天賦、超世俗之人格特質，透過個人意志與遠見，跟隨者無不由衷信服。

　2. **交易領導**：可追溯至巴納德之貢獻滿足平衡理論，影響力源自相信貢獻與報酬是公平合理的，而部屬對領導者交付忠誠與順服是建立在交換互惠基礎上，如物質、金錢、精神、感情（士為知己者死）上。

(三) **構成要素**

　1. **個別關懷**：針對人員性情、能力與個別差異，關懷其思想與行為的改變，可分為三方面：

　　(1) 發展取向：針對部屬的個別條件與潛能進行瞭解，依照不同的屬性指派任務，促進其個別的能力發展。

　　(2) 親和取向：領導者與部屬之間保持密切的接觸關係，主管能即時提供回饋，當面告知部屬的工作表現與能否改進之處。

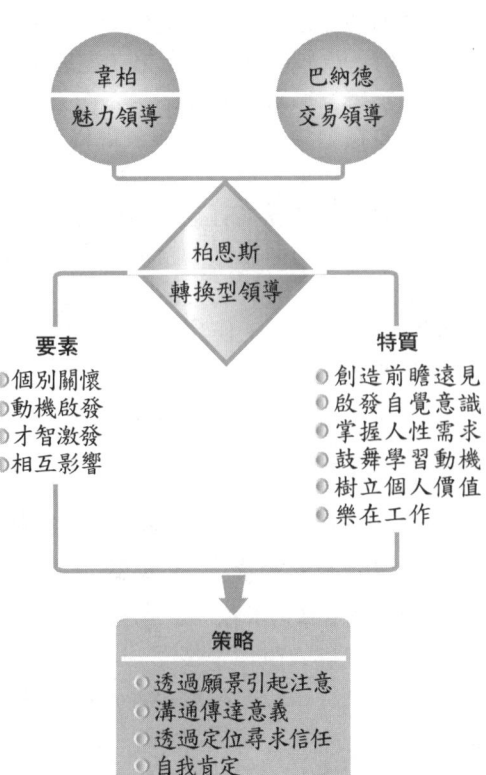

柏恩斯轉換型領導

(3)輔導取向：領導者不僅關心舊部屬的情況，更注意新進人員的適應問題，能從旁輔導，使其安心。

2. **動機啟發與精神感召**：領導者須揭示一個能夠結合組織發展與個人成長的未來發展，同時考量組織所處情境與個別需要，使此共通遠景成為人員工作的動機源頭。而精神感召則是來自領導者所提示共同目標和哲學信念，透過真誠交流所塑造出的互信與分享關係。

3. **才智的激發**：領導者之職責在於建立一個能夠激發組織上下才智的互動創造過程。而才智激發領導方法技術以理想導向（針對組織與個人未來成長設計）與存在導向（焦點在人員創造能力開發）為佳。

4. **相互的影響關係**：轉換型領導之領導者與部屬間關係，是一種相互影響的關係，此種關係產生可能基於事業上尊重、社會影響力或是情感交流，但基本上是超越層級職位權力。

(四) **轉換領導特質**

1. **創造前瞻遠見**：轉換型領導者在於其能創造組織前瞻之願景，藉以凝聚內部向心力與信任感，使人員的努力有了可以期待的目標。

2. **啟發自覺意識**：轉換型領導者能夠洞察人員不同的長處與潛能，循循善誘加以啟發，使部屬可從授權的過程中得到自我發展。

3. **掌握人性需求**：轉換領導也必須能夠瞭解人員需求之個別差異問題，給予適當的回應。

4. **鼓舞學習動機**：轉換領導者本身不但有渴求新知的強烈學習慾望外，還要能培養部屬不斷學習新知的習慣。

5. **樹立個人價值**：轉換領導者必須樹立誠實、信用、正義與公道等價值信念，以作為人員奉行的依據。

6. **樂在工作**：領導者要求部屬全力投入工作，本身亦須展現對工作的高度熱情，並將此份熱情加以擴散。

(五) **轉換領導策略**：班尼斯（W.Bennis）與納魯斯（B.Nanus）於西元1985年出版《領導者》（Leader）一書中，提出達成轉換領導的四種策略：

1. **透過願景引起注意**：身為領導者，為了選定組織方向，必須先在心理上為組織描繪出一個合意且可能達到的未來狀態，即「願景」。

2. **透過溝通傳達意義**：願景必須一再重複，必須融入文化中，透過策略和決策過程一再強調。

3. **透過定位尋求信任**：領導者如何為組織定位，重要的關鍵在於針對環境變遷做好快速掃描工作；其次，必須擔任組織內外環境所需的中間溝通人；第三，設立工作道德或規則來規範組織成員的行為；最後，領導者還應具備堅定不移的毅力，戮力貫徹。

4. **自我肯定，施展自己才能**：基本上肯定自我的能力包括三個要件：(1)瞭解自己的優點和彌補自己的缺點；(2)培養與發展自己優點的能力；(3)區分自己的優缺點與組織所需的優缺點。

牛刀小試

1. 領導概念中包括影響力、權力及權威三個名詞，試分別就其意義，其中影響力最常為學者所論及，試析述產生影響力的方式。
2. 綜合多位學者看法，領導的權力基礎主要有七項，請簡述其內涵。另試就所知，說明一位成功領導者在性格及體格方面應具備之條件。
3. 「職權」的意義為何？試就正式（形式）理論、接受理論及情勢理論，分別說明職權的合法性來源。
4. 法國拿破崙將軍的名言：「沒有不好的軍隊，只有無能的將領」；又說：「只要有足夠的勳章，我就可以征服世界」；試就「領導學」之觀點加以評述之。【高三】
5. 何謂「轉換型領導」？其構成要素有那些？轉換型領導者應具備那些特質？而要達成轉換型領導有那些策略？【基三、國軍、港務、高】
6. 領導的影響力能否發揮，有其權力基礎，請說明影響領導的權力有那些？【原三、107高】
7. 何謂領導？領導成功的要件為何？試分別說明之。【關務】
8. 有關領導的理論，有所謂「英雄造時勢」及「時勢造英雄」的觀點，試申其義。晚近出現「轉換型領導」的概念，其意涵及主要的論點為何？【身三】
9. 試說明費德勒（F.E.Fiedler）之權變理論的主要內涵？【退三】
10. 試分別說明交易型領導、魅力型領導與轉換型領導的意義，並比較其異同。【身三】
11. 請說明「轉換型領導（Transformation Leadership）」理論的要旨，並討論實務應用上可能的管理作法。【原三】
12. 試比較領導者與管理者之差異？並說明欲成為有效的領導者，應有哪些特質、條件及作法？【地三】
13. 何謂轉換型領導？轉換型領導的構成要素為何？其與魅力型領導和交易型領導的關係為何？試分別論述之。【101地三】

參 行政授權

一、意義

上級主管人員或單位，委授部分職權及職責至其下一級人員，以完成特定之任務。

二、功用（目的）

可加強組織結構與力量、減輕上級負擔、發展人員能力、提高工作效率、簡化行政程序、增進決策品質。

三、授權障礙

(一) **部屬障礙**：易於問主管習慣、恐懼被批評、部屬工作過多，超出其能力範圍、缺乏自信心。
(二) **主管人員障礙**：恐懼部屬才能、不信任屬員、控制慾作祟、濃厚優越感、不願承擔風險、缺乏指導能力及適當控制方法。

(三) **組織方面障礙**：權責劃分不夠明確、行政手續過於繁瑣、集權思想作祟、法令規章過於瑣細。

四、障礙克服
(一) **部屬方面**：不必怕被批評、應建立自信心。
(二) **主管人員方面**：採取彈性控制幅度、改變本身既存不良心態。
(三) **組織方面**：建立權責分明原則、縮短行政流程、修改法令規章。

五、授權者常用控制方法
培養積極正面互賴的組織文化、調整組織結構、發展良好的溝通系統、事前擬妥完善規劃、提供授權者充分資訊、建立適當控制（事前討論、事中檢討報告、任務完成後報告）與完成職責後的獎勵措施。

六、原則
(一) **單一隸屬關係原則**：下級機關或人員只能隸屬一個上級機關或人員的指揮。
(二) **權責確定原則**：授權者對於所授予的權力與責任，必須明確地予以釐定。
(三) **適當控制原則**：授權者必須依據下級機關或人員條件與能力來授權。
(四) **量才授權原則**：授權並非拋棄權責，仍需給予適當的監督，以便能夠控制屬員作適當工作。
(五) **相互信賴原則**：授權本來係長官與部屬間的一種信賴關係，因此兩者需互信。
(六) **時機考慮原則**：有以下情形，首長即應考慮授權：
　　1. 計劃及研究時間不夠時。　　2. 辦公時間經常處理例行公事。
　　3. 工作時常被屬員請示打擾。　　4. 雇員工作常有閒散現象。
　　5. 機關所有決策權只限主管時。　　6. 主管同時兼任其他重要職位時。
　　7. 機關發生緊急事故時。
(七) **主管保留權責原則**：有些情況首長是不可授權的，如以下情況：
　　1. 決定機關目標政策。　　2. 決定機關行政計劃。
　　3. 核定工作成果。　　4. 幹部培養與鼓勵。
　　5. 對部屬做有計劃接觸。　　6. 對工作人員考核獎懲。

七、方式
一般授權與特別授權〔註一〕、書面授權與口頭授權、正式授權與非正式授權。

牛刀小試

1. 何謂行政授權？行政授權的重要原則為何？目的為何？
2. 克服授權障礙的方法有那些？授權者常用控制方法又為何？試分別列舉說明之。
3. 何謂「授權」？阻礙授權因素有那些？試申論之。
4. 行政授權有何功能？授權者常用的控制方法有那些？【基三、國軍】
5. 行政授權對機關的運作有其重要性，試闡述阻礙行政授權的因素為何？【104原三】

肆 行政激勵

激勵被認為是增進工作效率、提昇員工績效的重要手段，西方的「胡蘿蔔與棍子」管理哲學，與我國傳統的「恩威兼施」政治手段，均是激勵理論最佳說明。

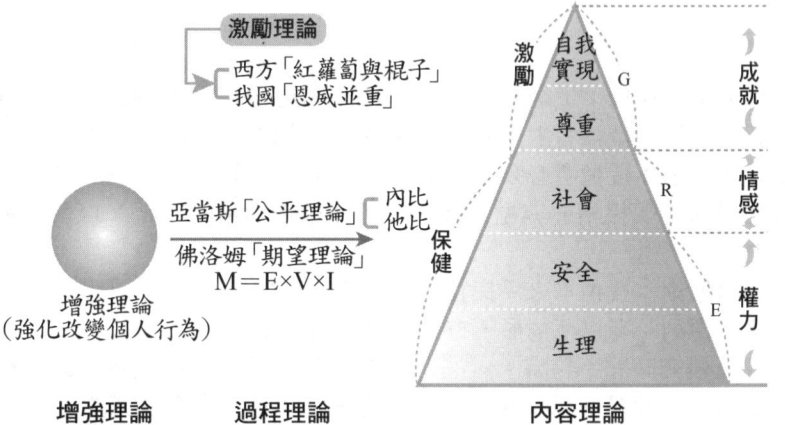

一、意義

某人某機關針對他人生理及心理上之各種需求，適當採取物質與精神之刺激鼓勵方法，設法滿足其需求，以激發其內在工作意願，從而產生符合組織預期行為之一連串活動。

二、重要性

(一) **對個人而言**：每個人進入機關組織工作，均有其動機存在，不是為了賺取薪資，就是為了一展長才。

(二) **對機關組織而言**：每個機關組織都希望其成員能竭盡所能、發揮潛能，為組織作最大貢獻。

(三) **對社會國家而言**：人力是國家最大資源，必須充分開發利用，以促進社會及國家的發展與進步。

三、激勵理論產生

激勵概念早已存在。然而當代激勵觀念之產生，則應推麥克葛羅格所作的《企業的人性面》一書中，所提出對人性的看法，分別稱為X理論及Y理論。

四、激勵內涵

類別	特徵	理論	管理上實例
內容	有關發起、發動、或著手的因素	需要層級理論、ERG理論、雙因子理論	滿足個人金錢、地位及成就需要予以鼓勵
過程	有關激起行為的因素及行為模式的過程、方向或選擇	期望理論、公平理論	澄清個人對於工作投入、績效要求及獎勵知覺予以激勵
增強	有關增強重複及所希望行為的可能性，及減少所不希望行為的可能性因素	增強理論	藉獎酬所希望行為予以激勵

(一) **內容理論**：研究集中於引起或激發一個人活動因素。

1. **馬斯洛（A.Maslow）的需求層級理論**：分為生理、安全、社會、尊重、自我實現需求；而且呈現宛如階梯式的排列，需設法加以滿足。

生理需求	飢餓、口渴、溫暖、性等基本需求。
安全需求	免於生理上的傷害與心理上的恐懼，身體、感情的安全、安定與受保護感。
社會需求	被愛和有歸屬感，是人際互動、感情、陪伴和友情等需求。
尊重需求	追求自我的價值感，被認知、社會地位及成就感。
自我實現需求	指個人有追求成長的需求，將其潛能完全發揮，且人格的各部份協調一致。

2. **赫茲伯格（F.Herzberg）的雙因子理論**：保健與激勵因素。

3. **阿特福（C.Alderfer）的ERG理論**：將Maslow之五種需求層次簡化為三種需求類別：生存（existence）、關係（relatedness）、成長需要（growth）。

   (1) **生存需求**：係維持生存的物質需求，可以透過食物、空氣、新給予工作環境來滿足。

   (2) **關係需求**：包括那些涉及工作場所中與他人互動關係在內。

   (3) **成長需求**：指個人努力表現自我，透過創意或生產力的工作表現，以獲致發展的一種需求。

Herberg的激勵-保健二因子理論

保健因素（環境）	激勵因素（工作本身）
金錢	工作本身
監督	承認
地位	升遷
安全	成長的可能
工作條件	責任
政策與行政	成就
人際關係	

阿特福**並認為此三者之運作邏輯為**：

(1)成員對於較低層次的需求愈不滿足，對其慾望愈大。

(2)成員對於較低層次的需求愈滿足，則轉而對較高層次需求的慾望愈大。

(3)成員對於較高層次的需求愈不滿足，則對較低層次需求的慾望愈大。

其與**斯洛的需求層次理論最大差異在於**，Maslow之理論係以滿足前進途徑**為基礎**，而ERG理論則主張，除了這種滿足前進的程序外，**還強調挫折退化的狀況。**

評論：

(1)**優點**：

　　A. 較Maslow需求層級理論獲得較多的實際支持。

　　B. 提供管理者一個有用的思考方式，藉以激勵組織成員。

(2)**缺點**：

　　A. 在管理實務上並無突破性的應用。

　　B. 有些論者質疑其適用範圍，認為無法適用所有組織，尤其是像監獄等公共組織。

4. **麥克理蘭（D.McClelland）的社會動機論**：認為需要非與生俱來的，而是從文化中學得，亦即從經驗中學習而來，並將之分為：

(1)**成就需求**：指一種強烈追求成就的傾向，並且熱衷於成功與達成目標。

(2)**親和關係**：反應出一種想要為人喜愛接納之強烈慾望，期望與他人建立良好關係。

(3)**權力需求**：是一種想要影響或控制他人慾望。

(二) **過程理論**：激發某種行為動機、方向。

1. **佛洛姆（V.Vroom）的「期望理論」（VIE型模）**

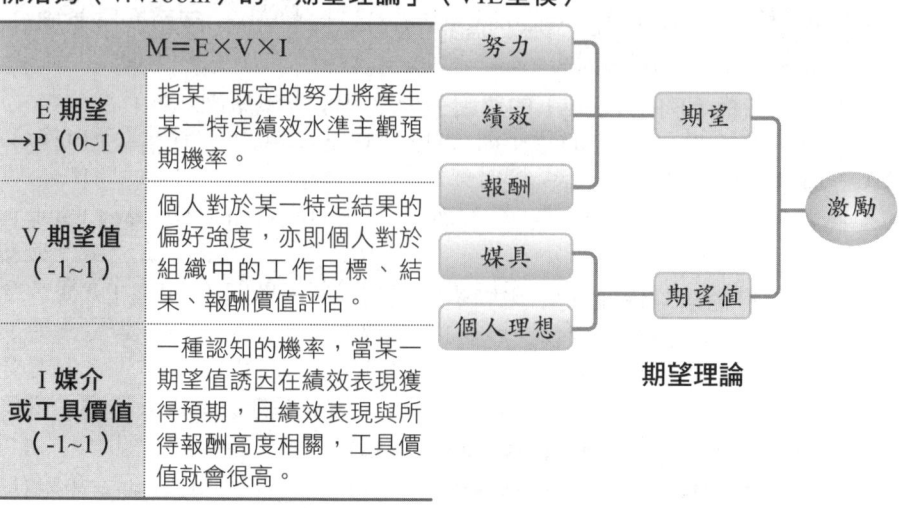

M＝E×V×I	
E 期望 →P（0~1）	指某一既定的努力將產生某一特定績效水準主觀預期機率。
V 期望值 （-1~1）	個人對於某一特定結果的偏好強度，亦即個人對於組織中的工作目標、結果、報酬價值評估。
I 媒介 或工具價值 （-1~1）	一種認知的機率，當某一期望值誘因在績效表現獲得預期，且績效表現與所得報酬高度相關，工具價值就會很高。

期望理論

依照前述佛洛姆期望理論公式可知,對於工作人員是否發生激勵作用,取決他有無完成任務可能性、完成任務後所得到的報酬以及報酬是否為迫切期望的。

2. **亞當斯(J.Adams)的「公平理論」**:係由巴納德「貢獻與報酬均衡」概念的進一步引申,認為個人不僅會根據自己觀點比較自己的收入付出,並與他人收入付出相比較。當一個人覺得其工作結果及工作投入比率,與他人的結果及投入不相稱時,不公平即存在。其可能採取的作法有要求增加結果、設法減少投入、改變比較基準、改變心理比較、改變參考人的投入或結果、選擇離開現職另謀高就。

主管應用公平理論激勵部屬時,應瞭解部屬對於其工作投入與工作結果的比較狀況。

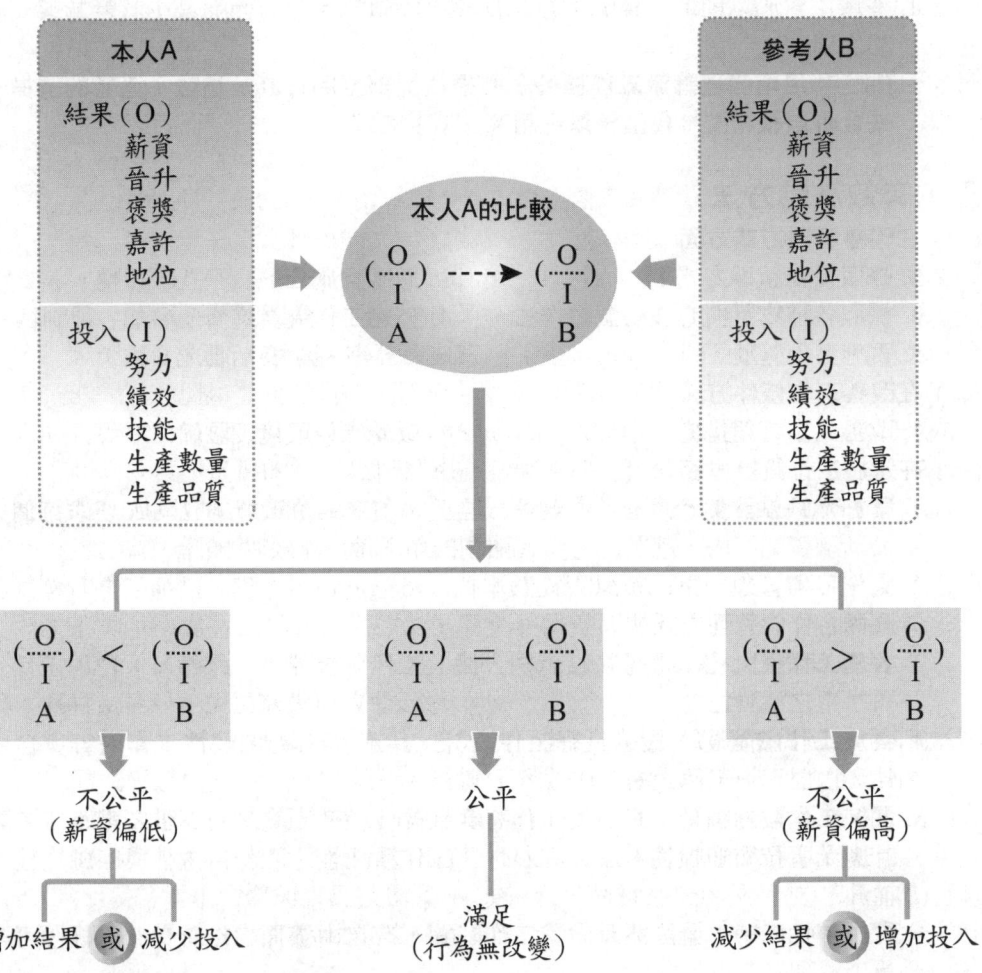

公平理論模式

(三) **增強理論**：行為如何發動、持續或停止。

史金納（B.Skinner）的增強理論：係以學習理論為依據，其重點在於探討工作人員被激勵的行為如何可以長久維持。增強理論認為可以強化或改變個人行為的增強，有四個基本類型：

正向增強 鼓勵行為	懲罰 改除行為
消滅 改除行為	負向增強 鼓勵行為

增強理論

1. **正向增強**：亦稱積極增強，應用於一定反應或行為，可以增加個人重複特定行為的可能性。
2. **懲罰**：用以減少個人重複作機關組織所不希望的行為反應者。
3. **負向增強**：亦稱迴避學習，與正向增強同為主管用來加強希望行為的方法，其目的在預防不希望的刺激發生。
4. **消滅**：對於以前的一種滿意行為反應不予積極增強，因而減少該行為或反應的出現。

主管利用**增強理論激勵部屬時，必須依據部屬的行為及績效，適當的選擇一或合併數種類型，權變予以應用。**

五、有效激勵方法

(一) **在改善管理方式方面**

1. 採取權變領導方式。
2. 徹底實施分層負責逐級授權。
3. 採取各種物質與心理的激勵作法。
4. 鼓勵工作人員進修及參加各種訓練。
5. 實施參與管理。
6. 舉辦各種競賽活動或共識營。

(二) **在改善工作條件方面**

1. 改善人事管理措施。
2. 改善工作環境及設備。

(三) **在實施工作設計方面**

1. **實施無缺點計劃**：透過心理建設、自動自發、研究改進方法，而要求每個人於其職責範圍內，就其能力與良知在工作上做到無缺點。
2. **實施目標管理**：是一種以人性為本位、激勵與民主參與、溝通、自我控制與團體合作的管理方式。
3. **實施工作擴大化**：透過在職訓練，擴大工作人員專業工作領域，增加工作人員水平之活動種類。
4. **實施工作豐富化**：透過良好工作設計，給予員工更挑戰性工作內容與自主性，以提高員工個人的工作效率。〔註二〕
5. **實施工作設計模型**：良好的工作將導致高度績效、高品質與低離職率。其設計應涵蓋技術多樣性、工作完整性、工作重要性、工作自主性與回饋性核心構面。〔註三〕
6. **實施彈性工時**：允許成員對其工作時間，有自由選擇工作時程的安排，可讓員工感到受尊重。

六、激勵技術【吳瓊恩】

短程的作法		
正負面性的誘導	正面誘導鼓勵對組織有利的行為。 負面誘導強調懲罰或紀律，阻止不良功作習慣。	財務上的獎金、加薪。 非財務上的認可、地位象徵。
外在的激勵	由組織對工作人員提供誘因，以激勵工作士氣。	提供假期、病假、健康檢查等福利措施。
中程的作法		
內在的激勵	讓員工於工作中獲得成就感，並於工作中享受樂趣，發揮創造力，以促進個人成長發展。	安排各種哲學、美學等人文課程。
促進核心工作的意義感	讓員工體驗其工作是有價值的，使其目前的奉獻與未來的成果結合成一體之感。	培養員工多種專業知識技能或安排輪調制度，增進工作豐富化。
長程的作法		
培養全人的人格	全人應是通才型，知、情、意三方面均衡者。	長期的教育工作。
培養哲學素養，體驗內在價值的意義，樹立健全人生觀	使員工有成為政治家的胸襟，為公共利益奉獻自己的才華。	重視人文通識課程，以及哲學素養提升。

牛刀小試

1. 行政機關各級主管主要功能之一在激勵部屬提高士氣及發揮潛能，試依己見，就實施工作設計方面，提出有效行政激勵的具體作法。
2. 何謂激勵？行政機關各級主管為提高行政激勵效果，在改善管理方式方面，可採取那些具體作法？【普】
3. 試請分別從管理方式、工作條件及工作設計等三方面，析論組織推動有效激勵的方法。【103身三】
4. 何謂激勵理論？激勵理論有那些類別和內容？你認為對政府的人事行政運作而言，最有效的激勵理論為何？並說明理由。【身三】
5. 何謂激勵？有效激勵的方法有哪些？試分類說明這些方法之內涵。【高三】
6. 試說明「工作豐富化」的意義及影響其實施成敗的重要因素。
7. 試比較說明：工作輪調（job rotation）、工作擴大化（job enlargement）、工作豐富化（job enrichment）的意涵。【高三人】
8. 「需要層級理論」、「激勵保健理論」為行政激勵重要的理論基礎，試述這兩個理論的主要論點，並說明能否適用於我國公務人員之激勵措施。【105身三】

伍 行政溝通與協調

賽蒙（H.Simon）曾言：「沒有溝通即無組織可言」，可見溝通對組織的重要性。

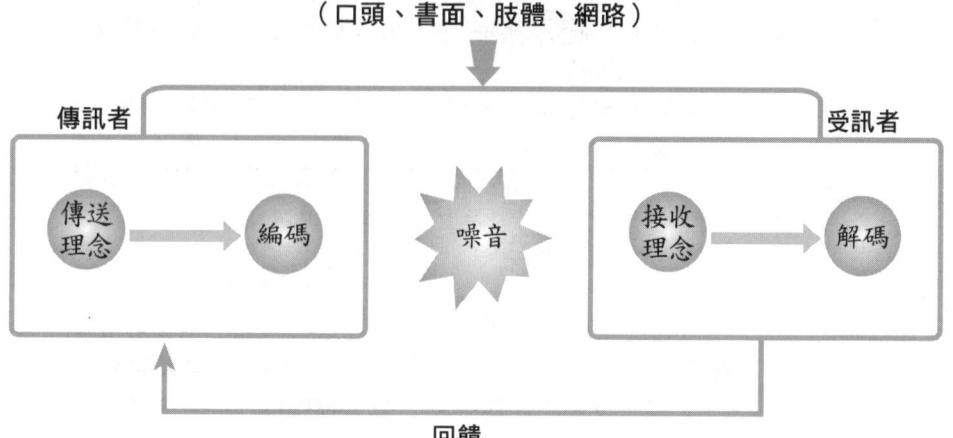

一、意涵

詹森（D.Johnson）對溝通定義為：「溝通即是雙向互換，受訊者瞭解傳訊者所想表達的相同訊息」。

(一) **行政溝通**：機關內成員彼此交換意見、思想以達成彼此瞭解與認識過程。

(二) **行政協調**：使機關各單位各人員間能以分工合作、協同一致步伐，達成共同目標。

(三) **兩者關係**：溝通是協調之一種方法，協調乃溝通結果。溝通在求思想上共同瞭解，而協調謀行動上一致，故兩者互為表裡。

二、目的

加強人員團結、改進業務處理方式、增進彼此瞭解、減少不必要浪費、有效達成組織目標。

三、程序

意念產生→訊息編輯（編碼）→訊息傳送（溝通網路）→訊息接收→訊息解讀（解碼）→訊息執行（反饋）。

四、溝通種類

(一) **依結構分類**

　　1. **正式溝通**：為層級節制體系所建立的溝通系統。

　　2. **非正式溝通**：由於人與人之間互動關係而產生。

(二) **依管道分類**：上行溝通、平行溝通、下行溝通、斜行溝通。

(三) **依方向分類**：單向溝通、雙向溝通。

(四) **依型態分類**：連串、放射、放射連串、循環式、放射循環式、連串放射式溝通。

(五) **依溝通內容分類**

   1. **工具性溝通**：傳訊者傳送資訊影響受訊者認知，如行政命令。

   2. **表意性溝通**：一種改變或增強態度、規範與價值及傳訊者喜怒哀樂心靈狀態自發。

   3. **偶發的溝通**：將資訊傳送他人並無任何意向或認知要做。

五、溝通媒介

(一) **書面的溝通**：利用文字或圖畫的方式進行的溝通活動。包括公文、報告、通告、公報、信件及組織定期刊物等。

優點	缺點
1.溝通內容可以永久保存。 2.內容可反覆閱讀，減少遭誤解扭曲的機會。 3.如溝通內容甚多，仍以書面溝通為宜。 4.書面較具正式的意味。	1.較不易掌握時效。 2.書面溝通不若口頭溝通之親和力。 3.溝通內容太過冗長，效果將大打折扣。

(二) **口頭的溝通**：利用聲音或語言方式進行的溝通活動。例如演講、訓話、面談、宣布、口頭報告、電話交談等。

優點	缺點
1.可隨時向對方提出反應，避免產生誤解。 2.可藉手勢，表情、音調等方式傳達意念，使表達更清楚明確。 3.使對方感到親切，富人情味。	1.非經紀錄無法永久保存。 2.不若書面溝通來得正式。 3.若是面對群眾作單向溝通，無法立即或接受對方的回饋。

(三) **非口語溝通**：指在進行面對面溝通時，雙方可經由身體各部分動作，而增加表達力的一種方式，可分為肢體語言與口語的音調變化方式。

(四) **電子媒介的溝通**：由於科技發達，溝通方式以進入數位時代，影音兼具，如視訊、手機、電腦、傳真機、公共通訊系統等方式。其優點是能迅速正確地傳遞訊息並吸引接受者充分注意。但缺點則是成本太高。

六、溝通障礙

(一) **察覺感官上的障礙**

(二) **語意上的障礙**：口齒不清或有限文字。

(三) **地理上的障礙**：機關龐大、層級多的組織。

(四) **心理上的障礙**：個人對於事務的喜好不同。

(五) **地位上的障礙**：主管不瞭解溝通的重要性，認為只要由上面下命令，部屬照章行事即可，因此不願推動溝通的工作。

根據李斯（L.This）說法，一般管理者大多存在三種錯誤理論：

1. **嚷叫理論**：憑權勢高聲嚷叫以聲勢奪人。

2. **硬塞理論**：上級認為下屬一無所知，應以填鴨式灌輸。

3. **愚民理論**：主管常存有「民可使由之，不可使知之」的觀念，認為下屬是愚蠢，須依其指示行事。

另組織成員亦因地位不同，對問題看法、心態難以一致，而產生以下溝通障礙：

1. **駝鳥主義**：部屬常存「多說多錯，不說不錯」之自卑自保觀念。

2. **表功主義**：部屬對上司報喜不報憂現象。

3. **地位差距**：因地位有別，在觀念、需要、利害不一，容易造成隔閡。

(六) **溝通方法上的障礙**：如傳達內容繁複的意念，選擇使用口頭溝通方式，自然無法清楚地表達。

(七) **時間壓力所造成的障礙**：在時間緊迫壓力下，許多事未經充分溝通，即作成決定，將影響溝通效果，如開會場合事前未能周詳準備。

(八) **選擇性認知的障礙**：人都有一個傾向，只聆聽訊息的一部分，而摒棄其他資訊。

(九) **資訊超載的障礙**：時至今日，過多的資訊不再是一項可貴的資訊，反而形成另一種的噪音，導致注意力的分散。

七、有效溝通方法

克服心理溝通障礙、克服語言和文字溝通障礙、克服傾聽交談溝通障礙、克服下行溝通障礙、克服上行溝通障礙、克服平行溝通障礙。

霍吉茲（R.Hodgetts）認為有效溝通有四階段：　注意　▶　理解　▶　接受　▶　行動

而所採用技術為：(一)使用簡單扼要可理解的語言或文字；(二)能設身處地為對方著想；(三)有效的傾聽；(四)鼓勵反饋；(五)敏於感知部屬心境；(六)避免壞的聽訊習慣；(七)保持自己的信譽。

八、溝通風格型模

人類行為有兩個面向，即支配性與社會性，可分為四種特定溝通風格：

煽情者	高支配性與高社會性結合，如一般政客激情高論，其特徵有展現行動取向的行為、喜歡非正式性、具有自然說服力。
指導者	高支配性與低社會性結合，如英國瞭契爾展現坦誠、進取、決斷性，其特徵有表現嚴肅態度、堅強意見、投射出冷漠態度。

| 深思者 | 低支配與低社會性結合，如愛因斯坦表現文靜、喜歡孤獨、決定慢，其特徵有以正式深思方式表達意見、似乎全神貫注某事、喜歡有秩序性。 |
| 支援者 | 低支配性與高社會性結合，如某得道高僧表現敏感、忍耐與善聽，其特徵有專注地聽、避免權力運用、以周到深思的方式決策與表達。 |

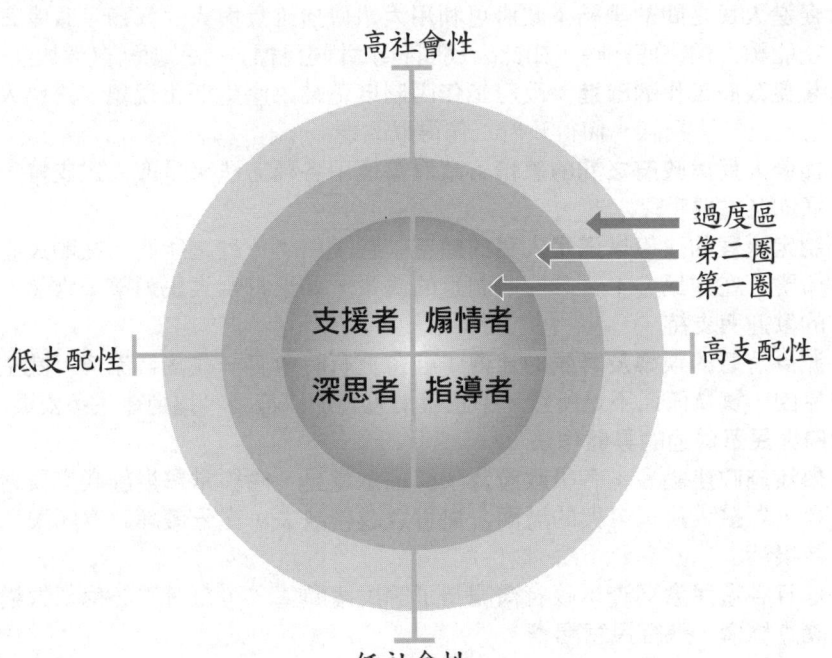

溝通風格型模
資料來源：Reece and Brandt,1981：113

九、政府與民眾溝通

(一) 溝通理論基礎

1. **民主參與理論**：民主政治的基本精神之一是人民可參與「公共事務的管理」，經由各種途徑表達其意見，故民主政治又稱為「參與政治」或「民意政治」。因此，透過有效溝通與協調可增進人員對組織、人民對政府的瞭解與支持。

2. **決策制定理論**：如何制定一個合理的決策，對組織而言是一項極重要的工作。賽蒙（H.Simon）之決策理論，即指出決策制定過程之三個主要活動為情報、設計與抉擇活動，三項活動環環相扣，而居間扮演重要關鍵角色就是「溝通」。

　　3. **動態組織理論**：組織形成是由於人員互動行為所致，而這種互動溝通功能表現，正足以展現出組織的活力與動態。

　　4. **人格尊重理論**：在民主社會裡，人民是國家主人，政府施政須以民意為依歸，而瞭解民意最佳途徑為溝通。

(二) **功用**

　　1. **促進人民之間的團結**：政府可利用大眾傳播工具與人民溝通，政令宣揚及傳達能讓人民快速知曉，如此人民間有了共同目標，人民團結自然加強。

　　2. **督促政府工作的改進**：政府工作因制度化結果產生僵化現象，透過人民表達意見、缺失指陳，使得政府工作得以改進。

　　3. **加強人民與政府之間的感情**：政府需運用各種方法來爭取人民支持，其中溝通即為重要手段之一。

　　4. **制定合理的決策以滿足人民的願望**：管子曰：「政之所興，在順民心；政之所廢，在逆民心」。政府所制定的決策，如果符合人民願望，當然受到人民的歡迎與支持。

　　5. **減少消息的誤傳及耳語的流傳**：社會上有時會有一些謠言流傳，其主要產生原因，實為溝通不足所致，不正確消息應加以澄清，以免產生不安與困擾。

(三) **政府與民眾溝通的具體作法**

　　1. **舉辦施政座談會**：各級政府為了解民眾意見，應經常舉辦施政座談會或研討會，以擴大民眾參與的層面，更可以改善缺失，充分發輝政府與民眾溝通的效果。

　　2. **進行各項民意調查**：政府機關為了解民眾願望，可自行委託學術機構或民意調查機構，進行民意調查。

　　3. **改進文宣技巧、強化溝通效果**：政府各部門在溝通技巧上應力求改進，以往標語式或教育式文宣已不宜再用。

　　4. **政治首長多與民眾接觸**：一個良好的政策制定，必須仰賴充分情報與資料訊行，而最可靠、直接訊息，就是從民眾身上發掘。因此，政治首長應多與民眾接觸，以便瞭解民情民隱。

　　5. **多舉辦記者招待會**：透過大眾傳播媒介來傳達政令或進行溝通，是現代化政府常用手段之一。

　　6. **強化公共關係室的功能**：公共關係主要的工作就是溝通，一方面向外界報導機關實況以獲得支持；另一方面則蒐集相關資料與訊息，以作為首長決策的參考。

　　7. **普設意見箱或溝通信箱**：各機關應設置意見箱供民眾提供意見，但絕不可流於形式，應指定專人負責處理，務必給民眾一個滿意的答覆。

　　8. **強化里民大會功能**：里民大會是與民眾切身利害關係最密切的溝通場所，但功能不彰，民眾建議往往石沉大海。今後想增進政府與人民溝通，里民大會是個重要的場地，且民眾的意見須受重視。

牛刀小試

1. 政府為何需要與民眾溝通？試說明之。並析論政府與民眾溝通的功用及具體作法。【簡升、身三、身三、原三】
2. 就溝通的管道分類，行政溝通可分為那四類？試分別說明之，並析述其可能遭受的障礙。
3. 試就所知，簡述政府與民眾進行溝通的具體作法。【普】
4. 試說明行政溝通的基本角色、障礙及其改進之道。【身三】
※行政溝通的基本角色可以溝通風格型模之四種角色說明。

陸 行政監督

一、意義

機關上級人員或單位，運用權威促使有正式隸屬關係的下級人員或單位，以迅速、正確、經濟、有效方法來完成工作之一種手段。

二、內容

良好監督應包括：工作指派、工作指導、工作控制及工作考核，此四項步驟與程序又稱「管理循環」。

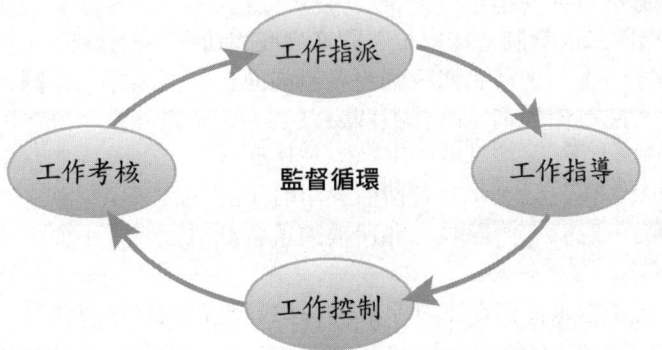

(一) **工作指派**：由主管人員根據工作人員之學識、經驗、能力與興趣等，將本機關業務予以適當分配，使各負其責處理之。而有效分配工作應包括以下原則：權責確定、權責平均、單一隸屬、條件考慮及程序把握原則。

(二) **工作指導**：主管於工作分配後尚須對部屬加以指引與督策，使有效達成任務之一種程序。而員工需指導時機為：工作未達標準、新進屬員、購置新辦公器具或機器、調動職位、培養屬員替換性。

　　1. **工作指導條件**：熱心、熟練、計劃、重點、準備。

　　2. **工作指導程序**：準備 ▶ 指示 ▶ 實施 ▶ 確認 ▶ 總評

(三) **工作控制**：主管用以瞭解工作進行實況，並比較實際績效與預期績效間之差距，藉以決定是否調整或修正。工作控制可分三種：事前控制、即時控制、事後控制。

(四) **工作考核**：主管於計劃執行完畢後，應就工作成果與原訂計劃做比較，以作為獎懲人員依據，並可為下次工作設計重要參考。而工作考核實施應遵守原則：客觀、公開、公正、確實。

三、功用

促進行政組織健全及合法化、督導行政事務有效正確執行、矯正業務缺失、增加首長對內控制權力及地位、預防違法失職行為發生、所得資料可為考核獎懲依據。

四、管制考核

即追蹤管制與考核評估，係由管制與考核兩項工作結合而成，管制為訂定標準，而考核為評估績效；是積極性作用並以計劃為前提，採取科學管理之方法來推行政務。其目的為：控制、回饋、經濟、決策。

我國行政管考與研究發展最重要里程碑當屬先總統蔣公於民國二十九年發表「行政的原理」，主張設計、執行、考核三者連貫的「行政三聯制」。其後行政院研究發展考核委員會成立於民國五十八年，主要業務為：研究發展、綜合計劃、管制考核與資訊管理四項。

我國目前行政機關二大管制考核單位：國家發展委員會、科技部。

牛刀小試

1. 行政監督包括那些項目？請分項說明之。【關務】
2. 試分別說明「管制考核」之意義及目的。【高三】

重要註解

〔註一〕1. 一般授權：係僅作廣泛性分授，並無特定事務指派，又可分為：
  (1) 柔性授權：僅指示大綱，再由被授權者作權宜處理。
  (2) 模糊授權：僅指示達成目標，作法或方式由被授權者自行決定。
  (3) 懶惰授權：主管不處理繁瑣事務，即交由部屬處理。
  2. 特別授權：又稱為剛性授權，主管明確指定範圍、內容、權力與責任，部屬需嚴格遵行。

〔註二〕工作豐富化理論基礎為赫茲伯格二因子理論，可作為增進工作人員滿足與績效工作重新設計的架構。赫茲伯格認為影響工作豐富化的重要因素有：對資源的控制、責任負擔、反饋、工作速度、成就與個人成長發展。

〔註三〕工作設計模型（JCM）係海克曼與歐德漢（J.Hackman & G.Oldham）根據赫茲伯格的研究結果為基礎，所提出完整工作設計模型。

鑑往知來

1. **「凡事豫則立，不豫則廢」**是指行政計劃好壞不但會影響機關本身成效，亦會對人民、社會造成重大影響。【90障、92地、93初、94原、95地】

2. **行政計劃種類**依時間幅度可分為即時、年度、短期（2年內）、中期（2-5年）、長期（6年以上屬策略選擇）計劃。【90高、100原】

3. **行政決定方法：**
   (1) **非理性方法：**求神問卜、訴諸權威、直覺判斷。
   (2) **理性方法：**常識判斷、邏輯推理、科學方法（電腦模擬、線性規劃、博弈理論、機率理論、作業研究OR）。【90普障、91初、92地、94原、95原、109地】

4. **沉澱費用（Sunk Cost）障礙：**指在決定時，受到已有設備限制，不能做出合理決定，如等公車15分鐘，會捨不得離去。【90普、91初、92高地、94初、95普高、99地】

5. **計劃評核術（Program Evaluation and Review Technique）：**1958年美國海軍執行「北極星飛彈計劃」發展出一套採網狀圖作為計劃管制技術，其步驟為規畫、配當、跟催。【90初、91普、92地、93高地、95身、96身、97地】

6. **團體決策方法：**
   (1) **腦力激盪法：**大膽想像、彼此激盪。
   (2) **名目群體法：**整合個人思考與團體互動。
   (3) **德菲技術：**不面對面開會、採書面方式。【91基高、92初、107普】

7. **史比哲（Q.Spitzer）與伊凡斯（R.Evans）決策方式活動：**狀況判斷、問題分析、方案分析、潛在問題及機會分析。

8. **亨利（N.Henry）：**借用了「母牛心理學」，將組織成員比喻為牛群，領導者任務就是引牛入欄。

9. **領導基礎：**
   (1) **強制權力：**若不接受領導將受懲罰。
   (2) **獎賞權力：**具積極影響力與鼓舞作用。
   (3) **合法權力：**法統權，組織遊戲規則、文化價值（內在價值）
   (4) **參照權力：**才德兼備受人敬仰，植基於認同感、行事能力、道德操守等。
   (5) **專家權力：**「三人行必有我師焉」。
   (6) **關聯權力：**首長身旁秘書、司機或重要幕僚。
   (7) **資訊權力：**報導性幕僚。【90普、91基普、92初原、93地高、94初地、95普原身、96原、97地、98地、99初原、100初、102身、105身、107地、108普地】

10. **人格特質研究論（偉人理論）：**流行在二次大戰以前，認為領導者必有其異於常人的特質，所謂「英雄造時勢」。【90障、91初、95地、96地、97地、107普、111普】

11. **戴維斯將領導者特質歸納為四項：**智慧、社會成熟性與廣博性、內在動機與成就慾、人群關係的態度。【92原地、94原、96蔫】

12. **環境決定領導論（情境理論）**：認為領導是由環境來作決定，所謂「時勢造英雄」。【90委、91原、92初地、95原地】

13. **交互行為論**：認為領導是由組織中人員交互行為過程而產生。【90委、97初】

14. **俄亥俄州大學研究**以「定規」（創制或體制）及「關懷」（體恤）雙構面加以呈現。研究結果在生產部門「高定規」之領導風格績效較佳，而非生產部門則以「高關懷」領導風格，其績效表現較佳。

15. **盧溫（Kurt Lewin）、懷特（Ralph White）與李比特（Ronald Lippitt）提出三種領導型態**：
    (1) **獨裁式領導**：專制、權威式領導，採嚴密監督。
    (2) **民主式領導**：共享決策，注重品德教化，掌握部屬內心。
    (3) **放任式領導**：無為而治，首長放棄決策權、不關心過問部屬與工作。【90基、92地、93地、94身、95原、100身、104普】

16. **李克特（R.Likert）將領導型態分為四種**：
    (1) **壓榨的權威式**：又稱剝削式，性惡論、採監督、專斷、制裁。
    (2) **仁慈的權威式**：又稱開明權威，多數人參與能力對組織貢獻有限。
    (3) **諮商式**：接近性善論，徵詢部屬意見以作為決策參考。
    (4) **參與式**：性善論，參與管理，最好的系統、最符合民主精神。【90高退、94原、100原、106地】

17. **布拉克與莫頓**：於1964年提出「管理格道」管理者可能在81種不同組合，其中最重視者有五種：權威服從式管理（9‧1型）、鄉村俱樂部式管理（1‧9）、無為式管理（1‧1）、組織人式管理（5‧5）、團隊式管理（9‧9）。【90高障、91普原、92高原、94地、95身、100初鐵、101地、102身地、104普、105身、106地、107地、110地】

18. **費德勒（F.Fiedler）**：於1951年提出LPC量表（最難共事同仁量表），測量人員對領導者與領導型態感知，LPC分數低者屬於工作導向型領導，LPC分數高者屬於關係導向領導。影響領導行為三項情境因素為：職位權力、工作結構、領導者與部屬關係。領導型態可分為任務導向（專斷、體制式）及關係導向（民主、體諒式）。【102原、107地】
    研究結果：當領導情境屬於有利與不利兩個極端時應採任務導向之領導型態。相反的，若處於有利與不利之間，則應採關係導向之領導型態，較易獲得高度績效表現。【91基高、92高、93地高、94地、95原、96地、100原】

19. **豪斯（R.J.House）途徑目標理論**：乃根據佛洛姆（V.H.Vroom）之期望理論引伸而來，認為有效領導者須充分瞭解部屬所追求目標，並澄清部屬為達成工作目標時，所須遵循的途徑，進而協助部屬剷除障礙與陷阱。其領導型態包括：指導型領導、支援型領導、參與型領導與成就導向型領導。【90路員、91初基、94地、95初、97地、98初、100原】

20. **轉換型領導**：又稱變革型領導，盛行於1990年代，注重領導者與部屬相互影響關係，為最能鼓舞員工不斷學習成長提升自我能力領導方式，最早出現於柏恩斯（J.M.Burns）1978年所著《領導》一書。【90路員、91初原、92初高、93地、94地原、96原、98地、103身】

21. **轉換型領導**：係研究如何讓組織變革成功的哲學；建立人員角色認同，創造願景、個人魅力與建立公平機制並激發人員潛力哲學；一人或多人在與他人互動中，領導者與部屬將彼此提升至動機與道德的高度水平中。【91原、92初地、96初、107高】

22. **轉換型領導**：源自魅力領導與交易領導兩種理論，其特質為創造前瞻遠見、啟發自覺意識、掌握人性需求、鼓舞學習動機、樹立個人價值與樂在工作。其構成要素包括：個別關懷、動機啟發與精神感召、才智的激發、相互的影響關係。【91普、92地、93高地、95地、99原、108普、109地、110高普】

23. **行政授權**：係上級主管人員或單位，委授部分職權及職責至其下一級人員，以完成特定之任務，如公務單位分層負責觀念。【90路員、91初、97地】

24. **行政授權原則**：單一隸屬關係、權責確定、適當控制、量才授權、相互信賴、主管保留權責、時機考慮原則。【90委、92水利、93初、95身】

25. **行政激勵**：係某人某機關針對他人生理及心理上之各種需求，適當採取物質與精神之刺激鼓勵方法，設法滿足其需求，以激發其內在工作意願，從而產生符合組織預期行為之活動。其研究途徑可分**內容理論**（需求層級理論、ERG理論、雙因子理論、三需求理論）、**過程理論**（期望理論與公平理論）與**增強理論**。【90普、91初基、92地、93地、95原身、98初、98地、99原、100身、102高、103地、107高】

26. **馬斯洛的需求層級理論**：認為人需求有五種即生理、安全、社會、尊重與自我實現，需求由低而高，循序漸進，組織須設法滿足其需求。【91高、92初、108地、109地、110地】

27. **赫茲伯格的雙因子理論**：保健因素如人際關係、激勵因素如工作本身。【102身地、103普、104普地】

28. **阿特福的ERG理論**：生存、關係、成長需要會有挫折沮喪或退而求其次現象。【91普基、91高、92初高、93高、95普高、96薦原、97身、98地、99初原、100身、101普身、102原】

29. **麥克理蘭的三需求理論**：需要經文化中習得包括成就、權力與親和需求。【91高】

30. **佛洛姆**（V.H.Vroom）之「**期望理論**」：【91高、92高地、93普地高、97地、103身、111高】 $M＝E×V×I$〔E期望→P（0~1）；V期望值（-1~1）；I媒介（-1~1）〕。

31. **亞當斯**（J.Adams）之「**公平理論**」：認為組織內員工會在組織內自比與他比，也會跨組織比較，當自覺付出與回報不相稱時，會改變投入、改變報酬、改變比較基準、改變心理比較或選擇離開。【90基、91基、92地】

32. **增強理論**：為一種行為修正途徑，刺激反應模型所發展出來制約行為。**史金納**（B.Skinner）**增強理論**：正增強（績效獎金）、懲罰、負增強、消滅。【90基、91初高、93高、94地、96原、97初、99身鐵、110普】

33. **無缺點計劃（ZDP）**：由馬丁公司於承製美國潘興飛彈計劃時，所提倡使用，係以人為對象進行心理建設之激勵方法。要求員工從一開始就要有對任何事做好、做對的信心與決心，在工作上做到無缺點。【91初、92地、94地、95初】

34. **激勵工作設計**：包括無缺點計劃、MBO、工作擴大化、工作豐富化、彈性工時與工作輪調。【91初高、94初、95地身、96原、97初、102身、110高】

35. **溝通程序**：意念產生→訊息編輯（編碼）→訊息傳送（溝通網路）→訊息接收→訊息解讀（解碼譯為可理解符號）→訊息執行（反饋）。【92地、93初高、96原、104地】

36. 溝通是協調之一種方法，協調乃溝通結果，溝通在求思想上共同了解，協調謀行動上一致，兩者互為表裡。【91高】

37. **溝通理論基礎**：民主參與、決策制定、動態組織、人格尊重。【90高、93高、102原】

38. **溝通管道**：上行溝通（報告、建議）、平行溝通（橋型溝通）、下行溝通（命令、指示）、斜行溝通（如第一科科長與第二科科員溝通）。【92普、96初、100身、103地、106地、107地普、110普】

39. **根據李斯（L.E.This）說法**：一般管理者大多存在三種錯誤理論：
    (1) **嚷叫理論**：主管存在自傲心理，認為其看法一定比部屬強，表現出不屑。
    (2) **硬塞理論**：一昧宣達政令，而不在乎部屬是否瞭解或支持。
    (3) **愚民理論**：主管常存有「民可使由之，不可使知之」的觀念，部屬只要聽命行事就好，不必多問。【90基、92高、95初】

40. 部屬方面障礙有地位差距、表功主義（對上級報喜不報憂）、駝鳥主義（多說多錯、不說不錯）。【92地、96原】

41. **有效溝通方法包括**：使用簡單扼要可理解的語言或文字、能設身處地為對方著想、有效的傾聽、鼓勵反饋、敏於感知部屬心境、避免壞的聽訊習慣與保持自己的信譽。

42. **政府與民眾溝通具體作法**：強化里民大會功能、進行民調、強化公關、舉辦施政座談會、舉辦記者招待會、普設意見箱、首長多與民接觸、改進文宣技巧。【95地、97初地、98初、101普】

43. **良好監督應包括**：工作指派、工作指導、工作控制及工作考核，此四項步驟與程序又稱「管理循環」。【90高、91普、92地】

44. 中層管理者監督重點在於溝通協調。

精選試題

( ) **1** 「凡事豫則立，不豫則廢」此話正足以說明何種行政管理的重要性？ (A)行政監督 (B)行政領導 (C)行政計劃 (D)行政授權。

( ) **2** 工作要徑法（CPM）與計劃評核術（PERT）都可稱之為： (A)目標管理法 (B)網路分析法 (C)計劃管理 (D)專案管理。

( ) **3** 下列何者屬於非理性的決定方法？ (A)常識判斷 (B)訴諸權威 (C)邏輯推理 (D)博奕理論。

( ) **4** 行政決策因受既有設備的限制，不能做出合理決定，此種決策障礙稱為：(A)理性限制的障礙 (B)心理上的障礙 (C)沉澱費用的障礙 (D)法令規章的障礙。

( ) **5** 「見賢思齊」或「開誠建議」，係基於下列何種領導基礎而產生？ (A)影響力 (B)強制力 (C)凝聚力 (D)向心力。

( ) **6** 「英雄造時勢」是何種「領導」之研究途徑的最佳寫造？ (A)功能途徑 (B)特質途徑 (C)權變途徑 (D)目標途徑。

( ) **7** 證嚴法師、星雲法師為信徒所敬仰，係基於何種權力基礎？ (A)合法權力(B)參照權力 (C)專家權力 (D)獎賞權力。

( ) **8** 由於某個人與組織內具有權威地位的重要人士有密切關係，他人因不願得罪，而接受其影響力，此種權力稱之為： (A)合法權力 (B)歸屬權力 (C)專家權力 (D)關聯權力。

( ) **9** 長官與部屬間透過充分溝通方式，並共享組織決策權屬於那一種領導方式？(A)民主式領導 (B)獨裁式領導 (C)放任式領導 (D)情境式領導。

( ) **10** 依布拉克（R.Blake）與莫頓（J.Mouton）的見解，在一般組織中大多數管理者較趨向於採取何種領導型態？ (A)權威服從式管理 (B)鄉村俱樂部式管理 (C)組織人式管理 (D)團隊式管理。

( ) **11** 下列何者非為費德勒（F.Fiedler）建構權變領導理論的獨立變數？ (A)員工情緒 (B)領導者的職位權力 (C)工作的結構 (D)領導者與部屬的關係。

( ) **12** 根據赫賽（P.Hersey）與布蘭查（K.Blanchard）之情境領導理論，員工屬高度成熟，有能力且有意願去執行工作，此時領導者宜採此種領導型態較為有效？ (A)教導式 (B)推銷式 (C)參與式 (D)授權式。

( ) **13** 豪斯（R.House）的途徑目標理論主要在整合那一項理論？ (A)內容理論(B)期望理論 (C)公平理論 (D)增強理論。

( ) **14** 最早提出「變革型領導」一詞之學者是誰？ (A)柏恩斯（J.Burns）(B)豪斯（R.J.House） (C)貝斯（B.Bess） (D)赫爾雪（P.Hersey）。

（　）**15**　轉換型領導者係組織圖存變革之發動機，應具備若干特質，但不涵蓋：
(A)創造願景　(B)樂在工作　(C)魅力交易　(D)鼓舞學習。

（　）**16**　以下何者違反授權原則？　(A)權責確定　(B)量才授權　(C)適當控制
(D)雙重隸屬關係。

（　）**17**　所謂分層負責概念，其實就是：　(A)專業分工　(B)行政授權　(C)彈性
領導　(D)行政監督。

（　）**18**　管仲曾言：「衣食足而後之榮辱，食廩實而後知禮儀」可說是何種觀
念？(A)生產觀念　(B)激勵觀念　(C)教育觀念　(D)守法觀念。

（　）**19**　下列何者非屬激勵理論之內容論？　(A)ERG理論　(B)保健激勵理論
(C)期望理論　(D)需求層級理論。

（　）**20**　「退而求其次」是下列種激勵理論蘊含概念之一？　(A)需求層級理論
(B)雙因子理論　(C)ERG理論　(D)成就動機理論。

（　）**21**　下列何者為一種內滋激勵（Intrinsicmotivation）？　(A)行使職權　(B)
報酬給予　(C)獎金獎章　(D)組織承諾。

（　）**22**　下列何者非佛洛姆（V.Vroom）期望理論主要三要素？　(A)期望　(B)代
價(C)媒具　(D)期望值。

（　）**23**　激勵管理中之「增強理論」，係屬於何種途徑？　(A)認知途徑　(B)過程
途徑　(C)系統途徑　(D)行為修正途徑。

（　）**24**　現代化的工作設計趨勢不包括下列何者？　(A)工作專業化　(B)工作通俗
化　(C)工作豐富化　(D)工作擴大化。

（　）**25**　強調組織中個人心理與情感的介入，鼓勵其對機關目標與決策提供意
見，並分擔責任的管理方法稱之為：　(A)目標管理　(B)例外管理　(C)
參與管理　(D)走動管理。

（　）**26**　「防民之口，甚於防川」、「水能載舟，亦能覆舟」等古訓名言，印證
了政府與民眾溝通的那項論點：　(A)民主參與理論　(B)決策制定理論
(C)動態組織理論　(D)人格尊重理論。

（　）**27**　溝通過程中，說話者使用方言，而聽者無法瞭解，此係那一個環節出問
題？　(A)編碼　(B)發訊　(C)解碼　(D)反饋。

（　）**28**　機關之第一處與第四處之協調會報，是屬於：　(A)上行溝通　(B)下行溝
通　(C)平行溝通　(D)斜行溝通。

（　）**29**　美國管理學會提出「良好溝通的十誡」，認為溝通發動者在進行溝通
時，應扮演什麼角色，才能了解對方意思：　(A)傾聽者　(B)詮釋者
(C)思維者　(D)行動者。

（　）**30**　下列何者應非良好的監督循環所涵蓋的項目？　(A)工作指派　(B)工作指
導　(C)工作分析　(D)工作控制。

(　　) **31** 溝通的風格類型可以分為好幾種，其中有一種屬於「支援者」，下列那一項不是「支援者」的特徵之一？　(A)專注地聽　(B)避免權力的運用 (C)以周到方式決策與表達　(D)表達強烈的意見。

(　　) **32** 行政授權必須配合何種措施才能達到授權的真正目的？　(A)適當的行政決策　(B)適當的行政控制　(C)適當的行政溝通　(D)適當的行政計劃。

解答	1 (C)	2 (B)	3 (B)	4 (C)	5 (A)	6 (B)
	7 (B)	8 (D)	9 (A)	10 (C)	11 (A)	12 (D)
	13 (B)	14 (A)	15 (C)	16 (D)	17 (B)	18 (B)
	19 (C)	20 (C)	21 (D)	22 (B)	23 (D)	24 (B)
	25 (C)	26 (A)	27 (C)	28 (C)	29 (A)	30 (C)
	31 (D)	32 (B)				

Note

第六章 公共政策

本章依據出題頻率區分，
屬：**A** 頻率高

「公共政策」在國考已有獨立一科命題，但隨著公共政策已成世界潮流，且每次選舉政策辯論沸沸揚揚，所以歷年考試視命題委員觀點，有時連一題也沒出，有時則出四、五題。故不可忽視，且為公共政策學科濃縮精要版，可與之相得益彰。重點為公共政策類型、政策規劃原則、政策方案決策途徑、政策執行力模式與政策評估。

重點精要

公共政策成為一門系統化科學，大概僅有五、六十年歷史。西元1951年美國學者賴那（D.Lerner）與拉斯維爾（H.Lasswell）合編《政策科學：範圍與方法的新近發展》一書，被公認為是公共政策研究的里程碑。

壹 基本概述

一、定義

(一) **戴伊（T.Dye）之界定**：「政府選擇作為或不作為的行動」。

(二) **伊斯頓（D.Easton）表示**：「公共政策是指政府對社會價值所作權威性分配」。

(三) **丹哈特（R.Denhardt）認為**：「合法性政府對於公共問題所作權威性陳述」。

(四) **安德森（J.Anderson）將公共行政界定為**：「政府機關或人員為處理一項問題或一件關心事件所採取有目的行動方案」。

綜合上述定義：係指政府機關為解決某項公共問題或滿足某項公共需求，決定作為或不作為及如何作為的相關活動。

二、研究理由與目的

(一) **理由**

　1. 順應世界各國重視公共政策研究的潮流。

　2. 協助政府成為有效政府：有效政府應具備5R特性（回應性、代表性、責任性、可靠性與務實性）。

有效政府的特性	說明
回應性（Responsiveness）	政府應盡量適時且充分的回應民眾的需求。
代表性（Representation）	政府的作為應反映大多數人民或標的人口的利益。
責任性（Responsibility）	政府應有義務扮演保國衛民、福國利民的角色。
可靠性（Reliability）	政府應憑其作為讓民眾對其產生信心，願意配合政府的各項施政。
務實性（Realism）	政府施政作為應實際可行，可達成目標。

3. **解決國內外環境變遷所帶來危機**：三E危機—經濟危機（Economy crisis）、環境危機（Environment crisis）、能源危機（Energy crisis）。
4. 提高決策品質與行政績效。
5. 為提高國家的競爭力。

(二) **目的**

1. **安德森由「科學、專業與政治」角度加以解析**
   (1) **基於科學理由而研究公共政策**：政策決定研究—將公共政策視為依變項；政策影響研究—將公共政策視為獨立變項。由政策原因與過程加以瞭解，藉以增進對政治社會體系的瞭解。
   (2) **基於專業理由**：浦萊斯（D.Price）將人類學術活動目的分為「科學資產」與「專業資產」。專業理由即屬後者，旨在應用科學知識以解決實際的社會問題，強調學術報國的精神。
   (3) **基於政治理由**：在確保政府採行正確的政策，以達成正確目標。
2. **芭德絲與杜尼克（Bardes & Dubnick）**：不同的分析立場見解，兩者在《政策分析的動機與方法》一書中指出，公共政策研究可就不同的問題根源、性質，找出不同的分析型態：
   (1) **科學家型態**：研究動機為尋求理論、規則、真理，問題焦點為理論的，並利用科學方法分析。
   (2) **專業分析家型態**：研究動機為政策制定的改善，問題焦點為設計，並使用知識與策略運用途徑。
   (3) **政治的分析家型態**：研究動機為政策立場的倡導，問題焦點為價值的最大化，研究途徑為論證。
   (4) **行政的分析家型態**：研究動機為有效率與效能的政策管理，問題的焦點係應用，研究途徑則採策略分析。
   (5) **個人的分析家型態**：研究動機為考慮政策對生活的影響，問題焦點為論爭，並採混合的研究途徑。
3. **由「知識應用」立場加以探討**：從政策與知識的關係加以釐清：
   (1) **實證主義**：強調「事實本身能為自己講評」，應努力地觀察、蒐集公共問題的資訊，並不斷地檢視不同的事實資訊間的關聯性。

(2) **工程模式**：學術研究者不應僅作象牙塔式的研究，而應以行動對社會產生關懷。即運用現有知識，去改善社會制度運作。

(3) **啟蒙模式**：政策研究對政策制定的主要影響，係發掘並累積新理論、新觀念、洞識力與透視問題的能力。

三、特性

林鍾沂教授提出政策具有以下特性：

(一) 政策的決策網路較為複雜。　　　(二) 政策必須是一長串的決定才能界定。

(三) 政策會隨時間而轉移。　　　　　(四) 政策發展很難產生政策終結。

(五) 政策研究應考慮非決策的檢視。　(六) 應深入有行動卻無決策之政策領域。

四、研究架構

(一) **政策順序模式**：林水波、張世賢著《公共政策》提出政策分析五步驟：政策問題形成→政策規劃→政策合法化→政策執行→政策評估。

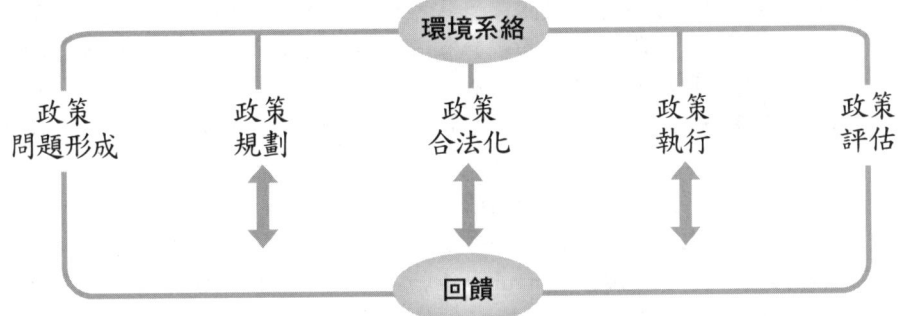

公共政策研究架構

資料來源：吳定，1999：359。

(二) **系統理論**：由伊斯頓（D.Easton）主張：系統理論包含五大要素—投入、轉換過程、產出、回饋、環境。

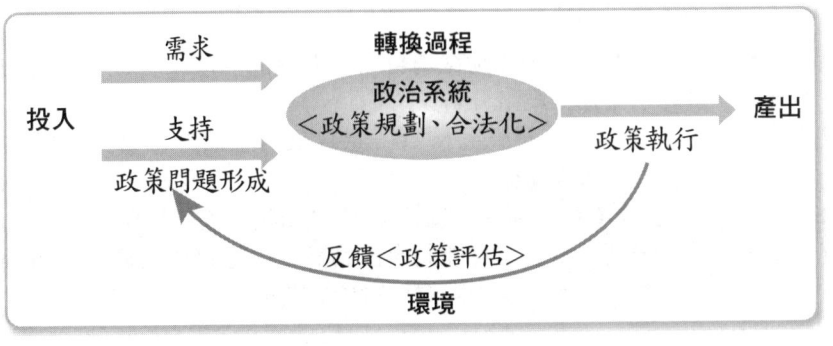

(三) **以問題為中心之政策分析模式**：由唐恩（W.Dunn）所建構，包括五項政策相關
資訊：政策問題、政策未來、政策行動、政策成果、政策績效。及五項政策分
析方法：問題建構、政策預測、政策推薦、政策監策與政策評估之邏輯思考。

＜以問題為中心的政策研究架構＞

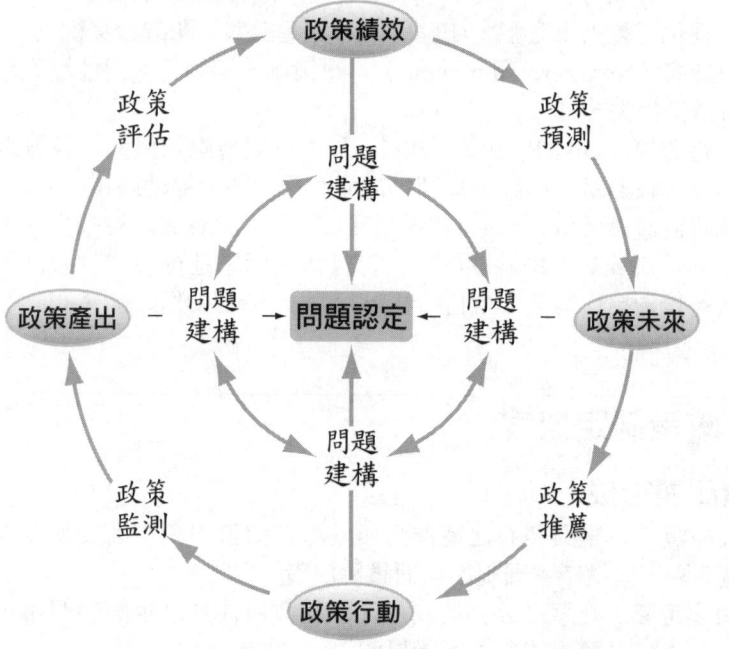

資料來源：李明寰譯《公共政策分析》（W. N. Dunn），2002，時英出版社。

五、公共政策研究方法

(一) **資料蒐集方法**：包括晤談法、問卷法、觀察法與次級資料分析法。
(二) **運作分析方法**：個案研究法、比較研究法、制度研究法、行為研究法、實證研
究法、模式研究法。
(三) **總體層次之政策分析**：米諾格認為：「什麼是政府要做的，它實在涵蓋了在實
際上或可能上有關社會、經濟和政治生活的全部，任何公共政策解釋理論，需
闡述國家、社會、經濟之交互關係。」

六、公共政策類型

學者羅威（T.Lowi）與沙力斯伯瑞（R.Salisbury）所提出，主要分為四類：
(一) **零和賽局（Zero-sum game）**：政策實行後，使既得利益者失去其利益或造成一
方之所得建立在另一方所失上。

1. **管制性政策**（Regulative policies）：政府機關設立某種特殊原則或規範，以指導或約束機關、標的人口之特殊行動，如入出境、外匯、海防、武器槍械管制、酒後不得駕車、公共場所全面禁菸等政策。

2. **重分配性政策**（Redistributive policies）：政府機關將既得利益者之利益予以解除或將某標的人口之利益轉移給另一標的人口享受政策，往往會造成財富、地位、權力重分配，如綜所稅的累進稅率、課徵證交稅。

（二）**非零和賽局**（Non-zero-sum game）：政策制定與執行，可能雙方均獲利，也可能同時遭受損失。

1. **分配性政策**（Distributive policies）：主要考慮如何滿足各方需求使利益或成本分配較適當，如社會福利、醫療服務、各種補助政策、老人年金。

2. **自我管制政策**（Self-regulative policies）：政府機關對某標的人口活動僅予以原則性規範，而由該標的人口自行決定活動進行方式，如百貨業營業方式及政府授權出口同業公會自行檢驗管制出口商品政策。

貳 公共政策制定過程

一、政策問題形成

社群中，大多數人察覺與關心之情況，與其所持價值規範相衝突時，產生需求，於是透過團體活動，向權威當局提出，而獲解決者。

（一）**政策問題定義**：在眾多公共問題中，引起政府注意之爭論性問題，亦即所謂論題（issue），並透過規劃方案予以解決的問題。

（二）**公共問題發生原因**

1. **鍾斯**（C.O.Jones）**認為可歸納為**：發現、發展與應用、通訊、衝突、管制。

發現	政府基於國防上、政治上或科學上的理由，將大量資源運用於科學的研究突破、理論的創造發明、知識的累積充實，以致資源分配不均，社會問題無法妥善解決。
發展與應用	由於將科技發明成果，運用於實際生活，而產生各種的問題，如汽車普及，造成空氣污染。
通訊	由於通訊技術日新月異，可透過電視等媒體傳播與接收訊息，在某地方發生的公共問題，將很快地傳達至世界各地。
衝突	由於國內或國際衝突事件，造成人命或財產的損失，因而導致各類公共問題的發生。
管制	由於政府機關對人民或團體的活動，採取干預或管制的措施，因而衍生各種公共問題。

2. **魏瑪與文寧**（D.Weimer & A.Vining）：1999年合著《政策分析：概念與實務》歸納有：市場失靈、政府失靈及政策失靈而產生。

(1) **市場失靈**：傳統自由經濟學者認為，一個社會中財貨或服務的生產者與消費者間的自願性供需關係，可以構成完全的競爭性經濟市場，生產者追求利益極大化，而消費者追求效用極大化，達到所謂「巴瑞圖效率」。但在現實世界中，卻受許多因素影響，使市場無法成為完全競爭的自由市場，市場無法透過供需關係去達到資源配置的理想狀態。

(2) **政府失靈**：指政府為解決市場失靈所產生的各種問題，乃採取各式各樣的政策工具與干預行動，以補救市場失靈的缺失。但是由於政府在制度上、結構上、及運作上，具有許多先天性的缺陷，因此並無法充分達到預定的目的，而造成政府失靈的狀況。

(3) **政策失靈**：指公共問題發生後，政府機關想要正面解決並轉變成政策問題，制定及執行政策以解決該問題後，經過評估，發現有時問題不但未獲解決，反而變得更加嚴重，不但之前的問題沒有解決，更產生許多新的問題。

(三) **公共問題提出**：政黨、民意代表、候選人、意見領袖、利益團體、行政人員、當事人代表、抗議示威者、大眾傳播媒體。

(四) **政府面對公共問題態度**

政府面對公共問題的態度

1. **遏阻發生**：採「無決策制度」態度，即政府對其反對的敏感性公共問題，採取壓抑措施，使其無法進入政策過程，如1980年代台獨問題。

2. **任其發生**：採取消極被動的態度，而由問題的當事人自己去界定問題、尋找問題提出者、爭取並影響政策過程等，如青少年飆車鬥毆事件。

3. **鼓勵發生**：政府從旁協助當事人界定與表達問題，鼓勵當事人把問題具體化並提出來。

4. **促其發生**：政府機關主動積極地促使問題發生或使其更為凸顯，製造輿論，並積極予以處理。

(五) **政策問題特性**：

1. **具有相依性**：某一個範圍內的政策問題，常常會影響其他領域的政策問題，例如能源問題會影響到交通、物價與失業問題等。

2. **具有主觀性**：政策分析人員常對造成問題的外在環境，加以選擇性的界定、分類、解釋與評估。例如空氣污染大氣中排放物之多寡的界定。

3. **具有人為性**：政策問題是人類主觀判斷的產物，亦可說是對客觀社會情況做合法的界定。

4. **具有動態性**：政策問題的內容及其解決方法，總是隨時間及空間的推移，而不斷地變動。例如，數十年前的環境保護、消費者保護等問題定不嚴重，如今卻蔚為主流問題。

(六) **政策問題類別**

1. **結構良好的問題**：方案在確定情況可採理性廣博決策途徑。

2. **結構中度的問題**：方案執行結果是不確定的，可採混合掃描決策途徑與滿意決策途徑。

3. **結構不良的問題**：方案執行結果無法獲知，可採政治性決策途徑或漸進性決策途徑。〔註一〕

(七) **政策問題認定方法**

1. **類別分析法**：邏輯歸類、邏輯區分。

2. **層級分析法**：思維架構。

3. **類比分析法**：可分個人比擬、直接比擬、奇想比擬、象徵性比擬。

4. **腦力激盪法**。

5. **假設分析法**：政策分析人員與利害關係假定。

6. **多元觀察法**：採個人、組織或技術觀點等。

牛刀小試

1. 臺灣處於民主政治和國際化影響的環境，因此，請就你的觀察，簡要地討論國內公共政策形成的重要途徑。【國軍】

2. 解釋名詞：零和賽局（zero-summ game）、重分配性政策（redistributive policies）、自我管制政策（self-regulative policies）。

二、政策規劃

針對政策問題解決，採科學化方法，廣泛蒐集資訊，設計未來行動替選方案之動態過程。

(一) **政策規劃類別**

1. **依處理問題的方法而分**：理性途徑的規劃（具有前應性的眼光）、主觀途徑的規劃（後應性的看法）。

2. **依設計方案的方式而分**：

   (1) **例行的規劃**：社會福利、衛生醫療計劃的制定，採例行重複方式設計。

   (2) **類別的規劃**：空氣污染防治方案可參考水污染防治方案，採與過去類似解決方法。

   (3) **創新的規劃**：台灣地區與大陸地區人民互動問題的處理，採取突破慣例及創新的方法。

(二) **政策規劃原則**：卡普蘭（A.Kaplan）提出七原則：

1. **公正無偏原則**：政策規劃應秉持無私且不偏頗的態度，對於當事人、利害關係者、社會大眾等，皆應通盤審慎地考量。

2. **個人受益原則**：無論採取何種方案來解決公共問題，其最終的受益者都必須落實到一般人民身上。

3. **劣勢族群利益最大化原則**：應考慮使社會上居於劣勢的弱勢團體及個人，能得到最大的照顧，享受最大的利益。

4. **分配普遍原則**：應考慮儘量使受益者擴大，亦即儘量使利益普及於一般人，而非僅侷限於少數人。

5. **持續進行原則**：對於政策可行性，應從過去、現在及未來加以研究，並考慮事務處理的延續性，以免規劃不切實際。

6. **人民自主原則**：從事政策規劃時，應考慮政策問題是否可由民間處理，以避免政府的過度介入。

7. **緊急處理原則**：對公共問題之輕重緩急應加以考量，對於較緊急的問題，應即刻加以處理解決。

(三) **政策規劃特性**

1. **目標取向**：應具備前瞻性與指導性。

2. **變革取向**：必須具備變動性與創新性。

3. **選擇取向**：抉擇活動要有廣度、深度、連續性與相關性。

4. **理性取向**：政策規劃精髓在著重理性。

5. **集體取向**：必須由相關機關、人員相互彼此「互動」形成。

6. **信服取向**：政策規劃必須具有說服力或信服力。

(四) **政策分析**：運用科學知識與推理方法，並採用分析的理論架構，對政策形成、執行與後果加以系統化研究，以累積政策相關知識，俾助於政策問題的有效解決。而梅茲納（A.Meltsner）的分類，依分析技術與政治藝術手段運用程度，將政策分析人員分為四種型態：

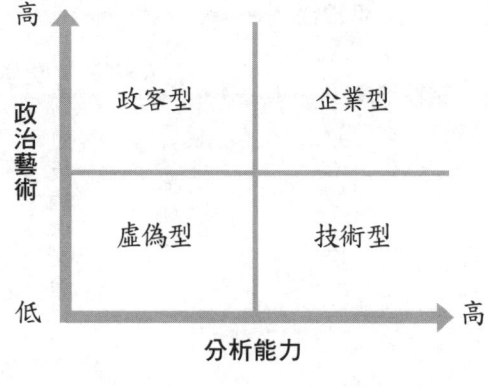

1. **企業型分析家**：具有高度分析能力與政治藝術手腕，兼具技術型與政客型的特質，比較具有平衡的眼光。

2. **政客型分析家**：與其他分析家一樣提供事實基礎，但其影響力主要來自政治技巧。

3. **技術分析家**：指在機關內的學術研究人員，可稱為「無關政治的分析家」，認為政治應由來高層考量。

4. **虛偽型分析家**：此類人員技術分析能力與政治藝術手段均低，可謂是「招搖撞騙」的政策分析人員。

(五) **公共政策制定理論**

依政治理論基礎。

1. **公共選擇模式**：源自於經濟學，亦稱「組織經濟學」或「政治經濟學」，由鄧肯布萊克（D.Black）所提出，布坎南（J.Buchanan）進一步闡述。係對於非市場決策之經濟性研究，或是「經濟學在政治學之應用」。假定一般人是自私、理性的與效用最大化者，把政策視為由「自利個人」所作的集體決定。

2. **博弈理論**：又稱競爭模式，由紐曼（J.Neuman）所提出，從「大中取小原則」演變而來，意即當決策者面臨博弈決策情境時，於正常情況下，會選擇一個使他遭受最少損失方案。其假定：係所有參與都是理性的。其量化與形式化程度較高，常用於分析與處理衝突政策，如核武使用、國防外交政策。

3. **菁英決策模式**：由少數政治菁英份子所制定。簡言之，在政治上、經濟上、學術上及社會上居優勢地位者主導公共政策制定，如臺灣經濟成長之財經政策。

4. **競爭決策模式**：決策結果取決於其他競爭者的作為，而非決策者自己作為。

5. **官僚議價模式**：視決策者來自參與決定者策略性互動而達到決定，充滿妥協。

6. **制度決策模式**：由政府組織、結構、職責、功能構面加以分析，並據以制定政策。

7. **團體決策模式**：公共政策是團體間利益均衡的結果，而此種平衡取決於各個利益團體相對的影響力。

8. **公民參與模式**：認為公共政策係經由「多數原則」所制定。係假設公民基於「公益」觀點而參與，如發展各地文化、社區建設。

(六) **政策方案決策途徑**：依理性程度分類：

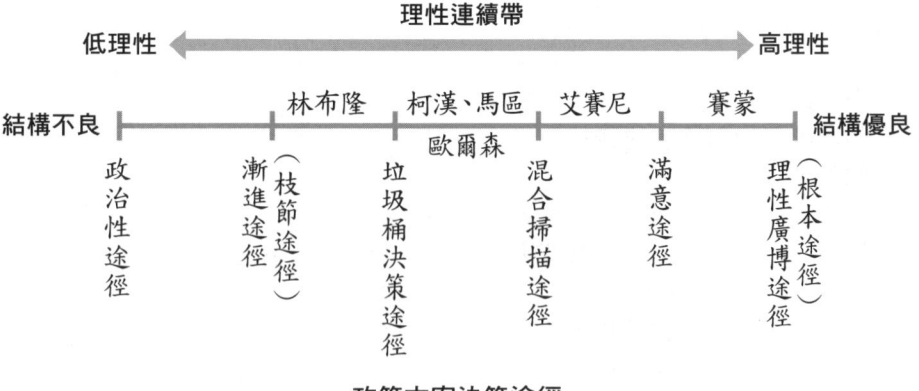

政策方案決策途徑

1. **政治性決策途徑**：大多數政策、計劃、方案，基本上由政治、學術、經濟、社會上居優勢地位者互動所制定出來。

2. **漸進決策途徑**：由林布隆（C.Lindblom）所提倡，指決策者在選擇替代方案時，著重由現在已有計劃或措施為基礎，去找尋漸進性替代方案，而不作大幅度政策變動，又稱為「枝節的途徑」，為最常用或最普遍之決策模式，

預算政策可為代表。其後於1959年又發表「漸進調適的科學」文章進一步補充，其漸進分析又可分為三類：簡單漸進分析、繼續漸進分析、策略分析。此種決策模式被批評為「親惰性派」或「反創新派」，強調過去歷史經驗，似無法應付快速變遷的社會環境。

3. **理性廣博決策途徑**：為古典經濟學家倡導，假設人類為「經濟人」，追求最大經濟利得。決策者能夠蒐集充分完整資訊，對問題解決方案，作周詳理性考慮後，制定最佳決策，被稱為「根本的途徑」，較適用於分析擴大福利與消滅貧窮政策。

4. **綜合掃描決策途徑**：艾賽尼（A.Etzioni）所提倡，由理性廣博途徑與漸進途徑綜合而成。係指決策者於面臨決策情勢時，首先採取理性途徑架構，以高層次或基本計劃制定程序，立下基本決策方向，然後以漸進方法制定詳細的執行辦法。與卓爾（Y.Dror）提倡「規範性最佳決策」合稱為綜合模型。

5. **滿意決策途徑**：賽蒙（H.Simon）所提倡，反對「經濟人」觀點，認為人非純理性，而只是意圖理性、有限理性動物，主要受到三種限制：注意力限制、多元價值與不確定性。因此，人只能稱為「行政人」，只能追求滿意的或足夠好的決策。但有兩種方式可使人們臻於滿意的決策即：

   (1)**行為模式**：以行為模式所描述理性，非達成最佳化結果，而是植基於方案優先順序考量。

   (2)**直覺模式**：假定人類正確決策，主要來自良好的直覺、正確判斷，惟此種頓悟經驗須付出數十年專注苦練而成。

6. **垃圾桶決策模式**：柯漢（M.Cohen）、馬區（J.March）、歐爾森（J.Olsen）於1972年發表「組織選擇的垃圾桶模式」一文，認為組織決策過程，通常無法如理性決策途徑所言，確定情境下運作。整個決策系統中，時常超載過多問題、解決方案及選擇機會，而呈現出「組織化失序」[註一]由於組織具有上述特質，其三者認為，機關組織之決策通常並非經思考計算後結果，實際上是決策者在決策過程中不經意碰到。亦即組織之決策結構，如同一個由問題、解決問題之替代方案、參與者、選擇機會四項分立之支流所匯聚而成的垃圾桶。

(七) **政策方案可行性研究**

1. **政治可行性**：政策方案在政治方面受到支持的可能性如何，應考慮以下因素：一般人民、標的人口、政黨、利益團體、行政首長、意見領袖、大眾傳播媒體、民意機關接受程度，同時亦應考量傳統倫理道德及社會價值觀，如德國拜耳製藥公司欲投資設廠台中港遭反對。

2. **法律可行性**：政策方案如欲通過，能否克服法規方面的限制，或須制定或修改現有法規。

3. **經濟可行性**：政策執行時其所需之各種一般性資源，如人力、物力、財力、設備等資源，能否獲得來源。

4. **行政可行性**：負責推動政策之行政機關，其能力是否足以承擔該項政策之有效執行，將涉及績效、結構與環境三項變數之互動關係。

5. **技術可行性**：有否具備足夠的專業技術、知識與能力，以執行該政策方案。

6. **環境可行性**：政策方案執行時能否克服「環境保護」規定，所施以的管制與限制，涉及自然生態保育問題、公害防治問題。

7. **時間可行性**：政策規劃與執行的適當時機，以及執行和獲得預期結果所需的時間。

(八) **政策規劃步驟**：可分為以下六個步驟：

1. 確認問題的癥結。　　　　　　　2. 確定解決問題的目標與目的。
3. 設定方案評估標準。　　　　　　4. 設定替選方案。
5. 評估比較替選方案。　　　　　　6. 推薦最適當方案。

牛刀小試

1. 請說明公共問題的意義與提出管道，並舉例說明。【104身三】
2. 試簡述行政機關規劃政策或計劃時，應遵守之原則。【普】
3. 解釋名詞：公共選擇理論（public choice thoery）。【交通升資】
4. 若依理性程度分類，政策方案的決策途徑可分成理性廣博、漸進、混合掃描及滿意途徑等四類，請分別說明其提倡者、內涵及適用於何種問題的解決。
5. 賽蒙（H.A.Simon）早期在建構有限理性之決策模式時，認為決策應包括哪些活動？嗣後，其又提出行為和直覺模式加以闡明，其意涵為何？【高】
6. 試申論組織決策的垃圾桶模式內涵？及理性程度如何。【交通升資、退三】
7. 解釋名詞：組織決策的垃圾桶模式（a garbage can model of organizational choice）、決策作成的混合掃描模式（mixed-scaning model of decision making）【地三】、Policy feasibility study【高三】
8. 何謂理性決策模式？何謂垃圾桶決策模式？二者差異為何？【交通三】
9. 政策分析人員在從事方案規劃時，必須從事可行性分析（feasibility analysis），以瞭解該方是否接受。可行性分析可從那些層面進行？請至少列舉五項並舉例說明之。【退三】
10. 政策分析人員在從事方案規劃時，必須從事可行性分析（feasibility analysis），以瞭解該方是否接受。可行性分析可從那些層面進行？請至少列舉五項並舉例說明之。【退三】

三、政策合法化

政府機關針對公共問題規劃解決方案後，將法案提經有權核准之機關、個人，加以審議核准，以便付諸執行。

(一) 行政機關在立法過程合法化作法

1. 試探性發佈消息。　　　　　　　2. 把握適當提出時機。
3. 爭取社會資源協助。　　　　　　4. 加強聯繫維持情誼。
5. 提供資訊增進瞭解。　　　　　　6. 列席各項相關會議。
7. 運用立法聯絡人員。　　　　　　8. 發揮黨政協商功能。

(二) 合法化技巧

1. 個人決策標準：

價值觀	決策者可能受以下五種價值觀影響：機關組織的價值觀、專業價值觀、個人價值觀、政策價值觀、意識型態價值觀。
政黨歸屬	政黨或派閥之政治主張、立場、信念影響極大。
選區利益	許多民代常堅持黨意與選區利益衝突時，以選區利益為優先。
民意	民意趨向一直是決策者重要標準。
服從	服從上級長官或順從民意代表建議。
決策規則	決策者可能採摸索法、試誤法、援引先例方式甚至是個案處理。

2. **集體決策型態：**

(1) **議價協商型**：最常見形式有三種：

A. **滾木法**：立法委員彼此間以投票贊成或反對議案方式，取得互惠式的同意。

B. **副報償法**：允諾若獲支持法案，未來將給予其他方面好處。

C. **妥協法**：彼此相互讓步，折衷妥協，達成協議。

(2) **論證說服型**：設法說服他人相信其觀點正確或其立場具高度價值。

(3) **層級命令型**：涉及層級節制體系上之上司與部屬之間的關係。

(三) **合法化作為**：吳定教授認為應注意以下作為：

1. 規劃方案時儘量與決策者合作，探詢其意，並接納之。

2. 政策方案應充分考慮政治可行性。

3. 於正式推薦方案前，應對可能遭受拒絕，詳謀對策。

4. 政策方案應以清晰、周詳完備形式向決策者提出。

5. 政策分析人員與決策者應建立良好關係。

6. 政策分析人員應具備溝通、協調與說服技巧。

7. 政策分析人員於推薦方案時應態度誠懇。

8. 政策分析人員於推薦方案時，如有必要應據理以爭。

9. 政策分析人員應協助決策者與其他機關人員溝通。

牛刀小試

何謂政策合法化？欲使政策方案分別在行政機關與立法機關獲得合法化，應該注意那些事情？

四、政策執行

政策執行此一課題，經常為過去公共政策學者所忽略，直至西元1973年普里斯曼（J.Pressman）與魏達夫斯基（A.Wildavsky）出版《執行：華府的偉大期望如何在奧克蘭破碎》一書，力陳此一錯誤，引起極大回響，可謂是開啟政策執行研究的里程碑。

(一) **意義**
  1. **鍾斯（C.Jones）的定義**：意指導向一個方案實施的有關活動。其主要活動可分三大類：闡釋性活動、組織性活動、應用性活動。
  2. **普里斯曼與魏達夫斯基的看法**：執行乃是實現達成、促成、產生與完成政策之謂。
(二) **主要活動**：「徒善不足以為政，徒法不足以自行」，任何一項政策或計劃必須透過各種活動，方能落實。依安德森（J.Anderson）的看法，政府機關在執行政策最常見者有：非強制性之行動、檢查、核發執照、貸款補貼及給予利益、契約、一般支出、市場與專利性活動、租稅、指示權、非正式程序、服務、制裁。
(三) **主要參與者**：依安德森看法，主要參與者有行政機關、立法機關、法院、壓力團體與社區組織。
(四) **特性**
  1. 包含多元的行動者。　　　　　　2. 政府規模的膨脹與公共計劃的繁複性。
  3. 政策無法控制環境因素。　　　　4. 政策本身具有多元的、模糊的目標。
  5. 政策執行在府際關係網絡上運作的衝突。
(五) **政策執行與制定之權力網絡**：中村（R.Nakzmcra）與史謨伍德（F.Smallwood）建構五種互動型態：
  1. **傳統技匠架構**：政策制定者不但詳細陳述政策目標，且樹立命令指揮系統，而執行者如技術員，非但須支持且要完成。
  2. **指導授權架構**：政策制定者雖詳細陳述政策目標，但卻留給執行者部份行政裁量權，以決定採用何種手段達成。
  3. **協商者架構**：政策制定者與執行者雙方就目標、手段運用加以協商。
  4. **裁量性實驗者架構**：政策制定者陳述一般抽象目標，執行者有足夠裁量權去發展目標與手段。
  5. **官僚企業家架構**：政策執行者不但規劃其本身目標，且動員充分的政治支援，迫使制定者採取其目標。
(六) **政策執行力模式**：研究有哪些變數會影響政策執行之成敗。
  1. **愛德華三世（G.C.Edwards III）政策執行模式**：認為以下四項主要變數間的互動關係，將影響政策能否順利有效的執行：

溝通	溝通是政策執行的首要條件，執行命令若傳達的愈清晰，則政策執行所受到阻力就愈少，也愈能收到預期的效果。
資源	政策執行所需的資源是否充分完備，乃是執行能否成功的關鍵，而所涉及資源包括：人員、經費、資訊、權威與設備。
執行者意向	政策執行人員於執行過程中，通常具有相當的行政裁量權，因此其對政策所持的態度影響政策的執行情況甚鉅，如各機關的本位主義。

機關結構	執行機關在結構及運作上有兩項特性，會影響政策執行的成敗： (1)標準作業程序：即行政機關為有效處理繁雜的日常事務所發展出來的一套例行化的慣例規則。 (2)執行權責分散化：政策的執行權責如果分散由不同的機關負責，必然會因事權不專而導致政策執行不彰，甚至失敗結果發生。

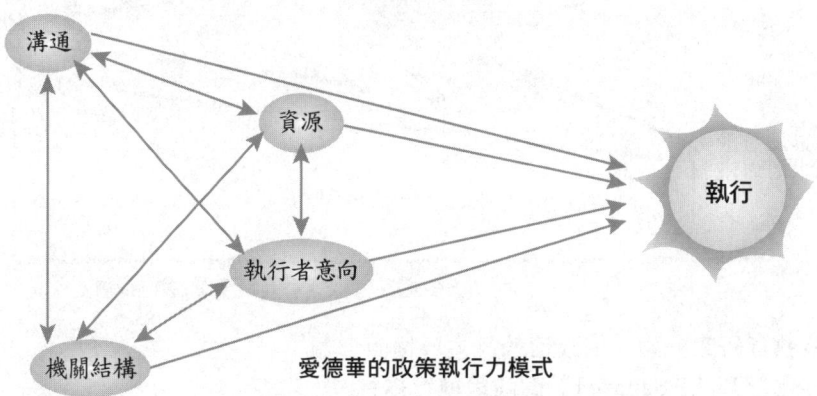

愛德華的政策執行力模式

2. **米特（D.S.Van Meter）與洪恩（Carl E.Van Horn）執行模式**：認為在政策執行過程中，有六大項主要變數的互動狀況，會影響政策執行績效：標準與目標、資源、組織間溝通與執行活動、執行機關特性、社會經濟與政治環境、執行者意向。

3. **史密斯（T.Smith）執行模式**：認為政策執行過程中，四項主要變數間互動情況，會影響政策執行結果：理想化政策、標的團體、執行機關、環境因素。

4. **郭謹（M.Goggin）、包緬（A.Bowman）、李斯特（J.Lester）與歐圖（L.O'Toole）** 提出「政府間政策執行溝通模式」，認為第一代為單一權威性決定以個案研究為重點，第二代為發展各種分析架構以指導對政策執行研究偏重理論，第三代藉解釋如何執行行為，會因時間、政策、機關差異有新的認識，並預測未來，屬理論與實務之整合。郭謹等人並在執行理論方面建構了「溝通模式」，將焦點至於聯邦及州政府之行政人員、立法人員、利益團體在動機與興趣上的個別差異，並以此類變數來預測並解釋執行行為及其影響。

（郭謹等人的政府間政策執行溝通模式）

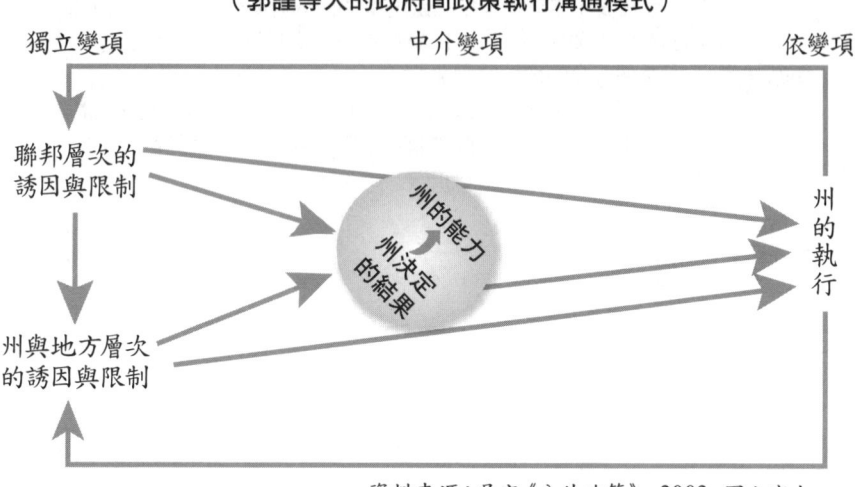

資料來源：吳定《公共政策》，2003，國立空大。

(七) **政策執行研究分類**：依政策執行主導權而分類：

1. **沙巴提爾（P.Sabatier）的政策執行途徑**：
   (1)**由上而下的政策執行**：指上行機關對於下行機關負起政策執行指揮監督的責任，而機關首長對部屬應採嚴密監督管制的態度，以達成預期的目標，如管制性與重分配性政策。
   (2)**由下而上的政策執行**：指政策授權給下級單位或部屬充分的參與，而上級單位或首長僅站在輔導的立場，較適合於自我管制與分配性政策執行。

2. **艾爾莫（R.Elmore）政策執行分類**：依政策執行方向而分類。
   (1)**向前推進策略**：其策略假定係政策執行是由運作過程中的上層人員所控制，此種策略涉及對政策意圖作明確陳述、明白界定政策執行過程中，各階層執行人員應當作些什麼。
   (2)**向後推進策略**：強調在執行政策時，最基層行政人員與服務對象間應有適當的相互關係。即在執行政策時，最基層執行人員就政策執行作法，由後向前、由下向上的推進反應與溝通。

(八) **影響政策執行成敗因素**

1. **全鍾燮（T.S.Jun）的政策執行不力因素歸納**：政策設計中使用錯誤理論、不必要的層級、缺乏交互主觀性對話、行政裁量權問題、缺乏法律順服、課責及評估的問題、管理技術過度使用及執行發展目標的問題。

2. **吳定的影響政策執行成敗分析**
   (1)政策問題所具特性。　(2) 政策規劃的合理程度。
   (3)政策合法化的周延程度。　(4) 執行者對政策目標共識的程度。
   (5)執行機關所具的特性。　(6) 機關組織間的溝通與執行活動的強化狀況。
   (7)政策執行的監督情況與標的人口順服政策的程度。
   (8)政治、經濟、社會、文化、法規等環境因素情況。

(九) **政策執行工具**：將政策目標轉化成具體政策行動所使用的工具或機制。依據魏瑪與文寧（D.Weimer & A.Vining）分析，政府機關所使用的政策工具可歸納為五類：

1. **市場自由化、便利化與模擬化**：包括民營化、政府分配現有財貨或以拍賣方式提供財貨等。

2. **利用補貼與租稅方式改變誘因**：包括供給面的徵收貨物稅與關稅、給予配合款與租稅減免。需求面的現金給付、發給抵用券與加收貨品稅與使用者付費等。

3. **設定規則**：包括「民法」與「刑法」相關規定及物價管制、產量管制等。

4. **經由市場機制提供財貨**：包括直接由政府機關供給與直接簽約外包或間接外包。

5. **提供保險與保障**：包括強制保險與補助保險與物資儲存、過渡期補助、弱勢團體補助。

史耐德（Anne Schneider）和英格恩（Helen Ingram）提出克服政策不順服的工具類型：

1. **權威型工具（authority tool）**：假定機關或政策標的對象，對從屬關係的法令規定具有服從性。主要透過聲明文件、或訴諸公權力，使其服從。例如：行政命令、法規。

2. **誘因型工具（incentive tool）**：假定標的團體的行為動機乃基於理性計算，誘因是改變其行為動機的必要措施，例如：激勵或處罰。

3. **建立能力型工具（capacities building tool）**：認為政策誘因之有無並非關鍵，反而是政策相關行動或做決策時需要的資訊、技巧或其他資源不足，才是障礙的來源。因此，應專注於政策工具是否有助於強化標的團體回應政策的能力，例如：教育訓練、技術、協助、資訊。

4. **符號和勸勉型工具（symbolic and horatory tool）**：假定一旦標的團體認知、認同政策所提倡的行為和目標和於其價值理念信仰時，自然會遵守該特定行為。強調仰賴政策所訴諸的價值理念等象徵性符號，使標的團體願意順服特定行為，例如：公告、演講或公關活動。

5. **學習策略型工具（learning tool）**：假定機關和政策標的對象具有行為學習的能力。學習型工具在提供標的團體參與觀察問題解決過程並且鼓勵或要求機關從正式評估、公聽會及促進互動關係的制度安排經驗中吸取教訓。

(十) **我國政策執行主要缺失與改進之道**

1. **主要缺失**：執行機關本位主義、多元執行機關、立法從嚴執法從寬觀念、利益團體及民意代表不當介入、執行人員執行不力、未堅持公平與合理執行原則。

2. **改進之道**：(1)提高標的人口對政策執行的順服度；(2)加強執行機關間溝通、協調與整合；(3)發揮執行機關特性與人員士氣；(4)加強政策執行監督工作；(5)妥善運用領導與管理技術；(6)改善政策執行系統因素；(7)積極推動行政革新工作；(8)調整行政組織、釐清各級行政機關名稱；(9)明確權責劃分並強化決策機構。

五、政策監測與政策順服

(一) **政策監測**：製造公共政策因果關係資訊的政策分析過程，透過政策監測活動，可使政策分析人員描述政策計劃實施情況與結果關係；亦即描述與解釋公共政策執行情形。

1. **監測內容**：
   (1)**政策行動**：包含政策投入、政策程序。
   (2)**政策結果**：包含政策產出、政策影響。

2. **功能**：順服、審計（所提供資源是否真正達到標的人口）、會計（在政經社會各方面改變程度）、解釋功能。

(二) **政策順服**：政策執行有關人員或機關，願意正面接受、配合推動政策，而表現出順服或不順服態度。

1. **順服原因**：因政治社會化的緣故、政策制定合法化的緣故、衡量成本利益、經過理性考慮、基於私利考量、避免遭受懲罰及情勢發生變遷緣故。

2. **不順服原因**：因政策內容與社會價值觀念衝突的緣故、受同輩團體社會化緣故、受大眾傳播媒體影響、貪圖一時方便、個人選擇性認知與政策內涵混淆不清的緣故。

3. **提高順服政策作法**：(1)採取教育與說服的策略；(2)採取宣導的策略；(3)執行機關展現貫徹政策的決心與信心；(4)採取積極獎勵措施，如物質或精神上獎勵；(5)採取消極懲罰措施，如課以罰金、吊銷執照；(6)進行必要的溝通工作。

牛刀小試

1. 我國行政機關在執行公共政策上的主要缺失為何？如何改進？試申論之。
2. 何謂「政策順服」？標的人口不順服之原因為何？
3. 執行力已成為熱門之課題，試舉一則政策執行的相關學理予以詳述並加以評論。【高三】
4. 行政機關推動政令要有「執行力」，試問構成「執行力」之具體內容為何？試申論之。【國軍】
5. 試舉一例討論說明：影響政策執行成敗的主要因素。【原三】
6. 公共場所禁止吸菸的政策可糾正那一種市場失靈的現象？請說明。除強制禁菸外，還有那些政策工具可以糾正此一市場失靈現象？試比較這些不同政策工具的效果。【101地三】

六、政策評估

指利用科學方法與技術，有系統的蒐集相關資訊，評估政策方案之內容、規劃與執行過程、結果之一系列活動。目的在提供選擇、修正、持續、中止政策方案所需資訊。

(一) **目的**

1. **消極目的**：(1)為遲延作成決定；(2)為已預先作成的政策進行辯護；(3)支持其不作決策立場，並規避應負責任；(4)利用評估結果作為炫燿工作績效之手段；(5)為符合要求經費補助之附帶要求；(6)為掩飾其政策失敗或錯誤。

2. **積極目的**：(1)作為比較各替選方案優先順序的根據；(2)作為繼續或停止執行政策參考；(3)作為改善政策執行程序與技術的根據；(4)作為其他機關或推動類似政策參考；(5)作為分配各競爭政策資源的根據；(6)作為接受或拒絕某一政策所涉及途徑或理論的基礎；(7)作為累積政策研究相關知識的根據。

(二) **功能**：能提供有關政策績效之可靠及有效資訊、有助澄清與批判選擇目標所依據價值觀、其他政策分析方法之應用。

(三) **種類**

1. **吳定觀點**：

(1) **預評估**：對政策在規劃階段進行評估，試圖瞭解該政策的「預期影響」及「預期效益」，以作為修正政策內容用途。預評估包含三項評估工作：

　　A. **規劃評估**：對各種替選方案之可行性、成本、利益與影響等進行評估。

　　B. 可評估性評估：指政策在執行一段時間後，對其執行狀況及初步結果加以評估。

　　C. 修正方案評估：對已修正的政策方案再進行評估。

(2) **過程評估**：對政策問題認定的過程、政策方案規劃的過程、政策合法化的過程與政策方案執行的過程進行評估的意思。

(3) 結果評估：指對政策執行之後結果加以評估之意。包括：產出評估及影響評估。

2. **派頓與沙威奇觀點**：將政策評估區分為四類：

(1) **事前政策分析**：評估此些方案符合標準的程度，並比較其相對利益與成本。

(2) **政策維持**：涉及對已執行政策或方案的分析，以確保其能如原先設計地執行。

(3) **政策監測**：涉及政策或方案執行後，記錄主要變數之變化過程。

(4) **事後政策評估**：涉及對政策是否達成目的，以及政策是否繼續、修正或終止的分析。

3. **唐恩評估目標觀點**：將評估研究分為以下三類：

(1) **虛擬評估**：係應用描述性的方法，產生可靠而有效的政策成果資訊，而不考慮成果對社會價值。

(2) **正式評估**：根據決策者所正式宣布的目標作為評估研究的基礎，使用一些描述性的分析方法而產生有效的政策成果資訊。

(3) **決策理論評估**：著重多元利害關係人觀點的政策評估，旨在凸顯政策利害關係者的顯性與隱性目標，再根據多元目標予以評估。

(四) **標準**：根據唐恩（W.Dunn）與波伊斯特（T.Poister）見解，主要有下列六項標準，可為各類政策之共同評估標準，即：效率性、效能性、充分性、公正性、回應性與適當性。

效率性	政策產出與使用成本的關係。
效能性	政策方案達成預期結果或影響程度。

充分性	政策執行後，消除問題的程度。
公平性	政策執行後，導致與該政策有關社會上資源、利益及成本公平分配的程度。
回應性	政策執行結果滿足標的人口需求、偏好或價值程度。
適當性	政策目標的價值如何？對社會是否合適？政策目標所根據的假設的穩當性如何？

(五) **政策評估步驟**
　1. **確定評估目的與評估者**：(1)確定評估目的；(2)決定由誰進行評估。
　2. **選擇評估資料的蒐集方法**：(1)檢視方案執行的紀錄；(2)採取訪問法，針對決策者、執行者與標的人口等；(3)採取問卷法，可設計結構與非結構問卷題目；(4)採取觀察法。
　3. **進行政策執行結果的比較**：將實際結果與未執行方案可能產生的結果加以比較。
　4. **處理評估結果**：唐恩（W.Dunn）認為處理評估結果可採以下四種方式：政策方案的調整、政策方案持續、政策方案的終止、政策方案的重組。

(六) **政策評估方法**：美國學者古巴與林肯（E.Guba & Y.Lincoln）根據時間演進將評估研究演進分成四代探討：

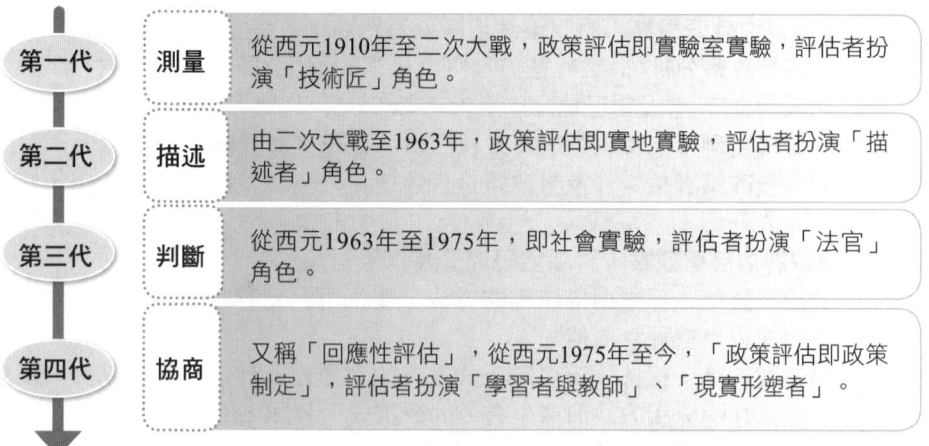

第一代	測量	從西元1910年至二次大戰，政策評估即實驗室實驗，評估者扮演「技術匠」角色。
第二代	描述	由二次大戰至1963年，政策評估即實地實驗，評估者扮演「描述者」角色。
第三代	判斷	從西元1963年至1975年，即社會實驗，評估者扮演「法官」角色。
第四代	協商	又稱「回應性評估」，從西元1975年至今，「政策評估即政策制定」，評估者扮演「學習者與教師」、「現實形塑者」。

(七) **政策評估限制**
　1. **執行上的困難**
　　(1)政策方案與實際產生影響間之因果關係，不易確定。
　　(2)政策的影響或衝擊，常是廣泛分散而不易評估。
　　(3)政策評估所需之資料不易取得。
　　(4)有時政府機關未必支持。

2. **應用上限制**
   (1) **資訊特色**：若能轉為明確報告較易受決策者採納。
   (2) **研究形式**：時間限制下，評估結果能維持科學方法與品質。
   (3) **問題結構**：政策目標、方案及政策後果是否具一致共識。
3. **政治與官僚結構**：大多數決策者與官僚組織傾向於接受保守的評估結果。
4. **利害關係人的互動**：政策分析牽涉多方的利害關係人，其間的互動會影響評估資訊的生產、轉換與應用。

牛刀小試

1. 何謂政策評估？其消極目的與積極目的為何？試分別說明之。
2. 政策評估可大致分為預評估、過程評估及結果評估三類，試分別說明其內涵。又政策評估的一般標準有那幾項？其概要為何？
3. 政策執行後，必須進行評估，請說明「結果評估」的內涵？又各類型政策的共同評估標準有那些？請簡述之。

七、政策運作議題

(一) **民意與政策運作**：民意乃指某一特殊人群在某一特殊時間對某一特殊公共事務所表示的意見。可概略區分為特殊民意，如政黨、利益團體、有組織的大眾傳播媒體；或一般民意係指由個人所表示的意見。

1. **特性**：民意的形成受到一定的人員、時間、空間等因素的限制。一般而言，民意具有以下幾項特性：

特性	說明
複雜性	同一個問題可能有不同的意見發生，有人贊成，有人反對亦有人中立，且所表示的強度又各有不同。
多變性	民意會隨著時間及空間變化，而改變其支持的方向及強度。
不普及性	在任何社會中，並非人人均關心政治及瞭解問題，故許多人無法表示意見。反之，有許多人卻對不知道的事表示知道，並提出意見。
不一致性	在社會上有許多人對於相關問題或類似問題所表示的意見前後並不一致。
不可靠性	有許多人對某些問題的意見並不可靠，因常出現言行不一致的情形。
潛在性	社會中存在某些平時並不表現的潛在民意，只有在某種事件發生後或政府採取某種政策後才表現出來。
容忍性	真正的民意是多元的，亦即可以包容不同意見的表達。

2. **表達方式**：可分為直接表達及透過特殊議題投票、選舉、民意調查、投書、請願、抗議、示威、遊行、罷工等。另一方式為間接表達即將本身看法或訴求向大眾傳播媒體、民意代表、政黨、利益團體、候選人及意見領袖等表示。

3. **影響**：民意可對政策運作過程中每個階段產生重要影響。如公共問題提出、引導政府機關設計政策方案、合法化階段扮演競爭、批判與壓迫角色，到執行階段則扮演配合、監督與批評角色等。而政府機關決策者或政策執行人員，如認為有必要，則可透過行政首長講話、記者會、大眾傳播媒體報導評論等方式，以影響沉默大多數民眾的看法。

4. **探求民意作法**：可透過民意調查、彙整媒體民意、彙整分析候選人政見、辦理座談會、辦理展示會、舉辦說明會、舉辦公聽會或舉辦社區論壇等方式進行。

(二) **自力救濟與政策運作**：係指一群有組織的個人或團體，覺得期望的權益、目標或情況與目前所獲得或未來可能獲得的權益、目標或情況間存在顯著的差距，而採法制外集體訴求或聚眾抗議方式，如示威、遊行、暴動等，向政府提出縮短差距要求的群體行為。

1. **形成原因**：大部份係因政府機關於解決問題之政策運作過程中，作法不當引起。而最容易引起的導火線，可能來自「鄰避情結，NIMBY」是一種「不要建在我家後院」的心理情結與政策訴求。

2. **減少作法**
   (1)政策應適時並正確反映環境需要。
   (2)應讓標的人口適當參與政策運作過程，相互瞭解並爭取配合。
   (3)應慎重選擇政策方案。
   (4)應讓政策運作過程參與者適切互動。
   (5)應使政策方案內容周延可行，以減少抗拒。

(三) **利益團體與政策執行**：利益團體為一群具有共同目標或利益者所組成，以向他人、其他團體或政府機關提出主張，以達成其目標或利益的組合體，又時亦被稱為「壓力團體」。

1. **正功能**
   (1)利益團體的活動可提供行政及立法機關決策者必要資訊與民情，以利其制定符合民意並實際可行政策。
   (2)利益團體的活動可補救「區域代議制」之不足。
   (3)有別於傳統的政黨政治提供另一種選擇，可擴展了政治參與範圍。
   (4)可達制衡政府的權力。
   (5)藉政府與人民溝通管道提供，使輸出入一致，助於維持經濟穩定。

2. **反功能**：
   (1)易造成政治不平等。
   (2)其關心特定而非普遍議題，係屬少數人利益。
   (3)所實行不具法律效利權力，領導者常不具公共責任感。
   (4)其影響力不受公共監督，易傾向使政策過程封閉化。
   (5)使社會變得無法治理。

3. **類型**：根據艾爾蒙（Almond）的分類：

(1)機構的利益團體：存在於政府中，如政府部會。

(2)非組合的利益團體：非正式溝通組織，如加拿大魁北克的法裔。

(3)失序的利益團體：非常態政治以爭取利益，如恐怖、革命行動。

(4)組合的利益團體：有定式的組織化行動。

4. **主要活動方式**：進行宣傳、協助競選、草擬法案、進行遊說、請願活動、遊行活動、罷工活動、示威暴力、與政黨建立關係、不合作運動。

(四) **公民參與與政策運作**：指人民或民間團體基於主觀的認知與實踐，對於政府行動及政策可得充分資訊，並有健全參與的管道。

1. **參與方式**：公民參與公共事務方式通常有投票方式、請願方式、訴願方式、集會遊行、怠工罷工及消極抵制、意見表達。

2. **具體作法**

(1)與民眾進行良性互動並獲取人民信任。

(2)尊重民眾「知」的權利，向人民提供充分公共事務資訊。

(3)提供民眾充分參與的管道，使之能有理性表達機會。

(4)塑造「公民社會」，亦即以公民權利為基礎，可讓公民發揮自主性及參與性的社會。

(五) **大眾傳播媒體與政策運作**：傳播媒體對民意形塑及匯集居功厥偉，其影響力無遠弗屆，常扮演政策運作關鍵角色，包括報紙、雜誌、廣播、電視等。其主要功能有：作為民意的表達者、民意的形塑者、民眾與政府間的溝通橋樑、民眾的教育工具、政府施政與官員作為的監督者。

(六) **智庫（Think Tank）與政策運作**：美國為智庫最發達的國家，於西元1878年成立的全國社福會議，及1907年成立的羅素基金會即為智庫先驅。智庫係指從事公共政策研究、分析，並向顧客提出政策建議的非營利組織，主要權責在於針對當前重要的內政、外交問題，進行分析研究，甚至在問題尚未發生前，適時提出預警以為因應，其經費主要來源為政府機關、民間企業委託研究、出版或捐贈等收入。

1. **種類**：

(1)**官方智庫**：隸屬於政府及其職能部門或作為最高行政首長之智囊團。

(2)**半官方智庫**：其可能採取的形式有：

A. 由政府出資支持重點研究課題，將研究工作納入政府服務機制。

B. 政府透過研究機構簽訂合同，作特定項目之服務。

C. 智庫與政府有關機構有對應關係，直接為其提供諮詢服務。

(3)**民間智庫**：係由民間發起，得到基金會或公司企業的經費贊助之社會性政策研究機構。根據威佛（Weaver）分類共有三種：

A. **無大學生之大學**：此智庫不招生亦不授予文憑，旨在傳播特定的概念，塑造政治精英輿論，如「布魯金斯基金會」、「胡佛研究所」。

　　　　B. **承包型研究機構**：通常以公司型態出現，為顧客從事政策研究，其研究報告僅供顧客參考，而不對外發表，如美國國防部所承包之蘭德公司。

　　　　C. **倡導型之智庫**：通常是以鮮明的政治立場、明確的政策和政黨色彩，相當重視政策行銷，如美國華府的傳統基金會。

　　(4)**國際智庫**：係由不同國家學者官員所組成，以國際問題為研究對象，如環保、人口控制、資源利用、醫療衛生等。

2. **功能**：智庫被譽為「影子政府」，足見其影響力，其功能如下：

　　(1)**倡導政策理念**：智庫可發展新的政策問題，並提出新的政策理念。

　　(2)**塑造公共輿論**：智庫常自許為「公共教育推動者」企圖影響公共輿論。

　　(3)**設定政策議題**：智庫在「系統議程」階段常提出特定的公共問題，導致新政策形成。

　　(4)**提供政策建議**：在「政府議程」經常提出具體的政策建議及可行方案。

　　(5)**政策行銷**：智庫成立宗旨在於「影響政策及推動改革」。

　　(6)**儲備政府人才**：智庫素有國家人才培養所之稱。

(七) **選舉與政黨與政策運作**：選舉與政黨為民主政治的二大基石，亦可謂民主政治的主要特徵，具有極大的影響力。

1. **選舉**：為公民集體意志表達之工具。根據熊彼得（J.Schumpeter）看法：民主方法係指達成政治決定的制度安排，個人透過競爭性之爭取民眾選票方法，以獲取決策權力。因此，選舉象徵著統治的合法性，其功能有：決定國家主要執政者及政策取向、提供公民參與管道、作為社會動員與政權合法化工具、作為民主政治教育的機制。

2. **政黨**：政黨乃是一個目的在控制政府人事及政策的大規模組織，為當代政治生活的普遍現象。

　　(1)**特色**：為人民基於相同信念組成社會團體、為蒐集反映民意媒具、主要目的在控制政府、為推動國家政治與行政運作重要動力。

　　(2)**功能**：組織與再教育選民、提名候選人並支持其當選、溝通人民與政府間的關係、藉相互監督制衡促進民主政治負責有效、爭取執政掌握控制政府。

牛刀小試

1. 政府為推動各項政策必須廣徵民意做為參考，試說明民意的意義、特性及探求民意的方法。

2. 政府機關如要減少民眾抗爭行為（或自力救濟活動），應有那些作法？試就行政人員心態及制度面析論之。【北基四】

3. 利益團體係行政運作的一項「投入」要素，它具有何種功能？其主要活動方式有那些？試分別敘述之。

4. 何謂智庫？其功能為何？

八、政策行銷

係指政府機關及人員採取有效的行銷策略與方法，促使內部執行人員及外部服務對象，對研議中或已形成之公共政策產生共識或共鳴的動態性過程。

目的	在增加政策執行成功的機率、提高國家競爭力、達成為公眾謀福利目標。
功能	可提升公共政策執行能力、建立政府良好的公共關係、促使公共政策成為商品化。
步驟	市場定位必須清楚、釐清認定標的人口、市場區隔、確定推銷手段與策略、適應社會政治環境的限制。
原則	清楚瞭解行銷策略基礎、決定行銷資源、設定買方或賣方角色、能與其他產品區隔、勇於思考創新工作。

牛刀小試

何謂政策行銷（policy marketing）？試任舉一項政策或方案，擬定一項政策行銷計劃。
【國軍一】

九、公共政策相關專有名詞

(一) **政策困窘**：由愛德華（ G.Edwards）與夏肯斯基（I.Sharkansky）提出，公共政策制定與執行係為解決各種問題，為人民帶來期望福祉，但事實並不盡然，政策常常會產生不願意看見的困境。

(二) **被擄獲的機關**：利益團體一方面向行政機關爭取權益，一方面支持該機關在此種相互利用、相得益彰情況下，行政機關遂為利益團體所控制，成為俘虜並儘量回應其需求。

(三) **共同悲劇**：由哈丁（G.Hardin）提出，任何公共財如缺乏有效的管理，每個人便會盡量使用而不管他人行為會帶來如何的「外部性」問題，最後結果往往是災難性的。

(四) **以腳投票**：指公民可以隨時遷移到最能滿足其服務與需求之地方去，藉此可增加各地方政府間相互競爭。

(五) **統合主義**：指一種利益表達系統，在此系統中每個構成部分，被組合成各個具有獨特性、強制性、規範性、非競爭性、層級節制性及功能分化少數類別團體。

(六) **搭便車問題**（Free Rider Problem）：公共財之製造及使用，常有人有不勞而獲卻享受成果之問題發生。

(七) **鄰避情結**（NIMBY）：一種「不要建在我家後院」的心理情結與政治訴求。

　　1. **主要內涵**

　　　(1)它是一種全面性的拒絕，認為有害於生存權與環境權的公共設施或企業建設的態度。

　　　(2)鄰避態度與行為的產生，基本上是環保主義意識抬頭與環保人士主張的結果。

(3)鄰避態度的產生及後續行動發展，不必具有任何技術面的、經濟或行政面的理性知識，基本上它是情緒性、價值判斷的反映。例如不論是垃圾掩埋場、垃圾焚化爐、火力發電廠、石化工廠、核能發電廠等，均為利害關係人拒絕之列。

2. **原因**：不外乎是心理因素、公平性問題、環保意識抬頭、對政府失去信心或為爭取更多權益。

3. **對政策運作影響**

(1)顯示政策制定過程僅重視專家決策而忽略民眾意見。

(2)社區民眾與政府公權力間出現信任危機。

(3)民意代表介入造成泛政治化。

(4)經濟建設延滯，政府施政能力備受考驗。

4. **解決策略**

(1)應瞭解其反對原因。　　　　　(2)提高民眾對鄰避設施接受程度。

(3)健全鄰避設施相關配套。　　　(4)化解當事人不滿的情緒。

(5)運用社區參與策略。　　　　　(6)建立「政策論壇」機制。

(7)採取強制干預行動。　　　　　(8)落實回饋金的運用。

(八) **團體盲思**（Groupthink）：某一團體因具高度的凝聚力，在討論問題時壓抑個人獨立與判斷能力，最後使團體產生錯誤不當決策。

(九) **政策窗口**：係由金頓提出，當「問題流」、「政策流」及「政治流」三者匯流便是政策窗口開取契機，提供倡導者推動偏好解決方案機會。

(十) **政策原湯**：由金頓提出，指政策替選方案產生，如物競天擇道理，不同理念與其他不同理念在交互激盪下結合再結合。

(十一) **包裹立法**：立法機關把數個欲修訂或廢止的法律，置於同一法案內，作整合處理。

(十二) **肉桶立法**：立法機關決議撥款補助地方建設計劃，但實際上該計劃往往是不需要的，只因該地區所選出的民意代表，為了下一次選舉，刻意討好選民，乃提案予以補助。

(十三) **滾木立法**：立法人員彼此間以投票贊成或反對提案方式，取得互惠式同意，為立法機關之陋規。

(十四) **日落立法**：立法機關定期檢視特定法案或特定機關運作狀況，以決定是否存續或宣告死亡的一種機制。

(十五) **陽光立法**：應用於促使政府機關的會議，向社會大眾公開的一個通稱。

(十六) **政策網絡**：某特定政策議題所形成的不同政策領域間的互動關係。

(十七) **政策社群**：指一群來自政策網絡當中，彼此分享共同政策焦點的行動者與潛在行動者，其對於政策知識與關心的焦點，相當一致，以致於形成凝聚力的團體。

(十八) **政策變遷**：在政策過程中經過評估階段後，政策今後可能取向，包括「政策持續下去」、「政策被終結」、「政策被取代」情形。根據哈務與彼得斯（Hogwood & Peters）歸類其類型有：政策創新、政策維持、政策繼續、政策終結。

(十九) **民間融資提案（Private Finance Initiative, PFI）**：指的是政府與民間以長期契約方式約定，由民間投資興建公共設施，營運期間政府再向民間購買符合約定品質公共服務，並給付相對費用。

(二十) **促進民間參與公共建設**

民間機構參與公共建設有以下幾種方式：

1. BOT（Build**興建**；Operation**營運**；Transfer**移轉**）：政府提供土地，由民間機構投資興建並營運，營運期滿，再將該建設所有權移轉給政府。

2. BOO（Build**興建**；Operation**營運**；Own**擁有**）：配合國家政策，民間機構自備土地及資金興建營運，並擁有所有權，業者可享減免稅及優惠融資等好處，相對要提供回饋條件，例如雇用在地員工等。

3. BTO（Build**興建**；Transfer**移轉**；Operation**營運**）：由民間機構投資新建完成後，政府取得所有權（無償或有償），並由該民間機構營運；營運期間屆滿後，營運權歸還政府。

4. ROT（Reconstruction**重建**；Operation**營運**；Transfer**移轉**）：政府舊建築物，由政府委託民間機構或由民間機構向政府租賃，予以擴建、整建、重建後並營運，營運期滿，營運權歸還政府。

5. OT（Operation**營運**；Transfer**移轉**）：政府投資興建完成，委由民間機構營運，營運期滿，營運權歸還政府。

牛刀小試

1. 縣政府在鄉下興建「垃圾衛生掩埋場」、「焚化爐」、「火葬場」，每每遭遇到鄉民嚴屬的抗爭抵制，試申論其理由。【國軍二】
2. 試解釋「鄰避情結」的含義，請舉我國一項實際政策為例，說明鄰避情結對政策制定過程的影響，以及如何減少它的負面影響？【國軍二】

重要註解

【註一】政策制定理論的應用：

　　1. 漸進決策較適合於分析預算政策。
　　2. 系統決策較適合於分析環境資源分配政策。
　　3. 混合掃描決策較適合於分析就業政策。
　　4. 理性廣博決策較適合於分析福利與消滅貧窮政策。
　　5. 精英決策較適合於分析民權政策。

6. 競爭決策較適合於分析國防與外交政策。

7. 團體決策較適合於教育補助政策。

8. 機關決策較適合於分析都市管理政策。

【註二】「組織化失序」特徵為：

1. 有問題的偏好：一種觀念鬆散聚合。

2. 不明確技術：產生見樹不見林的限制。

3. 流動式的參與：組織決策過程無法一氣呵成。

鑑往知來

1. 1951年美國學者賴那（D.Lerner）與拉斯維爾（H.Lasswell）合編《政策科學：範圍與方法的新近發展》一書，被公認為是公共政策研究的濫觴。

　　【90初、92地、94初、95普、106地】

2. **戴伊**（T.Dye）對公共政策界定：「政府選擇作為或不作為的行動」。

　　【初高障、91原、93高、94地、95地、100原、101地、103身】

3. **伊斯頓**（D.Easton）表示「公共政策是指政府對社會價值所作權威性分配」。

　　【90初、91原、92地、104普】

4. **政策分析**：解釋不同政策之原因與結果的活動，注重公共政策因果關係。

　　政策倡導：規範政府去追求被視為好的政策活動，主要針對本質、目的、價值、理念進行討論、建議與批評。

5. **寇樂門報告**（Coleman Report）：學生的家庭背景和學習態度與學生的學習成就有密切關聯。【93地】

6. **3R**：回應、代表、責任。**4R**：回應、代表、責任、可靠性。**5R**：回應、代表、責任、務實性、可靠性。【90初、94初、98初】

7. **零和賽局**：政策制訂執行後，常會使既得利益者，失去其利益，故易招致極大反抗。

　　(1) **管制性政策**：政府機關設立某種特殊原則或規範，以指導或約束機關、標的人口之特殊行動。如環境保護、騎機車應戴安全帽。

　　(2) **重分配性政策**：政府機關將既得利益者之利益予以解除或將某標的人口之利益轉移給另一標的人口享受政策，往往會造成財富、地位、權力重分配。如綜所稅的累進稅率、課徵證交稅。

　　以上兩者適用於由上而下的政策研究途徑。

　　【90普、91普高、93初普高、94初原、95身、96原、99初、100原、101原、102普原、103普、106地、107普地、109地】

8. **非零和賽局**：政策制訂執行後，不致造成一方所得、另一方損失之情形可能雙方均同時獲利或同時損失政策，故不易招致激烈抗拒。

　　(1) **分配性政策**：主要考慮如何滿足各方需求使利益或成本分配較適當，如勞健保、失業救濟、加入WTO補助農民農產品補助。

(2) **自我管制政策**：政府機關對某標的人口活動僅予以原則性規範，而由該標的人口自行決定活動進行方式。如農產品殘餘農藥檢驗、大學教授治校。

以上兩者適用於由下而上的政策研究途徑。【90普、91高基、92高地、94地、100原、103高、104地】

9. **政策分析五步驟**：政策問題形成→政策規劃→政策合法化→政策執行→政策評估。【90初、92地、96初、107普、109地】

10. 根據**伊斯頓（D.Easton）系統理論最易說明政治複雜性與動態性，被形容黑箱過程的為轉換過程**。【96原身、97初】

11. **次級資料分析法**：又稱文件分析法或文獻探討法係蒐集政府機關或民間機構曾發表之政策運作資料加以分析研究。【91基、92高、95普】

12. **非決策或扼阻性決策**：是指政府、執政黨或政治優勢群體，經由對社會重要價值、迷思、政治制度及程序之操控，將政府實際決策範圍侷限於安全無害之議題。政府對其反對的敏感性公共問題，採取壓抑措施，使其無法進入政策過程，此現象巴契哈契和巴拉茲（P.Bachrach & M.Baratz）稱之為「**權力的第二面貌**」。【90地退】

13. **權力在政策形成過程**：可以三種面向觀察：權力的第一面向為「**控制行為**」；權力的第二面向為「**抑制行為**」；權力的第三面向為「**命令不行動行為**」。

14. **政策問題類別**：結構良好的問題—可採理性廣博決策途徑；結構中度的問題—可採混合掃描與滿意決策途徑；結構不良的問題—可採政治性漸進性決策途徑。【96身、97地、98身原】

15. **卡普蘭（A.Kaplan）提出政策規劃七原則**：緊急處理、人民自主、公正無偏、個人受益、持續進行、分配普遍、弱勢組群利益最大化原則。【91普基、92地、93高、94原、100身、101普、105原、106地】

16. **公共選擇模式**：係將公共視為政府功能的消費者，認為政府職能乃在提供一個安全秩序的環境，好讓個人依功利理性自由地追求自我利益，故其核心價值為利己。【91基、92初、93初、94初、100身】

17. **戴伊**提到：「公共政策乃是利益團體競爭後的均衡。」

18. **理性程度高低排列**：政治→漸進→垃圾桶→混合掃描→滿意→理性廣博。【91普、92初原地、93初、94高、95原、96身、100初】

19. **政治性決策途徑**：大多數政策、計劃、方案，基本上由政治、學術、經濟、社會上居優勢地位者互動所制定出來，理性程度最低。【91普、93地】

20. **漸進決策途徑**：林布隆（C.Lindblom）所提倡，即新政策只是對過去政策作某些漸進修正，故被稱為「**枝節的途徑**」。適用於分析預算政策，為最符合人性或承平社會所採用的決策途徑。【90初普、91基普、92初普地、93初地、94初、95原身、96特、97身、107普、110地】

21. **理性廣博決策途徑**：古典經濟學家所倡導，假設人類為「經濟人」。決策者能夠蒐集完整資訊，對問題解決方案，作周詳理性考慮後，制定最佳決策，被稱為「**根本的途徑**」。【90初、93高、95身、97原、108普】

22. **綜合（混合）掃瞄決策途徑**：艾賽尼（A.Etzioni）所提倡，由理性廣博途徑與漸進途徑綜合而成。【91普、92初、93原地、94身地、97身、102地】

23. **滿意決策途徑**：賽蒙（H.A.Simon）所提倡，反對「經濟人」觀點，認為決策者不具備完全理性，是有限理性的「行政人」，只能追求滿意的或足夠好的決策。
【91高普、92初身普、93初、94高普身、95普原、96初退、97初原、98普原、100原】

24. **垃圾桶決策模式**：由柯漢（M.Cohen）、馬區（J.March）、歐爾森（J.Olsen）強調決策作成是隨機組織，認為組織決策過程，通常無法如理性決策途徑所言，確定情境下運作。其意涵指在高度的非理性且偶然過程中，一個決策的作成，很可能係由一群鬆散結合的「決定參與者」，在某一偶然的「決定機會」中，發現某一「行動方案」恰巧適合於某一問題解決，這個決策行為就像一個裝有各種垃圾桶中隨機抽取完成一樣。【91普原、93初普、94特、95初、97身、110普】

25. 「**組織化失序**」具備有問題的偏好、不明確技術、流動式的參與特徵。【110地】

26. **政治可行性**指政策方案應考慮標的人口看法及其態度，如台中港拜耳設廠因公民反對而作罷。【93高、96初、107地】

27. 「**徒善不足以為政，徒法不足以自行**」最能代表公共政策運作過程中之「政策執行」階段。【90初、91高、92地、94初、95身】

28. 「**失落聯結**」：許多政策失敗的關鍵，總是偏偏在執行的環節出了差錯。衛達夫斯基（A.Widavsky）與普瑞斯曼（J.L.Pressman）1973年著《執行：華府的偉大期望如何在奧克蘭破碎》一書提出。【92初】

29. **非強制性之行動**：指非利用法律制裁、懲罰、剝奪權益方式使標的人口順服如早期違反交通規則的道安講習或公佈姓名。

30. **愛德華三世**（G.EdwardsIII）：在《執行公共政策》書中提出政策執行力模式，涵蓋四項主要變數：溝通、資源、執行者意向、官僚結構間互動。【91基、96初、102原】

31. **政策順服**：政策執行有關人員或機關，願意正面接受、配合推動政策，而表現出順服或不順服態度。【92高、96薦】

32. **政策監測**：製造公共政策因果關係資訊的政策分析過程，透過政策監測活動，可使政策分析人員描述政策計劃實施情況與結果關係；亦即描述與解釋公共政策執行情形。其內容分為：(1)**政策行動**：政策投入與政策程序；(2)**政策結果**：政策產出、政策影響。【90普、91普基、93地、94初】

33. **政策評估種類**：預評估（規劃評估、可評估性評估、修正方案評估）、過程評估、結果評估（產出、影響評估）。【91普、92地、94地、95高、97身、104普、109地、110普】

34. **古巴與林肯**（E.Guba & Y.Lincoln）：將政策評估階段分為衡量、描述、判斷與協商四個階段。【91普、92高、93初普高、94高、95普高、104高】

35. **衛達夫斯基**：認為為達「向權貴說真理」，政策評估最好方式為自我評估，而促使政策評估快速興起背景為，詹森總統推行「大社會計劃」。【91普、93普、96初】

36. **搭便車問題**（Free Rider Problem）：公共財之製造及使用，常有人有不勞而獲卻享受成果之問題發生。

37. **鄰避情結**（N3IMBY）：一種「不要建在我家後院」的心理情結與政治訴求，基本上是環保意識抬頭。

38. **政策窗口**：由金頓提出，當「問題流」、「政策流」及「政治流」三者匯流便是政策窗口開取契機，提供倡導者推動偏好解決方案機會。

39. **肉桶立法**：立法機關決議撥款補助地方建設計劃，但實際上該計劃往往是不需要的，只因該地區所選出的民意代表，為了下一次選舉，刻意討好選民，乃提案予以補助。

40. **滾木立法**：立法人員彼此間以投票贊成或反對提案方式，取得互惠式同意為立法機關之陋規。

41. **政客行動主義**：國會議員汲汲於提出問題、啟動政策，卻不在意執行及成敗評估。

42. **吸納**：在規劃過程中將標的人口中的反對領袖納入以減少未來政策時可能受到阻力的作法。

43. **成本利益分析法**：一種協助決策者對若干成本利益為基礎的替選方案中作選擇的系統方法，強調在一定條件下尋求最低的「投入」或最高「產出」。

　　成本效益分析法：源於1950年代蘭德公司，為應用於部份成本與效益無法應用在市場上價格衡量的計劃，如聲望、服務、無形影響力或對政府向心力等。

44. **審議式民主**（Deliberative Democracy）：或稱商議式民主，係政府採取各種社會對話方式，使公民參與公共事務，並經由審慎思辨的過程，對公共議題產生共識。【100身】

精選試題

(　　) **1** 《政策科學：範圍與方法的新近發展》一書發表，被認為是公共政策研究的濫觴，其作者為：　(A)戴伊（T.Dye）　(B)鍾斯（C.Jones）　(C)伊斯頓（D.Easton）　(D)賴納（D.Lerner）與拉斯維爾（H.Lasswell）。

(　　) **2** 那一位學者，將公共政策界定為「政府選擇作為與不作為之行動」？(A)鍾斯（C.Jones）　(B)戴伊（T.Dye）　(C)安德森（J.Anderson）(D)林布隆（C.Linblom）。

(　　) **3** 何人認為「公共政策就是政府對社會價值所做的權威性分配」？　(A)戴伊（T.Dye）　(B)鍾斯（C.Jones）　(C)伊斯頓（D.Easton）　(D)安德森（J.Anderson）。

(　　) **4** 下列何者非有效政府所應具備特質？　(A)可靠性　(B)代表性　(C)回應性(D)管制性。

( ) 5 政府規定「酒後不能開車」是屬於何種政策類型？ (A)管制性政策 (B)分配性政策 (C)自我管制性政策 (D)重分配性政策。

( ) 6 一般而言，證券交易稅屬於下列何種政策？ (A)管制性 (B)重分配性 (C)分配性 (D)自我管制性政策。

( ) 7 政府機關對某標的人口的活動僅予以原則性規範，而由該標的人口自行決定活動進行方式，是屬於下列那一種政策？ (A)分配性政策 (B)管制性政策 (C)重分配性政策 (D)自我管制性政策。

( ) 8 下列何者屬於「零和賽局」的政策？ (A)醫療政策 (B)交通管制政策 (C)社會福利政策 (D)人民團體管理政策。

( ) 9 人民若不支持某項政策，可透過反饋過程提出修正之要求，是屬於何種決策模式特點？ (A)理性模式 (B)團體模式 (C)系統模式 (D)漸進模式。

( ) 10 公共政策研究方法中，以蒐集政府機關或民間機構曾發表之政策運作資料來加以分析研究之方式稱之為： (A)觀察法 (B)問卷法 (C)晤談法 (D)次級資料分析法。

( ) 11 下列何者並非公共政策規劃的原則？ (A)分配特殊原則 (B)公正無偏原則 (C)個人受益原則 (D)人民自主原則。

( ) 12 何者提出：「最好的政策乃是為大多數的人製造最大數量的善」？ (A)金恩（J.King） (B)唐恩（W.Dunn） (C)邊沁（J.Benthan） (D)漢姆（C.Ham）。

( ) 13 由各種不同社會團體競爭所產生的均衡結果，是基於於何種政策制定理論基礎？ (A)競爭理論 (B)團體理論 (C)官僚議價模式 (D)公民參與理論。

( ) 14 在公共政策之決策理論中，那一種較適合於穩定承平之社會情境？ (A)政治決策模式 (B)滿意決策模式 (C)漸進決策途徑 (D)廣博理性決策途徑。

( ) 15 下列哪一決策途徑，認為人類是追求最大經濟利益的動物，所以面臨決策情境時，一定追求制定最佳的方案或計劃？ (A)垃圾桶決策途徑 (B)漸進決策途徑 (C)滿意決策途徑 (D)理性廣博決策途徑。

( ) 16 在政策方案決策途徑中，下列那項的理性程度最高： (A)漸進途徑 (B)滿意途徑 (C)混合掃描途徑 (D)垃圾桶決策途徑。

( ) 17 組織選擇採用垃圾桶決策模式，相對比較重視何種決策的技巧？ (A)隨機組合 (B)成本計算 (C)電腦語言 (D)效率效能。

( ) 18 愛德華三世（EdwardsIII）以「溝通、資源、執行者意向、機關結構」四個變項，建構其政策執行模式，請問俗諺「上有政策下有對策」是指哪個變項的問題： (A)溝通 (B)資源 (C)執行者意向 (D)機關結構。

（　）**19** 政策執行有關人員或機關，願意正面接受、配合推動政策，以求達到政策目標，此種情形稱之為：　(A)政策合作　(B)政策協調　(C)政策分工　(D)政策順服。

（　）**20** 古巴（E.Guba）與林肯（Y.Lincoln）將政策評估分為四代演進，第三代焦點為何？　(A)描述　(B)衡量　(C)判斷　(D)協商。

（　）**21** 政府在進行政策行銷時，應把握政策行銷原則，下列何項最不正確？　(A)公開原則　(B)順服原則　(C)誠信原則　(D)設身處地原則。

（　）**22** 下列有關審議式民主的敘述，何者正確？　(A)是一種以投票為中心的代議民主　(B)是由菁英專家主導的政治過程　(C)強調透過溝通說服來尋求公民間的共識　(D)由不同利益團體折衷妥協的結果。

解答	1 (D)	2 (B)	3 (C)	4 (D)	5 (A)	6 (B)
	7 (D)	8 (B)	9 (C)	10 (D)	11 (A)	12 (C)
	13 (B)	14 (C)	15 (D)	16 (B)	17 (A)	18 (C)
	19 (D)	20 (C)	21 (B)	22 (C)		

Note

第七章 行政環境

本章依據出題頻率區分，
屬：**B** 頻率中

行政環境對公共組織影響至鉅，逐漸為各國政府所重視，尤其在全球化潮流下，逐漸打破疆界藩籬，儼然已成地球村。「行政環境」關注一般與任務環境對政府行政運作的影響，並比較各國政府的行政系統。最後討論行政系統如何與外在環境互動，其中「公眾關係」（PR）已成為近年國考的焦點。

重點精要

公共行政環境是指直接或間接地作用或影響公共組織、行政心理、行政行為、管理技術與公共政策的行政系統內部與外部各種要素的總和。其構成極為複雜，形式多且關涉影響程度亦有不同。因此，具有複雜性、約束性、特殊性與不穩定性等特點。而依其關涉程度可將之區分為一般與運作環境兩大類。

壹 一般環境系絡

亦稱為總體環境，在系統理論觀點下，政府機關於推動業務過程中，每一個階段均深深受到各種環境因素之影響。它們可能是行政運作之助力，亦有可能成為阻力。而在諸多因素中，尤以自然、文化、社會、經濟、科技、法律、政治及國際情況等環境因素所產生的影響最為鉅大。茲分敘如下：

一、自然環境因素
指一個國家所處的地理位置和自然環境，包括地形、地勢、土壤、氣候、物產狀況甚至是人種等自然要素。

二、文化環境因素
係人類為求生存發展，在所處的自然條件基礎上，加上人類的智慧創思，所加工發明之物產，包括以物質為基礎的器物與技術，及維繫社會關係的種種規範，尤其是隱藏於人類內心的信仰、思維及價值觀和表現於外在的行為方式。
(一) **文化的意涵**：乃是一個團體、社會、民族、國家的成員於追求生存的過程中，為適應環境需要，以個別或集體方式，運用智力與體力，創造或累積而成的一切抽象或具體的製作，包括意識形態、風俗習慣、價值觀念、典章制度、器物成就等。因此，文化可以說是某一特定時空環境中之人們生活方式的總體現。

(二) **文化內涵**：主要內涵包括三大部份：

社會文化	為了生存需要，人類組成各種團體共謀生活，更利用語言文字建立各種法令規章、行政模式、人際關係、道德規範、風俗習慣等，作為大家共同遵循的行為準繩。 社會文化係以典章制度（institutions）為主軸。
物質文化	為謀求更好的生活，個人或集體透過創造或改良方式，產生各種器物，如機器、設備、建築、飛機、電腦、衛星等。 物質文化係以技藝知識（technologies）為主軸。
心智文化	人類經集思廣益的心智活動，創造發明了各種文學藝術、思想信仰、音樂美學、哲學知識等。 心智文化係以意識形態（ideologies）為主軸。

以上各種文化因素對形政機關的運作與公務員行為模式，會直接間接地產生重大影響。

(三) **行政文化**：指在某特定時空環境下，政府機關公務員與民眾對行政體系及運作所具有的理念、行為樣式、人際關係、生活方式及價值信念等。

三、社會環境因素

社會因素及其影響幾乎無所不包，涵蓋人口結構（如我國民國82年9月65歲以上人口占7%以上，正式進入「老人國、高齡化社會」的階段）、人民教育程度狀況、社會集會結社狀況（如我國民國76年解嚴後，各種政治、經濟、學術、宗教性社團如雨後春筍般增加）、社會階級流動狀況（貧富懸殊問題）、社會風氣狀況（笑貧不笑娼、金權掛帥）。

四、經濟環境因素

經濟環境因素包括一般經濟結構、公司企業比重、經濟制度、財金政策等，其因素涵蓋：工商農漁牧發展狀況、財政金融發展狀況、國際貿易發展狀況（區域與全球性貿易組織興起，如歐盟EU、亞太經合會APEC及世界貿易組織WTO）、社會福利與衛生醫療設施發展狀況、國民所得水準及分配狀況【「顧志耐指數越高」[註一]顯示貧富不均愈嚴重】。

現代化國家行政運作努力方向：為預防並解決經濟發展所帶來問題，現代化國家行政應朝下列方向作努力：

(一) **科學化行政**：以系統化、條理化、合理化科學方法，來處理各種行政問題。

(二) **社會化行政**：以尋求個人、企業、團體積極處理政府機關方式，處理各種行政問題。

(三) **專業化行政**：以僱用受過專業訓練且具有專業知識的工作人員，處理各種行政問題。

(四) **企業化行政**：以企業管理的精神與方法，獲取最大績效方式，處理各種行政問題。

(五) **民主化的行政**：以民主、自由、開放、參與精神與方法，廣邀相關人員共同合作，處理各種行政問題。

五、科技環境因素

科技文明隨時代演進而推陳出新過程中，政府的制度與運作具有舉足輕重的影響地位，透過科技政策推動，政府可扮演積極促進與消極阻礙科技發展的角色。

(一) **科技意涵**：乃科學與技藝的簡稱。「科學」係指以科學性的方法對某一特定範圍的事物作有計劃的研究，而獲致有組織、有系統的知識。其過程乃是動態性及回饋性的，故其知識既是漸進的、又是蛻變的。「技藝」指人類為適應環境其生存環境，在解決各種生活問題之進程中，製造與使用工具、機械、設備等物品的方法、程度與技能。

(二) **科技對行政的衝擊**：作為行政運作的的環境因素，科技幾乎主導了政府的政治功能及行政活動，亦是達成政府目的有效手段與利器。而為解決科技發展所涉及的各種問題，由專家為主體的「技術官僚」或稱「技術統治」乃應運而生，技術官僚尤其應注意下列層面所引起的各種問題：

科技與專家行政	科技進步與發達，使政府公務與行政日趨專業化，而有專業行政的形成，政府必須設法延攬並運用專精之專門技術人才，以推動政務。
科技與人際關係	科技帶來衝擊改變了組織中、家庭中、商業上及社會上的人際關係，使人類在文化、倫理道德、價值觀念及生活方式等方面產生失調現象，有賴政府採取必要措施，以消弭物質文明所帶來的災禍。
科技與工商管制	科技進步導致工商蓬勃發展，政府應以消極手段，防止經濟勢力優越者之壟斷、操縱與獨佔及避免因惡性競爭而引起經濟恐慌或混亂；並以積極的措施，扶助經濟之正常發展與繁榮，使人民充分就業，工商獲取合理利潤。
科技與勞資爭議	工廠因機器不斷發明及創新而趨向大規模生產，企業家利潤增加，工人生活水準提高，勞資糾紛日益增多。勞資雙方均希望政府挺身而出，透過政治、法律、行政的手段，對勞資衝突、糾紛、爭議加以干涉，予以適當解決。
科技與農業輔導	科技進步的結果，可能造成農民地位日漸下降。但因農業為工商之基礎，政府必須採取各項措施，輔導農業生產，保障農民利益，以保持農業的安定與繁榮。
科技與國防建設	國防為國家安全之基本保障，各國政府莫不投入大量資源以研究或採購租用最新式武器、擴充軍備、寬編國防預算。然而，此舉將導致國家資源分配不當，影響其他建設或政務的推動。故政府如何將有限資源作最適當分配，責無旁貸。
科技與法令規章	科技日新月異進步的結果，使政府的職能與權力、交通運輸型態、經濟制度與活動、社會結構與活動，均產生巨大的變遷，政府須因應環境變遷需要，增修各種相關法令規章。

科技與教育行政	為充裕科技發展所需人才，政府必須掌握正確教育政策方向及有效之推動各項教育措施，以培養科技專業人才，成為「技術官僚」的核心。

六、政治環境因素

屬行政運作的上層建設，既便利又限制了行政運作的範圍與方法。

(一) **政治文化**：在某特定時空環境中的特殊政治社群，因各種因素的影響所形塑而成的共同政治理念、信仰、價值、態度、行為規範等。

(二) **政治制度**：指政治體系的基本架構及其權力分配關係。包括政府型態、府際關係等。

(三) **政治活動**：政治活動正常與否，涉及國家政局安定、政治運作順暢與國家建設成效。

政治因素對行政運作具有決定性的影響。因此，如何透過「政治社會化」（political socialization）[註二] 功能以塑造適當的政治環境，將是可行途徑之一。

七、法律環境因素

民主法治國家主要特徵之一是「依法而治，依法行政」，亦即政府的所有施政行為，均應以法律為依據。

(一) **法律的內涵**：指經由一定程序，以國家公權力強制實施之人類社會生活的規範。其定義包括以下涵義：

　1. 屬於「國家法」系統，非「國際法」系統。

　2. 法律產生須經一定法定程序。

　3. 法律成立係以國家承認之特定生活規範為其內容。

一般而言，法律可分為：

　1. **狹義法律**：普通的法律，經立法機關依一定程序所制定的成文法，得定名為「法」、「律」、「條例」、「通則」。

　2. **廣義法律**：除狹義法律外，凡經立法機關依一定程序所制定法律，可分為成文憲法、法規命令與地方自治法規、等於普通法律的法律。

　3. **最廣義的法律**：包括各種成文法、不成文法（習慣、判例、解釋、法理）。

(二) **社會立法時代**：約為20世紀中葉以後，其基本精神為「法律社會化」，主要表現在以下兩方面：

　1. 由個人主義的權利本位法律趨向社會本位法律。社會本位的法律除尊重個人權利外，也兼顧社會利益，亦即要求個人行使自由權利時，也應盡其社會的義務。

　2. 由消極的依法行政趨向積極的社會行政。政府應負起主動推動各項社會福利政策的責任，因為人民有權向政府主張各種「社會權益」。是以政府透過「委任立法」的行使，擴大行政權的範圍。

八、國際環境因素

國際環境是指一個國家與世界各國及各地區之間政治、經濟、文化、地理等方面關係。置身於「地球村」今日，一個國家所處的國際局勢及所擁有的國際地位，都是制定與調整內政外交政策的主要依據。而WTO、APEC、G7（工業七大國）、BRICS（金磚五國：巴西、俄羅斯、印度、中華人民共和國、南非）係近年之新興政經組合。

(一) **全球化的意涵**：全球化是指一種過程，國家疆界之嚴格界限逐漸模糊，導致經濟、文化、科技乃至於政治逐漸跨越大陸與國界藩籬，走向融合，而此種融合產生複雜的相互依存關係。

(二) **全球主義的特徵**

1. 全球主義指涉網絡的複雜連結，而非單一連結。

2. 一個關係網絡之所以被稱為是全球的，其在空間距離上必須是洲際的連結，而非僅為區域性網絡關係。

3. 全球主義並不意味著全面性，亦即並非意指地球上全部國家。

(三) **全球化對公共行政產生的挑戰**：學者A.Farazmand（1999）指出全球化將對公共行政產生以下的挑戰：

1. 國際組織影響日增，導致公、私領域的範圍調整，公共領域的範圍逐漸縮小。

2. 國家空洞化，導致公共責任的流失，腐化機會的增加。

3. 由公共利益導向的公共服務轉化為講求累積的營利策略。

4. 社區參與的空間縮減。

5. 精英主義的復興－權力精英的全球性整併，形成新的全球化性權力核心。

6. 著重專業化，輕忽回應性。

7. 政府政策面考量由本土思維，轉變為全球視野。

8. 由傳統行政與比較行政轉變為國際行政。

9. 全球化不會終結公共行政，但會改變公共行政的內涵。

(四) **政府應如何因應全球化的挑戰**

1. 受民營化與市場化的全球運動影響，政府應重新界定與調整公、私部門之間的關係。

2. 公共行政應努力維持企業精英與廣大民眾的公共利益之平衡，使資本制度的正當性能維持社會政治的穩定。

3. 由於政府角色變遷，應重新設計與改變組織結構，使其更具彈性與適應性，以應付外在動態環境。

4. 全球化的國家迫使公共行政更加正視經營績效，亦促使政府屬行行政革新措施，以提升行政效率。

5. 因應全球化，新全球行政系統的調整，需要大規模的全球官僚體制，其特色為相互依賴、多方面的複雜性等。

牛刀小試

1. 影響公共行政要素有那些？
2. 何謂總體環境？任務環境？其對公共行政有何影響？
3. 試說明科技在行政環境系絡中的意涵，並從網際網路發展的角度，論述科技對行政運作的衝突。【地三】
4. 何謂全球化？全球化對公共行政產生那些挑戰？政府該如何因應？【高三】
5. 全球化正對當代國家的公共治理產生明顯的衝擊，試說明全球化之意義，並分析全球化對公共行政理論及實務所帶來的挑戰為何？【102身三】

貳 運作環境

亦稱特定或任務環境，係指行政系統存在有直接而密切關係之周遭因素，此些事務會對行政系統結構運作，產生助力、阻力或制約，可說是行政系統的工作環境。

一、已開發國家行政

指西歐各國及追隨西歐的其他地區，包括美國、英國、德國、法國、日本，亦即雷格斯所稱的「繞射社會」。

(一) 政治特質

1. 政府組織系統高度分化且功能專化。2.人民對於政治系統參與相當廣泛。
3. 政治與行政活動已見擴張。　　　　4.政治權力與正當性之間呈高度相關性。
5. 政治決策形成程序大多為理性與世俗的。

(二) 官僚體制特質：黑第（F.Heady）歸納具有下列特質：

1. 現代政治系統的公共服務，規模龐大且性質複雜，官僚體制傾向於韋伯所設計「理想型」官僚組織結構。
2. 官僚體制將高度專業化。
3. 官僚體制將展現高度專業化意識。
4. 整體政治環境穩定成熟，官僚體制獲充分發展。
5. 在現代化政體中，官僚體制將順從來自其他功能專化之政治制度之政治控制。

(三) 行政文化特質：係指行政系統中為多數成員所共同持續擁有的價值觀、信念、思維方式以及行為模式的集合體。

理性主義	政策行動之決定根據科學知識，而非超自然的神秘力量；尋求事實，避免偏見或感情取向。
功績主義	用人惟才，強調依本身能力、資格、績效等客觀因素來評價。
相對主義	任何價值無永遠、不變與固定性，強調對環境的適應力。
冒險主義	不斷嘗試、求新與突破現狀。

事實取向主義	認為價值判斷中最重要基準就是事實。
行政中立主義	要求行政人員不介入政治過程，而於執行職務時，一律平等對待任何相關個人與團體，並一切依法。

(四) **古典行政系統特色**：主要以法、德兩國為代表。而實際上是以韋伯的理想型官僚體制為基礎。

　　1. **法國官僚制度特色**

　　　(1)人事制度趨向中央集權。　　(2)文官受保障、監督，處事較超然。

　　　(3)公務員地位崇高非以公僕自居。　(4)公務員自成體系。

　　　(5)公務員參與人事管理。

　　　(6)官職與工作無密切配合，任務僅按大類劃分。

　　2. **德國官僚制度特色**

　　　(1)統一法制分權管理。

　　　(2)公務員的忠誠、奉獻與效率，受民眾尊重。

　　　(3)具有基爾特（Guild亦譯為行會）之職業制度精神。

　　　(4)任公職機會均等。

　　綜合上言，可歸納古典行政系統特色有：1.其公務員自認為代表國家行使公權力係以治者自居，具有權威；2.公務員具有貴族的色彩；3.公務員福利待遇優厚，具永業化保障；4.正式任命前須經長期訓練，如法國「國家行政學院ENA」給予三年訓練。

(五) **公民文化行政系統特色**：又稱民主文化的行政，以英、美為代表。

　　1. **英國官僚制度特色**

　　　(1)對公務員言行要求嚴格。　　(2)文官晉升以年資為主。

　　　(3)公務員可組織工會。　　　(4)各類人員間轉任有限制。

　　　(5)公務員具有特權，享有尊榮。　(6)公務員受高度保障。

　　　(7)深受貴族政治影響，機關呈現貴族化。

　　　(8)人事分權制，中央與地方人事制度不完全相同。

　　　(9)職務大別分類，廣泛區分四大類。（行政、執行、科員、速記打字員）

　　2. **美國官僚制度特色**

　　　(1)**民主化**：崇尚個人與自由主義，官僚制度開放，無貴族化傾向。

　　　(2)**分權化**：採聯邦制度，聯邦與州各有人事制度，自成獨立系統。

　　　(3)**政治化**：仍有「非分類職位人員」如機密性、親信性、過於專業化職位，可不經考試或任用。

　　　(4)**專業化**：重視其職務上所需的專門知識與技能。

(六) **邁向現代化行政系統特色**：以日本為代表，其行政文化綜合了內發與外發力量力量，而晉於高度現代化境界社會。

1. 公務員考試制度，以判定有無執行職業之能力為目的，對於高級文官考試特別注重法律知識。高級文官成員又以「東京帝大」畢業，仍具貴族化傾向。
2. 公務員熱中於政治參與。
3. 日本社會仍是高度重視「團體意識」的社會，官僚組織形成「日本式情感交流的永業制度」，其公務員一旦被派任後皆願常留該部，不願調往其他機關。
4. 文官退休年齡早。
5. 政府高層中，政治人物與官僚未見明顯區別。
6. 官僚系統對於日本發展的某些基本特色負有不尋常的力量。

(七) **共產主義下行政系統特色**：以解體前蘇聯為代表，至今仍為其他共產國家如中共所師法，其行政特質具有：

1. 非民主的政府。
2. 共產黨控制國家一切機構。
3. 建立強而有力的文官制度。
4. 強調行政人員的忠誠與效率。
5. 文官由挑選而非經考試。
6. 行政中央集權的文官制度（管理菁英的行政制度）。

二、開發中國家行政

指二次大戰後，世界上許多新興國家，以及一些舊有比較落後的國家。此些國家正致力於建設，正由傳統邁向現代化，其社會經濟方面改進受世人矚目，亦即雷格斯所稱的「稜柱社會」。

(一) **行政生態特質**
1. 政治菁英之間普遍有一種致力於「發展」的心願。
2. 社會高度依賴公共部門的領導。
3. 社會遭遇初期或實際的政治不穩定。
4. 現代化與傳統菁英之間存有差距。
5. 各項政治面貌的發展不平衡。

(二) **行政文化特質**：韓國行政學者白完基指出有下列八點：

權威主義	強調統治與服從關係。
家族主義	將公家社群視為家族型態、易形成公私不分現象。
因緣主義	強調人際之間的血緣、地緣、學緣等特殊排他關係。
形式主義	「理論」與「實際」的嚴重脫節；「應該的」與「事實的」之間有一大段距離。〔註三〕
人情主義	著重人情紐帶關係，輕忽人際間職務關係。
官運主義	傾向神化式的領導，不重視理性的領導。
通才主義	相信世上有傑出人才，常有官大學問大的意識。
特權主義	認為官職非為一種生涯職業，而是光耀門楣與爭權奪利的工具。

(三) **行政制度與行為特質**

1. **重疊性**：指一個結構並不一定能產生其應有的功能全部，而是由不同結構履行相同功能。

2. **異質性**：在同一時間、同一地區，並存著許多極不調和的現象，如不同制度、不同行為與觀點。

3. **形式主義**：指「理論」與「實際」嚴重脫節，「應該的」與「事實」之間存有一大段距離。

4. **貪污腐化**：普遍存有貪污腐化現象，如小型貪污、僱用親戚、對外投資重大賄賂。

(四) **行政生態現象**：亦即雷格斯所稱「稜柱型社會」所形成的現象：

1. 政治舞台是「鬥雞場」。　　　　2. 經濟制度是「市集食品店」。

3. 社會階級是「稜柱團體」。　　　　4. 政治組織是「沙拉」。

5. 用人以「歸屬取向」為標準，有「文憑主義」現象。

6. **財政制度**

(1) **納貢式的稅收**：同時結合著鎔合社會下子民對君卿的捐納貢物，其特色有窮困、逃稅、轉嫁。

(2) **恩寵式的預算**：政府財政預算雖有繞射社會的形式化過程，但卻大大變質，其特徵為官僚化的分配、善用歲收、積存留用。

(3) **捐贈式的支付**：形式上管制方法雖已具備，但政府支出卻仍受鎔合社會捐輸與慨贈影響，出現造假帳、高度浪費與形式化稽核現象。

(五) **開發中國家行政系統類型**

1. **官僚突出的政治行政系統**：根據黑第（F.Heady）的歸納有以下不同的類型：

(1) **傳統菁英系統**：其統治精英對長期建立的社會系統，擁有其權力地位。通常強調君主或貴族社會地位繼承，但亦有某種宗教的合法化基礎。又可分為兩小類：「正傳統體制」是一個統治家族，依賴君主之宣示其合法性，如沙烏地阿拉伯。「新傳統體制」其政治精英引自傳統合法化來源，是宗教的，如伊朗。

(2) **個人型官僚菁英系統**：在官僚精英體制中，有一項特徵就是「一人統治」，且大多數領袖係出身於軍事背景，被視為「強人體制」，如瓜地馬拉、阿爾吉利亞、賴比瑞亞、烏干達等。

(3) **聯盟型官僚菁英系統**：是由一群人組成的團體執行政治領導，包括文、武職成員。通常由出身是軍人的專業官僚彼此獨立地組成，此聯盟體或議會韋爾克稱之為「團合主義體制」。如埃及、印尼、泰國、敘利亞等。

(4) **鐘擺體制**：在某些第三世界國家的政治環境，有一項最顯著特色，即政治體制在官僚精英與多頭競爭體制兩類型間，發生週期性的進退搖擺。

2. **政黨突出的政治行政系統**

(1) **多頭競爭系統**：政體較少有明顯界定及團結的政治精英，政治權力傾向於分散，由地主、城市商人、軍事領導者、企業主，勞工領袖等共同分享政治舞台，如希臘、菲律賓、土耳其等。

(2) **一黨獨大半競爭系統**：有一個政黨在相當長時期擁有獨佔性實際權力，但有其他政黨在法律上及實際上存在，如墨西哥、印度等。

(3) **一黨獨大動員系統**：在此體制中政治活動的自由性很小，實際上或潛在上均遭到政府或執政黨的諸多限制，執政黨是唯一合法的政黨，其他政黨只當作反對的象徵，如馬拉威、幾內亞、塞內加爾等。

(4) **共黨極權系統**：仍保留對於馬克思、列寧主義意識形態及一種極權政治風格的忠誠。政治權力係由單一政黨獨霸，政體則強調「既紅且專」，如中共、北韓等。

(六) **開發中國家困境**：缺乏行政才能的人才、發展目標變成口號、政府官員謀取私利、貪污腐化、行政結構抄襲、官僚具較大的自主權。

三、中國行政

自隋唐迄明清之科舉制度，為「官僚制」的代表。

(一) **行政生態**：崇古尊老（順從領導）、內聖外王（形式主義）、君子通才（反科層體制）。

(二) **行政制度特質**

1. **官治主義**：官吏位尊權重，人民畏懼，僅奉命行事，流於專斷。

2. **德治主義**：官吏選拔以品德為選任之首要條件。

3. **紳治主義**：中國官吏除以其官吏身分行使統治權力外，復能以其退職後或原有之社會地位及聲望，繼續對地方人民產生極大影響。

(三) **未來的行政適應**【彭文賢】

1. 行政文化的培養。　　2. 價值觀念的轉變。　　3. 組織設計的調整。

牛刀小試

1. 開發中國家的行政生態及行政文化各有何特質？試析述之。【地三】
2. 何謂行政文化？開發中國家的行政文化包含那些特質？【基三、薦升、身三、退三】
3. 在行政行為常有形式主義出現，何謂「形式主義」？其產生原因為何？形式主義與合法性之間的關係又如何？
4. 試說明已開發國家之理性主義、功績主義及中立主義三項文化特色的主要內涵？
5. 試就所知分別說明美國和英國官僚制度的特色。
6. 何謂「行政文化」？試分別論述已開發國家及開發中國家行政文化特質。【交通升資】
7. 何謂行政文化？已開發國家及開發中國家的行政文化各有何特質？試分別說明之。【102 高考】

各國行政的研究

一、比較行政的意義與背景

西元1947年戴爾（R.Dahl）發表〈行政科學〉一文呼籲重視，開啟了比較行政研究的先聲。所謂「比較行政」係以各種方法來研究各國政府的行政方式、行政現象及行政環境背景與背景之一門學問。

二、興起原因

(一) **客觀形式的要求**：二次大戰後產生許多新興國家，紛紛脫離母國獨立，西方國家予以技術援助，全盤西化移植結果，並無產生預期效果。行政學者因而試圖藉由比較行政研究來探討影響行政各因素。

(二) **學術上的要求**：比較行政學術發展乃隨「比較政治」發展而來，並受行為主義興起及比較行政借用其他社會科學領域的影響。阿蒙（G.Almond）認為比較政治、比較行政經歷了一次「知識上的革命」。

(三) **比較行政團體之倡導**：比較行政得以蓬勃發展，主要歸功於「比較行政團體」（CAG）之倡導。

三、重要性

已成為研究趨勢、受行為科學影響、行政制度上的多樣性、制度移植受到質疑。

四、研究方法

大致可歸納為五種：

(一) **規範性研究法**：採理想型制度作為比較的標準，以韋柏對「官僚制度」之研究為代表。

(二) **模式或生態研究法**：認為行政制度是成長出來的，有什麼樣環境，就有什麼樣的制度，以雷格斯所建立的「鎔合的─稜柱的─繞射的模型」為代表。

(三) **功能研究法**：以阿蒙（Almond）、柯曼（Coleman）之「一般系統輸入─輸出研究」為代表。
　　1. **輸入功能**：政治社會化及人員補充、利益的確定、利益的匯合、政治的溝通。
　　2. **輸出功能**：法規的制定、法規的執行、法規的裁定。

(四) **制度研究法**：為比較傳統的研究法，係以西方開發國家之行政組織與人事制度來加以比較，以韋柏對「官僚制度」所作論證可為代表。

(五) **發展研究法**：為地理、歷史比較法。以羅色特（B.Russett）所著的「政治與社會指標」為代表。其將歷史發展分為個五階段：傳統原始社會、傳統文明社會、過渡社會、工業革命社會與高度大眾消費社會。

五、研究方向轉變

由規範到實証性研究，由個別到通則性，由非生態到生態性研究。

六、比較行政制度

(一) 政治文化與行政制度類型

1. **官僚制**：主要代表為中國自隨唐迄明清，以科舉為制度基礎的行政制度及德、法於二次大戰前之行政制度，其特色為官吏經考選而來、官僚間形成層級節制體系、官僚成為鞏固系統。

2. **貴族制**：以英國現行公務員制度為代表，行政人員職務地位有嚴格劃分限制，不能流通升轉。

3. **民主制**：強調「功績制」的採行，公務人員地位無尊卑階級觀念，以美國行政為代表。

(二) 經濟生活與行政制度類型

1. **農業型的行政制度**：僅具有一般知識而缺乏專業性訓練，行政權力以刑罰為主。

2. **工業型的行政制度**：政府以服務人民為宗旨，行政功能業務繁雜，須具備高度專業化技術。

(三) **政治功能的表現與行政制度類型**：又可分為英美型、歐洲大陸型、前期工業與半工業型、極權型、亞洲型。

(四) **國家發展水平與行政制度類型**：可區分「開發中國家的行政制度」和「開發國家的行政制度」。

牛刀小試

1. 試說明比較行政的意義，並簡述常用的比較行政研究方法之大要。
2. 試比較說明文官制度中之官僚制、貴族制及民主制的特色。

肆 行政系統與環境互動

「公眾關係」（Public Relations）是政府行政系統與環境保持經常而長期互動的一項重要機制。就過程而言，係組織與公眾的雙向交流互動；就結果而言，則是組織與公眾的互惠互利。「公眾關係」一詞，出現於19世紀末，時至今日已廣為世人所接受，並為管理部門的一項重要職能，其主要任務即在贏得社會公眾之瞭解、好感與支持；另一方面，負責將社會公意引入管理決策部門。

一、公眾關係意義

(一) 「韋氏大辭典」的解釋：由下列三方面來界定：

1. 增進一個人、廠商或機構與他人、特定公眾或社區公眾之間的融洽與好感。
2. 為了獲得這種關係所運用的技巧。
3. 發展相互瞭解與友善藝術的科學或藝術。

(二) 「國際公共關係協會」之定義：乃是一種持續性與計劃性的管理功能，使公、私機構團體藉此爭取並維持其有關或可能有關之公眾的瞭解、同情與支持。

(三) **張金鑑的看法**：政府去瞭解人民對政府的期望，並向之解釋政府已經設法滿足其期望，並保證過去錯誤不再發生；並告知大眾政府將為人民解決各種問題。

(四) **傅肅良的定義**：係一種民主的管理哲學，透過民眾的宣導以增進對組織施政的瞭解，並蒐集分析輿論與民意以訂定改進組織施政依據，進而發揮效率，達成組織發展與滿足民眾需要。

綜合上言，可歸納為兩方面意涵：

(一) **客觀而言**：指一個人或機構與其公眾相處之關係，而不論此種關係是良好亦或惡劣關係。

(二) **主觀而言**：政府機關或人員，以大眾利益為前提，以本身良好表現為基礎，運用各種溝通途徑，有計劃宣揚自己，以爭取大眾支持，進而建立維持健全、建設性的關係之活動。

二、範圍

任何機關團體之公眾關係中，有三類共通關係即內部成員關係、社區關係與新聞界關係。

三、目的

(一) **宣揚政令**：使得民眾知道政府施政的構想與作法。

(二) **瞭解輿情**

    1. 維持國際地位。   2. 宣揚立國理想。   3. 確定政策方向。

    4. 便利政令推展。   5. 促進政治和諧。   6. 結合民間力量。

四、理念

(一) **正確觀念**

    1. 公眾關係目的有積極（爭取支持）與消極（消除誤會）兩方面。

    2. 公眾關係之前提為履行社會責任，服務社會大眾。

    3. 公眾關係之基礎在於機構或個人本身有良好的表現。

    4. 公眾關係之手段為有效之溝通。

    5. 公眾關係之主體為個人或機構。

    6. 公眾關係之客體，就組織立場而言，包括內在與外在公眾。

    7. 公眾關係是一種長期有計劃的努力結果。

    8. 機關公共關係責任，應是首長責任之一。

(二) **錯誤觀念**

    1. 視公眾關係為文過飾非之手段。   2. 抱持為而不宣之態度。

    3. 抱持宣而不為之態度。   4. 採取不理公眾態度。

    5. 視公眾關係為一種魔術。   6. 將手段與目標混淆不清。

    7. 僅以宣傳能量作為衡量公眾關係成效之標準。

    8. 一般大眾認為公眾關係媒介物僅限於一些慣用的工具。

五、工作原則

工作原則	內容說明
內部做起	前提是先求本身的建全，亦即充實內涵。
雙向溝通	組織內的「上情下達；下情上達」及組織與環境的「內外交流」。
誠信為本	公眾關係的基礎建立在「信譽」及「互信」之上。
公開透明	若欲怯除公眾疑慮，增進好感，事事透明化是一項重要原則。
平時發展	應避免「平時不燒香，臨時抱佛腳」，宜「未雨綢繆」才是正途。
不斷創新	「周雖舊邦，其命維新」要在觀念、政策、措施、方法不斷創新設計。
社會責任	不僅是消極方面不損害公眾，同時更要積極的造福社會大眾福祉。
服務大眾	政府的施政，必須以「民意為依歸」，「以民眾福祉為考慮」。
全體動員	公眾關係執行須仰賴各部門支援配合，故人人有責，係全體動員的協力工作。
方略靈活	不論在策略、方法、技巧或媒介，均應視公眾特性、環境情事、公眾關係主體目的及條件不同斟酌制宜，不可一成不變。

六、推動公眾關係途徑

(一) **新聞報導**：透過大眾傳播媒體如報紙、雜誌、廣播、電視之新聞報導方式，以達到宣揚效果，其方式有發布新聞稿、招待記者會、接受新聞採訪等。

(二) **製發廣告**：以精心設計方式，藉以說明所欲對外發表的東西，為公眾關係重要的途徑，可透過大眾傳播媒體、直效行銷（DM）、戶外廣告（POP）、網際網路等管道進行。

(三) **發行刊物**：藉期刊或出版物的發行來宣揚，並與公眾（分內部與外部公眾）保持聯繫，如雜誌、刊物、報告書、員工手冊等。

(四) **特別事項**：係與廣大社會人士取得聯繫的重要方法，通常採取特別媒介或工具，如展覽、陳列、座談會、慶典活動、酒會或茶會、特別節目、演講等。

牛刀小試

1. 試分別敘述公眾關係（Public Relations）之重要原則及途徑。
2. 何謂公眾關係（Public Relations）？若預期有效推展公眾關係，需要把握那些工作原則？試論述之。【身三】
3. 何謂公眾關係（Public Relations）？為有效推展公眾關係，在推展工作上應遵循那些原則？試論述之。【國軍】
4. 請說明公眾關係（Public Relations）的意義為何？並且說明推動公眾關係應該有那些正確理念？【退三】
5. 處於強調顧客或公民導向，並推動公民社會建設之環境下，誠如公眾關係學者指出：公眾關係乃是一種新的管理哲學。試問：何謂公眾關係？行政組織為發展良好的公眾關係，應把握那些工作原則？試論述之。【地三】

重要註解

〔註一〕「顧志耐指數」：係指全體國民前1／5高所得的平均所得與後1／5低所得的平均所得，兩者相比的倍數。Kuznet's Indictor越高顯示貧富不均的現象越嚴重，也就越容易發生各種犯罪問題。

〔註二〕「政治社會化」：指政治系統內的成員，透過各種機制，如家庭、學校、社團、大眾傳播媒體及政治活動，以學習或認知到政治符號、政治制度或政治意識等。

〔註三〕形式主義與合法性：「形式」與「實際」差距愈大，則制度的「形式主義」色彩也愈濃厚。其產生原因可能是由於傳統的社會植入西方社會之政府與行政模式，而產生思想與觀念上無法配合；抑或知識份子僅存有「繞射的」工業模型與「鎔合的」傳統模型，而無「稜柱模型」。影響政府所採措施均以西方「市場取向」社會為對象，造成落空。兩者關係：形式主義與合法性之間存有密切的相對關係。亦即合法性低落的體系，其形式主義必甚猖獗。

鑑往知來

1. **總體環境因素包括**：自然、文化、社會、經濟、科技、法律、政治及國際情況等環境因素。

2. **文化內涵涵蓋**：社會文化（典章制度）、物質文化（技藝知識）、心智文化（意識形態）。

3. 我國民國82年9月65歲以上人口占7%以上，正式進入「老人國、高齡化社會」的階段。

4. 近年區域與全球性貿易組織興起，如歐盟EU、亞太經合會APEC及世界貿易組織WTO、G7工業七大國。

5. **已開發國家行政文化特質包括**：理性主義、功績主義、相對主義、冒險主義、事實取向主義、行政中立主義。【90高、91委升、92地、96地、98身、100地、106地】

6. **古典行政系統**：主要以法、德兩國為代表，實際上是以韋伯的理想型官僚體制為基礎。

7. 法國公務員須經「國家行政學院ENA」給予三年訓練。德國文官制具「半封閉階級」特色，其公務員強調忠誠與效率，具備基爾特之職業制度精神。【91基、92地】

8. **公民文化行政系統**：又稱民主文化的行政，以英、美為代表。美國官僚制度特色有民主化、分權化、政治化與專業化。【100地】

9. 美國文官制度注重專才，考試以測驗專門知識為主，成份自廣大社會階層。

10. 英國成分較狹小，高級公務員可將其意見反應其上司，但須遵守「無私無名原則」。【90普、91高】

11. 邁向現代化行政系統特以日本為代表，其行政文化綜合了內發與外發力量，而晉於高度現代化境界社會。

12. **開發中國家行政文化特質，**韓國行政學者白完基指出有下列八點：權威主義、家族主義、因緣主義、形式主義、人情主義、官運主義、通才主義與特權主義。
【91普基、92地、96普、97身、107高】

13. **雷格斯所建立的「鎔合的─稜柱的─繞射的模型」**係依功能結構加以分析稜柱社會的特質有異質性、重疊性、形式主義、多元社會團體、多元行為規範。【90普、91初基、92地、93初普、94初原、96高、97身、98身】

14. **開發中國家行政制度行為**特質有重疊性、異質性、形式主義與貪污腐化等。【90普、91基、92地、93原、94初、96特、99原】

15. **比較行政學者黑第（F.Heady）**於1990年將開發中國家政治體制分為：
    (1) **官僚突出的體制：**傳統菁英體制、個人型官僚菁英體制、聯盟型官僚菁英體制、鐘擺體制。
    (2) 政黨突出的體制：多頭競爭體制、一黨獨大半競爭體制、一黨獨大動員體制、共黨極權系統。【98薦升】

16. 公眾關係目標為宣揚政令與瞭解輿情（維持國際地位、宣揚立國理想、確定政策方向、便利政令推展、促進政治和諧、結合民間力量），其前提為履行社會責任與服務大眾利益。【91基、98地、99原、100身、102原】

17. 公眾關係之客體，就組織立場而言，包括內在、外在公眾；公眾關係是一種長期有計劃的努力結果；機關公共關係責任，應是首長責任之一。錯誤理念包括視公眾關係為文過飾非之手段、抱持為而不宣與宣而不為之態度、僅以宣傳能量作為衡量公眾關係成效之標準。【92委升、96退身原、97身、100身、102原】

18. 在公共關係中有三類共通公眾，即內部成員關係、社區關係與新聞界關係。
【91基】

19. **公眾關係的工作原則：**內部做起、雙向溝通、誠信為本、公開透明、平時發展、不斷創新、社會責任、服務大眾、全體動員、方略靈活。【96普、97高身、98退、99初、100初地、101普、102普】

20. 公眾關係在今日已成為管理部門的一項職能，其主要的任務在贏得社會公眾之瞭解、好感與支持，負責將社會公意引入管理決策部門。因此，其基礎在於公眾關係主體本身有良好的表現，前提為履行社會責任，服務大眾利益，而行政機關推動公眾關係最重要的工作在於調查研究。【91基、96原、98高、107地】

精選試題

( ) **1** 下列何者屬於影響政府行政運作總體環境因素？ (A)政治 (B)經濟 (C)科技 (D)以上皆是。

( ) **2** 所謂「老人國」是指六十五歲以上人口佔總人口達百分之幾的社會： (A)13%以上 (B)10%以上 (C)7%以上 (D)5%以上。

( ) **3** 「APEC」是那個國際組織的英文縮寫： (A)歐洲共同體 (B)亞太經合會 (C)聯合國 (D)世界貿易組織。

( ) **4** 下列那一位行政學研究者提出「鎔合模式」、「繞射模式」及「稜柱模式」的理論？ (A)高斯（J.Gaus） (B)葉斯曼（M.Esman） (C)黑第（F.Heady） (D)雷格斯（F.Riggs）。

( ) **5** 以下何者非屬奧蒙（Almond）所提政治文化分類？ (A)服從性 (B)偏狹性 (C)臣屬性 (D)參與性。

( ) **6** 下列那一項不是開發中國家之行政特質？ (A)因緣主義 (B)相對主義 (C)形式主義 (D)通才主義。

( ) **7** 下列何者是指在同一時間、同一地區內，並存著許多不調和的現象？ (A)重疊性 (B)變異性 (C)異質性 (D)形式性。

( ) **8** 所謂「理論」與「實際」嚴重脫節，「應該的」與「事實的」之間有一大段距離，此種現象稱為： (A)抽象主義 (B)形式主義 (C)意識流變 (D)貪污腐化。

( ) **9** 以下何者不屬於已開發國家行政文化特質： (A)通才主義 (B)相對主義 (C)功績主義 (D)行政中立主義。

( ) **10** 下列何者不是稜柱型行政模式之主要特徵？ (A)異質性 (B)重疊性 (C)專業主義 (D)形式主義。

( ) **11** 國家行政學院（ENA）是哪個國家舉世聞名的公務人力考訓機構？ (A)法國 (B)英國 (C)德國 (D)日本。

( ) **12** 下列那一個國家的官僚制度，具備基爾特之職業制度精神？ (A)英國 (B)德國 (C)日本 (D)法國。

( ) **13** 下列何項非為美國官僚制度特色？ (A)民主化 (B)政治化 (C)專業化 (D)均權化。

( ) **14** 黑第（F.Heady）為開發中國家之行政系統的類型建構，下列那種體制是較新的一類型？ (A)多頭競爭體制 (B)聯盟型官僚 (C)精英體制 (D)鐘擺體制。

( ) **15** 有關公眾關係的敘述，下列那項最為正確？ (A)公眾關係的基礎在於組織形象 (B)任何組織均有二類共通公眾（社區關係、新聞界關係） (C)政府機關的公眾關係目標有二：宣揚政令與瞭解輿情 (D)公眾關係之責任雖為首長的基本職責之一，但可託付公關公司。

( ) **16** 行政機關推動公眾關係最重要工作在於： (A)調查研究 (B)宣傳 (C)報導 (D)廣告。

( ) **17** 在推動公眾關係時，強調積極造福社會大眾，係指下列何項原則？ (A)不斷創新 (B)內部做起 (C)社會責任 (D)方略靈活。

( ) **18** 任何組織皆會受到外在環境的影響，但它卻不必對所有的環境因素都加以反應，它也無法如此做，因為它只需選擇對其決策與運作特別有關因素來加以反應即可，這些因素就是特定環境因素，下列何者為特定環境因素？ (A)社會環境 (B)天然資源 (C)經濟環境 (D)服務對象。

解答					
1 (D)	2 (C)	3 (B)	4 (D)	5 (A)	6 (B)
7 (C)	8 (B)	9 (A)	10 (C)	11 (A)	12 (B)
13 (D)	14 (A)	15 (C)	16 (A)	17 (C)	18 (D)

Note

第八章　行政的核心價值

本章依據出題頻率區分，
屬：**A** 頻率高

現代化政府應能回應人民聲音，處事積極主動、效率、前瞻且有責任感。而公務員人員身為主權受託者，應揚棄過去保守心態，勇於任事並以公共利益為依歸，饒富服務精神與熱忱，並謹守行政倫理、行政中立原則與維護民主行政的價值。以上為近年來除專業能力提升外，另一個關注焦點，不可不注意。

重點精要

我國全國行政會議曾歸納出行政核心價值體系的內涵為：建立公務人員對國家的忠誠度、對社會的關懷情、對政府的向心力、對民眾的服務心與對公務的責任感。
執是之故，欲建立一個有效率、責任、回應的現代化政府，其行政核心價值體系實應涵蓋公務體系行政倫理、行政中立觀念的建立、強化公共性觀念與行政責任等價值觀。

壹　公共行政的本質與核心價值

一、公共性

公共或公共性是公共行政亙古不變的本質，范垂斯（C.Ventriss）曾言：「行政是政府的核心，而公共更是政府之重心」。可見「公共」本質是行政學作為一門獨立學科，或與其他專業，有所重大區別的基石所在。

（一）**涵義**

1. 「公共」的實質意義就是「公共利益」，施能傑直指「公共行政」之「公共」就是為公共利益服務，將公共意志與公共價值作為行政行為的論證基礎，以及行政裁量及執行法令之參考來源。
   我國**憲法前言**提及：「鞏固國權，保障民權，奠定社會安寧，增進人民福利」亦為「公共利益」的揭示之一。
2. 而其**指涉對象根據傅德瑞克森（H.Frederickson）歸納有五種模式：**
   (1)多元團體模式：指利益團體。
   (2)公共選擇模式：指政府功能消費者。
   (3)代議政治模式：指民選首長及民意代表。
   (4)服務顧客模式：指第一線行政人員[註一]或管制之個人及團體。
   (5)公民資格模式：指具有民主憲政知識，又願意主動參與公共事務之公民。

Y縱軸：公共的指涉對象

> 5.公民資格模式（優秀公民）
> 4.服務顧客模式（消費群體）
> 3.代議政治模式（代議士選民）
> 2.公共選擇模式（理性抉擇者）
> 1.多元團體模式（利益團體）

X橫軸：公共利益

公共利益指涉對象

(二) **基本要件**：傅德瑞克森（H.Frederickson）認為公共行政中公共性一般理論要素包括：

1. **憲政體制**：舉凡人民主權、代議政府、權利法案所揭櫫的基本人權、程序、權力均衡，均為此理論的基礎。

2. **德性的公民**：公民德性強化係公共行政致力實現的目標，哈特（D.Hart）認為應涵蓋四個面向：從事道德哲學、信念、承擔個人道德責任、謙恭有禮。

3. **對集體與非集體公眾的回應**：對集體與非集體公眾利益，發展傾聽與回應的系統，並加以維護。

4. **慈悲與大愛**：史密斯（A.Smith）曾說：「國家大愛，主要體現在兩大原則上，即對憲法與藉以建立之政府架構的尊重；應竭盡所能地讓所有子民身處安全、尊嚴與幸福境地。」

二、公共利益

乃是公共行政「公共性」之實質意義，亦是有關公共生活及公共管理所有價值之常見統攝性用語。可作為國家、政府及各級機關所有行為的合法性理由與行為動機之所在，但正如索洛夫（F.Sorauf）所「公共利益是一個有效的政治迷思」，其概念卻很難明確釐清。

(一) **意涵**

1. **江岷欽的看法**：可由政治學、經濟學、社會學角度加以評析，但綜合而言係指：(1)凡為整體的，不可分割之利益；(2)具有相互依存之利益；(3)透過政治運作的過程，成為具有「公共性」的私人利益。

2. **哈蒙（M.Harmon）的見解**：公共利益是民主政治系統中，個人與團體之政治活動的持續變遷結果。

3. **法律學觀點**：公共利益已逐漸由「不確定多數受益人的利益」轉向「最廣量、最高質」見解，除盡可能使最大多數人均霑利益外，亦應考量受益人生活需要強度。

(二) **功能**：顧塞爾（C.Goodsell）整理索洛夫（F.Sorauf）前作，歸納為四項：

1. **凝聚功能**：能化解不同黨派、群體間的歧見，亦即公共利益可吸納不同觀點利益作為公共利益範疇。
2. **合法化功能**：公共利益除可堅定民眾信心外，並可使政策產生具備合法化基礎，提昇政策執行力與民眾順服度。
3. **授權功能**：由於公共利益概念模糊，眾說紛紜，使得行政機關在法律或國會授權下，擴張職權，甚至是更為精緻的運用。
4. **代表功能**：公共利益可引導社會多數人眼光超越近期利益，而朝向經常被忽視族群的利益，持續地提醒民眾與公僕重視弱勢群體的利益。

(三) **建構性價值**：顧塞爾認為公共利益作為公共對談之政治象徵，會涵蓋六種規則：

1. **合法性與道德**：行政人員仍須本著正直與誠實的道德良知，依據憲政與法令行事。
2. **政治回應性**：須符合民眾與相關團體的期望。
3. **政治共識**：透過「交互主觀之瞭解」以重塑彼此冀求的理想。
4. **關注邏輯性**：建立政策倡導與規範目標的有效連結。
5. **考量結果**：公共政策所能與擬要達致的結果。
6. **議程察覺**：公共利益對話，勢須規避私人利益滲入公共領域之中。

(四) **分析架構**

1. 哈蒙（M.Harmon）依回應性與開創性高低，提出行政類型格道，用以分析行政人員對公共利益概念反應，可區分為：

哈蒙的行政類型格道

(1) **被動型**：試圖排除對組織威脅因素，屬「低度回應性、低度開創性」特質。

(2) **理性型**：執行立法機關通過的政策，屬「高度回應性、低度開創性」特質。

(3) **專技型**：運用專業知能以影響公共問題的界定與解決，屬「低度回應性、高度開創性」特質。

(4) **反應型**：基於策略與戰術之考量，才會參與政策規劃，屬「中度回應性、中度開創性」特質。

(5) **前瞻型**：組織內部或對民眾服務有關的決策，都會積極加以開創與回應，屬「高度回應性、高度開創性」特質。

2. 全鍾燮（J.Jun）整理舒伯特理論，將行政人員於決策過程中，較常見的三種風格，分析如下：

(1) **行政理性型**：依賴專業與科學資訊，深受科學管理之影響。

(2) **行政理想型**：極力擴張其於決策過程中的自主權與裁量權，並自許為決策專家。

(3) **行政現實型**：視己為觸媒或轉化劑，可將各種特定利益之間的衝突加以轉化，使成為符合公共利益的行動。

(五) **實踐公共利益的衡量標準**：全鍾燮（J.Jun）提出判別公共利益的準則與架構如下：

1. **公民權利**：政府政策內容，必須充分考量公民的各種權利及政策的可行性，適度地調和「個別的公民權利與整體的社區利益」。

2. **倫理道德的標準**：公共政策與執行機關的活動必須經得起倫理與道德的檢驗，此乃公共利益的「表面效度」。

3. **民主程序**：指公民對政策制定，應有適當的參與權和發言權。行政機關除聆聽民眾意見外，亦應儘可能將所有相關意見納入對話過程中。

4. **專業知識**：政策規劃人員必須秉持專業良知，針對經手負責的業務事宜，提出專業的意見。

5. **非預期後果分析**：公共政策具有「外部性」，因此須充分推論各種可能產生的後果，並建構有效指標。

6. **共同利益**：行政機關所推薦的政策，不應針對少數特殊利益團體，而應考量廣大社群的集體利益。

7. **輿論民意**：行政機關應從公共問題、聽證會以及傳播媒體之中找尋政策反饋，並充分考量民意與輿情。

8. **充分開放**：政策形成過程中，有關協商、決策、背景資料或專業意見，應由行政機關彙整公開，以利社會大眾檢視。

牛刀小試

1. 公共性意涵及指涉對象為何？

2. 何謂公共利益（public interest）？公共利益具有那些功能？試分別論述之。

3. 何謂公共利益？有那些指標可作為檢定公共利益的標準？試論述之。

4. 何謂公共利益？其應涵蓋那些核心功能？試論之。【地人三】

5. 假如公共行政是在為公共利益服務，那麼行政應該著重那些價值，藉以實現之？【101原三】

三、公共行政的追求價值

(一) **公共性觀點下**：隨著時代演進，公共行政所追求的價值，因不同定義、理解而有不同的相對價值，諸如強調科學管理技術的效率、效能、經濟與專業之理性價值；強調處理有意義之社會實務的平等、公道、正義等倫理價值。

(二) **吳定觀點**：認為公共行政所追求有三項價值：

1. **效率（Efficiency）**：如何管理機關組織，俾有效地完成工作。

2. **回應（Reponsive）**：因應社會大眾參與及影響公共事務，做好變遷管理。

3. **前瞻（proactive）**：以積極主動自許，引導社會變遷。

(三) **顧塞爾（C.Goodsell）見解**：指出現代行政人員，須面臨五大相互競爭之多元行政價值，可以「五個M」來形容：

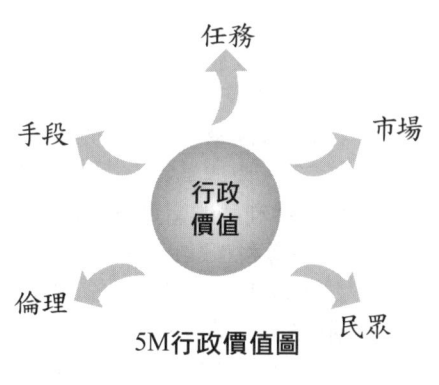

5M行政價值圖

1. **手段（Means）**：行政人員係高層權威被動性工具，執行法律及服從命令是其職責所在，須表現出效率、效能與忠誠行為。

2. **倫理（Morality）**：行政措施不僅依據民主而行，亦要維護正義、平等、誠實、個人權益等高層倫理性價值。

3. **民眾（Multitude）**：行政人員要直接立即地回應民眾的需求，讓民眾參與公共管理，影響機關決策，主動發掘民眾的問題，協助弱勢團體取得應有的服務及權益。

4. **市場（Market）**：公共行政要以市場經濟觀念來主導公共規模，例如：使用者付費、解除管制、服務契約外包、公營事業民營化等措施，阻止政府無限成長。

5. **任務（Mission）**：機關職掌任務雖明定於組織法律中，但行政機關是政府治理過程合法參與者，要適應多變環境，使法律意義與時發展，並秉持長期累積的專業知識以界定公共利益及機關任務內涵。

(四) **全鍾燮（J.Jun）之解說**：由傳統行政學與新興行政學基本假定之不同，體會到公共行政追求價值的多樣性。

傳統行政學	新興行政學
行政、政治二分法	行政、政治交互相關
行政中立	倫理責任
效率與生產力	效能
集權與控制	分權與參與
跨文化比較	跨文化與區域比較

功能維持	⬌	功能與職責的重新設計
廣泛性、理性的規劃	⬌	參與與社會性的規劃
被動性解困、改變與學習	⬌	主動性解困、改變與學習
事實與價值的分立	⬌	事實與價值的檢討
強調利益團體的影響	⬌	強調多元與參與的民主
重視專家	⬌	重視公民
垂直協調與權威關係	⬌	水平合作與人際網路
充裕資源下組織生長	⬌	有限資源下表現卓越
資源累積	⬌	資源分享與交流

四、行政理念

專業行政與民主政治均是當代社會處理公共問題之必備要件，而專業理性及政治回應亦是大家所肯定與追求之行政理念，但「魚與熊掌」實難分出何者重要優先，顧此常失彼。

(一) **專業理性**：行政機關及人員在政府管理過程，應用專業知能以影響政策目標設定，並強調公共利益，注重技術分析及評量方案結果，以及當首長指示不妥應勇於說服。

(二) **民主回應**：指行政表現與外部環境之需求取向及內容偏好的合致程度。其具體涵義為：在政府管理過程中，行政機關及人員應肯定並支持首長施政抱負；尊重及諮詢政黨、社會團體及一般民意，相信行政政治意涵與決策協商之必要性。

(三) **兩者關係**

　1. **傳統觀念**：科層應服膺政治領導、扮演純執行者角色。

　2. **當代現況**：諸多政府政策功能移出政治系統、轉入行政系統，行政機關已成為政府管理過程之重要一環。莫雪（F.Mosher）將之形容為「民治脫離」。

　3. **兩者關聯**：

　　(1) **兩者衝突**：若干學者稱之為「科層與參與」、「技術與民主」、「專業與政治」、「功績主義與多元主義」的衝突。

　　(2) **何者重要**：費德瑞區（C.Friedrich）與房納（H.Finer）精闢論辯

　　　A. **費德瑞區基於科學文明的發展進步主張**：行政人員須向專業知能負責，導引民眾與政治人物瞭解公共利益並制定政策。

　　　B. **房納則相信「民眾可能不智，但不會為錯」**：主張政府活動決定權專屬於民眾與政治人物，縱有缺失亦須經由選舉及政黨政治途徑改進，行政人員僅須聽命於政務首長，毋需參與政策制定。

　　(3) **調和之道**：兩者均係當代自由社會處理公共事務必備要件，關係雖非和諧圓融亦非相互排斥。如何妥善運用，端賴行政人員存乎一心之高超藝術，以及政治人物折衝生輝的巧妙技術。

俾達到**亞伯赫、普特南與羅克曼**所述的「**在一個井然有序政體中，彼此分工合作，政治人物表達社會的夢想，行政人員小心翼翼地協助美夢成真**」的理想境界。

4. **現代行政人員角色**：培里（J.Perry）認為現代行政人員以「**無正當性的權力影舞者**」比喻最為傳神。

 (1)**挑戰**：當前行政人員在複雜公共管理環境下正面臨五大挑戰：A.維持憲政秩序；B.達成技術才能；C.處理公共期待；D.管理複雜任務；E.表現倫理行為。

 (2)**應具備工作條件**：包括技術知能、人群知能、概念知能、民主制度回應力、行為結果關切力、複雜網絡作業力、利益平衡力。

五、責任政府

政府規模持續成長是中外各國普遍現象，由過去擔任警察國家轉為福利國家角色。因此，國家職能的不斷擴張值得正視。

(一) 大政府

1. **要素**：羅素（R.Rose）認為政府是一個多元概念之抽象組合，有法律、稅賦、公務員、組織、計劃五項基本要項。

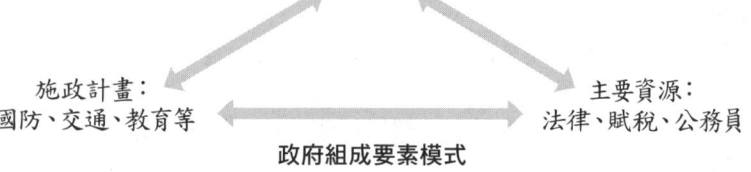

政府組織

施政計畫：
國防、交通、教育等

主要資源：
法律、賦稅、公務員

政府組成要素模式

2. **任務**：以下兩者兼具：

 (1)**有限政府或警察國家之任務**：保障民眾生命財產與權利、確保民生資源供給無虞。

 (2)**萬能政府或福利國家之任務**：照顧孤苦無依民眾、促進經濟穩定發展、提升生活品質、保護自然環境、獎勵科學技術發展。

職能類別	說明例子
保護民眾生命財產與權利	國防、治安、消防、公共衛生、疾病管制、勞動安全、反歧視（性別、族群差別待遇等的解除）。
確保民生資源供給無虞	石油電力飲用水、緊急實務供配、醫藥。
照顧孤苦無依的民眾	退休金、老弱孤寡失能者照顧、弱勢者生存、失業救濟。
促進經濟穩定與均衡發展	利率管制、企業融資、對外貿易、就業訓練、交通建設、勞資和諧。
提升生活品質與個人成就機會	教育發達、住宅普及、文化生根、休閒娛樂。
保護自然環境	水土保持、野生動物保護、污染監控、廢棄物管理。
獎勵科學技術發展	科技研究補助、發明專利、著作權維護、資訊傳播。

3. **達成任務執行工具**：根據詹森（W.Johnson）歸納可分為五類：

工具	說明	實例
現金給付	藉現金給與，以及所得重分配，達成維持生命到促進經濟活力等眾多的社會與經濟目的。	農漁業津貼、失業人口救濟金、殘障人士救濟金等。
底層結構建設與養護	公共使用或公共受益的有形建設與養護，屬國家建設之重大資本投資。	機場、港口、道路、廢棄物處理場、圖書館的興建與維護等。
服務提供	政府設立專責機構及人員提供各種特定服務，以擴大公共服務的受益者。	公立學校的教育工作、公立醫護系統、郵政函傳送、預防針注射等。
行為管制	政府對個人或團體之要求與禁止規範，並對違反管制者依據公權力，施以制裁。	刑事犯起訴逮捕、有害化學物管制、金融交易管制、勞動安全檢查。
治理能力	與政府任務達成無直接關係，但可支援其他執行工具，用以維持並強化政府的治理能力。	稅賦及規費徵收、公物維護、財務、人事行政、政策規劃等。

4. **政府成長理論**：政府成長應是一個多層致因的複雜巨象，以宏觀層次詮釋可歸納：「價值轉移、社會發展、經濟混合、政治過程、科層性」。

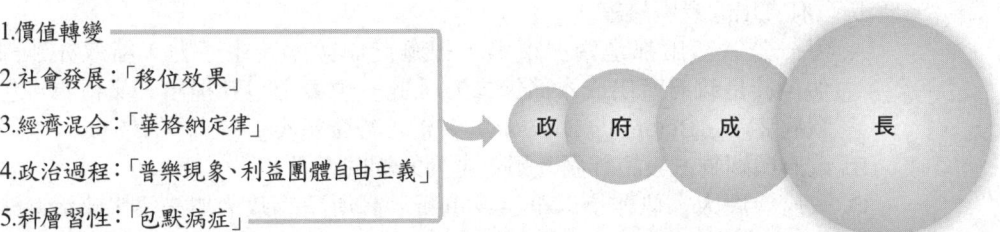

1. 價值轉變
2. 社會發展：「移位效果」
3. 經濟混合：「華格納定律」
4. 政治過程：「普樂現象、利益團體自由主義」
5. 科層習性：「包默病症」

政府成長五類致因示意圖

(1) **價值轉變之影響**：近百年來，西方社會、經濟及科技均有重大變遷。連帶所及，社會對政府的價值理念亦已跳脫傳統觀念，認為國家權力不再是必要之惡，而是積極美德。故政府職能不再圍於安全與秩序之消極領域，而是政府能夠積極地處理公共問題，正如中國「黎民望賢政」之政府觀念。

(2) **社會發展之影響**：由於人口增加，社會對政府常態性需求就會增加，有關公共財貨及服務之政府產出，均會相對地擴張。皮考克與魏斯曼（A.Peacock & J.Wiseman）既曾提出稅賦擴張的移位效果（displacement effect）理論，認為民眾忍稅能力，每經一回合社會危機，就會逐級往上移位。

(3) **經濟混合之影響**：德國學者華格納（A.Wanger）在西元1877年提出，產業工業化過程會以三種途徑導致政府成長：

A. 經濟富裕增加政府稅收，進而促使政府增加支出。

B. 國民人口增加、都市密集化等發展，使私部門市場機能無法解決公共問題，有賴政府介入，導致政府支出大幅成長。

C. 為回應工商業界擴張投資的需求，國家必須提供產業必要資金，以因應技術升級、經濟規模及對外競爭需求。

(4) **政治過程之影響**：民主政治系統對社會價值從事權威性分配過程中，各方參與及競爭會助長政府的成長，其主要成因有：

A. 民眾之需求及意見是政府施政計劃的最大正當基礎，從人性角度言，民眾易於要求政府增加支出，以提供更多的公共財貨及服務，形成所謂「由儉入奢易，由奢入儉難」之「普樂現象」。

B. 利益團體常向政府施壓游說，而各方競逐政府支出資源結果，常使強勢團體得到較多利益，惟其成本卻由社會大眾分擔，此為羅偉（T.Lowi）所謂「利益團體的自由主義」對整體社會是無益的，除造成「大眾悲劇」，亦助長政府支出化整為零式地分散擴張。

C. 執政黨為尋求連任，更有選前擴張產出，放出「利多消息」的傾向。

D. 政黨的意識路線亦會影響政府規模的漲縮。

(5) **科層習性之影響**：科層體制是政府統合眾多公務人員，以達成龐大施政計劃的最適組織類型，雖有其功能理性，但是若干的行政組織特性，亦會助長政府支出的易漲難縮。

A. 每一公共產出都是獨占市場，很難控制效率及生產力，績效亦難評估，於是政府產出成本節節攀升，此一現象由包默提出，又稱為「包默病症」（Baumol's Disease）或稱「勞魔惡疾」。

B. 政府機關獨占設施計劃及預算編列的相關資訊。

C. 政府愈龐大，愈難予以重組或革新。真所謂「政治加法遠比政治減法來得容易」。

D. 公務員本身是一種利益團體，關切其本身權益並不亞於維護公共利益。簡縮政府規模意味公務員要被裁減資遣，相關人員當然動員力量反對，政府規模因而易漲難縮。

(二) **行政國**：瓦爾多（D.Waldo）於西元1948年出版《行政國：美國行政學的政治理論研究》，首先以行政國來形容政府職能不斷提升與人民日益依賴現象。時至今日，行政國來臨，並非指立法、司法部門的消失，而是指行政組織與運作特別的重要，並顯現出現代政府的多項事實：

1. 行政機關眾多。　　　　　　　　2. 公務員人數龐大。
3. 預算經費驚人。　　　　　　　　4. 行政人員頗具政策影響力。
5. 立法退卻，所審議法案概由行政部門提出。
6. 國家之目的達成與問題解決必須借助各種相關的行政活動。
7. 行政首長任期不長，缺乏瞭解政策時間。

(三) **行政責任**

1. **意義**：菲斯勒（J.Fesler）與凱多（D.Kettl）認為係由下列兩者構成：
   (1) **負責行為**：忠誠地遵循法律、長官指示以及效率經濟準則。
   (2) **倫理行為**：
      指堅守道德標準以及避免不倫理行為的發生。帕南波（D.Plaumbo）等人指出行政責任可由實質內涵與達成方法加以探討。

2. **內涵**：史塔寧（G.Starling）將行政內涵分為以下數項：
   (1) **回應（responsiveness）**：行政機關應快速回應民眾需求，不僅包含「後應」，更應洞燭機先，「前瞻性」主動研擬解決方案。
   (2) **彈性（flexibility）**：行政機關及其人員於規劃及執行政策時，不可忽略與政策目標達成有關的個別團體、地方關懷或者情境差異。
   (3) **勝任能力（competence）**：行政機關執行職權、貫徹公權力的行為必須謹慎，不得草率任意為之，應展現高度績效及執行任務能力，以避免「最糟的腐化就是無能」現象的發生。
   (4) **正當程序（due process）**〔註二〕：政府在運作過程中，對於任何人的生命、自由或財產，非經法律的正當程序，不得據以剝奪，亦即行政機關必須依法行政。
   (5) **課責（accountability）**：行政人員或政府機關有違法或失職情事發生時，必須要有人對此負起責任。負責議題，可分為向誰負責（人民或機關首長）及負什麼責，依學者羅森（B.Rosen）看法，負責內容為：A.不浪費，不延緩地執行職務；B.適當裁量；C.因應環境研擬政策變遷；D.增強民眾對政府管理的信心。
   (6) **廉潔（honesty）**：指政府運作在正面上要能坦白公開，在負面上要能抑止腐化。

3. **確保途徑**：吉伯特（C.Gilbert）1959年於「政治期刊」所發表「行政責任分析架構」析述如下：
   (1) **內部正式確保途徑**：
      A. **行政控制**：是確保行政責任最強制性方法，包括：傳統責任動線、決策程序、幕僚機關及上級監督。
      B. **調查委員會**：政府機關運作發生重大缺失或意外時，行政首長得聘請產官學界組成調查委員會，徹底瞭解病因並提出改進的建議。
      C. **人事、主計、政風之雙隸屬監督體制**：「雙隸屬監督」體制，意指人事、經費、品性等管理在我國行政生態上，是為特定的組織設計，行政系統內部雙重監督較能確保責任，達到控制目的。
   (2) **外部正式確保途徑**：
      A. **議會控制**：議會可透過立法、質詢、調查、限制及預算審查的權力掌握，對行政部門的不法不當行為，加以批評要求改正。

B. **司法控制**：行政部門如有違法亂紀情事，法院可經由判決採取制裁行動，使行政權受憲法及法律的約束。

C. **行政監察員（ombudsman）**：行政監察員最早見諸於瑞典，其主要功能在於接受民眾苦情申訴，並調查不當或不公情事。

D. **選舉**：乃人民主權的最後課責手段，透過選舉的定期舉行，從而決定主要的執政者及政策取向。

(3) **內部非正式確保途徑**：

A. **代表科層體制**：指行政機關的人力組成結構，應該具備社會人口的組合特性，方得以反映出社會多元性的思維和偏好。

B. **專業倫理**：「革新先革心」，將行政責任的確保，訴諸於行政官員自身的承諾、價值、忠誠以及團隊意識等發自內心的自律倫理。

C. **弊端揭發（whistle blowing）**：指公務人員把機關違法失職情事釋放消息讓外界知悉，並以媒體為常見的外露對象，其次為議會、檢調或上級機關，以避免行政體系的腐敗。

(4) **外部非正式確保途徑**：

A. **公民參與**：透過利益團體對政府機關施壓活動，或者個人陳情、抗議、示威、遊行等活動，表達對政府支持或不滿。

B. **傳播媒體**：利用傳播媒體除可表達民意及形塑民意外，更可作為政府施政及官員作為的監督者，以減少弊端發生。

C. **資訊自由**：政府將涉及國家安全、商業機密、個人隱私之外資訊，自由地開放讓民眾迅速獲得。

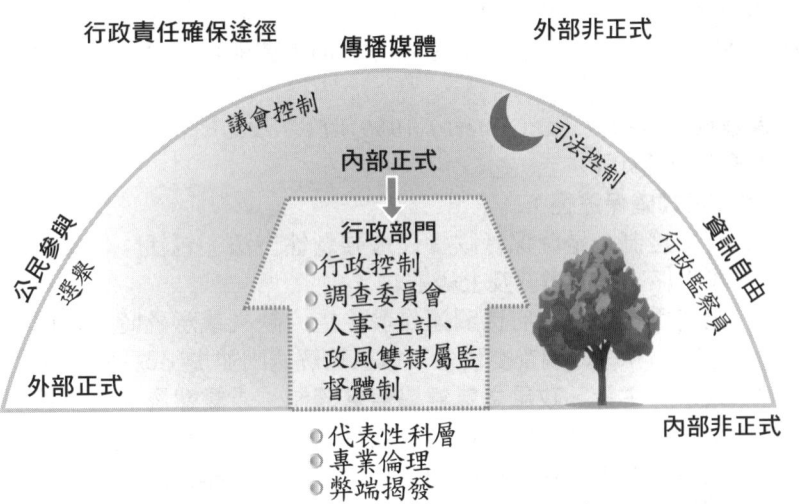

4. **三元行政責任論點**：哈蒙（M.Harmon）認為行政倫理責任實踐，有賴政治責任、專業責任與個人責任三者合成。林鍾沂則認為行政責任發揮，除三者履行外，更應就其特色缺失加以發揮，方能掌握責任實踐精義。

(1) **政治責任（又稱科層責任）**：係傳統行政學者如威爾遜、韋柏與賽蒙等人之主張，認為須建構在下列前提：A.政治與行政兩者各有界限，彼此分立；B.政治不但設定政策目標，且排定目標優先順序；C.以中立、客觀、效率、科學方法忠實地執行政策；D.設計一套嚴明的職責規範與獎懲制度。

配合條件：權責能明確劃分、嚴格層級服從關係、有限控制幅度、部屬對目標認同、屬行正式紀律體系、重視內部稽核、國會監督、預算控制。

缺失：A.在缺乏明確政策指導下，常培養出行政官僚「投機主義」心態；B.行政政治責任通常會產生責任「形式化」；C.權威的物化現象產生。

(2) **專業責任**：公共事務錯綜複雜，實非有限的法律條文及行政規則所能窮盡釐清。故須授權行政人員必要的裁量權限，以憑藉專業知能職業倫理，針對特定具體情況，作出妥善因應。主張學者為莫雪、費德瑞區。

缺失：A.行政人員會利用其專業知能為自身謀福利；B.律則性知識運用，不講究人性；C.技術問題界定，會牽涉到政治分析者的價值偏好和主觀意圖。

(3) **個人責任**：行政個人責任並不講究外在標準和原則，而重視行為者內在的看法，強調負責行動，是行為者個人意志的展現與實踐。哈蒙稱此負責任的行為表現為「受煎熬靈魂」，並認為個人責任欲強力實踐，實有賴自我反省能力與交互主觀能力兩種機制發生的作用。

5. **課責方式**：責任課賦是行政責任的狹義意義，我國現行課責方式，概有下列幾種：

(1) **政治懲處**：「主權在民」，人民乃是民主政治的主人，故政府施政必須尊重民意。而在「責任政府」有能力、知權變、守法制、不貪腐、回應社會脈動特色下。執政者言行固然不違法或法無規範，亦必須顧慮社會一般觀感，以身作則。

(2) **法律懲處**：公務員所負的法律懲戒責任，依憲法第24條規定：「凡公務員違法侵害人民之自由或權利者，除依法律受懲戒外，應負民事及刑事責任，被害人就其所受損害，並得依法律向國家請求賠償。」而憲法、行政法所稱之公務人員「責任」，係指公務員違反所負擔之義務時，國家為伸官紀，科以一定懲罰。一般可分為：

A. **懲戒責任**：其構成並不以侵害人民之自由權利為必要，即屬單純的違法失職行為，雖未至觸犯刑法的程度，但若違反「公務員服務法」所定之各項義務。即依「公務員懲戒法」規定，由司法院懲戒法院施予處分計有：免除職務、撤職、剝奪（減少）退休金、休職、降級、減俸、罰款、記過、申誡。另外，該法對公務員之停職處分可分為當然停職與先行停職。

B. **刑事責任**：公務人員觸犯刑法所定與職務有關之罪行時，所課予之刑罰責任，此種罪行不以侵害人民自由權利為限，即侵害國家或社會之公益者，亦須承擔責任。刑事責任之罪行如係專屬公務人員身分之行

為，稱為「職務犯」，如濫用或放棄職權、賄賂、廢弛職務、洩露秘密等行為。

另外一種係一般人民均可構成的罪行，而對具有公務人員身分者採取加重刑罰者，稱為「準職務犯」或「加重犯」，即公務人員假借職務上的權力、機會或方法，以故意觸犯刑法第四章瀆職罪以外各章罪行者，如妨害投票罪、偽造文書罪、侵占罪等，加重其刑至二分之一。

另自民國85年1月17日起生效之公務人員服務法第22-1條規定：「離職公務人員違反本法第14-1條者（違反禁止旋轉門條款），處二年以下有期徒刑，得併科新台幣100萬元以下罰金。犯前項之罪者，所得利益沒收之。如全部或一部不能沒收時，追徵其價額。」

C. **國家賠償責任**：依國家賠償法第2條規定：「公務員於執行職務行使公權力時，因故意或過失不法侵害人民自由或權利者，國家應負損害賠償責任。公務員怠於執行職務，致人民自由或權利遭受損害者同。」「公務員有故意或重大過失時，賠償義務機關對之有求償權。」由此可知，國家對公務人員不法行為侵害人民自由權利，先負起損害賠償責任，然後對於事屬故意或重大過失公務員，行使求償權，要公務員償還國家所付之賠償。

D. **民事責任**：民法第186條規定：「公務員因故意違背對於第三人應執行之職務致第三人之權利受損者，負賠償責任。其因過失者，以被害人不能依他項方法受賠償時為限，負其責任。」「如被害人得依法律上之救濟方法除去其損害，而因故意或過失不為之者，公務員不負賠償責任。」上述兩項規定，自「國家賠償法」於民國70年7月1日實施後，有關行政上損害賠償，即以該法為主要依據。

(3) **行政懲處**：

A. **公務人員考績法之績效考核性懲處**

(A) **年終考績**：考列丙等者，留原俸級。考列丁等者，予以免職。平時考核無獎懲抵銷而累積達二大過者，年終考績應列丁等免職。

(B) **專案考績**：重大過錯至一次記兩大過者，立即免職。

B. 行政院及各級行政機關學校公務人員獎懲案件處理辦法之懲處該行政規章係就公務人員之獎（請頒勳章、獎章及褒揚案件）及懲（免職、停職、復職、停職期間薪俸），依據公務員懲戒法及公務人員考績法等上位法律基本規範，予以進一步較詳實之作業化規定。

6. **責任政府的障礙**：人非天使，需設政府管理眾人之事，而政府官員亦由人所組成，故責任政府的「真、善、美」完全實踐可為理想，是難達成。而有關阻撓責任政府的障礙因素，可分為以下幾項：

(1) **責任動線的衝突**：

A. 有良心意志的行政人員常會面臨一些兩難困局（dilemma），如自我倫理責任與傷害機關清譽取捨。

B. 當民選首長與民選議員對行政機關要求不同任務，一定會對行政人員造成「徘徊躑步」（in a quandary）的兩難服從尷尬場面。

C. 地方政府財政困難，須上級經費補助，但上級補助規定常不能適合地方民情或地方優先順序需要。

(2) **責任內涵模糊不清**：政府組織不僅規模龐大，而且因應公共問題之動態性質，各自形成複雜的「議題網絡」，促使政府成為一個「無臉的政府」（faceless goverment），不易確認違法失職的負責機關與官員。再者當代社會問題的有效解決，甚少由單一政府機關即能勝任解決，而是需相關單位彼此的專業分工與協調整合，故而產生責任政府的「多手問題、人多手雜、責任渾沌」現象。

(3) **政府腐化**：「腐化」（corruption）之拉丁字源是指「罪惡的意象」含有濃厚的道德內涵。其定義亦可由不同觀點釋析：

A. **公共職務觀點**：公務員為了私利而濫權的行為。

B. **公共利益觀點**：公務員為求私利而損害公共利益的行為。

C. **倫理道德觀點**：公務員在道德上存有瑕疵的行為。

牛刀小試

1. 思考「公共」對行政學的重要性及其雙層基本涵義？並說明公共行政應追求那些價值？【身三】

2. 學者哈蒙（Michael M. Harmon）以回應性和開創性二個構面，提出了「行政類型格道」（administrative style grid），將公共行政人員劃分為五種類型。請敘述其五種類型公共行政人員的意涵及其對公共行政可能產生的影響；其次，依己見闡述在抗防新冠疫情時期，此五種類型的公共行政人員各自適合擔任何種工作（本題所指工作即例如：防疫指揮官、發言人、公衛行政官員、行政管理人員等概念性名稱，不限定使用法定正式職稱）？【110高三】

3. 當社會問題愈趨複雜，政治愈趨民主多元化時，行政人員場面對「專業」與「民主」的兩難，試提出你的看法及如何調解之道？【薦升】

4. 行政責任的確保途徑有那些？試分類列舉說明其內涵。【基三】

5. 試從政治責任、專業責任與個人責任，說明行政責任的內涵。【高三】

6. 當代政府體制對於行政責任的確保有各種不同的途徑，試以我國中央政府體制為例，分類並說明各種不同確保行政責任的途徑與機制。【103地三】

7. 如何施以有效的課責（accountability）乃是當代民主國家確保政府忠實履行　職責之重要環節，學者吉伯特（Charles E. Gilbert）從課責來源（內部／外部）及性質（正式／非正式）兩個構面，提出四種確保行政責任之途徑。請敘述其內涵並說明各途徑下之課責方式為何。【103原三】

六、民主行政

(一) **內涵**：為公共行政核心，亦即政府在行政過程中，應確實回應民眾的需求，講求過程的正當性，重視公道的分配以及避免權力的濫用，貪污與無能。並善盡「主權受託者」職責，以有效完成民意託付。

(二) **特色**：全鍾燮（J.Jun）認為民主行政應具備以下特色：

1. **公共利益表達**：公共行政應在日常的公務推動過程中，強調體現民眾最大利益的責任感。

2. **代表性**：行政機關的人力組成結構，應考慮社會群體人口組合的特性。即人力甄補應開放給社會各階層、各群體，使有志者均能「應考試服公職」，並使社會不同的價值與期望，經由廣泛的代表而融合於政府的政策及計劃。

3. **開放性**：為體現主權在民之精義，公共行政在專業上擁有資訊優勢時，應開誠佈公，讓民眾皆能經由各種管道以獲取其所須的資訊。

4. **超越派閥黨團**：公共行政之精神既在體現公共利益，就不可為某一黨派或團體的私益徇私或直接授益於少數特定的服務對象。

5. **參與的強調**：政府施政若能讓政策相關的各群體、各階層利害關係人參與其中，不僅可擴大理念寬廣度，亦能增加尋找解決方案的可能性，更重要的是增加民眾對政府施政的認同感與順服度。

6. **嚴防專業主義對民主原則傷害**：當行政問題愈趨複雜化，愈需依賴理性與技術分析，導致對行政專家的日益仰賴。但此些技術官僚或菁英較傾向不與民眾互動，更不願進行科際間的對話，因而容易對民主造成威脅或傷害。

(三) **民主行政之倫理原則**：依華韋克（D.Warwick）見解，民主行政落實到行政裁量上，健全民主行政發展應考量以下五項倫理原則：

1. **真誠**：行政人員從事公務時，應發自內心的誠懇，就其所知之事實真相，善意地表達。而非有意操縱、誤導和愚弄民眾。基於此原則，行政人員必須做到：
   (1) 避免說謊。(2)向主管提供相當可信的訊息。
   (3) 尊重他人的觀點和對自身看法的懷疑與挑戰。

2. **公共取向**：公共利益的考量與現實，有時未必會與個人、組織利益或轄區民眾利益相衝突，但到頭來，「共同之善」（common good）應超越它們，成為模糊道德的判斷基準。這也是為什麼盧梭（J.Rousseau）一再主張「局部意志」不應超越「公意志」。

3. **反省性選擇**：首先，應深入瞭解政策所要處理的問題的性質與底蘊，不要一開始對問題有錯誤認知，貽害了政策作為。其次，明確地闡述所要提昇或保護的價值，而非盲目地擁護它。再者，政策資訊的使用是否恰當、可靠，應作審慎評估；最後，價值與事實、政策方案與問題間的聯結是否合理且具說服力，應不斷分析與檢討。

4. **程序的尊重**：遵守法規程序與依法辦是行政人員應盡之本分，不過亦不可拘泥於死守程序規則，否則人格物化，徒以守法為目的，而忘卻法規背後真正目的。

5. **手段的限制**：任何手段使用除了達成預期目標外，總會帶來一些反作用或反功能，尤其手段不當使用，經常會破壞法令、違反人權，形成管制不公。因此在引進或使用各種行政技術或政策時，須小心翼翼，不可恣意橫行。

(四) **行動綱領**：戈登（G.Gordon）提出六項工作，作為推動民主行政的行動綱領：
公民參與、科層代表性、科層回應力、科層責任、倫理道德、行政效能。

(五) **民主行政實踐**

1. **人事制度方面**：在民主行政之下的人事行政，應力求人事制度永保活力，以帶動公務之推展。因此設計一套「運作性人事管理」是有必要的。

2. **預算制度面**：過去政府在預算控制上，往往效益不彰，未來應採取一種嶄新的預算制度，此種制度稱之為「支出控制預算」。係授權各機關以達成目標為重，可謂「任務導向預算」。

3. **社區導向行政**：在「社區導向」的行政中，政府須扮演導航者角色，負責將社區資源凝聚起來。

4. **民營化推動**：當國家處於全球自由化競爭洪流中，政府應專注整體觀照，盡力將「導航」做好，並將營利、生產、服務有選擇者交由民間處理。

5. **與民眾加強互動**：爭取支持社會大眾意見雖未必為行政官員擬定政策指標，但若能得到大眾支持，更可視為一項有力的政治武器。

6. **全面品質管理**：全面品質管理核心價值與基本信念為以顧客、過程、員工為重，並重視團隊工作、全員涉入，與民主行政之精神是相通的。

7. **促進行政責任實踐**：欲達行政責任實踐，可由政治責任、專業責任與個人責任著手。

(六) **民主政治與官僚體系差異**：政治學者葉慈（D.Yates）將民主政治與官僚體系，分別區分為多元民主模式與行政效率模式，其差異如下：

性質／規模	多元民主模式	行政效率模式
決策型態	採分權決策	決策集權化
首長權利	權力受質疑	獨攬大權
權力隸屬	屬於政治人物、利益團體與民眾	落入專家手中
行政處理過程	政治協商與妥協	政行分離
強調重點	個人利益	技術與科技的理性

牛刀小試

1. 健全民主行政發展，應考量那些倫理原則？試說明之。【國軍】
2. 民主行政為當前公共行政重要趨勢之一，你認為民主行政應具備那些特色？試析論之。【國軍】
3. 「民主行政」的主要內容為何？其與傳統的行政有何不同？【郵政晉高員】
　※內容可由內涵與實踐作概敘，比較則可參考本書第二章－新公共行政與傳統公共行政比較表作答。
4. 何謂民主行政（Democratic Administration）？其主要內涵為何？民主行政應具備那些特色？試分別說明之。【高三】

貳　行政行為的價值

隨著福利國家與大政府的來臨,行政機關在政府治理過程中日趨重要;而在「行政國」不斷發展今日,行政人員無疑是政府治理的「守衛者」(the gurdian),唯其中一個基本的政治哲學問題常被提及,即是「誰來監督守衛者」。美國第四任總統麥迪遜(J.Madison)曾有以下精闢見解:「假如人類是天使,那麼就不需要政府,假如天使治理人類,那麼對政府的外在或內在控制統統不需要。在設計一個由人來統治人的政府體制時,最大的困境就在於,一方面政府有能力治理人類,另一方面,政府本身要能夠自我控制。」

尤其當今於行政改革的新公共管理浪潮下,政府再造強調的解制、法規鬆綁、民營化、官僚企業家等,若行政運作無法課以更多的責任倫理,勢將淪為種種貪污、瀆職、浪費、利益輸送、不法勾當等違背公共利益情事發生。是以,瞭解行政運作過程中之行政權力、行政倫理、行政中立、行政貪污等問題是有必要的。

一、行政權力

近十年來,世界各國普遍趨勢是行政權力日益擴張。在美國有許多學者認為,公務人員組織體系已與行政、立法、司法三權並駕齊驅,而被稱為政府的第四部門。

(一) **擴張原因**

1. **自由放任的經濟思想遭到批評**:西方許多古典經濟學者,如亞當斯密等均主張自由放任經濟政策,認為管事最少的政府是最好的政府,要求讓市場的供需機制,來主宰人民的經濟活動。但卻也埋下了西元1930年美國經濟大蕭條種子,取而代之的,要求管制不合公平正義的經濟社會現象,並且為提供最佳服務的「萬能政府」。

2. **社會與經濟環境變遷的影響**:受工業革命影響,歐美國家在經濟及社會環境產生劇烈的改變,產生了貧富懸殊、勞資對立的社會現象。加上勞工運動、消費者保護運動、環境保護運動接踵而至,遂令政府部門無法置身事外,不得不出面解決。

3. **立法權分散無力的影響**:立法權分散無力的原因係立法機關成員複雜、專業知識不足,成員所代表的利益極為分歧,兼以立法權行使往往顯得有氣無力,法案拖延、擱置情形屢見不鮮。

4. **司法權退卻的影響**:司法權退卻的現象主要反映在以下三點:

   (1) 司法無法適應社會快速變遷的需要。

   (2) 司法程序僵化複雜,審判曠日費時,人民視訴訟為畏途。

   (3) 司法以保障私人權益為目的,而行政則以增進公眾利益為前提,故基本上人民仰賴行政部門程度,遠勝於法院。

(二) **行政權力的控制**:行政權力擴張既已成為不爭事實,為使權力不流於濫權,並能福國利民,應對行政權力運作予以適當的控制。

1. **議會控制**：透過議會對法案預算的審查，以及對行政官員的質詢與監督著手，對行政部門越軌行為予以糾正。
2. **法院控制**：對行政人員違法亂紀行為，法院可採取制裁行動，亦即行政權須受法院控制；或人民權益受損，可向法院提出告訴或申請國家賠償。
3. **公民控制**：透過人民對行政事務自覺與關心，而對行政機關行為加以監督，使其負責盡職，可藉利益團體或大眾輿論之活動或直接透過投票選舉方式，表達對行政機關支持與否。
4. **行政自律**：為最具效果的內在自律方式，指行政部門公務人員自我警惕規範，避免從事不法或不當行為。可由以下幾方面著手：
   (1)由教育訓練著手，以提升其自律修養。
   (2)建立一套公務人員的服務道德或職業規範。
   (3)可藉由人事政風單位及主計部單位，以達到行政控制目的。
(三) **學者對行政權力評述**
   1. **艾森鐸**（S.Eisenstadt）：以「基本兩難困局」來描述行政機關的行政權力。
   2. **盧爾克**（F.Rourke）：以「否決團體」來形容行政官僚集團在公共治理過程中，具有實質影響力卻毋須「承擔政治責任」。
   3. **巴薩克**（Honor'e de Balzac）：以「侏儒耍大刀」來描述行政機關擁有的政策影響力。
   4. **培里**（J.Perry）：以「無正當性的權力影舞者」來形容行政機關的權力。

二、公共服務

丹哈特（R.Denhardt）指出，新公共管理強調政府應扮演領航而非操槳角色，實則無法滿足人民對政府期待，主張應強調「服務」觀念。亦即行政革新不應僅重視管理技術更新或焦距於樽節成本，心智轉換及觀念革新更為重要。
(一) **公共服務所處系絡**：公共行政是一種處於政治系絡中的治理行為，亦即公共服務為一種公共資源分配過程。
   1. 公共服務的主要決策者產生自政治制度。
   2. 憲政體制下各部門互動的政治本質。
   3. 多元民主之政策過程導致公共服務方案政治色彩濃厚。戴伊稱：「公共政策乃是利益團體競爭後的均衡」。
   4. 公共服務傳輸過程的政治因素。
(二) **公共服務人員**：係指所有直接或間接地對民眾提供公共服務者。
   1. **重要性**：許立一教授提出其所扮演關鍵角色有三：
   (1)公共服務人員影響民眾對政府施政範圍與內容的認知。
   (2)公共服務人員認定公共服務或懲罰的資格。
   (3)公共服務人員的舉措影響民眾對政府的觀感。

2. **行政裁量權力**：薛瑞（W.Sayre）曾道：「行政機關的責任力與回應力…基於各機關裁量權日漸吃重事實，乃政府的重心所在。」深究其原因有：工作情境複雜性、對個體情境進行判斷、強化自信與提升人民信任度、上級無法親臨現場。

3. **自我定位**

(1) **主動─社會的自我**：黑堡宣言萬斯來指出，人處於制度結構中，不可能不受其作用，但人作為行動的主體，亦不可能不對制度結構變遷毫無影響力。職是之故，哈蒙（M.Harmon）所謂「主動─社會的自我」對於建立一套具人文主義色彩公共行政最有助益。簡言之，公共服務人員從事行政行為時，涉及個人主觀的詮釋，並且也包含著服務對象對於其所採取行動的詮釋，故治理是一種主客交融的相互作用過程，而非傳統行政的單一施予，亦非新公共管理的純粹利益交換。

	被動─社會的自我	主動─社會的自我
與整體社會關係行動	A.個體先於社會互動而存在，但與社會無法脫離關係，個體片面也依賴整體。 B.無創造力、受制於社會規範。	A.個體與整體無邏輯上先後依序之分，個體之間社會互動所形成的關係網路就是整體。 B.有創造力、具意向性而與他人有關。
	被動─原子論的自我	主動─原子論的自我
與整體社會關係行動	A.個體先於社會互動而存在，但與社會互動無關。 B.無創造力、受到外界刺激而作出反應。	A.個體先於社會互動而存在，但與社會互動無關。 B.有創造力、相信人定勝天、追求自力為動機。

社會研究的四種人性觀：【許立一】

以主動─社會的自我人性假設看待公共服務人員，呈現下列兩項特質：

A. 公共服務人員的行動不可能脫離特定的系絡，而此些系絡亦提供了行動的規範。

B. 以前述為基礎所建構的行政論述，並未忽視公共服務人員的自我意識與系絡的整合關係。

爰此，以上人性假定對於公共服務人員及其所從事的行政實務，所具意義為：

A. 公共服務人員與其所處的環境系絡密不可分，亦即與服務對象、上級、部屬應為一種共同體的關係。

B. 公共服務人員一切施為的意義不僅是冰冷的依法行政所能涵蓋，而是更具人文關懷的傾向。

C. 上述人性假設，不但承認結構對公共服務人員行動約束力，亦肯定公共服務人員影響及改變結構自主性。

(2) **公共服務人員應扮演治理的積極參與者**：公共服務人員處於後現代社會，面對變遷，角色定位應調整，而欲發揮安定力量，須具備以下特質與能力：

A. 公共服務人員應具備整合各方勢力的能耐。

B. 公共服務人員不但要執行政策還應闡明政策的價值。

C. 公共服務人員應倡導公共生活的理念。

D. 公共服務人員需要將抽象的政策轉化為具體的施政計劃。

E. 公共服務人員應具備系統性的決策思維能力。

4. **倫理修為：**

(1)以公共利益作為行政行為的基本目標和準則。

(2)培養負責任的專業精神。　　　　(3)審慎回應公民的需求。

(三) 公共服務對象

1. **意涵**：傅德瑞克森（H.Frederickson）將之歸納有五種觀點：將公眾視同利益團體、將公眾視同理性抉擇者、將公眾視同代議士所代表選民、將公眾視同消費者、將公眾視同公民。

2. **公民應具「實踐的智慧」**：依希臘哲學家亞里斯多德（Aristotle）看法公民應具備「實踐的智慧」，乃是一種良善社會的行動智慧。而要成為全人（公民）應具備三項特質：自主性、友愛與判斷。

(四) 公共服務動機

1. 意涵：裴利（J. Perry）等人將公共服務動機定義為「是一種個人傾向或動機，主要在回應一些嚴重或特別的公共制度及組織管理的問題」，亦即「一種服務於團體、地方、國家或全人類的一般性、利他性動機」。

2. 特徵

(1)公共服務動機深受文化和制度的影響，因為動機是在個人社會化的過程中逐漸形成的。

(2)公共服務動機是個人從事公共服務的動機，它是一內建於心中的服務取向，因此一個人並非只有進入公共部門才能從事公共服務。

(3)公共服務動機是一種內在的誘因或激勵感，此動機較高的人追求的是內在報酬而非外在的利益誘因。

3. 測量指標：公共服務動機是由24項指標所組成，總共包含四大面向，包括：「對公共政策制訂的興趣」、「對公共利益的承諾」、「同情心」，以及「自我犧牲」等構面。

牛刀小試

1. 世界各國的一項普遍趨勢是行政權力日益擴張，試問其理由何在？當前用以控制行政權擴大的方式有那些？試析論之。【原三】

2. 就政府發展趨勢而言，行政權力有日益擴張的現象。請就行政權力擴張的原因，以及吾人對行政權力控制的機制為何？試析論之。【身三】

3. 公共服務是一種公共資源分配的過程，此亦表示公共服務乃處於政治系絡之中。請就公共服務人員在此政治系絡中的自我定位為何？試析論之。【身三】

三、行政倫理

行政倫理亦稱公務倫理、公務道德、服務倫理、服務道德，係行政行為的一種價值
體系，是才能的一部份，也是民主體系的一部份。主要探討公務人員在公務體系
中，建立適當關係或正確行為規範。

(一) **意涵**：對行政倫理界定，可謂人人言殊，莫衷一是，茲歸納各學者定義如下：
　　1. **丹哈特（K.Denhardt）之界定**：在合理的組織範圍內，植基於核心的社會價
　　　　值，並訴諸個人和專業責任，針對決策標準所持的獨立批判過程。
　　2. **尼格羅父子（F.Nigro & L.Nigro）定義**：執行政策過程中，反映在價值的選
　　　　擇及行為的具體標準。
　　3. **吳定教授見解**：其內涵指涉公務員內心對國家、機關、民眾、長官、同事、
　　　　部屬，應有的角色扮演與相互關係的分際。
　　　　綜合而言，**行政倫理係指行政人員或組織對其行為與決策之對錯好壞，所進
　　　　行之一種反思與原則取向的規範性判斷。**
　　4. **依性質區分應有二層內涵**
　　　　(1)**防制性行政倫理**：一種有關禁制性規定的行為規範，主要在矯治負面的不
　　　　　　倫理行為。
　　　　(2)**促進性行政倫理**：不惟負面不法行為的禁止，並應擴及正面思維的提倡，
　　　　　　如公正、良善、慈悲等。

(二) **重要性**
　　1. 公務員為公眾服務，以追求大眾福祉為職志。
　　2. 公務員比一般人擁有更多的資訊及權力。
　　3. 行政業務內容廣泛複雜，有限法律條文不足以應付。而「行政裁量權」判
　　　　斷，須以倫理規範為指引。
　　4. 自福利國家以來，政府角色由消極轉為積極，而其消極不作為，漸為行政倫
　　　　理的新課題。

(三) **目標**：佛來西曼（J.Fleichman）與佩恩（B.Payne）認為行政倫理目標在於：
　　1. 認知瞭解工作上倫理的困境。　　　2. 發展倫理分析技巧。
　　3. 鼓舞發揮道德想像力。　　　　　　4. 鼓舞倫理辯論的思想及長期意涵。
　　5. 讓學生熟悉古典倫理哲學家的著作。 6. 透過瞭解自我發展道德的特性。

(四) **標準**
　　1. **拉利（M.T.Lilla）將倫理標準分為**
　　　　(1)機關組織信念的行政倫理，含效率、能力、專業技術、忠心及負責任等。
　　　　(2)民主信念的行政倫理，含公眾利益、社會公道、制度或憲法的價值及公民
　　　　　　參與的觀念。
　　2. **庫珀（T.L.Cooper）將行政倫理的標準分為：**
　　　　(1)內在財貨價值的倫理標準：公眾利益、正義、大眾主權、負責任、正當程
　　　　　　序、追求完美。
　　　　(2)外在財貨價值的倫理標準：金錢、聲望、地位、職位、權力。

(五) **行政倫理的內容**

1. **人性發展與改進**：乃公務人員內心自我道德、行政倫理意識發展，是一種「良心」與內在控制。

2. **行政守則**：包括外在法規、社會倫理規範以及公眾對公務人員於私人行為與職務行為上的角色期待。

3. **組織士氣**：組織成員其內心表現對組織認同與接納，即構成了組織士氣，影響公務員對組織規則的順從。

4. **組織規則**：公務員在其服務文官體系，對其在組織中行為的外在規範要求。

5. **社會公道與社會反應**：洛爾斯所強調功利社會如何運用到動態多變社會中，以認定社會公平。

6. **功利主義**：亦稱「公共政策的倫理」，由邊沁（J.Benthan）所倡導，所謂最大多數人的最大幸福原則，亦即為大多數人的利益著想。

(六) **主要論述**：行政倫理的理想，在組織的實際運作中是否可行？如果可能，應涵蓋與指涉那些面向？

1. **1940年代房納（H.Finer）與費德瑞區（C.Friedrich）的精采對話**

   (1) **房納（H.Finer）主張應對官僚制度施以外部控制**：認為缺乏外部的制裁、控制時，權力的濫用遲早會發生，又指出：依賴行政官員的良知無異是依賴著行政官員的同謀者。

   (2) **費德瑞區（C.Friedrich）主張應對官僚制度施以內在控制**：認為官僚制度的外部控制相當有限，行政責任應有雙重標準，一是技術知識，另一則是百姓感受。若行政人員違反了其中一個標準，便要被課以行政責任。

2. **湯普森對「行政倫理可能性」分析**：湯普森（D.Thompson）於西元1985年「公共行政評論」中發表「行政倫理可能性」，文中即開宗明義地言道：「行政倫理是否可能？對行政倫理最直接的對立，來自個人角色在組織中的兩個共通概念，也許可將它們稱為中立倫理（the ethics of neutrality）和結構倫理（the ethics of structure），如果行政倫理要成為可能，需要嚴斥上述這兩種觀點。

   (1) **中立倫理**：指傳統的行政倫理的理論與實務中所稱，行政人員僅係執行政策的工具，不被預期行使本身獨立的道德判斷，而僅在反映施行命令與政策的觀點。

   (2) **結構倫理**：指應為政策負起道德判斷之責任的主體應是組織或政府整體，而非組織單位或個人，亦即決策成敗應由組織而非個人負起全部責任。

   (3) **結論**：綜觀湯普森對「行政倫理可能性」分析，可以發現其偏重於行政人員獨立道德判斷的倫理觀點來作為行政倫理的立論基礎，此種觀點非常類似於費德瑞區所主張的「專業倫理與大眾輿情」的論點。

3. **哈蒙（M.Harmon）行政倫理的責任實踐**：為了避免房納與費德瑞區間客觀責任與主觀責任的爭論，以及湯普森對行政人員的道德判斷之執著，而

弱化了中立倫理與結構倫理之考量，哈蒙認為行政倫理之責任實踐，有賴於行政之政治責任（political responsibility）、專業責任（professional responsibility）與個人責任（personal responsibility）三者的合成。

(七) **悖離行政倫理的議題**

1. **行政貪污**：為行政運作中最為常見的弊端，亦是行政倫理研究最常涉及的課題。係指政府官員從事直接或間接的權、錢交易，意圖違反應當遵從的法律和原則，藉此為自己或關係人謀取利益。凱頓夫婦（G.Caiden & N.Caiden）將貪污分為個人與結構貪污兩種。

   有鑒於**官僚貪污的普遍與嚴重，各國均力求肅貪，其中最有名者，莫過於香港於回歸中國前於西元1974年成立的「廉政公署」與新加坡的「瀆風檢肅局」。1993年成立之「國際透明組織 TI」是全球唯一專門致力打擊貪污腐敗的國際性非政府組織，2004年發起並經聯合國訂定每年12月9日為「聯合國國際反貪腐日」。**

   我國**防治貪污的法制措施為「政風機構人員設置條例」，而主要肅貪機構為調查局及各級政風機構，隸屬法務部。**

2. **多手與髒手**

   (1) **多手（many hands）**：湯普森指：「有許多官員以不同方式去促進政府決定與政策實現，惟該由誰在道德上負起政治結果，卻難以確認。」

   (2) **髒手（dirty hands）**：組織或成員為有效實現組織目標，其處理公共事務過程中，作出不道德行為卻被合理化現象。

3. **說謊、欺瞞與溝通扭曲**

   (1) **說謊**：指行為者對另一位行為者未能道出事實的全部真相。

   (2) **欺瞞**：指行為者對另一位行為者施予有意的矇騙，以致未能說出全部實情。

   (3) **溝通扭曲**：部份學者有將說謊、欺瞞行為擴大為「溝通扭曲」之論。如哈伯瑪斯（J.Habermas）在建構其「理想的言談情境」時，即認為一套實用的溝通典則應建立在以下四種基礎上：可理解性、真實性、真誠性與正當性。

(八) **行政倫理困境**：主要在探討為何行政人員無法在公共利益的規範下，實現社會的信託。可由行政運作之公共利益誤導、行政機關獨大之結構特質與組織倫理[註四]問題加以分析。

(九) **倫理責任的策略**

1. **屬行管理、政治、司法和相關的監督**：如房納所言，行政責任的達成，外在控制是不可避免的。

   (1) **管理監督**：即為傳統的管理途徑之課責，其最基本的目的，即在達成所謂的效率、經濟和效能組織的一致性。所強調的重點為：

   A. 權力和責任關係必須明確界定。　B.嚴格服從的必要性。

   C. 有限的控制幅度。　　　　　　　D.鼓勵部屬忠於組織及其主管。

   E. 仰賴正式的「紀律制度」。　　　F. 內部稽核。

(2)**政治監督**：所強調的課責，是在公部門之外發展一套可以課責行政機關的機制。其中最常見的有方法有：

A. 一般立法監督。　　　B.預算控制。　　　C.職務輪調。

D. 代表性與大眾參與。　　E.公開化。　　　F.陽光措施。

G. 利益衝突。

(3)**司法監督**：相當重視依法行政與確保順服的執行機制。

除上述**管理監督、政治監督、司法監督外，尚可包括監察監督，媒體監督與公民參與等多項。**

2. **建構行政倫理守則**：美國公共行政學會（American Society for Public Administration）於西元1984年訂定十二條行政倫理守則草案，並於1985在學會最高機構全國理事會中正式定稿通過。至1994年，理事會為求完善、精益求精，特將頒行十年的十二條倫理守則予以重大修改，使之成為更為詳盡的五大項三十二條。

實踐公共利益

為「服務大眾為先、個人利益次之」之理念，學會成員包括公務員、學界、企業界、民間人士應善盡以下責任：

- 運用裁量權增進公共利益。
- 反對任何形式的歧視與騷擾，並協助優惠僱用行動（弱勢優先）的推動。
- 肯定並支持民眾對政府運作有知的權利。
- 鼓勵民眾參與政策制定。
- 培養憐憫、仁愛、公正、樂觀的精神。
- 以完整、明確、易懂的方法來回應民眾需求。
- 協助民眾與政府接觸。
- 為制定不跟社會隨波逐流的決策預作準備。

尊重憲法及法律

為尊重、支持和研習有關界定政府機關、公務員、社會民眾之職責的憲法與法律，學員應善盡以下責任：

- 瞭解並應用與其專業角色有關的法令規章。
- 改進不合時宜、窒礙難行或反生產性的法律與政策。
- 杜絕所有不法的歧視。
- 建立並維護強有力的會計與管理監督制度，支持審計與調查工作，以防止各種形式的公帑不當管理。
- 尊重保護隱私性或特殊性資訊。
- 鼓勵並疏導公務員的合法異議活動，並保障其揭發弊端的權利。
- 促進平等、公正、代表、回應、正當程序之憲政原則，以保障民眾權利。

展現個人廉潔

為公務力求至善，提振民眾對政府的信任，學會成員應善盡以下責任：
- 維護真誠與正直，勿因個人的升遷、尊榮或得利而妥協。
- 肯定他人因工作和貢獻所獲得的獎賞與信用。
- 認真迴避利益衝突，例如：引用親戚、不當外部兼職、濫用公共資源、收受餽贈等。
- 尊重上司、下屬、同事和社會民眾。
- 承擔錯誤，勇於負責。
- 行使公權力勿黨派循私。

倡導倫理組織

為強化組織服務大眾，援用倫理、效率、效能之能力，學會成員應善盡以下責任：
- 提升組織在開放溝通、創意和奉獻的能力。
- 確立公益至上，制度忠誠次之。
- 建立程序以促成倫理行為，並確保個人和組織行為責任。
- 提供組織成員表達異議的管道，並確保正當程序，免受報復。
- 增進功績原則，防止武斷和肆意的行動。
- 運用適當的控制和程序，強化組織責任。
- 鼓勵組織採用倫理守則，除廣為宣達及定期檢討外，並使之成為活的文獻。

追求專業卓越

為強化個人能力，鼓勵他人專業發展，學會成員應善盡以下責任：
- 支持和鼓勵有關勝任能力的提升。
- 樂於面對新議題與潛在問題，視為個人應盡責任。
- 鼓勵他人終其生涯參與專業活動和專業組織。
- 撥冗接見學員，搭建學術研究與現實實務的對話橋樑。

---

3. **設置調查委員會**：當政府組織的運作出現重大缺失或意外時，行政首長的聘請產官學界聲望人士組成調查委員會，徹底瞭解病因，並提出改進建議，供政府參考，俾記取前車之鑑，提昇行政績效。

4. **培養批判意識與舉發弊端**：根據全鍾燮（J.Jun）看法，若要促進行政人員的倫理責任，往往有賴於行政人員個人的批判意識培養。一方面檢視現存官僚型態和期待方案的矛盾，另一方面學習瞭解人類與社會實際的複雜動態關係，則可作出合乎倫理的決策。而在行政批判意識的養成過程中，最為顯著的一個事實，就是舉發弊端（whistle-blowing），那麼在何種請況下舉發弊端才合乎公務倫理道德，依Peter French在《政府倫理》（Ethics in Government）一書中，提出以下四項必要條件：

　　　(1)在向媒體、利益團體或其他政府機關單位舉發不法情事之前，必須先行用盡其他適當的表達管道。

　　　(2)必須確定那些作法違反了政策的、程序的、道德的或法律的限制。

　　　(3)必須要確認檢舉事項已對國家或社會造成明顯而立即有害影響。

　　　(4)必須要具有「明確的證據」，以支持其作的特別指控。

(十) **行政裁量的倫理基礎**：哈羅與羅林（C.Harow & R.Rawling）在《法律與行政》一書中提出「紅燈理論」與「綠燈理論」的行政權論述。

1. **紅燈理論**：不信任行政機關，主張限制行政權，行政作為不應逾越法律界限，應收縮行政裁量權。

2. **綠燈理論**：行政機關應有積極的行政權，以創造公眾福祉。在合理司法審查與充分立法授權下，行政機關應有良好的解決問題能力。

綜合而言，行政的功能與目的，即在追求行政效率與公共益的實踐。是以，紅燈理論與綠燈理論觀點各有其必要，惟欲從事涉及行政權並賦予其新意涵，即須對行政裁量權之內涵及運作進一步研析。

1. **行政裁量的涵義**

　　　(1)**戴維斯（K.Davis）見解**：「公務人員在其權力的有效範疇下，就作為與不作為的諸種可能途徑上，作一自由選擇。」堪稱公務行為的靈魂。

　　　(2)**葛利根（D.Galligan）看法**：「行政裁量權行使結果應以合理性、目的性、道德性綜合論述，期透過綜合辯證，達到效率、效能與公平公正之均衡狀態」。

　　　(3)**翁岳生定義**：「行政裁量權乃行政機關在法律明示或消極的默許範圍內，基於行政目的的選擇自己認為正確之行為，而不受法院的審查者。」

2. **華偉克（D.P.Warwick）的行政裁量倫理觀**：華偉克認為一個健全行政裁量發展應考慮以下幾個倫理原則：

　　　(1)**公共取向**：指的是公共利益的實現。雖然在官僚制度裡，公共利益的考量有時未必會與個人利益、組織利益或轄區民眾的利益相衝突，但到頭來的共善應該超越它們，成為道德模糊的判斷基礎。

　　　(2)**反省性選擇**：雖然行政人員決策行為不可避免受諸環境壓力與個人能力限制，但仍有許多空間可作反省性選擇。首先，應深入瞭解政策所欲處理問題之性質底蘊；其次，明確地闡述所欲提升或保護的價值；再者，政策資訊的使用是否恰當、可靠、與作過謹慎評估；最後則是價值與事實、政策方案與問題間的聯結是否合理且具說服力。

　　　(3)**真誠**：行政人員從事公務應發自內心的誠懇，就其所知事實善意地表達，而非心不由衷、有意操縱、誤導與愚弄民眾。因此，當民眾面對官僚語言與法規迷惘時，行政人員至少應做到：避免說謊、向上級人員提供相當可信的的訊息、尊重他人觀點和對自身看法的懷疑與挑戰。

(4) **程序的尊重**：行政人員若太過拘泥與死守程序規則，往往促成行政官僚的物化人格，形成目標錯置的現象。不過就另一方面而言，行政人員遵守法規與程序，依法辦事，乃是應盡的本分。否則，官員個個違反職掌、破壞法律、任性而行，則整個官僚制度的建制勢將無法維持，行政的穩定性亦不可得。

(5) **手段的限制**：任何手段運用，除了會達成預期的目標外，總會附帶一些反作用或反功能，尤其手段的不當使用經常會破壞法律的規定、違反人權、形成管制不公、產生身體、精神或社會的傷害、以及帶來民眾對政府的不信任等，故應小心翼翼處裡。不可恣意橫行，偏頗一方，以免顧此失彼，因小失大。

3. **行政裁量權的類型**：依多貝爾（Dobel）之歸類可整合為下列三種：

(1) **法規—制度型**：強調公務員應從法規及制度面考量，注重依法行政與層級節制。

(2) **效能—執行型**：強調公務員要注意整體環境脈絡項的考量及抉擇，尋求能達到機關有效目標的執行之裁量。

(3) **個人—責任型**：強調公務員責任，並認為個人責任應與公務員的道德評價結合為一。

4. **行政裁量之倫理問題或困境**：常見的行政裁量倫理問題有以下三項：

(1) **權威的衝突**：最明顯可見的是主觀責任與客觀責任之間的衝突。當價值（主觀責任的來源）與法律要求及組織的層級節制（客觀責任），相互之間要求不相容的行動，如內在權威覺得有義務做某事，而外在權威卻指揮改做另外一件事時，負責任之行為指的是行為與個人價值的一致，而另一方面的行為卻要符合主管、組織政策與法律等要求，則衝突就無法避免了。

(2) **角色的衝突**：組織中角色衝突常見的例子如下：

　　A. **內在角色和外在角色的對比**：假設某甲在衛生署任職，其所扮演的角色是保護與加強大眾的衛生安全，同時有效完成單位的目標，而上述這些正是內部角色所珍惜的價值。另一方面，若某甲也是全國公共衛生專業協會的一員，則其觀念又會被另一套專業價值觀念所影響。

　　B. **內在角色和內在角色的對比**：假設你是一位研究發展部門的主管，在員工們爭取福利時，你是要幫助單位上的員工爭取福利，還是站在管理處的立場維持不變？此種因角色衝突而帶來的互不相容的兩種價值，就是倫理的兩難。

(3) **利益的衝突**：個人的利益與公務員的義務相衝突，假公濟私是常見的型態。有研究顯示公共組織不但為公共利益服務，它還是實現個人利益的競技場，許多人從許多資源中獲取財、勢，以利營造個人的利益。而所謂的利益衝突，就是公務員的私人利益大到足以影響公務的履行。

(十一) **社會正義的行政藍圖**：社會正義（social justice）為落實公共倫理的主要依據，並為行政倫理所繫的靈魂位置。其本身蘊含了公道、光明正大、公平、正直與誠實等本質。

1. **羅爾斯（J.Rawls）建構的「正義理論」**：提出兩項正義原則與適用上的先後次序規則：

   (1)每個人都有平等的權利，享有一完備體系下的各項平等基本自由權；而其所享的自由與其他每個人擁有同體系下的各項自由權相容（簡稱平等權原則）。

   (2)社會及經濟的不平等必須滿足下列兩項條件：

   A. 各項職位及地位必須在公平的機會平等下，對所有的人開放（簡稱公平機會平等原則）。

   B. 使社會中處於最劣勢的成員獲得最大利益。（簡稱差異原則）

   (3)適用的先後次序上，則是第一項原則優於第二項原則。亦即不得以改善社會及經濟的不平等為由，而侵害各項平等的基本自由權；其次，第二項原則A也優於B，亦即不得為使處境最劣勢的成員，獲致最大利益，而限制了某些人或團體公平參與職位或地位的競爭。

2. **「正義理論」推論假設**：其假設環境為「原初情境」與「無知之幕」的假定，並藉以引申出他對人類自尊實現的重視。

   (1)**原初情境**（the original position）：在原初情境下，理性的人們總是冀於財富、權力、地位、機會等作到公平的分配，並深切期望每個人均能享有同等權利，能和他人立於平等的位置並提出意見與舉出理由論證等。

   (2)**無知之幕**（the veil of ignorance）：假定一個人對於他未來究竟會成為什麼樣的地位、種族、階級或社會地位毫無所知，亦不曉得其未來所擁有的財富、命運、智力與力量等，甚至也不知道其所屬團體的經濟、政治地位，以及文明與文化的發展程度。

3. **正義行政原則**：透過Rawls正義理論和運作工具的啟蒙，Jun認為我們有可能為行政的運作建立起「正義行政」。於是他借用了「原初情境」之構想，標榜行政運作的「公共轄區」。在此假設情境下，並透過「無知之幕」的設計，首先讓成員根本不瞭解其是否是轄區裡的官員、低階員工、外界利害關係人？在轄區內自己的技能知識、財富或地位階級如何？相對的，成員所能瞭解的應是：應發展一套可資用來指引或控制公務員行為的原則、對自己和社會加以保障，以免被行政的濫權所破壞等。

   在廣泛的倫理對話和反思中，正義行政原則有可能產生如下規範：

   (1)行政作為不應侵犯任何人對基本自由權的權利主張。

   (2)在公平平等的條件下，行政職務與地位應對所有人開放。

   (3)政策決定和行動應對社會上較劣勢者有利。

   (4)行政過程應公開接受公共檢視，資訊也應自由分享。

(5)行政人員應公開參與政策討論，並提供相關的資訊給相關的團體。

(6)受行政決策及其行動影響的相關團體應被諮商，並使其參與和其利益相關的組織決策中。

(7)權利法案中基本人權的原則，應作為行政行為的準則。

(8)行政行為應該經得起社會輿論的公評。

(9)行政行動除考慮政策效率外，尚應重視被影響者的成長與發展。

(10)行政人員不應索求或接受來自職位的好處與利益。

(11)行政人員除負責機關組織既定目標的達成外，更應追求並公開政策意外結果。

(12)行政人員為了誠實與倫理行為，應對本身的政策及同事加以監測，若有違反應告知。

(十二) **行政倫理法典化**：行政倫理偏重於個人內道德的自覺及自律，我國傳統從政人物向來既有較高的道德要求，如季康子問政於孔子，子曰：「政者正也，子率以正，孰敢不正」，又云：「上好禮則民莫敢不敬，上好義則民莫敢不服，上好信則民莫敢不用情」，凡此觀念不但見諸典籍，亦透過歷史傳承，影響後世倫理觀念及行為。行政倫理內涵的典則化或法典化已成為專業守則是確保專業責任之重要工作，可使相關行政人員有較明確的倫理方向可資遵循。以下分別闡述我國及美、日、德國的現況。

1. **傳統帝制中國**：稱官吏之行政倫理為「官箴」，其中尤以「戒石銘」為典範，係源自於五代後蜀君主孟昶所撰，宋太宗時摘其重點：「爾俸爾祿，民脂民膏，下民易虐，上天難欺」並引以戒官吏。另外，南宋呂本終將之歸納為「清、慎、勤」三字。

2. **我國公務員服務法**：「公務員服務法」制訂於民國28年7月8日，全文共計25條。該法是我國公務員倫理行為的主要法律依據及倫理規範，凡是受有俸給之文武職公務人員及其他公營事業服務人員均適用之。其內容歸納如下：

   (1)**抽象層面之精神要求**：

   A. 公務員應恪守誓言，忠心努力，依法律、命令執行職務。

   B. 公務員應誠實清廉，謹慎勤勉。

   C. 公務員執行職務，應力求確實，不得畏難規避，互相推諉或無故稽延。

   D. 公務員未奉長官核准，不得擅離職守。

   (2)**公務員不當行為的禁止事項**：

   A. 公務員不得有驕恣貪惰，奢侈放蕩及冶遊、賭博、吸食煙毒等足以損害名譽之行為。

   B. 公務員不得假借權力，以圖本身或他人之利益，並不得利用職務機會損害他人。

   C. 公務員不得經營商業或投資事業，但投資符合特別規定者不在此限；公務員利用權力、公款或公務秘密而為營利事業者，依刑法論斷。

　　D. 公務員於其離職三年內，不得擔任與其離職前五年內之職務直接相關之營利事業董事、監察人、經理、執行業務之股東或顧問；違反者處有期徒刑二年以下有期徒刑，得併科新台幣一百萬元以下之罰金。犯前項之罪者，所得之利益沒收之。如全部或一部不能沒收時，追徵其價額。此條款又被稱為禁止「旋轉門」條款。

　　E. 公務員不得對屬官推薦人員，並不得就其主管事件有所關說或請託。

　　F. 公務員對於所辦事件，不得收受任何餽贈；有隸屬關係者，無論涉及職務與否，彼此不得贈受財物。

　　G. 公務員不得利用觀察、調查等機會，接受地方官民之招待及餽贈。

　　H. 公務員非因職務之需要，不得動用公物或之用公款。

　　I. 公務員對其職務有關係者，不得私相借貸，訂立互利契約或享受其他不正當利益。

(3) 公務員應主動作為的義務：

　　A. 公務員有絕對保守機關秘密之義務，不得洩露，退職後亦同；未經長官許可，不得以私人或代表機關名義，任意發表有關職務之談話。

　　B. 公務員辦公應依法定時間，不遲到早退；公務員應週休二日，業務性質特殊之機關，得以輪休或其他彈性方式行之。

　　C. 公務員執行職務時，遇有涉及本身或家族之利害事件，應行迴避。

　　D. 公務員職務上所保管之文書、財務，應善盡良好保管之責，不得損毀、變換、私用會借給他人使用。

(4) 公務員與長官之關係：

　　A. 長官就監督範圍內所發命令，屬官有服從義務。但屬官對於長官所發應發命令，如有意見，得隨時陳述。

　　B. 公務員對於兩級長官同時所發命令，以上級長官之命令為準；主管長官與兼任同時發命令，以主管長官之命令為準。

(5) 公務員兼職與兼任之規範：

　　A. 公務員除法令規定外，不得兼任他項公職或業務。其依法令兼職者，不得兼薪及兼領公費。依法令或經指派兼職者，於離去本職時，其兼職亦應同時免兼。

　　B. 公務員兼任非以營利為目的之事業或團體之職務，受有報酬者，應經服務機關許可。機關首長應經上級主管機關許可。

　　C. 公務員兼任教學或研究工作或以非營利為目的之事業或團體之職務，應經服務機關許可。機關首長應經上級主管機關許可。

綜合上述，可知公務員服務法的重要規定者有：「依法行事、服從命令、保守機密、行為誠實謹慎勤勉、執行職務不得規避推諉稽延、不得假借職權圖利、非依法令不得兼任公職或業務、離職後擔任民營企業有所限制」。而其他有關公務員倫理行為之特定性規範，則包括法官守則與檢察官守則。

3. 美國學界與聯邦政府倫理規範

(1) **行政倫理法典**：由「美國公共行政學會ASPA」之最高機構「全國理事會」於1981年訂定倫理原則，1985年正式通過12條倫理法典，1994年理事會議為求完善精益求精，重新作大幅修訂為五大項32條。除消極防惰外，更積極鼓公務員積極行事，培養專業、公益為先之期許。

(2) **政府倫理法**：美國於西元1978年制訂「政府倫理法」（Ethics in Government Act）具體規定服務於行政、立法、司法三部門指定人員（上至總統下至第十六職等人員）均需依法申報，並由權責單位予以公開，供大眾查閱。

(3) **文官改革法**：1978年美國國會另通過「文官改革法」（Civil Service Reform Act）以確保功績制（Merit System）的施行，特規定九項功績原則，作為聯邦政府依循目標。其中屬於行政倫理事項如下：

A. 一切人事管理，無分政治、種族、膚色、宗教、祖源、性別、年齡或殘障，均應給予現任人員及求職者公正、公平處理，並適當尊重其隱私及憲法規定權利。

B. 公務員應維持高度的廉潔、操守及公益情懷。

C. 公務員應保障不受專斷處分、偏私不公或政治壓迫，並禁止利用職權或官方影響力干預或影響選舉或提名結果。

D. 公務員合法所為之揭發弊端，應受保障，免遭報復。

(4) **倫理行為通則**：由布希總統（G.Bush）於西元1989年發布第12674號行政命令，要求聯邦公務員遵行倫理行為，並自1993年生效。其中最基本14條「倫理行為通則」與我國公務員服務法相似，其通則如下：

A. 公共服務是公眾信託業，公務員必須超越個人利益，忠於憲法、法律以及倫理通則。

B. 公務員不得圖謀違背職務責任之財務利益。

C. 公務員不得利用未經公開之政府資訊，從事財務交易，亦不得不當使用前述資訊增加個人利益。

D. 公務員不得向下列對象，索取、收受饋贈或其他有價值物品：要求公務員執行職務者、與公務員有業務往來者、從事受到機關管制之活動者、明顯受到公務員職務作為或不作為影響者。

E. 公務員應本誠信執行職務。

F. 公務員不得故意對外發布未經授權之意圖拘束政府的任何宣示或承諾。

G. 公務員不得假借職務，謀求個人利益。

H. 公務員應公正執行職務，不得給予任何私人組織或個人特殊待遇。

I. 公務員應保護、樽節公有財產，用於法定用途，不得挪為他用。

J. 公務員不得在外從事違背政府職責之兼職或活動。

K. 公務員應向適當權責機關，揭發浪費、詐欺、濫權以及貪瀆之情事。

  L. 公務員應忠誠履行公民之義務，包括一切財務義務，尤其是各級政府依法課徵之稅賦。

  M. 公務員應依法給予全體國民公平之機會，不得因種族、膚色、宗教、性別、祖源、年齡或傷殘而有差別待遇。

  N. 公務員應全力避免違背法律或倫理標準之情事發生，是否特定環境導致前述之違法背倫行為，應自熟悉相關事實知識之明理人士的觀點認定之。

4. **日本國家公務員的倫理事項**：係由國家公務員法作原則性規定，並經人事院訂頒規章以昭遵守。其要點規定如下：

(1) 公務員應為公共利益服務，並全力以赴執行職務。

(2) 公務員應依法令執行職務，並忠實服從上級之職務命令。

(3) 公務員不得對公眾為聯合罷工、怠職及其他爭議行為或使政府行政效率低落之行為。

(4) 公務員不得有危害其官職之信用或使全體官職蒙受不名譽行為。

(5) 公務員不得洩漏職務上知悉秘密，退職後亦同。

(6) 公務員除法令所定外，不得兼任他項官職，其依法令兼職者，不得受領兼職之俸給。

(7) 公務員不得為政黨或政治目的，要求或受領捐款及其他利益，亦不得以任何方法參與此等行為。

(8) 公務員不得為政黨或其他政治性團體之幹部、政治顧問或其他相同性質之成員。

(9) 公務員不得兼任以經營商業、工業、金融業或其他民間營利事業為目的之公司幹部、顧問、評論員等職務，或自為營利事業。

(10) 公務員離職後二年內，不得擔任與其離職前五年內之職務有密切相關之營利事業職務。

5. **德國聯邦公務員倫理事項**：係規範於聯邦公務員法第三章公務員之法律地位第一、三、四、五節義務，其要點如下：

(1) 公務員為全國人民服務，非為黨派服務；執行職務時，應公正為之，並注意公共利益之維護。

(2) 公務員應注意其身分與整體之關係，並考慮職務上之義務，對政治活動應節制或採保守態度。

(3) 公務員應全力執行職務，並本於良知，不為私利鑽營。公務員職務內與職務外之行為，須符合維護其職業上之尊嚴與信任。

(4) 公務員對其長官應提供建議與支持，並應執行長官發布之命令。

(5) 公務員對職務上之行為，應負法律責任。

(6) 公務員不得為自身或親屬，從事職務上之行為。

(7) 公務員應保守其執行職務所知之機密，退職後亦同；未受許可前不得在法院內外場所透露，亦不得發表聲明。

(8)公務員於公務員關係終止後，基於長官之請求，對公務上之文件各種描述、繪圖、公務事件過程之紀錄以及上述複本，應予交還。其遺屬與繼承人亦應有此項義務。

(9)公務員之兼職行為，應事先許可，如兼職有影響職務利益之顧慮時，應停止兼職。

(十三) 我國文官的核心價值

核心價值	重要內涵
廉正	以清廉、公正、行政中立自持，自動利益迴避，公平執行公務，兼顧各方權益之均衡，營造全民良善之生存發展環境。
忠誠	忠於憲法法律，忠於國家及全民；重視榮譽、誠信、誠實並具道德感與責任感。
專業	掌握全球化趨勢，積極充實職務所需知識技能，熟悉主管法令及相關政策措施。實踐終身學習，時時創新，保持專業水準，與時俱進，提供全民第一流的公共服務。
效能	運用有效方法，簡化行政程序；研修相關法令、措施，力求符合成本效益要求，提升決策品質；以對的方法，作對的事；明快、主動、積極地發揮執行力，以提高行政效率與工作績效，達成施政目標，提升國家競爭力。
關懷	時時以民眾福祉為念，親切提供服務；對人民之需要及所遭遇之困難，以同理心及時提供必要之協助與照護，增進人民信賴感。並培養人文關懷與多元文化素養，以寬容、民主的態度，讓族群間相互尊重與包容，社會更加和諧。

資料來源：考試院「考試院文官制度興革規劃方案」。

牛刀小試

1. 在論及行政倫理時，經常會形成內在控制與外在控制的爭論，試就房納（H.Finer）與費德瑞區（C.Fredrich）的論辯來加以闡述，並評論行政責任應如何方能得到更完善之實踐？【地三】

2. 試分別說明行政倫理的目標與行政倫理的標準？【郵政晉高員】

3. 何謂行政倫理？我國公務員法規中有何種關於行政倫理的規定？又強化行政倫理的途徑有那些？試分別說明之。【港務晉升高員級】

4. 解釋名詞：中立倫理（the ethics of neutrality）。【國軍】

5. 何謂行政裁量？又行政裁量之行使有那些原則可供參考？【高三】

6. 行政倫理與道德規範有何異同？為何現代政府必須特別重視提升行政倫理之規範？以我國政府而言，如何才能有效推動行政倫理之提升？

7. 公務員裁量權的行使，反映著公務員的價值判斷，形成行政倫理的核心問題。試問，常見的行政裁量之倫理問題或困境為何？行政裁量的指引或衡量標準又有那些？【101高三】（※行政裁量的指引或衡量標準，同公共利益的衡量標準）

8. 公務人員應重視行政倫理，其內涵為何？行政倫理責任的實踐策略又為何？試說明之。【106身三】

四、行政中立

民主國家發展經驗大致上可分兩方面，一方面是要有成熟的政黨政治，另一方面則需要有健全的文官制度。政黨政治是民主的表徵，而欲達到先進民主，則須將其建立在健全文官基礎上。所謂「政府雖然會換，但行政繼續存在」，此種精神就是建立在常任文官中立基礎上。

(一) **界說**：行政中立（Civil service neutrality）一詞，迄今並未有明確的定義。茲歸納各學者見解如下：

1. **吳定界說**：認為政府機關中的公務人員於推動各項政策及行政活動的過程中，應保持中立立場，並遵循以下三項原則，不受政黨、派系、民意代表、利益團體、上司等之操縱、支配與關說之影響：

   (1) **依法行政原則**：公務人員應依據憲法及法律相關規定，忠實執行各項政策。
   (2) **人民至上原則**：公務人員應以全民福祉及國家利益為依歸，摒除偏私及壓力，確實推動福國利民的行政活動。
   (3) **專業倫理原則**：公務人員應秉持專業技能及道德良知，處理各項行政問題。

2. **陳德禹主張**：「行政中立」之意義是相對的，必須由以下兩個層面考量：

   (1) **就行政系統而言**：指行政系統中的事務官對於政治事務保持超然地位，亦即「行政層級中之文官不參與政黨政治，不受政治因素影響，更不介入政治活動及政爭。」
   (2) 就公務人員層次言：

   　A. **就責任而言**：行政人員應盡忠職守推動貫徹由政府所制定的政策。
   　B. **就立場而言**：行政人員於處理公務上，其立場應超然、客觀、公正、一視同仁，無所偏愛或偏惡。
   　C. **就態度言**：行政人員在執行法律或政務官所定政策，應採取同一標準，公平對待任何個人、團體或黨派，而無所倚重倚輕之別。
   　D. **就角色言**：行政人員不介入政治紛爭，只盡心盡力為國為民服務。

3. **許濱松主張**：公務員在處理事務時，應公正衡平，並秉持中立能力做到：

   (1) 超然於個人政治理念之外，不偏袒某一政黨或政治團體。
   (2) 不受利益團體影響，圖利某一利益團體。
   (3) 不受個人價值理念的影響，以中立能力公正衡平處理事務。

4. **繆全吉界說**：指在政黨政治下，政府決策的制定或執行分由政務官與事務官負責。政務官對其掌管事務之決策，必須負起責任；事務官有責任依法辦事，亦應善盡忠告之責，使國家能維持一致的行政行為。

   事務官在各黨政綱爭議中，應維持中立角色，不應加入辯論行列，但對於執政黨決策，應忠實的履行貫徹。

(二) 相關概念之釐清

1. 依法行政：

(1) **要義**：依法行政原則包括兩大要義，即行政行為須有法律基礎（法律保留），另行政行為不能與法律相牴觸（法律優越）。其目的在增強行政行為的合法性，並減少不當濫權與不一致性。

(2) **與行政中立的關係**：（關中）

A. 依法行政是文官系統處理公務最高準則，亦是辨別行政是否中立的指標。

B. 行政中立涉及面向涵蓋符合民主精神的人事行政體制，而依法行政僅是立法機關控制政府行政的基本要求。

C. 行政中立當然要求依法行政，但依法行政未必可達行政中立的境地。

D. 在分贓制度下公務員亦應依法行政，但並非行政中立的文官體系，兩者不可等同視之。

2. 政治中立：

(1) 行政中立是指公務員執行政府政策、處理行政事務時，應秉持的態度與立場，較偏重於面對行政顧客處理行政事務時的中立性，而並不一定會涉及政黨色彩與黨派的干預。

(2) 政治中立目的，旨在透過對特定政治行為之限制，促使公務人員秉持中立，以確保處理公共事務的公平性。

3. 文官行政中立：

文官又稱「文職公務員」，廣義而言，應涵蓋政務官與事務官，但依「公務人員行政中立法」第2條規定：「本法所稱公務人員，係指法定機關依法任用、派用之有給專任文職人員及公立學校依法任用之職員。前項人員不包括：政務官、民選公職人員及法官。」由此觀之，一般社會所稱「文官行政中立」幾乎等同於「公務人員行政中立」。

(三) 理由

1. 履行公眾信託：

公務人員係為公眾之信託者，亦為全體國民之服務者，其執行公務之目的在增進全體國民之幸福，故其地位應當超然中立，不能有所偏頗。

2. 穩定行政體系：

國家行政需要持續性，無論執政者如何變動，國家活動或政府行政都不能一日終止，否則國家之基礎將發生動搖，人民之生活及社會之秩序將難維持。

3. 避免公器私用：

公務人員為執行其職務因而行使公權力的關係，所以有特殊的地位、機會及權力，如其偏袒或圖利某一政黨、派系將對於全體國民或社會造成傷害。

4. 維持社會公平：

由於社會之開放、利益多元化以及各種勢力並存的情況下，為使行政系統能保持公平正義原則，則須先使行政中立化，避免強勢利益團體影響，保障弱勢群體權益。

5. 防止政黨分贓：

為避免文官系統發生權貴瞻徇及政黨分贓弊端的發生，必須使行政中立，尤其當政黨政治出現之後，更需要行政中立，方有可能在「憲政的規範下執行人事政策」。

(四) 理念的發展

1. **行政政治二分**：西元1887年威爾遜（W.Wilson）發表〈行政的研究〉一文，提出行政與政治分立的主張，認為「政治」是一般政策及法律的制定；而「行政」是將之應用於特定的個人及情境。其結論是：行政應該保持非政治的，因為行政問題不是政治問題，行政領域具有事務性及專業性。古德諾（F.Goodnow）接受其看法，在1900所著《政治與行政》書中提出：所有的政府活動不是政治就是行政，而政治是國家意志表現之必要運作，行政則是國家意志執行之必要運作。其結論是：在民主政治之中，主要是行政性之機關，必須順從政治性之機關的控制，為有效推行政務，行政必須排除政治意圖及政黨分贓。以上兩者主張，深切地影響美國政治學者有關民主政府中行政人員正當角色之思考。

2. **科學管理運動**：認為不管公部門或私企業之行政皆可視為技術過程。與威爾遜同時代德國社會學家韋伯（M.Weber），在其為當代人類組織建構理想型官僚組織時，於《經濟與社會》書中，強調科層組織是最有效的技術工具，其價值在執行任務上的純粹「技術優位」；並強調科層制「鐵面無私及類似機械」的特點。韋伯與威爾遜有相似看法，均強調期待行政的工具性功能與理性特質。

3. **分權學說**：至1930年代末期以來，愈來愈多政治與行政學者，如古立克（L.Gulick）、達爾（R.Dahl）、海里曼（C.Hyneman）、費德瑞區（C.Friedrich）及賽蒙（H.Simmon）等人已拒絕政治與行政二分法，並修正基於此觀點的分權學說。歸納指出：行政機關無論如何專業及正式地「非政治化」，但文官體系不可能是政治的絕緣體。如果我們將政治視為係政策的制定，而自由裁量權又是決策基礎，則常任文官自身對於法律之解釋權以及決定何時、如何執行法律、甚至是執行的程度，即涉及政治。因此，逐漸體認到，對行政中立理念探討，不能從政治與行政分立思考，而須另闢蹊徑。

4. **新公共行政學派**：自1970年代以來，美國行政學界隨後行為主義方法論而興起之新公共行政學者，開始抨擊自威爾遜以降傳統的行政、政治二分說法，認為不論從行政的規劃面或行政的經濟面來觀察二分法學說，皆是不妥。認為：行政系統的基層人員，其業務通常屬於技術性工作，當然可以不涉政治；但中、高層的行政人員，由於政府功能的擴大及業務複雜化，其業務性質已轉向行政裁量、法規研擬、政策規劃及監控，已無法不涉及政治，同時來自外界各方力量會直接或間接影響行政人員想法與作為，故行政人員無法與政治絕緣。

(五) 對文官中立論辯

1. **贊成文官中立**：公務人員執行公務之目的在增進全體國民福祉，故其地位應超然中立。若公務人員積極參與政黨活動涉入政爭，疏於公務，必將影響國家建設、人民生活與社會秩序。

2. **反對文官中立**：在憲法上規定人民在法律上地位平等，公務人員自不能例外，享有政治權利，不應剝奪。就現實面言，公務員為人民公僕，自應以民意為依歸，而執政黨代表著民意，自應服從其領導及政策。

3. **學者評述**：
   (1) **金斯萊**（D.Kingsley）：在《代表的文官制》一書，指出所謂「公務員中立化」無異是要官吏「出家當和尚」，乃是錯誤的，不切實際的。
   (2) **李文旦**（D.Levitan）：「公務員中立化的思想是違反民主的。公務員應忠誠的執行執政黨的政策，因這些政策即是多數民意的表現。」
   (3) **賴格羅父子**（F.Nigro & L.Nigro）：認為公務員執行公務要摒棄任何壓力團體影響，是「價值中立的虛幻」。
   (4) **瑞得利**（F.Ridley）：認為行政中立會涉及專業中立與變色龍層面意涵。
   (5) **費西爾**（J.Fischer）：主張行政首長對其部屬有完全自主任免權，藉以確定其行政責任。

(六) 外國行政中立制度：西方國家對落實行政中立理念制度，歸納最常用方式有四：

1. 界定公務人員之責任、角色與立場。
2. 保障公務人員工作權，使其不致因選舉丟掉職務或受不利處置。
3. 限制公務人員參與政黨活動。
4. 限制公務人員參與競選或選舉活動。

(七) 各國對公務人員參與政治活動限制

1. 英國為確保行政中立，陸續頒發了幾項規定，以限制公務員政治活動，如西元1953年發表的白皮書，將公務人員及其參與政治活動程度分為：政治自由類、政治限制類與中間類；1960年發佈樞密院令。另埃斯塔法典（Estacode）則規定：「公務員對國家負有忠誠義務，並應留意其行為之高尚，而且合於倫理，以期使公務員獲得輿論讚賞。」

2. 美國於1978年「文官改革法」中規定「功績原則」及「被禁止的人事措施」，以保障公務人員的身分與地位。另鑑於早期分贓制度造成諸多流弊，其後則以赫奇法案（The Hatch Act，1983）限制公務員之政治活動。

3. 法國公務人員地位受法令保障，除本身犯有錯誤或缺乏專業時，始可免職。司法官政治活動受到嚴格限制，一般公務人員除縣長等政治職外，權利並無明文限制。因此，法國是少數不限制文官參加政黨活動之現代民主國家之一。是以公務員可以參加地方及全國之選舉，而在選舉時不必辭職，並得請不定期假。

4. 德國視公務人員為對於國家具有服務及忠誠的特殊關係，故其社會地位及特殊角色受到保障。另對公務員地位的中立與職業的獨立很重視，德意志聯邦

公務員法第52條即規定：「公務員為全國人民服務，而非為一黨派服務，且須公平與公正履行職責，執行職務時應注意公共利益維護。公務人員應以一切行為維護並保障基本法中自由民主之基本秩序。」

5. **日本之規定有點像德國**，**其憲法規定**：「所有公務員係全體國民之服務者，而非部分國民之服務者」。對政治活動限制則以赫奇法為藍本，且採更廣泛、嚴格限制方式立法。而為保障公務人員地位不因政府更迭而有所異動或因政治原因遭受不利處分，則可依「行政不服審查法」向人事院等單位提起異議申訴。綜合而言，各國對公務人員政治活動的限制，寬嚴不一。大體而言，德國、日本從嚴，法國最寬，英國、美國則介乎其中。

(八) **我國推動行政中立方法**

1. **配套法制**：為確保公務人員嚴守行政中立，貫徹依法行政，執法公正，不介入黨派紛爭，公務人員訓練進修法規定，應由保訓會辦理行政中立訓練。另現行行政中立法之相關規定，主要有公務人員行政中立法、公務人員行政中立訓練辦法、公務員服務法、公務人員選舉罷免法、公務人員保障法、行政程序法。

法規一點靈

公務人員行政中立法

2. **行政中立法內容要點**：行政中立法規定公務人員得加入政黨或其他政治團體，但不得兼任政黨或其他政治團體之職務，公務人員不得介入黨政派系紛爭。另對公務員政治行為的限制活動有：

   (1)不得利用職權推展或從事政治活動。

   (2)不得利用職權勸募政治捐助。

   (3)不得於利用上班時間，從事政黨活動。

   (4)不得擔任各項公職候選人之助選員。

   (5)不得利用職權妨害或影響投票權的行使。

   (6)各機關首長於選舉期間應禁止政黨、公職候選人的造訪活動，或於辦公場明顯處張貼競選活動之告示。

(九) **推動行政中立的障礙**

1. **傳統政治文化及社會理念不利於行政中立**：我國長期在君主專制威權政體下，缺乏行政中立的價值觀與需要感。

2. **不合行政中立的政治結構**：長期以來，執政黨為便於以黨領政，或維護黨的利益，黨政關係密切，甚至是國家、政府、政黨混為一體。

3. **政務官與事務官關係不明確**：政務官與事務官之角色混淆不清，甚至是相互轉換，破壞文官制度。

4. **地方行政受派系或政黨左右**：地方行政首長常會受其政黨屬性，或地方派系、財團影響。

5. **相關法制欠完備或規範不明**：相關法規尚欠完整周延，如「公務人員基準法」、「政務人員法」或規範不明確等。

(十) **行政中立推動途徑**

　　1. **觀念方面**：全面建立行政中立之政治文化：(1)使公務人員體認行政中立之重要性；(2)實施行政中立之教育訓練；(3)要求政府機關確實遵守法令；(4)應劃清「國家」、「政府」、「政黨」。

　　2. **制度方面**：積極建立中立法制等具體措施：(1)建立一套完整行政中立法制體系；(2)簡併改善現行任用制度；(3)制訂政務人員法；(4)配合修訂相關法令；(5)確實實踐行政程序法；(6)政治倫理與行政倫理落實。

　　3. **執行方面**：應確實遵守行政中立，勿流於形式，須做到：(1)機關首長應以身作則，遵守行政中立外，並要求部屬堅守行政中立；(2)與行政中立有關的機關，應當強化管制與監督行政中立的工作；(3)朝野政黨應確實遵守文官制度。

(十一) **推動我國行政中立的途徑**：推動我國行政中立可由政制結構、文官制度、行政程序、行政倫理等四個途徑著手：

　　1. **政制結構途徑**：

　　　(1)朝野人士須在觀念上劃清國家、政府及政黨三概念之分際。

　　　(2)在政治結構上，使政黨的組織體系與政府組織體系徹底分離，文官不可兼任政黨的負責人或幹部。

　　　(3)政府行政人員分為政務官與事務官，各扮演不同角色，依不同方式進入政府系統。

　　　(4)使考試權真能獨立運作。

　　2. **文官制度途徑**：

　　　(1)政務官的進退及服公職，以制定專法規範之。其選拔無資格上限制，但不可有外國籍以保證其對國家忠誠。

　　　(2)事務官的任用與遷調應本著成就或才能取向，而不考慮政治或特殊關係。在永業制與功績制度下，形成獨立管理系統，而不受外在政治因素干擾。

　　　(3)簡併改善現行多軌任用制度的缺失。目前我國公務人員的任用，除依公務人員任用法之規定外，尚有十餘種特別任用法規。

　　　(4)應於規劃研擬或即將制定的「公務員基準法」及「公務員服務法」的修訂中，參照民主先進國家的文官制度，而對我國文官制度作改善。

　　3. **行政程序途徑**：行政程序乃指行政機關處理與人民權利義務有關事項之過程及手續。「行政程序法」已於民國90年1月1日施行，政府機關宜加速完成行政程序法之後續配套工作，以期在行政程序中，對於公權力者給予必要的規範。

　　4. **行政倫理途徑**：行政中立落實，根本之計，在於文官中心必須營造行政中立倫理。在推動行政中立過程，朝野政治人物、行政人員以及一般社會大眾，並應認同行政中立是政治倫理與行政倫理的重要部份，予以支持遵守，以補強制度規範之不足。

牛刀小試

1. 試述行政中立意義及我國推動行政中立制度的途徑。【普基三、身三】
2. 試說明行政中立的意義。並論述行政中立對民主政治的重要性。【薦升】
3. 何謂「行政中立」？何謂「依法行政」？並討論兩者間可能具有何種關係？【國軍】
4. 試就已知，說明「行政中立」的意義及主張行政中立的正反理由。又如何落實我國文官行政中立？試析論之。【電信晉升員級】
5. 何謂行政中立？身為一位行政人員，為了服膺行政中立，應表現出何種行為？我國在推動行政中立時遭遇何種障礙？【地三】
6. 何謂行政中立？其究應規範那些事項？試論之。【地三】
7. 試從「依法行政」、「文官中立」及「政治中立」的不同概念中，說明行政中立的含意及其推動過程。【國軍】
8. 民主國家為何推動「行政中立」？我國之行政中立法制化任務，達成了那些重要成果，另尚待努力者，又有那些？試申論之。【106原三】
9. 民主國家普遍重視政府運作的行政中立，請說明為何必須重視行政中立的落實？並試分析可以透過何種方式實踐行政中立？【109地三】

重要註解

〔註一〕第一線行政人員（street-level administrator）：指政府機關直接提供民眾服務的人員，如公立醫院醫生、稅捐機關稅務員等，一般認為第一線行政人員並無太大權力，僅須忠誠執行政策。不過李普斯基（M.Lipsky）卻認為由於其報酬、集體協商、專業能力日增，政治地位及對政策影響力日趨重要。

〔註二〕正當程序：概念最早源於刑法，現今先進國家紛紛制定「行政程序法」用以規範政府機關運作與裁量，以保護人民權利與防止政府濫權。

〔註三〕公務員辦事不慎違法失職時，愧疚之情不是來自上級的懲處，亦非同事之鄙視，而是自我責任，內心深處恰似一個「受煎熬靈魂」（tortured soul）。

〔註四〕「組織倫理」（the organization ethic）：惟一種將組織忠誠和團隊立場置於個人意識之上的觀點。亦即成員必須能忠於團隊的要求，而不容許有太多的建設性的異議。簡尼斯（I.Janis）歸納言：「就某種意義而言，成員將組織的忠誠視為道德的最高形式。」

鑑往知來

1. **賀寧（E.Herring）**：於1936年在《公共行政與公共利益》一書，指出「公共利益基本理念應是國家公僕的核心利益。」

2. **公共財之定義**：在同一期間內可以同時提供效益給兩個以上之經濟個體，而且具有集體消費、滿足公共慾望且由政府預算提供的財貨。

3. **公共財之特性**：具有無排他性、供給共同性、外溢效果的產生、利益均霑原則、集體消耗性、擁擠性、不可分割性與分配邊際成本為零之特性。【90普障、91初原、92普身、93初普、94地身、100身、107地】

4. **顧賽爾**（C.Goodsell）：歸納公共利益之功能為凝聚、合法、授權、代表功能。
【93地、98初】

5. **傅德瑞克森**（H.Frederrickson）：歸納公共利益指涉對象的五種模式：多元團體模式（公共即利益團體）、公共選擇模式（政府功能消費者）、代議政治模式（民選政務官與代議士）、服務顧客模式（第一線行政人員）、公民資格模式（有能力意願民眾參與公共管理）。【93初地】

6. **顧塞爾以「五個M」來形容公共行政價值包括手段（Means）、倫理（Morality）、民眾（Multitude）、市場（Market）與任務（Mission）。**【90高、92地、94原】

7. **全鍾燮提出實踐公共利益衡量標準**：公民權利、民主程序、專業知識、共同利益、尊重輿論、充分開放、倫理道德的標準、非預期後果為標準。【90高、97身、98初】

8. **羅素**（R.Rose）：認為政府是一個多元概念之抽象組合，包括法律、稅賦、公務員、組織、計劃五項基本要項。【90基、91原、94地、98地】

9. 行政人員無疑是政府治理的守衛者，其中一個最基本問題是「誰來監督守衛者？」屬於行政倫理與責任範疇。【90普、93普、96原、99初】

10. **政府成長為「大政府」原因**：(1)價值轉變影響；(2)社會發展影響：移位效果；(3)經濟混合影響：華格納法則；(4)政治過程影響：普樂現象、利益團體自由主義；(5)科層習性影響：包默病症。【92地、93地、99初】

11. **「利益團體的自由主義」**：由**羅偉**（T.Lowi）提出，指利益團體常向政府施壓游說，而各方競逐政府支出資源結果，常使強勢團體得到較多利益，惟其成本卻由社會大眾分擔。【90普、91基】

12. **詹森**（W.Johnson）歸納政府達成任務執行工具：
    (1) **現金給付**：軍公教退職金、農漁業津貼、失業人口救濟金。
    (2) 底層結構建設與養護：機場、港口、道路。
    (3) 服務提供：公立教育、醫護系統、郵政信函傳送。
    (4) 行為管制：刑事犯逮捕、有害化學物管制、金融交易管制。
    (5) **治理能力**：稅賦及規費徵收、公物維護、人事行政、政策規劃等。【90普、92地、94地、95身、97地】

13. **瓦爾多**（D.Waldo）：著有「行政國：美國行政學的政治理論研究」，首先以行政國來形容政府職能不斷提升與人民日益依賴現象。

14. **行政國現象**：行政機關人員與預算規模日趨龐大、行政人員對政策影響力日趨重要、國家目的達成日益仰賴行政部門、立法退卻、立法部門政策制定能力日減行政首長任期短，政治領導力受限。【90初退、91普地原、92地、93高、94初地、95初身、97身、100初、102原、103身、107地、110高】

15. **史塔寧**（G.Starling）：將行政責任內涵分為：回應、彈性、勝任能力、正當程序、負責與廉潔。【90退、96原、97地、101原】

16. **確保途徑：吉伯特**（C.Gilbert）1959年發表「行政責任分析架構」析述如下：
    (1) **內部正式確保途徑**：A.行政控制；B.調查委員會；C.人事、主計、政風雙隸屬監督體制。
    (2) **外部正式確保途徑**：A.議會控制；B.司法控制；C.行政監察員；D.選舉。
    (3) **內部非正式確保途徑**：A.代表科層體制；B.專業倫理；C.弊端揭發。
    (4) **外部非正式確保途徑**：A.公民參與；B.傳播媒體；C.資訊自由。【90委普高、91普基原、92初地、93高地、94初地、96地、97地身、98初、99初、100初身鐵地、101原、102普地、103普地、104普地、106原地、108地、110高地、111高】

17. **正式確保途徑**：指憲法、法律、行政規章所明定的責任責任歸屬機制，如上級機關命令、國會的立法、法院的判決。
    非正式確保途徑：指責任的要求，起源於個人道德倫理、民眾偏好、政治過程中參與權威性價值分配的各方參與者。
    內部途徑：來自行政部門，如總統、院長、市長或公務員機關本身。
    外部途徑：來自於行政部門以外的外界環境，如國會、法院、利益團體、專業社群、新聞媒體或民眾陳情抗議。

18. 行政監察員最早見諸於瑞典，其職權獨立、無政黨色彩，美國於1970年設立，其主要功能在於接受民眾苦情申訴，並調查不當或不公情事。【91基、98地】

19. **哈蒙**（M.Harmon）：認為行政倫理責任實踐有賴於政治責任、專業責任與個人責任三者合成。【91原、94地】

20. 強調公務員不慎違法失職時，愧疚之情不是來自上級的懲處，亦非同事之鄙視，而是自我責任，內心深處恰似一個「受煎熬靈魂」（tortured soul），哈蒙稱此表現為行政個人責任。【90普、92地、96原】

21. **全鍾燮**（J.Jun）：認為民主行政特色應具備公共利益表達、代表性、開放性、超越派閥黨團、參與的強調、嚴防專業主義對民主原則傷害。【90路員、91初普原、92高地、93初地、94地、96原、98普地、99初地、100普、109地】

22. **民主行政之倫理原則（行政裁量原則）**：依韋克（D.Warwick）見解，應考量五項倫理原則即真誠、公共取向、反省性選擇、程序的尊重與手段的限制。【90委、96高、98初】

23. **盧爾克**（F.Rourke）：指出：「當前民主政府體制下，行政官僚早已享有否決團體之戰略地位」。

24. **行政倫理**：為探討公務員在公務體系中建立適當關係及正確行為規範，並使其負責的一門學問，亦可稱「公務倫理」、「公務道德」、「服務倫理」、「服務道德」，屬「內在控制」規範於「公務人員服務法」。【91初、92初、93初、94原、98初、109地】

25. 行政倫理係行政人員對其決策行為之對錯好壞，所進行之一種反思與規範性判斷。

26. **中國古代行政倫理以「戒石銘」為典範**：「爾俸爾祿，民膏民脂，下民易虐，上天難欺」。論語子曰：「政者正也，子率以正，孰趨不正」，又云：「上好禮則民莫敢不敬，上好義則民莫敢不服，上好信則民莫敢不用情」皆在強調行政倫理重要性。行政倫理古代官箴：清、慎、勤。【90基、92委、94原】

27. 揭發弊端屬於行政研究上之行政倫理領域。【91普、92初、94初地】

28. **多手**：有許多官員以不同方式去促進政府決定與政策實現，唯由誰在道德上負起政治結果，卻難以確認。【90退、93地、96退】

    髒手：組織或成員為有效實現組織目標，其處理公共事務過程中，作出不道德行為卻被合理化現象。【93地、94身、96退、100原】

29. **1940年代房納（H.Finer）與費德瑞區（C.J.Friedrich）精采對話：**
    (1) Finer主張對官僚制度施予「外部控制」，堅持使用政治與法律制度以強化管理上的控制。
    (2) Friedrich主張對官了制度施予「內部控制」，認為負責是一種心理因素，不是向某人或機關負責而是道德負責。【90普、91普、93初、94地】

30. **美國公共行政學會（ASPA）**：於1985年通過「行政倫理守則草案」12條，1994年增修為5大項32條：實踐公共利益、尊重憲法法律、展現個人廉潔、倡導倫理組織、追求專業卓越。【91普、92高、93初普、95地、103高】

31. 行政裁量係基於行政目的，自由斟酌選擇自己認為正確行為，而不受法院審理者。

32. **行政中立**：係行政系統中事務官對政治事務，保持超然地位，亦即行政人員嚴守政治與行政二分，公正無私執行公務，不對任何黨派偏袒之行為。【91普基、93初、94初、95地身、97身、100身、101高】

33. **各國對公務人員參與政治活動限制**：德、日從嚴，法國從寬，美國以赫奇法（HatchAct）限制公務員之政治活動。【91基】

34. **我國推動行政中立配套法制**：公務人員行政中立訓練辦法（91.6.13）、公務人員行政中立法、公務員服務法、公務人員保障法、行政程序法。【90路員、91初】

35. **「公務人員行政中立法」對公務人員政治活動規範**：公務人員得加入政黨或其他政治團體。但不得兼任政黨或其他政治團體之職務。公務人員不得介入黨政派系紛爭。公務人員不得兼任公職候選人競選辦事處之職務。公務人員不得利用職權使他人加入政黨、公務員不得於上班時間從事政黨活動、公務員不得支持特定政黨發起連署活動。【102地、103地、107地普、110高】

36. **文官行政中立應遵守三項原則**：依法行政原則、人民至上原則、專業倫理原則。【92交通升資、95地、97地、98地、101地】

|精選試題|

( ) **1** 從最抽象的哲學或理念層次而言，公共行政有個亙古不變的本質，那就是： (A)治理 (B)公共 (C)行政 (D)公眾。

( ) **2** 公共利益可當作一個統整性象徵，一個意氣相投的口號，係指公共利益具有什麼功能？ (A)凝聚功能 (B)合法功能 (C)授權功能 (D)代表功能。

( ) **3** 下列者非為顧塞爾（C.Goodsell）所指的「五個M」？ (A)手段 (B)倫理(C)激勵 (D)市場。

( ) **4** 行政學本科觀點的「政府」概念，是由五個基本要素所組成的多元概念抽象組合，下列那個要素不包含在內？ (A)法律 (B)組織 (C)政黨(D)稅賦。

( ) **5** 從「有限政府變為有為政府」之「黎民望賢政」，係從那個層面來探討政府成長的現象與理論： (A)政治過程 (B)經濟混合 (C)社會發展(D)價值轉變。

( ) **6** 從人性角度言，民眾易於要求政府增加支出提供更多服務，形成所謂「由儉入奢易、由奢返儉難」之： (A)華格納法則 (B)普樂現象 (C)黎民望賢政 (D)包默病症。

( ) **7** 利益團體常向政府施壓游說，而各方競逐政府支出資源結果，常使強勢團體得到較多利益，惟其成本卻由社會大眾分擔，政治學者羅偉（T.Lowi）稱此現象為何？ (A)普樂現象 (B)華格納法則 (C)包默病症 (D)利益團體的自由主義。

( ) **8** 最早使用「行政國」名詞學者是： (A)瓦爾多（D.Waldo） (B)威爾遜（W.Wilson） (C)韋伯（M.Weber） (D)賽蒙（H.A.Simon）。

( ) **9** 下列何者並非行政國現象？ (A)眾多的行政機關 (B)驚人的預算經費(C)立法機關影響力日遽 (D)行政首長任期短。

( ) **10** 就行政責任的內涵而言，狹義的概念是指強調： (A)回應 (B)彈性(C)廉潔 (D)負責。

( ) **11** 就行政責任的確保途逕而言，下列何者不在外部非正式確保途徑範疇之內： (A)弊端揭發 (B)傳播媒體 (C)資訊自由 (D)公民參與。

( ) **12** 下列那項行政責任確保途徑，最具「革心」特色？ (A)選舉 (B)公民(C)專業倫理 (D)傳播媒體。

( ) **13** 形成層級節制的監督網絡，以達成政策及命令的貫徹執行，是屬行政責任的哪類確保途逕： (A)內部正式 (B)內部非正式 (C)外部正式(D)外部非正式。

（　）**14** 就行政責任履行，強調公務員辦事不慎違法失職時，愧疚之情不是來自上級的懲處，亦非同事之鄙視，而是自我責任，內心深處恰似一個「受煎熬靈魂」，此為行政的：　(A)專業責任　(B)個人責任　(C)政治責任(D)法制責任。

（　）**15** 離職公務員違反公務員服務法第14-1條有關離職後任職營利事業之規定時，處幾年以下有期徒刑，且得併科一百萬元以下罰金：　(A)4年以下(B)3年以下　(C)2年以下　(D)1年以下。

（　）**16** 下列何者非全鍾燮（J.Jun）所認為民主行政應具備之特色？　(A)主動性(B)代表性　(C)開放性　(D)超越派閥黨團。

（　）**17** 以下何者非民種行政之倫理原則？　(A)真誠　(B)公共取向　(C)程序限制(D)反省性選擇。

（　）**18** 舉發弊端被視為何種行政領域之相關議題？　(A)行政中立　(B)行政運作(C)行政倫理　(D)府際關係。

（　）**19** 當民選行政首長與民意代表對行政機關要求不同任務時，會對行政人員產生什麼樣的責任障礙？　(A)無臉政府　(B)徘徊躑步　(C)政府無能(D)多手問題。

（　）**20** 下列哪一項不是房納（H.Finer）對民主政府之施政所提出的主張？　(A)人民是國家的主人翁　(B)需有一套制度，使民意得以表達　(C)人民與民意機關有權監督政府官員促其服從法律　(D)政府的裁量權可超越法律許可範圍以提升行政效率。

（　）**21** 我國現行公務人員倫理行為主要法律依據為何？　(A)公務人員任用法(B)公務員服務法　(C)公務人員考績法　(D)公務員行政中立法。

（　）**22** 美國公共行政學會所訂定之行政倫理守則將何者列為第一要務？　(A)追求專業卓越　(B)展現個人廉潔　(C)尊重憲法法律　(D)實踐公共利益。

（　）**23** 美國的那一項法律規定服務於行政等三部門的指定人員，都需要申報財產，並公開供大眾查閱？　(A)赫奇法（Hatch Act）　(B)倫理法典（Codeof Ethics）　(C)政府倫理法（Government Act）　(D)文官改革法（CivilService Reform Act）。

（　）**24** 美國聯邦政府之倫理行為通則第1條規定公共服務是：　(A)公眾信託業(B)公眾管制業　(C)公眾代理業　(D)公眾利潤業。

（　）**25** 行政中立是下列何項議題成熟或相當發展後，所引發的後續產物？　(A)政府貪汙　(B)憲政改革　(C)政黨政治　(D)行政革新。

（　）**26** 下列何者不是行政中立意涵？　(A)依法行政　(B)政黨至上　(C)專業倫理(D)立場超然。

（　）**27** 下列何項不是行政中立法公務人員所為之禁止事項？　(A)不得兼任政黨或其他政治團體之職務　(B)不得介入黨政派系紛爭　(C)不得加入政黨或其他政治團體　(D)不得於利用上班時間從事政黨活動。

(　) **28** 公務人員不得為支持或反對特定之政黨、其他政治團體或公職候選人，從事公開為公職候選人站台、助講、遊行或拜票政治活動或行為。但公職候選人之配偶及幾親等以內血親、姻親，不在此限？　(A)一親等　(B)二等親　(C)三等親　(D)四等親。

(　) **29** 根據學者史塔寧（G.Starling）的看法，人民對政府持有多種的價值期待，其中「彈性行政」一項指的是：　(A)行政機關快速回應民眾需要　(B)行政機關於規劃與執行政策時，應考思慮個別性的差異　(C)政府的運作應謹守「依法行政」原則　(D)政府的運作不但要能透明公開，還要能防杜貪贓腐化。

(　) **30** 依學者哈蒙（Michael M.Harmon）的看法，實踐行政的個人責任必須依賴那兩種機制發生作用？　(A)專業知識與實踐的能力　(B)政治回應與管理的能力　(C)自我反省與交互主觀的能力　(D)溝通協調與利益平衡的能力。

解答					
1 (B)	2 (A)	3 (C)	4 (C)	5 (D)	6 (B)
7 (D)	8 (A)	9 (C)	10 (D)	11 (A)	12 (C)
13 (A)	14 (B)	15 (C)	16 (A)	17 (C)	18 (C)
19 (B)	20 (D)	21 (B)	22 (D)	23 (C)	24 (A)
25 (C)	26 (B)	27 (C)	28 (B)	29 (B)	30 (C)

Note

第九章　人事行政

本章依據出題頻率區分，
屬：**A** 頻率高

人才為國家根本，人力資源更是組織資產的一部份，必須妥善運用，使其與組織目標願景相結合。本單元為政府人力資源管理涵蓋人事機構類型、人事制度與人事法規。近年考試重點為策略人力資源管理、人事行政發展趨勢、各國人事制度沿革、考試院與人事行政總處職掌、品位制與職位分類職、公務人員薪給、任用、考績、權利義務與責任。

重點精要

亦稱「公務員制度」或「文官制度」，係指政府機關為完成其使命時，對其需人員所作的選拔、任用及管理等制度而言。

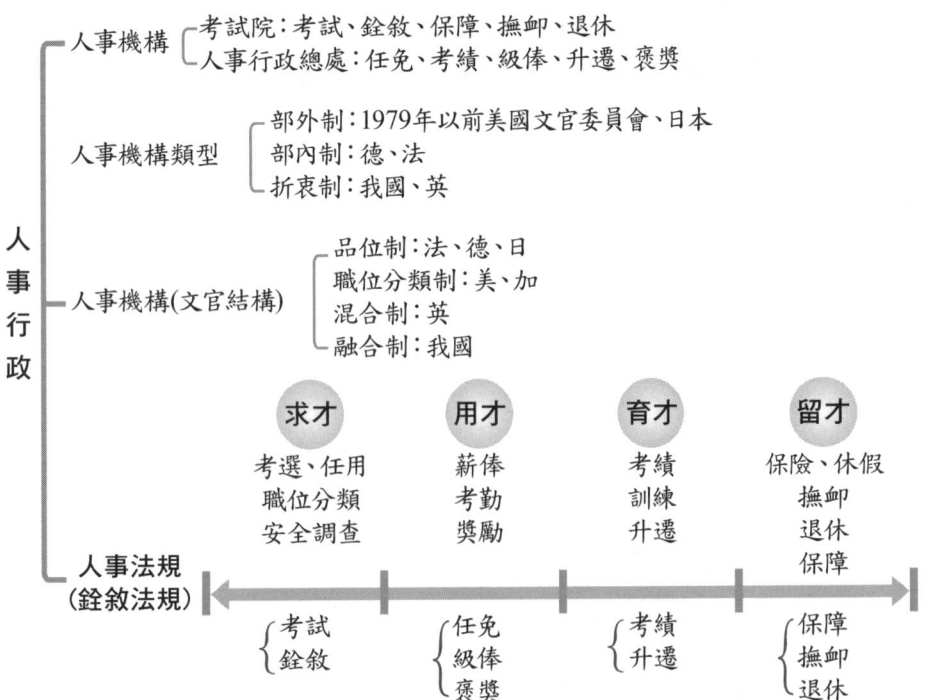

壹　基本概念

一、意涵

對於人事行政定義，各家學者論述不一，茲綜合歸納如下：

(一) **魏勞畢（W.Willoughby）的見解**：指用以選用並保持最有效能的公務員為政府辦理公務時，所需的各種程序與方法，及對這些人員所為有效管理與指導的制度。

(二) **狄馬克（M.Dimock）主張**：人事行政就是機關的輔佐功能，係有關考選、任用、激勵與人員訓練，目的在增進人員士氣及有效性。

(三) **賽蒙（H.Simmon）的看法**：從廣義而言，一切行政都是人事行政，惟普通所謂人事行政乃指狹義者言，即指組織中人員的選用、升遷、調轉、降免、退休、訓練、薪資、衛生、安全及福利諸事宜。

二、相關名詞釋義

(一) **人事行政**：指政府機關中，對人事的政策、方針與制度之訂定，以及全盤人事規劃、調整及協調等活動。其範圍廣、層級高，屬動態的，牽涉到人員心理面，亦具有政治性。

(二) **人事管理**：指人事政策具體執行與運用而言，屬程序性、技術性問題，範圍較小、層次較低。

(三) **文官制度**：一套對文官[註一]集團所進行的管理，包括考試、錄用、考核、培訓等作系統的規定。屬靜態的，偏重於人員權責關係與法令規章之制定。

(四) **考銓制度**：文官制度或人事制度，在我國當前法規、學理或習慣上又常稱為「考銓制度」，其來源為我國憲法第83條規定。

(五) **人情行政**：用人以人情恩蔭關係為主，置才能因素為次之的人事制度。其特徵為贍恩循私、重視情面、勢術門徑。

(六) **人力資源管理**：指組織內人力資源之取得、運用與維護等一切管理的過程與活動。具體而言，乃透過人力資源分析策略、規劃、作業，並配合其他管理活動，以達到組織的整體目標。其功能為規劃、實施以發掘人才，並保養、激發、運用與維護人力資源，避免浪費。

(七) **策略性人力資源管理**：人力資源管理應能積極有效地支持政府策略目標之達成，並成為總體策略之一環。亦即組織的人力資源管理各項政策，要能融入組織目標達成的策略之中，以使人力資源管理扮演促成與支持組織目標達成的積極性策略角色。

　　1. **特徵**：(1)充份認識外在環境之衝擊影響；(2)充份認識勞動市場競爭與動態之衝擊影響；(3)應具長遠的視野（3-5年）；(4)著重選擇與決策的問題；(5)考量所有人事，而非僅計時或作業性員工；(6)需與整體企業策略和功能策略整合。

　　2. **具體作法**：Schuler於西元1992年曾提出一個包含了人力資源管理哲學（philosophy）、人力資源政策（policy）、人力資源計劃（planning）、人力資源實務（practice）、與人力資源過程（process）五個部份的「5-P 模型」。

3. **現行人事行政政策上可改進的措施**
(1)**應培養行政人員全人觀點**：傳統層級節制體系與技術社會所強調專業分工之單向度人懷抱「價值中立」態度，已無法適應後工業社會急遽變動環境。應轉為基於民主制度，廣泛理解公共利益、倫理責任與詮釋有意義行動之通才能力。
(2)**具備資訊社會之技術條件**：未來公共行政所面臨環境趨勢，如托佛勒（A.Toffler）於1980年所提出「第三波文明」與梅納德與瑪恩斯（H.Maynard & S.Mehrtens）1993年出版《第四波：二十一世紀企業大趨勢》，對管理者充滿著挑戰。而知識性員工是未來組織珍貴的資產，故應倡導員工學習、強化教育訓練，以增加競爭能力。
(3)**建立績效化工作環境**：許多國家均積極屬行「功績制度」建立，而所謂績效實應包括知識技能、服務品質、任務績效與人際互動表現於組織自發行為之「情境績效」。
(4)**重視人力資源成本管控**：如何有效運用人力資源，以避免「建立王國」現象發生，應定期檢討人力結構，以確保合理的人力成本與人力彈性化運用。

三、目的與要旨

(一) **目的**
1. **經濟的目的**：使人事相適、事得其人、人盡其才。
2. **社會的目的**：使政府、公務員與人民間得到合理的關係。
3. **個人的目的**：消除公務員身心上所遭遇不適待遇，使其才智得到最大發揮。
4. **技術的目的**：運用科學方法以求得標準、合理及效率化的人事行政技術方法。

(二) **要旨**
1. **人才主義**：用人唯才，選賢任能。　2.**人本主義**：尊重人格，瞭解人性。
3. **合作主義**：建立人員團隊精神。　　4.**效率主義**：人員潛能發揮，事物無浪費。

四、範圍

依據史陶爾（O.Stahi）、魏勞畢（W.Willoughby）、莫希爾與金斯來（W.Mosher & J.Kingsley）、張金鑑及我國憲法第83條規定可分為：人事機構、職位分類、考選、任用、薪俸、考勤、考績、訓練、升遷、保險、紀律、撫卹、退休或養老、保障、勞資關係、工作環境。

五、現代人事行政運作新趨勢

(一) **人事行政法制化**：現代文官或公務員只對法律或法定職權負責，文官的行政行為若超出法律授權範圍或違反法律規定，就是違法瀆職，要受司法或行政制裁。簡言之，人事行政趨勢之一是由人治趨向法制。

(二) **人事行政功績制**：此為文官制度最重要原則之一，係為反對封建特權，個人贍徇制和政黨分贓制的弊病，實現擔任公職「機會均等」的原則而建立。所強調者，為人員本身學識才能與績效成就，而不考慮人員家世、背景或特殊身分地位，充分體現了「任人唯賢」與「獎優罰劣」原則。總之，人事行政由關係取向邁向功績取向。

(三) **人事行政專業化**：現代政府的功能中，管理與服務比重愈來愈大，政府公務日趨專業且複雜，除少數較高級職位外，大量的中、下級職務非具有專門知識與技能無法勝任。故人事行政知識化、專業化已為當前普遍的趨勢。

(四) **人事行政科學化**：現代各國文官數量龐大，管理文官工作日趨複雜，非用科學方法，無法應付裕如。人事的科學管理方法主要包括：

　　1. **人員分類**：文官結構標準化、明確化，其方法有品位與職位分類兩種。

　　2. **統一管理**：根據統一的法律、法規對文官進行統一管理。

　　3. **智力開發**：注意文官知識的更新和能力的提升。

　　4. **動機誘導**：運用行為科學及管理心理學的理論與方法誘導文官主動性、積極性作為。

(五) **人事行政民主化**：民主已成當前人類普遍肯定的普世價值。過去人事行政工作為機關首長個人決定之集權制度、少數主管集思廣益之分權制度，近年來則強調共同參與之集體管理，使每一個員工均有充分發表意見、共同參與之機會，並為保障自己權益而有申訴的機會。

(六) **人事行政人性化**：自行為科學以來，人性化管理已成普遍趨勢，員工尊嚴與地位漸受重視。人性化管理強調的是「人為管理的中心」，人力資源居一切行政資源之首要地位，「機器應受制於人，而非人隸屬於機器」。

(七) **公務倫理之強化**：「公務倫理」係指公務員對國家、機關、上司、同事、部屬及民眾，所應有的態度與行為規範。而當前行政價值與倫理強調最有效直接控制，係來自內在控制而非外在控制。

牛刀小試

1. 試說明人事行政的意義及其範圍，並析述人事行政與人事管理的異同。【人高三】
2. 組織的人力資源涵義為何？人力資源管理部門應負擔什麼功能？【基三、原三解釋】
3. 何謂人事行政（personnel administration）？人事行政發展的新趨勢為何？試析述之。【人高三】
4. 試就所知，論述當前人事行政亟待努力改進的重要課題。【基人三】
5. 何謂策略性人力資源管理？請從策略性人力資源管理的角度，評析我國現行人事行政政策上應該採用那些改進的措施？【身三】

貳　文官制度演進

由國家的政治史實觀察，可發現政治發展對於文官或人事制度運作的影響。以下茲就我國、西方、美國文官歷史發展作概敘：

一、我國文官制度演進

我國用人制度概隨國家政治變遷而改變：

(一) **由殷商至東周滅亡**：領導者採「封建世襲制」，大夫以上則採「世官制」。

(二) **秦漢統一至東漢末年**：改採郡、縣制，實行中央集權，掄才制度為徵舉、辟舉與察舉。

(三) **魏晉南北朝**：陳群提出「九品中正制」，並獲推行。其後造成門閥大族爭相把持。

(四) **隋唐統一至明清**：隋煬帝大業二年設「進士科」採筆試取才，確立「科舉取士制」。

二、西方文官制度演進

專制君主	資產階級	政黨政治	常業文官
恩賜制時期	個人贍徇時期	政黨分贓制	功績制時期
14世紀英法 17世紀德意志 「國王奴僕」	英國1688年光榮革命後 美國建國之初50年 法1789第三共和前 「賣官鬻爵」	19世紀英國「肥缺分贓」 美國傑克遜 法國第三共和 「執政黨將官職當戰利品」	20世紀以來各國文官法 「選賢任能」

歐美人事制度的發展

(一) **專制君主—恩賜制時期**：14世紀英國文官被視為國王私人奴僕，法國16世紀亨利四世派駐各省官員，17世紀德意志專制君主樞密院，日本江戶幕府文職官員。其特徵為官職獲得大多為國王恩賜。

(二) **資產階級權貴—個人贍徇制時期**：1688年光榮革命後英國、美國建國之初50年、法國1789年大革命後100年、普法戰爭後德國及明治維新後日本，仍然無法擺脫恩賜制影響，任用私人或賣官鬻爵現象時有所聞。

(三) **政黨政治—政黨分贓制時期**：19世紀英國「肥缺分贓」、美國1829年傑克遜總統政黨分贓制、法國第三共和時期「政黨分肥」及日本1898年政黨內閣出現後之「政黨分肥制」。隨著政黨更替，官職成為執政黨的「戰利品」。

(四) **常業文官─功績制時期**：20世紀以來，各國政府通過的「文官法」，均在打破恩賜制與分贓制，而邁向功績制的人事體制。常業化制度指公務員一經依法任用，非依法定事由不得使之降級、免職或令其休職。而與之有密切關係為功績制，即不論取才、用才、升遷、獎懲乃至培訓，均以才能與成就標準作為權衡依據。

三、美國人事制度之歷史發展

美國人事制度的發展

(一) **仕紳制度**（The Era of Gentlemen）1789-1828**年**：始於1789年華盛頓，結束於1829年傑克遜總統上任。華盛頓總統認為美國建國初期為國家確立制度宏觀，建立一套合理文官體制是十分重要的，應重視「品格合適」的用人標準，即選擇家世良好、才德兼備者進入政府服務。在此標準要求下，上流階層之仕紳菁英自然成為此時期文官晉用特徵。
　　弊端：將使文官與民眾疏離，無法對公共利益做出正確評價、文官深染上流階層偏見為民主國家所難忍、久任其位將導致文官體系老化。

(二) **分贓制度**（The Spoils System）1829-1882**年**：在1829年傑克遜當選總統後便產生極大轉化，標示著分贓制度來臨。一旦政黨所屬候選人當選，其同黨與支持者即獲出任公職作為回報。其以恩寵與瞻徇之方式任用公務員，並試圖建立四年任期限制，提議行政人員任期應與總統一致，俾使新選出來總統有權對其支持者進行「勝者分贓」。其後詹森總統主政時達到鼎盛時期（1865-1869）。
　　影響：行政倫理、效率、效能嚴重衰微；公共行政與政黨政治徹底交相糾纏；高度政治競爭；聯邦行政人員在社會階層地位差距縮小。

(三) **功績制度**（The Merit System）1883-1977**年**：1883年「文官法」（由亞瑟總統簽署為正式法律，通稱潘德頓法案，The Pendleton Act）之通過實施，象徵以功績為核心之競爭考試模式將蔚為主流。其後1931年人事管理功能集中於文官委員會，1938年羅斯福總統任內進行人事分權化改革，1939年訂定「哈契法」，明文禁止常任公務員參與某些政治活動，1949年建立職位分類法。
　　目標：透過公開競爭考試來任用人員、文官制度去政治化、職位任期保障、文官委員會（為部外制性質）設立。

　　弊端：政治領域受到壓縮、形成「英才治理」、潛藏相當嚴重階級意識與歧視心態、產生「功績制蒙混過程」現象[註二]。

(四) **1978年的文官改革法**：係由卡特總統所推動，認為「功績制度不夠功績，欠缺激勵功能，使卓越者得不到太多獎賞，不力者得不到應有懲罰」。希望透過重新改組聯邦政府，以達管理、效率、效能與政治回應的目標遂將文官委員會改組為以下機關：

1. **功績保護委員會（MSPB）**：為部外制人事機關，職掌在針對違法行政人員施予制裁，並為遭受不利對待公職人員進行公聽申訴，以保障其權益。並擁有特別權威保障「弊端舉發者」（Whistle-blower）。

2. **聯邦勞動關係局（FLRA）**：體現人事行政法律觀點，其職責為監督聯邦事務之集體協商進行。

3. **平等就業機會委員會（EEOC）**：為保障少數民族或弱勢團體進入政府任公職機會，1978年文官改革法規定應讓聯邦文官制度具有全國性的「社會代表性」，其職責在促進少數民族與婦女在聯邦政府勞力雇用上擁有代表性，同時藉由「權益平等促進行動」以達政治性的回應。

4. **人事管理局（OPM）**：將人事機構改為部內制機關，成為總統在人事管理之幕僚機構。

5. **資深文官職（SES）**：參考英國高級文官職模式，旨在擴大高級文官能力與增加運用彈性，使官僚制度管理與政治功能共治一爐。此制度設計目的有三；
   (1) 發揮政治主管任命與領導高級文官的彈性，以期貫徹政策命令。
   (2) 讓公共管理的技能與專業能夠在不同組織間相互交流。
   (3) 藉由高級文官人員在不同單位間的流通，以便展現更廣泛的公共利益視野。

(五) **再造的人事行政1993年-**：「理性官僚體制」運作雖對國家進步有極大貢獻，但仍有許多困難與缺失。美國在1993年國家績效評鑑（NPR）指出：「想要創造一個有效的聯邦政府，就必須徹底改革整個人事體系甄補、任用、職位分類、升遷、薪資和報酬體系」。準此，聯邦政府乃進行以下變革：

1. 刪減人事手冊與多餘指令，以減低人事政策管制。
2. 授權各部門機關對所屬職位的自行甄補與考試。
3. 大幅簡化目前職位分類體系。
4. 允許機關設計本身績效管理與報酬系統。
5. 縮減在一半時間內，達成裁減聯邦政府管理人員與員工人數之所需。

四、未來現代化的人事制度方向

歐斯朋（D.Osborne）與蓋伯勒（T.Gaebler）認為，未來現代化人事制度可依循以下方向修正：

(一) 更寬廣的分類與給薪級距。　　　　(二) 依照市場行情敘薪。

(三) 依績效敘薪。　　　　　　　　　(四) 升遷與解雇基於表現，而非年資。

(五) 任用制度讓主管可聘請最合適、優秀的人才。
(六) 簡化申訴程序。

五、公共人事制度的核心價值

根據柯林納（Klingner）與那班迪（Nalbandian）的分析，美國公共人事管理長期以來所發展出模式或制度，基本上正反映出四種傳統價值（政治回應、組織效率與效能、個人權利、社會衡平）與三種新興價值（個人責任的要求、有限及分權化的政府、社會服務的社群責任）間的競爭。

(一) **政治回應**：係指「政府對於人民透過民選官員所表達之意志的回應」。基此，政府人事的任用即須將政治忠誠、學歷與經驗兼容並蓄，一併考量，以作為選才指標，俾確保行政文官對民選官員之政治及人事的忠貞赤忱。

(二) **組織效率與效能**：乃管理過程中輸入與產出間比率的極大化，即最小的投入與最大的產出聯繫關係。在公共人事管理上意謂著人事雇用、調任或升遷必須基於職位申請者及員工的知識、技術和能力（KSAs）來考量。

(三) **個人權利**：強調個別公民應受保護，以免於政府官員不公平對待。美國除於權利法案及憲法14號修正案有明文規定外，並透過文官制度中之工作安全保障與正當程序規範、功績制相關法令規章，藉以保護公務員免於受不當黨派政治壓力，以維護其權利。

(四) **社會衡平**：公共人事管理所追求之社會公平必須重視於對婦女、少數族群、殘障人士以及退伍軍人等團體的公平對待，否則這些弱勢者將由於市場雇用與薪資的歧視待遇，而處於不利地位。此種強調團體取向之社會衡平理念，已成為代表性官僚者論據基礎。

(五) **反對政府的價值**：傳統公共人事價值對於政府懷抱著期望，而新興價值卻傳達了一種反政府的觀感，希望重返個人主義、小型政府及社群責任的自由價值，於是主張未來公共人事行政價值應植基於個人責任的要求、有限及分權化的政府、社會服務的社群責任。影響所及，如運用替代性組織或機制、增加公共僱用關係機動彈性。

 人事行政研究途徑

根據羅盛朋（Rosenbloom）所建構的三大途徑。

一、管理途徑

傳統上人事行政經常被界定為如何讓工作人員在組織下達成適才適所之特定過程或功能。其管理流程為：

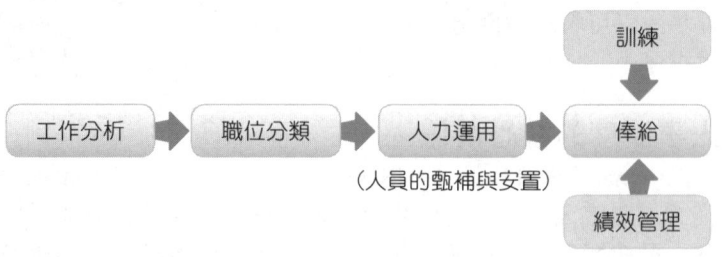

(一) **工作分析**：為特定工作蒐集資訊以決定其責任與資格要件的過程。而「工作規範」（應具備知識、技能或人格特質）與「工作說明書」（職責、工作要求或行為準則）為其主要途徑。

(二) **職位分類制度**：職位分類是美國聯邦政府人事管理制度的核心基礎，其與考試、任用、薪俸等環節息息相關。根據美國聯邦政府西元1923年的職位分類法，職位分類法應植基於以下幾個原則：

1. 職位才是歸類的對象，而非人員。

2. 以義務和責任作為職位區別的主體。

3. 擔任某一職位的員工所表現的個人特色不應對職位之歸類有所影響。

4. 同職級的任職者應有同等資格，方可擔任該職為內之其他職位。

(三) **招募、遴用招募與陞遷**：所謂招募是指鼓勵大眾應徵政府職位過程。至於遴用則是指選用應徵者的過程，通常是透過公開與競爭考試為之。而陞遷則是依筆試或績效評鑑方式，也可以是根據年資為標準。

(四) **考績**：運用績效評估結果作為獎勵與工作肯定的基礎，其立意甚佳，但因績效考核涉及主觀認定、公務部門績效難以量化、考核層面流於僵化。而為求考核能客觀公正，強調自我評鑑、同儕評分以及團體或外界評分之綜合運用，其技術包括：評等量表、分級列等、強迫式選擇、評述報告法、目標評量法、重大事件法、核對清單與強迫分配法。

(五) **訓練與發展**：所謂訓練是指一種為增進員工個人工作知識與技能，改變工作態度與觀念，以提高工作績效的學習過程；而發展則側重於個人未來能力的培養與提升，故它不只是傳授工作所需的知識與技能，更在於培養新的觀點與願景，以應付未來可能面臨情境。

(六) **薪資體系**：人事行政措施中最受公務人員重視者，莫過於薪資與福利兩項，而且人事的考用與個人工作績效亦深受薪資影響。一般而言，其決定因素有兩項：

1. **內在因素**：指與工作性質本身有關的因素，如職務的責任、工作的時間、知識與技能、工作的危險性。

2. **外在因素**：指工作本身以外有關的因素，如勞動市場、社會的均衡、基本的生活費等。

(七) **人力精簡**：自西元1970年以來，為了減輕稅賦，平衡預算，以及刺激經濟成長，針對公務部門進行廣泛性的人力精簡，成為當前亟需面對嚴峻課題。而在公共人事的精簡措施上，管理途徑強調的是必須先將生產不力的員工予以裁減，並捨棄可由私部門提供相同或更好服務的政府功能。

(八) **政治中立**：威廉斯（C.Williams）與柯年漢（K.Kernaghan）認為政治中立可歸納為六個層面加以評估：

1. 政治與行政是區分的，即政客作決策，由文官執行。

2. 文官的任命與升遷是以功績為基礎，而非根據黨派的忠誠。

3. 文官不涉入黨派的政治活動。

4. 文官不應公開表達其對政府政策或行政看法。

5. 文官私底下為部長提供無私的忠告，而部長為其部門的行動負完全的責任。

6. 不論執政黨的哲學與計劃為何，文官應該忠誠地執行其政策行動。

而美國自1883年文官法通過後，便欲達成終結分贓政治、確立功績原則、排除政黨干預、行政人員不再被迫參與政治活動。1907年老羅斯福總統簽署一則行政命令，首度剝奪公務員參政權利。1939年哈契法通過，明文規定：「禁止聯邦行政人員利用職權介入選舉，或積極參與政黨管理與競選，惟可保有自由投票權及對政治議題或候選員發表個人意見權利」，直至1993年修法後仍揭示：「除法律有明文禁止者外，公務員享有在免於懲罰與報復恐懼下，充分、自由地行使其從事或拒絕從事本國政治活動之權利。」

(九) **人力資源管理策略的變遷**：傳統人事功能主要在目的達成保障員工與維護體系完整以避免管理濫權目標，亦即強調控制與過程遵守；現今則著重顧客滿意服務，彈性與成果實現。

二、政治途徑

如何擴大文官對於政治官員與社會大眾回應的回應性，強調文官應置身於公共系絡中。

(一) **回應性**

1. 美國過去實施恩寵分贓制度，乃是履踐文官體系之政治回應性，文官去留乃隨政黨選舉勝敗而更迭，不但促成文官直接向政黨負責，同時也間接向民眾負責。

2. 西元1978年「文官改革法」中所設置的資深文官職（SES），係為了強化文官制度的回應性。

3. 西元1940年代晚期至1950年代初期與「麥肯錫主義」（McCarthyism）有關的「忠貞—安全計劃」（loyalty-security program），致力於確保文官體制政治回應性，亦可能導致各種意識型態與政治性審查過濾，尤其是對國家的忠貞調查。

4. 為強化行政人員的回應能力，國會常利用各種委員會來處理或監督公共人事相關業務。

(二) **代表性**：一般認為行政官僚來自社會，本應成為公眾代表。因此代表性概念乃假定，文官制度的社會背景若能反映政治群體的整個人口結構，則所制定與執行的政策將較符合公共利益的觀點。而為了追求文官「代表性」的理想，美國人事行政乃不遺餘力的大力推動平等就業機會（EEO）政策以及權益平等促進行動。

三、法律途徑

以法律途徑來處理人事行政之重點在：強調公民與政府的憲政關係應高於人事行政中僱傭關係、重視個別公務人員與應徵公職者的權利與自由、強調對員工懲罰應基於公平正義、主張法律之前人人平等反對任何歧視。

(一) **行政人員與應徵者的憲政權利**

1. 程序的正當過程。　　　　2. 言論自由。　　　3. 結社自由。
4. 婦女生產離職的規定。　　　　5. 平等就業機會的影響。

(二) **公務員的賠償責任與豁免**：美國最高法院要求公務人員在履行職務時，若違反他人憲政權利，需對損害部分負擔民事訴訟的賠償責任。

牛刀小試

> 1. 西方文官制度的演進可分為恩賜制、個人贍詢制、政黨分贓制、功績制四大時期，試扼要說明其意義與內容。內涵？【郵政公路升資】
> 2. 試闡述美國人事制度發展過程？
> 3. 人事行政的研究，一般而言有管理、政治與法律等三大途徑。試就管理途徑說明人事行政的內容？【原三】

肆 政務官與事務官

源於西元1707年英國通過「吏治澄清法」，我國則自西元1999年將政務官改為政務人員，兩者區別主要在於：任用、角色、責任、保障、職等、懲戒。

一、意義與範圍

(一) **意義**：理論上言，政務官乃參與國家大政方針之決策，並隨政黨選舉成敗或政策改變而進退之公務員。事務官則依既定方針執行之永業性公務員。

(二) **政務官類別**：政務官乃具有政治取向的政府官員，在歐美慣稱「政治官員」或「政治首長」。

1. **政治性政府職位類型**【任德厚】

(1)直接來自民意授與的職位：總統制之總統，最能代表此一類型的職位。

(2)來自議會的信任職位：如內閣制的內閣閣員，其任職前提在於獲得國會信任，而其去職理由則在於國會不信任。

(3)行政與立法部門合議而決定的職位如美國行政部門各部部長，均由總統提名經國會參議院同意而任命。

(4)來自上級政務官員單方意思決定之職位如英國內閣制之政務次長，並非國會信任與不信任的對象。而是由首相與特別部長從同黨議員中選出，此職位具有政治性。

(5)職務的政治性質已頗有限，但任命本身仍有政治意義的職位其職務本身多在政策執行層次，但其任命則有大選後酬傭或引進同黨之作用，如歐陸國家之政務次長、美國之「政治任命官員」。

2. **我國「政務人員退職撫卹條例」規範**：根據我國「政務人員退職撫卹條例」第2條規定，下列人員為政務官：

(1)依憲法規定由總統任命之人員及特任、特派之人員。

(2)依憲法規定總統提名經立法院同意任命之人員。

(3)依憲法規定由行政院長提請總統任命之人員。

(4)其他依法律規定之中央或地方比照簡任第十二職等以上職務人員。

此外，**地方制度法規定省政府主席、副主席、委員；直轄市副市長、一級機關首長（人事、主計、警政、政風除外）；副縣市長，亦為政務官。**

(三) **政務官大致應表現出五種能力：【任德厚】**

1. 瞭解情勢與界定問題的能力。　2.尋求或選擇方案的能力。
3. 發動與運用政治資源的能力。　4.溝通說服與斡旋妥協的能力。
5. 掌握並推動組織活動的能力。

二、兩者比較

無論政務官或事務官，均為國家的「治者」與為民服務的「公僕」角色，其差異如下：【任德厚】

對比性／類別	政務官	事務官
進入方式	擁有一定政治條件	表現出一定學識才能
角色功能	政務領導或政策決定	法律與政策執行
責任關係	政治責任	行政、刑事、民事責任、償還國賠
任職期間	政治條件存續是否相配合	身分受保護
退職後待遇	無其他待遇或保障	退休養老給付

三、兩者之衝突

當代民主國家的政府人事制度普遍存在著政務官與事務官二個子系統，但政治與行政是相互關聯但不同性質之兩種政府功能系統，前者強調回應、領導、衝勁等價值，後者著重連續專業、效能等價值。根據墨雪（Mosher）觀察的確存有下列基本差異：

(一) **就整體言**：事務官對任職機關及施政計劃，具有長期性的熟識，對未來懷有風險心理；政務官則對任職機關過去，一無所知，對政策常持不同意見。

(二) **就個別項目言**：兩者差異可歸納為：年齡與在職時間、教育與經驗、對外關係、角色認知、動機、忠誠對象。

四、對行政中立要求

(一) 政務官在歐美被稱為「政治任命之官員」，其功能在於決定政策方向，故其角色較具政黨屬性，對行政中立要求較低。

(二) 事務官為政策執行者，為確保公平地處理公共事務，被要求應秉持超然立場，不為政黨所干預，對行政中立要求較嚴格。

牛刀小試

1. 試述政務官與事務官之意義為何？二者如何區別？又對其行政中立之要求應否相同？試說明之。

2. 何謂政務官與事務官？試就「進入政府方式、角色功能、責任、任職期間、退職後待遇」五種議題，論述二者的對比差異。

3. 民主國家的行政部門主要由常任文官（事務官）與政治性任命人員（政務官）等兩大類官員所組成，兩者的協力與否影響政府的治理效能，政務官與事務官的衝突在臺灣的行政史上屢見不鮮。試各以我國現行「行政院所屬部會」及「直轄市之一」為例，各舉出下列二個「職位名稱」：政務官首長直接隸屬政務官首長之事務官。說明政務官與事務官衝突的來源。【103地三】

伍　人事行政組織結構

一、設置理由

係政府成立專門機構以處理人事業務，其理由有：

(一) **行政上理由**：人員增加、為收事權統一、幕僚職能、管理經濟。

(二) **政治上理由**：保持政治清明，消除贍徇制度及分贓政治流弊。

(三) **社會理由**：為符合社會變遷，公務員管理應強調人格尊重，增進個人知能。

二、人事機構地位

我國人事機構主要為考試院與人事行政總處。考試院在整個政府體制中處於超然獨立的地位；而行政院人事行政總處則具雙重身分，一方面為行政院的幕僚機構，另一方面則為行政院所屬機關人事單位之最高指揮機構。故我國人事機構地位兼具獨立超然與幕僚單位之性質。

三、人事機構功能

(一) **制定人事政策**：制定用以指導處理人事行政業務的綱領與原則。

(二) **制定與執行人事法規。**

(三) **推行人事管理措施**：包括人力運用與人員行為管理。

四、人事機構類型

(一) **就其外部關係論**

1. **部外制**：亦稱獨立制，於行政部門的系統之外，另設獨立超然人事行政機構，全權掌理整個政府的人事行政事宜。以美國西元1978年改革前之文官委員會及日本「人事院」隸屬內閣總理指揮為代表。

   優點 立場中立、可客觀甄選人才、人事行政可作通盤周詳籌畫、公開考試可免徇私舞弊。

   缺點 難符實際需要、削弱首長人事權、與立法行政機關無法密切配合。

2. **部內制**：各行政部門皆有其本身之人事行政機構，以德國（聯邦文官委員會）、法國（人事部）為代表。

   優點 能配合實際需要、易收事權統一之效、較能掌握時機。

   缺點 人事業務各自為政、不易配合改革、僅能處理例行工作、缺乏充分人才設備、行政首長易干預人事。

3. **折衷制**：又稱混合制，係將人事機構劃分為二；一在行政系統外設置獨立超然人事機構負責文官資格考選與審定；另各部門本身人事行政機構則執行考選以外行政事宜，以英國為代表。我國原屬部外制，於民國56年9月行政院人事行政局成立後（101年1月1日起改為人事行政總處），亦走向折衷制。

   優點 考試權獨立行使，避免營私舞弊、可配合行政機關需要，不妨害行政之完整性。

(二) **本身組織面而言**

1. **首長制**：或稱一元集中制，係指一機關之事權完全交由長官一人單獨負責處理者，如德、法及日本人事院。

2. **委員制**：指一機關事權交由若干人共同負責處理者，如我國考試院。

3. **混合制**：係為求人事管理法令執行有效，人事機構應採首長制為主，但為顧及訂立人事規章之集思廣益性，應於人事機關內酌設人事規章委員會為固定組織。如英國文官部為首長制，但另有獨立的文官委員會則屬委員的性質。

五、我國的人事機構

(一) 考試院組織執掌

　　1. **組織：**

　　　　(1)**組成份子：**考試院設院長、副院長各1人，考試委員19人，由總統提名經立法院同意，任期均為6年。

　　　　(2)**決策機構：**考試院設考試院會議，以院長、副院長、考試委員及考選、銓敘部長及公務員保訓會主委組織之，決定憲法所定執掌之政策及其有關重大事項，其組織型態為委員制。

　　　　(3)**執行機構：**考選部、銓敘部、公務人員保障暨培訓委員會、公務人員退撫基金監理委員會。

　　2. **職權：**依民國83年8月1日修正公佈之憲法增修條文第5條第1款規定，考試院為國家最高考試機關，掌理下列事項，不適用憲法第83條規定：(1)考試；(2)公務人員之銓敘、保障、撫卹、退休；(3)公務人員任免、考績、級俸、升遷、褒獎之法制事項。

(二) **行政院人事行政總處：**原依動員戡亂時期臨時條款第5條規定於民國56年9月16日成立，其後因動員戡亂時期於民國80年5月1日終止。而改依憲法增修條文第9條第2項規定：「行政院得設人事行政局」。

　　其組織條例並於民國82年12月30日經總統明令公佈。復於民國101年1月1日起改為「人事行政總處」

　　1. **組織：**設人事長一人為特任官，綜理局務，副人事長二人，其中一人職務比照簡任第14職等，另一人職務列簡任第14職等。下設綜合規劃處、組編人力處、培訓考用處、給與福利處、資訊室、秘書室、人事室、會計室與政風室。

　　2. **職權：**係統籌行政院所屬各機關之人事行政而設，但其人員派免、遷調核定後，均報送銓敘部核備。而有關考銓業務仍受考試院監督。

　　3. **兩院對人事分工：**考試院擁有人事行政決策權，人事行政總處則偏重執行、技術性工作，並受考試院監督。

(三) **各機關人事管理機構**

　　1. **組織：**依照人事管理條例第2條、第3條規定，各機關人事管理機構之設置，應依下列規定辦理：

　　　　(1)總統府、五院、各部、會、處、局、署，各直轄市政府，設人事處或人事室。

　　　　(2)總統府所屬機關；各部、會、處、局、署所屬各機關；各直轄市政府、處、局；各縣市政府；各鄉鎮市區公所等，設置人事室或人事管理員。

　　2. **執掌：**依人事管理條例第4條規定，人事管理機構執掌如下：關於本機關人事規章之擬定、職員送請銓敘案件之查催、職員考勤紀錄及訓練、考績考成、撫卹之簽擬及福利規劃、任免遷調獎懲事項、俸級之簽擬、需用人員考試建議、人事案件之依法核辦及人事管理建議與改進等事項。

(四) 人事行政未來改革途徑

1. 人事政策與文官法令革新。　　2. 強調考用合一，適才適所。
3. 績效薪酬制度的實施。　　　　4. 公務人員權益兼顧。
5. 公務倫理強化。　　　　　　　6. 人才激勵、工作士氣提升。

牛刀小試

1. 就人事機構與行政機關的關係來看，有所謂部外制與部內制，試說明兩制之意義及優缺點？
2. 試說明我國考試院和行政院對人事行政管轄事項作何種分工？並就兩院對外來人事行政改革採取何種途徑加以分析？【地三】

陸 人事分類制度

政府對於公務人員管理應建立一套有效的分類制度，此一分類制度又稱為「人事體制」或稱為「文官結構」。其特徵為等級制、分工化、非人格化、規範化、專業化、功績化。

一、品位分類制

係對政府文官官階等第作區分，亦即文官品級名位之列等。基本上是以「人」為中心、依個人資歷作為分類標準與依據。在品位分類結構中，官員既有官階，又有職位。官階顯示品位等級，代表地位高低、資格深淺、報酬多寡；職位則顯示權力等級，代表責任輕重、任務繁簡。

(一) 特點

1. 結構富於彈性，適應力強，便於人事機構調整文官職務，人事運用上比較方便。
2. 能夠保障文官在行政部門工作的穩定性。因為有官階存在，使文官有較大的安全感。
3. 比較簡單易行，無需有經驗的專家參與與進行充分的準備既可實行。
4. 在品位分類制度下等級劃分較少，晉升幅度較大。
5. 品位分類制是以「名份」鼓勵公務人員，因為只要取得較高的品位，便可以得到較多的報酬與尊敬。

(二) 優點

1. 明確劃分文官之品級。　　　　2. 能滿足文官追求名位心理。
3. 簡單化且富彈性。　　　　　　4. 符合我國行政文化。

(三) 缺點

1. 無法建立以「工作」為中心的人事分類制度，難符合因事擇人、適才適所之要求。
2. 年資重於才能，往往造成「大才小用」或「小才大用」的缺點。
3. 僅注意人員地位設計，未注重工作性質異同，忽略專業化。

(四) **主要實行國家**：我國自民國16年至56年實施「品位分類」的人事制度分為：委任15級、薦任12級、簡任9級。

　　英國文官等級分為四級：行政級、執行級、書記級與打字級。其他尚包括法、德、日等國家均屬之。

二、職位分類制

起源於西元1911年芝加哥政府，1923年美國聯邦政府通令全面採行。係依據職位的工作性質、工作的繁簡難易、責任輕重及所需資格條件高低，將職位區分為若干具有共同特徵和運用便利之分類，以作為人事管理業務處理基準的一種科學管理制度。

職位品評（責任輕重）

職級

職等

職系　職組　職門

職位　職系區分（工作性質）

(一) **特點**

1. 因事設職，按職擇人，人盡其才，同工同酬。
2. 職位分類重視專家的功用，強調達到專才專用。
3. 重視科學管理與效率，強調任何職務均有詳細分析說明。
4. 強調權責分明，名實統一，守法負責，分工合作。
5. 首需作好工作評價與職位歸級難度較大。
6. 係以工作鼓勵公務人員。
7. 種類區分較複雜，分工細密，非經評定不能升等。

(二) **組成結構**

		行政類　　技術類
職門 (service)	若干工作性質大致接近的職組所歸納而成，係職位分類結構中最粗略的輪廓。	普通行政　教育行政　財務行政　法務行政　經建行政　外交行政
職組 (group)	指工作性質相近的若干職系之集合。	
職系 (series)	指工作性質相同，而責任輕重與困難程度不同的一些職位系列。	一般行政　一般民政　社會行政　人事行政　僑務行政　原住民行政　勞工行政
職級 (class)	工作性質、繁簡難易、責任輕重及所需資格條件相似的職位，係職務分類結構中最重要的概念。	1173個職級
職等 (grade)	工作性質不同，而責任程度及繁簡難易和資格條件相同的職位歸納而成。	14個職等
職位 (position)	分配給人員，包含有職務與責任的工作，係職位分類結構基礎。	

(三) **實施步驟**

1. **職位調查**：對政府現有職位的工作內容與權責的實際現況，以調查的方法，如訪問法、觀察法、會議法等加以瞭解，俾供以後實施職位分類的依據。

2. **職系區分**：按照業務性質的異同，將職位劃分若干職系，亦即對職位作「橫」的劃分。

3. **職位歸級**：又稱「職位歸類」或「職位歸格」，是在職位調查基礎上，經職位分析與職位品評，將各職位歸入其應屬之職級，亦即對職位作「縱」的劃分。

4. **編制職級規範**：這是職位分類結果的具體說明，又稱「職級說明書」，是整個實施計劃中最重要的部分。其內容包括：職位名稱、任務與職責範圍；教育程度、經驗、既能等所需資格。

5. **辦理職位歸級**：為實施職位分類的最後一步，亦即將現有的人員，依據其工作性質、內容與資格條件等與職級規範之說明相比較，而將之歸入適當的職級。

(四) **功用（優點）**

1. 能建立公平合理薪給制度。	2. 可提供考試任用客觀標準。
3. 考績標準可具體化。	4. 訓練進修計劃易於訂定。
5. 人有定事，事事有定人。	6. 預算易於編制。
7. 健全機關組織使目標易於達成。	8. 可改善主管與部屬關係。

(五) **缺點**

1. 依職位的規範來工作，導致非人性結果。
2. 工作評量以職位需求為考量核心，使人無法跳脫職位框限，尤如板子釘釘。
3. 宛若置身小鴿子籠被侷限，易生倦怠和疏離感。
4. 職等的設計容易產生「職等牛步化」問題。
5. 過於精細的專業分工造成人才甄補困難。
6. 職等過多，以致工作難易責任輕重不易分辨。

(六) **解決之道**：可考量採行工作輪調、工作擴大化、工作豐富化等方法。

(七) **主要實行國家**：美國與加拿大。

(八) **兩制比較**：

品位制	職位分類制
人	事
名	利
升級容易	升級不易
類科較少	職系較多
簡薦委	14職等
大才小用	大才大用
通才	專才

三、我國人事結構

我國自秦、漢以來，至清代為止，均採「品位分類制」。官員等級的區分，在秦、漢稱「官秩」，以「祿秩」代表官位高低。至魏文帝時創九品官人法之後迄清代為止，則稱「官品」，以品級多寡或「正」或「從」代表官位高低。民國建立，元年公布「中央行政官官等法」，規定除特任官不分等外，其餘文官分為九等。民國18年公布「考試法」與「公務人員任用條例」，明定事務官區分簡任、薦任、委任三種，此後「公務人員任用法」及「公務人員俸給法」均採用此分類。

其後隨社會、經濟發展，政府職能日繁，要求專業分工，民國58年10月正式實施「公務職位分類法」，62年修訂司法、外交、警察、衛生、民意及其他經立法程序認為不宜分類機關，得不予分類。76年1月16日開始施行「新人事制度」，即將簡薦委制度與職位分類制度融合，亦稱「官等職等併立制」；另人事制度的四項基本法律定為：公務人員考試法、公務人員任用法、公務人員俸給法及公務人員考績法。

新人事制度推行除可去除兩制並行人員互調的不便，亦可因兩制融合對制度、法規有了統一規範避免影響人員權益；另職組共二十六組，範圍寬廣用人較為靈活。然亦有其缺點存在如新制兼具職位分類精神，故規定一職務須跨二至三職等，造成無法與職等標準規定相符；職系過度簡併，每一職系涵蓋工作性質寬廣，致使考試類科無法配合；調任以同一職組為範圍，職位出缺時，候選人員勢必大增。

四、我國其他公務員的分類制度

(一) **官職分立制**：為警察人員的人事制度，係指官受保障，職得調任，非依法不得免職。官分警監、警正、警佐，區分一至四階，為品位分類制度之一種。

(二) **聘派制**：以學歷及資歷為聘任的條件，為公立學校及臨時機關所採用；至於學校職員則依「教育人員任用法」須經考試及格方可任用。

(三) **資位制**：指人員因本身所具備資格條件而取得之品位，其資位受保障，同類職位可以調任，職務性質又可分業務、技術類，目前為交通事業與海關採用。

(四) **職位評價制**：係以職位分類制為基礎之職位評價制度，劃分12個職組、52個職系，為經濟部所屬公營事業所採行。

(五) **官稱職務分立制**：係官稱、職務分立，官稱受保障，職務得調任，為我國現行關務人員人事制度。官稱可分為監、正、高員、員及佐五官稱；職務分關務、技術兩類。

(六) **級別制**：公立醫療機構、政府機關或公立學校醫事職務人員人事制度，可分為師級及士（生）級，師級人員並再分為師(一)級、師(二)級與師(三)級，以師(一)級為最高級。

牛刀小試

1. 試分別說明品位分類制、職位分類制，及我國於民國七十六年所採行「兩制合一」之新人事制度的內涵及優、缺點。【普】

2. 試比較品位制與職位分類制的差異性？

柒 人事政策

運用所有與人力資源有關之資源，以規劃出政府之人事管理政策。根據施能傑觀點，應包括下列四項：

人力甄補政策	為人事管理工作第一步，其功能在引進符合甄補單位所需條件人力，應涵蓋人力需求分析、招募、考選與任用程序。
人力激勵政策	如何激勵員工工作意願，實為人事管理工作重要一環，而其中俸給制度的公平性，又為影響留才意願的決定因素。
人力發展政策	組織須根據員工能力與組織發展狀況，擬定訓練計劃並作好員工考績工作。
人力保障政策	組織須提供員工生活、工作與身分上的保障，包括職業、權利、健康、傷殘、退休、撫卹保障。

> **牛刀小試**
>
> 何謂「人事政策」？人事政策由那些相關之政策領域所構成？

捌 考銓制度

即一套對公務人員[註三]所進行的管理，包括考試、任用、考核、培訓等。

一、公務人員考選

以考試方法為國家選拔人才（功績制），掄才致用。我國文官制度考試自隋煬帝大業二年開始，而英美等國分別在西元1870至1883年開始實行。

(一) **基本原則**：以成就取向為標準的用人，強調擇優錄用，涵蓋三個基本原則：公開競爭、一律平等、人才主義原則。

(二) **考選目的**
1. 消滅分贓制度，保持政治清明。　　2. 選拔優秀人才，造成萬能政府。
3. 救濟選舉之窮，才俊得以出頭。　　4. 消除社會階級，人人可登仕途。

(三) **考試基本要求**：
1. **正確性**：測量的科目內容與所要求的目的，其中應有相關的因素，如打字人員考中英文輸入法。
2. **可靠性**：考試成績高低，確能表示應試者對於所考學科之才能學識的高低。
3. **客觀性**：應試者成績不受評分者主觀因素與應試者本身條件因素之影響。
4. **廣博性**：每一項考試必須能測出所要擔任工作之每一種能力，並且每一科目之試題應是廣泛的，而非偏狹的。

(四) **考試方法**
　1. **筆試**：為一種最古老、基本方法包括論文式與測驗式的筆試。
　　(1)**論文式筆試**：係以長篇之文章申論對某一問題的看法，並表達其所具有的知識。
　　　A. **優點**：試題編製容易、文字表達能力的測驗、易於考察應試者之推理力、創造力與資料整合能力。
　　　B. **缺點**：缺乏客觀性、命題範圍欠廣博，評分易受不相干因素影響。
　　(2)**測驗式的筆試**：又稱新式的筆式，以考察應考人之記憶力為主。
　　　A. **優點**：評分公正客觀、免除模稜與取巧答案、抽樣較廣、排除不相干的因素影響、易於評閱、富有興趣、應試者相信評分公正性。
　　　B. **缺點**：僅能測量應試者記憶力、試題編製頗為費力、答案不無猜度的機會。
　2. **口試**：對於一個人各方面能力之考察，都具有特殊之功效，被廣泛應用於政府、學校、企業機關等各種考試。
　　(1)**優點**：可考察其學識、能力、穩定性、反應力等。
　　(2)**缺點**：其正確與可靠性不確定、過程與結果無明白紀錄可為查核依據、主試與應試者可串通舞弊。
　3. **心理測驗及智力測驗**：近年來歐美各國常以心理測驗方法，考察一個人的智力性向及其具有之特殊能力，作為派任適當工作依據。
　4. **著作及發明審查與檢核**：主要針對應試高級職務之資深人員審定其資格或競選公職候選人銓定其資格，實為救濟一般考試方法之窮。
　5. **實地考試**：乃對應考人之能力或技巧作實地之考察。如打字員、速記員之考試。
(五) **考試種類及資格**
　1. **公務人員考試**：可分為公務人員考試(初任考試與升官等考試)與專技人員考試。

我國國家考試體系

考試類別	應試資格	取得之任用資格
初任公務人員考試		
高考一級 (特考一等)	公立或立案之私立大學研究院、所，或符合教育部採認規定之國外大學研究院、所畢業，得有博士學位證書者	薦任 第九職等
高考二級 (特考二等)	公立或立案之私立大學研究院、所，或符合教育部採認規定之國外大學研究院、所畢業，得有碩士以上學位證書者	薦任 第七職等
高考三級 (特考三等)	公立或立案之私立獨立學院以上學校或符合教育部採認規定之國外獨立學院以上學校各系、組、所畢業得有證書者。經普通考試或相當普通考試之特種考試及格滿三年者。經高等檢定考試及格者	薦任 第六職等
普通考試 (特考四等)	具有高等考試應考資格第1款資格者。公立或立案之私立高級中等學校畢業得有證書者。經初等考試或相當初等考試之特種考試及格滿三年者。經高等或普通檢定考試及格者	委任 第三職等
初等考試 (特考五等)	國民年滿18歲以上，無學歷限制	委任 第一職等

考試類別	應試資格	取得之任用資格
升官等考試		
簡任升官等考試	法定任用資格現任薦任或薦派第九職等人員四年以上，已敘薦任第九職等本俸最高級等(升等考試法第3條)	簡任第十職等
薦任升官考試	法定任用資格現任委任或委派第五職等人員滿三年，已敘委任第五職等本俸最高級等(升等考試法第4條)	薦任第六職等
專門技術人員考試		
高等考試(特考三等)	國內外專科以上學校相關科系畢業者，或普通考試相當類科及格者，或普考相當類科及格，並曾任有關職務滿四年，有證明文件者	取得執業資格
普通考試(特考四等)	國內外高職、高中以上學校相當科系畢業者，普通考試以上考試相當類科及格者，或初考相當類科及格，並曾任有關職務滿四年，有證明文件者	取得執業資格
初等考試(特考五等)	中華民國國民年滿18歲	取得執業資格

2. 應具備資格

(1) **積極資格**：依公務人員考試法第7條規定應年滿十八歲以上之中華民國國民。

(2) **消極資格**：依法停止任用者，經公務人員考試及格錄取，於依法任用期間仍不得分發任用。

A. 未具或喪失中華民國國籍。

B. 具中華民國國籍兼具外國國籍。但其他法律另有規定者，不在此限。

C. 動員戡亂時期終止後，曾犯內亂罪、外患罪，經有罪判決確定或通緝有案尚未結案。

D. 曾服公務有貪污行為，經有罪判決確定或通緝有案尚未結案。

E. 犯前二款以外之罪，判處有期徒刑以上之刑確定，尚未執行或執行未畢。但受緩刑宣告者，不在此限。

F. 依法停止任用。

G. 褫奪公權尚未復權。

H. 經原住民族特種考試及格，而未具或喪失原住民身分。

I. 受監護或輔助宣告，尚未撤銷。

公務人員於任用後，有前項第A款至第H款情事之一者，應予免職；有第I款情事者，應依規定辦理退休或資遣。任用後發現其於任用時有前項各款情事之一者，應撤銷任用。

法規一點靈

公務人員考試法

二、公務人員任用

對於缺額之職務或新設職務，補充人員行為。

(一) 任用方式

內升制	外補制
凡機關職位有空缺時，由在職之低職等人員升任。	機關職位有空缺時，由外界挑選合格者擔任之。

內升制

優點
- ☑ 升遷有望，肯安心工作，產生有力有效的策勵作用。
- ☑ 公務員自覺上進有機會，發展有前途，肯視其職業為終身職業。
- ☑ 內升者對機關傳統較熟悉，易於保持機關安定。
- ☑ 可實現因事選材，因才而任的原則。
- ☑ 所晉升新職者經驗豐富，對於新任職務可從容應付。

缺點
- ☒ 無法吸收卓越人才至政府服務。
- ☒ 不符「適才適所」的原則。
- ☒ 無新血加入，易陷暮氣沉沉，不願改革。
- ☒ 可供挑選對象有限，難依「廣收慎選」原則取材。

外補制

優點
- ☑ 可吸收卓越人才至政府部門服務。
- ☑ 因事選材、因才施用，足收「適才適所」之效。
- ☑ 機關有心份子加入，容易改革進步。

缺點
- ☒ 晉升無望，易減低其工作情緒與效率。
- ☒ 前途發展有限，自難安心服務。
- ☒ 容易引起不合作現象。

折衷制

因兩制各有優缺點，故捨短取長，以折衷制最為恰當，公務人員任用法第2條即明定：「初任與升調並重」。
其方法有三種：
(1)限定界限法：將公務人員等級分為高、中、低三等，任職考試亦分為三等，低等考試及格者自低等任起（外補制），但可升至中等（內升制）。
(2)規定比率法：職位出缺時，可規定由內升者與外補者各佔一定的比率。
(3)升等考試法：職員已升至某一高級職位後服務績優，得參加升等考試。

(二) 任用資格

依公務人員任用法第9條規定：「公務人員之任用資格，依下列規定：依法考試及格、依法銓敘合格、依法升等合格。」而其任用限制為：

1. **積極性限制**：公務人員任用法第2條規定：「公務人員任用，應本專才、專業、適才、適所之旨，初任與升調並重。」此外，第4條亦規定：「各機關任用公務人員，應注意其品德及對國家之忠誠，其學識、才能、經驗、體格應與擬任職務之種類職責相當。」

2. **消極性限制**：除法律規定外，不得派未具法定任用資格者代理或兼任。
   (1)不得任用其他機關現職人員。
   (2)不得任用配偶及三親等以內之血親及姻親。
   (3)不得任用已屆公務人員命令退休年齡人員。
   (4)試用人員不得充任各級主管職務

法規一點靈

公務人員
任用法

(三) **任用程序**：其過程大致可分成三項：

1. **開缺及提名**：當政府機關有空額或開缺後，機關首長即應通知考試機關就考試及格人員提出名單，以憑選用。

2. **實習及試用**：機關首長於接獲名單，就中選名單，作為試用或實習，普通期間為3~6個月，亦有達1~2年者。

3. **派代、送審銓敘及正式任用**：依公務人員任用法24條規定：「各機關擬任公務人員，得依權責規定先派代理，於三個月內送請銓敘機關審查。經審查不合格者，應即停止其代理。」

4. **正式任用**：各機關初任簡任、薦任、委任官等公務人員，經銓敘部銓敘審定合格後，呈請總統任命。

(四) **公務人員調任**：公務人員任用法第18條第1項規定，現職公務人員調任，應依下列規定辦理：

1. 簡任第12職等以上人員，在各職系之職務間得予調任；其餘人員在同職組各職系之職務間得予調任。

2. 經依法任用人員，除自願者外，不得調任低一官等之職務。

3. 在同官等內調任低職等職務，除自願者外，以調任低一職等之職務為限，均仍以原職等任用，且機關首長及副首長不得調任本機關同職務列等以外其他職務，但有特殊情形，報經總統府、國民大會、或國家安全會議核准者，不在此限。

牛刀小試

1. 文官系統所謂「擇優錄用」制度，其包含之基本原則為何？試說明之。

2. 依現行公務人員考試法之規定，公務人員考試的方式有那些？並請略述其優缺點為何？

3. 在公務員甄選方面，有內升制與外補制之分，請分別說明兩者意義及優缺點。並說明你贊成何種制度，理由何在？【身三、原三】

4. 般而言，任用有三種制度，及內升制(recuitment from inside the service)、外補制(recuitment from outside the service)與折衷制。試問折衷制常使用的方法有那些？【基三】

5. 政府部門人事任用，其甄補行為分為內陞制、外補制，試說明這兩種制度之內涵，並比較其優劣。【104原三】

6. 政府部門人事任用，其甄補行為分為內陞制、外補制，試說明這兩種制度之內涵，並比較其優劣。【104原三】

三、公務人員俸給

公務員服務國家，政府給予報酬是為薪給，亦稱為俸給。

法規一點靈

公務人員
俸給法

(一) **性質**
1. 表示地位之高低與責任之輕重者。
2. 表示工作之多寡與技術之精粗者。
3. 僅用以維持生活者。

(二) **原則**
1. **平等性**：應本「同工同酬」的原則。
2. **適應性**：薪給應與物價指數保持平衡。
3. **平衡性**：公務員的薪給應與社會上其他行業，保持平衡。
4. **效率性**：不僅能維持公務員的溫飽，更能從事育樂活動，以健全身心。
5. **年資性**：年資增加，而地位未晉升時，其薪給亦應增加，以激勵人員。

(三) **薪給的公平性**：包括實質公平與程序公平兩個面向。
1. **實質公平原則**：或稱分配公平，係衡量某一分配的結果本身是否公平，其內容有：
   (1) **內在平衡性**：追求同工同酬。
   (2) **外在平衡性**：應與外部市場薪給相當。
   (3) **個人平衡性**：即績效俸給制度。
   (4) **生活供給原則**：分配結果要符合最低生活費用需求水準。
2. **程序公平則**：指作成該分配決定的過程是否公平。應遵循下列原則：
   (1) **一致性**：薪給調整方式非常制度化，且一致性地使用。
   (2) **無謬誤性**：不因決策者或決策團體偏好，決定薪給調整方式。
   (3) **正確有據性**：薪資調整標準制定要能反映出薪給概念核心。
   (4) **可改正性**：能定期檢討標準的適當性。
   (5) **參與代表性**：受薪給決定影響者或其個體代表有參與表達意見的機會。
   (6) **決定倫理性**：調薪過程不受到不當因素之干擾。

(四) **決定因素**：欲使公務員俸給合理化應考慮下列因素：
1. **內部因素**：工作性質、責任輕重、工作知能、工作危險性等。
2. **外部因素**：經濟的考量、市場薪給率考量、社會與倫理考量、其他因素考量（身份保障、退休金給與）。

(五) **健全俸給制度途徑**：待遇合理化、強調同工同酬、績效薪給制、公務機關待遇應確實適用同一俸給法。

(六) **俸給種類**：依公務人員俸給法第3條規定可分為本俸及加給以月計之，公務人員俸給採「俸點制」，最低160俸點，最高800俸點。
1. **本俸**：係指各職等人員依法應領取之基本給與。
2. **年功俸**：係指各職等高於本俸最高俸級之給與。
3. **加給**：因所任職務種類、性質與服務地區之不同，而另加之給與。又可分為：

(1)**職務加給**：指對主管人員或職務繁重或工作具有危險性者加給之。

(2)**技術或專業加給**：對技術或專業人員加給之。

(3)**地域加給**：對服務邊緣或特殊地區與國外者加給之。

而根據Schuler & Huber對報償分類，可概括分為外滋性報酬（俸給、福利）與內滋報償（非金錢性報酬—工作安全、工作成就、名望地位）。

> **牛刀小試**
>
> 1. 何謂薪給？其性質為何？理想薪給制度應符合那些原則？其報酬結構內涵為何？又如何健全俸給制度？
> 2. 行政機關於調整公務員俸給時應考慮那些因素？
> 3. 何謂俸給？政府在訂定俸給時，宜遵循那些原則？試分別論述之。【身三】
> 4. 俸給政策必須符合公平性，請問在制定俸給政策時，必須符合那些原則，才能體現俸給政策的實質公平性？【原三】

四、公務人員考績

考績又稱為效率評價或服務評價。

法規一點靈

公務人員
考績法

(一) **意義**：對公務員的工作成績與服務情形，在一定期間內，由監督人員作一總評算之，以作為升遷、調職及獎懲的依據。

(二) **功用**：可以健全人事制度、增進工作效率、知人善任、發現人才、強化長官領導並增進長官與部屬關係。

(三) **考績原則**

原則	說明
針對性	考績應限於與工作直接有關內容，防止鑑定者將各種社會偏見引入。
公開性	大多數西方國家之文官考績過程與內容是對文官本人公開或半公開。
重複性	考績過程中要經過考績官、複查官與負責考績的專門委員會三次的評價以防止片面性。
代表性	在負責考績的專門委員會中，一般會安排低級文官代表，以便能反映他們的權益與願望。
可申訴性	如考績者認為考績不公，可向有關仲裁機構申訴。

(四) **考績項目**

1. **人的方面**：應包括品德、才能、學識、體格。

2. **事的方面**：應包括工作實況與工作成績。

(五) **考績方法**

1. **臆斷考績法**（Judgment Ranking）：憑主管個人臆測及判斷評定所屬員工工作成績。

2. **人與人比較法**（Man to Man Comparison Scale）：亦稱軍士比較法，係美國陸軍部於歐洲大戰所應用考績法。

3. **因素臆斷法**（Judgement Ranking According to Factors）：先由負責長官或人事機關規定其應考核因素或對象後，再由直接長官據以考核。

4. **因素法三級法**（Three-step Ranking）：為英國現行的考績辦法，係考察報告制，事先制定考績報告表，依此表內所定之因素與標準，由各委員分別考察。

5. **圖表測量法**（The Graphic Rating Scale）：為美國工商界應用較多的考績方法，即將員工所任工作各項特性，因素作為考核項目，每一項目分5等，參加考績人數一分5等。

6. **重要關鍵法**（Critical Incidents）：係由主管對員工平常的工作表現作成紀錄，特別是優良與不佳事例，作為考核依據。

7. **強迫分配法**（Forced Distribution）：要求評分者按分配比率為員工分類。

8. **行為尺度評量法**（Behaviorally Anchored Rating Scales）：評估者根據某些工作上實際行為表現為項目，在一個數量尺度上為員工作評等，係結合重要關鍵法與評等尺度法的主要因子而成。

(六) **考績謬誤類型**

1. **寬大或嚴苛**：即給予員工偏高考績，皆大歡喜；或偏低分數。

2. **中間傾向**：採中庸之道方式。

3. **暈輪效果或尖角效應**：容易以偏概全。

4. **分數侷限**：所有員工分數均侷限於一個固定範圍內變動。

5. **年資或職位取向**：對服務較久，職位較高者給予較高分數。

(七) **考績現代趨勢**

1. **重視工作績效考評**：指工作數量、工作素質、工作方法及工作時限等綜合的要求。

2. **講求工作目標實現**：係由目標管理而來，乃是以計劃目標與工作目標，作為事先的工作要求與事後的考核依據。

3. **重視人性、尊重人格**：採積極性的獎勵方法取代威嚇懲罰，並邀請員工參與工作標準訂定、對考核結果開誠佈公等。

4. **重視輔導功能**：主管人員對於考核有問題的工作人員，協助其認識自己與環境，運用其本身知能以解決所面臨問題。

5. **功能日趨擴大。**

許多人事管理事項，均以考核為基礎。考核功能甚至已擴大到人事管理以外的事物。

(八) **我國現行考績制度**：主要以「公務人員考績法」為依據。

1. **基本原則**：綜明名實、信賞必罰、準確客觀。

2. **考績種類**

(1) **年終考績**：指各官等人員，於每年年終考核期當年一至十二月任職期間之成績。

(2) **另予考績**：指各官等人員，於同一考績年度內，任職未滿1年，而連續任職已達6個月者辦理之考績。

(3) **專案考核**：指各官等人員，平時有重大功過時，隨時辦理之考績。

3. **考績項目**：應以平時考核為依據，其中工作佔65%、操行佔15%、學識佔10%、才能佔10%。

4. **考核等第與獎懲**

(1) **年終考績**：

　　A. **甲等**：八十分以上，晉本俸一級，並給與一個月俸給總額之一次獎金；已達所敘職等本俸最高俸級或已敘年功俸級者，晉年功俸一級，並給與一個月俸給總額之一次獎金；已敘年功俸最高俸級者，給與二個月俸給總額一次獎金。

　　B. **乙等**：七十分以上，不滿八十分。晉本俸一級，並給與半個月俸給總額之一次獎金；已達所敘職等本俸最高俸級或已敘年功俸級者，晉年功俸一級，並給與半個月俸給總額之一次獎金；已敘年功俸最高俸級者，給與一個半月俸給總額一次獎金。

　　C. **丙等**：六十分以上，不滿七十分；留原俸級。

　　D. **丁等**：不滿六十分，免職。

(2) **另予考績**：

　　A. **甲等**：給與一個月俸給總額之一次獎金。

　　B. **乙等**：給與半個月俸給總額之一次獎金。

　　C. **丙等**：不予獎勵。

　　D. **丁等**：免職。

(3) **專案考績**：

　　A. **一次記二大功**：晉本俸一級，並給與一個月俸給總額之獎金；已達所敘職等本俸最高俸級或已敘年功俸級者，晉年功俸一級，並給與一個月俸給總額之獎金；已敘年功俸最高俸級者，給與二個月俸給總額之獎金。但在同一年度內再因一次記二大功辦理專案考績者，不再晉敘俸級，改給二個月俸給總額之一次獎金。

　　B. **一次記二大過**：免職。專案考績不得與平時考核功過相抵規定。另對考績不公首長，銓敘機關得通知上級長官予以懲處，同時要求其對考績人重加考核。

5. **考績升等**：各機關參加考績人員任本職等年終考績，具有下列各款情形之一者，取得同官等高一職等之任用資格：(1)二年列甲等者；(2)一年甲等二年列乙等者。

6. **考績運用**：考績可結合俸給、遷調、退免與紀律方面，以增加組織效率。

牛刀小試

1. 何謂考績？建立考績制度應考量那些原則？試說明之。
2. 試述公務人員考績之意義、功能、辦理考績時會遭遇的困難與可能之謬誤。
3. 就現代化人事行政而言，公務員考績應遵循那些基本原則？考績在實踐上可能出現那些類型之謬誤？試列舉說明之。【高三】

五、公務人員紀律

(一) **公務員權利**：有關公務人員之權利，可概分為下列數種：

1. **財產權**：憲法第15條規定：「人民之財產權應予保障」，此項權利不應因擔任公務員與國家發生公法職務關係而受影響。公務員財產權可分為：(1)受俸給之權利；(2)保險金請求權利；(3)退休與撫卹之權利；(4)職務上費用償還權利。

2. **服公職權**：憲法第18條規定：「人民有服公職權利」，主要在保障人民有依法從事於公職，及由此衍生享有之權益。
   (1)應考試權。
   (2)依法任用及考績權。　　(3)身分、官等、俸給與工作條件保障權。
   (4)受獎勵之權利。　　　　(5)依法執行職務不受非法妨害。

3. **權利救濟權**：
   (1)涉訟辯護與協助請求權。　(2)復審權、行政訴訟權、再審議權。
   (3)申訴權與再申訴權。

4. **勞工基本權**：
   (1)**結社權（團結權）**：得組公務人員協會。
   (2)**建議權（參與權）**：考試、任免、考績、級俸、退休、公務人員法規訂定、工作簡化等事項。
   (3)**協商權（協議權）**：得提出協商事項包括辦公環境改善、行政管理、服勤方式與時間。
   (4)**禁止行使的勞工基本權**：罷工、締結團體協約、參與政治活動。

(二) **公務員義務**：現行法令對公務人員之紀律與義務要求，主要有公務員服務法、公務員考績法及公務員懲戒法等三種。

1. **公務人員服務法的規定**：
   (1)**有所為義務**：
     A. **忠誠義務**：遵守誓言，忠心努力，依法律、命令行事。
     B. **服務義務**：對於長官監督範圍內所發之命令有服從義務，如認為該命令違法，應負報告之義務；該管長官如認其命令並未違法，而以書面署名下達時，公務員即應服從；其因此所生之責任，由該長官負之。但其命令有違反刑事法律者，公務員無服從之義務。前項情形，該管長官非以書面署名下達命令者，公務員得請求其以書面署名為之，該管長官拒絕時，視為撤回其命令。公務員對於兩級長官同時所發命令，以上級長官之命令為準；主管長官與兼管長官同時所發命令，以主管長官之命令為準。=。
     C. **保密義務**：公務員有絕對保守政府機關（構）機密之義務，對於機密事件，無論是否主管事務，均不得洩漏；離職後，亦同。公務員未經

法規一點靈

公務員
服務法

機關（構）同意，不得以代表機關（構）名義或使用職稱，發表與其職務或服務機關（構）業務職掌有關之言論。

D. **保節義務**：應誠實清廉，謹慎勤勉不得有損害公務員名譽及政府信譽之行為。

E. **確實執行職務之義務**：執行職務，應力求切實，不得畏難規避，互相推諉或無故稽延。

F. **就職、差勤、依法定時間辦公義務**：收受人事派令後，應於一個月內就（到）職。但具有正當事由，經任免權責機關（構）同意者，得延長之；其延長期間，以一個月為限。駐外人員應於收受人事派令後三個月內就（到）職。但有其他不可歸責於當事人之事由，得請求延長之，並於該事由終止後一個月內就（到）職。

G. **申報財產義務**：(a)總統、副總統；(b)五院院長及副院長；(c)政務人員；(d)有給職之總統府資政、國策顧問及戰略顧問；(e)各級政府機關之首長、副首長及職務列簡任第十職等以上之幕僚長、主管；公營事業總、分支機構之首長、副首長及相當簡任第十職等以上之主管；代表政府或公股出任私法人之董事及監察人；(f)各級公立學校之校長、副校長；其設有附屬機構者，該機構之首長、副首長；(g)軍事單位上校編階以上之各級主官、副主官及主管；(h)依公職人員選舉罷免法選舉產生之鄉（鎮、市）級以上政府機關首長；(i)各級民意機關民意代表。；(j)法官、檢察官、行政執行官、軍法官；(k)政風及軍事監察主管人員；(l)司法警察、稅務、關務、地政、會計、審計、建築管理、工商登記、都市計畫、金融監督暨管理、公產管理、金融授信、商品檢驗、商標、專利、公路監理、環保稽查、採購業務等之主管人員；其範圍由法務部會商各該中央主管機關定之；其屬國防及軍事單位之人員，由國防部定之；(m)其他職務性質特殊，經主管府、院核定有申報財產必要之人員。

法規一點靈

公職人員
財產申報法

公務人員之財產除於到職三個月內申報外，並應每年申報一次。

(2) **有所不為義務**

A. 公務員不得經營商業。

B. 經營商業，包括依公司法擔任公司發起人或公司負責人、依商業登記法擔任商業負責人，或依其他法令擔任以營利為目的之事業負責人、董事、監察人或相類似職務。但經公股股權管理機關（構）指派代表公股或遴薦兼任政府直接或間接投資事業之董事、監察人或相類似職務，並經服務機關（構）事先核准或機關（構）首長經上級機關（構）事先核准者，不受前項規定之限制。

C. 公務員就（到）職前擔任前項職務或經營事業須辦理解任登記者，至遲應於就（到）職時提出書面辭職，於三個月內完成解任登記，並向服務機關（構）繳交有關證明文件。但有特殊情形未能依限完成解任登記，並經服務機關（構）同意或機關（構）首長經上級機關（構）同意者，得延長之；期間以三個月為限，惟於完成解任登記前，不得參與經營及支領報酬。

D. 公務員所任職務對營利事業有直接監督或管理權限者，不得取得該營利事業之股份或出資額。

E. 公務員就（到）職前已持有前項營利事業之股份或出資額，應於就（到）職後三個月內全部轉讓或信託予信託業；就（到）職後因其他法律原因當然取得者，亦同。

F. 公務員除法令規定外，不得兼任他項公職；其依法令兼職者，不得兼薪。

G. 法令規定外，不得兼任領證職業及其他反覆從事同種類行為之業務。但於法定工作時間以外，從事社會公益性質之活動或其他非經常性、持續性之工作，且未影響本職工作者，不在此限。（經服務機關（構）同意；機關（構）首長應經上級機關（構）同意。）

H. 公務員兼任教學或研究工作或非以營利為目的之事業或團體職務，應經服務機關（構）同意；機關（構）首長應經上級機關（構）同意。但兼任無報酬且未影響本職工作者，不在此限。

J. 其離職後三年內，不得擔任與其離職前五年內之職務直接相關之營利事業董事、監察人、經理、執行業務之股東或顧問。

K. 不得餽贈長官財物或於所辦事件收受任何餽贈。（符合廉政相關法令，不在此限。）

L. 公務員不得利用視察、調查等機會，接受招待或餽贈。（符合廉政相關法令，不在此限。）

M. 公務員執行職務時，遇有涉及本身或其親（家）屬之利害關係者，應依法迴避。非因職務之需要，不得動用行政資源。

N. 公務員對於下列各款與其職務有關係者，不得私相借貸，訂立互利契約或享受其他不正利益：(a)承辦本機關（構）或所屬機關（構）之工程。(b)經營本機關（構）或所屬事業來往款項之銀行。(c)承辦本機關（構）或所屬事業公用物品之營利事業。(d)受有政府機關（構）獎（補）助費。

(三) **公務員責任**：憲法第24條規定：「凡公務人員違法侵害人民之自由或權利者，除依法律受懲戒外，應負刑事及民事責任。被害人民就其所受損害，並得依法律向國家請求賠償。」

1. **行政責任**：公務員違反法規所定之義務，由行政或司法機關依法予以處罰之。
   (1) **公務員懲戒處分**：依公務員懲戒法第2規定規定，公務員有以下情事者，有懲戒之必要者，應受懲戒：A.違法執行職務、怠於執行職務或其他失職行為。B.非執行職務之違法行為，致嚴重損害政府之信譽。

   法規一點靈

   公務員懲戒法

   另第3條亦規定：「公務員之行為非出於故意或過失者，不受懲戒。」而懲戒處分種類有：免除職務；撤職；剝奪、減少退休（職、伍）金；休職；降級；減俸；罰款；記過；申誡。

   其懲戒處分種類有：

種類	條文內容
免除職務	免其現職，並不得再任用為公務員。
撤職	撤其現職，並於一定期間停止任用；其期間為一年以上、五年以下。前項撤職人員，於停止任用期間屆滿，再任公務員者，自再任之日起，二年內不得晉敘、陞任或遷調主管職務。
剝奪退休（職、伍）金	剝奪受懲戒人離職前所有任職年資所計給之退休（職、伍）或其他離職給與；其已支領者，並應追回之。減少退休（職、伍）金指減少受懲戒人離職前所有任職年資所計給之退休（職、伍）或其他離職給與百分之十至百分之二十；其已支領者，並應追回之。前二項所定退休（職、伍）金，應按最近一次退休（職、伍）或離職前任職年資計算。但公教人員保險養老給付、軍人保險退伍給付、公務員自行繳付之退撫基金費用本息或自提儲金本息，不在此限。
休職	休其現職，停發俸（薪）給，並不得申請退休、退伍或在其他機關任職；其期間為六個月以上、三年以下。休職期滿，許其回復原職務或相當之其他職務。自復職之日起，二年內不得晉敘、陞任或遷調主管職務。前項復職，得於休職期滿前三十日內提出申請，並準用公務人員保障法之復職規定辦理。
降級	依受懲戒人現職之俸（薪）級降一級或二級改敘；自改敘之日起，二年內不得晉敘、陞任或遷調主管職務。受降級處分而無級可降者，按每級差額，減其月俸（薪）；其期間為二年。
減俸	依受懲戒人現職之月俸（薪）減百分之十至百分之二十支給；其期間為六個月以上、三年以下。自減俸之日起，一年內不得晉敘、陞任或遷調主管職務。
罰款	其金額為新臺幣一萬元以上、一百萬元以下。
記過	自記過之日起一年內，不得晉敘、陞任或遷調主管職務。一年內記過三次者，依其現職之俸（薪）級降一級改敘；無級可降者，按每級差額，減其月俸（薪）；其期間為二年。
申誡	以書面為之。

休職、降級、記過不適用政務官。且九職等或相當於職等以下公務員之記過與申誡，得逕由主管長官行之。

(2) **行政懲處：**

A. **年終考績**：列丙等者，留原俸級；列丁等者，予以免職。

B. **專案考績**：重大過錯一次記兩大過，立即免職。

C. **免職**：犯內亂外患罪經判刑確定者、貪污行為經判刑確定者、褫奪公權者、處有期徒刑以上之判決確定，未宣告緩刑或未准予易科罰金者。

D. **應予停職**：涉嫌內亂外患罪，經提起公訴者；涉有內亂外患以外之罪嫌，經第一審法院為有罪之判決者。

E. **得予停職**：涉嫌貪污經提起公訴情節重大者；涉有貪污以外之罪嫌，經第一審法院為有期徒刑以上判決之判決者；公務員懲戒法程序移付懲戒，認為情節重大者；依公務人員考績法規定免職，尚未確定者。

F. **留職停薪**：因案受拘役或罰金之確定判決而易服勞役之公務人員，執行勞役期間應予留職停薪。

區別	懲處	懲戒
機關	行政機關（行政主管）	司法機關（懲戒法院）
依據	公務員服務法、公務人員考績法	公務員懲戒法
事由	違法、廢弛職務以及其他失職行為	抽象言：違反特別權力關係要求 明確言：違反公務員服務法及各機關單位所定之特別規劃
種類	較不明確：包括免職、記大過、記過、扣薪、降職、申誡等數種	十分具體：包括免除職務；撤職；剝奪；減少退休（職、伍）金；休職；降級；減俸；罰款；記過；申誡九種
程序	由行政長官為之，無停職規定	司法機關由客觀第三者為之，較接近司法審判程序，較為公正客觀
先行停職	受免職懲處處分者，無停職規定	受撤職之懲戒處分者有停止任用之期間
功過相抵	功過得相抵	不能與任職期間之功過相抵
救濟	經由原處分機關向保訓會提起復審，如不服復審決定，可向考試院保訓會提起再審議，或向行性法院提起行政訴訟。	再審議

資料來源：改編自城仲模〈法學雜誌32期〉

競合之處理：同一事件懲戒或懲處競合，則以懲戒為主。

懲戒處分法律效力比懲處處分強。

2. **刑事責任**：公務員行使權利時，其行為違背刑法規定而受到刑法制裁的責任。公務員刑事責任，與一般人民原則上並無不同，但因公務員屬於特定身分，刑法另有明確規定。

種類	說明	罪行
職務犯	刑事責任之罪行如係專屬公務員身分之行為，稱之「身分犯」	貪污罪、洩密罪、瀆職罪等
準職務犯	公務員假借職務上權力、機會或方法，以故意觸犯瀆職罪以外，一般人民均可為之犯罪，觸犯時特予加重其刑罰者，亦稱「加重犯」	偽造文書罪、侵占罪等

3. **民事責任**：公務員因故意或過失不法侵害他人之自由權利，所須負起之損害賠償責任。此部份除憲法24條有明文規定外，民法第186條亦有規定公務員侵權行為之賠償責任。但自民國七十年「國家賠償法」公佈實施後，有關公務員行使公權力，因故意或過失不法侵害他人之自由權利，已改由國家負起賠償責任，取代民法之規定。

(四) **公務員請假制度**：公務員應依法定時間辦公，不得遲到早退，每日辦公時數為八小時，每週辦公總時數為四十小時，每週應有二日之休息日。但法律另有規定者，從其規定。

1. **休假**：公務人員至年終連續服務滿一年者，第二年起，每年應給休假七日；服務滿三年，第四年起，每年應給休假十四日；滿六年者，第七年起，每年應給休假二十一日；滿九年者，第十年起，每年應給休假二十八日；滿十四年者，第十五年起，每年應給休假三十日。

2. **特別假**
   (1) 因事得請事假，每年准給七日。其家庭成員預防接種、發生嚴重之疾病或其他重大事故須親自照顧時，得請家庭照顧假，每年准給七日，其請假日數併入事假計算。超過規定日數之事假，應按日扣除俸（薪）給。
   (2) 因疾病或安胎必須治療或休養者，得請病假，每年准給二十八日。女性公務人員因生理日致工作有困難者，每月得請生理假一日，全年請假日數未逾三日，不併入病假計算，其餘日數併入病假計算。其超過者，以事假抵銷。因重大傷病非短時間所能治癒或因安胎確有需要請假休養者，於依規定核給之病假、事假及休假均請畢後，經機關長官核准得延長之。其延長期間自第一次請延長病假之首日起算，二年內合併計算不得超過一年。但銷假上班一年以上者，其延長病假得重行起算。
   (3) 因結婚者，給婚假十四日，應自結婚之日前十日起三個月內請畢。但因特殊事由經機關長官核准者，得於一年內請畢。
   (4) 因懷孕者，於分娩前，給產前假八日，得分次申請，不得保留至分娩後；於分娩後，給娩假四十二日；懷孕滿二十週以上流產者，給流產假四十二

日；懷孕十二週以上未滿二十週流產者，給流產假二十一日；懷孕未滿十二週流產者，給流產假十四日。娩假及流產假應一次請畢。分娩前已請畢產前假者，必要時得於分娩前先申請部分娩假，並以十二日為限，不限一次請畢；流產者，其流產假應扣除先請之娩假日數。

(5) 因陪伴配偶懷孕產檢，或因配偶分娩或懷孕滿二十週以上流產者，給陪產檢及陪產假七日，得分次申請。陪產檢應於配偶懷孕期間請畢；陪產應於配偶分娩日或流產日前後合計十五日（含例假日）內請畢。

(6) 因父母、配偶死亡者，給喪假十五日；繼父母、配偶之父母、子女死亡者，給喪假十日；曾祖父母、祖父母、配偶之祖父母、配偶之繼父母、兄弟姐妹死亡者，給喪假五日。除繼父母、配偶之繼父母以公務人員或其配偶於成年前受該繼父母扶養或於該繼父母死亡前仍與共居者為限外，其餘喪假應以原因發生時所存在之天然血親或擬制血親為限。喪假得分次申請，並應於死亡之日起百日內請畢。

(7) 因捐贈骨髓或器官者，視實際需要給假。

所定事假、家庭照顧假、病假、生理假、婚假、產前假、陪產檢及陪產假、喪假，得以時計。

3. **公假**：公務人員有下列各款情事之一者，給予公假。期間由機關視實際需要定之：

(1) 奉派參加政府召集之集會。

(2) 參加政府舉辦與職務有關之考試，經機關長官核准者。

(3) 依法受各種兵役召集。

(4) 參加政府依法主辦之各種投票。

(5) 因執行職務或上下班途中發生危險以致傷病，必須休養或療治，其期間在二年以內者。

(6) 奉派或奉准參加與其職務有關之訓練進修，其期間在一年以內者。

(7) 奉派考察或參加國際會議。

(8) 應國內外機關團體邀請，參加與其職務有關各項會議或活動或基於法定義務出席作證、答辯，經機關長官核准者。

(9) 參加本機關舉辦之活動，經機關長官核准者。

(10) 因法定傳染病經各級衛生主管機關認定應強制隔離者。但因可歸責於當事人事由而罹病者，不在此限。

(11) 依考試院訂定之激勵法規規定給假者。

牛刀小試

1. 公務員懲戒責任與考績（懲處）責任有何區別？又公務人員的懲戒責任與刑事責任有「併罰」的關係，試申述之。

2. 何謂「行政懲處」？何謂「司法懲戒」？試就我國情況說明並比較二者異同。

六、公務人員保障

為當前西方國家社會保障體系的一個組成部份，較諸其他社會階段，文官係最早享受多方面保障的一個特殊階層。

法規一點靈

公務人員
保障法

(一) **意義**：文官系統為防備意外事件，保全文官工作能力，保護文官生活，增進文官福利，滿足文官安全需求，促進社會安定所實行的一系列制度。

(二) **內容**

1. **職業保障**：西方文官均實行常任制，經考試合格正式錄用後，從事公務即成為文官的終身職業，其工作權利受相關法規充分保障，非有違法失職，不得隨意予以免職或停職。

2. **健康保障**：西方國家文官之健康保障有多種形式，如保障其本人或家屬全部保險費或部份保險費；採單一保障辦法或多種保障辦法。

3. **傷殘與撫謝卹保障**：主要是對因公負傷致殘的文官的一種保障。撫卹金則是對於因職務而死亡的文官遺族之一種保障，可分為一次撫卹金和撫卹年金。

4. **權利保障**：員工權利保障包括權利義務應有明文規定，非依法規不得任意侵害。及若其權利受損時之救濟，包括行政與司法的救濟。

(三) **我國現行保障制度**：主要根據公務人員保障法之規定。

1. **對象**

   (1)**適用對象**：法定機關依法任用之有給專任人員、公立學校編制內依法任用職員。前項人員不包括政務官與民選公職人員。

   (2)**準用對象**：教育人員任用條例公佈實施前已進用未經銓敘合格公立學校職員、私立改制公立學校未具任用資格留用人員、公營事業依法任用人員、各機關依法派用人員、應各種公務員考試錄取占法定機關或公立學校之職缺實習人員。

2. **範圍**

   (1)**身分保障**：包括公務人員之身分非依法律不得剝奪、基於身分請求權保障亦同、依法停職後復職之保障、機關裁撤業務緊縮時之保障。

   (2)**官職等級**：公務員職等受公務人員任用法所定法資格之保障。

   (3)**俸給與加給保障**：非依法令不得隨意變更。

   (4)**工作條件**：各機關須提供必要設備與良好環境、執行職務安全之保障、不受違法之工作指派與因公涉訟之保障。

3. **程序**：公務員權益之保障依復審、申訴、再申訴之程序行之。

4. **內容**

   (1)公務員對於所服務機關或人事機關所為之行政處分認為有侵害其權益，包括身分請求權（官職等級）、財產請求權（俸級、俸給），有違法或顯然不當，得提起復審。

(2) 公務員對於所服務機關所為之管理措施或工作條件之處置認為有不當，致影響其權益者，得提起申訴、再申訴。

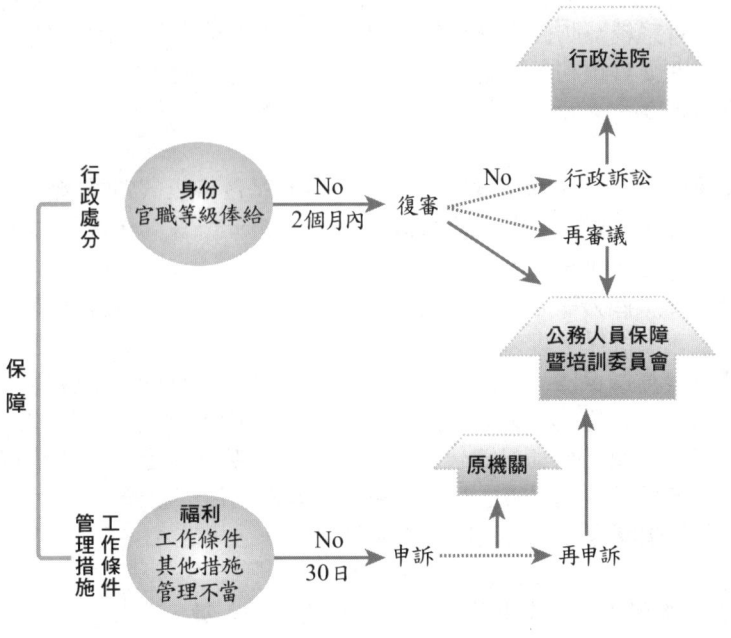

牛刀小試

1. 試析述公務人員保障制度之意義及內容。
2. 公務人員保障制度在我國文官制度中係屬較先進的新措施。試論述我國公務人員保障法中，對於公務人員身分保障主要內容。【身三】

七、公務人員訓練

(一) **意義**：政府機關為了增進公務人員工作知能，進而提高其工作效率，由具有實際經驗與學識之人，對公務人員從事有系統、有計劃的教導與指引的一種方式與過程。

(二) **訓練、教育與發展**

1. **訓練**：引導個人行為改變的歷程，通常以獲取特定工作技術為主。
2. **教育**：在現有工作外，某一特定方向的學習互動，藉以改進員工知能。
3. **發展**：教育、訓練與成長的一種系統性過程，主要目的在改進員工知能與認知，藉以確保組織可用人力。

三者雖各有其目的與功能，但在總目標上是一致的，可相互為用、相輔相成。

(三) **訓練特性**

1. 通常具有一項或多項的特定目標。　2. 訓練時間較為短暫。

3. 偏重員工工作上技巧。　　　　　　4. 強調立即效果與運用特定方法。

5. 採取團體方式實施。

(四) **訓練原則**：學習環境建立、訓練人員選擇、學員特性掌握、學習過程辨識與採用、適時給予獎勵、讓訓練與實務結合、增加演練機會。

(五) **訓練種類與方法**

1. **訓練種類**

(1) **職前訓練**：為促進公務員之工作效率並增進其服務精神，在經考選之後而未正式任職之前，予以各種有系統計劃以實際公務業務所需指導與訓練。其功用在使人員於進入機關後，能對其所服務機關之有關問題及法令規章有所瞭解。

(2) **在職訓練**：公務員於任職後，為增進其工作技能並提高其工作效率與服務精神，有關單位對其所施以之訓練。

　A. **種類**：補充學能訓練、儲備學能訓練、人際關係訓練、運用智慧思考訓練。

　B. **作用與功能**：工作技能的補充、專業新知的灌輸、培養主管人才與促進人員的自我發展。

(3) **職外訓練**：受訓者離開工作崗位接受訓練，可能是暫時性、間斷性的進修。

2. **訓練方式**

(1) **個別式訓練**：可分個別談話、試用或實習、操作中的訓練。

(2) **團體訓練**：可分學校式的訓練與宣釋式的訓練。

(3) **間接式的訓練**：係為達到他種目的及組織中發生訓教的作用，如「職工俱樂部」或「圖書館」的設立。

(六) **需求評定依據**：應依據組織管理目標、管理上問題、員工態度、員工工作績效、組織結構或技術改變等情形作為需求依據。

(七) **訓練成效評估**：柯克派翠克（D.Kirkpatrick）對於訓練成效評估，提出四層次的評估模式：

1. **第一層次-反應層次**：在於衡量學員對訓練課程的喜愛及滿意程度，通常於訓練課程結束後，以問卷的方式進行評估。

2. **第二層次-學習層次**：在於衡量學員透過訓練學得新知識與技能的程度，可採紙筆測驗、面談、觀察或實作測試等方式在訓練課程前後進行評估。

3. **第三層次-行為層次**：在於衡量學員將訓練所學習到的知識與技能應用在工作上的程度，一般以紙筆測驗、面談、觀察或實作測試等方式於學員回到工作崗位後進行評估。

4. **第四層次-結果層次**：在於衡量學員行為上的改變對組織帶來的利益多寡，以成本效益分析、生產力指標、主管訪談、專家評量等方式，於訓練結束而學員回到工作崗位一段時間後進行評估。

(八) **文官培訓**：根據文官所任職務與工作需要，對其進行再教育過程。其成因係來自於內在需求壓力與外在的壓力。

　　1. **培訓取向**：任職前、任職後及高級文官文訓。

　　2. **培訓途徑**：部內、部間、民間與國外培訓。

　　3. **培訓形式**：可分為工作實練、工作歷練、公餘進修與專題研究等。

八、公務人員保險、撫卹、退休

三者互有關聯，亦可稱為廣義的公務人員福利，我國係以考試院銓敘部為主管機關。

(一) **意義**

　　1. **保險**：係當事人約定，一方交付保險費於他方，他方因不可預料或抗力事故所產生損害，負擔賠償財物的行為。

　　2. **退休**：機關人員，於其年老力衰、傷殘或服務期滿相當期限時，依法由國家給予一定數額之退休金，以安定其生活。

　　3. **撫卹**：國家對病故、意外或因公死亡之公務人員，給予其遺族生活必須之一種照顧給付。

(二) **作用**

　　1. 可安定公務人員的生活。　　2. 提高行政效率。

　　3. 促進政治的清廉。　　　　　4. 促進人事的新陳代謝。

(三) **我國現行制度**

　　1. **公教人員保險**

　　　(1) **保險範圍**：生育、疾病、傷害、殘廢、養老、死亡、眷屬喪葬。全民健保實施後，生育、疾病與傷害改由全民健保支付。

　　　(2) **保險項目**：共有失能、養老、死亡、眷屬喪葬、生育及育嬰留職停薪等六項。

　　　(3) **保險費率**：每月俸給7-15%，保險費繳付比率65%政府補助，35%由被保險人自負。

　　　(4) **主管與承保機關**：公務人員保險主管機關為銓敘部，承保機關為臺灣金控。

　　　(5) **排外條款**：被保險人有下列情形不予給付：犯罪被執行死刑者、因戰爭災害致成死亡殘廢者。

法規一點靈

公教人員
保險法

　　2. **公教人員撫卹**：

　　　(1) **種類**：傷疾與死亡撫恤。

　　　(2) **撫卹條件**：

　　　　A. 病故或意外死亡。

　　　　B. 因執行公務以致死亡。其適用範圍為：

　　　　　(A) 執行搶救災害（難）或逮捕罪犯等艱困任務，或執

法規一點靈

公務人員
退休資遣
撫卹法

行與戰爭有關任務時，面對存有高度死亡可能性之危害事故，仍然不顧生死，奮勇任務，以致死亡。

(B) 於辦公場所，或奉派公差（出）執行前款以外之任務時，發生意外或危險事故，或遭受暴力事件，或罹患疾病，以致死亡。

(C) 於辦公場所，或奉派公差（出）執行前二款任務時，猝發疾病，以致死亡。

(D) 因有下列情形之一，以致死亡：

(a)執行(A)任務之往返途中，發生意外或危險事故。

(b)執行(A)或(B)任務之往返途中，猝發疾病，或執行(B)任務之往返途中，發生意外或危險事故。

(c)為執行任務而為必要之事前準備或事後之整理期間，發生意外或危險事故，或猝發疾病。

(E) 戮力職務，積勞過度，以致死亡。

(3)**遺族領受撫卹金之順序**：公務人員遺族撫卹金，應由未再婚配偶領受1/2；其餘由下列順序之遺族平均領受之：A.子女。B.父母。C.祖父母。D.兄弟姊妹。

3. **公教人員退休：**

(1)**退休種類**：公務人員之退休，分自願退休、屆齡退休及命令退休。

A. **自願退休**：公務人員有下列情形之一者，應准其自願退休：

(A) 任職滿5年，年滿60歲。

(B) 任職滿25年。

公務人員任職滿十五年，有下列情形之一者，應准其自願退休：

(A) 出具經中央衛生主管機關評鑑合格醫院（以下簡稱合格醫院）開立已達公教人員保險失能給付標準（以下簡稱公保失能給付標準）所訂半失能以上之證明或經鑑定符合中央衛生主管機關所定身心障礙等級為重度以上等級。

(B) 罹患末期之惡性腫瘤或為安寧緩和醫療條例第三條第二款所稱之末期病人，且繳有合格醫院出具之證明。

(C) 領有權責機關核發之全民健康保險永久重大傷病證明，並經服務機關認定不能從事本職工作，亦無法擔任其他相當工作。

(D) 符合法定身心障礙資格，且經依勞工保險條例第54-1條所定個別化專業評估機制，出具為終生無工作能力之證明。

任職滿5年，年滿60歲之自願退休年齡，於擔任具有危險及勞力等特殊性質職務者，應由其權責主管機關就所屬相關機關相同職務之屬性，及其人力運用需要與現有人力狀況，統一檢討擬議酌減方案後，送銓敘部核備。但調降後之自願退休年齡不得低於50歲。於具原住民身分者，降為55歲。但公務人員退休資遣撫卹法公布施行後，應配合原住

民平均餘命與全體國民平均餘命差距之縮短，逐步提高自願退休年齡至60歲，並由銓敘部每5年檢討一次，報考試院核定之。

公務人員配合機關裁撤、組織變更或業務緊縮，經其服務機關依法令辦理精簡並符合下列情形之一者，應准其自願退休：

(A) 任職滿20年。

(B) 任職滿10年而未滿20年，且年滿55歲。

(C) 任本職務最高職等年功俸最高級滿3年，且年滿55歲。

B. **屆齡退休**：公務人員任職滿5年，且年滿65歲者，應辦理屆齡退休。但對於擔任危勞職務者，應由其權責主管機關就所屬相關機關相同職務之屬性，及其人力運用需要與現有人力狀況，統一檢討擬議酌減方案後，送銓敘部核備。但調降後之屆齡退休年齡不得低於55歲。

C. **命令退休**：公務人員任職滿5年且有下列情事之一者，由其服務機關主動申辦命令退休：

(A) 未符合自願退休條件，並受監護或輔助宣告尚未撤銷。

(B) 有下列身心傷病或障礙情事之一，經服務機關出具其不能從事本職工作，亦無法擔任其他相當工作之證明：

(a)繳有合格醫院出具已達公保失能給付標準之半失能以上之證明，且已依法領取失能給付，或經鑑定符合中央衛生主管機關所定身心障礙等級為重度以上等級之證明。

(b)罹患第三期以上之惡性腫瘤，且繳有合格醫院出具之證明。

(2)**退休金給與**：

A. **新制實施前**：

(A) **一次退休金**：任職滿5年者，給與9個基數；以後每增1年，加給2個基數；滿15年後，另行一次加發2個基數；最高總數以61個基數為限。其退休年資未滿1年之畸零月數，按畸零月數比率計給；未滿1個月者，以1個月計。

(B) **月退休金**：每任職1年，照基數內涵百分之五給與；未滿1年者，每1個月給與一千二百分之五；滿15年後，每增1年給與百分之一；最高以百分之九十為限。其退休年資未滿1年之畸零月數，按畸零月數比率計給；未滿1個月者，以1個月計。

B. **新制實施後**：

(A) **一次退休金**：按照任職年資，每任職1年，給與1又1/2個基數，最高35年，給與53個基數；退休審定總年資超過35年者，自第36年起，每增加1年，增給1個基數，最高給與60個基數。其退休年資未滿1年之畸零月數，按畸零月數比率計給；未滿1個月者，以1個月計。

(B) **月退休金**：按照任職年資，每任職1年，照基數內涵百分之二給與，最高35年，給與百分之七十；退休審定總年資超過35年者，自第36年起，每增1年，照基數內涵百分之一給與，最高給與百分之

七十五。其退休年資未滿1年之畸零月數，按畸零月數比率計給；
未滿1個月者，以1個月計。

C. 兼領二分之一之一次退休金與二分之一之月退休金。

(3) **退撫基金籌措：**

A. **政府籌款制**：由政府機關完全負責或獨自籌措全部退休金費用，而不由公務員自身負任何費用。所需款項編入國家財政預算，由國庫支付。

B. **個人籌款制**：由公務員自己捐款以籌措全部退休金額。在此制下政府機關不過僅為公務員所捐籌款項的保管員或經理人。

C. **聯合籌款制**：退撫金由政府與文官個人按一定比率分擔，共同籌措。我國原採政府籌款制，自民國84年7月1日施行公務人員退休法改採聯合籌款制。繳費率為公務人員本俸加一倍12%～18%費率，政府撥繳65%，公務人員繳付35%，政府並負擔最後之付款保證責任。

(4) **籌集方式：**

A. **現金交付方式**：對退撫金實行一次性籌足，當年籌得款項當年支用，並無預先的儲積或固定的基金。

B. **年金儲入式**：由政府或公務員預先逐年撥儲金額，籌集到款項並不直接用作退撫金支付，而是儲入銀行成立基金，用於各種投資。

(5) **職業年金給付：**

A. **確定給付制**：雇主於制度實施前，即先確定退休時給付標準，並於法令中明訂退休金計算方式，再按法定給付標準定期精算出所須繳費費率。（不具工作可攜式退休金）

B. **確定提撥制**：參加退休制度之員工及雇主，先明訂每月之提撥金金額至指定之個人帳戶中，退休金給付係其歷年累積提撥金額之本息。（具工作可攜式退休金）我國公務人員自民國84年新制度實施已具成效，而此項新制即採確定給付制。不過退休金經費仍是政府沉重財政壓力。爰此，有部份學者主張採用個人帳戶制，以減經財政負擔。

牛刀小試

1. 何謂文官在職訓練？究竟如何規劃文官在職訓練？以配合行政主管能力的培養。
2. 試從公務人力資源發展分別說明訓練、教育與發展的意義及三者關係。【退三】
3. 試說明訓練的意義、訓練的特性及訓練需求的評定依據。【國軍】
4. 何謂「在職訓練」？公務人員的在職訓練具有那些作用？試說明之。

九、公務員勞動關係

公務員勞動權相較於企業勞工之「結社權、協商權、罷工權」，明顯來得嚴格，對協商處理限制較多，並且不得罷工。因此，德國文獻上對公務員勞動全慣稱為「一腳站立的勞動權」。

(一) **時代意義**：依工會法第4條規定：「現役軍人與國防部所屬及依法監督之軍火工業員工，不得組織工會」；惟憲法第14條則明定「人民有集會結社之自由」。根據憲法規定，公務員之結社權自不宜剝奪，執是之故公務人員協會法於民國91年7月10日公布，並自民國92年1月1日實施，明定公務人員得組成公務人員協會〔註五〕，擁有協商、建議等權，惟仍明文禁止公務員罷工。

(二) **特別權力關係理論**：特別權力關係可用以說明公務員關係、軍人關係、學生與學校關係、人犯與監獄關係，以及其他營造物利用關係。

1. **緣由**：特別權力之概念由德國學者拉班德（P.Laband）於西元1876年提出，而主要內涵之完備則應歸功於德國行政法大師麥耶（O.Mayer），其見解為：「經由行政權之單方面措施，國家即可合法的要求負擔特別之義務」、「為有利之行政上特別目的之達成，使加入特別關係之個人，處於更加附屬之地位」。可見特別權力關係係基於「目的取向」，為達行政權目的所創造出的制度與學理。

2. **內涵**：意指：「行政主體基於特別之法律原因，在一定範圍內對相對人有概括性命令強制的權力；而另一方面，相對人有服從之義務。」故又稱之為「特別服從關係」、「特別支配關係」或「特別權利義務關係」。

3. **公務員之特別權力關係**：公務員必須有服從義務，且其工作之範疇不確定、國家機關管理者對不遵守規範公務員可予懲罰、公務員對國家法令內規有服從義務。我國傳統上受「特別權力關係理論」影響，否認公務員有爭訟權，惟自民國73年釋字第187號解釋文後改採相對肯定見解，目前已以「公法職務關係」取代「特別權力關係」。

4. **理論轉變**：二次大戰後基於「尊重人權」及「有權力必有救濟」之憲法理念，強調行政優越及完整性的特別權力關係理論已改變，如西元1956年烏勒（C.Ule）認為基於特別權力關係的行為可區分為基礎關係或外部關係、管理關係或內部關係。意旨在特別權利關係範圍內，相對人權益應受目的合理限制，亦即涉及人民基本權利之重要事項，仍須有法律依據。

(三) **政府部門勞動關係本質之省思**

1. **主權因素**：政府擁有公權力，有權對其所任用人員之工作條件作最後之決定。而公務員不得如民營企業員工向其雇主施壓以改善工作條件。

2. **政府機關對勞動力需求彈性較小**：相較於民間企業,政府機關所提供的勞務比較屬於民生必需的服務,不會因公務員薪俸之增加而降低對勞動力的需求。

3. **管理者追求之目標**：企業主以追求利潤最大化為首要目標，而政府部門施政目標呈現多元、不明確與彼此互衝的特性。

4. **人事決策程序**：政府部門的人事決策過程比民營企業來的複雜許多，在進行團體協商時，對各種資源分配看法不一致，容易造成雇方內部意見的衝突。

5. **人事政策**：相較於企業，政府身為「模範雇主」，其訓練、進修、保險、福利等人事管理制度，均較周延和合理。

6. **公部門從業人員罷工意義不同於民營企業人員**：民營企業員工的罷工，意謂勞方藉此行為向雇主施壓，而政府部門罷工將引發社會付出極高成本，不論學術界或法律實務，均持保留的態度。

十、集體協商（collective bargaining）

用以達成員工和管理者對於勞動條件的共同決定。基本上，集體協商乃是一種法律、程序和儀式。

(一) **意涵**：集體協商有賴於勞資雙方採由群體僱用的組織以進行協商，而非任何工作者以個人身分表達一己利益。其進行形式係由單一工會來代表所有的員工進行協商。

(二) **歷程**：在美國集體協商與公務員工會主義的一個重要轉捩點為西元1962年甘迺迪（J.Kennedy）總統所頒布的10988號行政命令：「有效率政府施政和員工福利，需建立在組織中管理者與員工間維持良好秩序且具建設性關係之上。」除此之外，西元1963年的 魏葛訥（Wagner）法通過後，紐約市府員工據以組織工會。英國公務員則自西元1919年全國惠特利會議成立後，具有合法的協議程序與途徑。法國公務員則是眾多民主先進國家中享有最多的勞動權利，堪稱：「三腳完全站立的勞動權」。

(三) **範圍與性質**

1. **範圍**：可分為封閉性（限制在某些特定議題）與開放性（協商議題無任何限制）。

2. **性質**：依據葛哈特（J.Kennedy）看法，集體協商兼具理性與衝突性質。

(四) **程序與解決方式**

1. **程序**：一般而言，集體協商主要程序有四：(1)建構協商組織；(2)籌劃需求；(3)協商需求；(4)執行勞動合意。

2. **解決方式**：

(1) **調解**：僵持不下的勞雇雙方同意聘請中立的調解人介入解決問題，並導引勞雇雙方建立和諧互信的關係

(2) **事實調查**：勞雇雙方因協商破裂形成僵局時，得由事實調查者根據所蒐集的事實，研擬促成協議之最佳解決方案。

(3) **仲裁制度**：一種正式的制度，所作之仲裁具有確定力和拘束力，因此爭議雙方均須服從，為勞雇之利益爭議之最後途徑。又可分為：

　　A. **自願仲裁**：指勞雇發生利益爭議時，經法定程序後，雙方均同意將問題送至仲裁者請其仲裁，並遵守其決定。

　　B. **強制仲裁**：指勞雇協商破裂時，法律規定須由仲裁者介入，作成決定供雙方遵循。

牛刀小試

解釋名詞：集體協商（collective bargaining）。【地三】

重要註解

【註一】「文官」一詞，我國古已有之，《後漢書‧禮儀志》即有：「立春，遣使者賚束帛以賜文官」。文官與武官相對，英文為 "Civil Servant " 則譯為「公務員」或「文職服務人員」。

【註二】「功績制蒙混過程」：由夏福利茲與羅素（J.Shafritz &E.Russell）所宣稱現象，指功績制在實務上亦有若干缺失，如程序過度僵化而無法及時招募優秀人才、設定資格門檻以達成條件性的任用、藉由暫時聘雇而遂行永久任用，或藉口剷除工作不力者以晉用心目中人選等。

【註三】公務員定義，最廣義解釋為國家賠償法第2條規定：「依法從事於公務之人員」及公務員服務法第24條規定：「受有俸給之文武職公務員及其他公營事業機關服務人員，均適用之。」而狹義解釋則為憲法第85條規定：「公務人員之選拔，應實行公開競爭的考試制度…非經考試及格不得任用。」

【註四】民法186條規定：「公務員因故意違背對於第三人應執行之職務，致第三人受損害者，負賠償責任。其因過失者，以被害人不能依他項方法受賠償時為限，負起責任。」

【註五】銓敘部公務人員協會於民國92年1月15日成立，為第一個機關公務人員協會，深具象徵與指標性意義。

【註六】因配合機關裁撤、組織變更或業務緊縮，依法令辦理精簡而退休或資遣人員，除屆齡退休者外，得最高一次加發七個月之俸給總額慰助金。已達屆齡退休生效日前七個月者，加發之俸給總額慰助金按提前退休之月數發給。加發之經費由服務機關編列預算支給。

｜鑑往知來｜

1. 政府與企業人事管理最大差異在於員工工作權的保障程度。【90高】
2. **策略性人力資源管理**：係指人力資源管理應能積極有效地支持政府策略目標之達成，並成為總體策略之一環。【93高、95地】
3. **人事行政的發展趨勢**：法制化、功績制、專業化、科學化、民主化、人性化、公務倫理之強化。【91高、93高、97初、98地】
4. **代表性科層體制**（representative bureaucracy）：行政機關的人力組合結構應具備社會人口組合特性，以使反映出社會多元性思維與偏好。【90普、91普基、92高、95普】
5. **仕紳制度**：始於1789年華盛頓，結束於1829年傑克遜總統上任。認為合理文官體應重視「品格合適」的用人標準，為強調「倫理道德標準」時期。
6. **分贓制度**：指官吏任用勿須經考試，而是憑藉政黨或私人關係進入政府任職制度，為引其高度爭議人事制度，其用人強調政黨屬性與忠誠度，費雪（C.Fish）認為分贓制度是由於「民主主義之勝利」。【90初、91原、93初高、94原、95初身】
7. **功績制度**：以才能為用人標準，為現代化健全文官制度所採用，其實行與永業制合併考量。因此，功績制堪稱為永業制的靈魂。【90普、91普基】

8. **功績制九項原則：**

(1) 才能取向與公開競爭。

(2) 人事措施對任何職位賦予平等地位。

(3) 同工同酬。

(4) 維護員工忠勤與紀律。

(5) 維持工作效能。

(6) 取優汰劣與賞罰分明。

(7) 健全訓練培育措施。

(8) 保障防止瞻恩徇私與不受政治迫害。

(9) 保障公務員不因合法揭弊遭受報復。【91基】

9. **資深文官職（SES）：** 參考英國高級文官職模式，旨在擴大高級文官能力與增加運用彈性，使官僚制度管理與政治功能共治一爐。【93地、94地、100原】

10. **政務官乃參與國家大政方針之決策，並隨政黨選舉成敗或政策改變而進退之公務員；事務官則為依既定方針執行之永業公務員。政務官主要責任為政治責任，而事務官應負法律責任可分行政責、刑事、民事責任、償還國家賠償責任。**【91普、96初、97地、98地、100原、107普】

11. **部外制：** 於行政系統中，另設獨立超然人事行政機構，以美1978年改革前文官委員會、日本人事院為代表。

優點： 立場中立、可作通盤周詳籌畫、可免徇私舞弊。

缺點： 難符實際需要、削弱首長人事權、與立法行政機關無法密切配合。【90普、91基、93高】

12. **部內制：** 各行政部門皆有其本身之人事行政機構，以德、法為代表。

優點： 能配合實際需要、易收事權統一之效、較能掌握時機。

缺點： 各自為政、不易配合改革、僅能處理例行工作、缺乏充分人才設備。【91基、105原】

13. **考試院：** 為國家最高考試機關，設院長、副院長各一人，考試委員19人，由總統提名經立法院同意，任期均為6年，考試院院會為考試院決策機構。【91原、92地、93地、96初退地、97身、98初、99地、107高】

14. 民國83年8月1日修正公佈之憲法增修條文第5條第1款規定，考試院為國家最高考試機關，掌理下列事項，不適用憲法第83條規定：(1)考試；(2)公務人員之銓敘、保障、撫卹、退休；(3)公務人員任免、考績、級俸、升遷、褒獎之法制事項。【90高障、91原、92高地、95原、96退、97初、100身、109地】

15. **品位制：** 係文官品級或古代爵位列等，以人為中心、依個人資歷為依據；其特色包括結構富彈性、保障文官工作穩定性、簡單可行、晉升較大、以名份鼓勵。缺點為對人不對事、年資重於才能、忽略專業化。【91初普高、92地、94初、95高原、96薦、97身、100鐵、110地】

16. **職位分類制：** 係依工作性質、繁簡難易、責任輕重及所需資格條件高低，將職位加以區分為若干具共同特徵之類別，作為人事管理業務共同基準。

優點： 為建立在科學化、系統化之上，重視專才專用、同工同酬、工作確定。

缺點： 為易導致非人性結果、無法跳脫職位框、易生倦怠和疏離感、「職等牛步化」問題。【90委障、91普、92高地、93地、94初、95高地原、96地、98地、100地、107地、110地】

17. 我國文官制度考試自隋煬帝大業二年開始，而英美自1870—1883年開始。

18. **內升制**：凡機關職位有空缺時，由在職之低職等人員升任。

　　優點：升遷有望、易保持和諧、可實現因事選材，因才而任、技術熟練。

　　缺點：無法吸收卓越人才、不符適才適所、無新人加入，暮氣沉沉、可供挑選對象有限。【90初、91原、95身、99地、100原、102原、111普】

19. **外補制**：職位空缺由外界挑選合格者擔任之。

　　優點：吸收卓越人才、適才適所、容易改革進步。

　　缺點：晉升無望、難安心服務、易引起不合作現象。【93高、95原、100原】

20. 公務員任用法第26條各機關長官對於配偶及三親等以內血親、姻親，不得在本機關任用，或任用為直接隸屬機關之長官。對於本機關各級主管長官之配偶及三親等以內血親、姻親，在其主管單位中應迴避任用。【90路員、91初、95普身】

21. 公務人員俸給法第3條規定分薪給分本俸、年功俸及加給，均以月計，加給分職務、技術或專業及地域加給。【90障、91原、92初地、93普、94地、96初原、97初、98初、101地、107地、108地、110地】

22. **考績種類**：分為年終考績、另予考績（任職未滿1年，而已達6個月）、專案考核（平時有重大功過時）；**考績項目**：工作、操行、學識、才能。【91原、94地、95人、96初、102身、104地】

23. **考績進行程序**：主管人員→考績委員會→相關長官→銓敘部。

24. **可申訴性**為保障考績公正性的最後一道防線。【90路員、91初、94地、95普】

25. **公務員權利**：包括受薪給權利、保險金請求，退休與撫卹權利、職務上費用償還權利、受獎勵、依法執行職務不受非法妨害、參加考績權利、權力救濟。【91原、93高地】

26. 現行法令對公務人員紀律與義務要求，主要有公務員服務法、公務員考績法與公務員懲戒法。【92地、98初】

27. **公務員義務**：包括忠誠義務、服務義務、保密義務、保節義務、不為一定行為義務、申報財產之義務。【91初、93地普、107地】

28. **公務員懲戒制度**：應受懲戒—(1)違法執行職務、怠於執行職務或其他失職行為。(2)非執行職務之違法行為，致嚴重損害政府之信譽。懲戒處分種類有：免除職務；撤職；剝奪、減少退休（職、伍）金；休職；降級；減俸；罰款；記過；申誡。休職、降級、記過不適用政務官。【90普、91基、92高、93初、94地、95身、96初原退、100身原、103身】

29. **離職後任職迴避條款或禁止旋轉門條款**：公務員於其離職後三年內，不得擔任與其離職前五年內之職務直接相關之營利事業董事、監察人、經理、執行業務之股東或顧問。【102原、104地、107地、110普】

　　公務員服務法第22條之1：離職公務員違反者處二年以下有期徒刑，併科新台幣一百萬元以下之罰金，犯前項之罪者所得之利益沒收之。如全部或一部不能沒收時，追徵其價額。【90退地普、90地高、91初地高、92初、93普、96人、97高、98地、99初、100身、106地】

30. **公務懲處：**年終考績（列丙等留原俸級、丁等免職）、專案考績（重大過錯一次記兩大過，立即免職）、免職、停職、留職停薪。【93初】

31. **簡任官**違法應由監察院送**懲戒法院**處理。

32. **公務員之特別權力關係理論：**公務員必須有服從義務，且其工作之範疇不確定、國家機關管理者對不遵守規範公務員可予懲罰、公務員對國家法令內規有服從義務。目前已以「公法職務關係」取代「特別權力關係」。【91普、93地、94初、111普】

33. 公務人員協會法92.1.1實施，明定公務人員得組成公務人員協會，擁有協商、建議等權。第一個組成單位為**銓敘部**。【92初高】

34. 公務員任用法第28-1條規定**公務人員遇有育嬰、侍親、進修得留職停薪。**

35. 公務人員福利支出最重要的是**保險與退休支出。**

36. **公務人員之退休，**分自願退休、屆齡退休及命令退休。

精選試題

( )　**1**　「人事管理」、「人事行政」與「人力資源管理」三者在使用之範圍、層次和領域，由行政角度看何者層次較高？　(A)人事管理　(B)勞工管理　(C)人事行政　(D)人力資源管理。

( )　**2**　近年來各國政府進行改革時，均相當重視人力資源管理，應能積極有效地支持政府策略目標之達成，並成為總體策略之一環，此種觀點係屬於下列何種人力資源管理的精神？　(A)積極性人力資源管理　(B)策略性人力資源管理　(C)主導性人力資源管理　(D)幕僚性人力資源管理。

( )　**3**　下列那一項原則不是人事行政的發展趨勢？　(A)人事行政法制化　(B)人事行政功績制　(C)人事行政福利化　(D)人事行政人性化。

( )　**4**　美國人事制度發展包括：a.分贓制度；b.功績主義；c.仕紳制度；d.再造人事行政；e.卡特文官改革法，請問其先後順序為：　(A)acbde　(B)bcade　(C)cabed　(D)dacbe。

( )　**5**　在美國人事制度發展過程中，那一種人事制度曾引起高度的政爭？　(A)仕紳制　(B)分贓制　(C)功績制　(D)贍循制。

( )　**6**　下列對於「代表性科層體制」敘述，何者為誤？　(A)行政機關的人力組合結構應具備社會人口組合特性　(B)行政官員應專注行政中立意識　(C)行政權力運作應予民主價值具有實質相稱　(D)對少數弱勢族群關懷與優惠。

( )　**7**　下列何項不是功績制的主要特徵？　(A)職位任期的保障　(B)文官制度去政治化　(C)資深文官職的設計　(D)透過競爭的考試方式來選才。

( )　**8**　各國對於文官政治行為限制，寬嚴不一，大體上而言，那一國限制最寬？(A)法國　(B)美國　(C)英國　(D)德國。

( ) **9** 部外制人事機構優點為： (A)能配合實際業務需要 (B)易收事權統一之效 (C)可免徇私舞弊發生 (D)協調商榷易掌握時機。

( ) **10** 下列何項職權位於憲法增修條文明定，以致成為考試院與行政院爭議的模糊地帶？ (A)福利 (B)保障 (C)退休 (D)考績。

( ) **11** 下列何者並非品位制之優點？ (A)簡單易行 (B)結構富彈性 (C)晉升幅度大 (D)強調同工同酬。

( ) **12** 工作性質不同，但工作繁簡難易、責任輕重及所需資格條件相同職位，被歸納成為： (A)職級 (B)職系 (C)職等 (D)職門。

( ) **13** 依照我國現行人事制度，政務官之退休年齡為： (A)60歲 (B)65歲 (C)70歲 (D)沒有限制。

( ) **14** 下列何項非常任文官所應負之責任？ (A)行政 (B)政治 (C)民事 (D)刑事。

( ) **15** 下列縣市政府之一級主管中，何者無須具備常任文官的資格？ (A)人事主管 (B)政風主管 (C)教育主管 (D)主計主管。

( ) **16** 職位分類無法適時的因應環境而調整，導致人員久任某一職等，被人批評為： (A)職等牛步 (B)職等分化 (C)職等矛盾 (D)職等輪迴。

( ) **17** 近年來歐美各國常以何種測驗方法，來考察一個人的智力性向及其具有之特殊能力，以作為派任適當工作的依據？ (A)筆試 (B)口試 (C)實地考試 (D)心理測驗。

( ) **18** 各機關首長應迴避任用其配偶及幾親等以內之血親及姻親？ (A)二親等 (B)三親等 (C)四親等 (D)五親等。

( ) **19** 以下何者不是外補制的優點？ (A)因事選材、因才施用 (B)可吸收卓越人才至政府機關服務 (C)新職人員，技術高超，對新職可從容應付 (D)有新份子加入，容易改革進步。

( ) **20** 公務人員俸給法所訂定之俸點高低差距幾倍？ (A)5倍 (B)7倍 (C)9倍 (D)11倍。

( ) **21** 下列何者不是公務人員加給種類？ (A)職務加給 (B)績效加給 (C)專業加給 (D)地域加給。

( ) **22** 小珍今年三月開始擔任公務人員，至年底一直在同一機關任職，表現優異。試問小珍之考績適用下列何者？ (A)年終考績 (B)專案考績 (C)另予考績 (D)平時考績。

( ) **23** 公務人員協會法自民國幾年起實施？ (A)91年 (B)92年 (C)93年 (D)94年。

( ) **24** 下列何者為公務員應享有之權利？ (A)職務上報酬 (B)權利救濟權 (C)國內旅遊補助 (D)以上皆是。

( ) **25** 下列有關公務員之義務規範，何者敘述有誤？ (A)公務員不得冶遊賭博 (B)公務員不得投資事業 (C)公務員不得洩漏機密 (D)公務員不得遲到早退。

( ) **26** 懲戒法院施予公務員最嚴厲之懲戒處分為： (A)免除職務 (B)撤職 (C)休職 (D)剝奪退休金。

( ) **27** 下列何種懲戒處分適用於政務官？ (A)罰款 (B)休職 (C)降級 (D)記過。

( ) **28** 公務人員服務法規定公務員於離職後三年內，不得擔任與離職前五年內之職務直接相關之營利事業董事、監察人、經理、執行業務之股東或顧問，此謂之為禁止「什麼」條款？ (A)百樂門 (B)旋轉門 (C)羅生門 (D)漂白門。

( ) **29** 公務員服務法有關公務員服從命令之規定，下列敘述何者是錯誤的？ (A)長官就其監督範圍以內所發命令，屬官有服從之義務 (B)屬官對於長官所發命令，如有意見得隨時陳述 (C)公務員對於兩級長官同時所發命令，以上級長官之命令為準 (D)公務員對於主管長官與兼管長官同時所發命令，以兼管長官之命令為準。

( ) **30** 公務人員請領退休金之權利，自退休之次月起，經過幾年不行使而消滅？(A)五年 (B)十年 (C)十五年 (D)二十年。

( ) **31** 我國現行公務人員與國家之關係為： (A)特別權利關係 (B)特別權力關係 (C)公法上職務關係 (D)憲法上職務關係。

( ) **32** 公務人員高等考試、普通考試、初等考試及格人員於服務幾年內，不得轉調原分發任用之主管機關及其所屬機關、學校以外之機關、學校任職？ (A)一年 (B)三年 (C)五年 (D)六年。

( ) **33** 根據公務人員任用法第28條規定，不得擔任公務人員的事由中，何者應依規定辦理退休或資遣？ (A)經原住民族特種考試及格，而喪失原住民身分 (B)具中華民國國籍兼具外國國籍 (C)曾服公務有貪污行為，通緝有案尚未結案 (D)受監護或輔助宣告，尚未撤銷。

解答	1 (D)	2 (B)	3 (C)	4 (C)	5 (B)	6 (B)
	7 (C)	8 (A)	9 (C)	10 (A)	11 (D)	12 (C)
	13 (D)	14 (B)	15 (C)	16 (A)	17 (D)	18 (B)
	19 (C)	20 (A)	21 (B)	22 (C)	23 (B)	24 (D)
	25 (B)	26 (A)	27 (A)	28 (B)	29 (D)	30 (A)
	31 (C)	32 (B)	33 (D)			

第十章　財務行政

本章依據出題頻率區分，
屬：**A** 頻率高

巧婦難為無米之炊，財政是一切施政的基礎，近年各國政府均致力於建設或構建福利制度，相形之下財務行政變得非常重要。考試趨勢亦復如此，這一、二年來財務行政出題比率幾乎已凌駕人事行政之上，尤其預算制度發展之PBS、PPBS、ZBBS與成果預算制度幾乎每年必考。另一個重點是政府財政收入的種類如國稅、地方稅的區分，行政收入的種類、第一預備金第二預備金的比較。其他重點則有特別預算設置的原因、預算過程、決算、審計功用則亦請多加留意。

重點精要

為政府對其財務的收入與支出所作的一套有系統的管理制度，屬於財政學研究的範圍之一。

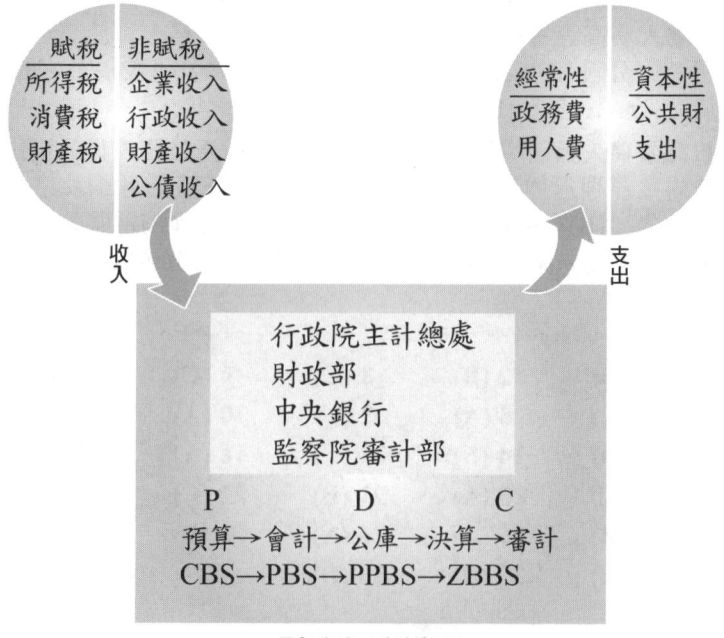

財務行政循環

壹　基本概念

一、意涵

指政府機關或企業機構處理財務事項，及與此有關之組織與管理之制度與運作，目的在執行財務政策與完成公共政策。其主要涵義有：

(一) **所謂政府機關或企業機構的財務事項**：包括範圍實際上指財務計劃之制定、執行與考核，而以預算為中心，財務事項共歷經五階段，表現為五個制度：預算制度、收支或公庫制度、會計制度、決算制度與審計制度。

(二) **所謂組織與管理**：係行政要素，組織（結構）乃行政靜態面；管理（過程）則為行政動態面。

(三) **財務行政主要目的在實現財政政策及公共政策**：財政政策之訂定，須根據政府或企業之施政方針；而施政方針有旨在實現人民或企業主之願望，亦即公共政策。

二、特性

(一) **為庶務之母的基礎性**：政府一切施政措施均需用錢，只有在財政問題獲得適當解決後，其他政務始能獲得有效的推展，所謂「巧婦難為無米之炊」最適於表達。

(二) **具分工合作之連環性**：財務行政實施過程，雖分為預算、會計、決算及審計諸多步驟，表面看似分離獨立的活動，其實這些活動是彼此銜接，相互貫通的，缺一不可。

(三) **有與建制俱來之控制性**：財務行政是一種控制性的運用。就行政管制而言，預算制度最大功用在於計劃與指導；會計制度功用則在於執行；而決算與審計則在於執行效果的考核。

(四) **具有財政與行政雙重性**：財務行政一方面是財政的一環，但另一方面也是公共政策的一環。

三、目的

(一) **財政收入的目的**：政府各項施政皆須獲取大量的財力支持，否則難以順利推動。

(二) **經濟繁榮的目的**：政府財政收支負有調節經濟、刺激經濟發展，並使國家資源作最有效利用。

(三) **行政控制的目的**：健全的財務行政可防止公務人員浪費公帑或假公濟私，同時督促政府有關政務之推展。

(四) **行政效率的目的**：財務行政所強調的是如何使財力資源作最有效的運用，亦即以「最小的成本獲得最大的效果」。

(五) **社會政策目的**：藉由政府財政政策之有效運用，期能使社會的財富趨於公平合理。

四、範疇

財政政策規劃、財務責任、財務職能、財務組織結構、預算過程。

五、運作

其運作可分為預算、收支、會計、決算、審計等環節，其中預算功用在於計劃與指導；收支與會計功用在於執行；而決算與審計則為執行效果的考核。其設計實為「行政三聯制」的具體運用。

(一) **預算**：為一個國家政府，在一定期間內，觀察週遭環境，根據施政方針，以國家資源與國民負擔能力為估計基礎，而預定之經費收支計劃書。

(二) **收支**：公庫為經營公款之機關，政府各項收支，均由公庫提付保管。

(三) **會計**：指各級政府或公共團體基於法律章則之規定及業務需要，而妥為設計之會計程序與方法，以記錄其資力負擔之消長，編製財務處理及實況之報告。

(四) **決算**：執行預算結果最後報告，係政府事後之財務收支實況報告。

(五) **審計**：對政府財政收支活動之監督、查證、評議及提出建議改進相關組織與管理的活動過程。

六、發展趨勢

(一) **傳統思維**

    1. **節約開支**：古典經濟學者認為國家與政府乃是「必要之惡」，主張將政府活動限制到最低，最有效方法為節省經費或緊縮開支。

    2. **薄稅政策**：自由主義者主張政府少用錢、少做事、保障財產、尊重自由，而薄稅政策是良好政府的指標。

    3. **反對公債**：政府支出應以租稅收入供應，量入為出，應避免發行公債。

    4. **年度收支平衡**：傳統的財政觀念，相當重視預算的年度收支平衡。

(二) **現代思維**：趨向於積極性、前瞻性與整體性，其重要原則為：

    1. **恢弘支出效應**：政府支出應以是否需要，有無效用為前提，不必計較其數目多寡。

    2. **長期財政計劃**：國家支出應考量長遠整體的效用，收支平衡，並注重一個經濟循環的完成。

    3. **國家通盤籌劃**：財務行政須能全面配合國家各種政務之運作，以及經濟、社會與文化之發展。

    4. **多種政府收入**：政府收入無法僅依稅務收入，凡公營事業盈餘、公債發行等，在有效控制下，均可作為籌措經費手段。

(三) **未來發展趨勢**

趨勢	傳統的觀念	現代的觀念
由節流的到當用的	政府的開支越少越好，所以要輕賦薄稅	只要是應當花的錢，數目再大也要花。
由聚斂的到培養的	不論收入的多少而一律硬性規定繳納相等數目的賦稅	應設法建立合法的稅制，譬如累進稅的建立，讓大家都能負擔得起。
由消費到生產的	政府收入除向人民徵稅別無他途	政府經營事業以企業化管理賺取利潤。
由年度財政計劃到長期預算	傳統的預算制度多係以一年為期限	現代的預算制度多趨向長期計劃，以三、五或十年為期。
由行政目的到綜合目的	在支援行政措施，純粹為行政而財政	應就整體國勢作通盤性的籌劃。

 我國財政制度

一、財務行政主管機關

依現行法令規定，行政院主計總處、財政部、中央銀行與監察院審計部為我國政務財務行政之四大機構。

(一) **主計機關**：行政院主計總處負責預算的籌劃、概算的編擬、會計的控制及國情政績的統計，掌理歲計、會計、統計事宜。下設綜合規劃處等七個業務單位。

(二) **財政機關**

1. 財政部掌理全國財政事務。負責釐訂財務法規，公款財務收支保管與運用之行政，並依法指導中央銀行。財政部內設「國庫署」掌理國庫制度執行，另設「賦稅署」、各地區「國稅局」、「關政司」等。
2. 中央銀行則負責國庫出納及保管。下設「業務局」、「發行局」與「國庫局」。

(三) **審計機關**：審計部綜理全國審計業務，負責執行財務監察工作，掌理預算、決算之審定。

二、財務行政立法執行機關

	中央	地方
立法機關	立法院	縣市議會
執行機構	行政院	縣市政府
監察機構	監察院及其所屬之審計部	審計處

牛刀小試

1. 何謂「財務行政」？其目的功能為何？我國中央政府與財務行政有關之機構有那些？其主管業務為何？
2. 財務行政的意義、範圍及特性各為何？【普】
3. 財務行政的特性為何？主要運作環節又有那些？試詳言之。【普】
4. 政府各項施政與活動需要充足經費，財務行政在行政學中之地為益顯重要，試說明財務行政內涵、目的及趨勢。
5. 財務行政主要目的為何？現代財務行政思想趨向積極性、前瞻性及整體性，其重要原則有那些？試申述之。
6. 試就財務行政的發展趨勢扼要論述之。

參　政府財政收支

一、政務財務收入

(一) **實務面分類**：政府財務收入可粗略分為兩種：賦稅收入與非賦稅收入，詳細說明如下表：

種類	說明	項目
賦稅收入		
所得稅系統	對所得課征之稅	個人所得稅
消費稅系統	對貨物、銷售行為或消費支出所課征之稅	貨物稅、營業稅、印花稅
財產稅系統	對財產之持有本身及移轉所課之稅	地價稅、房屋稅、贈與稅

種類	說明	項目
非賦稅收入		
企業收入	政府透過自行經營企業,供人民購買所獲得收入	公營事業或專賣事業收入
行政收入	政府機關因提供特定服務、設施,或設定某種權利,對特定使用者或違規者所為之單方面強制徵收之收入	規費、特許金、特別賦課、罰款[註一]
財產收入	政府以其財產供作運用所得之受入	土地、林地和礦產出租或自行管理之收益
公債收入	政府以國家信用為擔保所發行的債券,向人民或其他國家舉債,取得財政收入,屆期須還本	賒借收入或有償收入

(二) **形式面分類**
1. **經常收入**:具規則性,如租稅或公營事業收入。
2. **臨時收入**:不具規則性,因臨時需要而產生,如公債收入。

(三) **性質面分類**
1. **強制收入**:即權力收入,如稅課、罰款、工程受益費收入。
2. **自由收入**:即價格收入,如財產收入、信託管理、營業盈餘。
3. **中間收入**:即半強制半自由收入,如獨占、專賣與規費收入。

(四) **租稅面分類**:租稅收入,為我國財政收入主要來源,而現行租稅制度劃分,主要根據財政收支劃分法,可分為國稅與地方稅。

國稅	地方稅
礦區稅、所得稅、菸酒稅、關稅、遺產稅與贈與稅、貨物稅、證券交易稅、期貨交易稅、營業稅	印花稅、使用牌照稅、地價稅、房屋稅、田賦、土地增值稅、契稅、娛樂稅

二、政府財務支出

乃指政府經費的支出或公共經費的支出,其種類可分為:(一)經常費或臨時費;(二)政務經費與企業經費;(三)用人費與用物費。

三、中央與地方財政論爭

我國自實施地方自治以來,公共財源大多劃歸中央,租稅立法權亦由中央政府決定,地方財政幾無自主性,預算中自有財源偏低,每年需仰賴中央補助。學理上分析財政極權與分權各有不同主張【徐仁輝】:

主張財政集權理由	主張財政分權理由
1.可避免地區發展不均衡。 2.可解決外部性問題。 3.公共財生產規模經濟。 4.避免社會福利給付標準不一。 5.可以建立整體財政政策。	1.可收因地制宜之效。 2.不同公共財有不同生產規模。 3.可促進政府間競爭。 4.以補助款解決地區發展不均衡問題。 5.以協調合作方式解決外部性問題。 6.各級政府各有所司。

四、我國財政收支概況

(一) 財政收入狀況

1. 中央政府總收入主要來源為賦稅收入（占50-60%），其次為企業收入。而公債與賒借收入則呈現急遽上升。
2. 賦稅收入以所得稅最重要，比重逐年增加。
3. 近年中央政府實質收入成長幅度不大，甚至為負成長。
4. 各級地方政府實質收入成長率遠低於歲出成長率，入不敷出。
5. 地方政府財政問題主要為：財政自主性低落、財源分配不均。

(二) 財政支出狀況

1. 中央支出項目原以國防為最大項，比率已持續下降，而社會支出則持續增加。
2. 中央政府債務明顯增加，每100元支出中有10元用於還債。
3. **政府財政支出增加主要原因為**：經濟因素、人口改變、工藝技術的改變、社會變遷因素及其他因素（如金融大海嘯影響）。

牛刀小試

1. 一般而言，政府財政收入有那些來源？試一一說明其意義與內容。【薦升】
2. 中央與地方財政關係常有論爭，請從學理上來分析主張財政集權與分權的理由各為何？【103高考】

肆 政府預算制度

一、意義

一個國家政府，在一定期間內，觀察週遭環境，根據施政方針，以國家資源與國民負擔能力為估計基礎，而預定之經費收支計劃書，亦即以數字表達施政計劃。

二、內涵或特質

相對應於政府基本職能表現，政府預算內涵之特殊意義可詮釋如下：

(一) **預算是種政策**：預算有時可被理解為政府擬定欲達成目標，並據以分配資源的政策文書。

(二) **預算是種管理**：經由政策分析，可瞭解一個國家或機關將以何種方法或手段來執行其政策。

(三) **預算是種經濟**：一個國家所要採取的經濟政策和方向，經常可在預算的內容中找到合理的說明與定位。

(四) **預算是種政治**：就資源分配的權力作用而言，預算係屬於一種記載了「誰在何種政策上獲得了多少利益或承擔多少成本」的政治文件。

(五) **預算是種課責**：政府在預算的籌編上，須準備一套詳實的政策計劃，對於每一筆的資金運用，加以負責。

三、功能

(一) **具有政治控制的功能**：現代民主國家議會握有財政大權，政府預算案皆須經過立法機關同意。

(二) **具有經濟政策的功能**：現代進步政府，打破傳統的財政收支平衡原則，亦即放棄短期的收支平衡，追求長期的經濟平衡，以實現經濟繁榮。

(三) **具有財務統制的功能**：預算於支出方面均有確定的標準，並以此作為嚴格限制，藉以防止財務上浪費、浮報、濫用的情形發生。

(四) **具有行政管理的功能**：今日行政部門工作種類繁複，內容廣泛，必須運用預算制度，作為行政管理的工具，藉以增進行政效率，並考核行政績效。

(五) **具有法律拘束的功能**：預算乃政府之財政計劃，關係人民權益至大，經過立法院通過預算案，稱為法定預算，在法律上具有約束力。

(六) **政府財政政策的功能**：國家財政以「量出為入」為原則，但亦不能毫無節制地支出。預算制度適可作為實現財政收支平衡的工具。

四、特徵

(一) 由於政府所要履行的公共目標相當多元，所以經費的分配經常呈現爭議不斷的衝突。

(二) 政府面對社會不可知狀況，即須調整歲出與歲入。

(三) 政府的預算與支出依法須以公開過程為之。

(四) 政府預算受到法律和外在環境的制約。

(五) 政府預算深具政治意涵。

五、原則

德國學者諾馬克（F.Neumark）提出八項原則：

(一) **公開原則**：政府預算決算應公開，以便讓國民瞭解財政狀況。

(二) **明確原則**：政府收支分類、內容，支出來源、用途應明確。

(三) **事前決定原則**：預算必須在會計年度開始前，由議會通過決定。

(四) **嚴密原則**：預算應對真正支出具有約束力，與將來決算相一致。

(五) **限定原則**：預算的各個項目相互間應有明確的界限，禁止經費流用；禁止預算超額支出；限定須在同一年度支出。

(六) **單一原則**：國家財政收支應納入一個預算內，而作綜合表示。

(七) **不相屬原則**：任何財政收入與支出，不得發生個別相屬或連繫。

(八) **完全原則**：所有收入與支出完全列入預算，以維持國家財政完整。

六、目標

根據馬斯葛雷夫婦（R & P Musgrave）在《公共財政的理論與實務》一書分析，認為政府財政應提供以下幾種功能：配置功能、分配功能、穩定與成長功能。而為達上述目標，晚近學理上存在兩派理論可用以規範政府預算所應扮演的政策角色：

(一) **因應景氣循環之政府財政政策**：西元1930年代全球經濟大恐慌時由凱因斯提出，認為經濟發展不穩定乃肇因於需求面波動的結果，主張當面臨經濟蕭條或衰退期時，政府應以赤字預算來刺激景氣復甦；反之，當經濟或動過於熾熱，則應以政府歲入與歲出盈餘來管制經濟成長或通貨膨脹。

(二) **力倡供給面的經濟學**：經濟發展焦點應置於財貨或服務的供給上，認為擴大社會生產力，才能抑制物價，並降低通膨發生。因此政府應採取較少的管制、較低稅收，以及有限的預算支出。爰此，政府管制與重分配政策成為眾矢之的，影響所及，「解除官僚制度」與「推動民營化」便成為行政改革的基本目標。

七、相關名詞

(一) **概算**：各主管機關依其施政計劃初步估計的收支。

(二) **總預算草案**：行政院主計總處將各類歲出概算作初步審查，編為中央總預算草案，以提出立法院年度預算審核會議審查之。

(三) **基金**：已定用途而已收入或尚未收入之現金或其他財產。基金分下列二類：

　　1. **普通基金**：歲入之供一般用途者，為普通基金。

　　2. **特種基金**：歲入之供特殊用途者，為特種基金，其種類如下：

　　　(1)供營業循環運用者，為營業基金。

　　　(2)依法定或約定之條件，籌措財源供償還債本之用者，為債務基金。

　　　(3)為國內外機關、團體或私人之利益，依所定條件管理或處分者，為信託基金。

　　　(4)凡經付出仍可收回，而非用於營業者，為作業基金。

　　　(5)有特定收入來源而供特殊用途者，為特別收入基金。

　　　(6)處理政府機關重大公共工程建設計劃者，為資本計劃基金。

(四) **經費**：依法定用途與條件得支用的金額。如歲定經費、繼續經費及恆久經費。

八、分類

(一) **總額預算與純額預算**：凡將國家之一切收入，均列為歲入，一切支出均列為歲出，依此所編成的預算稱為總額預算。如將獲取收入所需費用扣除後之純收入作為財政收入額，編入預算者，稱為純額預算。

(二) **經常預算與臨時預算**：依財政收支的經常性與臨時性為依據，預算可分為經常預算與臨時預算。前者之收支在各年度均編列且屬有規則的表現，在數額上大體無變動；後者乃是以臨時性的財政收支所編成的預算，並非經常列入預算，且在各年度內呈不規則的表現，無法預定之。

(三) **本預算與追加預算**：本預算乃指政府在每一會計年度，經立法機關通過的總預算。此後發生意外事實，本預算未列有此事項經費，或雖列有此項經費，但不足支應，則可提出追加預算。

(四) **特別預算與追加預算**

1. **特別預算**：指普通預算之外，針對政府之特別活動而設定特別財源之預算。其設置原因有四：
   (1)國防緊急設施或戰爭。　(2)國家經濟重大變故。
   (3)重大災變。　(4)不定期或數年一次之重大政事。

2. **追加預算**：
   各機關有以下列情形者，得請求提出追加預算：
   (1)依法律增加業務或事業增加經費時。
   (2)依法律增設新機關時。
   (3)所辦理業務因重大事故，經費超過法定預算時。
   (4)依有關法律應補列追加預算時。追加預算除用第二預備金〔註二〕外，不足部份應有財政部追加歲出預算，以求平衡。

(五) **實行預算與假預算**：當會計年度已開始，而預算尚未能獲得議會通過，或擱置不議或被退回重編，於是政府暫時沿用上年度預算作為過渡，以平息政治風波，此謂之實行預算。而假預算乃新年度業已開始，而預算尚在審議中，政府在等待中，假定一個暫時預算先行實施。

(六) **擬定預算、法定預算與分配預算**

1. **擬定預算**：預算案經政府擬訂而尚未經立法院議定者。
2. **法定預算**：預算經立法院程序而公布者。
3. **分配預算**：在法定預算範圍內，由各機關依法分配實施的計劃。

九、預算制度發展

預算制度創始於英國，其後各國競相仿行，就演進觀點、順序為傳統預算制度、複式預算制度、績效預算制度、設計計劃預算制度、政策管理預算制度及成果預算制度，茲分敘如下：

(一) **傳統預算制度**：將國家一切財政收支編入單一預算之中，對各項經費究為經常費用或資本性支出，一概不加區別。政府預算編製，原則上只在「量出為入」與「收支平衡」，是一種以「控制」為中心預算制度，也是民主政治工具。亦稱為單一預算制度，僅注意支出預算之政治性監督，缺乏經濟性企劃控制。

1. **特性：**
   (1)監督政府控制財政工具。
   (2)預算編制原則採用「量出為入」與「收支平衡」。
   (3)將財政收支編入單一預算。
   (4)成本無法精確計算。
   (5)僅注重預算的政治性監督，缺乏經濟性的企劃控制，亦稱
      為「費用預算制度」。

2. **優點：**
   (1)編製簡單，易於控制，對於經費之分配，同時達到表面均衡。
   (2)民意代表很容易明瞭國家財政全貌，易於監控政府各部門的活動。

3. **缺點：**
   (1)預算科目的分類，主要方便於議會審查，但對年度內的政務活動，無法提
      供正確紀錄。
   (2)支出按機關別編列，並非按政府所提供服務的性質，無法計算其服務成
      本，並對各部門業務處理效率亦難掌握。
   (3)各種經費不按性質區分，及經常帳與資本帳不加區分。
   (4)堅守預算平衡原則，且以租稅收入應付政府支出，而不注重未來發展。
   (5)僅注意逐年費用增減比率，而不計較成效高低，導致消化預算惡習。因
      此，無可避免預算總額日益膨脹。

(二) **複式預算制度**：將預算分為經常預算與資本預算，以達成經濟政策任務為目標
   之預算制度。丹麥於1927年最先將預算區分為普通與資本預算，而1930年代瑞
   典實行者最具成效。

1. **優點（作用）：**
   (1)足以明瞭資本形成的資金來源，並瞭解公共資本的蓄積動向。
   (2)劃分經常預算與資本預算，使政府得按輕重緩急，衡量經常與資本支出，
      便於考核經常支出，以結餘資金用於投資。
   (3)使財政運用不再受狹義的預算平衡觀念所拘束，使資本支出得按經濟情況
      予以必要的調節。
   (4)新進國家訂定長期經濟建設計劃時，複式預算制度能使每年預算與長期計
      劃，保持明確而密切聯繫。
   在複式預算制度中，資本預算成為獨立預算後，一方面有助於資本形成；另
   一方面，建立了長期平衡的觀念，但複式預算制度之作用仍有其限制。

2. **缺點（弱點）：**
   (1)資本預算因為動員資源促進經濟發展的工具，但後進國家主政者，為炫燿
      經濟發展的過程，可能儘量加強資本支出，而過份節省經常支出。

法規一點靈

預算法

(2)資本預算固為資產或企業管理之工具，然後進國家採用此一預算，若僅以公債從事投資，而以租稅收入供應經常支出，勢必形成資本支出過度膨脹現象，反非經濟之福。

(3)舉債投資，前一世代對後一世代所遺留資本資產，是否增加後代負擔，難以確定。

(三) **績效預算制度**（Performance Budget System，**簡稱PBS**）：基於政府職能、業務與計劃所編之預算，較注重一般重要工作執行或服務之提供，而不著眼於人員勞務、用品、設備等事務之取得。是一種以「產出」為取向，科學管理為中心，特別重視產出績效的預算制度，為現代化制度起源。績效預算之目的，在便利政府於會計年度內，完成各項工作計劃與所列舉之具體建議，其編制係以政府應作工作或應提供服務事項為基礎，並彙總表示每一工作與服務事項所需成本。西元1949年美國「胡佛委員會」對國會報告時首先使用，1951年美國全面實施，我國則自1962年正式採用。

1. **實施方法：**

(1)將企業成本觀念引用到政府機關。

(2)尋求工作衡量單位，計算每一單位所耗成本。

(3)就過去成果與現行計劃比較考核費用有無增減。

(4)將各機關同性質的工作所耗經費相互比較，藉以考核行政管理的效率，並加以改進。

(5)比較各項工作費用的高低及相互關係，以明瞭在總預算中所佔比率。

2. **優點：**

(1)易於事先瞭解工作計劃的內容與成本。

(2)注重投入與產出之間的關係，除可作為有效的管理工具外，亦可提高人員成本觀念。

(3)便於立法機關預算審議，以及審計機關經費審核。

(4)可評估工作績效，追究行政責任的歸屬。

(5)使施政計劃與支出預算能相互適用與控制。

3. **缺點：**

(1)績效預算的計劃常流於形式化。

(2)行政機關工作性質抽象，無法量化，導致績效評量困難。

(3)過分重視績效，使各機關儘量訂定易於達成之工作計劃，而容易忽略長期但具價值的計劃。

> PBS按計畫決定預算，按預算計算成本，按成本表現效率，按效率實行考核。其基本概念為「花多少錢」，與「作多少事」。

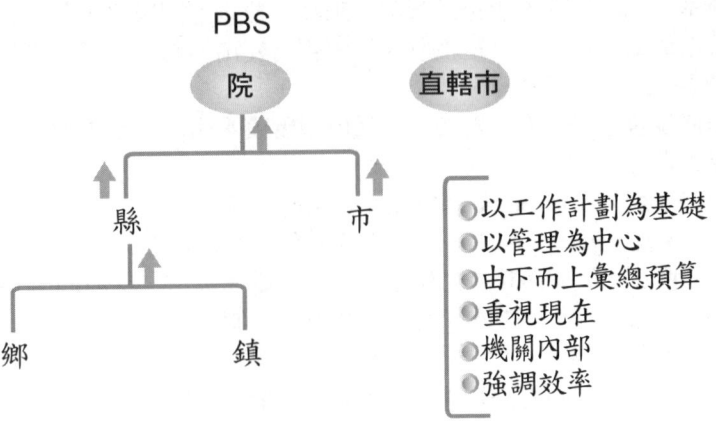

PBS

院　　　直轄市

縣　　　市

鄉　　　鎮

● 以工作計劃為基礎
● 以管理為中心
● 由下而上彙總預算
● 重視現在
● 機關內部
● 強調效率

(四) **設計計劃預算制度**（Planning-progromming Budgeting System，**簡稱PPBS**）：
又稱企劃預算制度，乃將目標設計、計劃擬定、預算籌編，三者結合而成之
一種預算制度。本制度係以「設計」為中心，分析為手段，而以提高行政
效率為目的。PPBS源於西元1915年杜邦公司，1961年美國防部長麥納瑪拉
（R.McNamra）正式應用，詹森總統1966年要求全面推動。

1. **步驟（編製階段）：**
 (1) **設計策定：**將機關長期目標予以明確設定，並擬訂可行方案，予以評價與
　　選擇。
 (2) **計劃作成：**依所擬方案，確定一個將來比較確實期間，預估可能產生成本
　　與結果。
 (3) **預算編列：**根據上述階段所訂結果，籌措計劃所須年度經費，予以編制預算。

2. **優點：**
 (1) 將目標設計、計劃擬定與預算籌編結合，建立一貫作業可提昇政府營運績效。
 (2) 提供政府選擇計劃優先順序，並對資源長期運用狀況給予明確指標。
 (3) 將預算作業與管理功能相結合，增進了行政效率。
 (4) PPBS有其一定編制程序，若分析時受主觀、政治因素影響，易受選民挑
　　剔，因已偏離正當分析之結論。
 (5) 預算所列計劃不限於年度考量，可依財務狀況作彈性調整。

3. **缺點：**
 (1) 全面建立目標設計困難，理想與實際不易配合。
 (2) 過分重視數量分析技術，忽略「無形」一面。
 (3) 易引發單位間對計劃及預算的衝突。
 (4) 在推演出一適當任務或績效目標，所涉及數量化問題不易解決。
 (5) 過度依賴專門知識技能，基層機關與人員難以接受。
 (6) 當同一機關，同時執行多種不同計劃時，目標間難以衡量，使得無法分擔
　　各項計劃成本。

(7)不同單位欲完成共同目標時,礙於本位主義,難使設計計劃預算達到理想。

(8)預算書成立後,決策者不易分析各計劃間的相互依存性。

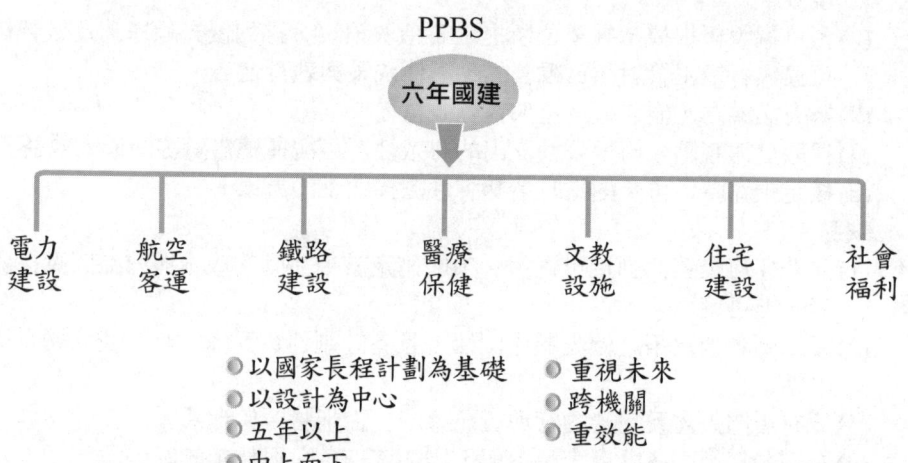

(五) **零基預算**(Zero Basis Budgeting System,**簡稱**ZBBS):要求每一單位主管申請預算時,應自計劃起點開始,故名之為零基,並將審核與驗證工作交由各單位主管負責,詳為說明需求預算之適當性。亦即將每一項業務或活動視為一項個別之「決策套裝」(Decision Package),然後以系統化之分析方法,就個別決策案加以評估,再按其重要程度,逐一評定決策案之排名高低優先順序。

實際上ZBBS係以設計計劃為基礎。西元1970由德器公司開始試行,復由創始人皮爾(P.A.Pyhrt)為文鼓吹,1977年卡特倡導,1981年雷根上台即不再熱衷實施;此制度可革除消化預算的惡習。

1. **特徵:**

(1)牽涉預算與施政程序中各級主管人員。

(2)針對每一個決策單位各別計劃、業務或其他職能評估。

(3)設定機關內所有管理層級目標,據以衡量其成就。

(4)評估達成目標的抉擇方法。

(5)分析達成目標不同預算金額或績效標準的可能影響。

(6)使用「決策包」(決策套裝)作為預算檢討、分析與決策主要工具。

(7)排列計劃、業務、資金水準與重行分配資源之優先順序。

2. **編製程序:**

(1)訂定年度目標。　　　　　　　　(2)建立決策單位。

(3)編製決策案。　　　　　　　　　(4)審核各項決策案。

(5)排列各決策案之優先順序。　　　(6)彙製年度預算。

3. **優點：**

(1)預算編列可根據目標詳加評估，可革除消除預算惡習及預算逐年膨脹的現象。

(2)預算編製係根據基層單位所提之各項決策案，排列優先順序，逐級審核，可擴大各級主管對預算編製的參與使決策與執行合一。

(3)為方案導向，能兼顧長短期目標效益。

(4)採取動態觀點來衡量公共支出的有效性，可發揮總體資源的最大效益。

(5)核定預算時，可參酌當時情勢彈性選擇適當的方案。

4. **缺點：**

(1)並非任何業務活動皆可適用，須能確定該項活動的成本與效益間直接關係者，方可適用。

(2)要排列各項決策之優先順序困難，且各計劃性質互異，難以建立適當衡量標準。

(3)要有專門人才及完善的管理資訊系統，否則將留於形式。

(4)編制預算須由各階層人員參與，增加工作負荷與作業成本。

(六) **政策管理預算制度**：西元1980年雷根採行，以政策之目標為考慮標準，依政策優先順序排列預算科目，力求節約與任務取向，使政府與國會能相互溝通。

(七) **成果預算制度（Outcome-Based Budgeting）**：係以施政成果與績效衡量作為預算分配依據、統籌調整，本預算偏重績效成果與企業化原則。柯林頓總統所採行「企業化預算」亦稱「任務預算」或「結果導向預算」。

1. **原則：**

(1)強化成果的課責中心。

(2)決策一旦作成，便須授能管理者提供必要資源。

(3)合理化與改善預算發展過程，讓管理者有充裕時間管理政策。

2. **作法：**

(1)袪除會計年度預算的浮報。

(2)在現成之預算下，重新擬議公帑運用彈性。

(3)實施「標的取向的預算」。

3. **優點：**

(1)鼓勵員工省錢。

(2)釋放資源嘗試新構想。

(3)賦予主管因應改變能力，形成有應變能力的政府。

(4)精減預算編列過程，以宏觀的眼光考量。

(5)省下許多審查人員與預算官員的經費。

(6)可使立法者專注於重要議題上。

種類	CBS	PBS	PPBS	ZBBS	POB
資源分配	現在	工作計劃	長程	決策包	績效導向
計劃其成	一年	一年	五年以上	一年	一年、五年
基本取向	控制	管理	規劃	決策制定	管理
預算流向	由下而上	由下而上	由上而下	由下而上	由下而上
涵蓋範圍	機關內	機關內	跨機關	機關內	機關內
焦距目標	效率	效率	效能	效率效能	效率
關注焦點	政策過程	政策過程	政策目標	政策目標	政策目標
關鍵資訊	支出標的	機關活動	機關目標	機關目標	機關活動
政策制定	漸進式	漸進式	系統性	漸進式與參與性	漸進、參與、分權
規劃責任	缺乏	分散	集權化	分權化	共同責任
預算角色	財政穩定	追求效率	政策目標	決策優先順序	確保責任
應備技能	會計	管理	經濟與規劃	管理與規劃	管理、規劃、溝通
意涵	各費用纂編無目標	完成計劃所須成本	目標設計、計劃籌編、預算籌編	預估預算必效性	綜合績效評估與政府預算
創始者	丹麥	胡佛委員會	杜邦公司	彼得・皮爾	柯林頓

(八) **總結**

1. 各個運算制度的形成，均有其時代背景及重點，在預算作業向前邁進里程中，各有其劃時代的意義。單式預算簡單明瞭易於控制；複式預算制度強調預算編制應維持政府財政健全；績效預算制度指導機關如何訂定計算評估公務成本；設計計劃預算制度著重政府如何將國家資源作合理分配及有效運用；零基預算則教導單位主管如何編制預算與檢討刪除不合時宜計劃與預算；成果導向預算則強調績效計劃之評估，以為資源分配依據。

2. 我國政府預算制度自民國26年預算法修正時，已將複式預算之精神納入政府算制度，民國53年起廢除傳統預算制度改採績效預算制度，民國68年為強化績效預算功能，實施設計計劃預算制度，並將零基預算精神涵蓋其中，但未規定具體作業程序。綜觀民國60年及87年兩次預算法修正，均將設計計劃預算制度所主張之長期預算規劃、預算授權、替代方案及成本效益分析等作業方法納入，可謂十分完備法規。

十、參與式預算（Participatory Budgeting）

自1989年，由巴西愉港首開先例以來，目前全世界已經有超過1500個城市、社區和機構進行過參與式預算，甚至聯合國和世界銀行等國際組織也大力推動參與式預算，認為這是最佳的民主實踐。參與式預算是由人民來決定一部分公共預算支出的優先順序。在過去，公共預算的分配大致上是由民意代表、政府官員、專家學者和社會團體所掌握；而參與式預算則是強調透過民主的程序，讓社區成員能決定公共預算的某部分該如何支出。

十一、美國聯邦政府預算制度

(一) **美國總統策定預算收支基本方針，大致上由三個幕僚機構負責**

1. **經濟顧問委員會**：由一群經濟學者提供總統有關預算及其他經濟問題的建言。
2. **管理預算局**：致力於審核與分析各機關所提報預算，往往扮演刪砍預算之「黑臉」角色，以免預算浮列而超出預估基準。
3. **財政部**：職司發行債券、印製鈔票、穩定幣值與管理國際貨幣之責任。

(二) **西元1921年之前預算由國會編製，其預算過程之三主要行動者**

1. **國會預算局**：檢視總統預算基本構想，據以發展成一套不同歲出與歲入方案。
2. **眾院與參院預算委員會**：研擬預算決議案，俾以建立預算支出之最高額度上限。
3. **眾院與參院撥款委員會**：研擬撥款法案，並將撥款法案提交國會參眾兩院進行全盤審議。

(三) 為了避免預算執行過程產生持續性赤字惡化現象，國會於西元1974年通過「國會預算暨截留控制法」、葛蘭姆法，以及預算強制法等相關法案，分別提出若干措施以為因應：

1. **實施扣減**：政府支出一旦超越或違反預算支出限額，除非國會在六月底之後額外追加撥款，否則即由預算管理局依計劃範疇，扣留其預算下一年度使用經費。
2. **凍結人事**：總統可透過凍結人事、遇缺不補以達成對抗赤字預算的目標。
3. **預算截留**：指總統拒絕允許行政機關支用原已撥配的款項，而加以控制。

(四) **美國預算制度歷次重大改變歷程**

1. 西元1921年制定「預算暨會計法」，財政部成立「預算局」、國會成立「會計總署」來負責預算編制與審計。
2. 西元1949年胡佛委員會提出績效預算概念，並蔚為當時預算理論主流。
3. 西元1965年詹森政府推行設計計劃預算（PPBS）。
4. 西元1970年尼克森總統為強化預算之領導能力設立「管理預算局」。
5. 西元1974年通過「國會預算暨截留控制法」並成立「國會預算局」（CBO）。
6. 西元1977年卡特總統實行零基預算制度（ZBBS）。
7. 西元1985年通過「平衡預算和緊急赤字控制法」，又名「葛蘭姆法」。

8. 西元1990年通過「預算強制法」取代前者，強調由上而下的控制以及訂定公共支出上限。

9. 西元1993年實行「政府績效成果法」（GRPA）。

10. 西元1996年通過「單項否決法」。

十二、預算過程

預算過程或稱預算週期，包括四個階段：預算編製、預算審議、預算執行及預算監督。

(一)預算編製： 通常是由中央的預算主管機關向各機關行文要求提出各自所需經費為起點，當各機關提出年度所需經費後，預算主管機關將之彙整、審核，最後經行政首長之簽署同意，正式定案提出預算書於立法機關。

(二)預算審議： 行政部門將預算書編製完成後送至立法部門審查的階段，各國大多將此一過程視為憲政體制的重要一環。

(三)預算執行： 預算案經立法機關三讀通過後就交由行政部門執行，稱預算執行階段，執行期間為一年。我國政府會計年度採一月制，於每年一月一日開始至當年十二月三十一日止，為一會計年度。

(四)決算與審計： 預算執行後政府機關必須對預算執行的情形作帳並提出報告於立法部門，此即決算報告書。而就決算報告書進行查核的工作便是審計，其主要的工作重點在於確認行政機關預算執行的正確性及適當性。

牛刀小試

1. 何謂預算？預算主要功能有那些？應重視那些原則？試申論之。【身三】

2. 試析述政府預算的內涵意義及政府預算特徵？【身三】

3. 預算過程是民主政治下行政權和立法權互動的重要場域，請詳細討論其理由。

4. 政府預算不同於其他預算之基本特徵為何？又學理上將政府預算之角色扮演區分為：因應景氣循環的政府財政政策與供給面的經濟學，其意涵亦請分別扼要論述之。【關務薦升】

5. 何謂績效預算制度（PBS）？其產生的背景為何？又其在實施上有何優缺點？試說明評論之。【退三、高三解釋】

6. 何謂設計計劃預算制度（PPBS）？編制程序為何？並比較與績效預算制度差異。【90高三】

7. 何謂零基預算制度（Zero-Based Budgeting System）？該預算制度有何優點？有何限制？試分項闡述之。【101身三】

8. 試分別說明「設計計劃預算制度」（PPBS）及零基預算（ZBBS）的作法及其優缺點。【北基四】

9. 解釋名詞：零基預算（Zero-Based Budget）。【國軍二、高三、國軍二】

10. 自二十世紀初期，政府預算制度歷經多次改革變化。請依時間順序，說明政府預算制度的沿革發展、改革原因及各預算制度的特徵。【高三】

11. 一個良好的政府預算制度，應能發揮那些功能？試闡述之。【102原三】

12. 各國依其法律規定，預算過程的每個階段或有細節與時間上的差異，但大體上不外乎幾個重要的階段循環不已。試闡述預算循環過程各階段的主要內容。【104高三】

伍 政府會計制度

為研究各級政府的財政收支紀錄與報告之方法。

一、功用

(一) **使財務行政取信於民**：完善之會計制度得以反映政府的財政狀況與政事設施，使人民易於瞭解與監督。

(二) **可作為政府當局施政計劃的參考**：財政收支經過詳細的記載，可作為考核過去工作效率及決定未來行政計劃的事實根據。

(三) **可作為控制預算的工作**：藉會計之收支記錄以明瞭財務實況，俾能保持預算平衡，及作為財政與行政控制之用。

(四) **可作各級政府對收支考核**：財政收支記錄可供審計人員檢查之用，藉以確定各項經管人員之責任，以防其營私舞弊。

二、特性

(一) **設置預算帳戶**：政府收支須以預算為根據。

(二) **不設損益帳戶**：政府職責在增進國民福利，除公營事業外，不為損益之計算。

(三) **不設資本帳戶**：政府為公經濟體團體，自無私人股東投資。

(四) **按基金別區分整理**：按基金別，建立基金會計組織，以顯示各基金收支狀況。

(五) **固定資產單獨設帳**：設財產會計，紀錄固定資產購置與處分。

三、政府會計基礎

(一) **現金基礎**：亦稱現收現付基礎，即凡收入現金及支付現金，亦須記帳，與現金收支無關之事項，不予記帳。

(二) **應計基礎**：亦稱應收應付基礎，不僅現金之收入與支付應予記帳，即應收未收或應付未付，亦須記帳。

(三) **契約責任基礎**：亦稱責任發生基礎，即政府會計遇有年度預算內請求權或責任之發生，均應記帳。

四、國庫集中支付制度

集中支付制度始於西元1836年英國，其後1933年再由美國推廣，我國則自民國66年正式分期分區實施。

(一) **意義**：是一種各機關主管只須按分配預算，執行各項行政計劃，不再經管經費，而由國庫直接對各政府機關的債權人，從事公款支付的行為，以依法清償各機關所負債務之一種有系統處理方法。

(二) **主要內容**

　1. **集中管理庫款**：設置「國庫存款戶」集中管理，統籌調度。

　2. **統一簽發支票**：一切費用支付，由財政部設置地區收付處統一簽發國庫支票。

3. **確立簽證制度**：各機關經費，應於支付事實發生時，簽具付款憑單。
4. **查對預算餘額。**　　5.**審核支付憑證。**　　6.**使用機器作業**
7. **加強支票信用。**　　8.**規定支付責任。**　　9.**採用零用金制。**

(三) **功用**：便利庫款調度、加強預算控制、嚴密財務管理、推廣國庫支票流通。

五、公庫制度

公庫是經管公款機關，政府各項收支，均由公庫經手。易言之，公庫為政府經管現金、票據、證券及其他財務之機關。

(一) **作用**

1. **統籌公款調度**：使公庫能作適時適事的支應，以滿足財政的需要。
2. **統一公款管理**：使公款由專設機關經管，避免各自為政。
3. **溝通財政與金融關係。**

(二) **種類**

1. **分散公庫制**：亦稱「複數公庫制」，乃指每級政府設立兩個以上的公庫組織而言，且彼此獨立。又可分為官廳複數公庫制與行政複數公庫制。
2. **統一公庫制**：乃指每級政府僅設立一個公庫組織而言。其實施有兩種形式：獨立公庫制與銀行代理制（委託保管制）。

陸 政府決算制度

即執行預算結果最後報告。預算為政府事前之財政收支計劃，決算為政府事後之財務收支實況的報告。亦可為謂預算為會計之始，而決算為會計之終。

(一) **功用**〔註三〕

1. **行政機關藉以向立法機關表明責任**：政府機關就預算執行情況提出具體詳細報告，使民意機關可確切查核，完成最後監督之任務。
2. **人民藉以監督與考核政府**：民主國家主權在民，政府決算書應向人民公布之，俾使人民可直接監督政府。
3. **可解除政府所負的財務責任**：行政機關提供決算報告，經審計機關審定，依法公告後，執行預算之官員其財務責任既得以解除。
4. **可防止浪費公帑**：各級機關編造決算之過程中，各主管機關及主計機關，可藉此考核預算執行機關有無浪費公帑之情事，如有浪費情事可予以糾正。
5. **可作考核行政效率的依據**：行政機關之工作內容與經過，均可於決算中表現出來，故可據以觀察其成效是否相應，支出有無不正，細加考察，則行政效率高下立見。
6. **作為下年度預算編制參考**：年度結束，預算與決算相互比較，可表現預算估計之是否正確，以為編製下一年度預算之參考。

(二) **決算的編造與審核**：行政院應於會計制度結束後四個月內，提出決算於監察院。監察院審計長應於中央政府總決算送達後三個月完成審核，並提出「決算審核報告」於立法院。審計長並應列席立法院報告及備詢。

我國決算審核程序：送審機關→行政審查→監察審查→立法審查。

> **牛刀小試**
>
> 1. 預算監督之方法有決算與審計兩種，試分別說明其意義與功用。
> 2. 解釋名詞：決算。

柒　政府審計制度

對政府財政收支活動之監督、查證、評議及提出建議改進相關組織與管理的活動過程，審計制度為財務行政最後一環。

一、審計的種類

(一) **依項目性質區分**：預算上、法規上、經濟上與簿記計算上的審查。

(二) **依時序及審計法規定**

　　1. **事前審計**：係審計機關於各機關執行預算之前所行之審查，其目的在防弊於未然。

　　2. **事中審計**：係實地之調查與稽核，其作用在彌補事前審計與事後審計之不足，旨在防止或發現政府機關財務上的不法或不忠於職務的行為。

　　3. **事後審計**：各機關執行預算後所行之審查，其目的在稽查既往，使管理收支者知所戒惕，不敢違法。

二、審計方式

(一) **送請審計**：各機關將其有關財務行為之書表憑證文件等項，依限送請審計機關審核之。

(二) **就地審計**：又分駐審、抽查審計與監視審查三種。

(三) **委託審計**：依審計法規定，審計機關對於審計事務，為辦理之便利，或審計上涉及特殊技術者，得委託其他機關辦理。

三、政府審計方式

國際最高審計組織（The International Organization of Supreme Audit Institutions,簡稱INTOSAI）認為政府審計應包含例行性審計及績效審計。

(一) **例行性審計**：或稱「普通審計」或「一般審計」，計指審計機關按照常規進行的一種經常性的例行審計。

(二) **績效審計**：乃針對政府施政、計畫及組織之經濟性、效率性及效能性進行超然獨立的審核，目的在於提升政府施政績效。

四、審計功能 [註四]

(一) **行政方面**

    1. 考核計劃執行的效果。   2. 解除財務收支責任。

    3. 糾正會計事務處理之錯誤。   4. 提供制訂施政方針的參考資料。

(二) **立法方面**：審計機關對於決算之審核意見，立法機關於審議預算時，可作為其立法之重要參考資料。

(三) **司法方面**：即舉弊發奸，審計機關應用審計職權，對政府財務行政工作之違法、失職、瀆職、營私、貪贓等事實，加以觀察並檢舉之。

五、審計本質

為強制審查、屬自動性質、依據法令預算、著重收支正確與績效、審查財務經辦人員的責任、有法定之職責、兼採事前審計、政府審查制度依國別而異、審查對象為政府機關。

六、我國現行制度與問題

(一) **審計機關組織**：中央為審計部，直轄市為審計處，各縣市則為審計室。

(二) **職權**

    1. 監督預算執行。   2. 核定收支命令。   3. 審核財務收支。

    4. 稽核財政上不法或不忠職務行為。 5. 考核財務效能。   6. 考核財務責任。

    7. 其他依法應行辦理之審計事項。

(三) **檢討與改進**

    1. **特點**：

        (1) 五權憲法的分工表現。

        (2) 全國一致的審計制度。

        (3) 嚴密的稽查制度。

    2. **問題**：

        (1) 事前審查適切性。   (2) 縣市鄉鎮審計權歸屬問題。

        (3) 法律應明確規定審計人員責任問題。   (4) 加強覆審制度。

        (5) 財務規定與事實脫節問題。   (6) 綜合審計辦理未落實問題。

    3. **改進建議**：

        (1) 加強事後審查，減少事前審查。

        (2) 應在審計法中規定審計人員的責任。

        (3) 平時審核財務案件之建議改善事項。

        (4) 加強審計權配合彈劾權與糾舉權之運用。

        (5) 擴大辦理綜合審計工作。

牛刀小試

1. 試說明政府審計制度的意義及作用，並析論我國審計制度的特點。
2. 解釋名詞：政府審計。

捌 公共財務管理

係指公共組織處理有關公共資金的所有行政活動，公共組織則包括各級政府機關及非營利組織。

一、特色

(一) **控制導向**：強調的是會計、審計與支出行政。
(二) **管理導向**：強調的是成本分析、採購、現金管理與風險管理。
(三) **計劃導向**：與財務預算、資本預算有關。

二、公共預算過程

公共預算的最終目的在於資源的配置，通常可分為四個階段：
(一) **預算的籌編**：其重心在預測與分析，其管理技術有收支預測、成本分析、資本預算、公債管理、風險管理、年金管理、財務狀況評估與發展財政。
(二) **預算的審議**：觀察與蒐集資料。
(三) **預算的執行**：包括會計、收入行政、支出行政、採購、現金管理、投資。
(四) **決算與審計**：績效的審計、會計制度與報告審計等。

三、官僚預算行為模式

尼斯坎南（Niskane）是公共選擇學派中相當重要的一位學者。其所建構的「官僚預算行為」模型，沿用經濟學分析，認為行政官僚試圖最大化其機關預算，認為個人是效用最大化者，而官僚正如同競爭市場中的消費者，以追求效用極大化為目的。
(一) **論點**
　　1. 官僚欲追求擴大其權力、薪資福利，必然試圖最大化其機關預算。
　　2. 官僚不但勇於追求機關預算極大化，且其企圖多半成功。
　　3. 官僚在整個預算過程中處於較有利的地位，出資者則處於被動角色，理由主要出自於「代理人問題」。
　　4. 官僚機關預算極大化行為，所造成的結果可能會是因過多預算，而有效地製造過多產出，或得到相反的結果。
(二) **批評**：官僚會以其認知公共利益為出發點、官僚效用最大化可能除個人經濟利益外，尚包括責任尊重等，官僚對職位保障更甚於預算增加。

(三) 具完整解釋力之官僚預算行為模型面向

1. 官僚的公共服務動機。　　　　2. 政治生態環境。
3. 預算過程的制度設計。　　　　4. 預算政策。

重要註解

〔註一〕1. 行政規費：泛指民眾向政府申請、洽辦某些事物時，政府向民眾收取的一切行政所需費用。如辦護照時所繳交規費、汽機車換發行車執照規費、至地政戶政機關申請謄本繳交費用、市政府垃圾清理費、考公職報名費等。

2. 特許金：私人欲經營某種特定經濟活動，應先取得政府許可所繳交費用，如賭場、特種行業等。

3. 特別賦課：政府為公共目的新增或改良舊設施，再依受益區域、程度徵收，如道路工程受益費。

4. 罰款：政府對於人民違反法令行為課以金錢之處罰，如環境污染、交通違規、違反刑法易科罰金、違反公平交易法罰金等。

〔註二〕政府部門常保留一些預算，以備緊急或特殊狀況之用稱為預備金，根據預算法第22條規定：「單位應設預備金，預備金分為第一預備金與第二預備金兩種」。

1. 第一預備金：各機關執行歲出分配於算遇經費不足時，應報請上級主管機關核定，轉請中央主計機關備案，始得之用第一預備金（於公務機關單位預算中設定之，數額不得超過經常支出總額1%），並由中央主計機關通知審計機關及中央財政主管機關。（預算法第64條）

2. 第二預備金：各機關有下列情形之一，得經行政院核准動支第二預備金（於總預算中設定之，數額視財政情況決定之）及其歸屬科目金額之調整，事後由行政院編具動支數額表，送立法院審議。

   原列計劃費用因事實需要奉准修訂制原列經費不敷時。

   原列計劃費用因增加業務致增加經費時。

   因應政事臨時需要必須增加計劃及經費時。（預算法第70條）

   立法院審議刪除或刪減之預算項目及金額，不得動支預備金。但法定經費或經立法院同意者，不在此限。各機關動支預備金，其每筆數額超過五千萬元者，應送立法院備查。但因緊急災害動支者不在此限。（預算法第22條）

3. 設置預備金方法：
   (1) 集中制：於國家總經費外，另設預備金，由主管機關統籌運用。（美、日等國採用）
   (2) 分散制：各機關於確定預算外，各另列預備金，各該機關長官有權自行運用。（比利時採用）
   (3) 集中分散併用制：除各機關預算各列預備金外，並於總預算內編列預備金。我國即採用此，在預備金中規定了第二預備金（集中部分）及第一預備金（分散部份）兩種。

〔註三〕決算功能，大致可歸納為：（張潤書）

1. 公開財政事實。　　　　　　　2. 解除政府財務責任。
3. 防止浪費。　　　　　　　　　4. 可作為考核行政效率的工具。
5. 行政機關表明責任手段。

　　　6. 藉決算使人民達到監督政府考核政府的作用。

　　　7. 作為下年度編制預算之參考。

〔註四〕審計制度之功能（作用）：（張潤書）

　　　1. 防止行政機關之不法收支。　　　　2. 防止中飽與浪費。

　　　3. 解除行政機關之財務責任。　　　　4. 增進行政績效。

｜ 鑑往知來 ｜

1. **我國政府財務行政四大機關**：行政院主計總處、財政部、中央銀行、監察院審計部。【90初普基、91基、92地、93初普、97地、101高普】

2. 財務行政以預算為中心，共歷經五階段，表現為五個制度：預算制度、收支或公庫制度、會計制度、決算制度、審計制度。【93普】

3. 財務行政為庶政之母，巧婦難為無米之炊最適於表達。【90初、91高、92地、103身】

4. **財務行政發展趨勢**：由節流到當用、聚斂到培養、行政到綜合、消費到生產、年度到長期預算。【91基普、98地】

5. **中央政府總收入主要來源為賦稅收入（占50-60%）**，其次為企業收入。而公債與賒借收入則呈現急遽上升。

6. **政府主要財政收入來源**：賦稅收入（所得稅、消費稅、財產稅）、非賦稅收入（商業收入、行政收入、財產收入、公債收入）。【90初基、91高原、92高、93普地、95初高、96初、97普地、99原、100初鐵、107地】

7. **依財政收支劃分法規定，以稅收歸屬之政府單位作為區分，可分為：**

　　(1) **國稅**：綜合所得稅、營利事業所得稅、遺產稅、贈與稅、貨物稅、期貨交易稅、證券交易稅、關稅、營業稅、菸酒稅。

　　(2) **地方稅**：地價稅、田賦（目前停徵）、土地增值稅、房屋稅、契稅、使用牌造稅、娛樂稅、印花稅。【95地、96原、103地、106地、110高、110地、111普】

8. **預算制度**：為政府根據施政方針，預定之經費收支計劃書，亦即以數字或金錢表達的施政計劃。【91原、92地、93初、97初、98地】

9. **凱因斯學派**：主張政府應增加公共支出，採赤字預算以抵銷經濟衰退影響，並將預算視為因應企業景氣循環變動有力工具，政府不僅應插足經濟事務且須扮演實質角色。政府經濟衰退時期，一般會採赤字預算。【90普、94地、95普】

10. 實行預算為會計年度已開始，而預算尚未獲議會通過，政府暫時延用上年度預算作為過渡。假預算則是年度業已開始，而預算尚在審議中，假定一個暫時預算先行實施。【91原、94初】

11. **特別預算**：係針對政府特別活動而設定特別財源預算，其原因包括國防緊急設施或戰爭、國家經濟重大變故、重大災變、不定期重大政事。如九二一大地震、採購軍機軍艦、興建高鐵而編的預算。【91普、92初普、93地、95原、107普、110普】

12. **預算制度**：創始於英國，其後各國競相仿行，其演進順序為傳統預算制度、複式預算制度、績效預算制度、設計計劃預算制度、政策管理預算制度及成果預算制度。

13. 傳統預算與複式預算制度不具政策績效管理特質，但簡單易於控制。【91基、92地、95身、99原】

14. **複式預算制度**：係將預算分為經常預算與資本預算，以達成經濟政策任務為目標之預算制度。丹麥於1927年最先將預算分為普通與資本預算，而1930年代瑞典實行成效最佳。【90高路員、91初基、92地、95身、97地、103高】

15. **績效預算制度（PBS）**：為基於政府職能、業務與計劃所編製預算。易言之，係根據工作計劃，就完成每一項工作所須成本而編製預算，強調花多少錢作多少事，具管理功能，為現代化制度起源，1949年美國「胡佛委員會」對國會報告時首先使用。【90初、91高基、92初高地、93普、94初、95高地身原、97地、102地原、103高】

16. **設計計劃預算制度（PPBS）**：又稱企劃預算制度，乃將目標設計、計劃擬定、預算籌編，三者結合而成之一種預算制度。易言之，係明瞭國家整體經濟現況與潛能，利用一切分析，評估各種公共計劃成效，協助政府擬訂最佳決策，以利國家資源分派使用的一種長期政策目標規劃所編預算。本制度係以「設計」為中心，分析為手段，目的在提高行政效能。1915年杜邦公司，1961年美國防部正式應用，詹森總統1966年要求全面推動。【90普高、91基、92地普、93地初、94地、95普原、96退、97地退、99地、101地、102高】

17. **零基預算（ZBBS）**：要求對任何一個新增或既有計劃審查其必要性，對不符時宜者則不予編列，可改除萬年預算的弊病，但所動員的人力與工作負荷卻難以估計。1970由德州儀器開始試行，復由創始人**皮爾（P.A.Pyhrt）**為文鼓吹，1977年卡特倡導，1981年雷根上台即不再熱衷實施。【90初普高、91普基、92普高、93普地、94地初、95普、97地、98地、100身鐵原、101身、102身、103地、109地】

18. 由於推行多項福利政策造成支出膨脹，雷根秉持新右派管理哲學主張縮減預算，提出「政策管理預算制度」，遭遇不少反彈與抗爭，稱為「預算革命」。

19. 柯林頓總統於1990年代提出「成果預算制度」，又稱「企業化預算」、「任務預算」、「結果導向預算」或「新績效預算」，強調績效掛帥，係利用績效資訊達成課責要求。【90路員、94初、97初、101地】

20. 美國預算之漸進主義精神與肉桶分肥現象有關。

21. **美國總統策定預算收支基本方針，大致上由三個幕僚機構負責**：經濟顧問委員會、管理預算局（扮演刪砍預算之「黑臉」角色）和財政部（職司發行債券、印製鈔票、穩定幣值與管理國際貨幣責任）。【91普、93普、94地、95身】

22. 為了避免預算執行過程產生持續性赤字惡化現象，國會於1974年通過「國會預算暨截留控制法」、葛蘭姆法、預算強制法，分別提出若干措施以為因應：實施扣減、凍結人事、預算截留。【93普退、94身、96退】

23. **預算編製程序**：編製→審議→執行→監督。【92地、95普、104地】

24. **我國政府會計年度採一月制（曆年制），我國預算週期跨3個會計年度。**【90基退路員、91初普、92初、95地、96初】

25. **預備金設置方法**：集中制、分散制、集中分散併用制（我國採用）。預算應設預備金，預備金分第一預備金及第二預備金二種：(1)第一預備金於公務機關單位預算中設定之，其數額不得超過經常支出總額百分之一。(2)第二預備金於總預算中設定之，其數額視財政情況決定之。【91原、92身、93原、94初、95身、96原、97地、99高、100地、101普、109地】

26. **決算制度為執行預算結果最後報告或預算執行完畢的財政收支報告書。**【91基、92地、95普】

27. **決算功用**：藉以向立院表明責任、人民藉以監督與考核政府、可解除所負財務責任、可防止浪費公帑、考核效率依據、作為下年度預算編制參考。【90路員、91初、92地、94初、93普、94初、95普、101身】

28. 行政院應於會計年度結束後4個月內，提出決算於監察院。監察院審計長應於中央政府總決算送達後3個月完成審核，並提出「決算審核報告」於立法院。【90普、91初、92普、97地、107地】

29. **我國決算審核程序**：送審機關→行政審查→監察審查→立法審查。【90普高、91初普、92地、95身、97初】

30. **審計制度**：對政府財政收支活動監督、查證、評議及提出建議之管理活動過程，財務行政最後一環。其作用有：防止行政機關不法收支、防止中飽與浪費、解除行政機關之財務責任，增進政府行政績效【90初基、91普、93地初、95初、96初、98初、99地、107高】

31. **行政院應編製國富統計、綠色國民所得帳及關於稅式支出、移轉性支付之報告。前項報告內容應於政府網站公開。**
    (1)國富統計結果：主要可供為經濟建設計畫與經濟分析之用，其統計範圍定義為一國於某特定時點全國各經濟部門（全體國民）所持有之「實物資產」與「國外資產淨額」等可評價資產總值。
    (2)綠色國民所得帳：一般稱為「環境帳」，也可稱為「環境與經濟帳」，是反映創造經濟發展的同時，對於自然環境及資源的利用程度及衝擊效應，它涵蓋範圍廣泛，通常按國情及資料的完備程度，建構所需帳表。
    (3)稅式支出：透過租稅條款上的優惠措施提供給特定對象的租稅讓與，一種屬於間接性/非直接的政府支出；又被稱為「看不見的國家預算」或「隱藏性的公共支出」。
    (4)移轉性支付：指的是政府對家庭、人民團體、企業的無償支出，對收受者而言則增加當期所得收入。例如政府對青年購屋的利息補貼、對貧窮家庭、榮民、幼兒、老人的醫療、教育、生活補貼等。移轉性支出又稱為負所得稅，大都用在國家的社會福利支出上。

精選試題

( ) **1** 何者為「庶政之母」？ (A)人力 (B)權力 (C)財政 (D)資訊。

( ) **2** 我國中央政府之財務行政機關中，負責預算籌劃、概算、編擬及會計控制者為： (A)財政部 (B)中央銀行 (C)監察院審計部 (D)行政院主計總處。

( ) **3** 財務事務共經歷五個階段，除預算制度，並不包含那個制度： (A)統計制度 (B)公庫制度 (C)會計制度 (D)決算制度。

( ) **4** 下列何者，不是政府財政收入之消費稅系統？ (A)營業稅 (B)貨物稅 (C)贈與稅 (D)印花稅。

( ) **5** 根據財政收支劃分法規定，下列何者不屬於國稅？ (A)印花稅 (B)貨物稅 (C)贈與稅 (D)證券交易稅。

( ) **6** 那一位學者曾以政治觀點來研究預算聞名？ (A)懷特（D.White） (B)魏雅儒（A.Wildavasky） (C)雷格斯（F.Riggs） (D)彼得聖吉（P.Senge）。

( ) **7** 民眾向政府機關申請、洽辦特定事務時，繳交的費用（例如：申辦護照、戶籍謄本及換發行車執照），稱為： (A)行政規費 (B)服務規費 (C)洽公規費 (D)自治規費。

( ) **8** 根據預算法規定，行政院得於年度總預算外，提出特別預算，下列何者非其適用原因？ (A)國防緊急設施或戰爭 (B)國家經濟重大變故 (C)重大災變 (D)舉債超過法定上限。

( ) **9** 因應全球金融風暴所引發通貨緊縮，我國政府發放消費券，該預算係以何種預算支應？ (A)總額預算 (B)法定預算 (C)特別預算 (D)追加預算。

( ) **10** 預算制度起源於那個國家： (A)美國 (B)英國 (C)日本 (D)德國。

( ) **11** a.績效預算；b.零基預算；c.複式預算；d.成果預算；e.設計計劃預算制度。以上幾種預算制度在美國實施之先後順序？ (A)abcde (B)bcaed (C)caebd (D)dacbe。

( ) **12** 所謂複式預算係指經常預算與何者預算？ (A)資本預算 (B)基本預算 (C)辦公預算 (D)基金預算。

( ) **13** 基於政府職能、業務與計劃所編製預算，其基礎為工作計劃是下列何者？ (A)CBS (B)PBS (C)PPBS (D)ZBBS。

( ) **14** 將目標設計、計劃擬定、預算籌編三者結合而成的預算制度稱為： (A)複式預算 (B)績效預算 (C)設計計劃預算 (D)政策管理預算。

(　) **15** 有關零基預算制度的敘述中那項正確？　(A)蘭德（Rand）公司發展形成　(B)創始人是卡特（J.Carter）　(C)較重要的計劃才需要從零開始重行評估(D)美國聯邦政府目前已不採行。

(　) **16** 零基預算制度的重心是什麼？　(A)訂定年度目標　(B)建立決策單位　(C)排列優先順序　(D)編製決策案（決策套裝）。

(　) **17** 以績效掛帥為特質是那一種預算制度特色？　(A)績效預算　(B)零基預算　(C)成果預算制度　(D)設計計劃預算。

(　) **18** 新預算法修正後，我國目前會計年度改為：　(A)一月一日　(B)四月一日　(C)七月一日　(D)九月一日。

(　) **19** 我國「預算週期」跨幾個年度？　(A)一年　(B)二年　(C)三年　(D)四年。

(　) **20** 有關決算所發揮的功能，下列那項敘述有誤？　(A)防止浪費公帑　(B)考核行政績效　(C)做為本年度預算編製之參考　(D)行政機關藉以向立法機關表明責任。

(　) **21** 下列何者不是決算審查過程活動？　(A)行政審查　(B)司法審查　(C)立法審查　(D)監察審查。

(　) **23** 我國政府機關預算的第一預備金與第二預備金制度是：　(A)皆為集中制　(B)皆為分散制　(C)前者為集中制，後者為分散制　(D)前者為分散制，後者為集中制。

(　) **24** 有關預備金編制與動支原則敘述何者正確？　(A)第一預備金於總預算內設置　(B)第二預備金於單位預算中設置　(C)第一級主管機關動支第一預備金時應經機關首長核定　(D)第二預備金動支前應由行政院核准動支，事後則無需再提出追加預算。

(　) **25** 政府財政收支活動之監督、查證、評議及建議改進相關組織與管理活動過程，是下列何者？　(A)決算　(B)預算審議　(C)政府審計　(D)會計處理。

(　) **26** 我國中央政府財政支出所佔比率，何者呈現持續增加？　(A)國防　(B)外交　(C)教育　(D)社會福利。

(　) **27** 下列那一項不屬於政府會計的功用？　(A)可取信於民　(B)排列各項支出的優先順序　(C)供各級政府對收支的考核　(D)可做政府當局決定施政計劃的參考。

(　) **28** 下列那一項不屬於審計機關的職權？　(A)監督預算執行　(B)分配機關預算　(C)考核財務效能　(D)核定財務責任。

(　) **29** 根據我國預算法第79條規定，當各行政機關依法律增加業務，致經費增加時，可以採下列何種方法補足經費？　(A)請求追加預算　(B)動用第一預備金　(C)動用第二預備金　(D)提出特別預算。

( ) **30** 在預算週期中，對於預算執行結果的審核，以確定法律責任之歸屬及預算運用的效能與效率性是： (A)預算編制階段 (B)預算審議階段 (C)預算執行階段 (D)預算決算階段。

( ) **31** 下列對參與式預算（participative budget）的敘述何者有誤： (A)強調由上而下的編製方式 (B)員工與民眾有參與感 (C)允許公民在政府預算決策過程中的參與 (D)我國某些中央部會與地方政府都曾推動。

解答					
1 (C)	2 (D)	3 (A)	4 (C)	5 (A)	6 (B)
7 (A)	8 (D)	9 (C)	10 (B)	11 (C)	12 (A)
13 (B)	14 (C)	15 (D)	16 (D)	17 (C)	18 (A)
19 (C)	20 (C)	21 (B)	23 (D)	24 (C)	25 (C)
26 (D)	27 (B)	28 (B)	29 (A)	30 (D)	31 (A)

Note

第十一章 公務管理

本章依據出題頻率區分，
屬：**C** 頻率低

「公務管理」內容自民國80年以後，主要重點即由庶務管理轉移至資訊管理部分，如管理資訊系統（MIS）、決策支援系統（DSS）與辦公室自動化（OA）。而這幾年更由於網際網路發達，電子化政府已快速成為各國政府再造與提升競爭力之主要措施，故電子化政府成為另一個考試焦點。

重點精要

研究與辦公廳有關之各種事務，包括辦公廳的空間、設備、環境、案卷、公文等，其目的在使此等條件完全符合工作人員需求，進而提高工作效率，完成組織所欲達成之使命。所謂「工欲善其事，必先利其器」，正足以說明良好工作條件的重要性。

壹 環境管理

一、空間管理（Space Management）

組織為節省空間成本、有效利用空間、縮短工作流程、迅速處理資料、提供良好環境，並促進人員溝通與協調所作的辦公廳佈置。

(一) **目標**：機關管理應考慮五個要素：物質特徵、組織部門設置、目前進行的工作、目前員工品質數量、完成工作所須設備與物材。其目標為：
   1. 提供充份空間，並作最佳利用。   2. 確保人員的舒適與便利。
   3. 發展有效且成本低的工作流程。   4. 協調各類相關的環境因素。
   5. 設計各類有助於工作方法及工作流程系統的工作站。
   6. 允許彈性佈置，以利重新安排和未來擴展。
   7. 重視人際溝通需要，消除溝通障礙，以利協調。
   8. 定期檢討各方面的空間管理方案，並謀改善。

(二) **組織需要之配合**
   1. 各部門應保持密切連繫。   2. 各部門人員數量安排。
   3. 資料處裡的工作型態。   4. 利用辦公室是否有設置必要。

(三) **有效工作的空間管理原則**
   1. 縮短資訊溝通與傳達路線最低限度。
   2. 空間應儘可能寬敞。
   3. 與公眾接觸較多單位，應設於較能與外界接觸位置。

4. 空間分配應以主要工作流程為主。

5. 應預測未來工作所需要件加以佈置。

6. 應考慮照明、通風設備、噪音情況及室內裝飾等要素。

(四) **工作空間設計型態**

1. **傳統型部門布置方式**：主要是按機關業務性質分成若干不同部門，如業務、會計、人事部門等，且每一部門均有其各自獨立的辦公空間。

2. **景觀布置型態**：源於德國，於西元1960年代初期盛行於美國。此種布置方式是將功能的、行為的與技術的因素相關結合起來，以設計個人工作站、工作群體與工作部門。其特色為採用開放式辦公空間布置方式，並無永久性或固定的屏障，可使人員溝通與資訊流通更暢通。

二、工作環境管理

對辦公處所之若干重要性物理因素，如地點、光線、空氣等之選擇，進行科學化管理，以建立良好的工作環境。可涵蓋以下因素：

(一) **表面環境**：即應考慮顏色調配，以配合工作環境，如冷色系適用於辦公室。

(二) **視覺環境**：就辦公處所的光線來源與分配而言，自然光優於人為光，而間接光優於直接光。

(三) **聽覺環境**：辦公處所應儘可能保持安靜，噪音不但會妨害聽覺，亦會影響心情及上班情緒，使人無法集中意志辦公。聲音之高低，通常以分貝（decibel）為測量單位，普通的談話約為60分貝。

(四) **空氣環境**：辦公處所內要有充足、新鮮與流通的空氣。最適宜工作溫度為攝氏19-21度，溼度為40-60%，潔淨空間每人每分鐘需要45立方呎的新鮮空氣。

牛刀小試

1. 何謂空間管理？其目標為何？如何考慮組織需要與空間管理的配合？試說明之。【高三人】

2. 解釋名詞：空間管理（Space Management）。

貳 文書管理

一、公文管理

公文是指處理公務的文書，在古時稱為「官書」，可分廣義與狹義兩種範圍：

法規一點靈

(一) **公文範圍**

1. **狹義公文**：指處理公務之文書。

(1)**令**：發佈法律命令、行政規章、人事任免、獎懲時使用。

(2)**呈**：僅限對於總統有所呈請或報告時使用。

政府資訊
公開法

(3) **咨**：總統與立法院、監察院之間公文往復時使用。

(4) **函**：各級機關處理公務時使用最多的公文格式。包括：上級機關對下級機關有所指示、交辦時；下級機關對上級機關有所請示或報告時；同級機關不相隸屬機關之間行文時；民眾與機關間申請答覆時。

(5) **公告**：各級機關就主管業務，向公眾或特定對象宣布週知時使用。其格式為主旨、依據、公告事項。

(6) **其他公文**：尚有書函與表格化公文。

　　A. **書函**：代替過去便函與備忘錄。

　　B. **表格化公文**：包括簡便行文表、開會通知單、公務電話記錄、其他可用表格處裡的公文。

2. **廣義公文**：泛指所有基於公務所制定的文書。如司法機關的「判決書」；立法機關的「會議記錄」、「質詢案」；人民對政府的「請願書」等。因此，廣義公文書包括：報告、報表、便箋、簽呈、手諭、會議錄、請願書。

(二) **撰擬原則**：尋求根據、確定立場、審查現勢、條理分明、明白確實、周密完整。

(三) **公文處理程序**：可以概分為收文處理、核擬文稿、發文處理及歸檔四大部分。而機關總收發單位收到公文文書後，其處理工作依先後順序可分為以下步驟：簽收➡拆驗➡摘由（摘錄事由）➡分文➡登記➡單位收發。

(四) **公文改革**

1. **公告方面**：改用語體文字，並採條列式，其結構為「主旨」、「依據」、「公告事項」三段。

2. **公文用語方面**：應力求「簡、淺、明、確」。

3. **函的結構方面**：行政機關的一般公文以「函」為主，其結構為「主旨、說明、辦法」三段式。

(五) **公文保密**：一般行政機關的文書保密等級，按其性質區分為「絕對機密」、「極機密」、「機密」、「密」四等級。機密文書之簽擬、陳核，應由業務主管人員親自處理；但「絕對機密」及「極機密」文書，宜由機關首長或幕僚長親自處理或指定專人處理。

(六) **公文稽催**

1. 最速件以隨到隨辦或一天為原則。2. 速件以辦理不超過三天為原則。

3. 普通件以辦理不超過六天為原則。

4. 限時公文及法令有一定時限的事項，應依限辦理。

5. 人民申請各種證照等案件應按其性質，區分類別項目，分別規定處理時限。如果辦理過程需時七天以上者，應分別訂定處理過程各階段的時限，並明白公告。

二、檔案管理制度

檔案隨公務而產生，自古有之，老子為周柱下史，藏守周代官書，已為檔案管理濫觴，「檔案」一詞始用於清代。

(一) **意義**：政府機關處理公務完畢所產生的文書及相關圖表資料，加以整理分類立案編目之手續，使成為有系統，即便保管又利隨時查閱公文及其相關資料。

(二) **功用**
1. 作為法律信證依據。
2. 作為行政研究的資料。
3. 作為公務員處理公務撰擬文稿的參考。

(三) **目的**
1. **無漏目**：本機關所經辦重大或細微案件，都有卷目可查。
2. **無閒時**：當工作人員前往檔案室調卷時，可迅速處理完畢。
3. **無廢卷**：檔案在經過定期或適時清理後，留在檔案室皆有其保留及參考價值。

(四) **類別**
1. **集中管理制**：即機關設一檔案管理單位，統籌並集中管理全機關所有檔案。
   (1)**優點**：A.消除不必要設備重複；B.消除不必要案卷的重複；C.專人管理，可迅速正確地傳遞檔案資料；D.管理方法統一，減少所須人力與成本；E.維持一個經常運作檔案部門，使檔案工作不中斷。
   (2)**缺點**：A.保密性低；B.調閱檔案費時費力；C.需使用較大空間存放資料。
2. **分儲管理制**：即在機關內各單位均設立檔案室，分別管理各單位檔案。
   (1)**優點**：A.方便承辦人員調閱檔案；B.保密性高；C.不須太大儲存空間。
   (2)**缺點**：A.各單位均須購置檔案設備，造成不必要的浪費；B.各單位分開管理容易造成檔案體系的混亂；C.各單位方法及計劃不一，難於溝通。
3. **集中混合制**：即在機關內設一「檔案處」，統轄各單位「檔案室」，不常調閱的檔案由檔案處集中管理，各單位認為常須或目前短期內須調閱的檔案，仍歸各單位檔案室自行管理。此混合制可收齊一計劃，節省人力、物力、時間與財力。

 事務管理

可分物材、車輛、宿舍、安全管理。茲概敘如下：

一、物材管理

以科學化方法及合理制度，對業務上必需的物資，作適當良善的管理，以發揮工作上最大功能。並應符合經濟、當用與制度化與隨時紀錄之原則。其購置制度有集中制、分散與合議制。

二、車輛管理

各機關供公務使用之各種車輛之登記檢驗、調派使用、油料管理、保養修理、報停報廢、肇事處理及駕駛人管理等事項。其目的在使車輛經常保持正常狀況，以達成公務車經濟有效、集中使用目的。

三、財產管理

指機關所有不動產與動產，其動產中壽年不滿兩年者或價值在一定金額以下者，列為一般物品管理範圍。機關財產管理依賴完整紀錄，故財產登記為財務管理的重心。其主要項目有：編號、登記憑證、編製財產卡與財產報告。而平常對財產經管涵蓋保管、使用、收益及借用、交接、盤點。

四、宿舍管理

指行政機關對其自有的首長宿舍、單身宿舍、有眷宿舍及招待所的借用管理，各機關宿舍管理，由事務單位統辦理，其管理方式由各機關視實際需要自行訂定之。

五、安全管理

行政機關積極責任在運用現代方法及人性管理，激發工作人員士氣，促進行政效率。而其消極責任，在確保工作人員生命與安全，設法防範一切有關物質與精神的損失，縱有災害發生，亦應妥善處理。其內容包括水災、火災、地震、風災與竊盜等之防護措施。

六、集會管理

涵蓋各種典禮、會議、宴會、晚會等集會佈置、接待、文書與議事等事項，其通則為事前籌劃、注意節約聯繫與配合、集會結束後之結算及檢討得失。

七、政府採購

政府採購制度，依公平、公開之採購程序，提升採購效率與功能，確保採購品質。所謂採購是指工程之定作、財物之買受、定製、承租及勞務之委任或僱傭等。採購的招標方式，分為公開招標、選擇性招標及限制性招標。

法規一點靈

政府採購法

(一) 公開招標，指以公告方式邀請不特定廠商投標。
(二) 選擇性招標，指以公告方式預先依一定資格條件辦理廠商資格審查後，再行邀請符合資格之廠商投標。
(三) 限制性招標，指不經公告程序，邀請二家以上廠商比價或僅邀請一家廠商議價。
　　機關承辦、監辦採購人員離職後三年內不得為本人或代理廠商向原任職機關接洽處理離職前五年內與職務有關之事務。

牛刀小試

何謂檔案？檔案之功用為何？檔案管理之意義與目的又為何？試分別說明之。

肆 資訊管理

一、資訊管理意涵與演進

組織為有效達成使命目標，針對影響組織運作有關之內外在環境因素，所進行之資訊蒐集、資訊分析、資訊解釋、資訊分派、資訊應用及資訊儲存等管理活動，其目的在促進行政效率、提升決策品質與有效解決公共問題。而將資訊系統運用於決策上之演進歷程如右：

(一) **電子資料處理（EDP）**：1950年代。
(二) **管理資訊系統（MIS）**：1960年代。
(三) **決策支援系統（DSS）**：1970年代。
(四) **辦公室自動化（OA）**：1980年代。
(五) **電子化政府（EG）**：1990年代。

資訊管理演進

1950年代
電子資料處理（EDP）

1960年代
管理資訊系統（MIS）

1970年代
決策支援系統（DSS）

1980年代
辦公室自動化（OA）

1990年代
電子化政府（EG）

二、管理資訊系統（MIS）

係指應用系統化、電腦化之資料處理程序及處理設備，針對機關組織決策所需與業務運作，所為有計劃管理作業及建置。

(一) **涵義**
1. **陳德禹認為**：協助管理階層有效履行管理功能，提供所需資訊的系統。
2. **葉維銓認為**：管理者為適應決策上需要，而建立一套情報蒐集、分析與儲存的制度，經由電腦的工具以提供迅速之服務，作為決策參考。

(二) **目的**：提供品質良好之資訊給機關各階層主管，協助其從事有效的規劃、執行與管制活動。其中策略規劃層級著重預測，管理階層強調控制而作業階層則強調行動控制。

(三) **功用**
1. 可協助機關決策或管理人員作決策的能力。
2. 可節省機關決策人員或管理人員作決策所需時間、成本、精力。
3. 便於推動例外管理，利用回饋系統，管理人員可迅速掌握計劃的重大差異及問題所在。
4. 可發揮管理上的管理功能。
5. 使機關原有資訊系統更為有效。

(四) **建立步驟**：可分為三階段：分析階段、整合階段、建制階段。
1. **分析階段**：
(1) **第一層次的分析工作**：使管理資訊系統的模式得以建構完成。
(2) **第二層次的分析工作**：把管理活動分割成合乎邏輯又容易處理的部分，並衡量評估更好達成目的的方式，包括可行性研究與系統研究兩項工作。

2. **整合階段**：係將前面管理工作分析與評估所得，加以組合為整體，包括系統設計與資源評估兩項作業。

3. **建制階段**：將整合好的系統一步步地建立起來，包括實際程式設計、測試、修正與整體評估。

(五) **成功要件**

1. **消極條件**：避免MIS建立受到阻礙。

(1)高層主管未能參與管理資訊系統的規劃與設計。

(2)缺乏整體管理資訊系統的設計與規劃。

(3)對於合適的管理人才缺乏規劃、網羅、培訓。

(4)缺乏建立管理資訊系統特別安全計劃。

2. **積極條件**：如何建立MIS系統成功必要條件。

(1)高層主管參與MIS系統的設計。　(2)使用者親自參與MIS系統的設計。

(3)進行適當而整體規劃。　(4)規劃電腦人力資源需求。

(5)建立MIS特別安全計劃。　(6)促使各項業務制度化。

(7)容忍實施初期的錯誤。

三、決策支援系統（DSS）

最早由史考特（M.Scott）在其所著《管理決策支援系統》一書，提出「決策支援系統」基本觀念。係指利用電腦資訊，促使主管人員針對非結構化問題制定決策與執行決策之一套體系。

(一) **涵義**

1. **史考特認為**：一個以電腦為基礎的交談式系統，目的在協助決策者使用資料及模式，解決非結構性問題。

2. **希爾洛夫認為**：決策支援系統容許使用者，將他的判斷在一個人／機介面上與電腦的產出結合，以產出更具意義資訊，以支援決策過程。

(二) **特性**

1. 能支援非結構化的決策。

2. 能夠支援整個決策過程。

3. 對環境變化具彈性、適應力及迅速回應能力。

4. 能夠提供充分彈性，供決策者表達主觀的認定。

5. 能夠提供決策者使用「If…then」權變關係的功能。

6. 容易使用。

(三) **構成要素**：其構成要素為語言、知識、問題處理系統。

1. **語言系統**：即使用者與電腦系統間相互溝通的媒介系統，如程式、指令等。

2. **知識系統**：系統內容應能涵括所有可供決策參考之大量資訊，由資料庫與資料庫管理系統所構成，為DSS最重要部分。

3. **問題處理系統**：扮演部分人腦的分析、推理和綜合的功能。

(四) **實施步驟**：魏爾克（R.Vierck）認為建立決策支援系統有四大步驟：
1. 進行可行性研究。　　　　　　　2. 發展適合建立決策支援系統之環境。
3. 選定試行決策支援系統的單位。　4. 全面建立決策支援系統。

(五) **MIS與DSS比較**

項目／類別	MIS	DSS
應用層級	中層管理者	高層管理者
解決問題	結構化問題	非結構化問題
系統功能	資料處理、分析、整合	加入使用者個人主觀認知與價值觀
適用環境	穩定、可預測	彈性與適應環境變化

四、辦公室自動化（OA）

係應用現代科學管理知識與技術，透過各種自動化的機器設備，以合乎人性的手段，迅速有效的處理、整合和運用辦公室之各類資訊，以增進工作績效，提高生產力，進而協助和機關組織達成目標的一種運作體系。

(一) **基本設備**
1. **各種資訊設備與技術**：語音、文字、資料、影像等。
2. **通信網路設備及技術**：本地區域網路與廣幅區域網路等設備。
3. **人機介面**：人性因素、人體工學等。
4. **管理科學技術**：流程分析、工作簡化、決策支援系統等。

(二) **內涵**：辦公室自動化內涵相當廣泛，通常由六大科技理念組成：
1. **資料處理**：數字化的資訊。　　2. **文書處理**：文字化的資訊。
3. **音訊處理**：口語化的資訊。　　4. **影像處理**：圖表化的資訊。
5. **通訊網絡**：互通化的資訊。　　6. **人性處理**：人性化的資訊。

(三) **推動理由**
1. **辦公室本身的因素**：需要整體運作的原因、辦公室生產力低落、人力成本日增及資訊爆炸的原因。
2. **經濟與社會因素**：包括經濟不景氣與情勢多元、辦公室工作人員呈高齡與高學歷的原因、社會結構改變，人力走向服務業。
3. **科技進步的因素**：電子技術與通訊網路技術進步。

(四) **辦公室自動化效益（功用）**
1. 可以提高工作效率。　　　　　　2. 提高工作品質。
3. 減少執行業務的設備費用。　　　4. 提高工作成就感與行政效能。
5. 可支援決策功能。　　　　　　　6. 使作業程序制度化與簡單化。

(五) **實施步驟**
1. 引進及研究。　　　　　　　　　2. 適應（認識環境與自身關係）
3. 局部安裝。　　　　　　　　　　4. 成立專責小組。
5. 全套裝備之安裝。　　　　　　　6. 訓練人員以操作OA系統。

五、電子化政府（Electronic Government）

電子化政府（EG）是近年來極受重視的公共管理改革方案，隨著全球資訊網際網路傳播技術發展，電子化政府已快速成為各國政府再造與提升競爭力之主要措施。

(一) **意涵**

1. **Holmes見解**：「指的是政府部門在網際網路中運用資訊科技，提供符合顧客導向和成本效益且完全不同於以往的、便捷的、更好的公共服務。」

2. **行政院研考會界定**：「係透過資訊與通訊科技，將政府機關、民眾與資訊連在一起，建立互動系統，讓政府資訊及服務更加方便，隨時隨地可得。」

(二) **方式**：根據研考會分類，電子化政府應包括：

1. G2C：政府對公民的網路便民服務。

2. G2B：政府對企業夥伴的電子商務服務。

3. G2G：政府在府際間資訊流通共享與其雇員間的網際服務。

(三) **運作類型**

1. **資訊型**：為普遍的，偏重組織功能與連續方式等靜態資訊。

2. **互動型**：係雙向溝通工具，通常採電子郵件技術。

3. **處理型**：指正式的金錢價值交易處理，如繳付罰款、網路報稅。

4. **交易型**：建立一個入口網站，提供廣泛的政府服務項目。如「我的e政府—電子化政府入口網」。

(四) **功能**

1. 可以提高行政效率。　　　　　　2. 提升服務品質。

3. 有助於達成政策成果。　　　　　4. 有助於改革落實與制度化。

5. 可以協助政府建立公民信任。

(五) **特質**

1. **推行優先順序**：利用資訊科技適當地傳送政府服務須注意下列事項的優先順序：

(1)政府機構現行使用資訊科技無法傳送客戶所須服務。

(2)政府機構目前無法將所有系統有效整合。

(3)對於顧客所需及資訊科技並沒有足夠的瞭解。

(4)在政府內部如何有效使用資訊科技存有過多障礙。

(5)所有政府部門須要接受資訊科技的再教育。

2. 顧客取向的電子化政府應強調特質包括讓民眾更容易取得政府資訊、使政府施政更有效率與易於操作性。

3. 電子化政府的目的在建立起跨用政府機關、企業與民眾的互動機制。

4. 透過電子化政府資訊科技運用改變原組織基本架構包括決策過程、管理結構、工作方式及流程再造等。

(六) 對政府行政的影響

  1. 正面影響

    (1)提升政府組織反應能力。   (2)可提高行政效率與服務品質。

    (3)提升行政決策品質。   (4)創新政府服務與革新行事方法。

    (5)簡化決策流程，可降低成本。   (6)有效人力運用。

    (7)服務無時間地點限制。   (8)可擴大人民參與公共事務。

    (9)政府資訊透明公開化。

    (10)落實政府再造工作，邁向全民智慧型政府。

  2. 負面影響

    (1)全面參與的限制：增加宣傳成本、信賴感欠缺。

    (2)資訊成本投資昂貴。

    (3)資訊超載，反而成為負荷，造成資訊判讀誤失。

    (4)易受政治團體干預與反對。

    (5)行政資訊分派未能與結構相配合，易產生各自為政現象。

(七) 對於政府部門衝擊：電子化政府雖可滿足人民對政府服務的期望，但同時也會對整個政府部門帶來巨大衝擊與影響：

  1. 組織面影響：改變了原組織權力分配與情形，增加了員工自主性，即參與和分享決策權力。另透過電子化治理形成了網絡型態組織，更突顯了跨部門整合的重要性。

  2. 人力結構面影響：由於資訊科技全面應用，人力可作適當精簡。而資訊人員角色也愈趨重要。

  3. 財務運作面影響：電子化政府推動，除初期建制成本外，其後將因電腦化將人力精簡，使財務經費支出大為減少。

  4. 行政運作面影響：行政運作流程將更為簡化；政府部門間將形成夥伴與協力關係；政府資訊透明公開將受人民強力監督；組織學習與知識管理將更形重要；面對無疆界的網路空間「全球化」趨勢，將考驗政府處理國際事務能力。

  5. 政府結構面影響：政府行政體系結構將由傳統「官僚控制」轉變為「分權式控制」「網絡式的組織結構」並將成為未來趨勢。另行政組織間界限將日趨模糊。

(八) 發展歷程：乃源自於西元1960年代之管理資訊系統，1980年代之公共管理資訊系統、辦公室自動化，及1990年代的網際網路應用。

(九) 推動策略

  1. 整合資訊與通信基礎架構推動資訊業務整體委外作業。

  2. 訂定政府機關資訊處理共通規範。 3. 加速建置國家資料庫。

  4. 加強資訊安全管理。   5. 提升行政人員網路應用能力。

(十) 發展趨勢

  1. 政府服務上網：政府將廣為應用網路提供民眾更便捷的線上服務，同時亦廣為設置「公用資訊站」於各公共場所。

2. **智慧卡之應用**：智慧卡（Smart I Card）將逐漸作為個人基本資料儲存及線上申辦身分辨識之重要媒介。

3. **知識經濟發展**：以知識為本位的經濟將改變全球經濟發展型態，而電子化政府亦將是支持知識經濟發展的關鍵。

4. **消除數位落差**：電子化政府推動必須避免造成資訊富者愈富、貧者欲貧之失衡現象，必須普及城鄉寬頻網路建設與資訊教育。

5. **邁向知識管理**：知識管理目的在提高機構智慧或企業智商，亦即「生產力」、「應變力」、「工作職能」及「創意力」再提升。

(十一) 我國推動電子化政府概況

1. **願景**

(1) 充分運用資訊與通訊科技，邁向全民智慧型政府。

(2) 革新公務員辦事方法，服務加快、成本降低。

(3) 讓政府機關、企業、社會大眾可於隨時隨地透過各管道，得到各項服務。

(4) 落實再造工作，成為全球數位化政府的領先群。

2. **總目標**：電子化政府要能支援「效能型政府」、「計劃型政府」、「競爭型政府」及「團隊化政府」，促使政府轉型，達到政府「服務現代化」、「管理知識化」的總目標。

3. **執行成效**：目前我國電子化政府計劃推行成果有：

(1) 籌建置「政府網際服務網」（GSM）。

(2) 推動「村村有電腦，里里上網路」，消除數位落差。

(3) 推動「課股有信箱，訊息瞬間通」。

(4) 推動網際網路在行政上應用，如電子化公文、人事。

(5) 推動網際網路便民應用，如綜所稅申報。

(6) 建立網際網路電子認證機制，如電子支付、採購。

(7) 推動網際網路資訊安全稽核。

(8) 推動「網網相連電子閘門」，達到「一處收件，全程服務」。

(9) 配合擴大內需方案，推動辦公室自動化，完成基層公所網路建置。

4. **應加強事項**

(1) 政府機關尚待全面普及上網。　(2) 網際網路資訊資源尚待充實。

(3) 政府資訊服務管道尚待擴展。　(4) 網路申辦服務尚待推廣。

(5) 政府資訊安全管理尚待落實。　(6) 政府資訊相關法規尚待檢討。

(7) 公務人員網路能力尚待加強。　(8) 資訊組織與人力尚待有效調整。

(9) 資訊預算經費尚待擴增。

5. **發展方向**

(1) 政府服務網路化。　(2) 智慧卡普及應用。　(3) 自助式服務興起。

(4) 政府服務下鄉。　(5) 電子商務普及應用。

牛刀小試

1. 管理資訊系統（Management Information System）的意義與主要功能有那些？試敘述之。
2. 何謂管理資訊系統？管理資訊系統成功條件為何？試說明之。
3. 決策支援系統（Decision Support System）的意義為何？其主要特性有那些？試說明之。【北基三】
4. 說明辦公室自動化之意義、主要內涵及其功用。【普】
5. 電子化政府之意義為何？目前政府實施電子化之成效如何？有無必要改進之處？試分別說之。【高一】
6. 何謂電子化政府（Electronic Government）？何謂「行政績效」？電子化政府對行政績效具有那種正面與負面的影響？請一一回答。【普】
7. 何謂電子化政府？電子化政府對於政府行政產生那些影響？電子化政府的演進過程可以分成為哪些階段？【地人三】
8. 何謂電子化政府？電子化政府對於政府組織、人力結構、財務運作、行政運作以及政府結構會產生何種影響和衝擊？【身人三】
9. 何謂電子化政府？其有那些特質？我國目前推動電子化政府的實務如何？試論述之。【原三】

鑑往知來

1. **公務管理**：又稱庶務管理涵蓋辦公處所管理、文書管理、事物管理、資訊管理集會管理等。
2. **環境管理**：包括表面環境、視覺環境、聽覺環境（60分貝）、空氣環境（溫度19-21度、溼度40-60%最適宜、潔淨45立方呎新鮮空氣）。【90基】
3. **空間管理**：係有效利用空間、縮短工作流程、迅速處理資料、提供良好工作環境，所作辦公布置，包括辦公地點選擇、內部佈置、辦公設備擺設。工作空間設計分傳統及景觀布置型態（源於德國，開放無永久性牆壁）。【90高基、91高】
4. **函**：為各級機關處理公務時使用最多的公文格式。包括上級機關對下級機關有所指示，下級機關對上級機關有所請示或同級機關不相隸屬機關之間行文時及民眾與機關間申請答覆時。【90基高、91基】
5. **公告內容**：可分主旨、依據、公告事項。【95身】
6. **檔案管理**：分集中、分儲、混合制。
7. **資訊管理演進**：電子資料處理EDP→管理資訊系統MIS→決策支援系統DSS→辦公室自動化OA→電子化政府EG。
8. **管理資訊系統**：係以電腦為工具運用系統方法，於最短期間內經濟有效地，提供各階層人員作日常計劃、執行與管制等各項活動所需資訊過程與體系，其建立可分分析、整合、建制三階段。【90高、91初、92地】

9. **決策支援系統**：係利用電腦資訊，促使主管人員針對非結構化問題制定決策與執行決策之一套體系，其構成要素可分為語言、知識、問題處理系統。其特性能支援非結構化決策與整個決策過程、對環境變化具彈性、適應力及迅速回應能力並可供決策者表達主觀認定、提供決策者使用「If⋯then」權變功能、容易使用。
【91高、92高地、94原、95原、96初】

10. **辦公室自動化**：為1980年代趨勢，係利用現代化辦公設備，將資訊加以處理，使人員獲得所需資料。其主要內容包括各種資訊設備與技術、通信網路設備及技術、人機介面與管理科學技術。【91普、95身】

11. **辦公室自動化效益**：可提高生產力、減少辦公室費用、提高行政管理效能、支援決策功能、作業程序制度化與簡單化。【90高、92地、93地、94原】

12. **電子化政府**：係透過資訊與通訊科技，將政府機關、民眾與資訊連在一起，建立互動系統，讓政府資訊及服務更加方便，隨時隨地可得。【91基】

13. **政府資訊公開法目的**：為建立政府資訊公開制度，便利人民共享及公平利用政府資訊，保障人民知的權利，增進人民對公共事務之瞭解、信賴及監督，並促進民主參與，特制定本法。

14. **大數據**：指由巨型數據集所組成的數據庫，這些數據的大小遠遠超出人類在可接受的時間下進行收集、管理與分析，所以一般都會用人工智能（AI）配合機器學習（Machine Learning）去處理，從而提取「有價值」資料再加以運用。一般而言，大數據都會具備四大特性：(1)數據量巨大（Volume）；(2)數據類型多樣化（Variety）；(3)數據處理速度快（Velocity）；(4)數據真確性高（Veracity）。

15. 政府開放資料（GOD）可增進政府施政透明度、提升民眾生活品質，滿足產業界需求，對於各級政府間或各部會間之決策品質均有助益可見其重要性。行政院所屬各機關今後將藉由「資料開放民眾與企業運用」、「以免費為原則、收費為例外」、「資料大量、自動化而有系統的釋放與交換」3步驟，並配合「主動開放，民生優先」、「制定開放資料規範」、「推動共用平台（Data.gov.tw）」、「示範宣導及服務推廣」等4大焦點策略推動政府資料開放工作。

精選試題

( ) **1** 公務管理的範圍不包括下列何者？ (A)文書 (B)事務 (C)法令規章 (D)環境與設備。

( ) **2** 機關景觀布置（office landscape）採取開放式的辦公室布置方式，無永久性牆壁，此一觀念始於第二次世界大戰後那一個國家？ (A)美國 (B)德國 (C)日本 (D)英國。

( ) **3** 下列敘述何者有誤？ (A)令：發佈法律命令、行政規章、人事任免時使用 (B)呈：僅限對於總統有所呈請或報告時使用 (C)咨：總統與立

法、監察、行政院之間公文往復時使用 (D)函：各級機關處理公務時使用最多的公文格式。

( ) **4** 下列何者不是一般行政機關「文書保密」等級之一？ (A)絕對機密 (B)最高機密 (C)極機密 (D)機密。

( ) **5** 管理資訊系統建立，依序可分成哪三階段？ (A)規劃，分析，整合 (B)分析，規劃，整合 (C)調查，分析，整合 (D)分析，整合，建置。

( ) **6** 決策支援系統是指應用電腦系統處理組織的資訊，以支援主管人員針對什麼問題擬定因應對策的一套體系？ (A)結構化問題 (B)非結構化問題 (C)人為問題 (D)自然問題。

( ) **7** 決策支援系統（DSS）較諸管理資訊系統（MIS），有哪些不同特性，下列何者不包括在內？ (A)可支援結構化決策 (B)可支援整個決策過程 (C)對環境變化具彈性 (D)使決策者可表達主觀認定。

( ) **8** 以講究「人性因素」著稱的資訊管理措施是： (A)電子資料系統 (B)管理資訊系統 (C)決策支援系統 (D)辦公室自動化。

( ) **9** 下列何項不是辦公室自動化體系的內涵？ (A)口語化 (B)資訊影像處理 (C)提高工作績效 (D)人性化資訊。

( ) **10** 偏遠地區學生受限於電腦設備與網際網路未能普及，使得其學習的效果無法與都會地區學生並駕齊驅，此係屬電子化政府研究中之何種議題？ (A)數位落差 (B)網路新都 (C)電子憑證 (D)電子商務。

( ) **11** 有關「文書管理」的敘述何者有誤？ (A)文書為處理公務之基本表達工具 (B)文稿判行應依分層負責、逐級授權的原則處理 (C)其他公文形式有通告、通知、書函、手諭、報告、公告、表格化公文等形式 (D)公文處理，僅限於「公務」和「機關」的範圍，不包括公務和機關的私人函件。

解答	1 (C)	2 (B)	3 (C)	4 (B)	5 (D)	6 (B)
	7 (A)	8 (D)	9 (C)	10 (A)	11 (D)	

第十二章 行政變革

本章依據出題頻率區分，
屬：**A** 頻率高

「變是唯一不變的真理」，行政學除了回顧緬懷過去外，須有前瞻性的作法，才能展望與創造未來。本單元除匯集學者精闢言論並探討行政學的變革，所關注的焦點無一不是當前各國政府正如火如荼改革的重點，如企業型政府、政府再造、行政革新、組織精簡、民營化、與非營利組織合作、府際關係的改善、治理轉型。甚至是公共管理技術的運用如目標管理（MBO）、全面品質管理（TQM）、標竿學習（Benchmarking）、參與式管理、策略管理、危機管理、平衡計分卡（BSC）與知識管理（KM）。熟讀以上理論除可讓你過關斬將，並能助你更上一層樓。管理技術在國考申論題的運用，除個中高手方能領略其中奧妙，有百利而無一害，具有正向的加分效果。

重點精要

二十一世紀以來，各國政府莫不致力於行政變革，舉凡企業型政府導入、政府再造、行政革新、公營事業民營化、與非營利組織配合，TQM、MBO策略管理等管理技術的運用等議題，無一不是政府關注的焦點與未來發展的趨勢。

壹 組織面改造

一、新政府運動與企業型政府

現代民主政府普遍遭受「能力不足」、「績效不彰」、「欠缺效率」、「資源浪費」等批評。西元1992年奧斯本（D.Osborne）與賈伯樂（T.Gaebler）二人提出「新政府運動」或「政府再造」的口號，倡議以企業型政府（entrepreneurial government）觀念來引導政府改造方向。主張政府應拋棄過去增加稅收、減少服務行政觀念，以「企業型政府」理念，作為「第三種選擇」。各國實施「企業型政府」最具代表性及成效者，首推美國總統柯林頓（B.Clinton）的「全國績效評鑑委員會」[註一]。

(一) **企業型政府內涵**：根據熊彼得（J.Schumpeter）說法企業精神指企業家應具備「創新」的精神與能力。而所謂「企業型政府」則指：政府部門由一群富有企業精神之公職人員組成，他們能運用各種創新策略，使原本僵化官僚體制恢復活力，並使績效不彰政府機關，再度有效運作。因此，企業型政府乃是由企業型官僚與政府企業精神兩項概念所組成。

(二) **企業型官僚**
1. **意義**：指在公共部門內，從事構思、設計和執行革新理念的成員。
2. **特徵**：根據李懷適（E.Lewis）於《政府的企業精神：官僚的政治權力論》一書中，曾以胡佛（J.Hoover）、李克河（H.Rickover）以及牟雪書（R.Moses）三人為典範，歸納出五項企業型官僚之共同特徵，作為行政革新中具體行為實踐的指涉架構：
(1)擅用組織內部的資源及力量實現公共目標。
(2)專精於某些社會關注的領域。
(3)積極運用組織中的影響力。
(4)善用民意市場塑造專業形象。
(5)設法擴展專屬的公共政策範圍，以獲取更多資源和支持。
3. **企業型官僚角色**：企業型政府由「企業型官僚」（public entrepreneurs）所組成，擔任政府革新理念的設計者與執行者，具備創新的專業知識及倡議創新計劃的影響能力，應扮演三種角色：
(1)能夠敏銳察覺潛在的公眾需求，以快速回應方式，予以有效的滿足。
(2)處理公眾事務的過程中，不但有創新冒險的精神並能勇於承擔責任。
(3)具備優越協調溝通能力，促成共同努力。
4. **培育企業型官僚前提**
(1)重視整體價值觀的平衡除工具理性管理價值外，應同時考量多元主義、行政倫理、代表性官僚等政治價值或正法律程序及實質公平的法律價值。
(2)強化倫理的培育。
(3)提供足夠誘因，增強改革動力。
(三) **創新策略**：政府機關與營利企業使命目標不同，企業型政府理念並非要求政府機關運作完全與私人企業一樣；而是認為政府必須在市場導向的觀念下，引進競爭的刺激力量，讓機關在既有的人力、財力、法規體制下，產生不同的創新作法。而這些創新策略包括：
1. **創造新任務**：行政人員應主動體察民意，發掘人民需求，運用適當的行政裁量權，創造機關的時代任務，拉近與民眾距離。
2. **主動發掘機會**：具備企業家精神的行政人員，對環境變化與人民好惡應保持高度的警覺心，使之能掌握公共服務市場的先機，預防危險的發生。
3. **勇於承擔風險**：勇於任事的行政人員，擁有更寬廣的創新空間；創新的想法與作法雖可能帶來短期風險，但卻是機關長期發展的命脈所繫。
4. **行政首長支持**：任何組織變革都須機關首長配合，行政創新更須機關首長的支持。
5. **建立外部聯盟，組織內部團隊**：企業型政府的創新改革活動，對外必須尋求相關部會與機構團體協助，締造工作聯盟，互為奧援。對內則必須爭取相關人員認同。

6. **善用輿論壓力**：成功企業型官僚善於運用此一力量，來創造有利輿論之氣氛，以協助政府推動革新計劃。

7. **組織文化的塑造**：企業型政府的再造工程，必須以創新取向的組織文化為根基，透過組織文化的傳承相互影響。

(四) **企業型政府特質**：彼得斯（G.Peters）觀察西元1982年代及1990年代各國政府再造實況，認為當代政府的新治理典範已浮現，並可歸納為四種明顯模式或特質。而此四種新治理模式，即可表現出企業型政府之主要特質：

1. **市場式政府**：傳統治理結構最大問題在於官僚體制的獨占性，致使機關規模和預算日益龐大，另文官體系缺乏足夠誘因導致行政效率低落，以及缺乏施政成本壓力導致過度生產。市場式政府特徵應包括：

   (1)採取分權化的組織結構。

   (2)運用企業部門的管理技術。

   (3)將功績薪給制（Merit pay）改為績效薪給制（pay for performance）。

   (4)引進市場競爭的誘因結構，並創造內部市場化的決策機制。

   其所提供的公共利益在於降低施政成本。

2. **參與式政府**：參與式政府要對抗的是傳統官僚的層級節制體系，其主要特徵：

   (1)力求扁平化的組織型態。

   (2)管理上採用全面品質管理和團隊建立的策略。

   (3)運用諮議及協商的決策方式。

   其所提供的公共利益在於增進公職人員和民眾對政府施政的參與度。

3. **彈性化政府**：彈性化政府主要特徵包括：

   (1)運用虛擬組織。

   (2)管理方面，採工作團隊式的管理。

   (3)決策方式採取實驗性強之應變決策。

   其所締造的公共利益在於降低施政成本和增進組織成員的合作團結。

4. **解制式政府**：其假定是若能排除政府運作上的過度管制，將使運作更具效率，其特徵包括：

   (1)組織型態並無特別偏好。

   (2)在管理方面，賦予管理者更多的自主裁量權。

   (3)在決策方面，企業型官僚應擔負更多決策責任。

   其所提供的公共利益為增進政府部門的創新能力與行動力。

比較	市場式	參與性	彈性化	解制式
主要矯正	官僚體制的獨占性	層級節制體制	官僚正式化	運作過度管制
組織設計	分權化	扁平化	虛擬組織	無特別偏好

比較	市場式	參與性	彈性化	解制式
管理方式	採績效薪給制	採員工參與、TQM與團隊	採團隊式管理	賦與管理者更多的裁量權
決策方式	競爭	諮商與協商	應變、適應	更多決策責任
公共利益	降低施政成本	公職人員與民眾參與度	降低成本、增進成員團結	增進政府部門創新行動力

(五) **創造企業型政府的原則**：企業型政府的精義在於行政人員以創新的方法，運用有限的政府資源，使機關發揮最大生產力，以滿足民眾需求，實現民眾利益。而如何創造企業型政府，奧斯本與賈伯勒歸納出十項重要的原則：

1. **政府應多扮演「指導」的角色，毋需事必躬親**：政府的職責在於規劃遠景，建立發展的方向，並從中擔任催化劑觸媒的角色，而實際推動的工作則可交由民間來執行。

2. **鼓勵公民參與，並由民眾來監督政府施政**：政府應提供有效的意見發表管道，鼓勵民眾關心並參與公共事務，如此政府才能確實掌握民眾的需要，並透過公民參與以爭取認同感。

3. **創造公共服務的市場競爭**：政府應揚棄過去公共服務的的獨占心態，鼓勵民間參加提供，如此則能刺激政府機關改良管理作法，提昇服務品質。

4. **政府的運作應以目標和任務為導向**：政府固然要依法行政，但更要以民眾的福祉為依歸，在合法的範圍內，行政人員應以所欲達成的目標成果作為指引，發揮創意，以彈性的作法來完成機關託付的任務。

5. **以實際的結果為工作的重點**：企業型政府應強調工作的實際結果，使預算和績效並重，並透過明確的績效標準獎勵成功，並由失敗的經驗中鑑往知來。

6. **顧客導向的服務規劃**：政府的運作應以顧客為導向，檢討並改變過去服務生產與傳輸的舊方法，建立即時的顧客回應系統，以滿足顧客的需求。

7. **財政管理應強調開源，而非一昧節流**：傳統的財政理論，強調國家應該如何撙結支出，達成收支平衡。企業型政府則強調如何增加利潤的觀念，並發揮企業經營的精神，以獲取更多 的利益達到自給自足的境界。

8. **事先的預防重於事後的補救**：企業型政府重視策略思考和長期性的規劃，能夠針對未來可能發生的問題，事先擬妥對策，防範於未然。

9. **分權化的政府運作**：企業型政府講求分權的管理觀念，授權地方政府機關發揮因地制宜的功能，對內則講求參與管理的觀念，授予部屬決定權力，以提高工作效率。

10. **深信市場機能優於官僚的機制**：現代政府在有限資源條件下，無法扮演過去無事不理的角色，故應採市場競爭機制，開放公共服務的市場，讓民間機構協助政府處理公共事務。

(六) **企業型政府的運作原則**：奧斯本與賈伯勒於西元1992年出版的《新政府運動：如何將企業精神轉換至公務部門》一書中，提出企業型政府如何運作或治理的十項原則，及爾後進一步提出實行策略如下：

企業型政府的原則與策略

發揮的原則	定義	達成的策略
導航式的政府	政府職能在於引導領航（steering），而非親自操槳。委由民間作業，不再事必躬親。	契約外包、抵用券、特許權、志願服務。
社區性的政府	政府將更多的決策權和公共服務的提供，回歸社區自主處理。	透過社區自治委員會提供「公共服務」，鼓勵民間參與地方事務。
競爭性的政府	競爭機制是紓解官僚體制運作失靈的良方，政府應將競爭觀念注入公共服務與產品之中，取代傳統獨佔而造成的保守、浪費與無效率。	引進市場競爭機制，讓政府行政機構與單位可以彼此競爭福利服務的提供。
分權式的政府	政府應將決策權下放以增加員工的自主權，同時於適當的監督下充分的分權，使地方政府能發揮因地制宜功能。	推動品管圈、員工發展方案、參與管理、授權基層員工自我決策。
前瞻性的政府	政府能夠以遠見來治理國家，並重視事先的防範優於事後的彌補。	注重災害預防，如自然災害以及金融危機的預警制度。
任務導向的政府	政府應以目標與任務為導向，而非以法規命令為驅力，並注重任務的優先次序，以便集中精力有效運用資源。	簡化不合時宜的人事、預算、採購等法規制度。
結果導向的政府	政府應對其施政結果負責，並以此作為績效評量標準。	強調服務品質與成果；對於預算與基金的分配以政策成效為衡量標準。
顧客導向的政府	政府服務應以滿足民眾需求為優先。因此，政府的施政績效與品質應由顧客的滿意度來決定。	建立服務需求調查問卷、顧客服務標準作業流程。
企業導向的政府	政府除了節流外，更應注重開源。	透過使用者付費、企業融資貸款、創新基金與工程受益費解決財政困境。
市場導向的政府	政府面對不同的公共問題，可透過市場的自律調整，以紓緩政府機構官僚化的現象。	藉由稅制誘因如污染費、環境保護費減少行政管制。

(七) **企業型政府策略**：奧斯本（D.Osborne）、普拉斯崔克（P.Plastrick）二人於西元1997年著《解構科層組織》（Banishing Bureaucracy）指出，行政組織欲駛出官僚之海，航向創新之境，必須尋找重要變遷支點，方能以小搏大，從根本處改造整體制度。因此，行政體系必須著手兩項工作：

1. 確認各級行政體系所適用的變遷支點，並分析各層級支點所能產生的變革力量。而變遷支點所適用的行政體系層級有五：整體制度、行政體系、行政組織、工作流程及組織成員。

2. 為建構前述重要支點的啟動策略，歸納出五種策略，可作為公共組織改造參考。又稱「五項希望工程策略」，簡稱「五希策略」（Five Cs）：

   (1) **核心策略（core strategy）**：公共組織「集中在領航，而非操槳」；亦即行政體系應著重在正確政策之制定與施政方向之設定，而勿汲汲於力行服務之傳輸。

   核心策略執行途徑主要有三：

   A 簡併對公共組織無所注意的業務目標與內容

   B 區分領航與操槳、管制與服務之業務職能

   C 創立新的領航機制

   (2) **效果策略（consquence strategy）**：主要在設計公平、客觀及科學的績效酬賞制度，以利獎優懲劣，若能充分發揮，將是政府再造的希望工程中最具影響力的策略。

   執行效果策略的主要途徑亦有三項：

   A 企業化管理　　　**B** 良性競爭　　　**C** 績效管理

   (3) **顧客策略（customer strategy）**：係在調整行政人員與民眾互動方式，以顧客導向的方式處理行政業務，強調公共組織對顧客負責，藉以提高行政體系對外在環境的敏感度以及回應。

   其執行要務有二：

   A 提供顧客的選擇權　　　**B** 品質確保措施

   (4) **控制策略（control strategy）**：係指行政組織將內部重要決策權逐級下授，必要時可對外授權。行政組織控制形勢，由鉅細靡遺的法令規章以及層級命令，轉換為「績效責任」的共同願景。

   其落實途徑有三：

   A 組織授能　　　**B** 成員授能　　　**C** 社區授能

(5) **文化策略**（culture strategy）：是五希策略中最隱晦難明的部份。然而，文化策略卻是政府再造成果能否持續的重要支點。要維繫政府再造成果，就必須刻意改變行政人員的心思意念與行為習慣。

其落實有三項途徑：

A 改變組織成員的工作內容及方法

B 管理組織成員的情緒壓力

C 形塑組織成員的「贏家心態」

(八) 推動「企業型政府」的限制

1. **誘因結構的差異**：推動企業服務顧客提高品質的原動力是市場競爭機制；相對的政府部門是提供公共服務的獨占性組織，依公共選擇學派論述，若將「政治領域」視為市場，「政黨」為生產者，那選民就是「消費者」而對政治人物而言，最大誘因是「競選連任」，政黨則是「極大化選票」。但對常任文官而言，卻無上述強烈誘因，促使其「以客為尊」其心態始終為「防弊重於興利」。

2. **主觀意志論的限制**：企業型政府成功關鍵在企業型官僚積極開創行為，然而政府良窳並非純然人的因素，尚包括系統、結構、官僚文化、誘因機制、思維模式等因素。

3. **對私部門企業管理的迷信**：經濟學家相信政府存在最重要意義在於矯正「市場失靈」。而市場失靈現象比比皆是，政府常須扮演管制干預者角色。而企業型政府卸下管制的角色，轉而向市場學習，似乎角色混淆。

4. **創新與彈性的風險**：企業型政府致力於創新與改革的同時，時空環境的不確定性亦相對增加，造成風險增大，有可能面臨失敗。

牛刀小試

1. 解釋名詞：企業型政府（entrepreneurial government）。【國軍】
2. 何謂「企業型官僚」（entrepreneurial bureaucrats）？其有何行為特徵？試論述之。【北基三】
3. 彼得斯（G.Peters）觀察各國政府再造實況，認為當代政府的新治理典範已浮現，企歸納之四種新治理模式特質並加以比較。
4. 奧斯本（D.Osborne）與普拉斯崔克（P.Plastrick）提出政府再造的「五項希望工程」其內涵為何？

二、組織再造

(一) 意涵

1. **韓默與錢辟（M.Hammer & J.Champy）的定義**：「根本重新思考，徹底翻新作業流程，以便在現今衡量表現的關鍵上，如成本、品質、服務和速度等，獲得戲劇性的改善。」此一定義包含了四個關鍵字，說明如下：
   (1) **根本**：藉著詢問最基本問題，迫使人們正視蘊含在工作背後的戰術規則及假定。
   (2) **徹底**：徹底翻新流程，係指從根本改造且另闢新徑來完成工作。
   (3) **流程**：接受一個或多種投入且創造對顧客有價值產出的活動集合。
   (4) **戲劇化**：並非緩和或漸進的改善，而係在績效達成定量上的大躍進。
2. **赫拉契米（A.Halachimi）的定義**：再造是指為符合時代需要，從制度根本重新思考，以較低成本，較高品質，快捷服務，提供組織存在的必要理由。

(二) 基礎理論

1. **策略規劃**：再造工程係透過策略規劃以界定組織中關鍵流程，重新安排以迎合市場需要。
2. **品質管理**：再造工程強調品質管理，檢視流程步驟以確保對顧客權益。
3. **參與管理**：再造工程強調跨功能運作，其中溝通、分工、協同合作乃為必要。
4. **方案管理**：再造工程將組織專業分工轉移為依流程管理，以縮短作業時間。

(三) 關鍵要素

1. **流程中心**：傳統組織設計依工作性質不同來劃分功能部門，易使原先完整的流程變得支離破碎，事權牽扯不清。組織再造則是以流程為中心，顧客滿意為導向，將現行流程予以重整，使能克竟全功。

目標取向　顧客導向　流程中心　系統思考　資訊科技

2. **顧客導向**：流程再造目的在提昇顧客的滿意度，包括內在顧客與外在顧客。
   (1) **就內在顧客而言**：管理者必須重視組織成員感受，透過授能使組織成員有較大的自主空間，以期自我管制、自我實現。
   (2) **就外在顧客而言**：整個組織須以「顧客滿意」為目標，亦即執行流程之設計應以顧客為導向。
3. **目標取向**：流程再造必須是目標取向的。首先在流程設計方面，應根據所欲達成的目標，設計出一套兼顧效率與效能的新流程。其次，在績效衡量方面，目標為掌控監督與給薪標準的關鍵因素。

4. **系統思考**：再造工程是以系統整體觀點對現行之流程重新思考、描述、分析，以創造新流程。唯有透過系統思考，才能跳脫功能部門的侷限，根據實際的需要來重新建構組織流程。

5. **資訊科技**：資訊科技是支持再造工程力量來源，透過資訊科技可使組織運作更靈活，部門間聯繫更具彈性。另資訊科技亦可使流程運作過程具更快捷的服務、更扁平的組織及更親切的服務等效果。

(四) **原則（特徵）**

1. **整合工作流程**：組織再造係將原本被分割工作，重新予以整合、壓縮成為一個完整工作流程。

2. **由員工下決定**：進行再造的組織，除將流程作水平整合外，同時亦要對流程作垂直壓縮。水平整合意謂著工作擴大化，及組織成員要有多種技能而非僅專精於一項事務；垂直壓縮則意謂著工作豐富化，使員工在工作上作縱的擴展與加載，亦即要授能給員工使其有一定程度的自主權負起責任。

3. **同步進行工作**：傳統的金字塔組織型態，皆採直線連續性的工作流程，導致費工耗時。組織再造則強調作業步驟須視眼前狀況予以調整，儘量使其同時進行，且能互相支援、互相配合。

4. **流程多樣化**：傳統制式化流程不知變通，多樣化的流程則是清晰明瞭，具有兩、三種版本之彈性流程，且可使用不同方案、流程來處理。

5. **打破部門界限**：傳統組織結構皆採專業分工方式，各功能部門各司其職。組織再造之後則可跨越部門界限，使得整個工作流程一氣呵成。

6. **減少監督審核**：傳統組織流程中充滿了審核與監督步驟，不但耗時亦難收效。新流程只有在符合經濟效益情況下，才會出現監督工作。

7. **減少折衝協調**：傳統制式化流程中，另一項沒有價值的工作就是折衝協調。而在新的流程中，則將工作予以整合，可免折衝協調時間。

8. **提供單點接觸**：在某些情況下，流程因為太過於複雜或分散而無從簡化、合併。此時「專案經理人」便因應而生，在依舊複雜的流程與顧客間扮演折衝的角色，具有實權與溝通協調的能力。

9. **集權與分權並存**：透過組織再造，一方面授能組織成員，使其能自立自主；另一方面，則可借助資訊科技，以掌握全局瞭解各項工作運作狀況。

(五) **實施策略**：考德（Caudle）歸納出七項再造工程的實施策略，供政府部門管理者在推動時之參考指南：

1. **將流程改造策略與預期結果加以連結**：一般而言，流程改造含括了三項要素：(1)持續的流程改善；(2)企業流程的重新設計；(3)再造工程。

2. **再造工程成果的規劃與管理**：高階管理者應設計一個明確的架構以便長期的管理、設計、執行及評估再造工程的成效。

3. **組織任務與顧客的釐清**：再造工程係以「顧客導向」觀點來重新設計業務流程，重視與顧客的業務關係。然而站在顧客立場，只重視服務績效與產品品質，而非組織內部的活動過程。

4. **發展有意義的績效量表**：成功的再造工程推行，由開始至結束與維持均有賴於完善的績效量表。

5. **著重關鍵流程與應用方案**：再造工程必須著重於核心的傳遞流程，特別是那些成功地提供服務與產品息息相關的流程，往往會直接影響組織提供服務與產品能力。

6. **建立長期的再造能力**：欲推行再造工程之組織必須具有長期進行流程分析與再造工程的內在能力。

7. **持續強調變革管理**：欲推行再造工程必須持續強調變革管理。

(六) **應用於政府部門可行性**

1. **就流程中心言**：組織再造旨在打破各部門界限，將性質相同工作予以重新整合。雖有利於行政機關事權完整、行動齊一，卻不利於民意機關監督審核。故宜界定在「執行層次」上。

2. **就顧客導向言**：政府部門行政人員往往習於依法辦事，未能深著「顧客滿意」觀念，宜由教育訓練著手。

3. **就目標取向言**：政府部門常強調行政過程監督控制，再造若欲成功，則管理重點應焦距於政策目標達程度，並以此作為績效考核依據。

4. **就系統思考言**：傳統政府部門瀰漫著形式主義與官僚氣息，若欲培養「全局的觀點」，首應打破僵化官僚習氣。

5. **就資訊科技言**：資訊科技應用須投入龐大成本，且無法立竿見影，非民選首長或議員所喜好。故宜將焦點至於「便民措施」上以爭取認同。

(七) **可能困境**

1. **在適用範圍方面**：無論企業或政府部門涉及政策、政治與大眾相關事務須折衝協調。因此，在決策層級不宜過分強調組織再造，在行政機關若將政策制定過程予以再造，勢必引起民意代表與民眾抗議。

2. **在實行時機方面**：當組織正遭遇危機時，再造及其他革新策略皆不適宜，即使是在危機過後亦同。

3. **在宏觀經濟方面**：再造工程應用於企業組織，在宏觀經濟上將會產生弔詭的現象。流程再造往往會附帶引起員額精簡，進而引發需求量銳減，終致抵銷生產力。

4. **在再造本質方面**：再造工程本質上為一種「遽變」，須投入大量人力、物力、財力，宜事先全盤規劃，不可貿然而行。故其僅能每隔一段期間實施。

三、政府再造

西元1988年英國柴契爾夫人提出「續階方案」（Next Step Program）被視為政府再造的重要里程碑。

(一) **意義**：政府再造運動，簡稱「勵革運動」（REGO）或政府再造（Reinventing government），係指文官體系以「技術理性」為主要基底，萃取已然成功的

經驗案例，引進「競爭市場機制」以及「有效的變遷策略」，促成行政組織的整體轉型；藉由「新公共管理」與「管理主義」的有效措施，重新建構行政文化、公務人力、權責歸屬、獎懲制度以及目標任務等層面，期能大幅提高政府部門的效率與效能、適應能力、革新能力與治理能力。

(二) **政府再造的多元措施**：綜觀各國再造，係以下列主要措施與理念為基底：

1. 行政職能係以「績效成果」為主要重點，而非僅是「依法行政」而已。
2. 引進「類似市場的競爭機制」，例如民營化、組織重組等，藉以加速公共財的生產與傳輸。
3. 落實「顧客導向」的理念。
4. 重新定位政府角色，政府係以領航為主要職能，毋須汲汲營營於操槳的工作。
5. 解除過時的管制。　　　 6. 授能組織成員。　　　 7. 重塑行政文化。

　 另據林**水波歸納其彼此間相關特質為**：重視成本效益關係、重視績效評估、對執行者授權與課責、重視選擇與競爭、主張創新與改革、主張法令鬆綁、主張顧客導向。

(三) **我國政府再造**：蕭萬長先生於民國86年9月就任行政院長後，亟思引進外國政府與中外企業之再造運動與作法，作為現階段我國行政革新的推動標竿。87年1月2日行政院第2506次會議通過「政府再造綱領」[註二] 並自87年1月起並全力推動。89年3月18日政黨輪替，朝野角色互異，新政府對「政府再造」仍積極進行。90年10月25日政府改造委員會成立，並召開第一次會議。91年1月11日第二次會議通過政府改造願景、理念與目標，茲分敘如下：

1. **願景**：具全球競爭力的活力政府。
2. **理念**：顧客導向、彈性創新、夥伴關係、責任政治、廉能政府。
3. **目標**
   (1)彈性精緻之行政組織。　　　(2)專業績效的人事制度。
   (3)分權合作之政府架構。　　　(4)順應民意之國會改造。

(四) **各國政府再造**

　 晚近，各國政府著名之政府再造措施包括：

1. 紐西蘭的「行政文化重塑運動」（Reshaping Administration Culture）、「邁向公元2010」（Path to 2010）。
2. 英國的「續階計劃」（Next Stop Program）、「效率小組」（Efficiency unit）、「公民憲章」（Citizen's Charter）、「服務品質競爭」（Service quality Competition）、「跨部會解除管制小組」（Departmental Deregulation Unit）。
3. 德國的「新領航行政模式」（Neues Steuerungs Modell，NSM）、「行政彈性工時」（Administration Flexible Time）。
4. 法國的「行政現代化政策」（Administrative Modernization Policy）。

5. 荷蘭的「行政自動化」（Autonomisation Reform）。

6. 瑞士與奧地利的「新公共管理運動」（New Public Management）。

7. 加拿大的「公元2005年公共服務」（Public Service 2005）。

8. 美國「國家績效評議委員會」（National Performance Review）、「勵革實驗室」（REGO Lab）。

9. 澳洲的「公共服務改革法」（Public Sercice Reform Act）。

10. 中國的「國家職能轉換方案」。

11. 馬來西亞的「2020宏願」。

(五) **評述**：世界各國政府再造，儼然成為文官體系提升績效改革聖杯，甚至轉化為象徵治理圖騰，彷彿在行政職能上經歷了一場寧靜革命。夏福利茲與羅素（J.Shafritz & E.Russel）將此一改革類比為西元1789年法國大革命「自由、平等、博愛」口號，而顯示出「流程再造」、「充分授能」與「企業精神」是政府再造的基本訴求與改革重點。

牛刀小試

1. 何謂「再造工程」（reengineering）？「再造工程」的關鍵因素維何？試分別加以說明。

2. 組織再造應用於企業組織已行之有年，且績效卓著。試析述組織再造之關鍵要素，並探討組織再造應用於政府部門之可行性。【簡任升等】

3. 何謂「組織再造」？「組織再造」策略為何？試扼要說明之。【原三】

4. 說明組織再造流程（Reengineering）的涵意及重要原則，並舉政府運作實例析述之。【國軍三】

5. 民主國家的政府常被民眾詬病績效不彰，請說明可能的原因為何？並試分析可以藉由何種「政府再造」的運作原則加以改進？【110地三】

四、公共組織民營化

民營化一詞最早由杜拉克（P.Drucker）於西元1969所撰《斷續的年代》一書所提出。而民營化制度則起源於1979年英國首相柴契爾夫人執政時，所致力推動的：減少政府對一般經濟活動的干預及積極進行公營事業民營化工作，俾以活絡市場機能。而其中最有名的為英國航空公司的民營化。

(一) **意義**

1. **韋式英文辭典定義**：「公共部門私有化動作，係將公營事業之所有權或控制權，由政府部門移轉至私人部門之一種過程。」

2. **薩維斯（Savas）認為**：「民營化指針對政府部門所擁有的資產及資產經營相關活動，逐步降低政府的影響力，增加私人影響力的一種過程；代表政府重新思考其定位，以反應社會需求的一種努力。」

3. **廣義而言**，指政府部門降低其對國民經營干預的所有活動，包括政府將國營事業的經營權或所有權，部份或全部轉移民間。

   狹義而言，指「公營型態的解除」，將公營事業的部分股權或資產出售給民間。

(二) **受重視原因**

1. **實用主義壓力**：政府面對沉重財政壓力、運作成本提高，以及反對增稅聲浪，而民營化被視為改善公共組織與提高成本效能的重要方法。

2. **意識形態壓力**：近年來政府規模日益擴張，許多行政論者認為此一趨勢，會危害民主，主張政府應解除管制，降低稅賦。

3. **商業利益壓力**：政府支出有相當大比例屬人事經費，若能將部份公共事務委由民間承擔，不但可減少人事費用支出，亦可提高行政績效。

4. **民粹論者壓力**：民粹論者主張，對於公共服務，公民應有更多自由選擇與參與機會，有權自行界定自己一般需求，減少對官僚機構過度依賴。

(三) **民營化的目標**：根據漢克（Hanke）的整理，公營事業民營化的主要目標有五項：

1. 為改善公營事業資產與服務功能的經濟績效。

2. 減除經濟決策不必要政治影響。

3. 透過出售公營事業的資產溢注公共財源。

4. 降低公共支出，減低政府對賦稅、借貸的需求。

5. 開放公營事業資產所有權，增加消費者參與機會，以促進公眾資本的收益。

(四) **民營化策略**：薩維斯（Savas）提出了民營化策略包括以下幾點：

1. 政府應鼓勵市場與自願性組織提供財貨與勞務。

2. 政府仍必須以其他型態介入市場財貨與勞務的提供，包括特許權、抵用券與簽約外包，即替代性遞送系統建立。

3. 在可能的範圍內，儘量對使用者收取費用，以反應該財貨與勞務提供的成本。

4. 政府應以解除禁令與限制的方式，儘量使市場打破原有的獨占狀態，以競爭市場提供該財貨與勞務。

(五) **民營化類型**

1. **主動採行決定**

　(1) **撤資**（divestment）：指將公營事業或國有資產移轉至民間，此種移轉民營化可經由出售、無償移轉及清理結算等策略進行。

　(2) **委託**（delegation）：指政府部門委託民間部門，為部份或全部財貨與服務的生產活動，但政府部門保有監督之責任，其方式有簽約外包、特許權、補助制、抵用券、強制等方式。

2. **被動採行決定**

　替代（displacement）：當大眾認為政府所提供的生產或服務，無法滿足社會需求，而民間部門意識到有此需求，進而提供生產或服務，以滿足社會大眾。替代可分為功能不足之替代、退離之替代與解制之替代等。

(六) **民營化具體措施**：薩維斯（Savas）認為民營化實務有以下數種：

1. **契約讓渡**：透過政府機構與民間機構簽訂契約關係，政府提供經費或相協助，由民間機構履行契約中之規定項目或對「標的團體」提供服務，如垃圾清運等，又稱契約外包，為最普遍方式。

2. **替代券**：是一種優待券或支票，代表由地方政府給予公民特定數量的服務，如幼兒教育抵用券、食物抵用券或文化醫療服務券等，為民營化的象徵。

3. **補助減免（文藝、兒童照護）**：補助定義乃藉由補助金給予，增加民間機構賺取利潤機會，而政府也可解決部份問題，其方式有二：薪資補助與資本補助，如政府對偏遠地區交通運輸業客運補助。

4. **志工**：許多單位大量使用志工，除可節省人事成本外，同時產生公民直接參與政府的社會價值及刺激志工對該機構奉獻的士氣，如國家公園志工、台鐵志工。

5. **共同分擔**：包含志願服務、補助、簽約讓渡；係將原由政府提供的服務，改由商業團體或志願組織來提供，如公園、道路、路樹養護。

6. **共同生產**：為提昇社會服務的質與量，民眾積極參與，與政府機構共同生產的服務生產模式。

7. **公營事業出售**：公營事業出售可分出售公產與出售官股兩種。

8. **解除管制**：政府干預的經濟事務的傳統活動，藉由管制的解除，讓原本享有獨占地位事業開放，允許一般民營企業參與這些事業經營，如療養院、包裹郵遞等。

市場導向策略光譜圖 （丘昌泰）

國有化　　　　　　　　　　　　　　　　　　　　　　　　　　市場化

政府經營	抵用券	賦稅補助	使用者付費	BOT	委託外包	創設財產權	自由化民營化

(七) 民營化優點

1. **彈性增加，成本降低**：政府可減少經常費用支出，用以另創新猷或致力於服務品質、效率提升；同時民營化，亦可省卻行政官僚化與程序的約束，使人力資源之運用更具彈性。

2. **借重民間專才**：公共部門常須借重民間機構對某方面具有專精的服務領域，如成人日間護理中心、為智能障礙及情緒失常者所設庇護行研習場所等。

3. **落實服務對象受惠原則**：民間組織的草根性及人事彈性，常被視為比較符合地方需求，亦較容易滿足民眾需求，且更有民眾參與的象徵意義。

4. **選擇性增加**：藉由民營化，政府的政策可以促進不同的輸送系統的程度，增加民眾選擇的空間。

5. **增加參與機會，整合資源網絡**：公共服務業務交由民間機構辦理，政府監督、協調工作，使資源不致重疊浪費，並能使每一地區都擁有相同的服務品質。

6. **資訊透明化**：藉由公共服務民營化的競標過程，迫使政府必須公開全部成本及決策的相關資訊，從而加強民眾對政府的監督能力。

7. **運作健全化**：透過民營化，除可削減官僚體制的規模，加強其靈活性；又可藉競標與決標的作業，使官員能客觀分析各項成本與收益相關資料。

8. **示範效果**：大部份的公共服務為不具市場性質的產品，缺乏競爭的壓力，使得政府員工不須在服務的提供上積極尋求工作效能。但藉由某些公共服務民營化，將可對政府形成壓力。

(八) **民營化困境與限制**

1. **民營化困境**

(1)**原有員工疑慮**：員工移轉民營機構之權益保障，爭議頗大，常會引起原有員工強力抗拒。

(2)**事權未集中**：僅成立任務偏組的「任務小組」，無統一專責機構處理民營化問題。

(3)**移轉方式選擇之困難**：不論採股票上市、拍賣股權或資產等方式均有其利弊，常會引起員工為保障其自身權益，而拒絕、抗爭的情形。

(4)**股票上市時機**：由於機關要求公營事業股票上市，均須編列收入預算，待通過始得上市，但往往預算程序耗時，難以掌握適當上市時機。

(5)**勞方抗爭**：原有人力安排難令勞資雙方滿意，容易形成抗爭。

(6)**民意壓力**：容易受到議會干預，因議員受民意或員工請託而反對。

(7)**原機具處理**：原機具之處理，無論新舊出售或出租，均有其困難。

(8)**過程監督易生爭議**：在國人守法觀念未健全前，常造成效率評估之困難。

2. **民營化限制**

(1)**主權與正當性的問題**：學者牟氏（Moe）認為從公共行政的「公法」性質言，凡涉及國家主權與政府正當性之相關事務，如外交事務，法律制定、司法審判、賦稅徵收等，均屬於公共行政特有性質的事務，無法由私人部門來代理，故無法納入民營化的範圍。

(2)**攸關國民生計事務**：即使如崇尚自由經濟理念的美國，亦非將所有關於國民生計的重要事務，任由市場來決定，或委由私人來辦理，特別是有關兒童與老人照顧、都市公共交通、公共醫療的提供、最低生活水平的維持等事項。

(3)**公共責任追究**：隨著民營化的趨勢，公私部門界限的模糊，政府的公共角色有退居第二線的可能性，同時造成公共責任模糊，故如何課究與規範公共責任成為民營化過程中重要課題。

(4)**不穩定因素干擾**：民營公共服務品質，應可透過健全的競標作業與監督制度，加以控制。但在制度未健全之時，種種不穩定因素仍使民營化之用意及效率蒙上陰影。

(5)**管理困境**：許多接受契約的民間機構往往有經營不妥、人事制度不良、缺乏適當方案資訊與經費開支管控不當的情形。

(6)**營利事業參與弊病**：民間營利機構對於較不具經濟效益的公共事務，則取巧規避，而僅執行較有利潤的事項。

(九) 我國實施民營化面臨問題

1. 民營化淪為財團化。
2. 民營化缺乏對多元價值關照。
3. 民營化政策使得公共責任追究的模糊。
4. 民營化未能妥善處理員工問題。

牛刀小試

1. 試扼要說明公營事業民營化（privatization）的意義及類型。
2. 何謂民營化？民營化的主要方式有那幾種？我國政府推動民營化工作所遭遇到的主要困難為何？【地三】
3. 何謂「民營化」？民營化的具體措施為何？請予說明之。【身三】
4. 1980年代以降，西方各政府治理出現了新公共管理的思潮，其中尤以民營化的作為最受關注。試問，何謂民營化？政府機關採行民營化政策的理由及其限制為何？【交通眷高原級】
5. 民營化為政府再造運動所採用的重要方法之一，現請評析何謂民營化？民營化的方式有那些？【普】
6. 何謂公營事業民營化？試說明政府採行民營化政策的主要理由為何？民營化的策略又有何限制？【國軍】
7. 推動民營化的主要策略有那些？又我國實施民營化過程面臨那些主要批評？（試分別說明之）【國軍】

五、非營利組織

80年代國家過度擴張，致使政府在財政上不堪負荷，加上官僚體系的無效率，導致政府在扮演公共服務之提供者的角色上並不稱職。而近年強調「小而美」及「社會優於國家」的觀念，一些公益組織、基金會等不以營利為目的之組織，在此適時填補了政府政府與民眾之落差，稱之為「非營利組織」或「第三部門」。

(一) 意涵

1. **伍夫（T.Wolf）的觀點**：非營利組織為那些合法組成的非政治實體，於國家法制下組成慈善或非營利的法人團體，以公共服務為目的，並根據稅法給予免稅條件的組織。至少應具備以下五項特徵：
   (1)具有公共服務的使命。
   (2)為不營利或慈善的法人組織。
   (3)排除自利營私的管理結構。
   (4)免除聯邦稅。
   (5)捐助者享有減稅的優惠待遇。
2. **美國聯邦法規定**：非營利組織是一種組織，該組織限制將盈餘分配給任何監督與組織經營者。
3. **希爾（P.Hell）看法**：認為非營利組織應具備三項目標：
   (1)執行政府委託之公共事務。
   (2)執行政府或營利組織所不願或無法完成的事務。
   (3)影響國家、營利部門或其他非營利組織之政策方向。

(二) **存在基礎**：非營利組織存在原因，有其背景，茲就經濟面、政治面及社會面三個層次加以探討：

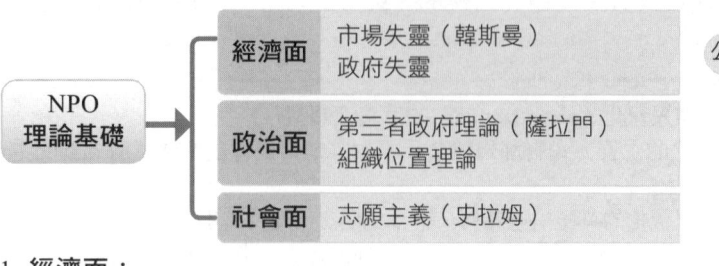

1. **經濟面：**
   (1)**市場失靈**：韓斯曼（H.Hansmann）提出「契約失效」理論，以解釋非營利組織產生之原因。此種契約失效理論類似私人部門之「市場失靈」現象，使得私有市場機能運作受到限制。市場失靈之原因有以下兩種情形：
   A. **外部性**：指任何一位行為者影響另一未經同意的個體，而其行為是具有價值效益的影響；或某一經濟主體的經濟行為，無償影響到另一經濟主體的現象。
   B. **市場不完全性**：指包括財貨、服務及市場中導致違反完全競爭模式的因素，其形成原因為資訊不全、參與障礙、風險、規模漸增、不穩定性。

形成原因	說明
資訊不全	消費者對於品質與價格沒有完善的資訊或不具判斷能力。
參與障礙	因鉅額成本或管制性條件，使新企業無法參與競爭。
風險	產業計劃隱藏了大規模的風險，使一般民間部門不願承擔風險，拒絕進入此市場。
規模漸增	當產量漸增，成本降低，會產生大規模生產、獨占或寡占的情形發生。
不穩定性	市場因經濟景氣與否，產生恐慌，增加市場混亂與瓦解的可能。

　　上述原因皆係源於追求利益極大化的結果；但是非營利組織之目的則並非追求本身利益，其具有「不分配盈餘」的特性，較為人民所信賴。
   (2)**政府失靈**：即是政府在提供公共服務上不足或無效率之現象。其原因為類別的限制、多數主義的限制、時間的限制、智慧的限制、規模的限制。

形成原因	說明
類別的限制	政府係根據一般公眾之需求，提供公共服務，無法針對某一特定對象，施予特殊之公共服務。

形成原因	說明
多數主義的限制	由於政府資源的有限性，反應了公共財多元衝突的可能性。因此，政府不可能提供所有支公共服務或解決所有的公共問題。
時間的限制	政務官的任期有限，因此可能忽略公共政策與社會問題應從長計議的重要性。
智慧的限制	反應政府固守單一信念的特質，無法有完整連貫的資訊與研究。
規模的限制	指政府龐大、非人情化、及難以接近等特質。

2. **政治面**：
   (1)**第三者政府理論**：由薩拉門（L.Salamon）提出，認為針對政府行動的轉變和多樣性，在公共服務的輸送上，必須仰賴非政府的機構，即政府透過代理人來運作。
   (2)**組織位置理論**：任何組織於面對市場競爭壓力下，都可能選擇迴避競爭與不確定結果的風險。從組織與環境關係而言，此種迴避現象即稱之為組織惰性（organizational inertia）。
   西貝兒（Seibel）認為第三部門的組織行為較不重視效率與回應性，可緩和與民主系統之合法性困境。
3. **社會面**：從社會面探討非營利組織存在之原因，最重要者為「志願主義」。
   史拉姆（V.Schram）認為人們參與志願組織之原因共七點，其中最重要者為「利他主義」、「需要滿足理論」、「社會化理論」。
   其中，**利他主義是種助人為樂的胸襟；需要滿足理論則是個人基本需求滿足後，對個人成就感、自我實現的一種追求；社會化理論，係指人與人的互動之下，個人行為受周遭環境之影響，公民意識覺醒，而瞭解其所應為社區、國家盡之責任，而加入志願服務之行列。**

(三) **特徵**
1. **正式組織**：非營利組織必須具有某種程度的制度化，臨時組織和非正式的民眾集合並不被考量為非營利部門，即使這種集合對民眾生活是極為重要。非營利組織必須同時得到國家法律的合法承認；這種法人團體才能為了團體的託付訂契約和保管財務。簡言之，非營利組織必須向有關官署辦理登記並取得成立許可證書者，亦即法人資格者。
2. **民間組織**：非營利組織必須與政府區隔，即不是政府組織一部分，也不由政府官員充任的董事會所管理。但這不意味非營利組織不能接受政府的支持或政府官員不能成為董事會；最主要的關鍵因素在於非營利組織在基本結構上必須是民間組織。
3. **非利益分配**：非營利組織並非專為組織本身生產利潤，非營利組織在特定的時間內聚集利潤，但是要將其使用在機構的基本任務上，而不是分配給組織內的財源提供者，這是非營利組織與其他私人企業最大不同之處。

4. **自己治理**：非營利組織能監控他們自己的活動，他們有內部管理的程序及章程，除受政府相關法令的約束外，不受外在團體的控制。

5. **志願性團體**：非營利組織包括某些程度的志願參與機構活動的導引或事務的管理，特別是志願人員組成負責領導的董事會。

6. **公共利益屬性**：非營利組織為公共目的服務，並提供公共財。因此，組織的目標在關心成員本身的非經濟性興趣，如助人之樂、成就感獲得。

7. **組織收入依賴募款能力，而非組織績效**：非營利組織的資金來源較少仰賴顧客，主要資金來源是捐贈；而組織收入係根據組織募款之能力，並非其服務績效。因此，組織收入多寡與其提供公共服務間，並非是一正相關之關係。

8. **服務取向、行動取向**：非營利組織在提供服務的行動上，多是直接提供服務給予受服務對象。

9. **扁平式組織、層級節制較少**：非營利組織本身為一正式組織的架構，但相較於其他正式組織而言，其組織層級通常較少或甚至全無層級節制體系。因此，非營利組織皆具有高度彈性特性，能迅速做出決策，因應環境改變。

10. **低度手段理性與高度團結一致**：非營利組織在組織原理上，存在低度手段理性與形式化及高程度的團結一致與直接交易形式。

11. **利他主義**：非營利組織具強烈的利他主義，如濟世救人或度化人心，非以自利為主。

(四) **扮演角色與種類**

1. **非營利組織的角色**：根據克拉瑪（R.Kramer）的分析，非營利組織須扮演以下角色或功能：

   (1) **先驅者（vanguard）**：非營利組織常先會有豐富的創意或示範性的構想，再為政府所採用，亦即具有「開拓與創新的角色功能」。

   (2) **改革或倡導者（improver or advocater）**：即非營利組織被期待成為批評者、看守者或給予壓力者，以促使政府改善或建立合乎需要的服務。

   (3) **價值守護者（value guardian）**：即非營利組織被期待本著倡導、參與及改革的精神，以改善社會，並主動關懷少數團體。

   (4) **服務提供者（service provider）**：即非營利組織是有彈性的，經常是選擇政府未做、不想做或較不願意做，但符合大眾需要的服務來做。

2. **非營利組織的分類**：

   (1) **韓斯曼（H.Hansman）的分類**：依財源籌措的方式分為：

      A. **捐贈型組織**：其財源來自捐贈或補助，如紅十字會等慈善機構。

      B. **商業型組織**：大部份所得來自財貨或勞務的銷售收入，而組織的贊助者亦是消費者如醫院、療養院。

      依組織控制的方式分為：

      A. **互助型組織**：贊助者擁有選舉董事會的權力，如俱樂部。

      B. **企業型組織**：組織之運作不受贊助者正式的監督或控制，通常是由一永久設立的董事會所控制，如醫院即是。

(2)**比特（B.J.Bitter）等人的分類**

    A. **公益組織**：包括慈善事業、教育文化機構、科技研究組織、私立基金會、社會福利機構、宗教團體、政治團體。

    B. **互益類組織**：包括社交俱樂部、消費合作社、互助會及類似組織、商業會及職業團體。

(3)**我國「人民團體法」之分類**：依據我國「人民團體法」之規定，人民團體可區分為職業團體、社會團體與政治團體，其分類如下：

種類	目的	法律依據	性質
職業團體	以協助同業關係，增進共同利益，促進社會經濟建設為目的，由同一行業之單位、團體或同一職業之從業人員組成之團體	人民團體法第35條	互益性
社會團體	以推展文化、學術、醫療、衛生、宗教、慈善、體育、聯誼、社會服務或其他以公益為目的，由個人或團體組成之團體	人民團體法第39條	公益性
政治團體	以共同民主政治理念，協助形成國民政治意志，促進國民政治參與為目的，由中華民國國民組成之團體	人民團體法第44條	政治性

(4)**依組織的財務取得方式及組織控制方式來分類**：

財務來源／組織控制	會員控制	董事控制
捐助	如：聯合勸募協會、服務性社團	如：民間博物館、公益基金會
收費	如：聯誼會、會員俱樂部	如：社區醫院、安養院

(五) **非營利組織與公共服務**

1. **政府官僚體系提供公共服務的限制**：現代行政具有十項特質：規模龐大、性質複雜、利害錯綜、專業化、相互依存、對事不對人、法律限制、社會目的的重視、公眾的批評、國際的影響。而其中影響政府組織提供公共服務較鉅者為：

  (1)**法律限制**：政府官僚組織最重要的一項特徵，即是嚴密的法規限制。但是由於過分重視法令、規章與強調組織運作人員須遵守法規限制的結果，使組織趨於僵化而無彈性。

  (2)**專業化的制度**：現代政府組織因行政事務包羅萬象、性質複雜，須由專業的行政人員來擔任，但也易限於本位主義。

2. **非營利組織在公共服務上扮演之角色**
   (1) **發展公共政策**：非營利組織廣泛地運用影響力，塑造政府的決策，對於長程政策，尤能持續研究分析，並提供資訊與觀點，具有釐清並協助地方、區域及全國性公共事務的功能。
   (2) **監督市場**：在政府或立法委員無法充分發揮功能的範圍內，非營利組織即可扮演市場的超然監督者。
   (3) **監督政府**：非營利組織可不斷刺激民主政府與社會公民，使政府與公民在「社會責任」下能夠表現的更好，更關心投入社會服務。
   (4) **提供政府不能提供之服務**：有些領域，如宗教，政府能介入之處不多。而此些宗教性的非營利組織卻能啟滌人心，強化社會道德的價值。
   (5) **支持地方利益與少數團體**：對於多數決定或偏見所排斥的社會運動及公共利益，如人權運動，環境保護運動等，非營利組織都能給予支持。
   (6) **創造新的想法與變遷**：非營利組織在沒有選民壓力的情況下，得以不斷的獲得充分的機會與經驗，而成為新理念的開拓先鋒。
   (7) **溝通各部門**：由於非營利組織不具有政府型態與不營利之特性，故更能協助溝通政府部門與企業部門的活動，追求公共利益。
   (8) **促進積極的公民資格與利他主義**：非營利組織提供了公共精神的創造與活動的出口，在利他活動上扮演相當有效的媒介，持續鼓勵利他主義，積極介入公共目標。

(六) **提供公共服務之主要途經**
   1. **傳統途徑**：傳統上的非營利組織多係以宗教名義，少部份亦有由地方上仕紳為之。而所提供公共服務途徑，亦多為直接佈施或是為鄉里造橋鋪路。
   2. **現代途徑**：丹哈特（R.Denhardt）指出「公共服務領域目前最重要趨勢之一，便是有愈來愈多的公共服務透過私人，特別是非營利組織來輸送，這個趨勢與民營化活動有關。」其中又以契約外包與補助制最為人們所熟悉。

(七) **在公共服務上之限制**
   1. **性質上的限制**：非營利組織之民間色彩，使其在提供公共服務上有限制。例如警察業務就不適合由非營利組織來提供。再者，由於非營利組織成立目的，多是為了某一單一目的而成立，其成員亦非皆具專業知識之專家，本身能力受限，無法面面俱到。
   2. **範圍上的限制**：非營利組織多為草根性團體發展而成，組織成員的能力、經費來源多寡，均無法與政府官僚並駕齊驅。因此，非營利組織所關切議題、提供之公共服務多有其一定服務範圍，且多與本身息息相關者為優先考慮對象。
   3. **組織本身的限制**：非營利組織係一民間組織，不具有公權力，因此，非營利組織提供的服務範圍便受相當的限制，在面對許多需要公權力之業務時便顯得有些捉襟見肘。

(八) **非營利組織與公共政策**：非營利組織參與公共政策過程方式，種類極多，國內學者曾列舉七種非營利組織影響公共政策途徑：

1. **政策倡導**：非營利組織在政策倡導方面所發揮的功能乃是試圖影響相關政策及法令之制定，如弱勢族群福祉的公共議題等，並引導或創造社會變遷為目的。

2. **遊說**：為尋求良好的公共政策，非營利組織介入政策過程，向政府部門的政策決定者溝通，以影響公共政策或議題設定。

3. **訴諸輿論**：非營利組織與媒體合作，形塑輿論，造就公意，以期影響民眾觀念與政策制定。

4. **自力救濟**：非營利組織或公民無法透過正常合法的管道表達其意見，或提出訴求未獲政府積極回應，進而集結塑造輿論力量，迫使政府正視處理。

5. **涉入競選活動**：支持若干候選人，或是由非營利組織自行推派代表參加競選，目的在謀求於政治立場上取的更有利地位。

6. **策略聯盟**：非營利組織欲增加其對公共政策影響力，最有效途徑之一就是策略聯盟，組成聯盟可壯大聲勢，擴大影響社會的層面。

7. **合產協力**：由非營利組織與政府合作，共同推動與民眾利益相關的公共事務，如防治犯罪的守望相助組織。

(九) **與「政府部門」間的互動關係**

1. **兩者互動關係**
   (1) **互補關係**：非營利組織可填補政府與人民間的差距，促使政府以更有效率與民主分權精神來發展行政。
   (2) 非零和關係：兩者並不能全然取代對方，各有其不能為對方取代的獨特功能，故兩者實為相輔相成的互補關係。

2. **兩者合作關係**：政府須非營利組織對公共事務的參與，而非營利組織亦須政府之經費補助，透過二者合作，來提高公共服務的品質與效能。同時政府亦藉由相關法令的訂定，適時輔導與監督非營利組織的用作。

(十) **非營利組織對於政府行政推動的阻力**

1. 公部門與非營利組織雙方對於利益著眼點的不同會形成兩者互動之障礙。公部門以「宏觀公益性」來考量，而非營利組織則強調「微觀公共性」。

2. 公部門與非營利組織兩者在體制的差異。尤其政府機關龐大複雜，加上公共事務範圍廣泛，同一任務往往由許多不同單位共同負責，造成責任模糊。

3. 因應政府組織調整，未來可能會有更多的委託經營及公設民營的活動空間，雖會擴展非營利組織的活動空間，但卻也易產生過度依賴政府財源。

4. 非營利組織與政府的協力關係通常是建立在「經費」的補助關係上。也因此非營利組織容易喪失原有獨立、自主的特性。

5. 多數非營利組織並非不想與政府部門合作，而是缺乏相關資訊與管道，不知該如何與政府合作，顯見資訊不足的疑慮。

(十一) **非營利組織的社會事業化**

社會企業（Social Enterprise）在全球已蔚為風潮，強調設計出一套可財務自主的營運手段並解決社會問題的企業。是一種追求三重盈餘－經濟、環境與社會且永續經營的新商業模式。社會企業的影響：

1. **正面影響：**(1)提高財務的穩定性；(2)改善服務品質；(3)提供弱勢團體工作機會；(4)促進非營利組織的專業化。

2. **負面影響：**(1)組織使命遭到質疑；(2)組織文化落差；(3)不公平的競爭。

六、非政府組織

(一) **意義：**非政府組織（Non-Governmental Organizations）是公民所建立的地方性、全國性、國際性非營利、志願性組織，以促進公共利益為工作導向，提供多元服務，發揮人道的功能，將人民的需求傳達給政府，監督政府政策，鼓勵人民參與地方事務。非政府組織可提供政策分析與專業技能，建構早期預警機制，協助監督與執行國際協定。

(二) **與非營利組織差異**

項目／種類	非政府組織	非營利組織
服務提供	發展與救援工作	關注福利組織運作
研究取向	以整合為途徑	是部門本身為一特殊研究領域
使用疆域	南方國家、開發中國家	北方國家與已開發國家

(三) **扮演角色：**調停者、扮演對抗力量、市民參與的媒介、社會凝聚與社會公平促進者、有助於社區感的促進、促進社會學習、社會能力創造者。

(四) **功能**

1. **正功能**

   (1)促進社會公益。　　　　　　　(2)改革倡導與價值維護。

   (3)彌補制度失靈的缺失。　　　　(4)提供多元社會協調、溝通管道。

   (5)以靈活組織達成高效率目標。　(6)促進國際社會彼此瞭解。

   (7)訓練國際性專業人才。　　　　(8)提供國際認可的機會。

2. **負功能**

   (1)組織運作機制非常多元，涵蓋議題廣泛，整合困難，可能出現「各自為政」或「多頭馬車」現象。

   (2)強調多元溝通協調，同一議題可能有多種解決方案，如何建立優先順序，極為重要。

   (3)強調「非官方」、「非正式」等彈性運作方式，過程中「誰該負責」與「權限如何劃分」問題，須先釐清。

   (4)當非政府組織之理念、價值觀、處理程序與政府正式編制單位，在運作上產生衝突時，協調機制該如何建立？

牛刀小試

1. 試扼要說明「政府部門」與「非營利組織」間的互動關係。【國軍】
2. 試論非營利組織在公共事務推動上所扮演的角色，及所遭遇的限制。【地三】
3. 說明非營利組織的意涵及其功能，並析論其與政府互動情形？【國軍】
4. 試就所知，論述非政府組織（NGOs）的正功能與負功能。【地三人】
5. 何謂非營利組織？非營利組織的類型為何？非營利組織對於政府行政之推動有何助力與阻力？【102身三】
6. 根據經濟學市場失靈（market failure）的理論，試舉五種類型的市場失靈，說明每一類型的原理，並各舉一例說明其與政府機關存在的關係。【102地三】
7. 非營利組織在公共服務上扮演什麼角色？與政府部門應該如何互動？【102原三】
8. 請問非營利組織的意義與功能為何？近年來部分非營利組織開始進行事業化（企業化），此項作為是否違反該組織的成立宗旨？請說明之。【109地三】

七、組織員額精簡

又稱「減肥措施」或「整減」，係指一組由管理階層刻意採行之組織活動，有計劃地裁併職位與工作。不論是透過：大幅裁員、橫跨部門有計劃地縮減職位或工作、有計劃地縮減縱深層職位或工作、撙節成本、增加工作速度等手段，其目的均在改善組織的效率、生產力及競爭力。

(一) **屬性**：依柯慕隆（K.Cameron）、弗利曼（Freeman）與米夏（J.Mishra）等學者看法可歸納如下：
　　1. 組織精簡為一組織刻意採行之活動。
　　2. 組織精簡通常包括人事裁減措施。
　　3. 組織精簡為工具手段目的在改善組織效率。
　　4. 組織精簡必然影響工作流程。

(二) **原因**
　　1. Mckinley觀點
　　　(1) **被迫**（constraining）：不精簡無法承受社會規範壓力。
　　　(2) **模仿**（cloning）：精簡已為潮流，模仿則能適應環境挑戰。
　　　(3) **學習**（learning）：學習精簡理論，應用至組織中提升績效。
　　2. **我國政府實施原因**
　　　(1) 推動行政革新。
　　　(2) 配合公營事業民營化政策。
　　　(3) 機關業務萎縮。

(三) **組織精簡策略**
　　1. **學者Greenhalgh、Lawrance與Sutton等人見解**：自然耗損（遇缺不補）、誘導性離職（財務誘因）、非自願性離職（降級、降職）。

2. **學者Cameron和Freeman**

(1)**趨同變遷策略**（Convergence Strategy）：具有調適特質，其目的在整合組織中的「內部活動」、「政策取向」使之產生較高的一致性，而此種一致性具有抑制組織劇變的作用，管理者在採取此種組織員額精簡策略時，主要目的在維持組織系統的穩定，僅對組織作小幅修正以達成原有的目標，避免做大幅度的變動。

(2)**轉向變遷策略**（Reorientation Strategy）：較具有變動性，在短時間內採行大幅度變革，並且對於組織策略、結構、系統加以重新界定，以達成組織的新目標。此種策略會引起整個組織權力的重新分配，引起組織內部守舊派及改革派之間的衝突，是屬於全球性的精簡策略。

(四) **原則**

1. 組織應關心公眾的資源以及參與社會責任。
2. 計劃組織精簡前，參與協商人員應考量工會契約和章程規定。
3. 勿過度精簡人事，以免造成對組織嚴重傷害與員工不信任。
4. 組織成員對於精簡要有參與及表達機會。
5. 對於被解雇者提供必要且實際的援助。
6. 對未遭解雇成員，應予重視並安定人心、激勵士氣。
7. 精簡標準應該公平、公正。
8. 設定短程、中程、遠程的目標。

(五) **效益**

1. 可撙節成本。
2. 降低組織官僚化的程度。
3. 加速並提升決策品質。
4. 暢通溝通管道。
5. 發揚遠大的企業精神。
6. 提升組織的生產力。

(六) **作法**

1. 政府應明確訂定最高決策原則，以確立精簡方向。
2. 結合專家、學者、民意代表、相關單位進行體檢，擬定精簡計劃，並持續有效地執行。
3. 組織專案小組，全盤檢討評估公務人力資源、組織架構，以提出有效執行計劃。
4. 執行時應打破本位主義以及人情壓力，使人盡其才，才適其所。
5. 客觀訂定組織員額設置標準，使現有人力合理調配與彈性運用。
6. 捨棄大有為政府觀念，將部份業務開放民營或採外包方式辦理。
7. 對現行作業，加強工作簡化。

(七) **組織精簡之影響**

1. **對撤職人員之影響**：不論對其本身、家庭及社會均會造成極大影響。對個人而言尤其甚是，不但頓失收入影響家計，亦會打擊個人自尊，同造成個人自信心的危機。

2. **對留任人員之影響**：會產生「生還者症候群」（survivor syndrome）現象，亦即組織精簡後，未遭裁撤人員在態度上，常有心胸窄化，以自我為中心及保守現狀傾向，組織士氣未見提升及生產力下降情形。

3. **對組織之影響**

(1)過度的精簡，致使組織編制達不到最適規模，影響員工士氣。

(2)部門、職位、人員之調整不當。

(3)人事費用的減少上，立竿見影。但不當的精簡，卻易造成人才流失。

4. **對社會之影響**

(1)**社會成本轉嫁**：對被精簡員工除發放遣散費外，並無其他安置。在福利國家中，失業救濟金支出勢必提高，而費用卻由納稅人負單擔。

(2)**社會問題升高**：實施組織員額精簡措施而導致失業人數持續增加時，易造成社會不安的來源。

八、團隊建立

學者邊尼斯（Bennis）認為今日管理價值已產生根本性的改變，尤其是在對人性需求的認知、權力行使的看法及組織設計的觀念已有很大的不同。傳統的科層組織設計顯然並未提供成員自尊與自我實現等較高層次需求的滿足。

(一) **團隊概念**：由少數具有互補技能員工所組成，成員間相互依賴，承諾達成共同目標、績效，並運用同樣方法，彼此間互相信任。

(二) **團隊與團體比較**

1. **團隊**：一個具有高度信任團體，成員間相互支持合作，以每個人本身相輔相成才能，共同為團隊使命及共同目標努力。

2. **團體**：乃為執行工作以達成一個共同的目標，而相互依賴的兩個以上的人聚集。

(三) **類型**

1. **工作團隊**：團隊績效表現建立在團體個別表現之總和上，他們並不尋求透過共同努力來完成工作。

2. **專案發展團隊**：基於特定任務或長期專案而組成的團隊，成員係由不同部門的代表所組成，同時被賦予決策全權。

3. **高績效團隊**：團隊成員間相互承諾達成目的或成功，團隊運作效能在此階段呈現巔峰的表現。

4. **自我管理團隊**：又稱自我導向團隊或授能團隊，通常被賦予廣泛須完成的任務，其成員必須自行確認特定步驟之完成。

5. **自我設計團隊**：通常會安排一位領導者來發展組織改善計劃，為一特定功能團隊，側重於發展計劃而非執行生產安排。

團隊自治權連續篇

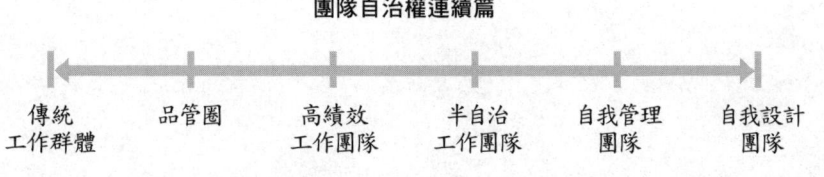

| 傳統
工作群體 | 品管圈 | 高績效
工作團隊 | 半自治
工作團隊 | 自我管理
團隊 | 自我設計
團隊 |

(四) **建立途徑**

1. **人際途徑**：強調團體成員與其他成員間的互動。團隊建立運用此模式在於確保團隊成員可在誠實基礎與個人基礎上，與其他成員保持互動，目的在追求團隊成員間高標準的社會與個人知覺。

2. **角色界定**：其焦點乃在於團隊之中的角色與規範，其目的在使個人可以瞭解對組織有貢獻的類型，同時亦使團隊瞭解、認識有利於組織發展的特定類型。

3. **價值途徑**：強調團隊應有其明確價值觀的重要性，而這些價值必須為所有團隊成員所共享，藉此引領個人以一致、協調的方式來採取行動。

4. **工作導向途徑**：主要強調團隊工作與每個團隊成員可以完成被交付任務的特有方式。易言之，它不再特別重視個人應如何扮演其角色，而是強調成員如何運用其特有技能來奉獻整個組織。

5. **社會認同途徑**：此途徑主要是透過明確的團隊界限來培養堅實的團隊認同感，並經由有效率溝通來提升凝聚力，以及透過成就與專業來鼓勵成員以團隊為榮。

(五) **高績效團隊建立特質**：學者布蘭查（K.Blanchard）認為一個高績效團隊建立應具備「PERFORM」等七項特質。

1. P（Purpose & Value）：對於組織目標與價值具有共識。

2. E（Empowerment）：賦予員工活力，學習成長機會。

3. R（Relationship & Communication）：開誠佈公溝通。

4. F（Flexibility）彈性：視情況分派不同任務。

5. O（Optimal Productivity），追求最適生產力、高品質。

6. R（Recogition & Appreciation）肯定與讚賞。

7. M（Morale）高度士氣。

牛刀小試

1. 「組織員額精簡」（Downsizing）為近年來各國政府為減少人事成本所採取的策略途徑。請問政府在採行此策略時，應注意那些事項？【省營事業升等】

2. 組織員額精簡可以有效降低人事成本、提升組織運作績效，惟仍應考慮組織本身的條件與可能導致的負面影響。準此而言，政府實施精簡策略，應注意那些原則？試扼要說明之。【國軍】

3. 團隊與團體兩個概念有何不同意涵？高績效團隊有何特徵？試析述之。【國軍】

貳 制度面改造

一、行政革新

學者凱登（C.Caiden）認為，行政革新乃是克服各種阻力，對行政轉換所作的誘導。而其成敗乃端視其與外在的政治、社會、經濟與文化環境緊密關聯度如何。

(一) 意義

1. **張潤書看法**：行政系統為因應時代與環境變遷，對外在環境「輸入」因素加以適應與調整，以各種較為創新作法，取得更好「產出」的過程。

2. **陳德禹見解**：政府的行政系統，為因應時代與環境的當前及未來變遷需要，在行政思想（價值、信仰）、行政制度（結構、規範）、行政行動（政策、行為模式）與科技方法等層次上，進行創新、發展、調適努力過程。

3. **由組織學習觀點闡釋**：行政革新意義乃是行政機關利用和平漸進手段，採取適當途徑，由個人與團體作有計劃努力，改革陳腐引入新觀念、制度、方法、態度，故其意涵包括內在與外在層面改變，涉及組織學習層面。

   (1)**內在層面**：指個人與團體學習，個人學習以培養個人洞察能力，團體學習藉以分享經驗。

   (2)**外在層面**：指外在學習方面，包括適當組織結構、合作學習組織文化、對環境監測、授能、知識創造、學習技術發展、TQM、建立策略、組織合作氣氛、團隊建立、共同願景。

(二) 行政革新理由

1. **為因應外在環境急速變化的需要**：政府為解決國內外環境快速變化所引發的問題，必須採取對應行動，以革新的態度及作法來加以妥善的因應。

2. **為提升政府績效、滿足人民需要**：各國政府均面臨來自人民不斷要求增加服務品質與內容加強，而行政績效提升亦為政府持續努力目標。也唯有不斷提升服務的效率與效能之標準，才能滿足人民期望。

3. **為有效執行現代化政府角色的需要**：現代政府應積極扮演五R的角色：

   (1)**回應性**（Reponsiveness）：政府應盡量適時且充分的回應民眾的需求。

   (2)**代表性**（Representation）：政府的作為應代表大多數人或標的人口的利益。

   (3)**責任性**（Reponsibility）：政府應負起保國衛民與福國利民的責任。

   (4)**可靠性**（Reiability）：政府作為讓民眾對其產生信心，願意配合政府的各項施政。

   (5)**務實性**（Reality）：政府機關所制定的政策，不但能夠具體可能，且可達成預先設定的目標。

4. **為改善國際形象上的需要**：政府從事行政革新，能刷新政風，讓世人耳目一新，並可塑造良好的國際形象。

5. **為增強行政系統生存發展**：組織為求自身生存發展，必須不斷革新，尤其在組織目標、業務政策、組織結構、人事安排及管理方法，都必須有所革新，才能健全運作，保持旺盛的活力。

6. **為履行推動國家發展的責任**：國家發展是一種重大的社會改革，涉及政治、經濟、社會和文化種種相互關聯內容複雜的改變。一個國家為求生存，不得不發展。

(三) **行政革新目的與作法**

1. **消極除弊**：消除行政文化、行政結構及行政程序上不合理、繁瑣等問題，以提高行政效能，加強為民服務的能力。
2. **積極興利**：行政部門能主動推動經濟發展及其他方面現代化，並能策劃及提高人民社會經濟福利。
3. **革新作法**：涵蓋革新行政設備、革新行政制度、革新行政運作、革新行政觀念與革新行政研究。

(四) **行政革新範疇**

1. **行政業務現代化與科學化**：運用科學的知識與技術於行政事務上。
2. **行政風氣革新**：激發組織內部的團體意識，塑造和諧人際關係與保持高昂士氣。
3. **行政效率提高**：達到工作品質與數量兼籌並顧，以完成組織目標。
4. **行政業務制度化**：因應各業務性質之不同，以建立完善的制度與流程。
5. **行政組織人事革新**：對於制度結構與權責作明確劃分，以及人力資源之充分運用。

(五) **行政革新策略**：大體上可分為四個層次：

1. **文化與觀念方面**
   (1)促使行政權力為社會大眾所認同。
   (2)應拋棄保守持重，但求無過的傳統心態，轉向彈性、機動、迅速、有效及實際的原則。
   (3)強調行政的公平、正義、責任，亦即重視行政倫理。

2. **結構方面**
   (1)**善於借用外界之力**：包括化阻力為助力、吸收新秀、調整權力結構、借重社會力與文化力。
   (2)**發展健全工作關係**：可分上司、同事、部屬及外部四層建立健全關係及力行分權化與授權。

3. **運作方面**：行政革新應著重於：
   (1)強化領導力。　　　　　　　　(2) 解決及管理衝突。
   (3)重視激勵及提高生產力。

4. **技術方面**：強調如何獲得正確有效的資訊，可採以下方式進行：
   (1)對於某些重要問題不妨重新加以思考。 (2) 重新安排事業發展方向。
   (3)培養卓越、靈敏、創新的反應。　　　 (4) 不斷的研究發展。

(六) **抗拒與解決之道**

1. **來自人員阻力**：探究其原因可歸納為：因革新威脅傳統規範與價值觀、從外界壓力而造成、威脅群體關係的改變、威脅權力結構改變、威脅到個人經濟

利益、導致工作技術改變、產生不安全感、不方便感、所需資源難以配合、革新目的易遭誤解。

2. **來自群體阻力**：群體中少數對革新措施反應激烈份子，會影響其他人，造成組織革新阻力。另群體中成員，對於變革自我防禦需求。

3. **減少阻力作法**

(1)鼓勵成員參與革新方案擬訂、執行、評估過程。

(2)加強與組織成員的溝通，消除其疑慮。

(3)增加成員對革新方案的支持與認同。

(4)透過教育訓練方式，減少成員對革新抗拒。

(5)建立諮商制度，提供員工意見反映。

(6)採物質或精神獎勵方式，鼓勵員工支持執行革新方案。

(7)革新方案推展宜採循序漸進方式進行。

(8)行政革新績效評估標準應合理可行。

(七) **我國推動行政革新作法**

1. 民國23年內政部成立「行政效率研討會」，第二年改隸為行政院並更名為「行政效率促進會」。

2. 民國25年故總統蔣中正先生在南昌發起「新生活運動」，倡導「新、速、實、簡」的革新運動。29年於重慶中央訓練團講述「行政的道理」，提出「行政三聯制」。

3. 民國58年3月行政院研究發展考核委員會成立。

4. 民國61年故總統蔣經國先生於擔任行政院長任內頒布十項政治革新。

5. 民國82年3月，行政院長連戰指示，建立廉能政府並推動「行政革新方案」。

6. 民國87年1月行政院蕭萬長推動「政治再造」運動。

7. 民國90年行政院長張俊雄推動「六減運動」。即「減文」、「減章」、「減會」、「減話」、「減寫」、「減事」。

8. 民國92年行政院長游錫堃推動「四化運動」。即「去任務化」、「地方化」、「委外化」、「行政法人化」。[註三]

(八) **我國今後行政革新方向**

1. **生態的行政**：應適用國家與社會需要的行政制度。

2. **科學的行政**

(1)思想、觀念上的科學化。

(2)制度、方法上的科學化。

(3)設備、工具上的科學化。

3. **民主的行政**：對外應以民意為依歸，對內則採民主領導、分層負責、參與管理的內部管理方式。

法規一點靈

行政法人法

4. **廉能的政府**：一個既廉又能政府是一個大有為的政府，亦是民眾愛戴政府。因此，廉能政府為首要工作，其基本要求：

(1)公務員應廉潔自持、一介不取，有高尚道德情操。

(2)法律與制度健全。　　　　　　(3)良好的待遇與福利政策。

(4)政府預算編制與執行十分理想。　(5)政策制定與執行結果契合。

(6)軟硬體建設完備　　　　　　　(7)政府施政明快確實，日新又新。

5. **服務的行政**：施政須以民眾需要與願望為依歸，並以高效率與良好的態度來執行。

6. **彈性的行政**：行政必須採取彈性策略，在組織結構、人力編制、法令規章及管理方法等，皆應打破目前過於僵硬的作法。

7. **企業的行政**：所謂「企業的行政」應視為具有「企業精神的行政」而非「企業化的行政」。亦即政府應將企業界創新性、自動性、超越性、服務性、積極性、卓越性、成果性與市場性等精神注入行政管理中。

8. **民營的行政**：主要強調公共行政的公共服務功能可以透過私人部門來達成，其方式有：開放公營事業民營化、委託外包、替代。

牛刀小試

1. 行政革新的意義為何？行政革新的目標可分為「除弊」與「興利」兩個層次，試闡釋「興利」的層次應從那三方面著手？
2. 請敘述行政革新之目標和影響行政組織革新的因素。
3. 何謂行政革新？其目標為何？試逐一說明之。
4. 試述行政革新的意義、理由及其作法。【關務升等】
5. 行政革新是一項永無止境的進步過程，但是推動行政革新卻常遭遇多種抗拒，試分析造成抗拒的原因並提出解決之道。
6. 現代國家為何還需要行政革新？我國今後行政革新的根本方向為何？試析論之。
7. 試從組織學習的觀點闡釋行政革新的意義。
8. 何謂行政革新？行政革新之實施，可從些層面著手？試列舉說明。【退】

二、行政績效

(一) 效率與效能的意義

1. **效率**：是指投入與產出的比率，係以最少的人力與物力以完成工作，強調數量，可以具體量化衡量。關於效率一詞其正確看法應為：

(1)效率真義在「當其用」、「宏其用」，而非「節約」、「儉吝」。

(2)乃在既定形勢或條件下所作最佳、最有利抉擇，並非僅是指機械概念。

(3)效率並非只問目的、不擇手段。

(4)效率並非冷酷無情觀念，而是利用科學方法適應人類天性。

效率層次可分為第一層次「組織效率」，又稱「社會效率」、第二層次為「管理效率」、第三層次為「機械效率」。

2. **效能**：指工作達成預期結果或影響的程度，亦即實際達成者與原訂的預期水準相比，以瞭解工作否產生期望結果或影響。效能強調品質、內涵甚廣，難以量化。

管理大**師杜拉克（P.Drucker）認為效率是將事情作對（Doing things right）；而效能則是做對的事（Doing right things）。**

(二) **行政生產力**

1. **行政生產力內涵**：行政機關從事公共服務過程中，業務推動、資源利用、內外溝通、業務創新、施政成果等重要變數，經由適當指標衡量後所呈現的整體績效。因此，行政機關生產力的構成要素不僅包括效率，也包括效能。

2. **行政生產力特性**

(1)生產力可用系統的投入與產出關係表示。

(2)生產力包括質與量的配合，即效率與效能並重。

(3)生產力兼具客觀與主觀涵義。

(4)生產力兼具目標導向與人性導向性質。

(5)生產力包含可量化（量性）與不可量化（質性）二類指標。

(6)生產力具有變遷性與層次性。

(7)生產力具有合理性。

3. **生產力的影響因素**

(1)**人力因素**：包括激勵與技術兩方面。

(2)**程序因素**：包括系統控制及科技、自動化及省力設備的使用。

(3)**產品因素**：包括數量與品質。

(三) **行政績效**

1. **行政績效意義**：行政績效可看成是行政生產力的同義詞，亦即行政之總體表現。而行政績效的高低則為同時衡量行政效率與效能所得的結果。

2. **提高行政績效作法**

(1)**行政設備現代化**：工欲善其事，必先利其器。凡處理行政事務機具，應汰舊換新，配合「辦公室自動化」之全面推動，以提高行政績效。

(2)**行政制度現代化**：凡是不合時宜的法令規章、組織結構、工作程序應隨時檢討、修正、增刪。

(3)**行政運作現代化**：凡是處理行政事務方法、流程、手續應不斷檢討、改進與簡化。

(4)**行政觀念現代化**：公務員應秉持「公僕」觀念，發揮積極主動的服務精神。

(5)**行政學術現代化**：凡與行政制度、法規、運作有關事項，可藉由與政府機關與學術界充分合作，俾解決實際行政問題。

3. **影響行政績效的因素**

(1)**組織因素**：現代組織原理與組織行為，實關係行政組織績效高低。

(2)**管理因素**：組織中人、財、事、物的管理是否健全，亦會影響行政績效。

(3)**制度因素**：制度因素可分廣義與狹義制度，二者均會影響行政績效。廣義制度包括政治、經濟、社會體制，而狹義制度則指組織的法令規章、工作流程與管理方式。

(4)**人力素質因素**：人力包括質與量的因素，而行政組織中，仍以人力素質對行政績效影響最大。

(5)**工作的因素**：工作本身因素如工作性質、工作程序均會影響工作的質與量。

(6)**環境的因素**：組織的外在因素，包括政治經濟與社會生態、工會的型態、社會理念、文化背景都是行政績效的誘因。

(四) **績效管理**：根據孫本初教授所言：「績效管理係指如何執行策略，以達成組織目標的管理過程。當管理者在推動績效管理時，必然會出現組織績效、部門績效及個人績效等三種績效評估需求。」對企業部門而言，由於經營目標單純，顧客與競爭者較易確認，管理者容易掌握其意涵。但對政府組織而言，則略顯複雜，在民主體制中，其意涵至少須滿足以下四類行動者的需求：

政府組織對象	對績效管理的需求
民選行政首長	可強化對文官系統的政治控制力
民選議會代表	可確立民主政體的課責制度
文官系統內改革 工作管理者	可有效控制行政流程、持續改善生產力和品質，以及提高組織的競爭力
一般執行政策文官	具有領航作用，藉由明確績效指標，使管理者清楚工作要求與任務重點

1. **績效指標**：包括效率、品質、多樣化、顧客化、便利性與創新性。

2. **構成要素**：績效計劃、持續績效溝通、資料蒐集觀察與建檔、績效評估會議、績效研判與指導、再次計劃。

3. **功能面向**

(1)績效管理是一種控制程序：包括確立目標、衡量績效、檢測績效、修正偏差。

(2)績效評估是一種政治溝通過程：確立績效指標時，能考量各行動者的認知需求。

(3)績效評估具有「領航」的作用：新思維的績效管理強調結果與顧客導向。

4. **方法或步驟**：第一步驟應認清績效價值與技術需要，第二個步驟是能夠評估關鍵績效影響，涵蓋職員管理與評估、組織結構、報酬系統、管理訓練與發展、文化等因素，第三個步驟為能夠明確地規劃變遷優先順序與執行計劃。

5. **推動途徑**

(1)**策略管理途徑**：可視為管理者有意識的政策選擇、發展能力、解釋環境，以集中組織努力，達成目標行為。政府部門為解決公部門問題，提高績效，須進行策略管理。

(2) **目標管理途徑**：指以目標為導向、以人為中心、以結果為標準而使組織與個人取得最佳績效的現代化途徑。

(3) **標竿管理途徑**：被認為一種評估、比較的過程，以改進工作程序並取得更高績效。公部門推行為一種追求卓越的學習模式，並將其轉化以提高公部門績效。

(4) **全面品質管理途徑**：以品質為中心，主要為提高產品與服務品質，從而建立在組織全員參與基礎上。

6. **評估績效方式**：

(1) **評分系統**：利用假想的等級來評量員工的表現。

(2) **排名系統**：將職位相似的員工來作相互的比較。

(3) **目標型評估方式**：依達成預定目標程度來加以評量。

(4) **多元評估模式（MSA）**：又稱360度績效評估制度，主要係以多元觀點來解決問題，它結合了組織成員之利害關係人，包括上司、同儕、部屬，以及外在與內在顧客等智慧結晶，期能使員工瞭解自己優缺點並有效發展自我。

(5) **關鍵事件法**：指記錄員工表現優良與不良的重要事件。

7. **限制或弊病**：

(1) 公部門對於實施成果取向的管理方式均抱持著懷疑態度。

(2) 績效管理易淪為政黨鬥爭工具，呈現泛政治化現象。

(3) 政府部門所提供的公共服務面對難以量化的問題。

(4) 成果資訊提供對於基層工作人員而言，似乎過於集中例行的文書作業。

(5) 資訊紀錄無經常更新，缺乏反饋機制。

(6) 對於成果測量技術具限制性，因政府業務有特殊性，無法有效加以衡量。

(7) 對於資源與輸出成果兩者間關係，所知有限。

(8) 機關分歧性、不明確的任務與目標、組織方案與系統多元目標的衝突、缺乏對整體環境的規範與顧客滿意資訊的評估等。

8. **效益**：

(1) 可公平、客觀地評估組織績效，適當地提高組織績效。

(2) 增加對組織成員的激勵與支持，幫助其發揮潛能。

(3) 能使組織成員發揮才能，增加工作滿意度。

(4) 持續工作對話中，發展管理者與部屬間建設性與開放性關係。

(5) 集中注意力於有效運用所須能力上。

(6) 可吸引留住高素質人員，全面開發組織的人力資源。

(五) **平衡計分卡（BSC）**：由哈佛大學教授卡普蘭（R.Kaplan）與諾頓（D.Norton）所共同發展出來，主要目的在將組織「策略」轉化為具體行動，以創造競爭優勢，可分為財務、顧客、內部流程與員工學習成長四個構面，涵蓋財務與非財務面，可謂全方位評估。

三、治理轉換

公共行政過程就是一種治理的過程，包含了管理與政治雙重面向。

(一) **治理意涵**：最基本意義為統治、支配與管理，時至今日，自由民主已為普世價值，故其意義隱含與人民位階平等的公共事務管理與服務。治理意涵在黑堡宣言一文中的闡述即頗為言簡意賅，指出：「治理包含了以社會整體為名義所施行的獎酬和懲罰」。由此可知，治理涉及了「公共資源」的分配，存在於政治系絡中，具有高度政治性。

(二) **傳統治理模式內涵**

1. **政治與行政分離論**：應溯至威爾遜的〈行政的研究〉，為政治與行政分離論中重要觀點，可歸納以下數端：

    (1) **公共行政與政治本質有所差異**：政治是屬於政治家的範疇，而行政則是由技術官僚負責層次。行政並不在政治範圍之內，行政問題並非政治問題。

    (2) 公共行政是政策執行的工具：憲政是民主政治的根基，而行政只是實現憲政原則的工具。因此，公共行政的內容是鉅細靡遺地、系統分明地執行公法。

    (3) 行政人員應扮演管理者角色：行政人員應確實擁有達成任務手段選擇上的自由意志，不應只是消極工具，而應表現出積極進取的精神。

    (4) **行政人員對政治老闆效忠就是尊重民意的表現**：公務人員所受訓練係用以執行政策，但不見得可以密切地與民意結合，故須透過民選首長與議會作為橋樑，才能避免官僚主義所形成的專斷與隔閡。

2. **公共組織以官僚體制為基本形式**：韋伯（M.Weber）指出工業時代來臨，官僚體系應運而生並成為當代社會之主流形式，政府組織自不能例外而且是官僚體制的典型。而韋伯理想型官僚制具有以下數點特徵：

    (1) 以合法為基礎，並將組織行為法制化。

    (2) 組織強調縱向的層級節制，嚴格界定命令服從上下關係。

    (3) 組織結構重視水平分化的專業分工。

    (4) 非人情化的成員關係。

    (5) 工作的永業化。

    (6) 升遷根據年資與績效，獎懲根據績效。

3. **致力追求放諸四海而皆準的公共管理法則**：政治與行政分離論，將公共行政定位為無關政治的執行者的角色，故其任務在進行有效率的管理功能。因此，傳統治理模式強調經由科學方法發展相關知識，成為行政科學概念。

(三) 治理轉型模式

	市場模式	參與模式
結構	1.將龐大部門分割為小型機關 2.某些政策功能由高層下授低層 3.利用私人組織傳輸公共服務 4.政府部門設多重組織提供勞務	1.基層人與公民參與可使治理更好 2.須建構數種創新結構以暢通管道
管理方式	1.授權與授能　　2.鼓勵參與決策 3.績效標準訂定　4.開源節流	1.基層人員與服務對象能直接參與管道 2.使政府服務對象重新回歸公民身分
政策制定	1.弔詭：提倡分權與上層集權意志 2.協調與控制問題 3.公民角色問題	1.注重由上而下政策過程 2.意味決策制定的分權化
公共利益	1.低成本、高品質的公共服務 2.公民應自由選擇所欲服務	1.提升第一線行政人員獨立決策能力 2.公共利益應經由公共對話途徑獲得 3.公共利益應由公民對政策抉擇

彈性模式	鬆綁模式
1. 彈性模式—追求權宜性組織設計 2. 公共組織應大幅減少雇用權時人力，降低成本	1. 著重運用程序控制公共組織 2. 分權控制可帶來更大效率效能
1. 在明示層次-須調整人力結構符合顧客需求 2. 在隱示層次-導致組織成員對雇主承諾降低	1. 接受層級節制設計，導入企業精神 2. 主張授權給組織基層
1. 公共組織成員對政策影響力大幅降低 2. 高層公務員擁有更大自主權施展政策理念	1. 主張賦予官僚成員更多政策制定權 2. 官僚決策應符合公共利益
1. 樽節成本即是公共利益展現 2. 政府可節省更多經費，創造更多福祉	1. 可經由較少課責的政府獲實踐 2. 公共利益實踐須依賴政府積極作為

(四) 治理新途徑

1. 全球化系絡下的全球治理

(1) **全球治理意義**：係在全球化趨勢下，各國政府為因應此一洪流所應做出的回應與努力。而根據「聯合國的全球治理委員會」的界定為：管理涉及全球性事務的個人與制度，是公共與私人等諸方式的總和，它是經由吸納衝突或多元利益，以及採取合作行動的持續過程。

(2) **全球化治理的背景因素**

A. **全球化**：意指一種過程，國家疆界之嚴格界限逐漸模糊，導致經濟、文化、科技乃至於政治逐漸跨越大陸與國界藩籬，走向融合，而此種融合產生複雜的相互依存關係。

B. 全球化主義：指涉世界所呈現的一種樣態；世界各國超越地域的限制涵蓋在各個相互依存的網絡之中。

C. 全球主義的特徵：

(A) 全球主義指涉網絡的複雜連結，而非單一連結。

(B) 一個關係網絡之所以被稱為是全球的，其在空間距離上必須是洲際的連結，而非僅為區域性網絡關係。

(C) 全球主義並不意味著全面性，亦即並非意指地球上全部國家。

(3) **全球治理內涵**

A. **各種課題**：經濟全球化、軍事全球化、環境全球化、社會與文化全球化面向。

B. **常見作為**：成功的全球治理常見以下作為：

(A) 對於涉及主權層次的限制，採取彈性作法，避免對國際性的合作造成阻力。

(B) 政府透過代理人從事全球治理相關事務，這些代理人包括跨國公司和非政府組織。

(C) 為因應全球化所產生之各種問題現象，許多國家必須修訂法律以達成有效治理。

C. **層級與對應組織**：可分為三個層級：超國家的、國家的與次國家的層級。

層級 / 性質	私人公司	政府機關	第三部門
超國家	跨國公司	國際政府組織	非政府組織
國家	公司	中央政府	非營利組織
次國家	分公司	地方政府	地方社團

2. **資訊系絡下的E治理**

(1) **E治理的意義**：即是電子化治理簡稱，意指應用當代資訊科技所施行的治理，目的在提高政府的績效。

(2) **E治理的背景因素**：資訊社會形成、知識經濟時代來臨、全球化帶來無國界的資訊交流。

(3) **E治理的各種面向**

A. **E民主**：透過資訊科技的應用，達到反映民意、民眾參與公共決策的目的，如線上公民會議、線上滿意度調查、線上投票等。

　　B. **E服務供給**：透過數位網絡與線上媒體傳輸公共服務，如線上申報所得稅、應用手機簡訊傳遞停車費繳納通知等。

　　C. **E管理**：應用數位工具進行公共組織內部事務管理、分配資源、傳遞訊息、輔助決策、績效考核等。

(4)**E治理各種工具功能**

　　A. 獲致相互理解。　　B. 蒐集資料。　　C. 組織與分析資料。

　　D. 幫助溝通。

　　E. 模擬決策的可能結果並據以提出建議。

3. **後現代化系絡下的跨域治理**

(1)**跨域治理的意義**：意指跨越轄區、跨越機關組織藩籬的整合性治理行為。誠如NPR報告中所言：「在快速變遷的世界，解決政府績效不彰的最佳處方並非繼續去重新設計組織表，而是將組織的僵硬界限予以消除。」

(2)**跨域治理的背景因素**：為晚近公共治理的一項重要課題，起源於當今環境複雜程度遠超過現代化初期社會，政府機關組織界限嚴明的專業分工方式，已無法因應今日需求。時序進入另一個後工業化社會，呈現「超分化」的現象，意味著公共問題所牽涉面向曖昧渾沌。

(3)**跨域治理的特質**

　　A. **跨域治理蘊含系統思維的理念**：綜觀全局的視野。

　　B. **跨域治理具宏觀與微觀二種層次意涵**：從微觀到宏觀依序為：組織內部、組織間通力合作。

　　C. **跨域治理的參與者間具相依性**：參與跨域治理的組織會形成一種組織網絡，彼此間通力合作、資源共享。

(五) **治理與社會資本**[註四]：「治理」思潮，正是對新公共管理運動所進行的反思，強調的是一種網絡觀點，亦即人際或組際之間的互動關係。此種關係形成了社群組織型態，在相互尊重與信任基礎上，培養互動關係。而此種持續信任與互惠關係亦正是社會資本的核心。

1. **社會資本意涵**：

(1)**普特南（Putamn）認為**：「社會資本是有著社會組織的特性，如網絡、規範與社會信任，這些特質有利於協調及合作，並能達成互惠的目的。」

(2)**Lin認為**：「是一種鑲嵌在社會網絡的資源，行動者透過行動予以取得或使用。」

(3)**福山（Fukuyama）界定為**：「社會資本乃團體或組織成員為達成共同目標，一起合作打拼的能力。」

(4)**柯年那（Coleman）解釋為**：「社會資本是一種多重實體，具有高度的系絡性。因此，社會資本是一種具有倫理性與道德性的資源，使用此些資源可促進個人或集體行為。」

(5)Bourdieu認為：「社會資本是指個人或團體所擁有的社會關係總體，其取得需要靠關係的建立與維持。」

綜合而言，社會資本是一種非實體的資源，能使網絡中的多元參與者相互信任協調，以利共同達成目標與解決問題。

2. **理論基礎**

(1)**民主公民資格**：將人民視為公民。

(2)社群與公民社會：公民將自我利益與社權關懷整合一起。

(3)組織人性主義與對談理論：跳脫官僚思維，採廣泛詮釋、批判。

3. **構成要素**：網絡、規範與信任。

4. **功能**：有助於公民社會的形成與政策執行力。

牛刀小試

1. 近年來各國政府都致力於推動績效管理，請分別敘述績效管理之方法、推動途徑、可能發生之弊病及可能達成之效益。【地三人】
2. 何謂績效管理？行政機關實施績效管理可能會面臨那些問題？【地三】
3. 公部門和私部門在施行績效管理時，其機制設計和組織所面臨的內外環境之差異為何？【108地三】。
4. 行政機關推動「績效管理」（performance management）必然會帶來正面效益嗎？如何確保績效管理的正面效益大於負面成本？請闡述之。【110高三】
5. 傳統治理在二十世紀末產生新型治理模式的背景因素為何？新興治理模式又為何？試分別說明之。【退三】
6. 針對當代大環境的變遷趨勢，政府將會面對宏觀課題，在施行治理時所採行因新途徑，若由環境系絡對應之，分別由全球化（globalization）、資訊化（informationalization）及後現代化（postmodernization），請由此三項系絡討論治理的新模式。【身三】
7. 試以「從政府到治理（From government to governance）」這句話，闡述數十年來公共行政典範移轉的歷程。【106地三】

四、府際關係與管理

「府際關係」一詞係出自於西元1935年《社會科學百科全書》，指各級政府彼此間之互動及關係。這種關係可分為靜態的制度上之權力結構關係；與另一為動態實際上互動依存關係。

(一) 意涵

1. **府際關係意義**

(1)**丹哈特（R.Dehardt）的定義**：當各級政府人員在尋求發展與執行公共方案時，府際關係一詞常被用來涵蓋所有各級政府之間複雜且依存的關係。

(2)**安德遜（W.Anderson）的界定**：府際關係此名詞將一系列關係與互動類別包含於一個概念中，這些關係以聯邦—州、州際、州—地方、地方間、聯邦—地方、城市—縣等各類關係為設計基礎。

(3) **夏福利茲與羅素**（J.Shafritz & E.Russel）**界定**：指政府間交互關係的複雜網絡，其本質上是不同層級政府為共同地區提供服務並加以管理之交互關係的政策與機制。

2. **府際管理意義**：亦稱「府際行政」，意指為達成特定政策目標而對府際關係的管理與協調。是一種行動取向的過程、管轄間的管理、涵蓋公私部門間互動之協調整合行動。

3. **兩者比較**

府際關係	府際管理
理論的、歷史的	實務的、方案的
學科的、描述性的	專業的、規範性的
過程取向	問題取向
政策層次	運作層次
注重分析	注重評價
戰略性的	戰術性的
注重政府組織	注重政府改革

(二) **種類**

1. **府際關係類型**：由於中央政府與地方政府權力劃分的不同，以及各級政府彼此間之互動關係，形成了三種不同類型的府際關係：

(1) **單一制國家的府際關係**：其特徵為中央政府擁有最高的統治權，而地方政府則不具有權威，其所做一切必須得到中央政府的授權或許可，又稱中央集權制。主要代表國家有英、法、日、丹麥、紐西蘭。其優點有：

A. 國家政策明確。

B. 權責不致發生混亂。

C. 避免國會、官僚制度與政策計劃重疊，可節省大量的直接成本。

D. 不致引發各級政府對公帑的籌措和支出之公正問題。

(2) **聯邦制國家的府際關係**：聯邦主義（federal system）在拉丁文的意旨為契約或盟約。係一個以地域為基礎的政治體系，其權力分屬中央政府與地方政府，亦即中央與地方政府各自享有一定的主權，中央與地方共享權力，其權威來自於成文憲法的規定，主要代表國家為美、加、德、澳、墨、瑞士、巴西、印度。其優點有：

A. 聯邦制允許政策上享有較大的差異性與實驗性。

B. 聯邦制有助於治理過程中的區域參與。

C. 就不同之族群或文化團體加以考量。

D. 可以對少數團體或弱勢族群提供充分的考量。

(3) **邦聯制國家的府際關係**：與單一制相反，其主權屬分子國，地方居於主宰地位，亦即各自擁有主權邦國，邦聯係依條約而非由憲法而結合，在邦聯

組織下，邦聯對各分子國不能直接命令或指揮；邦聯條約若要修訂，也須經全體分子國同意。此外，邦聯當局如有違法行為，分子國可宣告該行為無效，並得自由進出邦聯。因此，邦聯制是一種過渡階段的產物，本質上是不穩固的。其優點為各個分子國可掌握自身的命運，但也是其缺點所在，倘若各分子國間不具有高度的共識，則邦聯勢必回到原先各自為獨立國家的型態，否則就是強化中央政府的功能成為聯邦制。代表國家主要以歐洲共同體、前蘇聯獨立國協。

制度類型	簡單定義	代表國家
單一制	所有重要權力集中於中央政府	丹麥、法國、日本、英國、紐西蘭
聯邦制	中央政府及地方政府共享權力	澳洲、加拿大、巴西、德國、美國、瑞士、墨西哥、印度
邦聯制	權力源自各自擁有「主權」的邦國；唯邦聯政府仍有若干界定的權力	歐洲共同體、前蘇聯的獨立國協

資料來源：林鍾沂《行政學》P583。

2. **府際管理途徑**：依陳金貴教授研究結果有：
   (1) **政策管理**：經由政策作用，以達到府際關係的和諧發展。
   (2) **方案管理**：提供者將關切事項，轉化為規範要求，而接受者亦須於行政過程中加以配合。
   (3) **規範管理**：政府組織基於管轄權發動，訂定規範以約束另一政府組織。
   (4) **規劃管理**：增加政府能力與改進資訊程序，規劃適合政府目之策略。
   (5) **發展管理方案的能力**：發展政府在裁決權方面運用的才能，使政府組織更有能力執行府際管理方案。
   (6) **合作管理**：政府官員在從事活動中，進行非正式合作與無書面之協議契約。或共同規劃訂定相互有義務的正式協定。
   (7) **運用協商**：不同管轄權團體須處理無法解決歧異時，協商乃常用途徑。
   (8) **問題解決**：政府組織間對問題調整或訂定共同行動方案，以尋找有利雙方備案，來解決問題。
   (9) **系統的調適**：運用政治和政策，直接或間接地改變府際例行事務。

(三) **府際管理重要性**
   1. 府際管理受強調，乃是瞭解到管理能調和並合併政治與行政。
   2. 府際管理概念包含一個更廣分析範圍，而非僅限於關注聯邦政府的單位、機構與人員。

(四) **財政聯邦主義**：不論聯邦制或單一國家制，必然存在中央層級與地方層級政府在財務方面公共收支職能表現。換言之，財政聯邦主義即攸關各級政府收入、支出的分配與劃分及由此衍生的補助款制度。

1. **補助款制度：**
   (1) **類別補助款：**聯邦政府針對某特定計劃方案給予專項補助，嚴格限制州政府將補助款項挪作他用，如作社會福利支出補助不得移轉為高速公路興建計劃之用。
   (2) **綜合補助款：**聯邦政府提供一筆基金給州政府供日常業務之需，並無嚴格限制其資金用途，而保留其運用的彈性，如可自由決定在衛生、教育等支出。
   (3) **歲入分成：**聯邦政府將補助款支付給州政府，以因應其所須。唯其主要限制在於接受單位不得從事被禁止的歧視作為。再者，歲入分成的補助金額是依複雜的公式計算決定的。

而根據補助金分配方式，又可分為以下三種類型：
   (1) **公式化補助款：**指透過一定的計算公式來決定各州政府所應補助的金額，通常是由立法機關針對分配的公式加以立法。
   (2) **專案型補助款：**指各州政府自行提出計劃書草案，詳細闡述其用途，俾使行政機關根據國會所撥付該一計劃領域的總金額來作資源的分配。
   (3) **配合補助款：**指聯邦政府會要求州政府在接受補助時，需對指定用途的補助款提供一定成數的自有資金來加以配合，唯其配合比例並無一定的規定。

2. **府際間財政職能分工：**林鍾沂教授認為中央與地方分工原則應考量六個要素：經濟穩定、所得重分配、外溢效果、規模經濟、配置職能與種族多元化。

(五) **部際與府際關係的分類：**任何政府或部門之間，均存在兩種組織關係，即垂直關係與平行關係。由此可歸納為四種部際與府際關係：

1. **部際垂直關係：**府部門間所有的從屬關係在內，如行政院與內政部的關係。
2. **部際平行關係：**如行政院與立法院關係。
3. **府際垂直關係：**代表上級與下級政府之間的關係，如中央政府與高雄市政府之間的關係。
4. **府際平行關係：**如台東縣政府與屏東縣政府的關係。

	部際〈interagency〉	府際〈intergovernmenty〉
垂直關係	上級與下級單位：如行政院與內政部	上級與下級政府：如中央政府與高雄市政府、桃園縣政府與中壢市公所
水平關係	平行單位：如行政院與立法院、教育部高教司與經濟部商業司	平行地位政府：如台中市政府與台南市政府、新竹市教育局與彰化縣政府教育局

(六) **美國府際關係的發展**

1. **依夏福利茲與羅素分類**
   (1) **雙軌式聯邦主義：**西元1930前，聯邦政府與州政府共同劃分了大部份的的政府權限。聯邦政府的權限集中在被授與的權力上，如國防、外交、州際商業活動及貨幣等；州政府則決定重要的國內政策議題，如教育、福利等。兩者間功能與責任的劃分相當明確。

　　(2) **合作式聯邦主義**：西元1930至1950年，其特色為聯邦、州與地方政府彼此合作形成互動團隊，共同解決國家所面臨的重大問題，而非彼此衝突、對立。

　　(3) **創設式聯邦主義**：西元1950至1970年，聯邦、州與地方政府共同規劃各種府際計劃方案，其目的在提升美國窮人的生活水準與教育水平。

　　(4) **新聯邦主義**：西元1970-1985，此階段特色在於尼克森政府企圖將自主權還給州政府，但仍維持中央政府具聯邦補助的重大權力。

　　(5) **新新聯邦主義**：西元1985年之後，雷根政府主張裁縮聯邦的補助，並將許多的治理功能轉移給州政府。

2. **依亨利的喻象分類**

　　(1) **夾心蛋糕式聯邦制度**：西元1890-1930年，聯邦立於頂層、州位居於中、地方則處於底層，關係趨衝突，狀似夾心蛋糕。

　　(2) **斑紋蛋糕式聯邦制度**：西元1930-1970年，此階段很難於分辨何者為國家、州或地方活動，關係趨合作狀似斑紋蛋糕。

　　(3) **水龍頭式聯邦制度**：西元1940-1970年，又稱集中的聯邦制度，由形式轉向功能性，特別是專款補助，亦即聯邦補助由華府流到各州，再流到地方。

　　(4) **花草繁盛式聯邦制度**：西元1950-1970年，又稱創造性聯邦制度，強調聯邦政府對各州或地方有關競爭性專案計劃之援助，而各種府際計劃案，恰如春天時之花草蔓生繁盛。

　　(5) **柵欄式聯邦制度**：西元1960-1980年，又稱管轄權競爭的聯邦制度，強調府際關係之衝突取向，用以形容數以百計之不同類別及計劃補助的零碎性與分離性。

　　(6) **虛有其表聯邦制度**：西元1970-1980年，又稱計算的聯邦制度，主要問題在負債、財政依賴，顯示過去聯邦政府在府際關係主導地位已經不存在，角色已佚轉。

　　(7) **自衛性聯邦制度**：西元1980年至目前，又稱競爭性或自求多福的聯邦制度，所有政府皆須為歲入而競爭，其所強調在政府決策者及州、地方官員須恭敬面對納稅人。

(七) **府際關係困境**

1. **中央與地方組織結構重疊**：呈現權責分散與多軌的控制體系。

2. **中央與地方事權劃分不清**：權限劃分雖採「均權制」，但實際卻偏向中央集權制，引起爭論。

3. **中央對地方控制監督對政策執行的不良影響**：無法因事時宜。

4. **中央對地方機關協助，不外乎金錢、技術與知識，造成地方的被動依賴。**

(八) **改進府際關係作法**

1. **相互尊重**：中央對於地方自治事項，應完全充分尊重。

2. **建立夥伴關係**：不論是上下政府或平行政府間，對於共同事務，應建立夥伴關係同蒙其利。

3. **明確劃分權責，一切依法行政**：修訂各相關法規，減少爭端。
4. **善用府際管理，順暢府際關係**：府際管理係針對府際關係進行適當有效的管理。
5. **設立溝通聯繫機制，化解歧見**：各層級政府間應設立有效溝通聯繫機制，以化解各政府間誤會與歧見。
6. **培養「行政一體」的文化**：所有類型政府均應拋棄本位主義觀念，開誠佈公，共同解決問題。

(九) **府際協力關係**：乃是一種在不同管轄權之中，跨越現有行政區劃分限制，藉由共同分擔責任為基礎的方式，進而達成政策規劃與執行上的整合。

五、公私協力關係

公私協力（Public Private Partnership,簡稱PPP）泛指公部門與私部門共同處理事務之情形。其產生的背景，依林淑馨教授的整理，包括以下因素:
公民參與的興起、民營化風潮的衝擊、公共管理型態的改變。

(一) **意義**：孫本初教授認為：「公私協力係指公私部門藉由資源之整合與資訊的交流藉以達到創增經濟利益，提供民間私部門參與建設之管道，降低公部門的財政負擔，以追求公私雙贏策略。」

(二) **類型**：公私部門在公共基礎設施的興建管理與營運合作協力之上，隨著不同角色扮演，一般可以有所謂「公辦公營」（全由行政擔當、部分業務委託私人）、「公辦民營」（管理營運委託、設施出租、設施轉讓）、「民辦公營」（設施讓受、設施借用）、「民辦民營」（PFI、BTO、BOT、BOO）。
值得注意的是，另一個常與「公私協力」交互使用名詞是「業務委託」，行政院人事行政總處曾於2001年編訂「推動政府業務委託民間辦理實例暨契約參考手冊」，將政府委外業務分為四大模式（由淺至深排列）:

1. **機關內部業務委外**：指政府機關將內部業務或設施委託民間辦理或經營，機關支付費用，民間受託者對機關提供服務之方式，不涉及對外公權力行使。例如，機關清潔工作、警衛保全、餐廳等。
2. **行政助手**：指機關為達特定行政目的，於執行職務時委託民間協助，實際負責職務執行者仍為機關本身，民間角色乃提供專業技術、人力與設備，尚未涉及公權力之委託行使。如違規車輛拖、義消與義警等。
3. **公共設施服務委託經營**：指行政機關將本應由機關本身親自執行對人民提供服務之設施資產或業務，委託民間經營管理。例如，公辦民營、BOT等。
4. **行政檢查業務委外辦理**：指政府為實現特定行政目的，針對個別事件，委託民間蒐集、查察、驗證，據以認定一定事實是否符合規定所作之檢查行為。例如，建築物安全檢查、汽機車檢驗等。

(三) **策略與成功要件**：吳英明教授認為推動公私協力關係的策略，可分述如下:

1. **增加利害關係人的參與**：任何一項公共事務，都必須涉及許多利害關係。而政策利害關係人可分為三類:政策制定者、受益者與受害者，每個利害關係人都必須緊緊相扣，如有缺一，便會阻礙整個政策發展。

2. **加入中介團體來協助推動，並賦予準合法性地位**：公私協力關係的推動有時需要透過公益型或專業型的中介團體來協助。這些中介團體必須針對某種議題提供實用的原則或模式來促使公私部門行動和資源的結合。

3. **透過立法規範公私部門協力的運作**：在協力過程中，若雙方沒有確實遵守誠信原則，便很容易流於無秩序狀態。因此政府必須訂定相關法案或在法案中訂定相當條文來約束公私部門協力的運作。

4. **利用全民教育的推廣，使民眾具有公私協力的觀念**：公私協力關係的建立必須要有民眾參與的精神，才能展現它真正的力量。

而公私協力關係（PPPs）若要成功，最常被提到的要件：清晰的目的、對等之關係、互信互敬、目的共有。

(四) **實行困境**：公部門與私部門的協力關係在運作上會遇到下列幾項困境：

1. **政府機構層級複雜，私部門難以配合或貫穿**：政府機關的龐大和層級複雜，同一任務往往由許多不同單位共同負責，造成權責歸屬的模糊及不明確。私部門往往因為此種因素而無法在政府機構裡找到適合的專責機構一起共同協商，而制式的溝通方法造成政策的延遲效果，使得許多時效性的決策最後便失去了意義。

2. **協力過程監督、審議太多，削弱競爭契機**：公私部門在協力過程中，要接受雙方的監督、審議。公部門議會審核合作方案的程序必須經三讀通過後，才能進入執行階段。然而，許多議案常常無法順利地排上議程，因此在推動協力關係時，若每一方案都須經過議會的通過，就容易因為時間的延誤而降低了企業商機。

3. **公私部門對公共事務認知差距**：公部門與私部門兩者對利益著眼點的不同，也會形成公私部門互動的障礙。不管是主張國家利益或人民利益優先，政府都是從大層面的環境來考量，追求全民利益是基本使命；而私部門則以本身的利益考量為重，追求利潤才能維持他們的日常運作，因此在公共事務管理體認方面，公私部門有很大的認知不同。

4. **公部門資訊具壟斷性，無法流通**：在公部門方面，資訊壟斷有公平性的考量；在私部門方面則是為了競爭的因素。為了達到公平性與競爭性的目的，公私部門的資訊往往無法以開誠布公的精神相互交流達成協力關係。因此，如何將公私部門各自壟斷的資訊變成共同分享的資訊，是推動公私協力關係時必須考量的重點。

5. **協力機構的承接能力問題**：政府思考要將某種業務交由民間辦理時，需先評估民間機構是否能力提供的問題。由於部分協力或委託業務，過去多屬於由政府獨占經營或具有特殊性的事業，若民間機構沒有承接的能力，或是承接的結果比政府自己辦理還差的情形下，就暫時沒有交由民間辦理的必要性。如欲解決此問題，政府除應積極創造協力誘因外，還應培養私部門承接業務或協力經驗。

牛刀小試

1. 何謂府際管理？府際管理的途徑有那些？試說明之。【基三】
2. 何謂府際關係？請說明府際關係的意義及其重要性。【薦升】
3. 名詞解釋：府際關係（intergovernmental relations）。【高三、原三、高三】
4. 府際關係的意義為何？我國目前府際關係的困境為何？應如何改進困境？試依己見，一一回答。【高三】
5. 試解釋府際協力關係（intergovernmental partership relations）的意義；並舉一實例，說明我國府際協力關係運作的困境及解決之道。【95國防一】
6. 試闡述府際關係，並比較「單一制」與「聯邦制」的差異。【105高三】
7. 當代公私部門的界限逐漸模糊，公私協力成為相當普遍的治理模式，請探討公私協力對於公部門的影響，以及對於私部門（包括企業、公民團體與社區）的影響。【111高三】

參 行政管理技術導入

一、工作簡化

西元1930年莫根生（A.Mogensen）將「動作研究」與「時間研究」之技術應用於其他工作稱之。

(一) **意涵**：運用科學方法，對組織業務及辦事方法加以分析研究，尋找瓶頸，並採取剔除、合併、重組、簡化等方法，以節省動作、減少工時、降低成本，增進工作效能。

(二) **功用**
1. 可增進工作效率。　　　　　　2. 節省人力時間經費。
3. 可使工作方法趨合理。　　　　4. 可建立標準工作方法。
5. 利於控制計劃進行。　　　　　6. 能激勵員工士氣。

(三) **配合措施**
1. 調整權責劃分。　　2. 貫徹分層負責。　　3. 檢討法令規章。
4. 汰換機具設備。　　5. 簡化公文報表。　　6. 佈置辦公處所。
7. 檢討工作分配。　　8. 擬定作業程序。

(四) **步驟**
1. **訂定實施計劃**：組織機關之工作項目繁多，應依其輕重緩急，於事前擬定計劃，按部就班，依序執行。
2. **完成準備工作**：將欲簡化工作依其順序或流程加以詳細記載。
3. **進行簡化作業**：以六何分析法，來剔除不必要工作程序，並加以合併或重組。
4. **評估簡化結果**：應確實評估簡化結果，並據以訂定改進方案。

二、全面品質管理

自1980年代末期以來，不論是政府或企業界，全面品質管理（Total Quality Management）已成為管理上最熱門話題。係由戴明（W.Deming）所發展出來，最早應用在製造業，而在日本發揚光大。美國國會於西元1987年通過「馬康包力治法」將全面品質管理運動推向高潮。

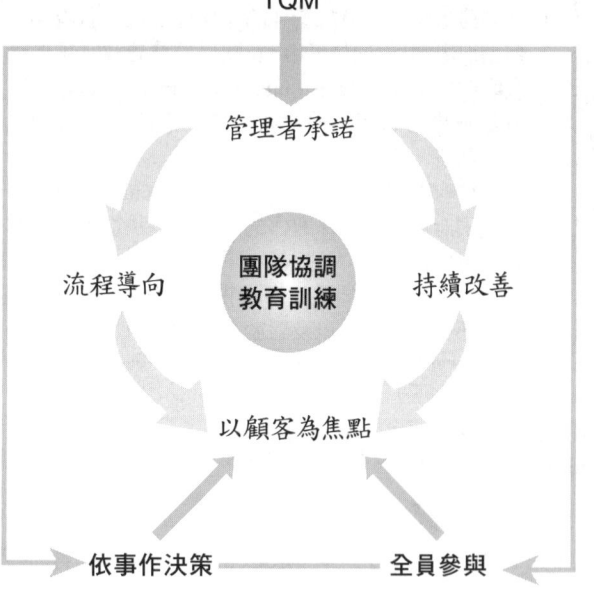

(一) **意義**：根據丹哈特界定，是「一種由組織所有的管理者和成員，使用量化方法和員工參與藉不斷地改進組織的過程、產品、與服務，以迎合顧客需求與期待之全面性與整合性的組織途徑。」柯漢（S.Cohen）與布蘭德（R.Brand）認為全面品質管理是一種簡單且富革命性的方法，他們將其分開定義為：

1. **全面**：意指每一作業部門均應戮力追求產品品質。
2. **品質**：意指迎合甚或超越顧客的期待。
3. **管理**：意指發展和持續組織的能力去穩定地改進品質。

(二) **特性**

1. **顧客導向**：讓員工積極地尋求顧客基本需求，由於員工主要任務乃在滿足顧客需求與期望。
2. **高層管理者的領導與支持**：高層管理者應帶頭建立一種鼓勵變遷、革新、冒險與榮耀精神，以及為了顧客需要而持續地改善組織的環境、文化與管理哲學。
3. **全員的參與**：組織中所有成員均須參與品質訓練，由上而下，每位成員皆具有力求品質改善的觀點、目標與必要的工具與技術。
4. **重視教育訓練**：持續不斷地對全員進行教育訓練，並強化「追求零缺點」、「第一次就做好做對」以及「顧客為導向」的觀念。
5. **加強團隊工作與協調合作**：在組織改善過程中，品質問題的解決，特別需要團隊工作與所有相關成員通力合作。

(三) **共同原則**

1. **「顧客為主」**（customer focus）**原則**：為TQM首要之務，乃針對顧客需要，設計提供理想的商品與服務，其措施包括加強與顧客直接互動、蒐集資訊以瞭解其期望，因顧客滿意度是決定組織長期成功要件。

2. **「不斷改善」**（continupus improvement）**原則**：堅持「經常檢驗技術程序與行政手續」以尋求更好得方法改善品質，其具體措施包括程序分析與程序重建等。

3. **「團隊分析」**（teamwork）**原則**：強調整體的同力合作，合作範圍對象包括內外部顧客、利害關係人建立夥伴關係，其具體措施包括確認與決策有關群體需求、設計利益均霑解決方案、工享責任。

(四) **策略性實施步驟**

1. 高層人員的領導與支持。　　2. 策略性規劃。　　　3. 以顧客為導向。

4. 考核與分析。　　　　　　 5. 訓練與獎賞。　　　 6. 授能與團隊合作。

7. 品質保證。

(五) **實施方法**

1. 培養視野。　　　　　　 2. 分析。　　　　　　 3. 訓練問題解決。

4. 教育。　　　　　　　 5. 制度化。

(六) **行政機關應用全面品質管理的限制**

1. **法規的限制**：行政機關必須依法行政，不論是對外服務，或是對內的人員管理皆須遵循相關的法令規章。

2. **不確定因素**：現代的民主政府必須面對政權更迭、立法機關監督等因素，及社會環境快速變遷，易使行政機關很難掌握民眾需求。

3. **產品與服務性質**：政府機關所提供的是無形的服務，服務品質往往因人而異，比較不容易控管。

4. **顧客界定困難**：公共事務繁多，行政機關所涉及業務繁雜，在標的顧客界定上比較模糊。

5. **官僚體制文化**：行政機關無法像私人企業在組織設計上擁有較彈性的調整空間。

(七) **行政機關的服務品質**：根據美國聯邦品質協會的規定，行政機關的服務品質包括：績效、顧客滿意度、專業特色、可信度、一致性、及時性。

三、目標管理

西元1954年杜拉克（P.Drucker）於《管理實務》一書中所提出。

(一) **意涵**：上下級人員經由會談方式，共同訂定組織目標與各部門目標，而人員於執行目標過程中，需作自我控制，於目標執行完後，尚須作自我考核。

(二) **實施原因**

1. 組織中人員力量並未完全發揮。

2. 個人潛力並未加以激勵。

3. 缺乏動態組織，尤其是人員互動行為。

4. 人員一切依法，工作行為欠缺彈性。

5. 決策均由上級擬定，人員無參與決策權力。

6. 人與事未能充分配合。

7. 組織未能充分授權

(三) 特性

1. 是以「人員」為中心，以「人性」為本位的新管理方法。

2. 要使組織目標與成員個人目標，組織意願與成員個人意願結合為一體的管理程序與方法。

3. 主要在使用激勵法則與民主參與的理論與基礎，以振作士氣，提高效能。

4. 在以「民主」替代「集權」，以「溝通」替代「命令」，使組織成員對「作決策」及「作決定」有充分而切實的參與權利與機會，以強化個人的自尊心、責任心、介入感。

5. 對工作進行追查即目標達成程度考核，採自我控制與自我指導的方式，培養成員自尊自重、自發自動、積極奮鬥的事業精神。

(四) 功用

1. 改善內部人際關係，加強協調合作。　2. 消除集權弊害，發揮分權長處。

3. 充分應用組織的人力，完成機關目標。　4. 維護人格尊嚴，發揮工作潛能。

5. 啟發員工自動自發精神。　　　　　　6. 鼓勵上下協商，集思廣益。

7. 培養各層主管獨當一面的能力。　　　8. 提供良好的工作績效評估基礎。

(五) 實施方法：目標管理的實際運作可透過「戴明循環論」的計劃（Plan，P）、執行（Do，D）、檢討與改進（Action，A）的循環來進行。

(七) 基本型態與要素：根據歐迪旺（Odiorne）看法目標管理基本型態應包括目標設定、預算、自主性（Check，C）、回饋與獎賞。而其構成三大要素為：目標設定、決策過程參與及回饋。

(八) 優缺點

優點	(1)經由共同訂定過程，可使目標較明確。	(2)可作為計劃工作的改進。
	(3)有明白的標準可作為控制之用。	(4)可增進人員工作動機。
	(5)績效評核更客觀。	(6)可以提升員工的工作士氣。
缺點	(1)如組織內部缺乏團隊精神，其實施易流於形式。	
	(2)目標設定常降低至易於達成。	(3)目標設定未能表現優先順序。
	(4)無法應付外在環境快速變遷。	(5)強調短期目標而忽視長期計劃。
	(6)過於重視量的結果，而忽略質的考量。	

(九) 應注意事項（成功要件）

1. 高層主管的支持與投入將是影響成敗的關鍵。

2. 支持組織氣候的建立，如Y理論或Likert系統式管理風格。

3. 目標設定應兼具量化與質化目標並融入共同願景。

4. 應採多元化的管理方法。

四、標竿學習

(一) **意涵**：向參考對象或標準進行比較或學習之意，目的在達到最佳實務。

(二) **核心價值**

    1. **全面品質觀**：TQM重視原則為：顧客導向、持續改善、團隊合作、流程取向。

    2. **流程觀**：所涵蓋基本意涵為流程再造與流程管理。

    3. **學習觀**：包含兩種學習精神，分別是自我學習、向他人學習。

(三) **種類**

    1. **依比較標的可分為**：績效標竿、流程標竿、策略標竿。

    2. **依比較對象可分為**：內部標竿、競爭標竿、功能標竿、通用標竿。

(四) **流程**

規劃	關鍵成功要素，選定為標竿學習流程，將流程付諸文字。
探尋	找尋標竿學習夥伴。
觀察	瞭解夥伴的流程，包含績效與實務。
分析	界定績效落差，並找出根本原因。
適用	選用適合組織之「最佳實務」，並從事變革。
循環	標竿學習不應僅是短暫事件，應持續地改善組織績效的過程。

牛刀小試

1. 全面品質管理（TQM）的主要內涵為何？請予說明。【基三、地三】
2. 解釋名詞：全面品質管理（Total Quality Management）。【國軍】
3. 全面品質管理為當前新管理哲學之一，相關學說不少，歸納言之，其中有何共同原則？試析論之。【國軍】
4. 全面品質管理究何所指？其在管理中展現何種特性？【國軍】
5. 請說明目標管理的意義、性質、優缺點。
6. 試說明目標管理的意義，基本型態與組織要素。
7. 目標管理在公部門實施迄今已數十年，試說明行政機關採行目標管理實應注意哪些事項？【省營升等】
8. 何謂目標管理（Management By Object）？其產生的原因及作用為何？機關組織推行目標管理的步驟又為何？【地三】

五、危機管理

(一) **意義與內涵**：一種有計劃的、連續的及動態的管理過程，也就是組織針對潛在或當前的危機，於事前、事中或事後利用科學方法採取的一連串因應措施，以有效預防危機、處理危機、化解危機。

(二) **特性**〔註五〕

　　1. **威脅性**：危機的發生在於此種緊急情況威脅到組織的基本價值或目標，而影響到決策者的決定行為。

　　2. **不確定性**：由於外在環境的變動迅速，加上人類的理性是有限的，因此無法完全掌握所有的資訊，致無法精確地評量每項事物。

　　3. **時間的有限性**：即決策者對威脅情境的處理，在決策上只有有限的反應時間，因事出突然。

　　4. **雙面效果性**：危機就是「危險」，但也有「轉機或契機」，亦即危機就是轉機。

(三) **危機預測**：可透過以下方式預測危機徵兆：

　　1. **觀察社會的動態**：觀察當前社會趨勢、變遷與動態，可藉以評估政府單位的內部控制制度。

　　2. **聽取民眾意見**：「旁觀者清，當局者迷」，民眾或許比政府更瞭解危機徵兆。

　　3. **實施例外管理**：通常組織均訂有標準化作業流程，主管應專注於例外事件管理即可。

　　4. **加強規劃作業與環境預測**：應有妥善的事前計劃與預測工作。

　　5. **建立良好的溝通管理**：公開的溝通管道是政府部門瞭解真實狀況的必要條件。

(四) **危機的處理**：密卓夫（Mitroff）認為應把握五大計劃：

　　1. **危機訊息的偵測**：危機管理主要目的，在增強機關組織預判危機的感應能力，務期作好事前防範工作。

　　2. **危機準備及預防**：為避免危機所帶來的負面影響，組織須事前做好周全應變計劃。

　　3. **損害控制與處理**：從計劃實際操演過程中，尚可進行有效性的檢測，從操演當中發現缺失，並予修正。

　　4. **危機復原工作**：危機處理工作重心，在於妥為善後。妥善的復原工作，可使危機所造成的損害降至最低。

　　5. **不斷的學習與修正**：危機管理主要精神在於，機關組織能夠針對危機經驗進行持續不斷的檢討學習。

(五) **危機管理的過程**：美國聯邦危機管理局（FEMA）在1979年提出「整合性危機管理系統」（Integrated Emergency Management System，簡稱IEMS），將危機管理過程分為四個階段：

　　1. **紓緩政策**（mitigation policy）：規劃足以減輕災難損害之各種因應措施。

　　2. **準備政策**（preparedness policy）：此類政策主要是在發展因應危機的運作能力。

3. **回應政策（response policy）**：災難發生之前、當中、之後，立即採取行動，以減低危險。

4. **回復政策（recovery policy）**：穩定災區並使其恢復常態活動。

(六) **體制建構**：根據紐至納美克等人（J.Nunamaker,Jr.et al.,1989）危機管理的動態模式進行行危機管理的體制建構可分為：

1. **危機爆發前的管理活動：**

　(1)**危機計劃系統**：危機計劃系統的目的就是在事前對可能發生的潛在危機，預先加以討論，以發展出應變的行動準則。

　(2)**危機訓練系統**：危機訓練的目的在使組織成員除了對既有的因應策略有所瞭解及熟悉外，其最主要目的是想透過此種訓練的過程，使其成員能夠培養出分析的能力與知識獲取的能力。

　(3)**草擬危機處理的劇本**：組織可設置專責機構來負責危機劇本的撰寫，包括完整的危機發展過程，危機處理的相關作業程序，與影響危機的關鍵因素，提供人員處理危機的實務機會。

　(4)**危機感應系統**：組織若能針對早期的危機警訊加以察覺，並採取適當的因應措施來遏止其發生，那麼組織便能將危機消弭於無形，而達到良善管理的最高境界。

2. **危機爆發時的管理活動：**

　(1)**設置危機指揮中心**：由機關首長和相關幕僚、危機處理小組、危機管理專家組成，負責危機狀況的統籌決策與行動指揮。

　(2)**危機情境監測系統**：危機情境監測系統應依據危機管理計劃所列的指標進行監測，並將情報向危機指揮中心回報，使得該中心能掌握可靠訊息來對危機情境作評估，並決定其所須採行的因應步驟。

　(3)**危機資源管理系統**：為了能有效解決資源運用的問題，組織平時便應設立危機資源管理系統，包括資源的種類、數量、配置地點等，從而建立資源管理系統的資料庫，以供危機處理小組運用。

3. **危機解決後的管理活動：**

　(1)**展開系統評估與調查工作**：在危機結束後，組織需要成立一個調查及評估小組，針對危機事件的始末與組織處理方式，進行有系統的檢討與評估，以為改進之參考。

　(2)**加速復原工作的進行**：危機過後除了調查究責、痛下針砭之外，最重要的是展開全面的復原工作。機關應擬定復原工作的主要方向，並妥善安排復原工作優先順序，務期在最短時間內，使一切歸於正常。

　(3)**危機管理計劃的再推動**：在危機爆發後，組織的管理者除了要加速復原工作的進行與成立調查小組外，最主要的工作還是要從危機事件中學習教訓，並將此學習回饋至危機前的準備工作，以利危機管理活動的再推動。

(七) 危機處理有效方法

1. 成立智庫供決策者諮詢。　　　2. 預防團體盲思，提高決策品質。
3. 加強幕僚人員的訓練。　　　　4. 強化決策者危機辯識能力。
5. 動員民間力量協助處理危機。

(八) 危機行動小組的職責：危機行動小組的職責，依照不同時期而有所差異：

1. 危機行動小組在危機發生前的職責：

(1)監督政策之規畫。　　　　　(2)確認程序之發展。
(3)參與計劃的準備。　　　　　(4)監督並參與計劃的運作。
(5)選擇危機指揮中心。　　　　(6)監督危機指揮中心的設備完成。
(7)選擇危機行動小組的成員。　(8)參與人員的訓練。
(9)檢查物資的準備情形。　　　(10)分工授權。
(11)精簡人員。　　　　　　　(12)確定支援體系安排的情況。
(13)確認其他物資的準備、食物、醫療設施等之準備情形。

2. 危機爆發時危機行動小組的職責有：

(1)建立即時工作輪值表。　　　(2)分工授權。
(3)對工作流程的控制。　　　　(4)注意真正的問題。
(5)遵守組織的政策。　　　　　(6)運用組織所賦予的作業程序。

3. 危機發生後的職責：

(1)評估計劃的有效性。　　　　(2)評估程序的適當性。
(3)評估成員的表現。　　　　　(4)聽取成員的報告。
(5)對於所使用的設備與所接受的訓練進行評估。
(6)以新的經驗修改計劃。　　　(7)修改作業程序。
(8)適當獎勵有功人員。　　　　(9)恢復至平時的狀態。
(10)適當的援助受害者。　　　　(11)將事件紀錄下來。
(12)準備危機行動後的檢討報告。　(13)建立檔案。

(九) 危機發生的溝通策略

1. 危機發生前的溝通策略：

(1)願景的分享與持續強調。　　(2)建立互信的組織文化。
(3)善用走動式管理。　　　　　(4)傾聽式管理。
(5)暢通的資訊流通管理。　　　(6)開誠佈公的溝通風格。
(7)重現言外之意。　　　　　　(8)有效會議。
(9)減少組織層級。

2. 危機發生時的溝通策略：

(1)媒體的溝通策略：

A. 巧遲不如拙速。　　　　　B.直接針對問題。
C. 強調目前所能掌握的訊息。　D.不可持高傲與防衛態度。
E. 控制資訊。　　　　　　　F.人性化語氣。
G. 誠實是最好的政策。

(2) **成立危機應變小組：**

　　A. 成立對外之發言。　　　　B. 成立24小時熱線。

　　C. 設置危機新聞專責負責人。　D. 適時召開記者會。

(3) **內部的危機訊息傳遞：**

　　A. 資訊蒐集。

　　B. 災害發生時何人進駐中心。　C. 何時通報。

　　D. 決定通報內容。　　　　　E. 向何處通報。

　　F. 通訊管道為何。　　　　　G. 通訊確保。

法規一點靈

災害
防救法

3. **危機發生後的溝通策略：**

(1) **信心重建：** 此時首長或各級主管必須信心喊話，技巧性使用「圓圈式思考」策略，導引組織成員將危機轉化為轉機。

(2) **召開有效檢討會議：** 應立即在危機過後召開有效檢討會議，讓所有參與危機之人員提供處理經驗與心得，並做成完整具體的會議紀錄。

(3) **經驗的知識化分享：** 所有危機處理的經驗最好都能進行「知識外顯化」工作，亦即成為方便管理之文件，許多的客觀的資訊或統計數字必須再消化整理為知識，以利後續的知識分享。

(4) **公布後續改善措施：** 政府必須跨部門的協商統整，對民眾公布後續的善後措施。

> **牛刀小試**
>
> 1. 何謂「危機管理」？「危機」的主要特性有那些？危機發生前、發生時與發生後的運作活動有那些？試一一說明之。【簡升、地三】
> 2. 何謂「危機管理」？政府可透過那些方式預測危機的徵兆？欲有效處理危機，可採行那些作法？試扼要以SARS疫情肆虐為例說明之。【交通升資】
> 3. 何謂危機管理？行政機關的危機管理活動，應包括那些內涵？【身三】
> 4. 何謂「危機管理」？政府可透過那些方式預測危機的徵兆？並請就危機管理模式，針對危機爆發前、爆發中及爆發後應有作為舉例說明。【交通升資】

六、參與管理

(一) **涵義：** 參與管理（Participative Management）被應用範圍十分廣泛，迄今仍無一個明確公認定義。茲將學者見解分述如下：

1. **Gaouette認為：** 參與管理是一種運用於某項工作、工作地區或整個公司的一種團隊管理方式，並藉由全體員工在工作過程中積極主動投入決策，使之制定並達成。

2. **Mitchell則指出：** 參與乃是組織中人員共同享有決策作成之權力，在此一決策作成過程中，所強調的是「能力」而非「職位」，所有溝通網絡必須是公開且順暢無阻的。

3. 認為在一個組織中有兩個以上團體、單位加入決策制定過程，在此一過程中所決定的事項，對於所有參與決策制定過程的人將會有所影響。

歸納總結：「參與管理是一種團隊角色的扮演、資訊及決策制定影響力的分享、參與事項及行為合法性、團體成員能力與心力的投入，以及責任與心力的共同分擔。」

(二) **理論基礎**

1. **組織平衡論**：巴納德於所著《主管人員功能》一書中，認為組織的活力主要來自人員的互動過程，而此等互動過程實係以上下人員之間、同事之間的意見交流為基礎。

2. **人性本善論**：麥克葛羅格在《企業的人性面》一書中，對人性持正面的看法，認為人性與人類動機都是良善的。

3. **參與式組織氣候理論**：李克特以問卷調查方式，列舉七大項組織變數，並歸納四種組織氣候，且每一系統均有其特徵。

(三) **功用**

1. 可激勵員工工作動機，從參與中得到更大的獨立自主感。
2. 集思廣益，可改善決策品質。
3. 提供員工發揮創造力機會，工作率得以提高。
4. 減少員工的異動、怠工與缺勤。
5. 能改善主管部屬關係。
6. 能減少對改革所產生抗拒。
7. 可培養員工解決問題能力。

(四) **實施途徑**：可採行目標管理、多頭管理、團體決策、建議制度、鼓勵研究發展、授權分權、實施工作豐富化及擴大化等方法。

(五) **發展面向特徵**

1. **組織設計面**

(1) **扁平結構的組織設計**：強調成員在組織內水平發展與較大控制幅度。

(2) **溝通系統**：須具備以下條件：

A. 訂定眾所皆知溝通管道。　　B. 對成員訂出正式溝通管道。
C. 溝通管道是直接而迅速的。　D. 作為溝通中心者須足以勝。
E. 溝通管道不被擾亂。

(3) **獎酬系統**：為影響行為表現重要因素，應以技術、股份持有、較彈性的利益選擇、利潤分享基礎而形成。

(4) **長期僱佣的關係**：成功實行參與管理制度，組織對成員長期僱佣承諾是不可或缺的。

(5) **團隊之建立**：團隊是一種具有高度信任感的團體，成員間相互支持合作。由團隊匯集意見包括匯整意見、排除優先順序、分析想法、發展所有可能解決方案。

2. **組織成員面**
   (1)**管理人員方面**：改變認知、改變參與行為與增進參與技術。
   (2)加強成員訓練與發展：包括個人與團隊的訓練。
3. **組織文化面**：參與管理被視為一項持續推動方法，則參與本身即應被視為組織內的一種文化，其發展包括：(1)新文化建立：平等主義、互信合作、企業家的冒險犯難精神；(2)新文化的創塑。

(六) **應用上的限制與問題**

應用上的限制

1. 機關的工作日趨複雜與專業化，員工之參與不能超越其專業範圍，故參與範圍受限。
2. 由於行政管理日趨專業化，員工只能貢獻一些輔助的觀念，而這種貢獻並不足以維持參與者的興趣。
3. 參與權的應用，必須主管與部屬雙方知識不能相差過大。
4. 參與權的應用，有賴於組織中之公開溝通，故在缺乏相互信任的情況下，很難實施。

可能產生問題

1. 除非員工具有責任感，否則參與權應用的結果，將產生不良的決定。
2. 行政機關的控制權，如由許多人共同分享，將使機關的方針失去控制。
3. 參與權的應用，將導致工作之緩慢與機關之僵化。

牛刀小試

1. 試分別說明參與管理的意義、限制及有利於推行參與管理的組織設計。【國軍】
2. 為利於參與管理實施，在組織設計方面應從那些面向特徵建構？【薦升】
3. 何謂參與管理？參與管理可能有何功能？參與管理實施有那些方法？試說明之。【原三】
4. 參與管理在行政上可能產生那些功能（作用）？參與管理在應用上受到那些限制？試說明之。【102高三】

七、策略規劃與策略管理

(一) **意涵**
1. **策略（strategy）**：將軍用兵藝術，在軍事領域中稱之為「戰略」，葛利克認為係「為達成組織基本目標而設計一套廣泛性、協調、整合性計劃」。
2. **策略規劃**：組織目標與達成目標方法建立與執行過程。布雷森（J.M.Bryson）特別指出策略規劃注重問題解決、內外環境評估、涉及組織本質改變、彈性決策、權宜行動。
3. **策略管理**
   (1)**夏福利茲與羅素定義**：管理者有意識的政策選擇、發展能力、詮釋環境，以集中組織的努力，達成既定的目標。

　　(2)**包茲曼與史卓司門**（Bozeman & Straussman）**提出四個面向來涵蓋其內容：**
　　　A. 關注長期趨勢。
　　　B. 將目的與目標整合成一連貫的層級體系。
　　　C. 策略管理與規劃不是自我執行。
　　　D. 最重要的是強調外部觀點，不僅要適應環境，而且是預期與影響環境的變遷。
　　(3)綜合而言，為確保組織基本目標能達成，所設計的整體、整合性計劃或行動方案。

(二) **指導原則：**可由包茲與史卓斯門（Bozeman & Straussman）所提四個面向涵蓋：
　　1. 關注長期趨勢。
　　2. 將目的與目標整合成一貫的層級體系。
　　3. 策略管理與規劃不是自我執行。
　　4. 最重要的是強調外部觀點，不僅適應環境，而且能預期與影響環境變遷。

(三) **建構策略管理基礎**：願景、使命、目標、目的、SWOT分析。

(四) **程序或過程**
　　1. **分析**：策略管理過程從組織內部資源的優勢和弱勢，以及外部環境的機會威脅開始分析，亦即優弱機威（SWOT）分析（strengths，weakness，opportunities and treats），SWOT分析常由顧問或資深管理團隊以一種互動的、腦力激盪方式進行。
　　2. **建構**：有效策略建構應建立在辨別、理解與利用組織的獨特能力與優勢上，而為其他組織所無法做到的，亦是建立競爭優勢之主要關鍵。而策略建構包括使命的說明，如服務顧客與政策目的等。
　　3. **執行**：執行措施包括組織各項工作，僱用人員以執行設定的活動，分配執行這些活動的責任，訓練人員並提供報酬。凡此均需組織結構、各系統及組織文化的相互配合。
　　4. **調適／評估**：組織外在環境變動迅速，而績效表現有時亦非盡如人意，故必須隨時不斷加以檢討、調適，包括修飾或調整使命、目標、策略與執行上的各種實務上問題。

分析		建構		執行	調適／評估
外部環境 機會 威脅	內部環境 優勢 弱勢	使命 服務顧客 發展能力	政策 目的 主要活動	組織結構 系統 文化	循環到前面 步驟

Pitt & Lei ,1996：10.

(五) **應用在公部門的限制**：McCaffery認為策略管理概念未必完全適用原因有：公部門涉及憲政機制的安排、立法與司法的規定、政府的法令規章、管轄範圍、稀少資源的使用、政治氣氛因素以及民眾與選民的利益等問題。尤其公共組織對

於私部門組織所假定的「目標明確」、「利潤」、「市場機制的監督」、「結果導向」等都與公共組織有所不同。

(六) **公部門推動策略管理時會面臨的挑戰**：根據夏福利茲與羅素歸納，現行歐美國家從地方到中央，會使用策略管理情況有以下四點：

1. **公私部門之間關係的弔詭**：公共行政與企業行政有很多相似相異之處，但政府與企業都生存於同一國家文化中，面對跨國企業盛行，「國際管理」應運而生，政府同樣面對外勞就業、外國人移居本國之社會問題，種種多元文化的管理問題。

2. **中央政府擔任領航者的角色功能愈來愈重要**：中央政府的角色應擔任領航者而非駕駛者，因此中央政府負責策略規劃，地方政府負責送服務。但中央政府在採用策略管理至少具有四個困難：
   (1)政府機關在做決定時，須與其他重要行動者，共享權力。
   (2)官僚功能是政治性的，與理性環境相反。
   (3)政府主管較私部門對手缺乏完全的自主性與控制力。
   (4)公部門的策略決策更為複雜與困難。

3. **組織的語言與文化**：策略管理的運用有其相應的文化環境及特殊語言使用，而在下列情況較容易進行策略管理：
   (1)員工具有研究所訓練者愈多愈易進行策略管理。
   (2)政府組織愈對新進有才能者開放，愈可能採用策略管理。
   (3)行政主管經歷各種組織部門者愈多，愈容易提出新的理念。
   (4)在成功進行變遷文化的組織，更易採行策略管理。

4. **組織的位置**：公共組織策略管理的效能最重要的決定因素在於其所處的位置。一般而言，美國公共部門策略管理途徑易於採行之組織特徵有：
   (1)愈是遠離政治領導核心的公共組織，愈有能採行策略管理。
   (2)愈是自足與自主的組織，愈易採行策略管理。
   (3)具有最低關鍵數量所需，而能獨立管理、計劃與作業之較小單位，愈易實行策略管理。
   (4)其績效結果愈易於測量者。
   (5)其所得的大部份愈是直接來自愈顧客者，如使用者付費，愈易於實行策略管理。

(七) **應用上優點**
   1. 提供策略性發展方向。　　　2.指導資源分配之優先順序。
   3. 設定卓越標準。　　　　　　4.對抗環境不確定性與變遷性。
   5. 提供控制與評估客觀標準。

(八) **應用上缺點**
   1. 概念過於簡化。
   2. 強調之確定性、控制性、平衡性與持續性不足以因應混沌社會現象

　　3.採取科學理性途徑無法適應政治環境

　　4.強調單純之手段目標關係，難以適用於公部門。

(九) **改進之道**

　　1.加強組織能力培養。　　　2.需要機關內部之權力與權威。

　　3.計劃推動。　　　　　　　4.執行者鼎力支持

　　5.需發展可評估的績效指標，用以改善修正。

八、知識管理

由卡羅威（Karlwiing）於1986年聯合國贊助之瑞士會議上所創名詞。係運用經驗、知識與專門技術並予以形式化，以創造新的能力，使能卓越表現，鼓勵創新以及增加顧客價值。

(一) **相關名詞**

　　1.**知識經濟**：將知識及資訊，作為生產力中決定要素，進行生產、交換和分配的經濟，創造知識與應用知識能力和效率成為經濟發展關鍵。

　　2.**智慧資本**：知識上的材料，經形式化、理解、並以其為手段而生產更高價值的資產。

　　3.**知識組織**：實踐組織內外在重要知識，並運用各種技術將此知識擴大使用至組織受雇者、股東、顧客。

　　4.**知識管理**：運用經驗、知識與專門技術並予以形式化，以創造新能力，並能卓越表現，鼓勵創新以及增加顧客價值。

(二) **知識種類**

　　1.**編纂知識**（Codified knowledge）：只有系統地編輯且顯而易見的知識，較容易轉移至其他個人或團體。

　　2.**默會知識**（Explicit Knowledge）：經常無法以文字、語言或數字加以表達，只可意會部可言傳。

　　3.**外顯知識**（Tacit Knowledge）：亦稱外交知識，即可用語言表達，可以教授，可以圖示。

(三) **實施理由**

　　1.有效溝通與建立共識。　　2.爭取資源與商機。

　　3.服務導向。　　　　　　　4.知識儲存與在利用。

　　5.學習新知。　　　　　　　6.技術變革。

　　7.市場導向與策略發展。

(四) **目的**

　　1.協助建立需求的發展策略。　　2.加速知識的獲得與個人組織成長。

　　3.強化組織合作機制。　　　　4.促進新知識的發展與散佈。

　　5.利用知識提升其競爭力。

(五) 成功應具備要素

1. 知識導向的文化。　　　2. 技術與組織結構。
3. 高層主管的支持。　　　4. 具備經濟效益。
5. 過程導向。　　　　　　6. 明確的目標。
7. 有分量獎勵措施。　　　8. 應具有某種程度上的知識結構。
9. 多重的知識移轉管理。

(六) 建構知識型組織作法

1. 建立完善的教育訓練計劃。　　2.建立誘因，並列入績效評量。
3. 提供是分享的途徑。　　　　　4.提供成員與相關領域專家接觸。
5. 型塑樂於學習的組織文化。　　6.設置知識執行長以統籌規劃。

(七) 知識轉換模式（modes of knowledge conversion）**理論**：根據I.Nonaka和H. Takeuchi的「知識轉換模式」理論，係由認識論上「外顯知識」、「默會知識」兩個面向，及個人、團體、組織、組織際等本體論上四個面向互動轉化過程。

	默會知識 To 外顯知識	
默會知識 From	社會化過程 （同感的知識）	外顯化過程 （概念的知識）
外顯知識	內在化過程 （操作的知識）	綜合化過程 （系統的知識）

知識轉換的四個模式

1. **社會化的過程**（socialization）：從默會知識轉換到默會知識的過程，通常由建立「互動的場域」開始，以促進成員經驗的分享與心智模型的共享，因而產生「同感的知識」。

2. **外顯化的過程**（externalization）：從默會知識轉換到外顯知識的過程，是由有意義的對話或集體反思所促動並協助成員將其隱晦的默會知識表達出來，因而產生「概念的知識」。

3. **綜合化的過程**（combination）：從外顯知識轉換到外顯知識的過程，由新創的知識和組織中其他單位而來的既成知識所聯結成的模式，並具體表現在新產品服務或管理系統，因而產生「系統的知識」。

4. **內在化的過程**（internalization）：外顯知識轉換到默會知識的過程，即「做中學」所產生的知識叫「操作的知識」，如方案管理、生產過程、政策執行等。

牛刀小試

1. 何謂策略管理？策略管理有那些指導原則？公部門推動策略管理時會面臨那些挑戰？試分別論述之。【薦升】
2. 解釋名詞：SWOT analysis。

重要註解

〔註一〕西元1993年柯林頓總統，為解決經濟、財政、官僚及合法性危機，成立「全國績效評鑑委員會」（NPR）任命高爾副總統主持，負責統籌聯邦再造工作，並提出384項改革建議，一般稱為「高爾報告書」。其中四項原則為：
　　1. 刪減法規、簡化程序。　　　　　　2. 顧客至上、民眾優先。
　　3. 授權員工、追求成果。　　　　　　4. 提高效能、樽節成本。

〔註二〕「政府再造綱領」頒布後，同年四月施行「政府再造推動計劃」，其內容：
　　1. 政府再造總目標：引入企業管理精神，建立一個「創新、彈性、有作為能力」的政府。
　　2. 行動方針：組織要精簡（小而能的政府）、人力要精實、業務要簡化。
　　3. 推動策略：(1)建立共同願景，重建組織文化；(2)以組織與人力為再造軸心，輔以制度再造；(3)全員參與，鼓勵創新；(4)引進企業管理技術；(5)重塑民眾對政府信心；(6)結合民間政府資源，發揮協力效果。
　　4. 推動組織：成立「政府再造推動委員會」、「政府再造諮詢委員會」、成立三個「工作小組」—組織再造小組、人力及服務再造小組、法制再造小組。
　　5. 具體推動計劃：完成「中央政府機關組織基準法」及「中央政府機關總員額法」草案、全面修併相關法規、推動全國行政單一窗口化運動、建立電子化政府、全面提升服務品質、公營事業民營化、獎勵民間參與公共建設等。

〔註三〕四化運動：
　　1. 去任務化：即解除管制，使政府機關不再負有執行部份業務的任務，以節約公共資源，如退輔會塑膠工廠、交通部國際機場旅館結束營運。
　　2. 地方化：指將現行中央機關辦理的業務，改由地方政府辦理，使得政策執行更符合地域性與親近性，如淡水紅毛城古蹟保存區移交台北縣政府管理。
　　3. 法人化：將原本由政府所負責的業務，改以公共法人來辦理，使政府在執行上更具彈性，同時引進企業經營精神，使業務推動更專業化，如國立中正文化中心兩廳院掛牌營運。
　　4. 委外化：將業務委託民間辦理，以提高資源運用效率，如退輔會明池遊樂區、內政部宜蘭教養院等委外經營。

〔註四〕「社會資本」（Social Capital）概念源自法國社會學家Pierre Bourdieu，將之界定為「實體資源」與「潛在資源」的總和。1988年美國社會學者柯年那（Coleman）進一步探討「社會資本論」，並將「社會結構」、「社會關係」、「信任」、「規範」等概念融入，並擴大「社會資本」理論建構。直至1993年卜特南（Putnam）採納「社會資本」的概念，來探討公民社會與民主行政運作關係。

〔註五〕危機特性可歸納為以下數項：
　　1. 危機的形成有其階段性：可區分為潛伏期、爆發期、延續危害期、善後處理期。
　　2. 危機的感受察覺因人而異：危機發生常有未見之兆，決策者對其洞察因人而異。
　　3. 危機的不確定性：何時會爆發產生危害，難以預估掌握。
　　4. 危機處理的時間急迫性：危機發生常出乎意外，容待處理時間短暫。
　　5. 危機的雙面效果：危機本身具有危險傷害與重生機會兩種特性。

鑑往知來

1. 1992年奧斯本（D.Osborne）與賈伯樂（T.Gaebler）提出「新政府運動」或「政府再造」，倡議以企業型政府觀念引導政府改造方向。

2. **企業型政府**：指政府部門由一群富有企業精神之公職人員組成，他們能運用各種創新策略，使原本僵化官僚體制恢復活力，使績效不彰政府機關，再度有效運作。

3. 1993年柯林頓（B.Clinton）總統，為解決經濟、財政、官僚及合法性危機，成立「國家績效評鑑委員會」推動聯邦政府再造工作，是推動企業型政府中最代表性與成效者，其改革建議共有384項，而最重要的四項原則為：(1)刪減法規、簡化程序；(2)顧客至上、民眾優先；(3)授權員工、追求成果；(4)提高效能、樽節成本。目的在建立一個「做的更好而成本更低的政府」。【90初、91基基普、92高、93地普、94初身、96退、97地、98初地、99原】

4. **根據熊彼得（J.A.Schumpeter）說法企業精神指企業家應具備「創新」之精神與能力。**【91基、93高】

5. **企業型政府由「企業型官僚」所組成，其為政府革新理念的設計者與執行者，具備創新的專業知識及倡議創新計劃的影響能力，應扮演三種角色：**(1)敏銳察覺潛在公眾需求，並快速回應其需求；(2)處理公眾事務過程中，應具創新冒險的精神，並勇於承擔；(3)應具備優越協調溝通能力。而創新之策略為善用與論壓力、勇於承擔風險、主動發掘機會、創造新任務。【90普、91初、92地地、94地、95地】

6. **彼得斯（G.Peters）**：觀察西元1982年代及1990年代各國政府再造實況認為當代政府的新治理典範已浮現，此四種新治理模式，即可表現出企業型政府之主要特質：
   (1) **市場式政府**：採分權化的組織結構、運用企業管理技術、採績效薪給制引進市場競爭的誘因結構。
   (2) **參與式政府**：扁平化組織型態、採TQM與團隊建立、運用協商的決策方式。
   (3) **彈性化政府**：運用虛擬組織、採工作團隊式管理、採實驗性強之應變決策。
   (4) **解制式政府**：組織型態並無特別偏好，賦予管理者更多自主裁量權、企業型官僚應擔負更多決策責任。【96原】

7. **企業型政府的運作原則**：涵蓋導航式的政府、社區性的政府、競爭性的政府分權式的政府、前瞻性的政府、任務導向的政府、結果導向的政府、顧客導向的政府、企業導向的政府與市場導向的政府。【91普基、92初地、93初地、94地、95原、101地】

8. **五項希望工程策略，簡稱「五希策略」（Five Cs）**：核心策略（自我定位，正確政策制定）、效果策略（後效策略，績效獎賞制度）、顧客策略（強調組織對顧客負責）、控制策略（績效責任）、文化策略（改變人員思想及行為）。【91基、95地、96退、97地、98初】

9. **韓默與錢辟（M.Hammer & J.Champy）**：在《改造企業》一書中對組織再造定義：「根本重新思考，徹底翻新作業流程，以便在現今衡量表現的關鍵上，如成本、品質、服務和速度等，獲得戲劇性的改善。」【91普、96原】

10. **組織再造關鍵要素**：流程中心、顧客導向、目標取向、系統思考與資訊科技。【94地、95普】

11. 公務單位單一窗口、一處收件全程服務或戶籍作業電腦化均是流程再造的具體表現。

12. **各國再造**：紐西蘭—「行政文化重塑運動」、「邁向公元2010」；英國—「續階計劃」（被視為政府再造重要里程碑）、「效率小組」、「公民憲章」、「服務品質競爭」、「跨部會解除管制小組」；德國—「新領航行政模式」、「行政彈性工時」；法國—「行政現代化政策」；荷蘭—「行政自動化」；瑞士與奧地利—「新公共管理運動」；加拿大—「公元2005年公共服務」；美國—「國家績效評議委員會」、「勵革實驗室」；中國—「國家職能轉換方案」。【90路員、92初、93高地、94初、96身、100身】

13. **我國政府再造**：蕭萬長民國86年9月引進→87年1月通過「政府再造綱領」（組織、法制、人力服務再造）並全力推動→90年10月政府改造委員會成立→91年1月通過政院改造願景、理念與目標。【93初高】

14. **民營化**一詞最早由**杜拉克（P.Drucker）**1969年所撰《斷續的年代》一書提出。

15. **漢克（Hanke）整理，民營化目標有五**：改善績效、減少不必要政治影響、透過出售挹注公共財源、降低公共支出、促進公眾資本收益。【98地】

16. **民營化種類**：契約外包（最普遍方式）、特許權（有線電視）、補助減免（文藝、兒童照護）、抵用券、志工者、共同分擔、合產（義警、義消）、公營事業出售、解除管制。【90普、91基高、92地普、93地、94地、97地】

17. **民營化類型**
   (1) **撤資**：將公營事業移轉至民間，可經由出售、無償移轉及清理結算。
   (2) **委託**：政府部門委託民間，部份或全部財貨與服務的生產活動，保有監督之責任，方式有簽約外包、特許權。
   (3) **替代**：政府功能不足情況下替代、全盤撤離或為解除管制所進行替代，為礙於實際而被動採行決定。【95原、96原、97初、100初、109地、110地、111普】

18. **民營化限制**：主權與正當性問題（外交事務、法律制定、司法審判、稅賦徵收）、攸關國民生計事務（兒童級老人照護、都市公共交通、公共醫療提供）公共責任追究、不穩定因素干擾、管理困境、營利事業參與弊病。

19. 根據美國聯邦法規定**非營利組織**是一種組織，該組織限制將盈餘分配給任何監督與組織經營者。非營利組織最常見的運作模式為財團法人，如私立學校、研究機構、基金會等皆屬公益性質之財團法人。在行政院版財團法人法草案中，將財團法人分為「公設財團法人」及「民間財團法人」。所謂「公設財團法人」，係將政府機關部份之組織改制為財團法人，是法人化的政府單位，並受政府及立法單位之公開監督；相對於公設財團法人，則為「民間財團法人」。【92地高、94初、95普】

20. **非營利組織存在基礎**：經濟面（市場失靈—韓斯曼、政府失靈）、政治面（第三者政府理論—薩拉門、組織位置理論—漢南與佛里曼）、社會面（志願主義—史拉姆）。【91基、94地、95初、96原、97地、98地、102高、110地】

21. **非營利組織特性**：正式組織、民間組織、非利益分配、自己治理、志願性團體、公共利益屬性、組織收入依賴募款、服務行動取向、扁平組織、低度手段理性、高度團結一致、利他主義。【90普、91普、92地、94初、95普、96初、97地、98初、102普、103普、104地、105身、111普】

22. **組織精簡**：又稱「減肥措施」或「整減」，係指一組由管理階層刻意採行之組織活動，有計劃地裁併職位與工作。【91關務薦升】

23. **生還者症侯群**：組織精簡之後，未遭裁撤人員在態度上，常有心胸窄化，自我中心及保守現狀傾向，士氣未見顯著提升、生產力降低等現象。【90基】

24. **團隊**：係由少數具有互補技能員工組成，成員間相互依賴，承諾達成共同目標、績效並運用同樣方法，彼此間互相信任。

25. **團隊形成階段可分為**：形成期、風暴期、規範期、績效期。

26. 1930年莫根生（A.H.Mogensen）將「動作研究」與「時間研究」之技術應用於其他工作稱為工作簡化。

27. **行政革新**：為革故鼎新之意，但第一要務為「革新行政觀念」。

28. 當前許多倡議行政革新人士，常同時面臨來自組織內部科層體系的抗拒及外部民眾抗爭所產生的雙環困境。

29. **行政革新策略**：技術、結構、運作、文化。【90基】

30. **四化運動**：即**去任務化、地方化、委外化**與**行政法人化**。【95地、99初】

31. 廉能行政基本要求是公務員皆能廉潔自持，一介不取，有高尚道德情操，為民服務熱忱。【90基】

32. 服務的行政應做到無官不是公僕，真正為國效命，為民服務。

33. **效率**：當其用、宏其用，非節約、儉吝；最佳、最有利選擇、非只問目的不擇手段；非僅是機械概念、非冷酷無情觀念。【91初、93普】

34. **效能**：強調品質、達成目標程度、內涵甚廣、難以量化。

35. 行政績效與行政生產力同義，亦即行政之總體表現。而行政績效同時衡量行政效率與效能。【91基】

36. **寇夫曼**（H.Kaufaman）**認為**：美國之行政組織形成效率與回應的鐘擺效應之循環，週期約為31年。【93地】

37. E治理的各種面向包括：E民主（線上投票）、E服務供給（線上申報所得稅）、E管理（輔助決策、績效考核）。【107高】

38. **府際關係**：出自1935年《社會科學百科全書》，指各級政府彼此間之互動及關係。【91普基、93地、97地、106地】

39. **府際關係類型**：單一制（中央集權制—英、法、日、丹麥、我國、紐西蘭）；聯邦制（中央與地方共享權力—美、加、澳、墨、瑞士、巴西、印度）；邦聯制

（各自擁有主權邦國—歐洲共同體、前蘇聯獨立國協）。【90基退、91基、93初身高、94地原、95高身、96原、97身、98地、100初原地、101高原普、103身、107】

40. **美國府際關係的發展**：依夏福利茲與羅素分類：雙軌式（1930前，夾心蛋糕式）→合作式（1930-1950斑紋式、水龍頭式）→創設式（1950-1970花草繁盛式）→新聯邦主義（1970-1985柵欄式、虛有其表式）→新新聯邦主義（1985-自衛性聯邦制）。【91初、93地普退、95原、106地】

41. **柏吉斯（P.Burgress）**：將府際管理概念分為三個功能：政策管理、方案管理與資源管理。

42. **財政聯邦主義**：攸關各級政府收入、支出劃分，其種類有：類別補助款、綜合補助款、歲入分成。分配款又可分公式化、專案型、配合補助款。【93地、94地、95普】

43. **府際關係發展趨勢**：相互尊重、夥伴關係、互惠合作、溝通聯繫、行政一體。

44. **TQM**：源於美國，在日本發揚光大，係由**戴明（W.Deming）**發展出來。美國國會於1987年通過「馬康包力治法」將全面品質管理運動推向高潮。【90初高、94地初、95初高、96原】

45. 根據**丹哈特**界定，TQM是「一種由組織所有的管理者和成員，使用量化方法和員工參與藉不斷地改進組織的過程、產品、與服務，以迎合顧客需求與期待之全面性與整合性的組織途徑。」

46. **TQM特性**：顧客導向、高層管理者的領導與支持、全員的參與、持續改善、重視教育訓練、高度組織承諾、加強團隊工作與協調合作。【91基、92高初、93地、95原身、96薦原退、109地】

47. **TQM限制**：法規、不確定因素、產品與服務性質、顧客界定困難、官僚體制文化。【90基、92地、97地】

48. TQM之品質意涵係滿足顧客需求。【90基、92初】

49. **根據美國聯邦品質協會的規定，行政機關的服務品質包括**：績效、顧客滿意度、專業特色、可信度。【92地】

50. **目標管理**：由杜拉克（P.Drucker）於《管理實務》一書中所提出，其意涵為上下級人員經由會談方式，共同訂定組織目標與各部門目標，而人員於執行目標過程中，需作自我控制，於目標執行完後，尚須作自我考核。【90初委退、91原、94原、95普身、97身、105原】

51. **MBO**：強調特性為以人員為中心，重視人性，為民主激勵方法，屬參與式管理，可激起員工成就需求。

52. **標竿學習**：係組織透過觀摩其他組織如何運作，試圖加以採用並將觀察心得應用於自身組織。或組織運用內部與外部比較評估，而從優越績效中系統化地尋找最佳策略。【95特、96初身、99地】

53. **危機管理**：是一種有計劃的、連續的及動態的管理過程，也就是組織針對潛在或當前的危機，於事前事中事後利用科學方法採取的因應措施，以有效化解危機。美國聯邦危機管理局（FEMA）提出「整合性危機管理系統」，將危機管理過程分為：舒緩政策、整備政策、回應政策、復原政策四個階段。【107高】

54. **危機管理特性**：威脅性、階段性、不確定性、感受察覺因人而異、時間的有限性（急迫性）、雙面效果性。【95初地、98普、99員地、100原、101地、102普、103地、111普】

55. **危機就是轉機，係指危機的兩面性（雙面效果）**。【90公路員、91初基、92地、97初】

56. **危機管理體制建構**：危機發生前（危機計劃、訓練、劇本、感應系統）、危機發生時（危機指揮中心、監測系統、資源管理系統）、危機解決後（評估調查、復原、再推動）。【90障、91高、92高、93高、95原、96退、98初、99身、100普地、102普原、103地、104普、109地】

57. **參與管理**：係指組織於執行業務過程中允許員工以意見表示來參與決定，以激勵個人潛能並提高行政效能之管理方式。

58. **參與管理理論基礎**：組織平衡論、人性本善論、參與式組織氣候理論。

59. **策略管理**：為確保組織基本目標能達成，所設計的整體、整合性計劃或行動方案。策略管理涵蓋策略規劃、策略執行與策略控制。【95特、96委升、107地】

60. **建構策略管理**：基礎—願景、使命、目標、目的。【95地、111普】

61. **SWOT分析**：分析組織內部資源的優勢與劣勢，以及外在環境的機會與威脅。【96原、100身、107高、109地、111普】

62. **知識管理模式**：應包含四項要素：知識建構、知識具體化、知識傳播、知識使用。

63. 執行政府績效管理流程與步驟：(1)界定目標並對目標達成共識、(2)從事設定目標的工作、(3)策略式管理所要達成的指標、(4)建立績效評估指標、(5)建立責任制度、(6)依據評估指標監督與報告進度、(7)發展與目標相關的報酬。

精選試題

( ) **1** 奧斯本（D.Osborne）與賈伯樂（T.Gaebler）於1992年合撰《新政府運動》一書，以下何者為其書中所指的政府再造原則？ (A)政府應扮演操槳角色 (B)重視顧客導向 (C)政府財管應重視節流 (D)強調亡羊補牢。

( ) **2** 下列何者並非美國「全國績效評鑑NPR」績效報告內容？ (A)簡化程序 (B)顧客至上 (C)創造市場 (D)提高效能。

( ) **3** 近年新興之「企業型政府」與「政府再造」皆屬於那一公共行政學研究取向範疇？ (A)傳統公共行政 (B)新公共行政 (C)公共管理 (D)新公共管理。

( ) **4** 學者彼得斯（G.Peters）提出當代政府的四種新治理模式，下列何者不包括其內？ (A)市場模式 (B)彈性模式 (C)鬆綁模式 (D)混合模式。

( ) **5** 歐斯本、普拉斯崔克提出政府再造的「五C策略」，其中指「公共組織的職能應集中在領航，而非操槳」，是為： (A)核心策略 (B)效果策略 (C)顧客策略 (D)控制策略。

( ) 6 藉污染費、環境保護費等誘因以減少行政管制，係屬於何種類型政府？
(A)管制導向的政府 (B)市場性的政府 (C)社區性的政府 (D)企業導
向的政府。

( ) 7 下列何者非韓默與錢辟（M.Hammer & J.Champy）所認為之組織再造關
鍵要素？ (A)流程中心 (B)顧客導向 (C)組織創新 (D)資訊科技。

( ) 8 素有歐美先進國家「政府再造里程碑」聲譽的是： (A)美國的全國績效
評鑑委員會 (B)英國的續階計劃 (C)德國的新領航行政模式 (D)加拿
大2005年新制文官。

( ) 9 下列何種民營化類型為政府礙於實際狀況，而被動採行決定？ (A)撤資
(B)委託 (C)替代 (D)合產。

( ) 10 下列何者係政府不能民營化範圍？ (A)司法審判 (B)公營事業 (C)環
境維護 (D)文化醫療。

( ) 11 下列何者並非政府部門與非營利組織之互動關係？ (A)法令監督 (B)強
交任務 (C)補助 (D)租稅誘因。

( ) 12 下列何者不是非營利組織的特徵？ (A)正式組織 (B)服務取向 (C)高
金字塔組織 (D)限制盈餘分配。

( ) 13 以下何者屬組織精簡之巨幅變革策略？ (A)趨同變遷 (B)轉向變遷
(C)趨向變遷 (D)轉同變遷。

( ) 14 「行政革新」亦可稱之為： (A)政府改革 (B)文官改革 (C)再造政府
(D)以上皆是。

( ) 15 我國於民國87年推動之政府再造綱領中，不包括下列那一項？ (A)文化
再造 (B)法制再造 (C)組織再造 (D)人力再造。

( ) 16 最廣義的行政效率是指： (A)行政效能 (B)行政生產力 (C)行政考核
(D)以上皆非。

( ) 17 美國學者亨利曾以夾心蛋糕、斑紋蛋糕、水龍頭、柵欄等喻象來形容哪
方面公共行政體制？ (A)人事管理 (B)財務行政 (C)府際關係 (D)
政策執行。

( ) 18 根據學者夏福利茲（J.M.Shafritz）和羅素（E.W.Russell）的劃分，詹森
總推動的「大社會」（Great Society）計劃是屬於美國府際發展過程中
哪一階段的特色展現？ (A)新聯邦主義 (B)創設式聯邦主義 (C)雙軌
式聯邦主義 (D)合作式聯邦主義。

( ) 19 下列哪個國家的府際關係不屬於單一制國家的類型： (A)英國 (B)法國
(C)日本 (D)美國。

( ) 20 下列何者並非行政機關應用全面品質管理的最主要限制？ (A)法規的限
制 (B)產品與服務的性質 (C)員工的專業領域 (D)顧客界定的困難。

( ) 21 有關「目標管理」的性質敘述下列何者有誤？ (A)以「人性」為中心
的管理方法 (B)採取「激勵」代替「懲罰」，以「集權領導的」代替

「民主領導」管理方式　(C)使員工親自參與計劃及決策工作　(D)結合機關人員的願望與團體願望的一種管理技術。

(　) **22** 目標管理與何項管理哲學相吻合？　(A)例外管理　(B)參與式管理　(C)走動式管理　(D)衝突管理。

(　) **23** 政府組織抱持「見賢思齊」之改革精神，不斷追求進步，係屬組織學習種方法？　(A)流程再造法　(B)目標管理法　(C)顧客滿意法　(D)競爭標竿法。

(　) **24** 關於「危機管理」，下列敘述何者有誤？　(A)危機具有危險與轉機之雙面效果性　(B)危機管理包括事前防範以及事中、事後的處理　(C)危機與危險的意義相同　(D)處危機的時間雖相當有限，決策者仍可求助智庫的諮詢功能。

(　) **25** 危機爆發時之首要管理活動為何？　(A)設置危機指揮中心　(B)擬定危機規劃書　(C)建立危機訓練系統　(D)設置危機感應系統。

(　) **26** 下列何者非屬建構策略管理要件？　(A)願景　(B)文化　(C)使命　(D)SWOT分析。

(　) **27** 下列何者不是SWOT分析分析的內容？　(A)優勢（Strength）　(B)弱勢（Weakness）　(C)目標（（Objective）　(D)威脅（Threat）。

(　) **28** 下列何者非建構健全參與式管理之環境要素？　(A)組織設計　(B)組織利益　(C)組織成員　(D)組織文化。

(　) **29** 在知識種類中何者難以取得，具有較高競爭效益？　(A)內隱知識　(B)外顯知識　(C)創新知識　(D)批判知識。

(　) **30** 平衡計分卡（BSC）用以衡量組織績效不含那個構面？　(A)財務構面　(B)流程構面　(C)環境構面　(D)學習成長構面。

(　) **31** 英國柴契爾（M.Thacther）首項將第二次世界大戰後的「大有為政府」（big government）觀念轉換為「最低限度國家」（minimal state）的理念。係根據下列何種主張？　(A)新右派哲學　(B)新自由主義　(C)新公共管理運動　(D)以上皆是。

(　) **32** 我國政府成立「921重建委員會」，係屬危機管理的那一階段管理？　(A)危機爆發前管理　(B)危機爆發時管理　(C)危機解決後管理　(D)危機感應管理。

(　) **33** 對於公民參與（Citizen participation）意涵的解釋何者較為妥適？　(A)是由民意代表參與公共事務　(B)公民參與公共事務的範圍是比一般所謂的政治參與來的狹窄　(C)是由公民參與公共事務　(D)公民參與即公投之意。

(　) **34** 我國現有社區發展協會最接近那種人民團體？　(A)財團法人　(B)私益性社團法人　(C)中間性社團法人　(D)公益性社團法人。

(　　) **35** 跨域治理議題的事權經常分屬不同政府機關。以「流域整治議題」為例，下列機關何者是主要規劃機關？　(A)環境資源部　(B)勞動部　(C)教育部　(D)交通及建設部。

解答	1 (B)	2 (C)	3 (D)	4 (D)	5 (A)	6 (B)
	7 (C)	8 (B)	9 (C)	10 (A)	11 (B)	12 (C)
	13 (B)	14 (D)	15 (A)	16 (B)	17 (C)	18 (B)
	19 (D)	20 (C)	21 (B)	22 (B)	23 (D)	24 (D)
	25 (A)	26 (B)	27 (C)	28 (B)	29 (A)	30 (C)
	31 (D)	32 (C)	33 (C)	34 (D)	35 (A)	

Note

第二篇　進階篇

第一章　行政大事記

1688年	英國光榮革命。
1701年	英國通過「吏治澄清法」區分政務官與事務官。
1789年	華盛頓採仕紳制度，重視「品格合適」的用人標準。
1800年	歐文首先提出組織應注重其成員各種需求。
1809年	行政監察員最早見諸於瑞典。
1829年	傑克遜提倡「勝者分贓」或「官職輪換」的分贓制度。
1876年	拉班德首先提出「特別權力關係」。
1877年	德國學者華格納提出，產業工業化過程會以三種途徑導致政府成長。
1883年	「文官法」（又稱潘德頓法）通過實施，象徵以功績為核心之競爭考試模式將蔚為主流。
1887年	威爾遜發表〈行政的研究〉被認為現代公共行政研究的濫觴。
1895年	泰勒發表「論件計酬」、「差別計件比率」。
1900年	古德諾出版《政治與行政》一書，極力主張行政政治二分法。
1903年	泰勒出版《工廠管理》。
1904年	韋伯出版《新教倫理與資本主義精神》一書。
1906年	麥克葛羅格出版《企業的人性面》提出X理論與Y理論。
1910年	白蘭第斯（L.D.Brandies）律師出席「東方費率案」作證，引用泰勒理論反對鐵路方面增加運費，引起全美對科學管理極大興趣。
1911年	美國芝加哥政府首先採行「職位分類制」。
1912年	泰勒出版《科學管理原則》。
1915年	費堯出版《一般管理和工業管理》一書。
	吉爾布勒斯夫人出版《管理心理學》。
	杜邦公司提出PPBS制。
1917年	甘特發展出「甘特圖」，用以控制工作進度。
1918年	銀灣會議最早使用「人群關係」一詞。

1920年	霍萊特發表《新國家》。
	威廉士所著《員工慾望》第一本討論人群關係的書。
1923年	美國聯邦政府通過職位分類法。
1924年	霍萊特發表《創造性經驗》。
	美國國家科學院所屬研究委員會於霍桑工廠，進行工廠場地照明對產量影響的研究計劃（1924-1927年）。
1927年	丹麥最先將預算區分為普通與資本預算。
	霍桑實驗「繼電器裝配試驗」發現「人格尊重」與「社會平衡與士氣」的理論結果。
1928年	霍桑實驗「大規模面談計劃」，得到「參與情緒的發洩」之理論結果。
	馮紐曼倡用「博奕理論」。
1930年	全球經濟大恐慌。
	莫根生提出「工作簡化」。
	墨里諾提出「社交測量法」。
1931年	霍桑實驗「接線工作室的觀察實驗」，發現「小團體與小團體之約束」結果。
1935年	《社會科學百科全書》一書出現「府際關係」一詞。
1936年	高斯發表「美國社會與公共行政」。
1937年	古立克與尤偉克合編《行政科學論文集》，提出 "POSDCORB"。
1938年	巴納德出版「主管人員的功能」一書。
1939年	我國「公務員服務法」制訂，全文共計25條。
	美國「赫奇法案」通過。
1940年	房納與費德瑞區針對行政倫理有一段精采對話。
1943年	馬斯洛發表〈人性激勵的理論〉論文。
1947年	賽蒙出版《行政行為》一書，認為行政行為根本就是組織中決策制定的整個過程。
	高斯發表「政府生態學」一文。

1948年	瓦爾多出版《行政國：美國行政學的政治理論研究》，首先提出行政國名詞。
	蓋伯（D.Gabor）發明「全像圖照相技術」。
	「政策德菲法」由蘭德公司開發成功。
1949年	胡佛委員會提出績效預算概念，並蔚為當時預算理論主流。
	邁爾斯提出「職位決定立場論」。
1951年	費德勒提出LPC量表。
	賴納與拉斯維爾合編《政策科學：範圍與方法的新近發展》一書，被公認為是公共政策研究的濫觴。
1953年	懷特與李比特提出三種領導方式。
	學習一詞最早出現在賽蒙「公共行政評論」，認為政府組織重組就是學習過程。
1954年	杜拉克於《管理實務》一書提出MBO。
	馬斯洛出版《激勵與個性》。
1957年	馬可仕出版《行政國：科層體制概論》。
	「白京生定律」匯集發表。
1958年	伍華德出版《管理與技藝》。
	美國海軍製造北極星飛彈，發展出PERT技術。
1959年	傅蘭琪與雷芬於「社會權力的基礎」一文指出領導有五種基礎。
	林布隆發表〈漸進調適的科學〉論文。
	吉伯特發表「行政責任分析架構」一文。
1960年	麥克格瑞格出版《企業的人性面》書中，提出X理論及Y理論。
1961年	雷格斯著有《行政生態學》。
	孔茲發表〈管理理論叢林〉一文。
	美國防部長麥納馬拉將PPBS導入國防部實施。
1962年	美國馬丁公司倡用「無缺點計劃」。
	孔恩出版的《科學革命結構》一書中，首先提出「典範」。

1964年	柏恩著《大眾的遊戲》首創「人際溝通分析」
	布雷克與莫頓提出《管理格道論》一書。
	雷格斯出版《開發中國家行政：稜柱社會理論》。
	伊斯頓著《政治學新革命》。
1966年	詹森總統要求美國全面推動 PPBS 制。
	赫茲伯格出版《工作與人的本質》一書。
1967年	我國人事行政局成立。
	費德勒提出「權變領導理論」。
1968年	瓦爾多號召33位年輕學者召開第一次明諾布魯克會議。
1969年	我國正式實施「公務職位分類法」。
	我國行政院研考會成立。
	杜拉克於撰《斷續的年代》一書，最早提出民營化一詞。
1970年	德州儀器公司開始試行ZBBS制。
	「全國公共事務與行政聯盟」成立。
	德州儀器公司試行「零基預算」。
1972年	柯漢、馬區、歐爾森發表〈組織選擇的垃圾桶模式〉一文。
	美國國會通過平等就業法。
	戴維斯（K.Davis）之組織交互作用圖提出。
1973年	普里斯曼與魏達夫斯基出版的《執行：華府的偉大期望如何在奧克蘭破碎》一書，可說是政策執行研究的里程碑。
1974年	美國國會通過「國會預算暨截留控制法」。
	香港廉政公署成立。
1977年	卡特倡導ZBBS制。
1978年	賽蒙獲得諾貝爾經濟學獎得主。
	卡特推動「文官改革法」、成立「人事管理局」。
	阿吉利斯與熊恩合著《組織學習：行動理論觀點》。
	轉換型領導一辭，最早出現在柏恩斯年所著《領導》一書。
	美國制訂「政府倫理法」
1979年	英國柴契爾政府推動民營化政策。

1980年	雷根採行政策管理預算制度。
1983年	萬斯萊、顧塞爾、羅爾、懷特起草「黑堡宣言」。
1984年	美國公共行政學會訂定十二條行政倫理守則草案。
	金頓提出「政策窗口」
1985年	美國通過「平衡預算和緊急赤字控制法」，又名「葛蘭姆法」。
	班尼斯與納魯斯《領導者》一書中，提出達成轉換領導的策略。
1986年	巴尼和大內提出了組織經濟學的概念。
	布坎南提出「公共選擇模式」。
	卡羅威於聯合國贊助之瑞士會議上首創「知識管理」一詞。
1987年	我國推動「官等職等併立制」將簡薦委制度與職位分類制度融合。
	美國國會通過「馬康包力治法」將全面品質管理運動推向高潮。
1988年	第二次明諾布魯克會議召開。
	英國柴契爾夫人提出「續階方案」被視為政府再造的重要里程碑。
1990年	彼得聖吉著《第五項修煉：學習型組織的藝術與實務》，首倡「學習型組織」。
1992年	奧斯本與賈伯樂提出「新政府運動」或「政府再造」的口號。
1993年	美國柯林頓政府成立NPR推動政府再造。
	實行「政府績效成果法」（GRPA）。
	赫賽與布蘭查提出「情境領導理論」。
	「國際透明組織」成立是全球唯一專門致力打擊貪污腐敗的國際性非政府組織。
1997年	美國制定「倫理通則」。
	奧斯本與普拉斯崔克提出「五項希望工程策略」。
1998年	我國全力推動「政府再造」。
1999年	我國將政務官改為政務人員。
2003年	丹哈特夫婦出版《新公共服務》。
2004年	我國公佈了「中央行政機關組織基準法」。
2008年	第三次明諾布魯克會議召開。
2012年	我國正式啟動中央組織再造工程。

第二章 經典人物篇

勞伯・歐文 R.Owen, 1771-1858	成功蘇格蘭商人,提倡烏托邦式工作場所,其言論有固定工時、童工法、公共教育、公司供應膳食與企業社區回饋,比其時代1825年早一百多年。
艾莫森 H.Emerson, 1853-1931	效率教主之稱,著有「效率十二原則」,其口號是「消除閒蕩與惡意浪費」,並為第一批注意到企業經營可向軍隊學習者。
威爾遜 W.Wilson, 1856-1924	美國唯一學者從政而能當上總統者,在其擔任普林斯敦大學政治系主任期間,因有感於政府效率低落、極度浪費,力倡應改善,而於康乃爾大學「歷史與政治學會」發表專題演講題目為「行政的研究」,聲名大噪。次年1887年6月在《政治學季刊》正式發表該文,行政學才由政治學領域獨立成為一門學科。1902至1910年擔任普林斯敦大學校長,之後再出任新澤西州州長,美國第二十八任總統,可以稱的上公共行政鼻祖。
泰勒 F.Talor,1856-1915	大部分工作在賓州密得威(Midvale)與伯利恆(Bethlehem)鋼鐵公司完成。作為清教徒背景機械工程師,常為工人無效率而困擾,認為工人產出僅有應得1／3,因此決定以科學方法改善廠房狀況,尋找最佳方法,最有名實驗有: 生鐵實驗:實驗對象史密特,所得結論為:適才適所、正確工具、工作指示遵守、金錢激勵。 鏟煤科學研究:鏟子大小須配合被搬運物料重量,21磅為理想重量,沉重生鐵應以小面鏟子為之;較輕焦煤應以大面鏟子為之。 西元1910年白蘭第斯(L.Brandies)律師出席洲際商業委員會為「東方費率案」作證,引用泰勒理論反對鐵路方面增加運費,引起全美對科學管理極大興趣。 1911年10月至1912年2月,以4天又12小時為國會調查「水牛城罷工案」之特別委員會作證,發表極具說服力演說,闡述科學管理精義實包含於工作人員之一項完全心理革命。從此,名噪一時,另有甘特與吉爾布勒斯夫婦鼓吹,科學管理遂形成一種運動,並影響美國公司對外國公司享有領先五十年競爭優勢。

甘特 H.Gantt， 1861-1919	泰勒同事，提出「任務及獎金」之薪資體系，較泰勒「按件計酬」更具人性關懷層面。1917年發展出「甘特圖」（Grantt chart）用以管制進度，為一種排程工具，被廣泛運用在專案計劃中。
吉爾布里斯 F.Geilbreth， 1863-1924	研究大部分與建築業有關。最著名研究為砌磚工作研究，內部砌磚動作可從18個減為2個；砌外部磚塊可由18個減為 $4\frac{1}{2}$ 個，工人每小時砌磚由120塊升為350塊。莉莉安・莫勒其妻子是第一位獲心理學博士女性，提出「升遷三個職位計劃」，為整個組織作出主要升遷圖。對管理思想最大貢獻為「動作科學」研究，首先用影片研究，並分解為17項動作（尋找、捉緊、握住等稱之為動素）。
費堯 H.Fayol， 1841-1925	行政理論之父、現代管理理論之父，出生於法國貴族家庭，1866年加入「鐵與煤的聯盟組織」，1888年成為管理者，將瀕臨破產公司，經營成為歐洲最大採礦公司。1916年出版《一般管理與工業管理》，提出管理14項原則，第一位對管理作系統化思考的專家，注意力集中於經理人身上。
韋伯 M.Weber， 1864-1920	德國社會學家、宗教家、經濟及政治學家，其對普魯士政府部門觀察發展出，科層（官僚體系），認為最有效率組織如一部機器，有嚴格規則、控制與階級，其權力基礎源自「理性法制權力」，其貢獻被美國管理學者丹尼爾譽為「德國亞當斯」。官僚制度並盛行於十九世紀歐洲。雖然，時至今日管僚體制已成手續繁複、無效率的代名詞，但在二十世紀初期，卻也是一種有效率又合理的管理方法。
佛萊特 M.Follett， 1868-1933	後科學管理之母，專精於民主政府學者，也是著名管理先知。批評泰勒理論忽視企業的人性面，認為員工最了解其本身工作，應參與工作分析，並納入工作發展的標準流程。強調「權力應該與知識並駕齊驅，無論上至下或下至上」、「協調是有效管理解決問題根本。」
巴納德 C.Barnard， 1886-1961	紐澤西貝爾電話公司總經理，成功企業家，為第一位深入探討人類天性與非正式組織的管理學家，反對科學管理專家所慣用法則。本人對非正式組織持正面看法，認為那是正式管理層級下所產生必然結果。同時，管理者最重要任務是與員工溝通合作、組織應提供激勵措施，貢獻與滿足是相對的等著名理論。

賽蒙 H.Simon， 1916-2001	管理決策學派創始人，出生於美國威斯康辛州，1943年獲芝加哥大學博士學位，曾任教於伊利諾等多所大學，學術貢獻卓越，1958年獲心理學傑出貢獻獎，1975年得到計算機圖靈獎，1978年獲諾貝爾經濟獎，1986年獲得總統科學獎。其主要著作為《行政行為》一書，主張有限理性與令人滿意的準則。被瑞典皇家學院譽為劃時代作品。
馬斯洛 A.Maslow， 1908-1970	出生於紐約布魯克林區，為俄國猶太移民，威斯康辛大學博士，布蘭迪斯大學心理系主任，美國心理協會主席，1950年代後對東方文化甚感興趣，許多著作均涉及東方觀點。提出「需要層次理論」，被譽為當代超個人發展理論的先導。
彼得杜拉克 P.Drucker， 1909-2005	為當代著名的管理學權威，出生於奧地利，曾擔任報社海外通訊記者，英國一家國際銀行的經濟評論員，1939年移居美國擔任多所大型公司與政府機關顧問，以《管理的實踐》一書奠定其管理學領域大師級的地位，最早提出「管理」、「民營化」、「目標管理與自我控制」、「組織的精神」等觀念。其「聯邦式分權化」觀念影響七成以上企業，發展至今已成為大家耳熟能詳的「利潤中心制度」，並認為後資本主義社會「知識工作者」將成為最大資產。
戴明 W.Deming 1900-1993	品管運動先知，認為品質超過所期望的東西，是一種哲學、習慣。提出全面品質管理十四個原則，其理論徹徹底底改變日本，使其躍居世界經濟大國，「持續改善」也成為日本工商、管理界一致的口號。因此，日本人尊稱他為「品質之神」，1956年獲頒「二等瑞寶獎」，成為第一位獲此殊榮的美國人。
彼得・聖吉 P.Senge， 1947-	生於芝加哥，1970年史丹福大學航空及太空工程學士，1978獲麻省理工學院管理博士，致力於將系統動力學與組織學習、創造原理、認知科學、群體深度對話與模擬演練遊戲融合，發展出人類夢寐以求的組織藍圖，在其中人們得以由工作中活出生命的意義、實現共同願望的「學習型組織」。其《第五項修練》於1992年榮獲世界企業學會最高榮譽開拓獎，美國商業週刊推崇其為當代最傑出的新管理大師之一。
麥納馬拉 R.McNamra 1916-2009	為美國會計師、教授與國防部長，將經濟原則運用於國防政策上，改變原本「會計」與「控管國防支出不得超過預算上限」之財務功能，為重要的政策制定工具，係將數字管理導入科學管理的新時代重要人物。

瓦爾多 D.Waldo， 1913-2000	美國著名大學教授暨行政學者，早年擔任公職，服務於聯邦物價管理局、預算局，是少數理論與實務兼備學者，曾獲聘在澳大利亞、義大利、印度等地大學擔任講座。1948年出版《行政國—美國公共行政的政治理論研究》，1968年發起並贊助33位年輕公共行政學者，於雪城大學明諾布魯克會議中心，討論公共行政所面臨問題及未來發展方向，因有別於傳統公共行政，是為新公共行政。為1950年代以來美國著名的組織理論分析者、二十世紀後半期對公共行政具有重大影響力的學者。
林布隆 C.Lindblom， 1917-2018	出生於美國加州，芝加哥大學經濟學博士，曾擔任耶魯大學社會科學院院長、政治系主任、美國政治學會主席，為公共政策先驅學者，更是政策分析的導師，其經典著作有「漸進調適科學」、「理性未成，仍須漸進」文章。曾獲美國公共行政學會的瓦爾多獎、政治學會的威爾遜獎殊榮。
魏達夫斯基 W.Aaron， 1930-1993	中文名字為魏雅儒，曾任加州大學柏克萊分校公共政策研究所所長、美國政治學會會長，出版「預算過程的政治」與「新預算過程的政治」著作，主張漸進預算程序。其最為人們稱頌的代表著作為與普里斯曼合著的《執行：華府偉大期望如何在奧克蘭天空破滅》與《向權貴訴說真理：政策分析的藝術與技巧》。
羅爾斯 J. Rawls， 1921-2002	美國著名學者與政治哲學家，其《正義論》被公認為是自第二次世界大戰以來最重要的英文政治哲學巨著，同時影響現代自由主義與社會民主主義。他所提出的「公平性正義」理論、支持重新分配和福利係以公平性作為基礎。

第三章 嘉言集

1 **古德諾**認為「政治是國家意志的表現;行政是國家意識的執行」。

2 **戴伊**認為係「公共政策政府選擇作為或不作為的行為」。

3 **美國雷根總統**曾說:「美國政府達成預算政策,就像任何政府機構所經歷那種最不負責任的米老鼠戲碼。」

4 **寇夫曼**(H.Kaufman)總結道:「官樣文章已成為我們制度核心而非息肉,一位行政人員之官樣文章,也許是另一位人員珍貴程序保障」。

5 **傑依**(A.Jay)曾言:「你需學習帶領小組織之本領,以成為帶領大組織之歷練,而且只有站在前導的位置上。」

6 **蕭伯納**(G.Shaw)曾直截指出:「政府總是依賴某人的支持,竊取另一人的資源而作轉移性的支付」。

7 **艾克敦爵士**(Lord Acton)曾說:「權力有腐化之傾向,絕對的權力,絕對的腐化。」

8 **瓦爾多**(D.Waldo)於1975年斥責道:「公共行政正面臨著認同危機,雖大肆擴張其邊緣,卻無保留並創造其核心。」

9 **瓦爾多**曾言:「歷史為政府帶來了兩項的傳統,政治是希臘的,行政是羅馬的。」認為民主政治是可欲的,官僚制度卻又是必須的,應設立「公正國家」,真正有效率的政府必定是民主的。

10 **瓦爾多**嘗言:「公共行政不能亦不該成為一門嚴格的專業,而應師法醫學,使之能夠綜合科學與藝術,理論與實際,研究與應用之多學科集合體。」

11 **瓦爾多**曾言:「效率之意義必須以社會價值目標來界定。換言之,效率必須與公共利益、個人主義、公平自由等價值結合,才有意義。」

12 **亨利**指出:「行政學之養父母是管理學,生父母是政治學。」

13 **傅德瑞里克森**稱:行政學為一門借用學科,第一個被借用學科為「科學管理理論」。

14 　賽蒙認為：「行政原則充其量只是一堆諺語（Proverbs）而已，僅能表示分離和無系統的知識，並非放諸四海皆準的通則，因為幾乎每一項原則均有一項反原則，有時其彼此間是相互矛盾的。」

15 　全鍾燮（J.Jun）提出「公共行政有別於企業管理的特點在於公共行政較為繁文縟節」。

16 　瓦爾多嘗言：「以工具哲學為基礎的政治與行政分離公式，由如自製的束身襯衣，限制了自己的胸懷與呼吸。」

17 　韋伯擔心科層體制日益膨脹，將導引整個社會邁向「鐵的牢籠」。

18 　史特勞斯（E.Strauss）名言：「現代人必須與現代巨靈（科層體制）生活在一起，問題不在如何殺死它，而是如何馴服它。」

19 　比瑟母（D.Beatham）將韋伯形容為「資產階級價值觀的旗手」。

20 　史考特（W.Scott）曾以「母牛社會學」來批評人群關係學派。

21 　希拉克盧提斯（Heraclitus）：「萬物都在流動，沒有駐留不動者，一切退讓而沒有停住不變的，涼的變暖，暖的變涼，濕的變乾，乾的變濕，事物在變化中才能找到平靜。」

22 　亨利借用了「母牛心理學」強調領導任務，在誘導員工朝向希冀的目標。

23 　賽蒙：「沒有溝通即無組織可言」。

24 　衛達夫斯基（A.Wildavsky）：「向權貴說真理最好的方式是自我評估」、「一個理想的組織是個自我評估的組織」。

25 　美國第四任總統麥迪遜（J.Madison）曾說：「假如人類是天使，那麼就不需要政府，假如天使治理人類，那麼對政府的外在或內在控制通通不需要。在設計一個由人來統治人的政府體制時，最大的困境就在於，一方面政府有能力治理人類，另一方面，政府本身能夠自我控制。」

26 　房納（H.Finer）指出：「依賴行政官員的良知無異是依賴著行政官員的同謀者。」

27 　費德瑞區（C.Friedrich）指出：「行政責任應有雙重標準，一是技術知識，另一則是百姓感受。」

28　金萊斯（D.Kingsley）指出所謂「公務員中立化」無異是要官吏「出家當和尚」，乃是錯誤的，不切實際的。

29　賴格羅父子（F.A.Nigro & L.G.Nigro）指出公務員執行公務要摒棄任何壓力團體影響，是「價值中立的虛幻」。

30　賽蒙曾謂：「就廣義而言，一切行政都是人事行政。」

31　傑克遜總統提出「官職輪換」、「分肥者即勝選者」。

32　費雪（C.Fish）認為「分贓制度是由於民主主義的勝利」。

33　歐斯洞曾言：「民主行政不應建立在政府結構的普遍雷同」。

34　金恩（H.Zinn）言：「窮人的哭訴並不一定總是正確，但要是聽不到他們哭訴，你就永遠不知公平是什麼。」

35　漢彌頓（A.Hamiltin）稱：「人民對政府的信任度和順服度會與政府行政運作的良窳，形成比例互動的通則關係。」

36　瓦爾多將公共行政比喻成「牧歌中的少年生活」，有許多認同上的危機，如政府的組織結構、管理與治理等許多概念都有待釐清。

37　傑佛遜（T.Jefferson）曾言：「當一個人承擔公共信託之後，那麼他就應將自己視為公產。」

38　櫻慈（Mayntz）認為政務官之政治任用職位有限，所以政務機關的人事調來調去，總跳不出文官範圍。故幽默的比喻：「辦公桌後雖有新面孔，但面孔都是相似類型。」

39　索洛夫（Sorauf）曾指出公共利益是一個「有效的政治迷思」，其價值在於意義無法明確的界定，而就最原始層次言，其功用在政治辯論時，將某些特定團體的利益合理化，使特定利益披上道德的外衣，較易為人所接受。

第四章　行政學專用名詞

1	官樣文章Red tape	指官僚組織繁文縟節的官僚作風。
2	公共財 Public goods	在同一期間內可以同時提供效益給兩個以上的經濟個體，而且具有集體消費，滿足公共慾望且由政府預算提供財貨。
3	金魚缸效應 goldfish bowl effect	指政府機關經常遭致來自四面八方包括議會、在野黨、傳播媒體、利益團體、民眾對外部環境的意見、批評或反對，運作開放讓外界知悉的要求甚囂塵上。
4	目標錯置 Goal displavement	將法規當成目的，忘了背後的目標。
5	官僚怠工 Bureaucratic sabotage	由葛德納提出，官僚們由於受到嚴密法規的保證，助長他們漠視服務對象的態度。
6	受過訓練無能 Trained incapacity	由魏伯蘭提出，指因專業分工或訓練，易使人員在更換環境後無法適應。
7	鐵的牢籠 Iron cage	韋伯擔心科層體制日益膨脹，將導引整個社會邁向「鐵的牢籠」，對個人生活可能造成禁錮作用。
8	母牛社會學 Cow sociology	由史考特提出，指人擠牛乳、放音樂，以求提高利潤，並非真為母牛，而是為求生產力的提高，藉以反諷「人群關係」主張。
9	同形主義 Insomorphism	指成功存在有機體，其活動模式會為其他有機體所仿效，仿效成功程度愈高，則生存機率愈大。
10	物化 Reification	由伯格與魯克曼提出，意味將虛幻不存在事物擬人化、具體化，物化世界是個去人性世界。
11	反熵作用 egative Entropy	指一個開放系統應不斷輸入新的能源以維持自身並減低或遏阻趨於解體或死亡的傾向。
12	心靈囚籠 psychic prisoners	我們常成為自己所喜歡思考方式的陷阱，正如同柏拉圖洞穴中人們，只是井底之蛙，無法得知外面廣大世界。

13	蝴蝶效應	源於美國氣象學家勞侖次60年代初的發現，比喻某地上空一隻小小的蝴蝶煽動翅膀而擾動了空氣，長時間後可能導致遙遠的彼地發生一場暴風雨。意謂一件表面上看來非常微小、毫無關係的事情，在紛擾不可測的混沌中，可能扮演具影響性的關鍵角色，帶來巨大的改變。
14	暈輪效果 Halo effect	根據單一表徵，如智力、外表、社交能力來產生個人整體的印象。
15	刻板印象 Stereotyping	根據對某群體認知，來判斷屬於群體中的成員。
16	建立王國 Empire building	指組織分工結果，造成許多不同功能單位，而這些單位都想擴充職權、爭取經費、增加用人。
17	沉澱成本 Sunk Cost	指在作決定時，受到已有設備限制，而不能做出合理的決定。
18	團體盲思 Groupthink	某一團體因具高度的凝聚力，在討論問題時壓抑個人獨立與判斷能力，最後使團體產生錯誤不當決策。
19	母牛心理學 Cow Psychology	由亨利所提出，將組織成員比喻為牛群，領導者的任務是引牛入欄，誘導成員朝其希冀的方向前進。
20	第五級領導	由Collins提出，指領導者結合謙虛個性與專業堅持將個人自我需求轉移至組織卓越績效之遠大目標。
21	移情作用	傳訊者能感受對方的情緒或觀點，而設身處地為對方著想。
22	扼阻性決策 Non-decision	即政府對其反對的敏感性公共問題，採取壓抑措施，使其無法進入政策過程。
23	第三類型錯誤 The type III error	指用正確方法來解決錯誤建構的問題，強調問題認定與建構的重要性。
24	巴瑞圖效率 Pareto efficiency	為一選定方案的準則，是一種理想的均衡狀態，即沒有任何人的利益或效用受到損失，並使資源分配獲致最佳的效率。
25	吸納Cooptation	在規劃過程中將標的人口中的反對領袖納入以減少未來政策時可能受到阻力的作法。

26	雙環困境 Catch-22 situation	或稱弔詭情境原為軍事術語，指規則或條件的要求自相矛盾，而無法順利進行，而導致一籌莫展的困境。
27	統合主義 Corporatism	係一種利益代表的系統，代表利益的單位被組合成數目相當有限之單一的、強制性的、非競爭性的、階層結構次序的與功能分化的團體類別，其地位受國家的認知或頒發執照，在相關領域中授與代表性的壟斷權，以換取領導者選擇與需求或支持表達的控制。
28	失落的聯結	指公共政策制定過程中，政策執行的階段。
29	共同悲劇 Tragedy of Commons	由哈丁提出，指任何公共財如缺乏有效的管理，每個人便會盡量使用而不管他人行為會帶來如何的「外部性」問題，最後結果往往是災難性的。
30	俘虜性組織 Captive Agency	利益團體一方面向行政機關爭取權益，一方面支持該機關在此種相互利用、相得益彰情況下，行政機關遂為利益團體所控制，成為俘虜並儘量回應其需求。
31	鄰避情結 NIMBY	它是一種全面性的拒絕認為有害於生存權與環境權的公共設施或企業建設的態度，基本上是環保主義意識抬頭。
32	BOT Build-Operate-Transfer	「興建、營運與轉移」之簡稱，為一種鼓勵民間參與政府公共工程建設之一種民營化的作法。
33	搭便車問題 Free Rider Problem	公共財之製造及使用，常有人有不勞而獲卻享受成果之問題發生。
34	政客的行動主義	國會議員僅汲汲於提出問題與啟動政策，卻不在意政策的執行以及成敗的評估。
35	政策窗口 Policy Window	由金頓提出，當「問題流」、「政策流」及「政治流」三者匯流便是政策窗口開取契機，提供倡導者推動偏好解決方案機會。
36	無臉的政府 faceless goverment	指政府組織不僅規模龐大，而且因應公共問題之動態性質，各自形成複雜的「議題網絡」，不易確認違法失職的負責機關與官員。
37	肉桶立法 Pork-barrel legislation	立法機關決議撥款補助地方建設計劃，但實際上該計劃往往是不需要的，只因該地區所選出的民意代表，為了下一次選舉，刻意討好選民，乃提案予以補助。

38	滾木立法 Logrolling legislation	立法人員彼此間以投票贊成或反對提案方式，取得互惠式同意。
39	移位效果 displacement effect	認為民眾忍稅能力，每經一回合社會危機，就會逐級往上移位。
40	普樂現象	民眾易於要求政府增加支出，以提供更多的公共財貨及服務，形成所謂「由儉入奢易，由奢入儉難」之現象。
41	利益團體的自由主義	由羅偉提出，指利益團體常向政府施壓游說，而各方競逐政府支出資源結果，常使強勢團體得到較多利益，惟其成本卻由社會大眾分擔。
42	包默病症 Baumol's Disease	每一公共產出都是獨占市場，很難控制效率及生產力，績效亦難評估，於是政府產出成本節節攀升。
43	政治候鳥 Political birds of passage	形容行政國行政首長任期不長的現象。
44	徘徊踱步 in a quandary	當民選首長與民選議員對行政機關要求不同任務，一定會對行政人員造成的兩難服從尷尬場面。
45	受煎熬的靈魂 tortured soul	強調公務員辦事不慎違法失職時，愧疚之情不是來自上級的懲處，亦非同事之鄙視，而是來自內心的自我責備。
46	無知之幕 the veil of ignorance	一個人對於他未來究竟會成為什麼樣的地位、種族、階級或社會地位毫無所知，亦不曉得其未來所擁有的財富、命運、智力等。
47	多手 many hands	指有許多官員以不同方式去促進政府決定與政策實現，惟該由誰在道德上負起政治結果，卻難以確認。
48	髒手 dirty hands	組織或成員為有效實現組織目標，其處理公共事務過程中，作出不道德行為卻被合理化現象。
49	紅燈理論 red light theory	不信任行政機關，主張限制行政權，行政作為不應逾越法律界限，應收縮行政裁量權。
50	綠燈理論 green light theory	行政機關應有積極的行政權，以創造公眾福祉。在合理司法審查與充分立法授權下，行政機關應有良好的解決問題能力。
51	鐵三角關係 Theory of Iron Triangle	形容相互支援之行政機關、國會議員與利益團體之制度化結構。
52	生還者症候群 survivor syndrome	指組織精簡後，未遭裁撤人員在態度上，常有心胸窄化，以自我為中心及保守現狀傾向，組織士氣未見提升及生產力下降情形。

53	**基層行政人員** Street-level bureaucrats	亦稱第一線行政人員,係負責政策執行並與服務對象直接接觸的人員,如教師、警察人員、賦政人員與環保人員等。
54	**智庫** Think Tank	係指從事政策研究、分析,並向顧客提供建議的非營利組織。
55	**組織的公民行為** Organizational citizenship behavior	是一種員工自發性的行為表現,由五個構面組成即利他助人、謹守本份、耐勞負重、預先知會與公民美德,此種行為對組織的績效具有正面的貢獻。
56	**懸置中立** Suspended neutrality	行政人員在「最後的」目標未作成之前,尚可提出個人的看法,表示個人的道德判斷,並和主管議論,以及提出相對競爭的政策主張,唯俟主管最後決策後,便要歸於沈寂,忠實履行。

Note

第五章 行政學泰斗

一、行政學的父執輩

1 公共行政學創立者：**馮史坦**。

2 行政學之父：**威爾遜**。

3 美國公共行政之父：**古德諾**。

4 我國行政學之父：**張金鑑**。

5 科學管理之父、時間研究之父：**泰勒**。

6 行政管理之父、法國管理學之父：**費堯**。

7 動作研究之父：**吉爾布勒斯**。

8 管理第一夫人：**吉爾布勒斯夫人**。

9 管理之母、行政心理因素先驅：**霍萊特**。

10 現代社會學奠基者：**韋伯**。

11 人群關係之父：**梅堯**。

12 新人群關係之父：**阿吉利斯**。

13 行為科學研究之父：**馬瑞安**。

14 現代行為科學之父、非正式組織理論先驅：**巴納德**。

15 人本心理學之父：**馬斯洛**。

16 現代激勵管理理論之父：**麥克格瑞格**。

17 公共政策研究之父、當代政策科學創建者：**拉斯維爾**。

18 公共選擇理論奠基者：**布坎南**。

19 變革之父、組織發展先驅：**李文**。

20 現代企業思想之父：**熊彼得**。

21 目標管理之父：**杜拉克**。

二、先驅、先河、大師

1 為人性化管理的先驅：**歐文**。

2 開啟人群關係學派先河：**霍桑實驗**。

3 實驗室訓練先驅：**李文**。

4 權變理論先驅：**伍德華**。

5 首倡「學習型組織」、傑出管理大師：**聖吉**。

6 公民參與理論先驅：**安絲甜**。

7 奠定評估研究基礎濫觴者：**史蒂芬**。

三、首創者

1 「典範」首先由**孔恩**在《科學革命結構》一書提出。

2 **莫根生**首先提出「工作簡化」。

3 首創部門分部化學者為**古立克**。

4 **貝特蘭菲**為一般系統理論創立者。

5 **高斯**為使用生態觀點研究政府行政現象第一人。

6 **雷格斯**為「行政生態理論」集大成者。

7 「轉換型領導」一詞最早出現在**伯恩斯**《領導》一書。

8 學習一詞最早出現於**賽蒙**所著《公共評論》。

9 **彼得聖吉**首倡「學習型組織」。

10 組織氣候最早論主為1958年**阿吉里斯**的「組織氣候概念化問題」。

11 系統模型最早由**伊斯頓**提出。

12 行政監察員最早見諸**瑞典**。

13 職位分類制最早由**美國芝加哥政府**實行。

14 預算制度起源於**英國**。

15 最早提出「行政國」一詞為**瓦爾多**。

16 最早提出「民營化」一詞為**杜拉克**1969年所撰《斷續的年代》。

17 首創「目標管理」為**杜拉克**。

18 「府際關係」一詞，最早出現於《**社會科學百科全書**》。

19 **戴明**提出品質管理十四點原則，以全面品質管理聞名於世。

20 促使政策評估研究快速發展的背景為**詹森總統**所推行的「大社會計劃」。

第三篇　強化篇

第一回

( )　**1**　有關威爾遜（W.Wilson）的敘述，下列何者為誤？　(A)西元1887年發表〈行政研究〉一文　(B)強調行憲比制憲更重要與更困難　(C)主張政府的行政管理工作值得研究　(D)認為行政學理論必須在民主的環境下才能發展。

( )　**2**　我國行政學者張金鑑教授曾以「十五M」來說明行政的意義。請問對於將人、財、物、事等，作合理的分配與安排使之完成任務者為哪一個M？　(A)組織（Machinery）　(B)方法（Method）　(C)士氣（Morale）　(D)激勵（Motivation）。

( )　**3**　所謂公共行政為「竊盜行為說」，比較會是下列何種界說的範疇？　(A)政治　(B)法律　(C)管理　(D)職業。

( )　**4**　描述政治人物與文官於政策議題互動關係之模式中，認為前述二者均從事政策制定，且均從事與政治有關之工作，但政治人物負責代表無組織群眾之利益，而文官負責協調有組織利益團體之特定性利益，係指下列那一項模式觀點？　(A)利益／事實關係　(B)衝勁／平衡關係　(C)純然混合關係　(D)政策／行政關係。

( )　**5**　行政績效與生產力在面對專業與民主兩難時將面臨重大挑戰，下列那一項不屬於這些重大挑戰之一？　(A)達成技術才能　(B)表現倫理行為　(C)處理公共期待　(D)維護地方法律秩序。

( )　**6**　以下何者非為修正理論時期行政學在組織理論研究上的特色？　(A)由靜態的研究轉向動態的研究　(B)重視組織中人群關係的重要性　(C)由實然的研究轉向應然的研究課題　(D)發現非正式組織對組織的影響。

( )　**7**　下列何者不是巴納德（C.Barnard）權威接受論中影響受命者接受權威與否之條件？　(A)命令是否合於組織目標　(B)受命者對命令的瞭解程度　(C)權威符合下命者的利益　(D)受命者是否具備執行命令的能力。

( )　**8**　馬斯洛（A.Maslow）將人的需求區分為以下五種層次：a.社會的需求；b.尊榮感的需求；c.生理需求；d.自我實現的需求；e.安全的需求。請問其由上而下的順序為何？　(A)abcde　(B)dbaec　(C)bdace　(D)ceabd。

( )　**9**　下列何者為赫茲柏格（F.Herzberg）「激勵保健理論」中的激勵（motivators）？　(A)責任　(B)待遇　(C)人際關係　(D)工作環境。

( )　**10**　下列何者非為《企業人性面》一書中的X理論的假定？　(A)員工基本上都厭惡工作　(B)員工盡力聽命行事　(C)大多數的員工視工作保障為第一優先　(D)員工主動尋求承擔責任。

( ) **11** 帕森斯（T.Parsons）於社會系統理論提出，組織能夠同時補充新進人員，又能使成員接受組織內部特有的模式之功能稱為： (A)適應 (B)整合 (C)模式維持 (D)目標達成。

( ) **12** 韋伯（M.Weber）所建構的「理想型官僚制度」應具備下列何種特性？ (A)公民意識 (B)專業分工 (C)認知差異 (D)對人不對事。

( ) **13** 下列何者非為公共組織政治途徑的基本假定？ (A)重視代表性 (B)不同於企業管理 (C)重視效率理性 (D)重視政治決定的權威。

( ) **14** 下列哪個學派最強調人民的理性自利？ (A)公共選擇 (B)公共行政 (C)黑堡宣言 (D)新公共行政。

( ) **15** 組織之同階層依工作性質而劃分成不同單位，係屬組織設計的何項原則？ (A)階梯原則 (B)協調原則 (C)功能原則 (D)幕僚原則。

( ) **16** 下列何者不是「權變理論」之內容？ (A)殊途同歸 (B)層級節制 (C)彈性作為 (D)強調環境之影響。

( ) **17** 下列對於專案組織的說明，何者錯誤？ (A)臨時性動態組織 (B)主要在訓練專才 (C)可消除部門間的本位主義 (D)人員主要自各功能部門借調而來。

( ) **18** 學者聖吉（P.Senge）認為建構學習型組織，應從下列何種層次的學習活動著手？ (A)個人學習 (B)工作學習 (C)團隊學習 (D)社會學習。

( ) **19** 下列何者不是組織成員參加非正式組織的主要原因？ (A)滿足友誼 (B)追求認同 (C)取得保護 (D)專業成長。

( ) **20** 下列有關非營利組織特性的描述，何者為誤？ (A)為公共利益服務 (B)是一種志願性的組織 (C)著重獲利的分配 (D)組織收入主要依賴募款，而非績效利潤。

( ) **21** 根據米契爾（R.Michels）見解，機關組織規模越大，領導階層的權力就越大，部屬的權力就越小，這種趨勢稱為： (A)寡頭鐵律的病象 (B)組織分化的病象 (C)白京生定律的病象 (D)法規森嚴的組織病象。

( ) **22** 工作人員不把辦好事情當做目標，反而將「嚴格遵守法規」視為辦事目標的現象，稱之為： (A)寡頭鐵律現象 (B)目標錯置的現象 (C)法規森嚴的現象 (D)沉澱費用現象。

( ) **23** 學者墨頓（Robert K. Merton）曾經批評韋伯（M. Weber）官僚組織理論對法規的過度重視，他使用的概念是： (A)冷淡地帶 (B)依法行政 (C)行政諺語 (D)目標錯置。

( ) **24** 民主行政相較於威權行政，強調平等、多元、參與及何者？ (A)單位 (B)開放 (C)專家 (D)自由。

( ) **25** 培養公務人員批判意識和舉發弊端，屬下列何種行政範疇？ (A)行政中立 (B)行政區劃 (C)府際關係 (D)行政倫理。

( ) **26** 公共政策執行理論的研究，第一代著重： (A)個案研究 (B)分析架構的 建立 (C)中程理論的建立 (D)新典範下的整合理論的建立。

( ) **27** 下列何者是公民參與（Citizen participation）較為妥適的意涵？ (A)由民 意代表參與公共事務 (B)公民參與即公投之意 (C)由公民參與公共事 務 (D)公民參與公共事務的範圍是比一般所謂的政治參與來的狹窄。

( ) **28** 公共政策的制定過程可以區分為五個階段來瞭解，除政策規劃、合法化、 執行、評估外，還包括下列那一項？ (A)政策調解 (B)政策回饋 (C) 政策終止 (D)政策問題認定。

( ) **29** 政策方案可行性研究中，焦點考慮在於行政首長、利益團體及標的人口等 因素者，係屬下列何種可行性研究？ (A)政治 (B)行政 (C)法律 (D) 環境。

( ) **30** 下列那一項並不是府際關係發展的趨勢？ (A)相互尊重 (B)對抗衝突 (C)夥伴關係 (D)互惠合作。

( ) **31** 根據學者夏福利茲（J.M.Shafritz）和羅素（E.W.Russell）的劃分，詹森總 統推動的「大社會」（Great Society）計劃是屬於美國府際發展過程中哪 一階段的特色展現？ (A)新聯邦主義（New Federalism） (B)創設式聯 邦主義（Creative Federalism） (C)雙軌式聯邦主義（Dual Federalism） (D)合作式聯邦主義（Cooperative Federalism）。

( ) **32** 俗云：「把你的腳放入他人的鞋子裡試一試」所指的是屬於下列何種溝通 的特性？ (A)移情作用 (B)陰影作用 (C)心靈囚籠 (D)反餽作用。

( ) **33** 下列何者不是領導的權力基礎？ (A)合法權力 (B)獎賞權力 (C)特殊權 力 (D)專家權力。

( ) **34** 鼓勵員工對機關目標、決策提供意見，並分擔責任，以建立人員對組織的 心理投入，這種管理技術為： (A)標竿管理 (B)參與管理 (C)目標管 理 (D)走動式管理。

( ) **35** 「轉換型領導」是下列何者最先使用，以區別領導和管理的不同？ (A)赫 賽（P.Hersey） (B)豪斯（R.House） (C)毛頓（J.Mouton） (D)柏恩 斯（J.Burns）。

( ) **36** 行政監督應有層次之分，中層監督的重點在於何者？ (A)政策擬定 (B) 人事任免 (C)協調溝通 (D)制定法令。

( ) **37** 下列何者為全面品質管理之最主要理念？ (A)以提高機關首長權威為施 政重點 (B)只注重數字績效的管理 (C)僅高層管理投入品質改善活動 (D)全體組織成員持續投入品質改善活動。

（　）**38** 考試院的決策機構為：　(A)考試委員　(B)考試院院會　(C)考試院院長 (D)考選與銓敘委員。

（　）**39** 公務人員於平時有重大功過時，可隨時辦理下列何種考績？　(A)年終考績 (B)另予考績　(C)專案考績　(D)特定考績。

（　）**40** 遭受休職之懲戒處分者，自復職之日起，多久內不得晉敘、升職或調任主 管職務？　(A)1 年　(B)2 年　(C)半年　(D)沒有限制。

（　）**41** 有關歐斯本與蓋伯勒（Osborne and Gaebler）二人提出的「政府再造」十 大原則，下列之說明中何者錯誤？　(A)政府導航　(B)結果導向　(C)鼓 勵公民參與　(D)合作式的政府。

（　）**42** 政府賦稅收入不包括下列何者？　(A)財產稅　(B)所得稅　(C)行政規費 (D)消費稅。

（　）**43** 下列何者不是資本預算的支出項目？　(A)公共設施的提供　(B)國防設備 的採購　(C)基礎建設的興造　(D)國民年金的提撥。

（　）**44** 下列何者不是黑堡宣言所強調對文官的期許？　(A)捍衛公共利益　(B)服 從政務領導　(C)發揮專業責任　(D)扮演賢明少數。

（　）**45** 我國政府機關預算的第一預備金與第二預備金制度是：　(A)皆為集中制 (B)皆為分散制　(C)前者為集中制，後者為分散制　(D)前者為分散制， 後者為集中制。

（　）**46** 下列有關公營事業民營化策略的限制當中，何者不稱適？　(A)股權可能過 度集中，有違公平競爭原則　(B)涉及國家主權者，不宜民營化　(C)有關 國計民生者，還是要由政府來負責　(D)社會責任仍以政府經營較適當。

（　）**47** 下列何者不是組織再造的綜合意涵之一？　(A)顧客導向　(B)專業分工 (C)目標取向　(D)系統思考。

（　）**48** 系統性地收集及比較競爭對手的資料，並列出己方的目標、製程及績 效標準，此種管理技術稱之為何？　(A)目標管理（MBO）　(B)全 面品質管理（TQM）　(C)標竿管理（Benchmarking）　(D)微觀管理 （Micromanagement）。

（　）**49** 基於政府的職能、業務與計劃編列預算，並按預算計算成本，按成本表現 效率，依效率原則進行考核，此種精神的預算制度為：　(A)複式預算制度 (B)設計計劃預算制度　(C)績效預算制度　(D)零基預算制度。

（　）**50** 下列何者非屬於新公共管理的主張？　(A)強調市場機制　(B)組織集權化 以提升效率　(C)顧客滿意至上　(D)對品質的重視。

解答	1 (D)	2 (A)	3 (B)	4 (B)	5 (D)	6 (C)
	7 (C)	8 (B)	9 (A)	10 (D)	11 (C)	12 (B)
	13 (C)	14 (A)	15 (C)	16 (B)	17 (B)	18 (C)
	19 (D)	20 (C)	21 (A)	22 (B)	23 (D)	24 (B)
	25 (D)	26 (A)	27 (C)	28 (D)	29 (A)	30 (B)
	31 (B)	32 (A)	33 (C)	34 (B)	35 (D)	36 (C)
	37 (D)	38 (B)	39 (C)	40 (B)	41 (D)	42 (C)
	43 (D)	44 (B)	45 (D)	46 (A)	47 (B)	48 (C)
	49 (C)	50 (B)				

申論題

1. 何謂策略性的人力資源管理？其與傳統的人事管理有何差異？

2. 請由世界各國及我國角度來看，公部門組織多元發展下，包括哪些組織型態？其演變背後所代表的意涵為何？

Note

第二回

(　) **1** 學者傅德瑞里克森（Frederrickson）將行政學形容為「一門借用性學科」，而亨利（Henry）則說：「行政學之生父母是政治學」，養父母是下列哪一種學科？　(A)管理學　(B)經濟學　(C)社會學　(D)心理學。

(　) **2** 下列何項非屬權變理論的特質？　(A)否定兩極　(B)最佳法則　(C)彈性運用　(D)殊途同歸。

(　) **3** 美國「全國公共事務與行政學聯盟」（NASPAA）的成立，預示亨利（N.Henry）所說何種典範來臨？代表公共行政獨立自主的發展階段　(A)行政與政治分立　(B)行政原則確立　(C)公共行政即管理學　(D)公共行政即公共行政。

(　) **4** 根據哈蒙（Harmon）的研究，個人責任實踐，有賴於兩種機制，一為交互主觀性，另一種機制為何者？　(A)物理遞移性　(B)自我指涉性　(C)自我反省能力　(D)目標多元性。

(　) **5** 所謂「將手段當成目標」係指：　(A)沉沒成本　(B)目標錯置　(C)手段升格　(D)升高投入。

(　) **6** 公共管理有別於企業管理，下列何者非其具有的特色？　(A)法令限制多　(B)公共監督　(C)績效難於衡量　(D)目標多元又高度相容。

(　) **7** 下列有關泰勒及其「科學管理原則」之描述，何者有誤？　(A)進行動作－時間的研究（Time and Motion Study）　(B)利用心理報酬（Psychological Reward）為主要誘因　(C)建立經理者及其員工有效的分工制度　(D)曾因在州際貿易委員會作證，而名噪一時。

(　) **8** 在韋伯的權威類型之中，具有世襲性質的權威是哪一種？　(A)聖雄式權威　(B)傳統權威　(C)合法權威　(D)強制權威。

(　) **9** 公務人員不應貪污及涉入不良場所，是屬於下列那一種行政範疇？　(A)行政溝通　(B)行政效能　(C)行政倫理與責任　(D)行政訴訟。

(　) **10** 「人群關係學派」的研究團隊，從霍桑實驗（Hawthorne Experiments）中發現，組織中人員士氣的高低，與下列何者有關係？　(A)薪資給付的高低　(B)機關組織的設備　(C)員工個人與組織間的需求動態平衡　(D)制度規章的穩定程度。

(　) **11** 就行為所處的環境來研究行政現象而提出了「比較行政模式」及「生態行政學」的學者是：　(A)費富納　(B)雷格斯　(C)克斯特　(D)馬斯洛。

(　) **12** 《企業人性面》一書中的 Y 理論的假定為何？　(A)員工基本上都厭惡工作　(B)員工會逃避職責，並盡力聽命行事　(C)大多數的員工視工作保障為第一優先　(D)員工會學習承擔，甚至主動尋求承擔責任。

(　　) **13** 下列何者並非權變理論之主要論點？　(A)管理的層次性　(B)尋求最佳法則　(C)效率與效能兼顧　(D)強調殊途同歸。

(　　) **14** 在愛尊尼（A.Etzioni）的分類中，教會、學校是屬於哪一種組織型態？　(A)專案性組織　(B)功利性組織　(C)規範性組織　(D)強制性組織。

(　　) **15** 台北市政府是屬於何種組織型態？　(A)委員制　(B)首長制　(C)會議制　(D)混合制。

(　　) **16** 下列哪一種組織型態，容易造成雙重權威及雙重忠貞的困境，造成人員角色模糊？　(A)金字塔型組織　(B)球型組織　(C)扁平式組織　(D)矩陣式組織。

(　　) **17** 根據中央行政機關組織法劃分警政署為：　(A)一級機關　(B)二級機關　(C)三級機關　(D)四級機關。

(　　) **18** 下列何者為企業型政府較為著重的特性表現？　(A)依法行政　(B)充分集權　(C)創新冒險　(D)組織認同。

(　　) **19** 根據阿吉利斯與熊恩（C.Argyris & D.Schon）的理論，當組織成員發現組織執行實用理論的能力發生問題時，而進行手段方法的改變，此種學習活動稱為：　(A)單圈學習　(B)雙圈學習　(C)三圈學習　(D)工具性學習。

(　　) **20** 在雷辛（Rahim）所提「衝突處理型態」模式中，中度關心自己與別人，有取有予的型態是：　(A)逃避　(B)取悅　(C)妥協　(D)整合。

(　　) **21** 「眾星拱月、利害與共」係屬何種非正式組織制度特徵？　(A)垂直共棲團體　(B)垂直寄生團體　(C)水平攻擊團體　(D)水平防守團體。

(　　) **22** 下列何項是所謂的陽奉陰違消極因應態度？　(A)彼得原理　(B)邁爾斯定律　(C)莫非定律　(D)不稀罕效應。

(　　) **23** 下列何者不是「寡頭制鐵律」所指的常見病象？　(A)溝通困難　(B)不符民主　(C)爭權奪利　(D)形式主義。

(　　) **24** 所謂「英雄造時勢」，這句話代表下列何種領導的研究方法？　(A)人格特質研究法　(B)功能研究法　(C)環境決定領導說　(D)交互行為說。

(　　) **25** 「宜未雨而綢繆，毋臨渴而掘井」，若以這句成語來描述推展公共關係的原則，下列何者正確？　(A)公開透明　(B)平時發展　(C)誠信為本　(D)不斷創新。

(　　) **26** 依據「激勵保健理論」，下列何種因素只能維持人員原有的工作表現，對進一步提升績效並無幫助？　(A)升遷發展　(B)工作內涵　(C)報酬待遇　(D)受到賞識。

(　　) **27** 因組織結構而發生之上行與下行溝通，屬於哪一種類型的溝通？　(A)橫向溝通　(B)正式溝通　(C)非正式溝通　(D)斜行溝通。

(　　) **28** 下列何者不是溝通障礙造成的原因？　(A)時間壓力　(B)資訊超載　(C)沉沒成本　(D)選擇性的認知。

( ) **29** 下列何者係擴大工作人員的專業知識，使其能擔任多重的工作，亦即增加水平性活動種類： (A)目標管理 (B)工作擴大化 (C)工作豐富化 (D)無缺點計劃。

( ) **30** 下列有關非營利組織特質描述，何者有誤？ (A)為公共目的服務並提供公共財 (B)主要資金收入來自於捐贈 (C)強調生產績效與獲利能力 (D)屬志願性團體。

( ) **31** 教師、警察、稅官、醫師等是教科書所稱之「Street-Level Administrator」此英文名詞在書中的中文稱呼為： (A)第一線行政人員 (B)基層行政人員 (C)街頭公權力人員 (D)市井小民保護官。

( ) **32** 綜合所得稅採用累進稅率（所得愈高課稅比率愈高），係歸屬於 (A)管制性政策 (B)分配性政策 (C)重分配性政策 (D)自我管制性政策。

( ) **33** 在政策方案決策途徑中，下列那項的理性程度最高？ (A)漸進途徑 (B)滿意途徑 (C)政治途徑 (D)混合掃描途徑。

( ) **34** 古巴（E.Guba）與林肯（Y.Lincoln）將政策評估分為四代演進，第四代焦點為何？ (A)描述 (B)衡量 (C)判斷 (D)協商。

( ) **35** 美國的那一項法律規定服務於行政等三部門的指定人員，都需要申報財產，並公開供大眾查閱？ (A)赫奇法（Hatch Act） (B)倫理法典（Code of Ethics） (C)政府倫理法（Government Act） (D)文官改革法（Civil Service ReformAct）。

( ) **36** 允許（國家、中央、聯邦）公務員有條件罷工的國家是： (A)德國 (B)法國 (C)美國 (D)英國。

( ) **37** 公教人員保險不包括以下哪一個給付項目？ (A)殘廢 (B)養老 (C)生育 (D)死亡。

( ) **38** 下列那一項不屬於審計機關的職權？ (A)監督預算執行 (B)考核財務效能 (C)核定財務責任 (D)分配機關預算。

( ) **39** 任何組織皆會受到外在環境的影響，但它卻不必對所有的環境因素都加以反應，它也無法如此做，因為它只需選擇對其決策與運作特別有關因素來加以反應即可，這些因素就是特定環境因素，下列何者為特定環境因素？ (A)文化環境 (B)天然資源 (C)教育環境 (D)服務對象。

( ) **40** 以政黨屬性與忠誠度來任用官員，並容易引起高度爭議制度為： (A)仕紳制度 (B)分贓制度 (C)功績制度 (D)恩賜制度。

( ) **41** 下列何者非職位分類制之特點？ (A)同工同酬 (B)權責分明 (C)富於彈性 (D)科學管理。

( ) **42** 國家行政學院（Ecole National d' Administration）是哪個國家的舉世聞名公務人力考訓機構？ (A)法國 (B)日本 (C)英國 (D)德國。

( ) **43** 下列何者不是公務人員加給種類？ (A)職務加給 (B)績效加給 (C)專業加給 (D)地域加給。

( ) **44** 政府各種營業或非營業循環基金之歲入與歲出之一部,編列入總預算稱為? (A)附屬單位預算 (B)單位預算之分預算 (C)法定預算 (D)單位預算。

( ) **45** 下列那一項不是政府蒐集民意常用的方法? (A)彙整媒體民意 (B)委託徵信社調查 (C)辦理民意調查 (D)舉行座談會。

( ) **46** 政府的非稅賦收入中不包含下列何項? (A)企業收入 (B)行政收入 (C)公債收入 (D)所得稅收入。

( ) **47** 下列有關「民意」特性的描述,何者為非? (A)民意隨時空變化而改變 (B)民意是可靠的意見來源 (C)民意攙雜反對與贊成的不同意見 (D)民意常反映少數積極活動者的極端意見。

( ) **48** 公共財(Public Goods)在提供過程中所伴隨而來的有利或不利副作用(例如工業的空氣汙染、教育的提升人力),稱作: (A)無排他使用性 (B)供給的共同性 (C)外溢效果 (D)利益均霑。

( ) **49** 下列何者是確保行政責任可資採用的內部途徑? (A)議會質詢 (B)公民參與決策過程 (C)強化專業倫理 (D)資訊自由法的實施。

( ) **50** 平衡計分卡(Balanced Scorecard)係由哈佛大學教授Kaplan 與Norton所提出衡量組織績效的新觀念,試問平衡計分卡四大構面的內涵不包括下列何者? (A)財務 (B)顧客 (C)服務 (D)內部流程。

解答	1 (A)	2 (B)	3 (D)	4 (C)	5 (B)	6 (D)
	7 (B)	8 (B)	9 (C)	10 (C)	11 (B)	12 (D)
	13 (B)	14 (C)	15 (B)	16 (D)	17 (C)	18 (C)
	19 (A)	20 (C)	21 (A)	22 (D)	23 (D)	24 (A)
	25 (B)	26 (C)	27 (B)	28 (C)	29 (B)	30 (C)
	31 (A)	32 (C)	33 (B)	34 (D)	35 (C)	36 (B)
	37 (C)	38 (D)	39 (D)	40 (C)	41 (C)	42 (A)
	43 (B)	44 (A)	45 (B)	46 (D)	47 (B)	48 (C)
	49 (C)	50 (C)				

☑ 申論題

1. 績效管理是確保人員有效達成任務的不二法門,試以現行公務人員考績法內容為例。評述其內容及改進之道?又其核心觀念「功績」原則在公務單位窒礙難行的原因?

2. 你(妳)認為近五年來政府腐化的情形如何?較為嚴重或較屬新興的政府腐化又是什麼?有何反腐治貪良策?

第三回

( ) **1** 威爾遜（W.Wilson）於1887年正式發表「行政的研究」一文，其中最重要的論點為下列何項？ (A)行政不應受到政治的干擾 (B)行政與政治應該合而為一 (C)協調是管理的核心 (D)行政應仿效企業管理的方法。

( ) **2** 強調行政原則具有放諸四海皆準的普遍性，係屬於典範的哪一個階段？ (A)行政與政治分立 (B)行政原則確立 (C)公共行政即管理學 (D)公共行政即公共行政。

( ) **3** 古立克的「POSDCORB」、葛森（Garson）與歐培曼（Overman）的「PAFHRIER」、葛雷漢（Graham）與海斯（Hays）「PAMPEC」三者同樣指出 P代表的是 (A)計劃 (B)組職 (C)人事 (D)財務。

( ) **4** 教育券制度的實施，與下列何者有密切的關係？ (A)進步主義運動 (B)公共選擇運動 (C)行為主義運動 (D)新公共行政運動。

( ) **5** 獎金制度中應用最廣的是： (A)甘特制 (B)歐文制 (C)泰勒制 (D)赫爾賽制。

( ) **6** 下列何者非為傅麗特（M.Follet）所提協調的原則？ (A)直接 (B)早期 (C)互動 (D)連續。

( ) **7** 以下何者不是韋伯（M.Weber）理想型（Ideal Type）的科層組織之特徵？ (A)積極溝通 (B)專業分工 (C)層級節制 (D)依法辦事。

( ) **8** 下列何者非傳統理論所應遵循原則？ (A)標準化 (B)制度化 (C)效率化 (D)協調化。

( ) **9** 霍桑實驗（Hawthorne Experments）開創了人群關係學派研究先河，以下何者非其發現？ (A)人格尊重 (B)參與情緒發洩 (C)小團體及其約束力 (D)權威重要性。

( ) **10** 赫茲柏格（Herzberg）主張的保健因子，類似馬斯洛（Maslow）的需求層次理論中的哪個需求？ (A)自我實現需求 (B)尊重需求 (C)社會需求 (D)安全需求。

( ) **11** 賽蒙認為認為行政組織決策應包括三項活動，下列何者非屬之？ (A)情報活動 (B)協調活動 (C)設計活動 (D)抉擇活動。

( ) **12** 下何者不是巴納德（C.Barnard）所認為之主管功能？ (A)規劃組織目標 (B)確保員工必要的服務 (C)成為組織成員的表率 (D)嚴密監督與控制。

( ) **13** 帕森斯（T.Parsons）認為社會系統均具有四項基本功能，而管理階層主要任務為： (A)模式維持 (B)整合與適應 (C)模式維持與適應 (D)達成目標。

( )　**14** 所謂組織是一種人員交互行為，係由何種研究途徑所下定義？　(A)靜態　(B)動態　(C)生態　(D)心態。

( )　**15** 在渾沌理論中，使用小改變來創造大效果，被稱之為？　(A)陰影效應　(B)磁吸效應　(C)蝴蝶效應　(D)不稀罕效應。

( )　**16** 依布勞（P.M.Blau）及史考特（W.R.Scott）看法，政府行政機關，係屬於何種組織？　(A)互利組織　(B)服務組織　(C)企業組織　(D)公益組織。

( )　**17** 下列何種組織的管理幅度較小？　(A)高架式組織　(B)扁平式組織　(C)委員會式組織　(D)矩陣式組織。

( )　**18** 「既愛之又恨之」、「既期待，又怕受傷害」是屬於何種類型的衝突？　(A)雙趨衝突　(B)雙避衝突　(C)趨避衝突　(D)零和衝突。

( )　**19** 組織成員對於組織內部環境的知覺，稱之為：　(A)組織文化　(B)組織氣候　(C)組織認同　(D)組織環境。

( )　**20** 根據阿吉利斯與熊恩（C.Argyris & D.Schon）的理論，當組織成員發現組織執行實用理論的能力發生問題時，為求組織長治久安，更進一步檢討組織規範、目標，此種學習活動稱為：　(A)工具性學習（instrumental learning）　(B)再學習（deutero learning）　(C)雙圈學習（double-loop learning）　(D)單圈學習（single-looplearning）。

( )　**21** 組織結構的優點中，下列那一項為最明顯者？　(A)分配經濟資源及個人所得　(B)決定成員的權威及其角色認知　(C)詮釋意識形態　(D)解讀組織文化及組織氣候。

( )　**22** 根據「白京生定律」，行政機關首長喜好增加用人以彰顯其權勢是為：　(A)擴編現象　(B)消化預算　(C)爭權鬥利　(D)建立王國。

( )　**23** 彼得原理（Peter Principle）是描述組織員工之知識能力與下列何者關係？　(A)生涯規劃　(B)職務輪調　(C)職務升遷　(D)派系競爭。

( )　**24** 所謂「時勢造英雄」，這句話代表下列何種領導的研究方法？　(A)人格特質研究法　(B)功能研究法　(C)環境決定領導說　(D)交互行為說。

( )　**25** 在領導權力中，下列何者不是來自正式組織：　(A)專家權　(B)獎酬權　(C)脅迫權　(D)法統權。

( )　**26** 下列敘述何者是對「公眾關係」的正確看法？　(A)是一種交際應酬　(B)是一種單向宣傳，必要時隱瞞事實是可以容許的　(C)是一種基於道德與理性的溝通　(D)是一種應急措施。

( )　**27** 在今日社會，任何機構團體的公眾關係中有三類共通的公眾關係，下列那項關係不在此三類之中：　(A)內部成員關係　(B)社區關係　(C)議會關係　(D)新聞界關係。

（　）**28** 下列有關「垃圾桶決策」模式的說明，何項有誤？　(A)組織處於有組織的混亂狀態　(B)流動的參與者　(C)不明確的技術　(D)決策經由理性計算。

（　）**29** 下列何者為非理性的決定方法？　(A)訴諸權威　(B)常識判斷　(C)邏輯推理　(D)線性規劃。

（　）**30** 我國政府之全民健保制度及措施係屬：　(A)管制性政策　(B)重分配性政策　(C)分配性政策　(D)自我管制性政策。

（　）**31** 相較下，下列何者決策模式之理性程度最低？　(A)混合掃描途徑　(B)漸進決策途徑　(C)滿意決策途徑　(D)廣博理性決策途徑。

（　）**32** 代表性官僚體制（representative bureaucracy）會重視下列何種概念？　(A)政治中立　(B)權益平等促進行動　(C)反政府價值　(D)企業型政府。

（　）**33** 鄰避（Not in My Back Yard）態度及行為的產生，基本上是因何種意識的頭？　(A)集體主義　(B)社會主義　(C)資本主義　(D)環境主義。

（　）**34** 行政中立的規範內涵，不包括下列何者？(A)公務人員應忠實推行政府政策，不得介入政黨派系紛爭　(B)公務人員應依據法令執行職務，服務全體國民　(C)公務人員應保持政治中立，退出一切政黨活動　(D)公務人員應秉持公正立場，對待任何團體。

（　）**35** 房納（H.Finer）主張對官僚制度施予何種控制？　(A)內部控制　(B)外部控制　(C)核心控制　(D)例外控制。

（　）**36** 美國公共行政學會所訂定之行政倫理守則將者列為第一要務？　(A)追求專業卓越　(B)展現個人廉潔　(C)尊重憲法法律　(D)實踐公共利益。

（　）**37** 就行政責任的確保途逕而言，下列何者不在外部非正式確保途徑範疇之內：　(A)弊端揭發　(B)傳播媒體　(C)資訊自由　(D)公民參與。

（　）**38** 二十一世紀建立「綠色革命」的生活情境，係指政府何種責無旁貸的任務使命？　(A)促進經濟發展　(B)提升個人成就　(C)保護自然環境　(D)獎勵科技發展。

（　）**39** 各官等人員平時有重大功過，隨時辦理之考績為：　(A)年終考績　(B)另予考績　(C)專案考績　(D)特別考績。

（　）**40** 事務官執行政策時，若有違法失職情形，必須擔負各種責任，但不包括下列那一項？　(A)刑事責任　(B)政治責任　(C)國家賠償責任　(D)民事責任。

（　）**41** 下列何者為職位分類制之優點？　(A)重視科學管理方法　(B)簡單易行且富彈性　(C)強調通才訓練　(D)係以名份鼓勵公務人員。

（　）**42** 我國公務人員目前並未擁有下列何種權利？　(A)建議權　(B)申訴權　(C)結社權　(D)罷工權。

（　）**43** 下列何者不屬於消費稅？　(A)關稅　(B)地價稅　(C)印花稅　(D)營業稅。

( ) **44** 政府的財政收入有多種來源，下列那一種財政收入的性質最符合「使用者付費」原則？ (A)統籌分配稅 (B)所得稅 (C)公債收入 (D)行政規費。

( ) **45** 現代文官制度強調功績制，為能有效落實應與何種制度一併實行？ (A)恩徇制 (B)分贓制 (C)永業制 (D)獎金制。

( ) **46** 下列何者並非溝通可能存在之障礙？ (A)知覺的扭曲 (B)同理心的傾聽 (C)防衛的行為 (D)來源的不可信任。

( ) **47** 近年公共行政發展，有所謂「黑堡宣言」（Blacksburg Manifesto），請問下列關於其內容之敘述，何者錯誤？ (A)重視文官集團的代表性及其專業權威 (B)方法論上強調規範價值與理論建構 (C)尊重市場機制，反對小而美的政府 (D)強調個人利益的重要性。

( ) **48** 八十年代，英國在那位首相領導下，成功地開始推動政府改造運動，而將國營企業民營化並削減大量的文官職位？ (A)布萊爾 (B)梅傑 (C)柴契爾夫人 (D)邱吉爾。

( ) **49** 下列所述，何者為後工業社會的特徵？ (A)以機器、能源、技術為基礎的大量生產活動 (B)以勞力從事的農、漁、礦業生產 (C)以資訊為核心的知識生產活動 (D)以獸力為基礎的生產活動。

( ) **50** Mintzberg在1973年出版「The Nature of Managerial Work」中將管理者扮演的角色分為三大類、試問下列何者有誤？ (A)協調角色 (B)人際關係角色 (C)資訊角色 (D)決策角色。

解答					
1 (A)	2 (B)	3 (A)	4 (B)	5 (A)	6 (C)
7 (A)	8 (B)	9 (D)	10 (D)	11 (B)	12 (D)
13 (B)	14 (B)	15 (C)	16 (D)	17 (A)	18 (C)
19 (B)	20 (C)	21 (B)	22 (D)	23 (C)	24 (C)
25 (A)	26 (C)	27 (C)	28 (D)	29 (A)	30 (C)
31 (B)	32 (B)	33 (D)	34 (C)	35 (B)	36 (C)
37 (A)	38 (C)	39 (C)	40 (B)	41 (A)	42 (D)
43 (B)	44 (D)	45 (C)	46 (B)	47 (D)	48 (C)
49 (C)	50 (A)				

☑ 申論題

1. 解釋並比較PBS、PPBS、ZBBS之優缺點？

2. 政府組織之改造工程於民國101年正式啟動，試評述其對政府效能產生的影響，與可能遭遇的阻力為何？

第四回

( ) **1** 費堯（H.Fayol）提出：「行政就是POCCC五大功能的表現」，其中命令統一，與顧立克（L.Gulick）在《科學價值與行政》論文中所強調何者相似？ (A)P (B)O (C)D (D)CO。

( ) **2** 下列何者非典範（Paradigam）的意涵？ (A)信念 (B)啟示 (C)圭臬 (D)世界觀。

( ) **3** 下列有關公共行政與企業管理不同之敘述，何者正確？ (A)前者強調權變，後者強調一貫 (B)前者主張競爭，後者主張獨佔 (C)前者注意政治考量，後者考量管理因素 (D)前者對外環境保持開放態度，後者對外在環境採封閉態度。

( ) **4** 以下何者不是科學管理之父泰勒（F.Taylor）的主張？ (A)以科學方法發展工作程序 (B)工人應盡可能分擔管理的職責 (C)提出論件計酬制 (D)以科學方法甄選工人。

( ) **5** 就賽蒙（H.Simon）的理性決策論而言，組織成員是屬於： (A)經濟人 (B)行政人 (C)科學人 (D)社會人。

( ) **6** 依麥克葛瑞格（Douglas McGregor）的組織人性論，所謂X理論係指管理者相信，部屬的行為趨向來自於下列何者？ (A)內在的控制 (B)自我的控制 (C)尋求責任 (D)外在的控制。

( ) **7** 下列何者並非霍桑實驗（Hawthorne Experiments）的重要發現？ (A)非正式組織普遍存在於各個組織 (B)參與及情緒的發洩可以提高工作士氣 (C)採行同工同酬的薪資制度，可激勵員工的工士氣 (D)人格尊重是增進生產力的主因之一。

( ) **8** 下列那一個國家以「國家績效評鑑」提出「事情做得更好，成本花得更少」之政府再造口號？ (A)英國 (B)美國 (C)紐西蘭 (D)澳洲。

( ) **9** 伯恩斯（T.Parsons）認為組織須執行模式維持功能係屬於哪一個層級？ (A)策略 (B)管理 (C)協調 (D)技術。

( ) **10** 增加職位所控掌的工作項目稱為： (A)扁平結構（flat structure） (B)工作擴大化（job enlargement） (C)縱深結構（tall structure） (D)工作豐富化（job enrichment）。

( ) **11** 雷格斯（F.Riggs）認為科層體制僅適用於何種社會？ (A)高度工業化 (B)過渡社會 (C)低度工業化 (D)農業社會。

( ) **12** 下列哪一種研究公共行政的途徑，最能夠解釋平坦式的管理層級，亦即很少監控層級的組織結構？ (A)政治 (B)文化 (C)管理 (D)法律。

( ) **13** 所謂組織是種權責劃分，這是從哪個研究途徑所下的定義？ (A)生態 (B)靜態 (C)動態 (D)心態。

( ) **14** 決定組織型態為高架式或扁平式組織的主要因素是： (A)授權程度 (B)官僚程度 (C)管理幅度 (D)科技能力。

( ) **15** 以下對「中央行政機關組織基準法」內容的敘述何者錯誤？ (A)主要為匡正釐清行政組織缺失 (B)中央行政機構型態可分為四種 (C)行政機關三級機關名稱定為：署或局 (D)二級內部單位之層級為：科。

( ) **16** 提出「民主政治之治理者已經從直接民主的全體公民，最先轉為民選代表（議員及總統），次而轉為政務官，最後轉為常任文官」之「民治脫離」幽默性說法的學者是： (A)莫雪（Mosher） (B)瓦爾多（Waldo） (C)韋伯（Weber） (D)費德瑞區（Friedrich）。

( ) **17** 下列何者不是霍吉茲（R.Hodgelts）所指有效溝通的四個階段？ (A)注意 (B)理解 (C)分析 (D)行動。

( ) **18** 「組織各部門都想擴權爭錢加人，致力於建立王國」，是為組織的哪一種衝突？ (A)認知衝突 (B)感情衝突 (C)個人衝突 (D)團體衝突。

( ) **19** 非營利組織存在之最重要原因，為下列何者？ (A)市場主義 (B)利己主義 (C)志願主義 (D)民生主義。

( ) **20** 下列那項陳述不屬於因為「法規森嚴」所產生的組織病象： (A)紅包政治 (B)目標錯置 (C)失去個人的自我價值感 (D)修法曠日持久無法跟上時代需要。

( ) **21** 關於「白京生定律」（Parkinson's Law）之敘述，下列何者有誤？ (A)機關年代愈久，職員素質愈低落 (B)機關行政效率與外表建築設備豪華成正比 (C)機關採取「委員會」型態組織愈來愈多 (D)機關會議時間長短與議題重要性成反比。

( ) **22** 中國古代有所謂「皇帝是青龍轉世」的說法，這句話代表下列何種領導的研究方法？ (A)環境決定領導說 (B)人格特質研究法 (C)交互行為說 (D)功能研究法。

( ) **23** 下列何者不是彼得聖吉所題的組織學習障礙？ (A)本位主義思考 (B)煮蛙譬喻 (C)管理團隊迷思 (D)規避責任態度。

( ) **24** 轉換型領導者是組織圖存變革的發動機，應具若干特質，但不包括： (A)創造遠景 (B)樂在工作 (C)魅力交易 (D)鼓舞學習。

( ) **25** 由於某人在學識、能力、技術、為人處事各方面表現優異，使人敬仰，起而效尤，接受其影響，謂之： (A)專家權力 (B)歸屬權力 (C)合法權力 (D)關聯權力。

( ) **26** 民營化的行政之主張，是在何種訴求下提出的： (A)重視全像圖分析 (B)發展批判解放意識 (C)鼓勵組織自我創生 (D)解決不可治理的危機。

( ) **27** 下列哪位學者是激勵研究增強理論的倡導者： (A)阿特福（Al-derfer） (B)史金納（Skinner） (C)佛洛姆（Vroom） (D)亞當斯（Adams）。

( ) **28** 政府做好公眾關係的二大目標，除宣揚政令，另外是： (A)瞭解輿情 (B)維護預算 (C)廣結善緣 (D)增取國會支持。

( ) **29** 下列那個概念不適合描述「政府經由對社會重要價值、政治制度及程序的操控，將實際決策範圍侷限於安全無害的議題領域」？ (A)非決策 (B)扼阻性決策 (C)管制性政策 (D)權力第二面貌。

( ) **30** 愛德華（Edwards）以「溝通、資源、執行者意向、機關結構」四個變項，建構其政策執行模式，請問俗諺「上有政策下有對策」是指哪個變項的問題？ (A)溝通 (B)資源 (C)機關結構 (D)執行者意向。

( ) **31** 下列何種非正式團體有「溝通捷徑」之稱？ (A)混合集團 (B)垂直部際 (C)水平防守 (D)垂直共棲。

( ) **32** 「用來衡量政策產出與使用成本間的關係」的政策評估一般性標準，稱為： (A)效率性 (B)效能性 (C)回應性 (D)適當性。

( ) **33** 在公共政策之決策理論中，哪一種較適合於穩定承平之社會情境？ (A)政治決策模式 (B)滿意決策模式 (C)漸進決策途徑 (D)廣博理性決策途徑。

( ) **34** 柯漢（M.Cohen）提出組織決策過程中有四股量流（streams），不包含下列何者？ (A)問題 (B)解決方案 (C)資源 (D)選擇機會。

( ) **35** 管理諺語「看似細微之處經常是問題的根源」是指下列哪項法則？ (A)莫非定律（Murphys Law） (B)邁爾斯定律（Miles Law） (C)彼得定律（Peters Principle） (D)格勒善定律（Grashams Law）。

( ) **36** 解決組織衝突的方法不含： (A)改變組織設計 (B)增加組織會議 (C)員工調動 (D)開放溝通管道。

( ) **37** 溝通的風格類型可以成為多種類型，其中有一種屬於「煽情者」，下列那一項不是「煽情者」的特徵之一？ (A)具有自然說服力 (B)展現行動取向行為 (C)表達堅強的意見 (D)喜歡非正式性。

( ) **38** 「全面品質管理」（Total Quality Management）已成為當前組織管理的重要策略之一，多數TQM學說所強調的共同原則有三，下列何者為非？ (A)顧客為主 (B)流程再造 (C)團隊建立 (D)不斷改善。

( ) **39** 新公共行政主張發展新的組織型式，其重點係指組織的： (A)顧客導向 (B)彈性結構 (C)參與管理 (D)環境互動。

( ) **40** 近年公共行政發展，有所謂「黑堡宣言」（Blacksburg Manifesto）。請問下列關於其內容之敘述，何者錯誤？ (A)尊重市場機制，反對小而美的政府 (B)方法論上強調規範價值與理論建構 (C)重視文官集團的代表性及其專業權威 (D)強調個人利益的重要性。

( ) **41** 下列何者不屬於開發國家行政文化特質： (A)通才主義 (B)相對主義 (C)功績主義 (D)行政中立主義。

( ) **42** 「APEC」是那個國際組織的英文縮寫： (A)歐洲共同體 (B)亞太經合會 (C)聯合國 (D)世界貿易組織。

( ) **43** 公務人員年終考績何種等次之獎勵為晉年功俸一級，並給與1個月俸給總額 之一次獎金？ (A)甲等 (B)乙等 (C)丙等 (C)丁等。

( ) **44** 代理人理論(principal-agent theory)的本質，主要規範交易雙方的什麼關 係？ (A)報酬關係 (B)契約關係 (C)結構關係 (D)資訊關係。

( ) **45** 離職公務員違反公務員服務法第14-1條有關離職後任職營利事業之規定 時，處幾年以下有期徒刑，且得併科一百萬元以下罰金： (A)2年以下 (B)3年以下 (C)4年以下 (D)1年以下。

( ) **46** 依據公務人員懲戒法規定，公務員自記過日起，幾年內不得晉序、升職或 調任主管職務？ (A)1年 (B)2年 (C)3年 (D)4年。

( ) **47** 為因應全球金融風暴所引發通貨緊縮，政府研擬發放消費券，該預算係以何 種預算支應？ (A)總額預算 (B)法定預算 (C)追加預算 (D)特別預算。

( ) **48** 下列何者不屬於地方稅？ (A)契稅 (B)貨物稅 (C)印花稅 (D)娛樂稅。

( ) **49** 零基預算制度的重心是什麼？ (A)訂定年度目標 (B)建立決策單位 (C) 排列優先順序 (D)編製決策案（決策套裝）。

( ) **50** 下列民營化採行類型，何者係因政府功能不足情況下，所進行的全盤撤離 或解除管制？ (A)撤資 (B)委託 (C)替代 (D)補助。

解答	1 (C)	2 (B)	3 (C)	4 (B)	5 (B)	6 (D)
	7 (C)	8 (B)	9 (A)	10 (B)	11 (A)	12 (B)
	13 (B)	14 (C)	15 (B)	16 (A)	17 (C)	18 (D)
	19 (C)	20 (C)	21 (B)	22 (B)	23 (D)	24 (C)
	25 (B)	26 (D)	27 (B)	28 (A)	29 (C)	30 (D)
	31 (A)	32 (A)	33 (C)	34 (C)	35 (A)	36 (B)
	37 (C)	38 (B)	39 (B)	40 (D)	41 (A)	42 (B)
	43 (A)	44 (B)	45 (A)	46 (A)	47 (D)	48 (B)
	49 (D)	50 (C)				

☒ 申論題

1. 新公共行政（New Public Administration）理論的特點為何？其對我國之政府再造 有何啟示？

2. 彼得斯（Guy Peters）觀察各國再造，認為當代政府治理典範已浮現，並提出四種 政府未來之治理模式，其內涵為何？

第五回

(　　) **1** 「金魚缸效應」係用來說明公共管理與企業管理之間有何不同？　(A)多元化施政目標　(B)法規的限制　(C)公共性　(D)公共監督。

(　　) **2** 根據羅聖朋（D.Rosenbloom）的看法，公共組織政治途徑的結構設計，強調許多特徵，但不包括下列何者？　(A)分權　(B)自主性　(C)獨立性　(D)多元主義。

(　　) **3** 亨利（N.Henry）將行政學的發展區分為五個典範，其中第三個典範是？(A)公共行政必須回歸政治學　(B)公共行政必須回歸管理學　(C)公共行政就是公共政策　(D)公共行政就是公共行政。

(　　) **4** 近年來，經濟理論應用在公共行政的情形愈來愈普遍，下列何者不是來自於經濟學領域？　(A)公共選擇理論　(B)委託-代理人理論　(C)政策網絡理論　(D)交易成本理論。

(　　) **5** 行政學的理論發展大略分為三大時期，其順序是：　(A)傳統理論時期、系統理論時期、修正理論時期　(B)傳統理論時期、修正理論時期、系統理論時期　(C)系統理論時期、混沌理論時期、A期　(D)系統理論時期、批判理論時期、整合理論時期。

(　　) **6** 「霍桑實驗」最早進行的是：　(A)繼電器裝配室實驗　(B)全面性員工面談計劃　(C)接線板工作室實驗　(D)場地照明對產量影響實驗。

(　　) **7** 瓦爾多（D.Waldo）率先以「行政國」（Administrative State）一詞，闡述現代行政的成長。試問下列敘述何者並非「行政國」在當代衍生的意涵？(A)公務人員影響力日益深遠　(B)政府職能擴張，人民依賴日深　(C)行政組織及其運作的顯著突出　(D)立法與司法部門不復重要。

(　　) **8** 學者詹森（William Johnson）提出現代政府可運用許多方法來達成公共目的，請問「勞動安全檢查」是屬於下列那一種執行工具？　(A)現金給付(B)服務提供　(C)行為管制　(D)治理能力。

(　　) **9** 組織章程中所賦予的權威，韋伯（M.Weber）稱之為：　(A)傳統權威　(B)超人權威　(C)專業權威　(D)合法理性權威。

(　　) **10** 組織結構中常會產生決策遲緩、本位主義、責任歸屬困難的是下列哪一種結構？　(A)矩陣式組織　(B)自由式組織　(C)功能別組織　(D)簡單型結構。

(　　) **11** 下列那一次級系統是負責組織目標的訂立、策略的運用、結構的設計和控制過程的安排？　(A)結構的次級系統　(B)技術的次級系統　(C)心理—社會的次級系統　(D)管理的次級系統。

(　　) **12** 下列何者非目標管理的優點？　(A)控制幅度增大　(B)易於發掘人才　(C)重視文書作業　(D)更大的工作滿足。

( )　**13**　現代化工作設計趨勢不包括下列何者？　(A)工作專業化　(B)工作豐富化　(C)工作擴大化　(D)工作通俗化。

( )　**14**　下列何者不包括在艾桑尼（A.Etzioni）所分類的組織類型？　(A)強制型的組織　(B)規範型的組織　(C)互利型的組織　(D)功利型的組織。

( )　**15**　下列那個機關成立的時間最晚？　(A)中央選舉委員會　(B)國家傳播通訊委員會　(C)行政院消費者保護委員會　(D)行政院金融監理委員會。

( )　**16**　美國平等就業機會的政策法制化，被真正落實在那個年度？　(A)1880年代　(B)1920年代　(C)1960年代　(D)1990年代。

( )　**17**　下列何者不是非正式組織的反功能？　(A)順適　(B)徇私　(C)傳播謠言　(D)社會控制。

( )　**18**　下列何者不是因行政機關法規森嚴所造成惡性循環？　(A)形式主義　(B)本位主義　(C)目標錯置　(D)科員政治。

( )　**19**　組織之小問題經常釀成大災禍，如不能防微杜漸，必會發生致命差錯，此為：　(A)莫非定律　(B)寡頭鐵律　(C)邁爾斯定律　(D)白京生定律。

( )　**20**　員工認為組織革新計劃是舊酒新瓶的管理技倆，只要刻意忽略，革新計劃最後終將會失敗，此為：　(A)莫非定律　(B)邁爾斯定律　(C)白京生定律(D)不稀罕定律。

( )　**21**　下列何者非屬「莫非定律」（Murphy's Law）之意涵？　(A)事情總是辯證性發展　(B)會出錯的事情一定會發生　(C)老天總是偏袒隱性缺失　(D)每件事情都會推拖拉遲。

( )　**22**　拿破崙曾說：「沒有不好的軍隊，只有無能的將領」說明下列何者在管理中的重要性？　(A)領導　(B)溝通　(C)計劃　(D)控制。

( )　**23**　依據管理格道之論點，大多數主管採行的領導行為是：　(A)團隊式管理　(B)組織人式管理　(C)鄉村俱樂部式管理　(D)權威服從式管理。

( )　**24**　House 提出指導型、支援型、參與型與成就導向型的領導行為，是屬於：　(A)權變模型　(B)路徑-目標模式　(C)情境領導理論　(D)領導參與模型。

( )　**25**　領導方式以領導者的作風與態度來分，可分為以工作為中心的領導及以何者為中心的領導？　(A)預算　(B)法令　(C)環境　(D)人員。

( )　**26**　激勵之期望理論將個人對其工作努力會導致工作績效的認知機率，稱作：　(A)期望　(B)期望值　(C)工具　(D)選擇。

( )　**27**　二次大戰後，亞洲殖民地國家仿效西方民主國家行政制度的實行結果並不理想，因而有學者研究指出，此乃肇因於環境的差異所致，此一研究取向被稱為什麼？　(A)行政動態論　(B)行政生態論　(C)行政權變論　(D)行政制度論。

( )　**28**　機關之第一處與第四處之協調會報，是屬：　(A)上行溝通　(B)下行溝通　(C)平行溝通　(D)斜行溝通。

(　) **29** 主管常存有「民可使由之，不可使知之」的觀念，會產生何種溝通的障礙？　(A)語意上的障礙　(B)心理上的障礙　(C)地位上障礙　(D)時間壓力障礙。

(　) **30** 政府推動失業救濟金制度是屬於：　(A)管制性政策　(B)分配性政策　(C)重分配性政策　(D)自我管制性政策。

(　) **31** 「政策監測」（policy monitoring）最具下列那一項功能？　(A)啟蒙功能　(B)控制功能　(C)規劃功能　(D)參考功能。

(　) **32** 在雷辛(Rahim) 所提「衝突處理型態」模式裡，中度關心自己與別人，有取有予的型態屬於：　(A)逃避　(B)整合　(C)取悅　(D)妥協。

(　) **33** 政府組織不僅規模龐大，而且因應公共問題之動態性質，各自形成複雜的議題網絡，有時真地不易確認違法失職的負責機關和人員。此一現象稱為：　(A)無知的政府　(B)無臉的政府　(C)無能的政府　(D)不要臉的政府。

(　) **34** 行政監察員（ombudsman）最早出現於何國，其主要功能在於接受民眾苦情申訴，並調查不當或不公情事：　(A)法國　(B)英國　(C)美國　(D)瑞典。

(　) **35** 形成層級節制的監督網絡，以達成政策及命令的貫徹執行，是屬行政責任的哪類確保途徑：　(A)內部正式　(B)內部非正式　(C)外部正式　(D)外部非正式。

(　) **36** 從多元團體模式的觀點，「公共」的對象指的是：　(A)政治人物　(B)優秀公民　(C)受服務者　(D)利益團體。

(　) **37** 公務人員配偶分娩者，給陪產假多少日？　(A)一日　(B)二日　(C)三日　(D)五日。

(　) **38** 公職人員依法應申報財產者，除應於就職或到職三個月內申報外，並應多久定期申報一次？　(A)每兩個月　(B)每年　(C)每半年　(D)每季。

(　) **39** 下列何者不適用政務人員退職撫卹條例？　(A)各部部長　(B)各部政務次長　(C)各部常務次長　(D)行政院秘書長。

(　) **40** 公務人員何種加給之給與，應衡酌主管職務、職責繁重或工作危險程度等因素訂定？　(A)職務加給　(B)技術加給　(C)專業加給　(D)地域加給。

(　) **41** 我國公務人員考績項目中，工作佔多少的考核比率？　(A)15%　(B)20%　(C)50%　(D)65%。

(　) **42** 下列何者不是確定情況下，行政計劃可採行的技術？　(A)償付矩陣法　(B)線性規劃法　(C)博弈理論　(D)成本利潤分析法。

(　) **43** 美國國會通過資格權益方案(entitlement programs)，將某些特定利益提供給特定身分的人。請問下列何者的支出不屬於這種方案的範圍？　(A)退伍軍人與退休公務員　(B)醫療保險與補助　(C)社會安全與福利方案　(D)跨國公司。

(　) **44** 監察院為國家最高監察機關，下列關於監察院之組織及其運作情形的敘述中，何者正確？　(A)行使彈劾、糾舉、糾正及審計權　(B)設監察委員二十三人，任期六年　(C)監察委員輪值擔任監察院會議主席　(D)監察院下設審計部，審計長由總統直接任命。

(　) **45** 下列何者不屬於國稅？　(A)田稅　(B)貨物稅　(C)礦區稅　(D)證券交易稅。

(　) **46** 下列何者非為立法院於民國99年1月12日所三讀通過，攸關國家行政體系未來發展的再造法案？　(A)「行政院組織法」　(B)「中央政府組織基準法」　(C)「中央政府機關總員額法」　(D)「行政院功能業務與組織調整條例」。

(　) **47** 公營事業民營化的潮流起源於何人所推動的民營化政策：　(A)雷根　(B)柴契爾　(C)柯林頓　(D)梅傑。

(　) **48** 「企業行政府」的構思與倡導最主要是為了：　(A)解決雙環困境　(B)樽節施政成本　(C)提高服務效能　(D)精簡政府職能並做企業化管理。

(　) **49** 非營利組織產生原因之一為「市場失靈」。下列何者符合市場失靈的特徵？　(A)消費者對於品質與價格的資訊不完整　(B)生產者與企業間的高度競爭　(C)經濟景氣規律的循環變動　(D)產業計劃過於明確而無風險，致企業參與意願不高。

(　) **50** 政府組織抱持「見賢思齊」之改革精神，不斷追求進步，係屬組織學習種方法？　(A)TQM　(B)流程再造法　(C)顧客滿意法　(D)競爭標竿法。

解答	1 (D)	2 (C)	3 (A)	4 (C)	5 (B)	6 (D)
	7 (D)	8 (C)	9 (D)	10 (C)	11 (D)	12 (C)
	13 (D)	14 (C)	15 (B)	16 (C)	17 (D)	18 (B)
	19 (A)	20 (D)	21 (A)	22 (A)	23 (B)	24 (B)
	25 (D)	26 (A)	27 (B)	28 (C)	29 (C)	30 (B)
	31 (B)	32 (D)	33 (B)	34 (D)	35 (A)	36 (D)
	37 (D)	38 (B)	39 (C)	40 (A)	41 (D)	42 (C)
	43 (D)	44 (A)	45 (A)	46 (D)	47 (B)	48 (A)
	49 (A)	50 (D)				

◤ 申論題

1. 何謂公眾關係？為有效推展公眾關係，政府於執行時應遵循那些原則，試論述之。

2. 請將下列行政學名詞譯為中文並解釋之：(1)MBO；(2)NIMBY effect；(3)SWOT analysis；(4)privatization；(5)management by participation。

Note

110年　台電新進僱用人員甄試

(　) **1** 由民間負責籌建，經過一段特許營運期後，再將產權及經營權移轉給政府，係屬於下列何種類型的公私協力模式？ (A)BTO (B)BOT (C)ROT (D)OT。

(　) **2** 政府的行政管理與民間的企業管理不同之處，下列敘述何者正確？ (A)民間企業對於問題的因應，較能隨時調整變通 (B)政府的行政作業較不須考慮政治及法規因素，而以管理因素的考量為重 (C)民間企業管理不須遵守政府法令之規範 (D)政府行政管理的動機在於追求私利，強調市場導向。

(　) **3** 有關馬克思韋伯（Max Weber）提出之官僚體制（bureaucracy），下列敘述何者有誤？ (A)具有明文規定及標準作業程序 (B)設置明確的指揮系統 (C)工作劃分定義清楚 (D)具有多元彈性的招募管道。

(　) **4** 依據我國電價費率檢討調整機制，現行電價調整頻率為何？ (A)一年檢討一次 (B)一年檢討二次 (C)一年檢討三次 (D)一年檢討四次。

(　) **5** 有關聯合國提出之永續發展目標（Sustainable Development Goals, SDGs），下列何者非屬SDGs指標項目？ (A)消滅貧窮飢餓 (B)促進兩性平等 (C)消除通貨膨脹 (D)普及基礎教育。

(　) **6** 依據努梅克（Nunamaker）提出之理論，有關危機爆發時應進行之管理活動，下列何者有誤？ (A)訂定危機處理計畫 (B)進行危機情境監測 (C)成立指揮中心或危機管理小組 (D)進行危機資源管理。

(　) **7** 依據巴納德（C.I.Barnard）之權威接受論，下列何者非屬無異議區（Zone of Indifference）成立之條件？ (A)命令與組織目標符合 (B)受命者的能力足以完成命令 (C)受命者的利益與命令相衝突 (D)受命者清楚瞭解命令。

(　) **8** 行政學發展之傳統理論時期，著重於改進基層人員工作方法，研究如何降低成本、增加效率之學派為下列何者？ (A)動態管理學派 (B)行政管理學派 (C)科學管理學派 (D)官僚體系學派。

(　) **9** 下列何者非屬「新公共管理（New Public Management, NPM）」之特色？ (A)以顧客為導向 (B)重視行政成果 (C)注重績效管理 (D)排除市場機制。

(　) **10** 1930年代全球經濟恐慌時，下列哪位學者主張政府應增加公共支出以抵銷經濟衰退之影響？ (A)亞當斯密（A.Smith） (B)史考特（M.S.Scott）(C)賽蒙（H. A.Simon） (D)凱因斯（J.M.Keynes）。

（　）**11** 在公共政策之類型中，「政府對某標的團體之活動方式，僅設立原則性的規範，而要求其對細節進行自我管制」，係屬下列何種政策？　(A)分配性政策　(B)重分配性政策　(C)管制性政策　(D)自我管制性政策。

（　）**12** 公共政策研究方法中，針對政府機關或民間機構曾發表之資料加以分析研究，此方法稱為下列何者？　(A)次級資料分析法（secondary data analysis）　(B)觀察法（observations）　(C)晤談法（interviews）　(D)問卷法（questionnaires）。

（　）**13** 滾木立法（Logrolling）是屬於下列何種政府失靈時，所造成的問題？　(A)代議民主　(B)直接民主　(C)官僚體制　(D)分權政府。

（　）**14** 下列何項敘述最符合「民間融資提案（Private Finance Initiative, PFI）」的內涵？　(A)由民間業者投資興建公共建設，興建完成後，政府向民間業者購買符合約定品質之服務，並給付一定費用　(B)由民間業者向政府融資興建公共建設，興建完成後，民間業者償還本利　(C)由政府向民間業者借貸以興建公共建設，興建完成後，政府償還本利　(D)由民間業者發行社會效益債券，興建公共建設。

（　）**15** 關於政府再造之敘述，下列何者有誤？　(A)解決財政危機為首要目的　(B)倡導顧客導向的公共服務　(C)強調官僚思維的創新　(D)期待提升政府服務品質。

（　）**16** 下列何者非屬賽蒙（H.A.Simon）滿意決策模型的主要假定？　(A)決策者無法找出所有的替選方案　(B)決策者難以在替選方案之間，準確排列出優先順序　(C)決策者無法全盤了解行動方案的後果　(D)決策者無法採取純粹理性的行政人觀點。

（　）**17** 有關動態管理學派之敘述，下列何者有誤？　(A)傅麗德（Follet）為代表學者　(B)提出動素概念　(C)以整合解決衝突　(D)重視人類心理因素。

（　）**18** 領導者鼓勵部屬將工作做到儘量高的標準，訂定具有挑戰性的目標，激勵部屬努力達成，係為下列何種領導方式？　(A)指導型領導　(B)支持型領導　(C)參與型領導　(D)成就取向型領導。

（　）**19** 雪恩（Schein）將組織文化分為三個層次，下列何者非屬最表層的組織文化？　(A)符號及特定使用言詞　(B)儀式及慶典　(C)策略與目標　(D)服裝及建築。

（　）**20** 若民眾反對於住家附近興建垃圾掩埋場、石化工廠等嫌惡公共設施或企業建設，並對此抱持負面態度，甚至可能採取抗爭手段，則該情緒反應稱之為？　(A)閃避情結　(B)鄰避情結　(C)逃避情結　(D)躲避情結。

（　）**21** 政府規定每家廠商必須購置污染清除設備以減少污染排放量，此種政策係指下列何者？　(A)技術標準管制　(B)自我管制　(C)可轉讓污染權　(D)誘因管理。

( ) **22** 有關白京生定律（Parkinson's Law）所描述之組織病態現象，下列何者有誤？　(A)組織日益增多　(B)行政效率降低　(C)事情總有可能會出錯　(D)主管傾向任用不如自己的部屬。

( ) **23** 當個體追求高層次的需要遭遇挫折時，將退而求其次，追求次一層次的需求滿足，係為下列何種理論之論點？　(A)需求層級理論　(B)ERG理論　(C)公平理論　(D)期望理論。

( ) **24** 有關公務人員的行為規範，下列何者符合法律的規範？　(A)加入政黨　(B)在辦公室配戴特定政黨的徽章　(C)說服洽公民眾支持特定政黨　(D)主持政治團體的集會活動。

( ) **25** 下列何者非屬常用的排程模式（scheduling models）？　(A)甘特圖（Gantt chart）　(B)要徑法（critical path method）　(C)決策樹（decision tree）　(D)計畫評核術（PERT）。

解答及解析　答案標示為 #者，表官方曾公告更正該題答案。

1 (B)。　BOT（Build-Operate-Transfer）係「興建、營運與轉移」之簡稱，為一種鼓勵民間參與政府公共工程建設之一種民營化的作法。係由企業國際財團自行籌備資金，以興建某項公共建設，如高速鐵路、捷運系統、大型休閒遊樂區等；俟興建完妥後，由政府給予營運特許權；而經過相當時日營運後，再將整個產權及經營權移轉給政府。透過此方式，政府可借重民間資金參與公共建設，減少財務壓力。而民間企業因而獲得特許經營權之回饋，可達創造利潤目的，對國家經濟、社會進步及人民生活水準提升，均有極大助益。

2 (A)。　(B)政府的行政作業較須考慮政治及法規因素。(C)民間企業管理須遵守政府法令之規範。(D)政府行政管理的動機在於追求公共利益。

3 (D)。　依韋伯（M.Weber）的說法，「理想型官僚制度」具有下述幾項特徵：
(1)組織裏面的人員有固定和正式的執掌，依法行使職權。
(2)機關的組織形態，係一層級節制的組織體系。
(3)人員的工作行為和人員之間的工作關係，須遵循法規的規定，不能參與個人喜憎、愛惡的情感，係一「對事不對人的關係」。
(4)人員按專業而分工並施予技術訓練。
(5)人員任用採公開方式甄選，具永業化傾向。
(6)薪資給付依人員地位和年資。
韋伯認為，機關組織如具有上述這些特徵，那麼一定可以達到高度理想化的標準，也必然最有效率的。

4 (B)。　依「公用售電業電價費率計算公式」，電價調整頻率為一年檢討二次，原則為4月及10月進行，且明定電價調幅最高3%之限制。

5 (C)。　西元2000年來自189個國家的領袖們，於聯合國高峰會共同發布的「千禧年發展目標」（The Millennium Development Goals, MDGs）。這份計畫期盼透過15年的努力，落實8項目標：消滅貧窮飢餓、普及基礎教育、促進兩性平等、降低兒童死亡率、提升產婦保健、對抗病毒、確保環境永續與全球夥伴關係。其後，在2015年9月25日，聯合國成立70週年之際，世界領袖們齊聚聯合國紐約總部，舉行「聯合國發展高峰

會」，基於千禧年發展目標未能達成的部份，發佈了《翻轉我們的世界：2030年永續發展方針》。這份方針提出了所有國家都面臨的問題，並基於積極實踐平等與人權，規畫出17項永續發展目標及169項追蹤指標，作為未來15年內（2030年以前），成員國跨國合作的指導原則。此份方針同時兼顧了「經濟成長」、「社會進步」與「環境保護」等三大面向，在在展現了這份新方針的規模與企圖心。

6 (A)。　根據努梅克等人（Nunamaker,Jr.etal.1989）危機管理的動態模式所進行危機管理的體制建構：
(1)危機爆發前的管理活動：A.危機計畫系統；B.危機訓練系統；C.草擬危機處理劇本；D.危機感應系統。
(2)危機爆發時的管理活動：A.設置危機指揮中心；B.危機情境監測系統；C.危機資源管理系統。
(3)危機解決後的管理活動：A.展開系統評估與調查工作；B.加速復原工作；C.危機管理計畫的再推動。

7 (C)。　巴納德（C.I.Barnard）之權威接受論：認為權威不在發令者，而在受命者，而欲使受命者完全接受命令必須符合：(1)受命者確已瞭解；(2)合於組織的目標；(3)不違背受命者的利益；(4)受命者有能力加以執行。由於上述四項條件，通常總是存在，且每個人均各有一個所謂「無利害區、無異議區、無差異區」（Zone of Indifference），凡落在此區裏的命令必被接受無疑。

8 (C)。　(A)注重人類行為心理因素的研究，以傅麗德（M.Follett）為代表。(B)著重中、上層管理人員的管理方法的改進，以費堯（H.Fayol）、古立克（L.Gulick）等人為代表。(D)強調組織是一層級節制的體系，一切業務依照法令規章處理，並依各人的專長作合理分工，對於人員的選用須依公開考選的方式為之，並主張嚴格的獎懲制度。以韋伯（M.Weber）為代表。

9 (D)。　新公共管理以市場取向的公共選擇理論為基礎，試圖修正官僚體制弊病，並行政實務進行改造。其核心觀念涵蓋：顧客導向、公共組織內部市場化、企業型政府。而其主要的特徵有：(1)在公部門中實踐專業管理。(2)明確的績效標準與測量。(3)更強調產出的控制。(4)打破公部門的本位主義。(5)引進市場競爭機制，降低施政成本及提高服務品質。(6)強調運用私部門的管理風格。(7)強調資源的有效使用。

10 (D)。　凱因斯（J.M.Keynes）主張，面對經濟成長衰退、失業率提高，政府應該採行字字預算政策，增加公共支出以抵銷經濟衰退的影響。

11 (D)。　依羅威（T.Lowi）、沙力斯伯瑞（R.Salisbury）的公共政策類型分類，復加入「零和賽局」與「非零和賽局」可分為：
(1)零和賽局（Zero-sum game）：政策實行後，使既得利益者失去其利益或造成一方之所得建立在另一方之所失上。
A.管制性政策（Regulatory policy）：政府機關設立某些特殊原則或規範，以指導或約束機關、標的人口之特殊行動，如出入境管制政策、外匯管制政策、環境保護政策、槍砲刀械武器彈藥管制等。
B.重分配性政策（Redistributive policiey）：政府機關將既得利益者之利益予以解除或將某標的人口之利益轉移給另一標的人口享受政策，往往會造成財富、地位、權力重分配，如綜合所得稅的累進稅率及各種租稅政策等。
(2)非零和賽局（Non-zero-sum game）：政策制定與執行，可能雙方均獲利，也可能同時遭受損失。

A.分配性政策（Distributive policiey）政府制定此類政策，主要考慮如何滿足各方需求，使利益或成本分配較為適當，所遭受的抗拒較為輕微，如中央對各地方政府統籌分配補助政策、給付各類族群津貼的社會福利政策等。

B.自我管制政策（Self-regulatory policy）：政府機關對某標的人口活動僅予以原則性規範，而由該標的人口自行決定活動進行方式，如政府授權各出口同業公會自行檢驗管理。

12 (A)。　(B)由政策分析人員或問題解決者親自或派員前往政策運作過程涉及的現場，進行觀察，蒐集必要的資訊。(C)由政策分析人員或問題解決者親自或派員訪問政策過程的涉及者，蒐集必要的資訊。(D)由政策分析人員或問題解決者設計問卷，以抽樣方式交政策過程涉及者填答，蒐集必要的資訊。

13 (A)。　滾木立法（Logrolling legislation）是指立法人員彼此間以投票贊成或反對提案方式，取得互惠式同意。亦即立法人員各自提出有利於自己或其選區的議案，然後互相交換支持，最後同蒙其利，但卻使公共利益受損，為立法機關之陋規。滾木立法是屬於政府失靈時，所造成的代議民主問題。

14 (A)。　PFI是Private Finance Initiative簡稱。PFI起源於英國，後被日本等國仿效，指的是政府與民間以長期契約方式約定，由民間投資興建公共設施，營運期間政府再向民間購買符合約定品質公共服務，並給付相對費用。

15 (A)。　政府再造主要目的是建立企業精神政府，並具體指涉任何有關公部門文化、任務、結構、程序、運作等層面的改革、重組、再造與創新。

16 (D)。　賽蒙（H.A.Simon）的決策理論，認為組織成員是「行政人」而非「經濟人」，因為人的理性充其量只是有限理性，所以一般行政人員的行政決策應追求「滿意的決策」。

17 (B)。　吉爾布勒斯（F.Gilbreth）一生都致力於「動作與時間研究」（Motion and Time Study），被譽為「動作研究之父」，其最著名研究為砌磚工作研究，並首先利用影片研究。主張將人類手部動作歸併為17項稱為「動素」（Therblig）。

18 (D)。　豪斯（R.House）「途徑目標理論」認為有效領導者須充分瞭解部屬所追求目標，並澄清部屬為達成工作目標時所須遵循的途徑，進而協助部屬剷除過程中的障礙與陷阱。其領導型態包括：
(1)指導型領導：明確指示工作方向、內容及方法。
(2)支援型領導：以友善、支持態度關心部屬，並提供各項支援。
(3)參與型領導：訂定方案、決策時會徵詢部屬意見，請其支援建議。
(4)成就導向型領導：設定具挑戰目標激勵部屬，使其不斷努力與成長。

19 (C)。　器物與創造物層次（Artifact＆Behavior）是最表層的組織文化，在在文化中最常被看見層次，包括：
(1)言詞的創造物：如旗徽等象徵符號、組織的歷史典故、特定使用語言。
(2)行為的創造物：如精心設計的儀式、慶典等，用以表彰特定的意義。
(3)物品的創造物：如組織建築物的風格、器具形式色彩、人員服飾款式。

20 (B)。　鄰避情結（NIMBY）是一種「不要建在我家後院」的心理情結與政治訴求，全面性拒絕被認為有害於生存權與環境權的公共設施或企業建設的態度，如垃圾掩埋場、垃圾焚化爐、火力發電廠、核能發電廠、石化工廠等。基本上是環境主義意識抬頭，強調應以環境價值作為是否興建公共設施依據。

21 (A)。 指國家機關採取由上而下的統治途徑，強制性或單方面的對標的團體採取直接的管制或干預行動；管制通常涉及管制法令，一旦政府公布之後，標的團體就必須遵守。例如，政府規定每家廠商必須購置污染清除設備以減少污染排放量，違者將受到處罰。

22 (C)。 白京生（C.Parkinson）是一位英國籍教授，曾在新加坡大學任教，並經常在英國的《經濟學人》及美國的《哈潑雜誌》發表諷刺性的文章，以經鬆的筆調討論現代行政組織的一些問題，1957年將這些文章輯成專集，名曰：《白京生定律及關於行政的其他研究》，其重要主張有下列各點：

(1) 行政首長喜好增加用人，以彰顯其權勢。長此以往，機關人員日增，平均每年約增5%左右。

(2) 機關成立年代愈久，其成員素質便愈低。因首長用人多不喜歡用比自己才能高者，以免造成職務上競爭者。

(3) 開會時間長短，與議題重要性成反比例。

(4) 機關採用「委員會」形態的組織愈來愈多，而委員數也愈來愈多。

(5) 機關內部行政效率日趨低落，但外表的建築及設備卻日趨豪華與壯麗。

(6) 機關可用之錢必然儘量用完，如用不完，下年度的預算必被減少。

23 (B)。 阿特福（C.Alderfer）的ERG理論將Maslow的五種需求層次簡化為三種需求類別：生存需求（Existence needs，E）、關係需求（Relatedness needs，R）、成長需求（Growth needs，G），並認為此三者之運作邏輯為：

(1)成員對於較低層次的需求愈不滿足，對其慾望愈大。

(2)成員對於較低層次的需求愈滿足，則轉而對較高層次需求的慾望愈大。

(3)成員對於較高層次的需求愈不滿足，則對較低層次需求的慾望愈大。

ERG理論與Maslow的需求層次理論最大差異在於，Maslow的理論係以滿足累進途徑最為基礎，而ERG理論則主張，除了這種滿足提升的程序外，也會有退而求其次的現象發生。

24 (A)。 依公務人員行政中立法的規定：

(1)第5條：「公務人員得加入政黨或其他政治團體。但不得兼任政黨或其他政治團體之職務。」選項(A)正確。

(2)第9條：「公務人員不得為支持或反對特定之政黨、其他政治團體或公職候選人，從事下列政治活動或行為：

一、動用行政資源編印製、散發、張貼文書、圖畫、其他宣傳品或辦理相關活動。

二、在辦公場所懸掛、張貼、穿戴或標示特定政黨、其他政治團體或公職候選人之旗幟、徽章或服飾。選項(B)錯誤。

三、主持集會、發起遊行或領導連署活動。選項(D)錯誤。

四、在大眾傳播媒體具銜或具名廣告。但公職候選人之配偶及二親等以內血親、姻親只具名不具銜者，不在此限。

五、對職務相關人員或其職務對象表達指示。

六、公開為公職候選人站台、助講、遊行或拜票。但公職候選人之配偶及二親等以內血親、姻親，不在此限。

(3)第10條：公務人員對於公職人員之選舉、罷免或公民投票，不得利用職務上之權力、機會或方法，要求他人不行使投票權或為一定之行使。選項(C)錯誤。

25 (C)。 決策樹（decision tree）是利用「樹形圖」的方式，表明各項替選方案的風險性及其可能結果，決策者計算每一方案可能結果的「數學期望值」並且加以比較，然後選擇預期利潤最高或預期損失最低的方案。決策樹法通常在風險情況被利用以作為決策的工具。

110年 高考三級

☑ 申論題

一、學者哈蒙（Michael M.Harmon）以回應性和開創性二個構面，提出了「行政類型格道」（administrative style grid），將公共行政人員劃分為五種類型。請敘述其五種類型公共行政人員的意涵及其對公共行政可能產生的影響；其次，依己見闡述在抗防新冠疫情時期，此五種類型的公共行政人員各自適合擔任何種工作（本題所指工作即例如：防疫指揮官、發言人、公衛行政官員、行政管理人員等概念性名稱，不限定使用法定正式職稱）？

▶ **破題分析**：本題屬於基本題型，所不同的是加入時事或實務的應用。此種題型在行政相關類科的命題，如公共政策、公共管理，經常可以看到。

答：哈蒙（M.Harmon）著有《公共行政的行政理論》，提出行政類型格道，根據回應性與開創性高低，用以分析行政人員對公共利益概念反應，可區分為：

(一) 被動型

屬於「低度回應性、低度開創性」的特質。認為外來因素會對組織構成威脅，或妨害其運作效率，故會試圖加以排除。

(二) 理性型

屬於「高度回應性、低度開創性」的特質。其執行立法機關所通過的政策，並對民意代表與上司作出有效的回應。

(三) 專技型

屬於「低度回應性、高度開創性」的特質。其會運用專業知能去影響公共問題的界定與解決。

(四) 反應型

屬於「中度回應性、中度開創性」的特質。是基於策略與戰術的考量，才會參與政策規劃，其開創與回應行動，須視情況而定。

(五) 前瞻型

1. 屬於「高度回應性、高度開創性」的特質。無論是組織內部或對民眾服務有關的決策，都會積極加以開創與回應，其行動係來自對社會公平與正義的承諾。

2. 在抗防新冠疫情時期，這五種類型的公共行政人員各自適合擔任何種工作，如防疫指揮官擔任前瞻型的角色，除運籌帷幄對抗疫情外也要因應民意；發言人擔任理性型的角色，統一對外說明，回應媒體提問與各界疑慮；公衛行政官員擔任專技型的角色，提供專業的諮詢；行政管理人員擔任反應型，開創與回應行動，須視情況而定；行政人員則擔任被動型的角色，面對外來因素對組織構成威脅，會試圖加以排除。

▶ 觀念強化

1. 名詞解釋

   公共利益：指行政機關的所作所為應有益於民眾福祉，是社會的未來發展能夠實踐先前的理想目標，例如：教育機會均等、充分就業等。

2. 觀念延伸

   全鍾燮（J.Jun）整理舒伯特理論，將行政人員於決策過程中，較為常見的三種風格，分析如下：

   (1) 行政理性型：此類型者非常依賴專業與科學資訊，深受科學管理的影響。認為公共利益可在理性的決策過程中發現與確定，故其注重於專業權威。

   (2) 行政理想型：行政理想論者極力擴張其於決策過程中的自主權與裁量權，並自許為決策專家，故行政人員居於公共利益的核心地位。

   (3) 行政現實型：行政現實論者假定公共利益是具有獨立實質意涵的概念，並將其視為觸媒或轉化劑，可將各種特定利益之間的衝突加以轉化，使成為符合公共利益的行動。

3. 相關試題

   行政人員在決策過程中，較為常見的三種風格為何？

▶ 參考書目

吳定等人（2007），《行政學下》，台北：國立空大。

二、行政機關推動「績效管理」（performance management）必然會帶來正面效益嗎？如何確保績效管理的正面效益大於負面成本？請闡述之。

▶ **破題分析**：本題為考古題，只是命題的形式採用反問法，如：行政機關推動「績效管理」必然會帶來正面效益嗎？提出質疑。易言之，績效管理在行政機關實行，必然會面對那些限制，依此方向思考應不難作答。

答：孫本初教授認為：「績效管理是一套如何有效執行策略，達成組織目標的過程。」不過他也指出，績效管理對於公、私部門的意義顯然不盡相同。因為對於企業部門而言，由於其經營目標相對單純，顧客對象和競爭對手都比較容易確認，所以管理者很容易界定掌握績效管理的意涵。但對於政府組織而言，績效管理意涵則顯得複雜，對顧客的界定也很難。

(一) 行政機關推動「績效管理」的限制

行政機關推動「績效管理」不必然會帶來正面效益，因為行政機關在推動時有遇到一些限制或弊病：

1. 公部門對於實施成果取向的管理方式均抱持著懷疑態度。

2. 績效管理利易淪為政黨鬥爭工具，呈現泛政治化現象。

3. 政府部門所提供的公共服務難以量化。

4. 成果資訊提供對於基層工作人員而言，似乎過於集中例行的文書作業。

5. 資訊紀錄沒有經常更新，並缺乏反饋機制。

6. 對於成果測量技術具限制性，因政府業務有特殊性，無法有效加以衡量。

7. 對於資源與輸出成果兩者間關係，所知有限。

8. 機關分歧性、不明確的任務與目標、組織方案與系統多元目標的衝突、缺乏對整體環境的規範與顧客滿意資訊的評估等。

(二) 如何確保績效管理的正面效益

績效管理的具體作為，確保績效管理的正面效益大於負面成本。包括：

1. 建立願景（Vision）：所謂願景是組織成員心中共同願望景象，企圖形成令人深受感召的心靈力量，使組織成員願意為此裡想而努力付出。願景建立是任何組織永續發展的關鍵，主要釐清機關未來發展願景和機關之基本任務。

2. 策略規劃（Strategic Planning）：策略規劃一般是指中、長程規劃。常採用SWOT分析，包含機關內部能力的優勢（Strength，S）與劣勢（Weakness，W）分析與機關外部環境的機會（Opportunity，O）與威脅（Threat，T）分析。

3. 目標管理（Management by Objective）：當組織設立願景與策略後，則據以定訂目標，就時間層次而言，則依序包含組織目標、單位目標、個人目標等，構成目標體系，以作為管理依據。

4. 績效標竿管理（Benchmark Learning）：組織設定目標的同時，組織往往也會嘗試找出績效卓越得政府機關、私人企業或非營利組織，將之定為標竿，學習其卓越的理由，以提高機關績效。

5. 設定績效指標（Setting Performance Indicators）：包含量化績效指標與質化績效指標。量化指標通常指可以統計數據加以表示的指標，如

單位成本、投入產出比等；質化指標則往往涉及價值評斷的指標，僅能用主觀感受加以表示，如抱怨分析、滿意水準、個案評鑑、例外報告等。

6. 績效評估與報告（Performance Evaluation）：績效指標訂定後，可據以評估個人、單位、組織績效，以瞭解組織是否達成既定目標，績效評估後為求績效資訊公開，需做成績效報告，以符合課責要求。

7. 獎酬制度（Reward System）：績效評估的結果除了作為課責依據外，也應與獎酬制度結合，以達基勵作用，促使績效較佳者可繼續維持，促使績效不佳者可進行改善。現行政府機關採行績效獎金制度，即是希望達成績效與獎酬結合之目標。

▶ 觀念強化

1. 名詞解釋
   政府績效管理：即是將政府的政策落實，並符合民眾的期許並使人民有感。OECD即指出政府績效管理的重點，主要包括：「過程」、「效率」、「效能」、「服務傳遞」、「財務績效」等標的。

2. 觀念延伸
   政府績效管理的意涵至少需要滿足以下四類行動者的需求：
   (1) 對民選的行政首長而言，藉由績效管理可以強化對文官系統的政治控制力。
   (2) 對民選的議會代表而言，藉由績效管理可確立民主政體的課責制度。
   (3) 對文官系統內從事革新工作的管理者而言，藉由績效管理可以有效控制行政流程，持續改善生產力和品質，以及提高組織的競爭力。
   (4) 對於一般執行政策的文官成員來說，績效管理具有引導的作用，藉由明確的績效標準和指標，能使其更清楚管理的工作要求和個人的任務重點。

3. 相關試題
   (1) 近年來各國政府都致力於推動績效管理，請分別敘述績效管理之方法、推動之途徑、可能發生之弊病、及可能達成之效益。【93年地特三等-人事行政】
   (2) 何謂績效管理？行政機關實施績效管理可能會面臨那些問題？試請說明之。【94年地特三等】

▶ 參考書目

1. 孫本初編著，《新公共管理》，一品文化，2009年。
2. 林淑馨著，《公共管理》，巨流圖書，2012年。

↘ 測驗題

( ) **1** 有關「行政國」的內涵，下列敘述何者錯誤？ (A)瓦爾多（D.Waldo）提出 (B)現代行政的成長可以成為學術研究的重要課題 (C)強調行政組織在政府部門的重要性 (D)行政部門取代立法部門的功能。

( ) **2** 下列那一項不屬於歐斯朋（D.Osborne）與蓋伯樂（T.Gaebler）所提出「企業型政府」的十項原則？ (A)分權型（decentralized）的政府 (B)任務型（mission-driven）的政府 (C)社區型（community-owned）的政府 (D)全觀型（holistic）的政府。

( ) **3** 關於公營事業民營化理論的主要論述，下列何者錯誤？ (A)公營事業的經營欠缺績效是民營化的原因之一 (B)公營事業民營化後仍應由政府負責營運 (C)民營化是減輕政府財政負擔的手段之一 (D)政府以「領航者」來代替「操槳者」的角色。

( ) **4** 依據我國公務人員行政中立法規定，我國常任文官得以從事下列何種行為？ (A)擔任政治團體發言人 (B)公開連署支持候選人 (C)捐款支持特定候選人 (D)擔任競選辦事處幹部。

( ) **5** 下列何者並非霍桑實驗（Hawthorne Experiment）的理論要點之一？ (A)社會及心理因素是影響工人生產量的重要原因 (B)非正式組織對個人行為具有約束力 (C)面談員工可抒解其緊張與不滿的工作情緒 (D)強調轉換型領導。

( ) **6** 公務人員考績是屬於行政責任確保的那一種途徑？ (A)內部正式途徑 (B)外部正式途徑 (C)內部非正式途徑 (D)外部非正式途徑。

( ) **7** 有關控制幅度之敘述，下列何者最正確？ (A)部屬能力越強，控制幅度可以越小 (B)監督工作的複雜性越高，控制幅度可以越大 (C)監督所費的時間越少，控制幅度可以越大 (D)權責劃分越清楚，控制幅度就可以越小。

( ) **8** 有關傳統管理理論中POSDCORB的意涵，下列敘述何者正確？ (A)這是賽門（H.Simon）向羅斯福總統提出的建議觀點 (B)說明組織領導者該如何關心部屬的八項法則 (C)其內涵較少觸及資料科學的應用 (D)代表著總統應重視的八項管理概念。

( ) **9** 某直轄市政府施政備受媒體批評，中央政府適合採取的法定作為是： (A)監察院得主動調查，提出糾正案 (B)立法院應要求該市長至立院備詢 (C)行政院應依地方制度法將該市長解職 (D)該市所在的地方法院應指派檢察官調查。

( ) **10** 下列何者不是政府組織文化的主要功能？ (A)使組織成員對組織有認同感 (B)協助領導者傳遞組織願景 (C)追求利潤極大化 (D)傳達組織隱含的價值觀給組織成員。

(　) **11** 陳君一心想成為臺北市政府所屬各機關的正式編制職員，他最不宜選擇的管道為何？　(A)參加公務人員特種考試一般警察人員考試　(B)參加公務人員特種考試法務部調查局調查人員考試　(C)參加公務人員高等考試　(D)參加臺北市政府民政局約聘人員的甄選。

(　) **12** 下列何者適用我國中央政府機關總員額法的規定？　(A)公平交易委員會　(B)國家表演藝術中心　(C)國立臺灣大學　(D)台灣電力公司。

(　) **13** 我國現行租稅制度依財政收支劃分法的規定，可分為國稅和地方稅兩大類，下列何者屬於地方稅？　(A)貨物稅　(B)營業稅　(C)地價稅　(D)證券交易稅。

(　) **14** 下列何者並非公庫制度之主要功能？　(A)統一公款管理　(B)庫政之管理　(C)編製年度預算　(D)財物之保管。

(　) **15** 下列何者非屬我國預算執行之彈性設計？　(A)事後審計　(B)預備金　(C)經費流用　(D)預算保留。

(　) **16** 為使激勵措施能發揮功效，在工作設計方面可嘗試進行改變，下列何者相關程度最低？　(A)實施目標管理　(B)實施危機管理　(C)實施工作擴大化　(D)實施工作豐富化。

(　) **17** 有效的組織正式溝通，一般而言是指下列何者？　(A)溝通媒介要多依賴Line群組，因為即時性高　(B)多商請內部各小團體領袖擔任信息發送者　(C)多用專業術語，可以降低溝通過程的噪音　(D)多鼓勵組織內平行單位間的直接溝通。

(　) **18** 轉換型領導理論強調領導者應展現的關鍵行為，不包括下列何者？　(A)關懷與指導同仁　(B)強調運用獎金的激勵技巧　(C)引導團隊成員積極對話激盪創新　(D)激發團隊成員的奉獻動機。

(　) **19** 對於我國災害防救體系之敘述，下列何者正確？　(A)由專責機關統一負責各類災害防救業務　(B)由民間團體主導各類災害防救的工作　(C)國防部為災害防救法的中央主管機關　(D)行政院院長為中央災害防救會報的召集人。

(　) **20** 當個人追求目標的過程遭受阻礙、產生目標衝突時，選擇以壓抑、不表露自我情緒的方式處理，屬於下列那一種類型的衝突反應？　(A)攻擊反應　(B)固著反應　(C)退讓反應　(D)折衷反應。

(　) **21** 關於市場機制的「外部性」之敘述，下列何者正確？　(A)是因為產業的特殊成本結構，導致其他競爭對手難以加入生產行列　(B)是交易雙方的行為對不相干第三者產生預期之外，非價格機能所能傳達的果　(C)外部性指的是無敵對性也無排他性，人人皆可享有的公共服務　(D)外部性指的是由於政府官僚行政效率不彰，所引起的社會成本問題。

( ) **22** 賽門（H.Simon）主張的「有限理性」決策模式，其主要意涵為何？ (A)決策相關資訊有限 (B)法規體系不完備 (C)政治權威受限 (D)自然資源不足。

( ) **23** 有關地方制度法之敘述，下列何者錯誤？ (A)地方自治團體依憲法或本法規定，自為立法並執行者為自治事項 (B)所謂「地方自治團體」係指依本法實施地方自治，具公法人地位之團體 (C)所謂「信託事項」，係指地方自治團體在上級政府指揮監督下，執行交付非屬該團體之事務 (D)省劃分為縣、市；縣劃分為鄉、鎮、縣轄市。

( ) **24** 下列何者不是市場導向的治理模式？ (A)分權與授權 (B)創造競爭機制 (C)引進非政府組織提供公共服務 (D)增加永業化公共組織成員。

( ) **25** 政府之公共建設「由民間投資興建完成後，政府無償取得所有權，並委託該民間機構營運；營運期屆滿後，營運權歸還政府」，指的是下列那一種公私協力模式？ (A)BOO (B)BTO (C)BOT (D)OT。

解答及解析 答案標示為 #者，表官方曾公告更正該題答案。

1 (D)。 瓦爾多（D.Waldo）於1948年出版《行政國：美國行政學的政治理論研究》，首先以行政國（Administrative State）來形容政府職能不斷提升與人民日益依賴現象。時至今日，行政國來臨，並非指立法、司法部門的消失，而是指行政組織與運作特別的重要。

2 (D)。 企業型政府的運作原則涵蓋導航型的政府、社區型的政府、競爭型的政府、分權型的政府、前瞻型的政府、任務型的政府、結果型的政府、顧客型的政府、企業型的政府與市場型的政府。

3 (B)。 公營事業民營化是將公營事業全部或一部移轉民營，政府不再負擔營運。公營事業移轉民營，可發揮市場機能，提升事業經營效率。

4 (C)。 依公務人員行政中立法第5條規定：「公務人員得加入政黨或其他政治團體。但不得兼任政黨或其他政治團體之職務。公務人員不得利用職務上之權力、機會或方法介入黨派紛爭。公務人員不得兼任公職候選人競選辦事處之職務。」同法第9條：「公務人員不得為支持或反對特定之政黨、其他政治團體或公職候選人，從事下列政治活動或行為：
一、動用行政資源編印製、散發、張貼文書、圖畫、其他宣傳品或辦理相關活動。
二、在辦公場所懸掛、張貼、穿戴或標示特定政黨、其他政治團體或公職候選人之旗幟、徽章或服飾。
三、主持集會、發起遊行或領導連署活動。
四、在大眾傳播媒體具銜或具名廣告。但公職候選人之配偶及二親等以內血親、姻親只具名不具銜者，不在此限。
五、對職務相關人員或其職務對象表達指示。
六、公開為公職候選人站台、助講、遊行或拜票。但公職候選人之配偶及二親等以內血親、姻親，不在此限。」

5 (D)。 霍桑實驗（Hawthorne Studies）開取了人群關係學派先河，由梅堯、羅次力斯伯格、懷德海於1927年至1932年應西方電氣公司從事研究。實驗中發現：人格尊重（繼電器裝配試驗）、參與與情緒的發洩（面談計畫）、小團體與小團體之約束（接線板工作室觀察）、社會平衡與士氣。

6 (A)。 公務人員考績目的旨在拔擢優秀人才，並對績效不佳人員予以輔導、訓練，藉由獎勵優秀及輔導表現不佳者之機制，以提升政府績效。是屬於行政責任確保的內部正式確保途徑-行政控制。

7 (C)。 (A)部屬能力越強，控制幅度可以越大。(B)監督工作的複雜性越高，控制幅度可以越小。(D)權責劃分越清楚，控制幅度就可以越大。

8 (C)。 古立克（L.Gulick）與尤偉克（L.Urwick）是布朗婁委員會（Brownlow Committee）的成員向羅斯福總統提出的建議採行行政管理的七項法則。

9 (A)。 某直轄市政府施政備受媒體批評，中央政府比較適合採取的法定作為是監察院得主動調查，如有違法或失職提出糾正案。監察法第24條亦規定，監察院於調查行政院及其所屬各機關之工作及設施後，經各有關委員會之審查及決議，得由監察院提出糾正案，移送行政院或有關部會，促其注意改善。

10 (C)。 政府組織文化是屬於角色取向的組織文化，組織重視合法性與正當性與責任歸屬的價值，一切職務工作與權責範圍皆有明文規定，並予以嚴格執行。並非追求利潤極大化。

11 (#)。 (B)調查局隸屬法務部，是中央三級機關，所以調查局是隸屬中央，就算被分發到各地的調查處或調查站，這些也都是附屬在調查局，不是地方自治團體下的機關（構），所以調查人員是隸屬中央政府。

(D)參加臺北市政府民政局約聘人員的甄選，屬於臨時人員，並無法成為臺北市政府所屬各機關的正式編制職員。

依考選部公告，本題答(B)或(D)均給分。

12 (A)。 中央政府機關總員額法第2條規定：「本法適用於一級機關及所屬各級機關。前項所稱一級機關如下：一、行政院。二、立法院。三、司法院。四、考試院。五、監察院。一級機關所屬之各級機關，依其層級，稱為二級機關、三級機關、四級機關。本法於總統府及國家安全會議準用之。」

13 (C)。 我國現行租稅制度劃分，主要根據財政收支劃分法，可分為國稅與地方稅。

國稅	地方稅
礦區稅、所得稅、菸酒稅、關稅、遺產稅、贈與稅、貨物稅、證券交易稅、營業稅、期貨交易稅	印花稅、使用牌照稅、地價稅、房屋稅、田賦、土地增值稅、契稅、娛樂稅

14 (C)。 公庫制度之主要功能
(1)統籌公款調度：使公庫能作適時適事的支應，以滿足財政的需要。
(2)統一公款管理：使公款由專設機關經管，避免各自為政。
(3)溝通財政與金融關係。
編製年度預算是預算制度之主要功能。

15 (A)。 事後審計係指機關執行預算後所行之審查，其目的在稽查既往，使管理收支者之所戒惕，不敢違法。

16 (B)。 有效激勵的方法在工作設計方面，可實施無缺點計畫、目標管理、工作擴大化、工作豐富化、彈性工作時間制。

17 (D)。 正式溝通是指組織官方活動所形成的訊息分享，又可分為：上行溝通、平行溝通、下行溝通與斜行溝通。而有效溝通的方法包括：使用簡單扼要可理解的語言或文字、能設身處地為對方著想、有效的傾聽、鼓勵反饋、敏於感知部屬心境、避免壞的聽訊習慣、保持自己的信譽。

18 (B)。 轉換型領導是一種領導者與部屬之間相互影響關係的演進過程，透過此一歷程領導者與部屬的工作動機與合作道德得以提昇，藉由人際互動得以促進組織社會系統的改變與組織體制的變革。其構成要素包括：個別關懷、動機啟發與精神感召、才智的激發、相互的影響關係。

19 (D)。 (A)目前並無專責機關統一負責，分散在中央與地方。(B)由政府主導各類災害防救的工作。(C)主管機關：在中央為內政部；在直轄市為直轄市政府；在縣（市）為縣（市）政府。

20 (C)。 退讓反應：面對挫折的人或事採取消極的態度，如退化，即回復原始的反應傾向，表現出一種欠缺成熟的幼稚行為；或情緒孤立，即受挫折後不表露自我情感，而將其壓抑於內心，久而久之則易造成情緒上冷漠。

21 (B)。 外部性是指市場交易的結果（成本或利潤）對非交易的第三者所造成的影響（由第三者負擔或享受）。

22 (A)。 賽門（H.Simon）反對「經濟人」的觀點，認為人是「行政人」，而行政人只追求「滿意的」或「足夠好的」決策。有限理性的假設是：(1)時間及資源有限；(2)決策相關資訊有限；(3)追求滿意解。

23 (C)。 所謂「委辦事項」，係指地方自治團體依法律、上級法規或規章規定，在上級政府指揮監督下，執行上級政府交付辦理之非屬該團體事務，而負其行政執行責任之事項。

24 (D)。 強調公共組織上應具有的企業家精神。

25 (B)。 (A)BOO（Build興建Operation營運Own擁有）：配合國家政策，民間機構自備土地及資金興建營運，並擁有所有權，業者可享減免稅及優惠融資等好處，相對要提供回饋條件。(C)BOT（Build興建Operation營運Transfer移轉）：政府提供土地，由民間機構投資興建並營運，營運期滿，再將該建設所有權移轉給政府。(D)OT（Operation營運Transfer移轉）：政府投資興建完成，委由民間機構營運，營運期滿，營運權歸還政府。

Note

110年　普考

(　) **1** 相較於私人企業，行政機關的制度特性之一是強調「層級節制」，下列何者最有可能是此一制度設計的考量因素？　(A)降低對於人民權利的傷害性　(B)提高組織任務分工的明確性　(C)減少政治與行政間的衝突性　(D)增加行政人員執法的合法性。

(　) **2** 下列何者是從新公共管理的觀點來看行政？　(A)行政的主要價值觀為社會公平　(B)決策制定採漸進主義　(C)組織的結構主義　(D)市場取向的預算制度。

(　) **3** 有關行政學相關理論之敘述，下列何者錯誤？　(A)邏輯實證論反對價值中立　(B)後邏輯實證論強調社會公平正義價值　(C)系統理論強調環境對組織的影響　(D)新公共服務認為公部門的課責並不容易。

(　) **4** 有關新公共管理與新公共服務論述之比較，下列何者正確？　(A)前者服務對象是公民，後者服務對象是顧客　(B)前者奠基於民主理論，後者則植基於經濟理論　(C)前者強調政府作為導航者，後者強調政府作為提供服務者　(D)前者主張多面向途徑，後者主張以市場導向途徑為主。

(　) **5** 自1980年代之後，「政府」（government）和「治理」（governance）這二個概念區隔日益明顯，有關兩者的比較，下列何者錯誤？　(A)治理的範圍比政府更為廣泛　(B)治理的形式比政府更為多元　(C)治理的權威比政府更為分散　(D)治理的網絡比政府更為穩定。

(　) **6** 關於黑堡宣言（Blacksburg Manifesto）之相關敘述，下列何者錯誤？　(A)黑堡學者重視憲法的價值　(B)強調公共行政的主體性，反對小而美政府　(C)提出能動觀點（agency perspective），強調執行政策時應切割社會行動與社會結構途徑　(D)公共行政必須在政治系統中運作，政治與行政是不能分立的。

(　) **7** 我國公務員服務法所規定的「旋轉門條款」和下列何者最沒有關係？　(A)公共安全　(B)行政倫理　(C)廉能法治　(D)利益迴避。

(　) **8** 下列何者偏向消極性行政倫理作為？　(A)善盡忠實義務　(B)主動檢舉機關內部不法　(C)非依法不得兼職　(D)超越個人政治理念公正執法。

(　) **9** 依據政治獻金法的規定，下列何者不得收受政治獻金？　(A)政黨　(B)政治團體　(C)擬參選人　(D)當選人。

(　) **10** 在行政責任確保的分析途徑上，「專業規範」屬於那種確保途徑？　(A)內部正式　(B)外部正式　(C)內部非正式　(D)外部非正式。

( ) **11** 依公務人員行政中立法規定，長官不得要求公務人員從事行政中立法所禁止之行為，當長官違反前述規定時，公務人員得： (A)要求長官命令用書面為之 (B)向組織再上一級機關的政風單位舉報 (C)向監察院檢舉 (D)向行政院人事行政總處告發。

( ) **12** 行政組織一旦走向「扁平化」，意謂著： (A)層級變多、控制幅度變小、編制員額數變少 (B)層級變多、控制幅度變小、編制員額數未必會產生改變 (C)層級變少、控制幅度變大、編制員額數變少 (D)層級變少、控制幅度變大、編制員額數未必會產生改變。

( ) **13** 下列何者為功能型組織結構的主要優點？ (A)可利用槓桿原理以小搏大 (B)組織可同時關注兩個以上的重要面向 (C)聚焦於特定的產品或服務 (D)同樣專業者比較容易溝通，易於形成凝聚力。

( ) **14** 組織可以有自發性的協調途徑，下列何者屬之？ (A)非正式組織的互動 (B)國會聯絡人 (C)績效控管系統 (D)1999市民當家熱線。

( ) **15** 針對佛洛姆（V.Vroom）的「期望理論」之敘述，下列何者錯誤？ (A)期望（expectancy）指員工對其努力會導致績效（工作表現）的認知機率 (B)屬於激勵理論中的過程理論（process theory） (C)符合主管心理價值的作為，就能發揮激勵作用 (D)應該綜合衡量工作的正面與負面價值。

( ) **16** 下列針對佩里（J.Perry）與衛斯（L.Wise）所提的公共服務動機之敘述，何者錯誤？ (A)深受文化和制度的影響 (B)是依內建於心中的服務取向，只有到公部門才能實現 (C)公共服務動機較高的人追求內在報酬，而非外在的利益誘因 (D)是一種內在的誘因或激勵感。

( ) **17** 有關「目標與關鍵結果」（Objectives and Key Results）管理法之敘述，下列何者錯誤？ (A)強調員工自主性達成關鍵成果 (B)關鍵結果界定目標達成的標準及「如何」達成 (C)個人目標係由上而下設定 (D)核心理念之一是在於衡量進度。

( ) **18** 依中央行政機關組織基準法之規定，下列機關何者之設置以命令定之即可？ (A)二級機關 (B)三級機關 (C)四級機關 (D)五級機關。

( ) **19** 下列何種人事管理活動可視為訓練，最有助於組織員工獲得刺激，使其具備更多元的工作經驗？ (A)職務輪調 (B)旋轉門條款 (C)集體談判 (D)模範公務人員選拔。

( ) **20** 行政組織採取「功能性分權」會有什麼主要優點？ (A)改善各單位本位主義 (B)加強各單位間合作 (C)強化各機關的專業與分工 (D)增加組織間的非正式溝通。

( ) **21** 依據我國公務人員考績法的規定，下列敘述何者正確？ (A)採用360度評估 (B)分個人考績和團體考核 (C)考績結果應送功績委員會審定 (D)平時考核就其工作、操行、學識、才能行之。

（　）**22** 工作豐富化（job enrichment）的工作設計出現，主要是受到下列那一個理論所啟發？　(A)公平理論　(B)增強理論　(C)激勵保健理論　(D)期望理論。

（　）**23** 依公務人員任用法之規定，擔任公務人員者應符合特定資格，下列何者不包括其中？　(A)考試及格　(B)銓敘合格　(C)檢定合格　(D)升等合格。

（　）**24** 關於非典型人力的運用，下列敘述何者正確？　(A)工作場所的分散性與多樣性　(B)受僱者的未來發展與雇主緊密結合　(C)雇主願意對人力進行投資　(D)受僱者的技能依賴雇主培養。

（　）**25** 依據「使用牌照稅法」規定，專供已立案之社會福利團體和機構使用的某些交通工具，免徵使用牌照稅。此一規定運用那一項財政工具？　(A)補助支出　(B)稅式支出　(C)移轉性支付　(D)特別預算。

（　）**26** 與所得稅相比，規費的收取通常更符合下列那一項原則？　(A)受益原則　(B)能力原則　(C)強制原則　(D)功績原則。

（　）**27** 行政院應編製「綠色國民所得帳」報告並於政府網站公開，有關「綠色國民所得帳」之敘述，下列何者錯誤？　(A)國際通稱「環境與經濟帳」　(B)一般來說高於國富淨額　(C)考量自然資源折耗　(D)表達政府所運用資源之規模及範圍。

（　）**28** 政府預算籌編時，如遇歲入、歲出出現差短，依預算法之規定，可用三種財源撥補之，不包括下列何者？　(A)公債　(B)增稅　(C)賒借　(D)以前年度歲計賸餘。

（　）**29** 關於立法機關審議預算，下列何者不是主要的影響力來源？　(A)專業能力　(B)審議期程　(C)職權範圍　(D)議員學歷。

（　）**30** 有關要徑法（critical path method）之敘述，下列何者錯誤？　(A)屬於時程管理的工具　(B)目的是辨識利害關係人　(C)要徑所需的總時間最長　(D)位於要徑上的活動，若延遲將會拖延專案完成期限。

（　）**31** 有關我國追加預算與特別預算之規定，下列何者正確？　(A)依法律增設新機關時，得提出特別預算　(B)所辦事業因重大事故經費超過法定預算時，得提出特別預算　(C)當遇有不定期或數年一次之重大政事，得請求提出追加歲出預算　(D)依法律增加業務或事業致增加經費時，得請求提出追加歲出預算。

（　）**32** 「為振興經濟，因應國內外新產業、新技術及新生活趨勢，推動促進轉型之國家前瞻基礎建設。」前述最符合策略管理中的何種要素？　(A)願景（vision）　(B)組織文化（organizational culture）　(C)平衡計分卡（balanced scorecard）　(D)賦權授能（empowerment）。

( ) **33** 某地方政府人事處負責培育訓練的科長打電話給社會局的科長，瞭解他們的訓練需求，以作為制定訓練課程的參考，此屬何種組織溝通類型？ (A)向上溝通 (B)向下溝通 (C)橫向溝通 (D)斜向溝通。

( ) **34** 下列何者非屬轉換型領導者的領導方式？ (A)提供追隨者願景與方向，注入自信 (B)監督部屬，有任何偏離標準的行為時予以糾正，並貫徹執行規定 (C)肯定每位追隨者的個別差異，並鼓勵他們發展各自的潛能 (D)激發追隨者以創新的方式來解決問題，讓追隨者受到智力上的啟迪。

( ) **35** 下列何者主張管理者可透過獎勵或懲罰的手段，對成員的行為進行定向控制或改變，以激發、維持或停止成員的某些行為，從而提升組織績效？ (A)漸進理論 (B)新公共行政理論 (C)效用理論 (D)增強理論。

( ) **36** 政府在面對重大的公衛與公安事件時，身為領導者，下列何者是不正確的處理方式？ (A)保持冷靜與專注 (B)開誠佈公，破除謠言 (C)設法將輿論焦點轉移至其他事件上 (D)溝通危機過後的重建願景。

( ) **37** 在電子治理下，下列何者最有助於資料和資料網絡的維護及安全？ (A)開放及自由（openness and liberty） (B)驗證及授權（authentication and authorization） (C)請願及回應（petition and response） (D)創新及變革（innovation and change）。

( ) **38** 為了確保正確而即時的資料可得性，以利知識管理系統的登錄與使用，下列何者是必須防範的問題？ (A)有限理性（bounded rationality） (B)戴明循環（Deming wheel） (C)不希罕效應（BOHICA effect） (D)垃圾進，垃圾出（garbage in，garbage out）。

( ) **39** 當資源分配出現「損人不利己」的情況時，我們稱這種情況為何？ (A)非零和賽局（non-zero-sum game） (B)雙贏賽局（win-win game） (C)巴瑞圖較劣（Pareto inferior） (D)巴瑞圖改善（Pareto improvement）。

( ) **40** 採用垃圾桶決策途徑的組織不具有下列何種特質？ (A)條件允許下的意圖理性 (B)政策偏好存有爭議 (C)有高度流動的參與者 (D)解決問題的方法與技術不明確。

( ) **41** 有關政策分析者所應注重的主要面向，下列何者不屬之？ (A)強調科際整合 (B)主張應用取向 (C)掌握情境絡脈 (D)以市場價值為依歸。

( ) **42** 有關政策評估之敘述，下列何者正確？ (A)一般認為影響（impact）評估比產出（output）評估更為重要 (B)僅能對已執行完畢的政策進行評估 (C)結果評估乃在政策規劃階段對各替選方案的預期結果進行之評估 (D)在政策評估的標準中，回應性乃指政策執行後決算符合預算達成率之回應程度。

（　）**43** 下列何者是資通訊科技興起成熟後，才得以發展的政府蒐集民意方法？ (A)民意調查　(B)公民投票　(C)網路輿情分析　(D)公民咖啡館。

（　）**44** 從治理的理論觀點，「自我組織的網絡」（self-organizing network）的治理結構中，網絡成員之間是以何者為其最主要運作機制？　(A)分權制衡關係　(B)代理關係　(C)法規制度與命令　(D)信賴與相互調適。

（　）**45** 下列何者由直轄市市長自行依職權任免？　(A)主計處處長　(B)警察局局長　(C)政風處處長　(D)交通局局長。

（　）**46** 社會企業是何種組織型態的混合形式？　(A)政府部門、企業部門　(B)企業部門、非營利部門　(C)政府部門、非營利部門　(D)政府部門、企業部門、非營利部門。

（　）**47** 學者們因強調非營利組織的不同特性而提出不同的名稱，這些名稱不包括下列何者？　(A)志願部門　(B)免稅部門　(C)獨立部門　(D)營利部門。

（　）**48** 在下列公私協力夥伴關係中，那一項私部門參與的程度最高？　(A)公營事業分權化　(B)行政機關公司化　(C)經營特許權　(D)工程合約。

（　）**49** 在新公共管理運動下的公共治理，不會強調下列那一點？　(A)豁免政策試驗的行政程序　(B)重視施政成果的展現　(C)鼓勵公私夥伴關係　(D)將權力移轉至中央層級。

（　）**50** 有關河川流域環境保育所進行的跨域治理之敘述，下列何者錯誤？　(A)法制化程度單一，應採特定方式推行　(B)涉及專業與政治二者之平衡　(C)須以民意為基礎，應讓人民進行決策　(D)應擴大參與，盡量引進民間社會資源。

解答及解析　答案標示為 #者，表官方曾公告更正該題答案。

1 (B)。　垂直分化又稱層級化或階層化，以層級節制體系為代表，乃依功能相似但地位不同而劃分的層級。縱向分層標準為權力的大小、責任的程度及所管轄監督部屬數目等。

2 (D)。　新公共管理在基本觀念上方面，屬於新右派思想，亦即強調：政府應該以減少其對社會及市場的干預，讓市場機制得以充分發揮，而且認為政府必須重視產出的效能性，以滿足顧客的心態來滿足民眾的需求。

3 (A)。　新公共行政主要觀點採用後邏輯實證論，反對實證邏輯論的價值中立，主張單純的資料蒐集與統計分析之事實研究是不夠的，社會科學家應根據本身專業知識從事價值判斷，並強調「社會公道」與「社會正義」的重要性。

4 (C)。　(A)(B)(D)。新公共服務服務對象是公民，奠基於民主理論，主張多面向途徑。

5 (D)。　治理的網絡比政府更為動態。

6 (C)。　著重個體與社會結構互動的施為觀點，意在強調個人採取各種作為的能動性和創造力，而非純粹被動地受制於社會結構。換言之，1980年代末期發表的的〈黑堡宣言〉一文所主張的施為觀點（agency perspective），界定個體與社會結構之間是一種互動的關係。（許立一，〈從形式參與邁向實質參與的公共治理：哲學與理論的分析〉，《行政暨政策學報》，52（臺北，2011.06），頁39-86。）

7 (A)。 公務員服務法第16條，規定公務員於其離職後三年內，不得擔任與其離職前五年內之職務直接相關之營利事業董事、監察人、經理、執行業務之股東或顧問，即所謂之「旋轉門條款」（revolving door）。並增訂該法第24條的刑事罰規定：離職公務員違反本法第16條者，處兩年以下有期徒刑，得併科新台幣100萬元以下罰金。犯前項之罪者，所得之利益沒收之。如全部或一部不能沒收時，追徵其價額。此項立法旨在防止公務員與營利事業間形成利益輸送網路，強化我國公務員之行政倫理、廉能法治與服務規範。

8 (C)。 焦點多在探討如何防杜公務員貪污、賄賂、濫權、瀆職、竊盜詐欺等行為。由於這些不倫理作為通常會透過法予以明文規範，故防杜不倫理作為只在使行政人員合乎基本的法律規定或組織規範，而不易使其有進一步正面積極的思考或作為，故又稱之為「消極性的倫理作為」。

9 (D)。 依政治獻金法第5條規定：「得收受政治獻金者，以政黨、政治團體及擬參選人為限。」

10 (C)。 吉伯特（C.Gilbert）1959年在《政治期刊》發表「行政責任分析架構」，以二個構面：正式/非正式及內部/外部，構築四種達成行政責任的確保途徑：
(1)內部正式確保途徑：A.行政控制。B.調查委員會。C.人事、主計、政風之雙重隸屬監督體制。
(2)外部正式確保途徑：A.議會控制。B.司法控制。C.行政監察員。D.選舉。
(3)外部非正式確保途徑：A.公民參與。B.傳播媒體。C.資訊自由。
(4)內部非正式確保途徑：A.代表科層體制。B.專業倫理。C.弊端揭發。

11 (C)。 依公務人員行政中立法第14條規定：「長官不得要求公務人員從事本法禁止之行為。長官違反前項規定者，公務人員得檢具相關事證向該長官之上級長官提出報告，並由上級長官依法處理；未依法處理者，以失職論，公務人員並得向監察院檢舉。」

12 (D)。 扁平化組織（Flat organization）是透過減少管理層次、壓縮職能部門或裁減人員，使企業的決策層和作業層之間的中間管理層級儘可能減少。行政組織一旦走向「扁平化」，就意謂著：層級變少、控制幅度變大、編制員額數有可能變少，但未必會產生改變。

13 (D)。 功能型組織結構係將相同或相似的活動，歸類形成一個部門或組織，為最常用、最基本的分部化形式。其主要優點：(1)符合專業分工原則。(2)容易使事權劃一，責任明確。(3)經營更合乎經濟原則。(4)合乎邏輯常為人所沿用。

14 (A)。 強制性的協調途徑包括：組織績效控制系統、行動規劃系統、聯絡人的特殊職務安排（聯絡人機制）。非正式組織乃是相對於正式組織而言，是指所有非經正式設計而自發地形成的參與者的互動關係，其成員可以有自發性的協調途徑。

15 (C)。 佛洛姆（V.Vroom）的「期望理論」認為員工在決定從事某種行為之前，必先評估各種行為策略，如果某個策略是其相信可獲取報酬的策略，而此項策略又是他所期望的，那麼他就會選擇該項行為策略。

16 (B)。 佩里（J.Perry）與衛斯（L.Wise）所提的公共服務動機特徵：
(1)公共服務動機深受文化和制度的影響，因為動機是在個人社會化的過程中逐漸形成的。
(2)公共服務動機是個人從事公共服務的動機，它是一內建於心中的服務取向，因此一個人並非只有進入公共部門才能從事公共服務。
(3)公共服務動機是一種內在的誘因或激勵感，此動機較高的人追求的是內在報酬而非外在的利益誘因。

17 (C)。 目標與關鍵結果（Objectives and Key Results，簡稱OKR）的管理方法，是由目標管理（MBO）理論演變而來。安迪·葛洛夫在（Andy Grove）1990年代擔任英特爾執行長，改良目標管理的模型，提出OKR理論，並由杜爾（J.Doerr）把該體系引進Google。「O」是指目標（objectives）、「KR」則是關鍵結果（key results），它是一項溝通工具，幫助所有人了解最新目標是什麼，由團隊討論出一個周期內定向的大目標，用來告訴大家「我們現在要做什麼？」接著擬定2～4個定量的關鍵結果，輔助成員了解「如何達成目標的要求」。OKR的初衷是企業由下而上，討論出真正要做的事，當所有人都有共識，就能把精力聚焦在最重要的任務上，集中注意力、做好時間的主人，便能使工作更順遂。（盧廷羲，〈什麼是OKR？跟KPI差在哪？一次讀懂Google、Linkedin都在用的OKR目標管理法〉，《經理人，2019年9月》）

18 (C)。 依中央行政機關組織基準法第4條規定：「下列機關之組織以法律定之，其餘機關之組織以命令定之：
一、一級機關、二級機關及三級機關。
二、獨立機關。前項以命令設立之機關，其設立、調整及裁撤，於命令發布時，應即送立法院。」所以，四級機關之設置以命令定。

19 (A)。 職務輪調（Job Rotation）是組織定期、非定期的部門、跨部門的人員平行調動，是解決工作重複性過高的方案。職務輪調在人事管理活動可視為在職訓練的一環，可讓員工具備更多元的工作經驗。

20 (C)。 行政組織採取「功能性分權」是將向某功能部門授予某一方面的全部權力，該部門可以直接行使直線指揮人員的權力，向下線直線人員下達命令，其效力和上級主管相同。功能性分權可強化各機關的專業與分工。

21 (D)。 (A)按照學理，我國現行公務人員考績的評分方法，屬於因素評分法。(B)採個人考績考核。(C)考績結果由各主管機關送銓敘部銓敘審定。

22 (C)。 赫茲伯格（F.Herzberg）在1950年代後期提出「激勵保健理論」，影響1960年代之後的工作設計，尤其是工作豐富化（Job Enrichment）。

23 (C)。 依公務人員任用法第9條第1項規定：「公務人員之任用，應具有左列資格之一：一、依法考試及格。二、依法銓敘合格。三、依法升等合格。」

24 (A)。 「非典型人力」是指「部分時間、臨時性或人力派遣工作者」，依此定義政府機關的非典型人力，包含部分工時人員（例如工讀生、實習生）、臨時人員、派遣人員及承攬人員。政策背景源自於1980年以來，考量人事成本支出比例偏高，稅收逐年減少，以及官僚組織過於僵化等因素。2002年依據「政府人力運用彈性化方案」揭示擴大契約進用人力制度，凡與公權力行使無涉之職務，不再進用考試及格人員，而改以契約進用方式獲取人力。

25 (B)。 「稅式支出」，係指稅法或其他法令針對特定個人、團體或事項給予之租稅減免，一經立法通過，則造成稅基之侵蝕與稅收之損失。

26 (A)。 行政規費泛指民眾向政府申請、洽辦某些是事物時，政府向民眾收取的一切行政所需費用。如辦護照時所繳交規費、汽機車換發行車執照規費等。行政規費與所得稅相比，規費的收取通常更符合受益原則。

27 (B)。 綠色國民所得帳一般稱為「環境帳」，亦可稱「資源帳」或「環境與經濟帳」，主要用以觀察在發展經濟時，自然環境及資源的耗損情況。可表達政府所運用資源之規模及範圍。「國富毛額」為一國於某特定時點全國各經濟部門（全體國民）所持有之「實物資產」與「國外資產淨額」等可評價資產總值。「國富淨額」即國富毛額扣除折舊（即房屋建築、機械設備、運輸工具及智慧財產等資產於生產過程中，隨著時間

發生的耗損）後之資產現值，也就是考量各項資產使用的程度（年限），編算扣除使用損耗後資產的剩餘價值。一般來說綠色國民所得帳低於國富淨額。

28 (B)。 預算法第6條規定：「稱歲入者，謂一個會計年度之一切收入。但不包括債務之舉借及以前年度歲計賸餘之移用。稱歲出者，謂一個會計年度之一切支出。但不包括債務之償還。歲入、歲出之差短，以公債、賒借或以前年度歲計賸餘撥補之。」

29 (D)。 立法機關審議預算，主要的影響力來源：專業能力、審議期程、職權範圍、壓力團體遊說、黨派利益折衷平衡等。

30 (B)。 要徑法（Critical Path Method，縮寫成CPM）是於1957年由美國杜邦公司所發展，目的在於運用網路圖管理技術，對專案做充分的籌畫，屬於時程管理的工具。要徑所需的總時間最長，位於要徑上的活動，若延遲將會拖延專案完成期限。

31 (D)。 (A)依法律增設新機關時，得提出追加預算。(B)所辦事業因重大事故經費超過法定預算時，得提出追加預算。(C)當遇有不定期或數年一次之重大政事，得請求提出特別預算。

32 (A)。 組織的願景具有四個特徵：(1)廣泛的可追求的目標；(2)這是組織真正想要達成的期望；(3)組織成員的情感訴求，想像力發揮；(4)具有崇高的、理想主義或浪漫主義的精神。

33 (C)。 又稱「平行溝通」，是指組織中同一層級的人員或部門間的溝通，及業務與幕僚間的溝通。

34 (B)。 轉換領導的的特質：
(1)創造前瞻遠見：領導者能創造組織前瞻之願景，藉以凝聚內部向心力與信任感，使人員的努力有了可以期待的目標。
(2)啟發自覺意識：領導者能夠洞察人員不同的長處與潛能，循循善誘加以啟發，使部屬可以從授權的過程中得到自我發展。
(3)掌握人性需求：領導者必須能瞭解人員需求的個別差異問題，給予適當回應。
(4)鼓舞學習動機：領導者本身不但有渴求新知的強烈學習慾望外，還要能培養部屬不斷學習新知的習慣。
(5)樹立個人價值：領導者必須樹立誠實、信用、正義等價值信念，以作為人員奉行的依據。
(6)樂在工作：領導者要求部屬全力投入工作，本身也須展現對工作的高度熱情，並將此份熱情加以擴散。

35 (D)。 增強理論是一種行為修正途徑，刺激反應模型所發展出來制約行為，有四個基本類型：「正向增強、懲罰、負向增強、消滅。」並認為：「一項行為的發生，若能帶來正面後果，則其重複出現的機率甚高；若行為會導致負面後果，則不易重複出現。」

36 (C)。 應直接針對問題，誠實才是最好的政策。

37 (B)。 驗證（authentication）係識別資訊使用者的身分，可記錄資訊被誰所存取使用，例如：透過密碼或憑證方式驗證使用者身分。授權（authorization）係依照實際需求給予實體適當的權限，一般建議採最小權限，意即僅給予實際作業所需要的權限，避免過度授權可能造成的資訊暴露或洩漏。驗證及授權有助於資料和資料網絡的維護及安全。

38 (D)。 垃圾進，垃圾出（Garbage in, garbage out，縮寫：GIGO），或譯為廢料進，廢品出，是電腦科學與資訊通信技術領域的一句習語，說明了如果將錯誤的、無意義的資料輸入電腦系統，電腦自然也一定會輸出錯誤、無意義的結果。同樣的原則在電腦外的其他領域也有體現。

39 (C)。 經濟學強調效率，特別是資源分配的效率。若沒有任何人的效用或利益受到損失，資源分配獲得最佳效率，此一狀況稱為「巴瑞圖（Pareto）效率」。政府政策從現狀挪

移到新政策的正當性是應該要滿足：「至少可以讓一個人獲得利益，但是不會傷害到其他任何人」，稱為「巴瑞圖改善（Pareto improvement）」。當找不到任何一個政策可以繼續產生巴瑞圖改進時，最終端的這一項政策稱之為「巴瑞圖最適」（Pareto optimality）；但當資源分配出現「損人不利己」的情況時，就會出現「巴瑞圖較劣（Pareto inferior）」。

40 (A)。 認為組織決策過程，通常無法如理性決策途徑所言，確定情境下運作。通常並非經思考計算後結果，實際上是決策者在決策過程中不經意碰到。

41 (D)。 政策分析以問題取向，以解決社會問題為學科發展的目標，且由於政策分析家面對的是複雜的多面向問題，故無法以單一學科的角度加以定位，須整合各種學科的知識和人才才可解決。梅斯納（Meltsner）認為，政策分析家應具有二種特性：一是必須具備知識性的分析能力，另一是必須具備政治上的技巧。其所應注重的主要面向，強調科際整合、主張應用取向、掌握情境系絡、須以決策者（顧客）為取向。

42 (A)。 (B)政策評估種類可分為預評估、過程評估與結果評估。(C)指對政策執行後結果加以評估的意思，結果評估包括產出評估與影響評估兩種。(D)回應性乃指政策執行結果滿足標的人口需求、偏好或價值的程度。

43 (C)。 因為網路的普及與儲存設備價格大幅降低，民眾的網路可近性越來越高，對於公共政策的意見也願意分享至社群媒體中，網路民眾（netizen）在網路社群中的發言、態度與意見偏好也在特定的頻道中發酵與散佈，因此網路社群對於公共政策過程影響越來越大。了解不同政策領域的民意結構（public opinion）的方法，除了傳統民調方法外，網路輿情分析也被視為是新的途徑之一。（國發會《Web 2.0時代的民意探勘：政府部門網路輿情分析的概念與實務》）

44 (D)。 羅迪斯將「治理」界定為「自我管理的、組織間的網絡」（self-organizing networks），他認為網絡為政府、市場結構之外另一種新的治理型態，並指出此種治理概念具有多元行動者之間的信賴與相互依賴調適，包括公部門、私部門以及志願部門等。

45 (D)。 直轄市副市長、一級機關首長（人事、主計、警政、政風除外）；副縣市長，亦為政務官，由市長自行依職權任免。

46 (B)。 社會企業（Social Enterprise）在全球已蔚為風潮，強調設計出一套可財務自主的營運手段並解決社會問題的企業。是一種追求三重盈餘-經濟、環境與社會且永續經營的新商業模式。一般相信，社會企業的起源是來自NPO、NGO等的事業部門，可以說是企業與非營利部門的混合形式。

47 (D)。 近年來為彌補政府部門與民間企業在社會功能上提供之不足，遂有「第三部門」，亦即非營利組織（non-profit organization）之產生。究其本身之內涵可知，非營利組織是一以提供公共財的民間組織，其運作原則上不受政府非法干涉，組織成員大多是志願奉獻大眾的。若進一步來界定其概念，則必須加以釐清其與慈善部門、獨立部門、志願部門、非政府組織與免稅部門之差異。（丘昌泰，《公共管理》，2010，頁466-467）

48 (C)。 特許權係指特許經營某種行業，使用某種方法，技術或名稱，或在某特定地區經營事業等的權利。經營特許權相較於其他選項在公私協力夥伴關係中是私部門參與公共服務的程度最高。

49 (D)。 將權力移轉至地方層級。

50 (A)。 法制化程度多元，因涉及多項法規，應採不特定方式進行。

110年 地特三等

☑ 申論題

一、民主國家普遍重視政府運作的行政中立，請說明為何必須重視行政中立的落實？並試分析可以透過何種方式實踐行政中立？

▶ **破題分析**：行政中立與倫理是近年來國考來關注的議題，本題屬基本題型，教科書中多所論述，也是考古題，如有準備應不難作答。

答：民主國家發展經驗大致上可分兩方面，一方面是要有成熟的政黨政治，另一方面則需要有健全的文官制度。而所謂「政府雖然會換，但行政繼續存在」，此種精神就是建立在常任文官中立基礎上。

所謂行政中立是指政府機關中的公務人員在推動各項政策及行政活動的過程中，應保持中立立場，並遵循依法行政、人民至上、專業倫理三項原則，不受政黨、派系、民意代表、利益團體、上司等之操縱、支配與關說的影響。

(一) 重視行政中立的理由

1. 履行公眾信託：公務人員係為公眾之信託者，亦為全體國民之服務者，其執行公務之目的在增進全體國民之幸福，故其地位應當超然中立，不能有所偏頗。

2. 穩定行政體系：國家行政需要持續性，無論執政者如何變動，國家活動或政府行政都不能一日終止，否則國家之基礎將發生動搖，人民之生活及社會之秩序將難以維持。

3. 避免公器私用：公務人員為執行其職務因而行使公權力的關係，所以有特殊的地位，機會及權力，如其偏袒或圖利某一政黨、派系將對於全體國民或社會造成傷害。

4. 維持社會公平：由於社會之開放、利益多元化以及各種勢力並存的情況下，為使行政系統能保持公平正義原則，則須先使行政中立化，避免強勢利益團體影響，保障弱勢群體權益。

5. 防止政黨分贓：為避免文官系統發生權貴瞻徇及政黨分贓弊端的發生，必須使行政中立，尤其當政黨政治出現之後，更需要行政中立，方有可能在「憲政的規範下執行人事政策」。

(二) 實踐行政中立途徑

1. 觀念方面

全面建立行政中立的政治文化：

(1)使公務人員體認行政中立的重要性。

(2)實施行政中立的教育訓練。

(3)要求政府機關確實遵守法令。

(4)應劃清「國家」、「政府」、「政黨」。

2. 制度方面

積極建立中立法制等具體措施：

(1)建立一套完整行政中立法制體系。

(2)簡併改善現行任用制度。

(3)制訂政務人員法。

(4)配合修訂相關法令。

(5)確實實踐行政程序法。

(6)政治倫理與行政倫理的落實。

3. 執行方面

應確實遵守行政中立，勿流於形式，因此必需做到：

(1)機關首長應以身作則，遵守行政中立外，並要求部屬堅守行政中立。

(2)與行政中立有關的機關，應當強化管制與監督行政中立的工作。

(3)朝野政黨應確實遵守文官制度。

（也可用「推動我國行政中立之四大途徑」來作答）

▶ 觀念強化

1. 名詞解釋

(1) 行政中立：是指公務員執行政府政策、處理行政事務時，應秉持的態度與立場，較偏重於面對民眾處理行政事務時的中立性，而並不一定會涉及政黨色彩與黨派的干預。

(2) 政治中立：在透過對特定政治行為之限制，促使公務人員秉持中立，以確保處理公共事務的公平性。

2. 觀念延伸

我國推動行政中立的障礙：

(1) 傳統政治文化及社會理念不利於行政中立：我國長期在君主專制及威權政體下，缺乏行政中立的價值觀與需要感。

(2) 不合行政中立的政治結構：長期以來，執政黨為便於以黨領政，或維護黨的利益，黨政關係密切，致使國家、政府、政黨混為一體。

(3) 政務官與事務官關係不明確：政務官與事務官之角色混淆不清，甚至是相互轉換，破壞文官制度。

(4) 地方行政受派系或政黨左右：地方行政首長常會受其政黨屬性，或地方派系、財團的影響。

(5) 相關法制欠完備或規範不明：相關法規尚欠完整周延，如「公務人員基準法」、「政務人員法」或規範不明等。

3. 相關試題

民主國家為何推動「行政中立」？我國之行政中立法制化任務，達成了那些重要成果，另尚待努力者，又有那些？試申論之。【105原民三等】

▶ **參考書目**

1. 吳定等人（2007），《行政學上》，台北：國立空大。
2. 蕭武桐（2002），《公務倫理》，台北：智勝文化。

二、民主國家的政府常被民眾詬病績效不彰，請說明可能的原因為何？並試分析可以藉由何種「政府再造」的運作原則加以改進？

▶ **破題分析**：國考的申論題只有參考答案，沒有標準答案。本題民主國家的政府常被民眾詬病績效不彰的原因，可從績效管理觀點來作答，也可以從公務機關結構、組織文化等面向來作答。至於「政府再造」的運作原則，各公共管理教科書只有提到特質或特徵、主要理念或措施。因此，有人用企業型政府的運作原則來作答，也可以。

答：政府再造運動雛型起源於1978年美國稅制改革及1979年英國柴契爾夫人上任，繼而在1980年代延伸擴張、席捲全球，並蔚為風潮。學者Hughes歸納其發生的背景原因不外乎是：

1. 政府部門功能不彰，統治正當性遽降。
2. 新古典經濟學崛起，理論指引改革行動。
3. 私部門變革成功，刺激公部門跟進。
4. 技術環境急速變遷，衝擊政府之運作方式。

(一) 政府績效不彰的原因：一般民主國家之政府之績效常被民眾所詬病，其主要原因乃因政府在從事績效管理時，常會遇到一些限制。茲分述如下：

　　1. 從績效管理制度本身論述：績效管理的泛政治化現象，政黨或利益團體可能利用績效管理的資訊當作政治鬥爭的手段。績效管理的一個重要前提就是必須將所有績效均以量化方式呈現，但公共部門將面臨如何將公共服務量化的問題。

2. 從績效資訊層面論述：績效管理做的好不好，是否正確，有賴可靠的資訊，如果所蒐集的資訊錯誤，不夠全面，就無法真正反映機關的實際績效。但績效資訊的提供對於基層的工作人員而言，似乎過於集中在例行的文書作業，且資訊回饋的時效性太慢的問題。

3. 從績效評估措施論述：組織績效如何與個人績效相互連結的問題，如果無法連結或連結不當，很容易造成組織成員的抗拒。績效評估基本上是一政治過程，理性化的指標衡量過程是不可能的。

4. 從績效指標設計論述：如何訂定與品質績效有關的指標是績效評估的主要限制，亦即大多數的公共服務品質好壞很難用客觀具體的數據來衡量。績效管理或評估制度的成效，取決於績效指標的制定是否周延、是否合理、是否客觀、是否能涵蓋該組織的重要績效。

(二) 政府再造的運作原則

奧斯本與賈伯勒歸納出十項重要原則：

1.政府應多扮演「指導」的角色，毋需事必躬親。

2.鼓勵公民參與，並由民眾來監督政府施政。

3.創造公共服務的市場競爭。

4.政府的運作應以目標和任務為導向。

5.以實際的結果為工作的重點。

6.顧客導向的服務規劃，建立即時的顧客回應系統，以滿足顧客的需求。

7.財政管理應強調開源，而非一昧節流。

8.事先的預防重於事後的補救，能夠針對未來可能發生的問題，事先擬妥對策，防範於未然。

9.分權化的政府運作，授權地方政府關發揮因地制宜的功能，對內則講求參與管理的觀念，授予部屬決定權力。

10.深信市場機能優於官僚的機制，開放公共服務的市場，使民間機構共同協助政府處理公共事務，刺激政府機關效率提昇。

▶ 觀念強化

1. 名詞解釋

政府再造：指文官體系以「技術理性」為主要基底，萃取已然成功的然成功的經驗案例，引進「競爭市場機制」以及「有效的變遷策略」，促成行政組織的整體轉型。

2. 觀念延伸

綜觀各國再造，係以下列主要措施與理念為基底：

(1) 行政職能以「績效成果」為主要重點，而非僅是「依法行政」而已。

(2) 引進「類似市場的競爭機制」，如民營化、組織重組等，藉以加速公共財的生產與傳輸。

(3) 落實「顧客導向」的理念。

(4) 重新定位政府角色，政府係以領航為主要職能。

(5) 解除過時的管制。

(6) 授能組織成員。

(7) 重塑行政文化。

3. 相關試題：各國政府改造運動風行草偃，其改革經驗對我國政府再造提供那些具體建議，試分析說明之。【98年普考】

▶ **參考書目**

1. 孫本初編著，《公共管理》，智勝文化，2006。

2. 吳瓊恩、李允傑、陳銘薰編著，《公共管理》，智勝文化，2006。

◪ **測驗題**

( ) **1** 有關立法院對行政機關之監督，下列敘述何者錯誤？ (A)公聽會屬於國會監督機制 (B)決算之審議屬於事後的監督機制 (C)行政程序的設計屬於事後的監督機制 (D)得設調閱委員會來調閱文件。

( ) **2** 有關威爾遜（W.Wilson）「行政的研究」的相關敘述，下列何者錯誤？ (A)政治與行政應兩分 (B)行憲比制憲更困難 (C)行政研究的目的之一在於發現政府如何以最小成本來做好事情 (D)以直接民主為公共行政的核心價值。

( ) **3** 行政理論的修正時期（1930-1960年代），對於行政組織的研究，主要以下列何種理論觀點為主？ (A)結構的、技術的觀點 (B)行為的、心理的觀點 (C)生態的、權變的觀點 (D)全觀的、能力的觀點。

( ) **4** 下列何者不是巴納德（C.I.Barnard）的主張？ (A)互動體系論 (B)重視非正式組織 (C)貢獻與滿足平衡 (D)強調權變領導。

( ) **5** 將公營事業以一定的價格賣給私人，是屬於學者薩瓦斯（E.Savas）所稱的何種民營化方式？ (A)替代 (B)撤資 (C)委託 (D)代理。

( ) **6** 端正政風，確立公職人員清廉之作為，是我國那一個法律所明定的立法目的？ (A)公務員懲戒法 (B)公務員服務法 (C)公務人員行政中立法 (D)公職人員財產申報法。

( ) **7** 下列何者屬於行政責任的外部正式確保途徑？ (A)司法控制 (B)公民參與 (C)行政控制 (D)代表性科層體制。

（　）　**8**　杜拉克（P.Drucker）指出，組織內部高階管理者之主要功能，不包括下列何項？　(A)維護對外關係　(B)思考機關使命　(C)在重大危機時做出決策　(D)辦理部門採購。

（　）　**9**　關於成本效益分析在政府決策上的應用，下列敘述何者錯誤？　(A)成本效益分析的操作過程較為耗時　(B)所有的成本與效益項目都很容易衡量及貨幣化表達　(C)計算成本與效益時，應考慮折現因素　(D)計算效益時，應考慮有形的及無形的效益。

（　）　**10**　行政組織如何應用授權管理以激勵組織人員？　(A)激勵升遷，使人員獲得更高待遇　(B)分層負責，擴大自主權，使人員具成就感　(C)採取福利措施，使人員具有滿足感　(D)發放績效獎金，改善生活品質。

（　）　**11**　有關地方制度法之規定，下列敘述何者錯誤？　(A)直轄市市長為民選產生　(B)村里以內之編組為鄰　(C)鄉鎮為縣政府派出機關　(D)省政府為行政院派出機關。

（　）　**12**　根據中央行政機關組織基準法之規範，有關我國中央行政機關名稱之使用，下列規定何者正確？　(A)「中心」為獨立機關用之　(B)「總局」為三級機關用之　(C)「行政法人」為三級機關用之　(D)「委員會」為二級機關或獨立機關用之。

（　）　**13**　關公共行政的價值，下列那一項敘述最為正確？　(A)臺北市市長職位之設計在於反映政治回應性價值　(B)公務人員協會法之設計在於反映社會公平價值　(C)美國1883年文官改革法在於反映勞資協商的價值　(D)原住民族特種考試之設計在於反映行政中立的價值。

（　）　**14**　有關品位分類制度之敘述，下列何者錯誤？　(A)結構富於彈性　(B)官與職合一　(C)以名分鼓勵公務人員　(D)以人為中心的設計。

（　）　**15**　下列何者不屬於我國國稅項目？　(A)營業稅　(B)土地增值稅　(C)貨物稅　(D)關稅。

（　）　**16**　有關我國政府預算制度之敘述，下列何者正確？　(A)年中提出之追加預算需送請立法機關審議　(B)預算經立法程序而公布者為各級政府之預算案　(C)各級政府之總預算包含各單位之單位預算與全部的附屬單位預算　(D)特別預算需於執行終了後併入年度總決算之中。

（　）　**17**　關於財政幻覺（fiscal illusion）之敘述，下列何者錯誤？　(A)民眾因低估公共財貨之成本，要求更高水準的公共支出　(B)財政幻覺容易造成地方政府仰賴補助款，導致公共支出不當擴大　(C)財政幻覺必然導致稅收減少　(D)複雜的稅制設計會提高財政幻覺的產生。

（　）　**18**　桃園市政府決定由民間協助辦理老人居家照顧的服務，預算規模為新臺幣300萬元，下列何者是獲取該項服務的最正確方法？　(A)市政府循政府採

購法公開招標程序交給某醫療財團法人辦理　(B)市長直接洽請某個聲譽極佳的非營利性基金會辦理　(C)由市議會循表決程序交給某醫療財團法人辦理　(D)社會局局長直接核給某個聲譽極佳的全國性財團法人辦理。

( ) **19** 某主管經常以完成工作要求與關懷同仁二者間相互平衡的方式，來帶領組織並取得績效。若以布雷克（R.R.Blake）與毛頓（J.S.Mouton）二者所提出的「管理格道」概念來看，某主管所採用的是下列那一種領導模式？(A)鄉村俱樂部式管理　(B)權威式管理　(C)中間路線式管理　(D)無為式管理。

( ) **20** 遇災時，我國中央政府所成立的「中央災害防救會報」之召集人為下列何者？　(A)總統　(B)副總統　(C)行政院院長　(D)行政院副院長。

( ) **21** 有關知識管理的敘述，下列何者錯誤？　(A)知識的類型包含內隱知識和外顯知識　(B)內隱知識是「只可意會無法言傳」　(C)知識外部化是指將內隱知識設法透過隱喻、比擬，轉化成外顯知識的過程　(D)以語言、方式傳達知識內涵，以有益於組織成員吸收該知識，稱為知識結合（combination故事）。

( ) **22** 有關成本效益的計算方式與決策準則，下列敘述何者錯誤？　(A)如採淨現值法，淨現值愈大的計畫，愈值得採行　(B)如採益本比法，益本比大於1的計畫，才值得投資　(C)內部報酬率愈大的計畫，愈值得投資　(D)當有多個方案做比較時，選擇還本期愈長的方案愈好。

( ) **23** 「有組織的失序狀態（organized anarchies）」是下列那一種決策模式的基本假定？　(A)漸進決策模式　(B)滿意決策模式　(C)垃圾桶決策模式　(D)混合掃描決策模式

( ) **24** 有關地方制度法之相關敘述，下列何者錯誤？　(A)直轄市長適用公務員服務法　(B)人口聚居達125萬人以上，且在政治、經濟、文化及都會區域發展上，有特殊需要之地區得設直轄市　(C)人口聚居達50萬人以上未滿125萬人，且在政治、經濟及文化上地位重要之地區，得設市　(D)縣（市）擬與其他縣（市）合併改制為直轄市者，可透過公民投票決定之。

( ) **25** 有關社會企業之敘述，下列何者錯誤？　(A)經費來源可能是政府部門　(B)致力於提供社會財（social goods）　(C)重視公共利益　(D)即為非營利組織。

解答與解析　答案標示為 #者，表官方曾公告更正該題答案。

1 (C)。　行政程序的設計屬於事後中監督機制。

2 (D)。　威爾遜（W.Wilson）的重要主張：行憲比制憲愈來愈困難、行政是在政治適當範圍之外，建立有效率又專業的文官體系、力倡行政應擺脫政治的束縛、強調行政運作不在於追求「政治智慧的永久格律」，而是著重於一些普遍受到忽略之管理政府的細節。

3 (B)。　修正理論時期（1930-1960）的行政學理論研究，採行為的、心理的觀點著重於組織中人員行為的研究，認為人性是良善的，應透過人性激發、人格尊重、意見溝通、非正式組織影響等管理方式，才能產生較高的工作效率。

4 (D)。　巴納德（C.I.Barnard）的重要主張：互動體系論、重視非正式組織、貢獻與滿足平衡、權威接受論、責任的道德觀、溝通的重要性、主管職能。

5 (D)。　依據學者薩瓦斯（Emanuel S.Savas）的看法，民營化的類型有三種：
  (1) 撤資：指公營事業或國有資產移轉至民間，此種移轉民營化可經由出售、無償移轉及清理結算等策略進行。
  (2) 委託：指政府部門委託民間部門，為部份或全部財或與服務的生產活動，但政府部門保有監督的責任。
  (3) 替代：當大眾認為政府所提供的生產或服務，無法滿足社會需求，而民間部門意識到有此需求，進而提供生產或服務，以滿足社會大眾。

6 (D)。　公職人員財產申報法第1條規定：「為端正政風，確立公職人員清廉之作為，特制定本法。」

7 (A)。　吉伯特（C.Gilbert）1959年在《政治期刊》發表「行政責任分析架構」，以二個構面：正式/非正式及內部/外部，構築四種達成行政責任的確保途徑：
  (1) 內部正式確保途徑：A.行政控制。B.調查委員會。C.人事、主計、政風之雙重隸屬監督體制。
  (2) 外部正式確保途徑：A.議會控制。B.司法控制。C.行政監察員。D.選舉。
  (3) 外部非正式確保途徑：A.公民參與。B.傳播媒體。C.資訊自由。
  (4) 內部非正式確保途徑：A.代表科層體制。B.專業倫理。C.弊端揭發。

8 (D)。　辦理部門採購是屬於低階主管的功能，高階管理者是負責組織的經營決策，決定未來組織的發展方向，及維護對外關係。

9 (B)。　並非所有的成本與效益項目都很容易衡量及貨幣化表達。

10 (B)。　行政授權是指上級主管人員或單位，委授部分職權及職責至其下一級人員，以完成特定之任務。被授權者享有部份責任，在適當監督下能作相當自主的處理與行動，並對授權者負有工作之責。分層負責是授權管理的一種表現。

11 (C)。　直轄市、縣（市）、鄉（鎮、市）為地方自治團體，依本法辦理自治事項，並執行上級政府委辦事項。

12 (D)。　(A)「委員會」為二級機關或獨立機關用之。(B)「署、局」為三級機關用之。(C)為執行特定公共事務，於國家及地方自治團體以外，得設具公法性質之行政法人，其設立、組織、營運、職能、監督、人員進用及其現職人員隨同移轉前、後之安置措施與權益保障等，應以法律定之。

13 (A)。　(B)公務人員協會法之設計在於反映維護公務員的權益。(C)美國1883年文官改革法在於反映功績制的價值。(D)原住民族特種考試之設計在於反映社會公正衡平的價值。

14 (B)。　品位分類制係對政府文官官階等第作區分，亦即文官品級名位的列等。基本上是以人為中心、依個人資歷作為分類標準與依據。其特點是：結構富於彈性、能夠保障文官在行政部門工作的穩定性、簡單易行、晉升幅度較大、以「名份」鼓勵公務人員。

15 (B)。 根據「財政收支劃分法」，我國賦稅收入可分為國稅與地方稅。兩者區別如下：

國稅	地方稅
礦區稅、所得稅、菸酒稅、關稅、遺產稅及贈與稅貨物稅、證券交易稅期貨文易稅、營業稅	印花稅、使用牌造稅、地價稅、房屋稅、田賦、土地增值稅、契稅、娛樂稅

16 (A)。 (B)各主管機關依其施政計畫初步估計之收支，稱概算；預算之未經立法程序者，稱預算案；其經立法程序而公布者，稱法定預算。(C)政府每一會計年度，各就其歲入與歲出、債務之舉借與以前年度歲計賸餘之移用及債務之償還全部所編之預算，為總預算。(D)特別預算之審議程序，準用預算法關於總預算之規定。但合於前條第1款至第3款者，為因應情勢之緊急需要，得先支付其一部。

17 (C)。 人民往往產生「財政幻覺（Fiscal Illusion）」，認為負擔公共財的成本小於所享受之利益，而使公共財產生過度提供的現象。另外在複雜的租稅制度下，倘租稅收入大部分來自於間接稅，或因通貨膨脹而使累進稅率的直接稅產生集膛效果而使稅收增加，均使人民無形中負擔更多租稅，並低估公共財之成本，而擴大支出規模。

18 (A)。 政府採購法係為建立政府採購制度，依公平、公開之採購程序，提升採購效率與功能，確保採購品質，而訂定的。桃園市政府決定由民間協助辦理老人居家照顧的服務，預算規模為新臺幣300萬元，最正確方法當然是透過政府採購法公開招標程序來辦理。

19 (C)。 布雷克與毛頓提出「管理格道理論」，認為管理者欲達成組織特定目的，在從事管理活動時，必須具有某種程度的關心工作產量與關心員工態度。而管理者對於兩者的關心情況就決定了他所採取的領導形式：
(1)無為式管理：希望能夠避免麻煩，盡量避免承擔責任。他們只願意花費最少的精力，來做一些為了保有組織成員身分的必要性工作。
(2)權威式管理：不認為員工的個人需要對於達成組織目標是重要的，他們運用法制或強制的權力來促使員工達成組織的目標。
(3)鄉村俱樂部式管理：希望創造一種舒服和安全的氣氛，並且相信部屬在這種氣氛下，會有正面的表現。
(4)團隊式管理：認為工作的績效是來自於高組織承諾的員工。因此，他們試圖建立一種員工對於組織目標上的「共同命運」感覺。
(5)中間路線管理：經常以完成工作要求與關懷同仁二者間相互平衡的方式，來帶領組織並取得績效。

20 (C)。 依災害防救法第7條第1款：「中央災害防救會報置召集人、副召集人各一人，分別由行政院院長、副院長兼任；委員若干人，由行政院院長就政務委員、秘書長、有關機關首長及具有災害防救學識經驗之專家、學者派兼或聘兼。」

21 (D)。 以語言、故事方式傳達知識內涵，或將其製作成文件手冊，俾有益於組織成員吸收該知識，這種將「外顯知識」轉化成為「內隱知識」的過程，亦稱為「知識內部化」。

22 (D)。 當有多個方案做比較時，選擇還本期愈短的方案愈好。

23 (C)。 柯漢（M.Cohen）、馬區（J.March）、歐爾森（J.Olsen）三人於1972年發表。〈組織選擇的垃圾桶模式〉一文，提出「垃圾桶決策模式」，他們認為組織基本上是處於「有組織的序狀態」，它具有三項特質：有問題的偏好、不明確的技術、流動式的參與。由於組織具有前述特質其三人認為，機關組織之決策通常並非是經思考計算後結果，實際上是決策者在決策過程中不經意碰的一項產出結果。

24 (D)。 地方制度法第7-1條第1款:「內政部基於全國國土合理規劃及區域均衡發展之需要,擬將縣(市)改制或與其他直轄市、縣(市)合併改制為直轄市者,應擬訂改制計畫,徵詢相關直轄市政府、縣(市)政府意見後,報請行政院核定之。」

25 (D)。 社會企業(social enterprise),是為解決特定社會問題的企業,或是以企業手段、商業創新模式解決社會問題的企業。一般指的是自負盈虧、自給自足。因此,社會企業就是設計出一套可財務自主的營運手段並解決社會問題的企業,並不是非營利組織。

Note

110年　地特四等

(　) **1** 民主國家的行政機關會出現「權威的割裂」（fragmentation of authority）的現象，下列何者是此一現象的主要成因之一？　(A)立法機關的監督　(B)政府資訊的公開　(C)組織結構的再造　(D)市場競爭的影響。

(　) **2** 有關新公共管理的描述，下列何者錯誤？　(A)競爭機制是紓解官僚體制運作失靈的良方　(B)持守集中化型態的公共服務倫理　(C)政府應將決策權下放，提升員工的自主權限　(D)政府的服務應以滿足顧客的需求為優先。

(　) **3** 有關治理之敘述，下列何者正確？　(A)治理取代統治一詞，乃在強調現今社會政府公權力的展現與效率的提升　(B)治理轉型意味著政府與公民社會有更多的合作關係　(C)層級節制及中心權威會隨著治理轉變漸漸被取代，終至消失　(D)治理轉型下，複雜的網絡關係須以由上而下的管理方式因應。

(　) **4** 空洞化國家（Hollow State）的現象，與下列何者的實踐關係最為密切？　(A)新公共管理　(B)行政國　(C)新公共服務　(D)功績管理。

(　) **5** 有關新公共行政之主張，下列敘述何者錯誤？　(A)應採取嚴謹方法來蒐集與分析資料，以建構經驗性的理論　(B)應開發新的研究領域以解決當代社會問題　(C)應以更有彈性的組織型態，因應社會變化　(D)組織目標應該重視服務對象的需求。

(　) **6** 企業型政府強調向企業學習，但與民主政治可能有所衝突，下列敘述何者錯誤？　(A)企業型政府賦予更多裁量空間，卻也產生民主課責問題　(B)企業家精神強調競爭，難以兼顧公平正義　(C)企業家精神強調冒險投資，與追求穩定公共財務之要求相違背　(D)企業型政府重視公民參與，與追求行政效率之目標衝突。

(　) **7** 有關於全球化之敘述，下列何者錯誤？　(A)全球化限於經濟層次　(B)全球化造成貧富差距擴大　(C)經濟自由化是全球化重要的指標之一　(D)資訊科技的發展是全球化興起的因素之一。

(　) **8** 有關公職人員利益衝突迴避法中所界定的公職人員之關係人，下列何者錯誤？　(A)公職人員共同生活之家屬　(B)公職人員之配偶　(C)公職人員進用之機要人員　(D)公職人員依法辦理強制信託之受託人。

(　) **9** 下列行為何者符合公務人員廉政倫理規範有關受贈財物之規定？　(A)在國外因公拜訪當地機關接受致贈之紀念錦旗　(B)將利害關係人所贈送之財

物收下，不知會政風單位 (C)於退休時要求所屬機關同仁贈送貴重黃金飾品 (D)主動向業務相關之餐廳索取優惠餐券。

( ) **10** 有關傳統到當代倫理觀之演變，下列敘述何者正確？ (A)從重視內部層級節制到重視公共課責 (B)從強調自律到強調他律 (C)從以功利主義為主要理論依據到以義務論為主要理論依據 (D)從積極興利到消極防弊。

( ) **11** 甲擔任基層國稅承辦人員，在辦理民眾案件時的行政裁量判斷依據，下列何者錯誤？ (A)檢視法規函釋有無明文規範該類案件的處理方式 (B)考量當事人的具體個案狀況 (C)考量過去類似個案的裁量情況 (D)注意民意代表是否關說此案件。

( ) **12** 下列何者無違反公務員服務法之虞？ (A)某廠商原擬來向某公立學校領取5萬元，因故延至10天後才來領取，出納組長遂將該款項挪作私用，一週後全數返還，並未影響廠商的取款 (B)甲在市政府衛生局負責餐飲衛生管理業務，他主動要求擔任自家人所開設餐廳的衛生稽查工作，逐項仔細檢核，並一一提出改善要求 (C)某縣政府採購人員欲購屋，向其老友、同時也是承包縣府維修工程的陳老闆借款150萬元，並依照臺灣銀行年利計算，分5年攤還 (D)金融監督管理委員會銀行局某公務人員退休後，先在私立大學擔任教授6年，然後離職到民營銀行擔任有給職顧問。

( ) **13** 下列何者符合韋伯（M.Weber）所倡議的理想型官僚組織之運作方法？ (A)重視人性 (B)容許特權 (C)保存紀錄 (D)彈性用人。

( ) **14** 下列何者不是促成「分部化」之主要原因？ (A)提升行政效率 (B)管理幅度的適切 (C)因應日益複雜之工作需求 (D)分層負責。

( ) **15** 某機關因應業務性質的需要，放寬公務人員彈性上下班時間的規定，此種作法符合下列那一行政學理論的內涵？ (A)系統理論 (B)權變理論 (C)新公共服務理論 (D)科學管理理論。

( ) **16** 任何組織都應兼具「維持」與「適應」的機制，才能確保組織的永續發展，下列何者比較屬於「維持」的功能？ (A)與外部組織建立網絡關係 (B)組織獎勵各項創新 (C)組織聘請外部顧問 (D)組織訂定標準作業程序。

( ) **17** 下列何者非任務編組？ (A)行政院長期照顧推動小組 (B)行政院經貿談判辦公室 (C)中央選舉委員會 (D)行政院中部聯合服務中心。

( ) **18** 「財團法人法」自2019年2月正式施行，下列敘述何者正確？ (A)區分公法人捐助財團法人與私法人捐助財團法人 (B)納入宗教財團法人的管理 (C)區分全國性財團法人與公益性財團法人 (D)民國34年接收日本政府或人民遺留財產，捐助成立的財團法人納入該法的管理。

( ) **19** 內部人力資源管理採用代表性官僚制度所要彰顯的主張，下列何者敘述錯誤？ (A)弱勢代表性 (B)多元代表性 (C)積極代表性 (D)中立代表性。

( ) **20** 下列何種政府的組織治理模式，強調由下而上的政策過程與應提升第一線公務人員獨立決策的能力？ (A)市場模式 (B)漸進模式 (C)參與模式 (D)一條鞭模式。

( ) **21** 考選工具的內容能實際反映工作表現，稱該考選工具具有： (A)內容效度 (B)建構效度 (C)建構信度 (D)效標信度。

( ) **22** 主管記錄屬員影響績效的特定正面或負面行為，作為考評屬員績效的依據，並回饋給屬員，此一方法稱為： (A)柯克派翠克（Kirkpatrick）考評 (B)定錨行為考評 (C)核對清單（checklist）考評 (D)關鍵事件考評。

( ) **23** 在人事分類制度中，區分職位的工作性質及品評職務的責任輕重、繁簡難易與資格條件高低，作為人事管理制度建立的基礎，稱為： (A)品位分類制 (B)職位分類制 (C)官職並立制 (D)官職分立制。

( ) **24** 下列何種官職等以上人員在各職系之職務間均得以調任？ (A)薦任第七職等 (B)薦任第九職等 (C)簡任第十職等 (D)簡任第十二職等。

( ) **25** 下列何者非屬我國公務人員的法定加給？ (A)行政加給 (B)職務加給 (C)地域加給 (D)技術加給。

( ) **26** 下列何者屬於我國之國稅？ (A)遺產稅 (B)印花稅 (C)地價稅 (D)契稅。

( ) **27** 下列何者不是政事別支出的分類類別？ (A)薪俸支出 (B)債務支出 (C)國防支出 (D)教育科學文化支出。

( ) **28** 有關我國現行政府預算制度之敘述，下列何者錯誤？ (A)為國家預定的歲入與歲出 (B)會計年度採曆年制 (C)以金錢數字表示的政府施政計畫 (D)由立法機關編製與審議通過後實施。

( ) **29** 有關「立法院對行政院所提預算案，不得為增加支出之提議」之憲法規定，下列敘述何者錯誤？ (A)該規定主要目的在於減輕民眾之租稅負擔 (B)立法院對行政院所提預算案，得為刪減支出之提議 (C)地方議會在審議其預算案時，亦不得為增加支出之提議 (D)民主國家在審議預算案時，皆有不得增加支出之規定

( ) **30** 中央政府總預算案之審議，未能依預算法第51條期限完成時，各機關預算執行之暫行規定，下列敘述何者錯誤？ (A)收入部分暫依上年度標準及實際發生數，覈實收入 (B)行政院核定之新增重大計畫，覈實動支 (C)履行其他法定義務收支 (D)因應法定收支調度需要之債務舉借，覈實辦理。

( ) **31** 關於績效導向預算之敘述，下列何者錯誤？ (A)重視以政策結果與服務績效為編製預算之基礎 (B)連結資源投入與政策後果間的關係 (C)企圖將政府對於公共事務的投入與產出加以連結 (D)強調以公共支出規模最小化為目標。

( ) **32** 有關行政溝通之敘述，下列何者錯誤？ (A)可指定專責溝通人員，以便發布消息 (B)溝通應是有需要時再進行，平時不必有規律化溝通工作及訂有相關進行的程序 (C)推行溝通工作的文書，如通知、手冊等應有所規定，以資遵循 (D)溝通文書應顯明扼要，易於瞭解。

( ) **33** 有關「公共服務動機」的滿足，係屬於馬斯洛（A.H.Maslow）需求層次理論中那一個層次的需求？ (A)關係 (B)社會 (C)尊榮 (D)自我實現。

( ) **34** 領導和管理兩者是有所區別的，下列何者屬於「領導」的特質？ (A)執著於理念 (B)把事情做對 (C)避免追求冒險 (D)重視工作流程。

( ) **35** 組織的管理階層在進行向下溝通中，常見的溝通內容不包括下列何者？ (A)工作輪調意願 (B)績效回饋資訊 (C)工作目標教導 (D)同事考績結果。

( ) **36** 民眾使用網路報稅，因而大幅減少處理資料輸入紙本表格的工作需求。此現象屬於： (A)契約外包 (B)開放資料 (C)電子化政府 (D)公民參與。

( ) **37** 聯合國強調電子化政府應作為永續發展的平台，以達成永續發展目標（Sustainable Development Goals, SDGs）為依歸，下列何者非屬SDGs？ (A)建立具有韌性的基礎建設，促進包容且永續的工業，並加速創新 (B)消除各地一切形式的貧窮 (C)追求貨幣量化寬鬆的目標 (D)促使城市與人類居住具包容、安全、韌性及永續性。

( ) **38** 當代公共組織透過循環不已的知識互動模式來創造知識，合稱為知識螺旋。下列何者非屬其中之一？ (A)知識社會化（knowledge socialization） (B)知識外化（knowledge externalization） (C)知識結合（knowledge combination） (D)知識壟斷（knowledge monopolization）。

( ) **39** 政策方案決策途徑有多種，漸進決策途徑是由那位學者所提出？ (A)賽蒙（H.Simon） (B)艾尊尼（A.Etzioni） (C)林布隆（C.Lindblom） (D)伊斯頓（D.Easton）。

( ) **40** 下列何者不是造成市場失靈的問題？ (A)公共財 (B)自然獨占 (C)外部性 (D)資訊超載。

( ) **41** 政府透過辦理參與式預算（participatory budgeting）的活動來邀請民眾提案，屬於公共政策的那一階段？ (A)政策規劃 (B)政策合法化 (C)政策執行 (D)政策評估。

（　）42 關於政策成果評估之敘述，下列何者錯誤？　(A)檢視政策是否達成預期目標　(B)包括政策產出（output）、政策影響（impact）等兩部分　(C)常使用成本利益分析（cost-benefit analysis）來衡量　(D)探討政策的可評估性。

（　）43 政府制定政策與提供服務時，需要了解民意，下列敘述何者正確？　(A)政府應運用大數據分析方法探勘網路民意，以操弄網路輿情　(B)因為沒有訪員在場，在匿名環境下，網路民意調查可以降低填答者社會期待偏差　(C)網路民意調查不會有母體涵蓋率偏差的問題　(D)政府蒐集民意，應該以手機調查為主要方法。

（　）44 有關我國地方政府的敘述，下列何者正確？　(A)新北市為我國最早改制的直轄市　(B)宜蘭市為我國省轄市　(C)桃園市為我國最晚改制的直轄市　(D)高雄市鳳山區得選舉區民代表。

（　）45 下列何者與我國政府推動「地方創生」政策的目標較無關聯？　(A)縮短城鄉差距　(B)鼓勵公民投票　(C)以人為本　(D)促進人口回流。

（　）46 關於民間非營利組織提供公共服務之敘述，下列何者錯誤？　(A)具有公權力　(B)多半只能聚焦關注在特定的議題上　(C)經費來源多半有限　(D)專業人力未必充足。

（　）47 關於「世界咖啡館」（world café）討論模式的特色，下列敘述何者錯誤？　(A)必須釐清討論目的，為對話設定好範圍，才能讓參與者圍繞在重要問題進行探究　(B)運用「發言與聆聽並重原則」和「換桌」以活化觀點的交流　(C)是在輕鬆氛圍，透過小團體討論，產生團體智慧的方式　(D)參與討論者皆須具備學者或專家的資格，如此方能有效地達成討論效果。

（　）48 關於桃園機場捷運之跨域治理，與下列那一政府無關？　(A)台北市政府　(B)新北市政府　(C)桃園市政府　(D)新竹市政府。

（　）49 全球化有其優勢，但也因而會導致何種直接的負面結果？　(A)政府將面臨更多的公共課責　(B)貧窮國家的中小企業將更容易被邊緣化　(C)貧窮國家的人口變少　(D)造成貿易壁壘的增加。

（　）50 某地方政府欲興建跨越兩個縣市的重大公共建設，依規定，中央政府得提供那一類型的經費補助？　(A)一般性補助款　(B)計畫型補助款　(C)普通統籌分配稅款　(D)工程受益費。

解答與解析　答案標示為 #者，表官方曾公告更正該題答案。

1 **(A)**。　權威之割裂（Fragmentation of authority）：政治愈民主的國家則會愈重視權威之分立與制衡，行政亦必須接受各方面不同之監督。

2 **(B)**。　新公共管理以市場取向的公共選擇理論為基礎，試圖修正官僚體制弊病，並行政實務進行改造其核心觀念涵蓋：顧客導向、公共組織內部市場化、企業型政府。而其主要的特徵是在公部門中屬專業管理。

3 (B)。 治理途徑不是以政府為中心途徑,而是以社會多元行動者所構成的網絡關係為統治方式。並不是層級節制系統,而是確立目標,經過精心策畫的導航機制,不完全受制於政府的公共政策,而是所有中央政府以外的所有非政府或次級政府行動者共同推動的結果,並強調各種多元行動者的互賴性與普及性。(丘昌泰2012:112-114)

4 (A)。 政府將公共服務外包委由民營企業及非營利組織來生產及輸送,衍生了國家「外包管理」與「治理本質」兩大重要議題的論辯。學者米華德(B.Milward)指出學界係以空心國(hollow state)概念,來形容民營化趨勢下國家地位的改變。

5 (A)。 應採取嚴謹方法來蒐集與分析資料,以建構經驗性的理論。

6 (D)。 企業型政府追求行政效率與民主行政重視公民參與,強調民主與公平的價值目標相衝突。

7 (A)。 全球化指一個國家與世界各國及各地區之間政治、經濟、文化、地理等方面關係。

8 (D)。 依公職人員利益衝突迴避法第3條規定:「本法所定公職人員之關係人,其範圍如下:一、公職人員之配偶或共同生活之家屬。二、公職人員之二親等以內親屬。三、公職人員或其配偶信託財產之受託人。但依法辦理強制信託時,不在此限。四、公職人員、第一款與第二款所列人員擔任負責人、董事、獨立董事、監察人、經理人或相類似職務之營利事業、非營利之法人及非法人團體。但屬政府或公股指派、遴聘代表或由政府聘任者,不包括之。五、經公職人員進用之機要人員。六、各級民意代表之助理。前項第六款所稱之助理指各級民意代表之公費助理、其加入助理工會之助理及其他受其指揮監督之助理。」

9 (A)。 依公務人員廉政倫理規範第4點規定:「公務員不得要求、期約或收受與其職務有利害關係者餽贈財物。但有下列情形之一,且係偶發而無影響特定權利義務之虞時,得受贈之:
(1) 屬公務禮儀。
(2) 長官之獎勵、救助或慰問。
(3) 受贈之財物市價在新臺幣五百元以下;或對本機關(構)內多數人為餽贈,其市價總額在新臺幣一千元以下。
(4) 因訂婚、結婚、生育、喬遷、就職、陞遷異動、退休、辭職、離職及本人、配偶或直系親屬之傷病、死亡受贈之財物,其市價不超過正常社交禮俗標準。」

10 (A)。 (B)從強調他律到強調自律。(C)從「消耗性」到「生產性」公務倫理觀,強調應不斷進行自我修練與自我教育、自我成長。(D)從消極興利到積極防弊。

11 (D)。 公務人員應依法公正執行職務,不得對任何團體或個人予以差別待遇。

12 (D)。 符合公務員服務法第14-1條:公務員於其離職後三年內,不得擔任與其離職前五年內之職務直接相關之營利事業董事、監察人、經理、執行業務之股東或顧問。;(A)違反第19條:公務員非因職務之需要,不得動用公物或支用公款。(B)違反第17條:公務員執行職務時,遇有涉及本身或其家族之利害事件,應行迴避。(C)違反第21條:公務員對於左列各款與其職務有關係者,不得私相借貸,訂立互利契約或享受其他不正利益:
(1) 承辦本機關或所屬機關之工程者。
(2) 經營本機關或所屬事業來往款項之銀行、錢莊。
(3) 承辦本機關或所屬事業公用物品之商號。
(4) 受有官署補助費者。
(註:公務員服務法於111年6月22日修正,大幅放寬公務員兼職、經營商業之限制,故本題於現行法規下無正確解答。)

13 (C)。 韋伯（M.Weber）所倡議的理想型官僚組織強調層級節制體系、一切依法辦理、依功能別分工、對事不對人、依工作能力升遷、工作程序制度化、嚴明紀律。

14 (D)。 促成分部化主要原因，可歸納以下幾點：
(1) 由於機關工作日益複雜及組織日趨龐大，促使組織須按工作性質分設單位，方能適應事實需要。
(2) 為求行政效率提高，必須透過分部化的手段與過程，使各單位皆有明確執掌與權責關係。
(3) 為期「管理幅度」的適切，故須分部化，俾使主管人員有效指導屬員，從事分工與協調。
(4) 為能達成「工作專業化」的利益，故須分部化，使成員適才適所，發揮專才，妥受完成目標。
(5) 為期獲致一個大小適度，便於管理的工作單位並妥善運用管理的技能。

15 (B)。 權變理論強調通權達變，認為沒有放諸四海而皆可行方法，所謂「萬靈丹」是不存在的，管理者需視組織與環境互動性因時因地制宜。

16 (D)。 模式維持（pattern maintenance）指一方面按步補充新員，另一方面又以社會文化使成員接受系統特有的模式。

17 (C)。 中央選舉委員會是行政院設立相當中央二級獨立機關。

18 (D)。 (A)區分為「政府捐助之財團法人」、「民間捐助之財團法人」。(B)宗教財團法人之許可設立、組織、運作及監督管理，另以法律定之。於完成立法前，適用民法及其他相關法律之規定。(C)區分成全國性財團法人、地方性財團法人。

19 (D)。 所謂代表性官僚制度（representative bureaucracy）的意義是指「行政機關的人力組合應該具備社會人口的組合特性」。

20 (C)。 根據學者彼得斯（Guy Peters）的見解，參與模式的治理活動，強調由下而上的政策過程，認為應提升第一線公務人員獨立決策的能力。

21 (A)。 公職人員任用的國家考試應更要重視考試效度的評估。測驗效度是指一份測驗能有效測量到所欲測量行為特質的程度。測驗效度又分三大類：內容效度、建構效度及效標關聯效度。
(1) 內容效度（Content Validity）：指對測驗內容作系統化的檢驗，以確定其試題涵蓋該測驗「所欲測量之能力特質的代表性內容」。
(2) 建構效度（Construct Validity）：指測驗的編製過程中，以客觀、量化方法來驗證一份測驗的結構是否符合其理論假設，以反映該測驗在建置結構的有效程度。
(3) 效標關聯效度：測驗分數能預測到外在效標的有效程度，針對測驗所要測量的能力特質，所取得之量化外顯行為指標稱為外在效標。
（資料來源：朱錦鳳，「國家考選的策略與可行作法」，《國家菁英》，第29期：24。）

22 (D)。 又稱為「重要關鍵法」，係由主管對員工平常的工作表現作成紀錄，特別是優良與不佳事例，作為考核依據。

23 (B)。 職位分類制起源於美國，是美國聯邦政府人事管理制度的核心基礎。係依據職位的工作性質、繁簡難易、責任輕重及所需資格條件高低，將職位加以區分為若干具共同特徵之類別，作為人事管理業務共同基準的一種制度。

24 (D)。 簡任第十二職等以上人員，在各職系之職務間得予調任；其餘各職等人員在同職組各職系及曾經銓敘審定有案職系之職務間得予調任。」

25 (A)。 依公務人員俸給法第5條規定：「俸給法加給分下列三種：
一、職務加給：對主管人員或職責繁重或工作具有危險性者加給之。
二、技術或專業加給：對技術或專業人員加給之。
三、地域加給：對服務邊遠或特殊地區與國外者加給之。」

26 (A)。 根據「財政收支劃分法」，我國賦稅收入可分為國稅與地方稅。兩者區別如下：

國稅	地方稅
礦區稅、所得稅、菸酒稅、關稅、遺產稅及贈與稅貨物稅、證券交易稅期貨文易稅、營業稅	印花稅、使用牌造稅、地價稅、房屋稅、田賦、土地增值稅、契稅、娛樂稅

27 (A)。 目前我國政事別支出可分為：一般政務支出、國防支出、教育科學文化支出、經濟發展支出、社會福利支出、社區發展及環境保護支出、退休撫卹支出、債務支出、一般補助及其他支出。

28 (D)。 由立行政關編製與審議通過後實施。

29 (D)。 民主國家在審議預算案時，有不得增加支出之規定。

30 (B)。 預算法第54條：「總預算案之審議，如不能依第五十一條期限完成時，各機關預算之執行，依下列規定為之：
一、收入部分暫依上年度標準及實際發生數，覈實收入。
二、支出部分：
　　(一)新興資本支出及新增計畫，須俟本年度預算完成審議程序後始得動支。但依第八十八條規定辦理或經立法院同意者，不在此限。
　　(二)前目以外計畫得依已獲授權之原訂計畫或上年度執行數，覈實動支。
三、履行其他法定義務收支。
四、因應前三款收支調度需要之債務舉借，覈實辦理。」

31 (D)。 公共支出的規模隨人均所得上升而增加。

32 (B)。 溝通平時就應該要進行。

33 (D)。 公共服務動機專指個人透過政府或其他公部門，實現為民眾提供公共服務的願望。是一種超越自我利益和組織利益，擴大關心政治實體的利益並驅使個人採取適當行為的價值信念和態度。係屬於馬斯洛（A.Maslow）需求層次理論中的自我實現需求。

34 (A)。 管理注重工作流程，關心工作完成方法，避免追求冒險，強調把事情做對或做好。領導重視組織價值觀，執著於理念，關心工作意義，強調作對的事。

35 (D)。 應是主管對員工考績結果。

36 (C)。 電子化政府係透過資訊與通訊科技，將政府機關、民眾與資訊連在一起，建立互動系統，讓政府資訊及服務更加方便，隨時隨地可得。

37 (C)。 SDGs有17項目標，其中又涵蓋了169項細項目標，其重點如下：
SDG 1：終結貧窮：消除各地一切形式的貧窮。
SDG 2：消除飢餓：確保糧食安全，消除飢餓，促進永續農業。
SDG 3：健康與福祉：確保及促進各年齡層健康生活與福祉。
SDG 4：優質教育：確保有教無類、公平以及高品質的教育，及提倡終身學習。
SDG 5：性別平權：實現性別平等，並賦予婦女權力。
SDG 6：淨水及衛生：確保所有人都能享有水、衛生及其永續管理。

SDG 7：可負擔的潔淨能源：確保所有的人都可取得負擔得起、可靠、永續及現代的能源。

SDG 8：合適的工作及經濟成長：促進包容且永續的經濟成長，讓每個人都有一份好工作。

SDG 9：工業化、創新及基礎建設：建立具有韌性的基礎建設，促進包容且永續的工業，並加速創新。

SDG 10：減少不平等：減少國內及國家間的不平等。

SDG 11：永續城鄉：建構具包容、安全、韌性及永續特質的城市與鄉村

SDG 12：責任消費及生產：促進綠色經濟，確保永續消費及生產模式。

SDG 13：氣候行動：完備減緩調適行動，以因應氣候變遷及其影響。

SDG 14：保育海洋生態：保育及永續利用海洋生態系，以確保生物多樣性並防止海洋環境劣化。

SDG 15：保育陸域生態：保育及永續利用陸域生態系，確保生物多樣性並防止土地劣化。

SDG 16：和平、正義及健全制度：促進和平多元的社會，確保司法平等，建立具公信力且廣納民意的體系。

SDG 17：多元夥伴關係：建立多元夥伴關係，協力促進永續願景。

38 (D)。 知識內化（Knowledge Internalization），透過知識交流和知識共用，使企業各層員工吸收和理解新知識，從而改變企業和員工的認知模式，幫助他們理解和支持創新。

39 (C)。 漸進決策途徑由林布隆（C.Lindblom）所提倡，指決策者在選擇替代方案時，著重由現在已有計畫或措施為基礎去尋找漸進性替代方案，而不作大幅度政策變動。

40 (D)。 造成市場失靈之原因，主要有以下四種情形：(1)公共財的提供問題；(2)外部性造成的問題；(3)自然獨占所造成的問題；(4)資訊不對稱所造成的問題。

41 (A)。 參與式預算（participatory budgeting）是一種讓民眾透過公民審議及溝通協調方式，將政府公共資源做有效合理分配的決策程序，它允許公民在政府預算決策過程中直接參與並決定公共資源應如何配置。亦即是由公民來決定一部分公共預算支出的優先順序，是屬於公共政策的政策規劃階段。

42 (D)。 可評估性評估係政策在執行一段相當時間後，就對它的執行狀況及初步結果加以評估，以探究其執行的狀況是否符合原訂的計畫。

43 (B)。 (A)政府應運用大數據分析方法探勘網路民意，以瞭解網路輿情。(C)網路民意調查會有母體涵蓋率偏差的問題。(D)政府蒐集民意，應該以民意調查為主要方法。

44 (C)。 (A)臺北市為我國最早改制的直轄市。(B)省轄市：基隆市、新竹市、嘉義市，宜蘭市為我國縣轄市。(D)自縣市單獨或合併改制直轄市後，原有之鄉（鎮、市）民代表會隨著改制將被裁撤。

45 (B)。 行政院107年5月21日及11月30日兩度召開「地方創生會報」，宣示108年為臺灣地方創生元年，定位地方創生為國家安全戰略層級的國家政策，將以人為本，透過地方創生與新創結合，復興地方產業、創造就業人口，促進人口回流，並以維持未來總人口數不低於2000萬人為願景，逐步促進島內移民及配合首都圈減壓，達成「均衡臺灣」目標。

46 (A)。 民間非營利組織提供公共服務不具公權力。

47 (D)。 「世界咖啡館」最初是在1995年由布朗（Juanita Brown）和伊薩克（David Isaacs）夫婦共同發起。他們發現透過分組討論、交互輪替方式後，能讓不同觀點得到最大的激盪，讓集體智慧油然而生，於是將這種討論模式命名為「世界咖啡館」。參與討論者不一定須具備學者或專家的資格。

48 (D)． 桃園大眾捷運股份有限公司係由機場捷運沿線所經三市—桃園市、新北市及台北市的市政府所共同投資設立，而負責營運之機場捷運系統業於106年3月2日正式營運通車，服務範圍自A1台北車站至桃園中壢A21環北站。自營運通車後，確實分擔機場捷運沿線通勤客群及觀光旅遊之大眾運輸需求，同時提供桃園機場出入境旅客舒適、便捷之新運具選擇。

49 (B)． 全球化有其優勢，但也因而會導致貧窮國家的中小企業將更容易被邊緣化直接的負面結果。

50 (B)． 我國補助款類型：
(1) 一般型補助款：中央直接將經費移轉給地方政府，，地方政府能自由使用。
(2) 計畫型補助款：補助款取得須由地方政府提出計畫或出資配合款供上級政府審核，專款專用，經費大多用在建設或勞務服務。

Note

111年 台電新進僱用人員甄試

(　) 1 「藉由人員交互行為來研究組織，認為組織是一群人為完成某種功能之活動體。」係以何種觀點來看待組織？　(A)靜態　(B)動態　(C)心理　(D)生理。

(　) 2 「民意」指的是某特殊人群在某段特殊時間，對某特殊公共事務所表示的意見，其中，民意往往會隨著時間及空間的變化，而改變其支持的方向及強度，係屬民意的何種特性？　(A)潛在性　(B)容忍性　(C)多變性　(D)不普及性。

(　) 3 古賽爾（Charles T.Goodsell）指出，現代行政人員除了是一個技術專家之外，亦是一個價值處理者，而且會面臨平衡5大行政價值之挑戰。下列何者非屬其所稱之行政價值？　(A)調整（Modify）　(B)任務（Mission）(C)民眾（Multitude）　(D)倫理（Morality）。

(　) 4 敏茲伯格（Mintzberg）將高階管理者分為3大類、10種角色，下列哪一項敘述為「人際角色」中聯絡人（Liaison）的特性？　(A)為了象徵意義，在法律上或形式上代表組織從事特定活動，如會見賓客、主持宴會等(B)從事組織內外個人或團體的接觸與聯繫，以便對內建立團隊，對外連結網路　(C)為組織發掘機會，發起改善計畫推動變革　(D)代表組織與相關人士，如政府官員、工會代表等進行交涉、協調談判等活動。

(　) 5 行政責任可分為主觀責任及客觀責任，下列何者非屬主觀責任？　(A)良心課責　(B)認同　(C)忠心　(D)法定義務。

(　) 6 學者彼得斯（G.Peters）認為當代政府的新治理典範已經浮現，並可歸納為4種明顯的模式或特質。其中「運用虛擬組織、著重於系統的層次更甚於組織結構的層次，並採取工作團隊式的管理」為下列哪一種治理模式？(A)市場式政府　(B)參與式政府　(C)彈性化政府　(D)解制式政府。

(　) 7 下列何者主張「組織是兩個人或兩個人以上所形成的有意識的協調活動或勢力的體系」？　(A)彼得•杜拉克（P.Drucker）　(B)史賓賽（H.Spencer）　(C)葛羅斯與愛尊尼（E.Gross & A.Etzioni）　(D)巴納德（C.I.Barnard）。

(　) 8 政府在執行某一政策時，會仔細考慮到各團體彼此間是否維持財富、地位、權力的平衡，假如不平衡，政府應調整使其維持平衡，係屬下列何種政府政策？　(A)分配性政策　(B)再分配性政策　(C)管制性政策　(D)自我管制性政策。

（　）**9** 關於合法化的過程，各參與者經常採取的策略分為包容性策略、排除性策略及說服性策略，下列何者屬於排除性策略？　(A)繞道策略　(B)雄辯策略　(C)聯盟建立策略　(D)抗議策略。

（　）**10** 公部門與私部門之績效管理特質比較之敘述，下列何者有誤？　(A)公部門的績效目標比較不容易達成　(B)公部門的績效管理面對多元認知差異的問題　(C)私部門的績效目標比較容易界定及衡量　(D)私部門的績效目標比較不具體且陳義過高。

（　）**11** 衝突研究學者雷辛（M.Afzalur Rahim）在其《管理組織衝突》一書中，依據「對自己的關心」與「對別人的關心」兩個構面，提出處理衝突的5種類型，下列何者有誤？　(A)整合（Integrating）：高度關心自己與別人　(B)妥協（Compromising）：低度關心自己，高度關心別人　(C)支配（Dominating）：高度關心自己，低度關心別人　(D)逃避（Avoiding）：低度關心自己與別人。

（　）**12** 關於非正式組織的敘述，下列何者正確？　(A)非正式組織無法給工作團體滿足感和穩定性　(B)非正式組織一定會增加管理者的工作負擔　(C)非正式組織為員工有效溝通的路線　(D)組織成員參加非正式組織的原因通常為組織正式要求。

（　）**13** 在政策制定時應以公共利益為依歸，才能兼顧弱勢團體的需要，而達到公共行政追求公平正義之終極目的，係屬公共利益何種功能之展現？　(A)凝聚功能（Unifying）　(B)代表功能（Representing）　(C)授權功能（Delegating）　(D)合法功能（Legitimating）。

（　）**14** 下列何者非屬幕僚部門之性質？　(A)是輔助單位而非權力單位　(B)是實作單位而非事務單位　(C)是調劑單位而非管轄單位　(D)是參贊單位而非決定單位。

（　）**15** 認為行為之正當性不在於個人的快樂而在於社會全體之幸福，主張大多數人的最大福祉，係指何種研究行政倫理時所採用之途徑？　(A)功利主義式倫理　(B)德行倫理　(C)權利倫理　(D)原則性倫理。

（　）**16** 下列何者非屬我國「公務人員行政中立法」準用之對象？　(A)公立學校校長及公立學校兼任行政職務之教師　(B)代表政府或公股出任私法人之董事及監察人　(C)行政法人有給兼任人員　(D)公營事業對經營政策負有主要決策責任之人員。

（　）**17** 透過政府的大量支出以促進經濟成長，係屬政府預算之何種功能？　(A)配置功能　(B)分配功能　(C)穩定功能　(D)成長功能。

（　）**18** 「世界電力新聞週報」是台電製作的第一個Podcast節目，其內容著重在分享國際能源、電力最新趨勢，透過新聞報導、雜誌期刊、智庫角度廣泛蒐

集資訊與分析,讓閱聽者在短時間內獲得豐富充實的電力知識饗宴,其最符合下列哪一種溝通方式? (A)視聽溝通 (B)內部溝通 (C)雙向溝通 (D)書面溝通。

( ) **19** 下列何者領導理論,係強調以部屬外在需求與動機作為其影響的機制,且部屬對領導者的順從及忠誠建立在交換互惠的基礎之上? (A)任務型領導 (B)關係型領導 (C)交易型領導 (D)轉換型領導。

( ) **20** 國家完全退出任務的履行,並將該任務交給私部門依照競爭法則及市場機制從事,又稱為「實質民營化」,係屬下列何種民營化類型? (A)財產民營化 (B)組織民營化 (C)任務民營化 (D)功能民營化。

( ) **21** 根據布萊克(Black)和莫頓(Mouton)所提出之管理方格(Management Grid)理論,其中座標(1,9)型為下列何者? (A)權威服從式管理(Authority Obedience Management) (B)鄉村俱樂部式管理(Country Club Management) (C)團隊式管理(Team Management) (D)組織人式管理(Organization Man Management)。

( ) **22** 美國聯邦政府自1988年開始即大力推行全面品質管理(TQM),並從實務經驗中發展出各項策略,下列關於行政機關推動全面品質管理的敘述,何者正確? (A)行政機關的服務品質由政府所定義 (B)重視個人的突出表現而非團隊合作 (C)強調事後檢測的觀念 (D)機關上下整體的承諾。

( ) **23** 依據預算法的規定,各機關遇有下列何種情形時,得請求提出追加預算? (A)所辦事業因重大事故致經費超過法定預算時 (B)國防緊急設施或戰爭 (C)國家經濟重大變故 (D)不定期或數年一次的重大政事。

( ) **24** 有關控制幅度的描述,下列何者有誤? (A)組織變動越快,控制幅度越小 (B)機關分散程度越小,控制幅度越大 (C)工作內容重複性高,控制幅度可以越大 (D)主管越充分授權,控制幅度可以越小。

( ) **25** 近年公共行政發展,有所謂「黑堡宣言」(Blacksburg Manifesto),其主張行政人員的角色應為下列何者? (A)既得利益的守護者 (B)財富經濟的分配者 (C)憲政精神的捍衛者 (D)掌握權力的少數者。

解答與解析 答案標示為 #者,表官方曾公告更正該題答案。

1 (B)。 (A)從組織結構上來研究組織的意義,認為組織是由許多不同的部份所共同構成的完整體,正如一個沒有發動的機器一樣。(C)從心理或精神觀點來解釋組織,認為組織是感情交流與思想溝通所形成的一種團體意識。(D)組織不僅有靜態結構、動態功能與行為,而且還是一個有機的生長體,會隨時代環境的演變而自求適應、自謀調整的團體。

2 (C)。 一般而言，民意具有以下幾項特性：

特性	說明
複雜性	同一個問題可能有不同的意見發生，有人贊成，有人反對亦有人中立，且所表示的強度又各有不同。
多變性	民意會隨著時間及空間變化，而改變其支持的方向及強度。
不普及性	在任何社會中，並非人人都關心政治與瞭解問題，所以許多人無法表示意見。相反的，有很多人卻對不知道的事表示知道，並提出意見。
不一致性	在社會上有很多人對於相關問題或類似問題所表示的意見前後並不一致。
不可靠性	有許多人對某些問題的意見並不可靠，因而常出現言行不一致的情形。
潛在性	社會中存在某些平時並不表現的潛在民意，只有在某些事件發生後或政府採取某種政策後才表現出來。
容忍性	真正的民意是多元的，亦即可以包容不同意見的表達。

3 (A)。 顧賽爾（Charles T.Goodsell）以「五個M」來形容此五項關係並非彼此相容的行政價值：手段（Means）、倫理（Morality）、民眾（Multitude）、市場（Market）、任務（Mission）。

4 (B)。 (A)頭臉人物或代表人物（figurehead）。(C)企業家或創業家（entrepreneur）。(D)協商者或談判者（negotiator）。

5 (D)。 行政倫理學者庫柏（Terry Cooper）教授認為：「行政倫理最核心的概念就是行政責任」，進而又將責任的內涵區分為客觀責任與主觀責任等兩種，因此我國對於行政倫理的實踐亦可分為外在控制的客觀責任與內在控制的客觀等策略實踐：
(1) 外在控制—客觀責任實踐
   屬行行政機關內部的管理機制、外在的國會政治立法、司法、監察、媒體與公民等監督機制。行政機關發生違法失職或弊端時設置調查委員會等方式。
(2) 內在控制—主觀責任實踐
   蘇建構行政倫理則—使行政人員有所「惕勵與依循」的依據。培養批判意識與舉發弊端—鼓勵行政人員有自我批判的意識。

6 (C)。 彈性化政府主要矯正官僚正式化的僵化，其特徵包括：
(1)運用虛擬組織。
(2)管理方面，採工作團隊式的管理。
(3)決策方式採取實驗性強的應變決策。
其所締造的公共利益在於降低施政成本和增進組織成員的合作團結。

7 (D)。 根據《牛津字典》的記載，在1873年以前，組織的概念，主要用以描述生物學上的組合狀態，或形成組合的活動。在1873年左右史賓賽（H.Spencer）指涉「組織是已然組合的系統或社會」，至1938年巴納德（C.I.Barnard）在其所著《主管人員的功能》一書中，將組織界定為「兩個人或兩個人以上所形成的有意識的協調活動或勢力的體系」。

8 (B)。 或稱「重分配性政策」（Redistributive policiey）指政府機關將既得利益者之利益予以解除或將某標的人口之利益轉移給另一標的人口享受政策，往往會造成財富、地位、權力重分配，例如綜合所得稅的累進稅率及各種租稅政策，包括房屋稅、地價稅、營業稅等。

9 (A)。 排除性策略：
(1) 繞道策略（bypass strategy）：當政策方案在合法化階段面臨重大障礙時，可以採取繞道而行的方式，以避免或延緩一場激烈的爭鬥。
(2) 保持秘密策略（secrecy strategy）：政策方案主張者在方案本身具敏感性或尚不宜公開時，對政策運作相關者及傳播媒體保持秘密，以增加方案的可行性。
(3) 欺騙策略（deception strategy）：由政策運作的行為者採取各種欺騙的手段，從說出率直的謊言到隱瞞相關的資訊，以使他人信其所言為真的一種作法。

10 (D)。 公部門的績效目標比較不具體且陳義過高。

11 (B)。 妥協（Compromising）：中度關心自己與別人。

12 (C)。 (A)非正式組織可以提供人員社會滿足感，可以安定組織使正式組織的人員離職率大為減少。(B)非正式組織可以減輕主管負擔。(D)組織成員參加非正式組織原因：滿足友誼、追求認同、取得保護、謀求發展、彼此協助。

13 (B)。 顧賽爾（C.Goodsell）歸納公共利益的功能有四項：
(1) 凝聚功能：公共利益具有凝聚作用，能化解不同黨派、群體間的歧見，亦即公共利益可吸納不同觀點利益作為公共利益範疇。
(2) 合法功能：公共利益除可堅定民眾信心外，並可使政策產生具備合法化基礎，提昇政策執行力與眾順服度。
(3) 授權功能：由於公共利益概念模糊，眾說紛紜，使得行政機關在法律或國會授權下，擴張職權，甚至是更為精緻的運用。
(4) 代表功能：公共利益可引導社會多數人眼光超越近期利益，而朝向經常被忽視族群的利益，持續地提醒民眾與公樸重視弱勢群體的利益。

14 (B)。 是事務機關而非實作機關。

15 (A)。 功利主義式倫理又稱「效益論」，主張行為的對錯或是非標準在於其是否能增進最大多數人的最大幸福，或是否能為最大多數人減少苦痛。邊沁（J.Bentham）稱這主張為「功利原則」（the principle of utility），強調以行動結果來判斷行動之是非對錯，並不考慮行動者的動機。

16 (C)。 依公務人員行政中立法第17條規定：「下列人員準用本法之規定：
一、公立學校校長及公立學校兼任行政職務之教師。
二、教育人員任用條例公布施行前已進用未納入銓敘之公立學校職員及私立學校改制為公立學校未具任用資格之留用職員。
三、公立社會教育機構專業人員及公立學術研究機構兼任行政職務之研究人員。
四、各級行政機關具軍職身分之人員及各級教育行政主管機關軍訓單位或各級學校之軍訓教官。
五、各機關及公立學校依法聘用、僱用人員。
六、公營事業對經營政策負有主要決策責任之人員。
七、經正式任用為公務人員前，實施學習或訓練人員。
八、行政法人有給專任人員。
九、代表政府或公股出任私法人之董事及監察人。」

17 (D)。 學者馬斯葛雷夫夫婦（Richard & Peggy Musgrave）在《公共財政的理論與實務》一書提出預算的功能有以下四點：

(1) 配置功能：確保合適的基金能夠流向所需的經濟部門。

(2) 分配功能：確保政府預算能在不同地區、人口、公私、政府和企業間維持平衡，以反應公共政策。

(3) 穩定功能：使用政府支出以穩定總體經濟或其若干部分。

(4) 成長功能：透過政府的大量支出以促進經濟成長和創造。

18 (A)。 視聽溝通：由於科技發達，溝通方式以進入數位時代，影音兼具，如視訊、手機、電腦、傳真機、公共通訊系統等，其優點是能迅速正確地傳遞訊息並吸引接受者的注意，但缺點則是相對成本較高。

19 (C)。 (A)任務導向的領導係以圓滿達成任務或工作為主的領導。(B)關係型領導乃是以維持良好的人際關係為主的領導。(D)認為領導是一種領導者與部屬之間相互影響關係的演進過程，透過此一歷程，領導者與部屬的工作動機與合作道德可獲提升，並經由人際互動得以促進組織社會系統的改變與組織體制的變革。

20 (C)。 民營化類型有財產民營化、組織民營化、任務民營化與功能民營化等。

(1) 財產民營化：指公部門之財產權及其他具有財產價值之物，如土地移轉到私部門或產業。

(2) 組織民營化：又稱「形式民營化」的組織民營化，仍維持在各該任務主體的既有任務範疇內。在行政實務上常見的法律形式，主要是有限公司及股份有限公司。

(3) 任務民營化：有實質民營化之稱，把任務移轉給私部門來從事。

(4) 功能民營化：是一種部分民營化，亦即任務雖仍屬國家任務主體，但將私人納入任務履行中。

21 (B)。 布萊克（R.Black）和莫頓（J.Mouton）所提出之管理方格（Management Grid）理論，認為管理者欲達成組織特定目的，在從事管理活動時，必須具有某種程度的關心工作產量與關心員工態度。依其所見，管理者可能在81種不同組合之管理格道中呈現其中一種領導方式。而其所重視者係以下五種方式：權威服從式管理（9.1）、鄉村俱樂部式管理（1.9）、無為式管理（1.1）、組織人式管（5.5）、團隊式管理（9.9）。

22 (D)。 (A)行政機關的服務品質由顧客來定義(B)特別需要團隊工作與所有相關成員的通力利合作(C)強調事前預防的觀念。

23 (A)。 依據預算法第79條的規定：「各機關因左列情形之一，得請求提出追加歲出預算：一、依法律增加業務或事業致增加經費時。二、依法律增設新機關時。三、所辦事業因重大事故經費超過法定預算時。四、依有關法律應補列追加預算者。」同法第83條規定：「有左列情事之一時，行政院得於年度總預算外，提出特別預算：一、國防緊急設施或戰爭。二、國家經濟重大變故。三、重大災變。四、不定期或數年一次之重大政事。」

24 (D)。 主管越充分授權，控制幅度可以越大。

25 (C)。 黑堡宣言（Blacksburg Manifesto）主張行政人員應扮演的角色：

(1) 憲政精神的瞭解者與捍衛者。

(2) 社會治理過程受託者以及正當而重要的參與者。

(3) 睿智的少數，而非吼嚷的多數或有權的少數。

(4) 不同機構的利益平衡軸。

(5) 擁有專業地位的道德和超驗執著者。

(6) 民眾參與的促進者。

111年 高考三級

☑ 申論題

一、當代公私部門的界限逐漸模糊，公私協力成為相當普遍的治理模式，請探討公私協力對於公部門的影響，以及對於私部門（包括企業、公民團體與社區）的影響。

▶ **破題分析**：面臨二十一世紀「無疆界的世界」的來臨，企業、政府及非營利組織等將分享權力，進行協力治理。公私協力關係或公私夥伴是屬於「公共管理」考科的範疇，不過此議題在產官學界多所討論，會出現在「公共政策」或「行政學」的題目，一點都不令人訝異。

答：公私協力是一種政府與民間社會共同合作，致力於提供更佳公共服務之國家治理行為。此種由政府與民間對公共事務共同治理的協力機制，如能奠基於理想之上的合作夥伴關係，對公共服務的目標具有共識，並在自由、平等的地位之上，資源分享、互利互惠，共同參與決策、互信互重，則可有效的整合國家與社會資源，形成一互補、互依、互利的協力體系，對政府、民間部門與社稷民生而言是一種三贏的境界。

(一) 公私協力關係之意涵根據孫本初教授看法：「公私協力係指公私部門：藉由資源之整合與資訊的交流藉以達到創增經濟利益，提供民間私部門參與建設之管道，降低公部門的財政負擔，以追求公私雙贏策略。」

(二) 公私協力對於公部門的影響

　1. 對公共行政實務與國家角色的影響：公私部門協力觀念對公共行政理論與實務的影響，包括傳統行政體制與行政生態的轉變。隨整體環境改變，傳統僵化的官僚行政體制受到挑戰，行政運作漸走向彈性化及動態化，並與私部門建立良好互動關係。而也造成國家角色的轉變，則由「大有為」萬能政府角色轉變為僅扮演導航功能，但仍保有治理、監督、評估與維持社會公平、正義等責任。

　2. 促成地方治理的影響

　　(1)透過資源整合，使雙方互蒙其利：此為公私部門協力最具價值的理由。公私部門彼此透過資源的整合與共同的投入，提高資源的使用效率。

    (2)強化民主決策與民主參與的效果：協力關係的建立，可集結公、私部門的專才或技術而形成協力組織或網絡，不但可以整合社會資源，也達到民主化決策與民間參與的成果。

    (3)改善傳統公共行政的缺失，有效解決社會問題：透過公私部門協力關係的建立，可使傳統公共行政的諸多缺失，如膨脹的組織、繁複的行政程序等作風得到改善。

    (4)解決市場失靈的現象：透過公私部門合夥協力關係之運作，能將社會資源與國家資源予以重新配置或有效整合，以改善社會整體福利，並保障更多人的權益，而將市場失靈的可能性降到最低。熵

(三) 公私協力對於私部門的影響

    1.公私協力關係並非指政府功能的解除，而是較著重公私部門角色改變，社會資源更能得到整合性的利用。

    2.公私協力關係必須建構在成熟的「公民參與」基礎上。

    3.公私協力是一種將私部門參與公共事務地位「合法化」或「正式化」的作法，可提升私部門地位。

    4.公私協力過程資訊必須透明化，民眾可藉以監督政府的效能。

▶ 觀念強化

1. 名詞解釋：公私協力夥伴關係（public-private partnerships），指為公私行動者之間的長期合作關係，在過程中他們發展共同的產品或服務，並且共享風險、成本和利潤，這些都是建立在彼此共享附加價值的觀念基礎上。

2. 觀念延伸：公部門與私部門的協力關係在運作上會遇到下列幾項困境：

    (1) 政府機構層級複雜，私部門難以配合或貫穿：政府機關的龐大和層級複雜，同一任務往往由許多不同單位共同負責，造成權責歸屬的模糊及不明確。私部門往往因為此種因素而無法在政府機構裡找到適合的專責機構一起共同協商，而制式的溝通方法造成政策的延遲效果，使得許多時效性的決策最後便失去了意義。

    (2) 協力過程監督、審議太多，削弱競爭契機：公私部門在協力過程中，要接受雙方的監督、審議。公部門議會審核合作方案的程序必須經三讀通過後，才能進入執行階段。然而，許多議案常常無法順利地排上議程，因此在推動協力關係時，若每一方案都須經過議會的通過，就容易因為時間的延誤而降低了企業商機。

    (3) 公私部門對公共事務認知差距：公部門與私部門兩者對利益著眼點的不同，也會形成公私部門互動的障礙。不管是主張國家利益或人民利益優先，政府都是從大層面的環境來考量，追求全民利益是基本使命；而私部門則以本身的利益考量為重，追求利潤才能維持他們的日常運作，因此在公共事務管理的體認方面，公私部門有很大的認知不同。

(4) 公部門資訊具壟斷性，無法流通：在公部門方面，資訊壟斷有公平性的考量；在私部門方面則是為了競爭的因素。為了達到公平性與競爭性的目的，公私部門的資訊往往無法以開誠布公的精神相互交流達成協力關係。因此，如何將公私部門各自壟斷的資訊變成共同分享的資訊，是推動公私協力關係時必須考量的重點。

(5) 協力機構的承接能力問題：政府思考要將某種業務交由民間辦理時，需先評估民間機構是否能力提供的問題。由於部分協力或委託業務，過去多屬於由政府獨占經營或具有特殊性的事業，若民間機構沒有承接的能力，或是承接的結果比政府自己辦理還差的情形下，就暫時沒有交由民間辦理的必要性。如欲解決此問題，政府除應積極創造協力誘因外，還應培養私部門承接業務或協力經驗。

3. 相關試題

(1) 請問公私夥伴關係（public-private partnership）的意義、目的及作法為何？試舉一實例加以說明。【100身三】

(2) 受到政府財政困境日益加深的影響，公私協力儼然成為政府提供公共服務的重要選項之一。請問公私協力的意義為何？公私協力在運作時可能面臨那些困境？【101地三】

▶ **參考書目**

1. 林淑馨著，《公共管理》，巨流圖書，2012年。
2. 陳佩君，〈公私部門協力理論與應用之研究〉，政治大學碩士論文，1999年。

二、美國行政學者賽耶（Wallace Sayre）曾說過，為了提升組織的效率與效能，公部門與私人企業的管理「在所有不重要的面向上，大多是相同的。」請問以上所謂相同的部分是指那些功能？公共行政又有那些與企業管理不同的重要面向？

▶ **破題分析**：有關公私部門管理異同的爭議，向來是公共行政與公共管理學者所關心的課題。歷屆考題中也曾出現過，更是公共管理考科必考的重點。本題如有準備應不難做答。

答：有關公私部門管理異同之爭議，長久以來，一直是公共行政與企業管理學者專家所關心的課題。有部分學者認為，管理就是管理，無所謂公私部門之差異。但另有部分專家學者並不認同「公私管理無異」的理念，認為公私部門在管理上仍有許多差異，可從以下面向來分析：

1. 相似之處：

		公共行政	企業管理
管理對象與方法	對象：人、事、財、物。	--	
	方法：有系統條理的科學方法。	--	
治事組織及其運用	依權能區分原理，將國家權力分為：政權與治權機關。	以股東大會為最高權力機關，董監事會則為決策機關或監察機關。	
行政效率與服務品質提升	要求提高工作效率及服務的良好品質。	均以顧客滿意度列為優先考慮。	

2. 相異之處

目的與動機的不同	公共利益。 動機：便民利民。	個人私利。 動機：營利賺錢。
一貫與權變的不同	政府行政必須具有始終一致的貫徹精神。	除遵守政府法令，可隨時變通、調整。
獨佔與競爭的不同	政府行政具獨特性，為公權力遂行者。	企業經營是自由競爭，任何人都不得壟斷市場。
政治考慮與管理因素不同	在民主政治下，政府施政須受民意及輿論監督。	企業經營比較不須考慮政治因素，以管理因素為重。
對外環境因應程度不同	受立法監督與預算控制，因應較慢。	可迅速因應環境的變遷。
所有權不同	行政組織所有人是全民大眾。	企業組織為私人所有。
管理重點不同	強調法令規章的訂定、組織的權責劃分、公共政策制定、財政收分配等，目的在為民服務。	重點在生產管理、成本會計、市場研究、廣告行銷、品質管制、財務管理等，其目的在追求利潤。

目的與動機的不同	公共利益。 動機：便民利民。	個人私利。 動機：營利賺錢。
組織目標的評估不同	以公共利益為目的，意涵抽象，不易衡量。	以獲利為考量，可明確以金錢數字來衡量其績效。
決策的程序不同	決策權力分散不同機關，使決策程序過於冗長。	事權得以有效集中，決策程序可依實際需要以簡化。
受公眾監督的程度不同	民主社會中，政府任何舉措都應秉持公開透明原則，接受公眾及輿論的批評監督。	私人企業最多要向投資股東報告營運的狀況，而不在違法的範圍內可以毋待公評。

▶ 觀念強化

1. 名詞解釋

公共性：公共的實質意義就是「公共利益」，施能傑直指公共行政的「公共」就是為公共利益服務，將公共意志與公共價值作為行政行為的論證基礎，以及行政裁量及執行法令的參考來源。

2. 觀念延伸

學者大致認為，相對於私部門，公部門具有下列獨特性質：

(1) 公部門的活動深受法律規章和規則程序之限制：公共組織的許多行動時常受到各種法律規章的限制，因而阻礙了其本身的自主性與彈性。

(2) 權威的割裂（fragmentation of authority）：許多公共組織除了要向上級行政單位負責外，同時亦得考量其服務對象、立法機關、司法單位和其他人民團體的要求。

(3) 公部門受到高度的公共監督（public scrutiny）：民主政府的工作需接受輿論或大眾的評判檢證，其所作所為好像是在金魚缸裡的活動一樣，必須公開透明。

(4) 公部門受到政治因素的影響甚深：在民主國家中，公共組織的運作不僅要在各級政府間的網絡中折衷協調，亦得受到許多利益團體或意見領袖的政治壓力。

(5) 公部門的組織目標大多模糊不清而不易測量：公共組織的目標就是要去創造公共利益，但是公共利益太過於抽象。

(6) 公部門較不受市場競爭的影響：政府所提供的財貨或服務大多是屬於公共財的性質。由於政府幾乎是唯一的生產者，自然沒有市場競爭的問題。

(7) 公部門較具有強迫性（Coerciveness）：許多政府活動具有強迫的、獨占的和不可避免的本質，縱使人民有不滿，也無法再找其他家機構往來。

3. 相關試題

(1) 公部門的某些獨特性往往與私部門有著基本上的重大差異，使得公共管理在課責與績效的方法與技術也必須適時調整。試論述公部門在本質上有那些異於私部門的特徵？【100高考】

(2) 學者指出公共行政與企業管理之所以有所差異，其原因來自於公共行政特有的「公共性」，請舉例說明何謂公共性？其次，請比較說明公共行政與企業管理二者之差異。【103原三】

▶ **參考書目**

1. 吳瓊恩著，《行政學》，三民書局，2008。
2. 張潤書著，《行政學》，三民書局，2007。

◤ **測驗題**

( )　**1** 有關公共行政的敘述，下列何者最為正確？　(A)追求利潤是重要目標　(B)常要處理不同價值衝突的問題　(C)範圍限於政府機關　(D)反映民意不是其功能。

( )　**2** 主張「政治-行政」兩分的行政學先驅學者為下列何人？　(A)威爾遜（W.Wilson）　(B)懷特（L.White）　(C)韋伯（M.Weber）　(D)古立克（L.Gulick）。

( )　**3** 就組織學習的層次而言，重新評估既定目標以及所根據的價值及信念，係指：　(A)單圈學習　(B)雙圈學習　(C)終身學習　(D)行動學習。

( )　**4** 羅聖朋和克拉夫丘克（D.H.Rosenbloom & R.S.Kravchuk）認為行政運作應遵循憲政體制的原則，下列敘述何者錯誤？　(A)行政須面對總統、國會與法院三位「主人」　(B)效率的價值應臣服於政治和社會民意的考量　(C)行政面對多元的權力核心和公共組織的權力割裂　(D)聯邦主義體系下權威與資源的共享是常態。

( )　**5** 近代行政倫理觀將「行為倫理」擴展到「政策倫理」，進而提出三個倫理準則，以期追求環境永續。下列何者不是這三個倫理準則？　(A)未來責任（duties to the future）　(B)守護精神（stewardship）　(C)代際公平（intergenerational equity）　(D)企業誠信（enterprise integrity）。

( )　**6** 行政倫理的確保機制，可以用2×2的矩陣圖來做區分；美國監察使（Ombudsman）的設置屬於：　(A)外部的正式控制機制　(B)內部的正式控制機制　(C)外部的非正式控制機制　(D)內部的非正式控制機制。

( ) **7** 下列那一個陳述是用來批評人群關係學派以偽善的方式利用員工，以提高其生產力，而非真正關心員工的感受？ (A)認知失調（cognitive dissonance） (B)霍桑效應（Hawthorne effect） (C)母牛社會學（cow sociology） (D)深層偽裝（deep acting）。

( ) **8** 下列何者不是非正式組織常見的缺點？ (A)任務衝突 (B)傳播謠言 (C)反對改變 (D)溝通僵化。

( ) **9** 美國聯邦政府有所謂的「獨立管制委員會（independent regulatory commission）」，成立目的不在行政功能，而是獨立管制特定政府事務。我國下列行政機關何者最接近前述組織型態？ (A)國家通訊傳播委員會 (B)立法院經濟委員會 (C)行政院公共工程委員會 (D)大學甄選委員會。

( ) **10** 下列敘述，何者最符合「組織文化」的概念？ (A)公務人員任滿1年後接受年終考績的考核 (B)各機關依時程編列概算 (C)機關成員喜歡挑戰與創新，長官也全力支持 (D)機關依法公開政府資訊。

( ) **11** 甄選程序或工具的內容能代表工作績效重要層面的程度，稱為： (A)結構信度 (B)內容信度 (C)複本效度 (D)內容效度。

( ) **12** 除公務員服務法與公務人員考績法之外，下列何者與公務人員紀律及義務的規範最為密切相關？ (A)公務人員考試法 (B)公務人員任用法 (C)公務人員俸給法 (D)公務員懲戒法。

( ) **13** 政府規費的徵收，較符合下列那一項原則？ (A)能力負擔原則 (B)財富重分配原則 (C)受益者付費原則 (D)外溢效果原則。

( ) **14** 有關我國公共債務的相關規定，下列何者正確？ (A)債務之舉借是我國政府重要的「歲入」來源 (B)公債的利息為我國政府之經常歲出 (C)僅中央政府可成立債務基金 (D)預算法明定特別預算不受舉債額度的限制。

( ) **15** 依據政府採購法的規定，「不經公告程序，邀請二家以上廠商比價或僅邀請一家廠商議價」的作法，是下列那一種招標方式？ (A)選擇性招標 (B)公開招標 (C)複數招標 (D)限制性招標。

( ) **16** 有關目標管理（management by objectives）的核心要素，不包含下列那一項？ (A)透明 (B)目標設定 (C)參與 (D)回饋。

( ) **17** 在佛洛姆（V.Vroom）的「期望理論（Expectancy Theory）」中，那一個基本概念代表「某一特定的努力將會產生某一特定績效的主觀信念」？ (A)工具（instrumentality） (B)期望（expectancy） (C)期望值（valence） (D)激勵（motivation）。

( ) **18** 根據賀茲伯格（F.Herzberg）的「激勵-保健二因理論」的分類，成就感屬於那一種因素？ (A)維持因素 (B)激勵因素 (C)保健因素 (D)不滿因素。

（　） **19** 有關我國公務人員任用制度之敘述，下列何者正確？　(A)初任薦任公務人員由各主管機關任命之　(B)簡任公務人員在各職系之職務間均得予調任　(C)公務人員官等之晉陞僅能透過升官等考試及格　(D)公務人員權理得在同官等高二職等範圍內辦理。

（　） **20** 政府制定某些公共政策的原因是為了糾正市場失靈，市場失靈不包含下列何者？　(A)外部性　(B)公共財　(C)完全競爭　(D)資訊不對稱。

（　） **21** 下列何者用以敘述「國會議員在進行法案投票時彼此資源與利益交換的現象」？　(A)逆向選擇（adverse selection）　(B)用腳投票（voting with the feet）　(C)道德風險（moral hazard）　(D)滾木立法（logrolling legislation）。

（　） **22** 某機關的目標是希望「第一線公務人員都能以親切友善的態度來服務民眾」，但績效指標卻訂為「員工必須每天準時打卡上下班」。此情形是指在描述訂定績效指標時，未能符合下列那一個原則？　(A)相關的（relevant）　(B)可達到的（attainable）　(C)具體明確的（specific）　(D)可測量的（measurable）。

（　） **23** 在我國地方制度法中，有關地方行政機關之設計與規範，下列何者錯誤？　(A)直轄市政府置市長1人，對外代表該市，綜理市政，由市民依法選舉之　(B)直轄市政府置秘書長1人，由市長依公務人員任用法任免　(C)直轄市政府之副市長由行政院長任命，報請立法院備查　(D)直轄市區公所置區長1人，由市長依法任用之。

（　） **24** 有關公民參與的概念，下列敘述何者錯誤？　(A)強調顧客第一的原則　(B)公民、政府官僚、政治菁英形成夥伴關係　(C)公民應具備積極負責的公民意識　(D)應鼓勵公民參與公共資源分配的過程。

（　） **25** 下列何者為我國成立行政法人的條件之一？　(A)機關冗員過多亟需精簡人力者　(B)具有專業需求或須強化成本效益及經營效能者　(C)執行任務適宜交由民間辦理者　(D)不涉及公權力行使者。

解答與解析　答案標示為 #者，表官方曾公告更正該題答案。

1 (B)。　(A)追求公共利益是重要目標。(C)範圍非僅限於政府機關。(D)反映民意是其主要的功能。

2 (A)。　威爾遜（W.Wilson）於1887年在《政治學季刊》發表〈行政的研究〉一文，被後輩學者認為是現代公共行政研究的濫觴。該文最主要的論點提到行政不應受政治干擾之「政治與行政分立」的政治行政二分主張。

3 (B)。　僅針對組織行動策略與策略目標間因果假定，所進行的探究矯正過程的手段、方法稱為「單回饋圈學習」；而不僅對策略與假定的認知錯誤，更深一層探究關於組織規範、目標認知的錯誤並予以矯正的過程稱為「雙回饋圈學習」。

4 (B)。 國家為了防止權力過度集中形成濫權」乃設計了分權與制衡的「憲政體制」，作為治國的依據，在此設計下，對於公共行政的影響有四：
  (1) 公共行政須面對總統、國會與法院三位「主人」。而且必須與行政機關、國會、法院及總統營造出夥伴關係。
  (2) 公共行政面對的多元權力核心，不但分割了公共組織的權力，也使得政策的執行不易推動，而且這些權力核心之互動與競爭，更增加協調整合的工作備極艱辛。
  (3) 聯邦憲政結構締造了「聯邦主義體系」，其雖力主權威與資源的共享，但卻使得行政運作的統合更形困難，其行政多元更加明顯。
  (4) 公共行政的價值，並不能純粹反應效率的觀點，甚至效率的價值須臣服於政治原則和法律考量之下。

5 (D)。 近代行政倫理觀將「行為倫理」擴展到「政策倫理」，進而提出：(1)未來責任（duties to the future）、(2)守護精神（stewardship）、(3)代際公平（intergenerational equity）三個倫理準則，以期追求環境永續。

6 (A)。 吉伯特（C.Gilbert）1959年在《政治期刊》發表「行政責任分析架構」，以二個構面：正式/非正式及內部/外部，構築四種達成行政責任的確保途徑：
  (1)內部正式確保途徑：A.行政控制。B.調查委員會。C.人事、主計、政風之雙重隸屬監督體制。
  (2)外部正式確保途徑：A.議會控制。B.司法控制。C.行政監察員。D.選舉。
  (3)外部非正式確保途徑：A.公民參與。B.傳播媒體。C.資訊自由。
  (4)內部非正式確保途徑：A.代表科層體制。B.專業倫理。C.弊端揭發。

7 (C)。 組織人文主義論者史考特（Scott）曾以「母牛社會學」一詞對人群關係學派（Human Relations School）提出諷刺，意指人群關係學派表面上重視與關懷組織成員的社會心理層面，但實際上是為了其背後的生產力，藉由關懷的手段，以提升效率，如此的作法，就像牧牛人關懷母牛一樣，只是希望母牛肥壯以便賣到好價錢，並非真心關懷員工。

8 (D)。 非正式組織的反功能（缺點）：(1)反對改變；(2)角色衝突；(3)傳播謠言；(4)高度順適；(5)徇私不公。

9 (A)。 國家通訊傳播委員會（NCC）是依法設立之獨立機關，獨立機關是針對需要專業化、去政治化及充分顧及社會多元價值之特殊公共事務，執行裁決、管制事務所建置之組織。司法院釋字第613號解釋亦肯認通傳會建置之目的，是為排除上級機關與政黨可能之政治或不當干預，其設置本旨即在排除政治因素的不當干擾。

10 (C)。 組織文化乃是組織成員持續共有的一組基本價值、信念與行為假設。機關成員喜歡挑戰與創新，長官也全力支持，代表組織鼓勵創新文化。

11 (D)。 效度是指衡量的工具是否能真正衡量到研究者想要衡量的問題，又可分為：
  (1) 內容效度（content validity）：甄選程序或工具的內容能代表工作績效重要層面的程度，亦即所選擇的尺度是否能正確的衡量研究所欲衡量的東西。
  (2) 效標關聯效度（criterion-related validity）：是指使用中的衡量工具和其他的衡量工具來比較兩者是否具有關聯性。
  (3) 結構效度（construct validity）：指要瞭解某種衡量工具真正要衡量的是什麼。
  (4) 通則化的效度（lawlike validity）：是基於對構念和從理論建構的正式假設而來的衡量項目的明確調查。

12 (D)。 現行法令對公務人員的紀律與義務要求，主要有公務員服務法、公務員考績法及公務員懲戒法等三種。

13 (C)。　政府規費的徵收，較符合受益者付費或使用者付費原則。

14 (B)。　(A)110年各級政府歲入淨額以稅課收入為主要來源，占82.6%，其餘依次為營業盈餘及事業收入占8.6%，規費、罰款及賠償收入占4.5%。(C)中央及直轄市為加強債務管理、提高財務運用效能，得設立債務基金籌措財源，辦理償還到期債務、提前償還一部或全部之債務及轉換高利率債務為低利率債務等財務運作之相關業務。(D)中央總預算及特別預算每年度舉債額度，不得超過其總預算及特別預算歲出總額之15%。

15 (D)。　依據政府採購法第18條規定：「採購之招標方式，分為公開招標、選擇性招標及限制性招標。

本法所稱公開招標，指以公告方式邀請不特定廠商投標。

本法所稱選擇性招標，指以公告方式預先依一定資格條件辦理廠商資格審查後，再行邀請符合資格之廠商投標。

本法所稱限制性招標，指不經公告程序，邀請二家以上廠商比價或僅邀請一家廠商議價。」

16 (A)。　目標管理（Management by Objectives, MBO）源於美國管理學家彼得·杜拉克，他在1954年出版的《管理的實踐》一書中，首先提出了「目標管理和自我控制的主張」。MBO有4個核心的要素，包括：明確目標設定、參與決策、規定期限和回饋績效。

17 (B)。　佛洛姆（V.Vroom）的「期望理論」認為員工在決定從事某種行為之前，必先評估各種行為策略，如果某個策略是其相信可獲取報酬的策略，而此項策略又是他所期望的那麼他就會選擇該項行為策略。該理論之基本概念，可用公式表示之：M＝E×I×V表示。

(1)期望（expectancy）：指某一特定的努力將會產生某一特定績效水準或某一績效將會獲得某些報酬的主觀信念。

(2)媒具（instrumentality）：即當一位員工努工作且有高度績效，若績效能對心中期望的報酬產生多層觸媒作用，那麼就會形成工作的激勵動力。

(3)期望值（valence）：個人對於某一特定成果表達的偏好強度。

18 (B)。　賀茲伯格（F.Herzberg）提出「激勵-保健二因理論」：

保健因素	激勵因素
機關組織的政策與管理	成就感
上司的監督	賞識
報酬與待遇	工作本身
人際關係	責任
工作環境與條件	升遷與發展

19 (D)。　(A)各機關初任簡任、薦任、委任官等公務人員，經銓敘部銓敘審定合格後，呈請總統任命。(B)簡任第十二職等以上人員，在各職系之職務間得予調任；其餘各職等人員在同職組各職系及曾經銓敘審定有案職系之職務間得予調任。(C)公務人員官等之晉升，應經升官等考試及格或晉升官等訓練合格。

20 (C)。　造成市場失靈之原因，主要有以下四種情形：(1)公共財的提供問題；(2)外部性造成的問題；(3)自然獨占所造成的問題；(4)資訊不對稱所造成的問題。

21 (D)。 滾木立法（logrolling legislation）係指立法人員彼此間以投票贊成或反對提案方式，取得互惠式同意。亦即立法人員各自提出有利於自己或其選區的議案，然後互相交換支持，最後同蒙其利，但卻使公共利益受損，為立法機關的陋規。

22 (A)。 杜拉克（Peter Drucker）於1954年提出目標設定的SMART原則，五個子母分別代表的是Specific（明確的）、Measurable（可衡量的）、Achievable（可達成的）、Relevant（相關的）和Time-bound（有時限的）。
(1) Specific：設定的目標要足夠明確。
(2) Measurable：這個目標是可被衡量、量化的數值。
(3) Attainable：這個目標確定是可以被達成的。
(4) Relevant：這個目標和自己身處的環境、規劃的方向是相關的。
(5) Time-based：有階段性、明確的截止日期。

23 (C)。 直轄市政府置市長一人，對外代表該市，綜理市政，由市民依法選舉之，每屆任期四年，連選得連任一屆。置副市長二人，襄助市長處理市政；人口在二百五十萬以上之直轄市，得增置副市長一人，職務均比照簡任第十四職等，由市長任命，並報請行政院備查。

24 (A)。 所謂公民參與意味著肯定公民在公共政策運作過程中可以扮演更重要和更積極的角色，但並不是主張政府可以完全地被公民所取代，相反地，此一理念強調的是公民、公共官僚，以及政治精英的合作和夥伴關係。公民參與係透過制度設計，將公民納入政策制定的過程，公民透過公共對話，決定公共利益的內涵。

25 (B)。 行政法人係指國家及地方自治團體以外，由中央目的事業主管機關，為執行特定公共事務，依法律設立之公法人。前項特定公共事務須符合下列規定：
(1)具有專業需求或須強化成本效益及經營效能者。
(2)不適合由政府機關推動，亦不宜交由民間辦理者。
(3)所涉公權力行使程度較低者。

111年 普考

( ) **1** 有關公共管理與企業管理之敘述,下列何者錯誤? (A)二者都重視效率 (B)二者都在管理人、財、事、物 (C)二者都具有很大的權變性 (D)二者都重視管理技術。

( ) **2** 下列何者對於提高「直接公民參與」最無助益? (A)電子投票 (B)公民教育 (C)政府資料開放 (D)增加民意代表人數。

( ) **3** 古立克(L.H.Gulick)以「POSDCORB」來說明行政管理的七大項工作,提供員工培訓主要屬於下列那一項工作的內涵? (A)P (B)O (C)S (D)D。

( ) **4** 1968年第一次明諾布魯克會議(Minnoebrook Conference I)所發展的論點,迥異於傳統公共行政的觀點在於: (A)強調社會公正的重要性 (B)科層體制的組織型態 (C)強調行政人員價值中立的重要性 (D)追求專業的行政原則。

( ) **5** 下列何者非屬巴納德(C.Barnard)所提出之動態平衡理論的觀點? (A)在正式組織中,第一線服務人員是最關鍵的人物 (B)應該要重視非正式組織的存在,因為非正式組織也是「有意識的協調行動體系」 (C)組織貢獻與滿足必須平衡,誘因不能只靠物質條件,更要重視非物質條件 (D)主管人員應該多加注意並有效建立溝通管道,藉此建立組織成員的團結與合作意識。

( ) **6** 「黑堡宣言」在理念上,與下列何者最為接近,可謂志同道合? (A)傳統公共管理 (B)新公共管理 (C)新公共行政 (D)行為主義。

( ) **7** 下列何者不符合官僚體系的中立性? (A)文官不公開表達個人對特定候選人的支持 (B)文官不涉入政黨或政治活動 (C)文官依照聽命行事的程度而任命與陞遷 (D)文官對政策執行的熱情不因不同政黨執政而有差異。

( ) **8** 政府機關推動業務委託民間辦理,其主要目的不包括下列何者? (A)善用民間資源與活力 (B)活化公務人力運用 (C)提升地方財政自主能力 (D)提升公共服務的效率與品質。

( ) **9** 根據公務員廉政倫理規範的規定,公務員因離職所受贈之財物,其市價不可以超過新臺幣多少元? (A)2,000元 (B)3,000元 (C)4,000元 (D)5,000元。

( ) **10** 下列何者非屬公務人員行政中立法之規範對象? (A)直轄市市長 (B)軍訓教官 (C)國立大學校長 (D)監察委員。

（　）**11** 政府公營事業的民營化有許多種類別，下列何者不屬之？　(A)撤資（divestment）　(B)委託授權（delegation）　(C)替代（displacement）(D)融資（financing）。

（　）**12** 甲初次登記成為縣長選舉之參選人，應向那個機關申報財產？　(A)中央選舉委員會　(B)法務部廉政署　(C)監察院　(D)登記參選縣市之政風處。

（　）**13** 我國中央政府總預算過程包括數個階段，下列那一個階段的法定期限（間）為最短？　(A)總預算籌編　(B)總預算審議　(C)總預算執行　(D)總決算審核。

（　）**14** 關於首長制及委員制特色的比較，下列何者錯誤？　(A)委員制通常較能集思廣益，較符合民主的精神　(B)首長制的指揮通常較靈敏，較能夠爭取時效　(C)首長制通常行動較為迅速、效率較高　(D)委員制的事權通常較集中、責任歸屬較明確。

（　）**15** 關於組織之敘述，下列何者正確？　(A)行政學傳統理論時期（1930年代之前）強調組織是開放的系統　(B)行政生態學強調組織內部人員的互動關係　(C)修正理論時期（1930-1960年代）強調層級節制與專業分工的重要性　(D)組織包含物質的、精神的、效率的、目的的要素。

（　）**16** 「依工作性質的不同，將組織劃分為若干個平行單位」，屬於何種組織原則（principle）？　(A)層級（hierarchy）　(B)功能（function）　(C)幕僚（staff）　(D)協調（coordination）。

（　）**17** 有關麥葛瑞格（D. McGregor）對X理論與Y理論的闡述，下列何者錯誤？(A)對人性假設偏向X理論的管理者，認為部屬的工作態度是消極的　(B)對人性假設偏向Y理論的管理者，認為部屬有可能主動做好分內工作　(C)管理者應針對不同工作態度的部屬，採取不同的管理模式　(D)管理者必須從Y理論回歸為X理論，以提升工作效率。

（　）**18** 依據中央行政機關組織基準法，下列敘述何者正確？　(A)行政院為一級機關，其所屬各級機關依層級為二級機關與三級機關，必須逐級設立　(B)「機構」是基於組織之業務分工，於機關內部設立之組織　(C)「署」、「局」為三級機關使用之名稱　(D)一級機關得置副首長1人至3人，其中1人應列常任職務，其餘列政務職務。

（　）**19** 關於我國直轄市山地原住民區制度之敘述，下列何者正確？　(A)直轄市山地原住民區的區長為官派　(B)在直轄市山地原住民區當地居住滿6個月以上的居民，即具有擔任區長的資格　(C)直轄市山地原住民區之自治，除法律另有規定外，準用地方制度法關於直轄市的規定　(D)直轄市山地原住民區為地方自治團體。

（　）**20** 在一個組織中發展出對組織結構會產生補充或修改作用的社交小團體稱為：
(A)工會組織　(B)非正式組織　(C)學習型組織　(D)政黨附隨組織。

（　）**21** 若主管只因為不喜歡部屬的某些行為如抽菸，而在其他所有項目都給予負面評價，在考核時可能會犯了何種考績謬誤？　(A)過嚴謬誤（stringency error）　(B)比較謬誤（contrast error）　(C)暈輪謬誤（halo error）　(D)初期印象謬誤（first-impression error）。

（　）**22** 機關職位出缺後，若採用「內陞制」較可能會產生下列何種缺點？　(A)工作情緒與效率低落　(B)易引起不合作的現象　(C)前途發展有限，難以安心服務　(D)比較不易帶入創新思維。

（　）**23** 我國現行公務人員與國家之關係屬：　(A)特別權力關係　(B)特別任用關係　(C)公法上職務關係　(D)公法上契約關係。

（　）**24** 關於公務人員考績委員會，下列敘述何者錯誤？　(A)委員任期1年，期滿得連任　(B)任一性別委員原則上不得低於三分之一　(C)應有全體委員三分之二之出席始得開會　(D)委員會中應有票選委員。

（　）**25** 有關政府機關運用勞動派遣人力之敘述，下列何者正確？　(A)具公務人員身分　(B)準用公務人員退撫制度　(C)約聘僱人員屬之　(D)適用勞動基準法。

（　）**26** 有關公共財之敘述，下列何者正確？　(A)為了不過度干擾市場機制，政府僅能提供公共財　(B)公共財的無排他性是指即便多一個人使用該服務或物品，也不會排擠其他人的使用　(C)公共財主要的問題在於民眾無法共同消費這項服務或物品　(D)搭便車者（free-rider）是造成公共財市場失靈的主要原因之一。

（　）**27** 下列何者非屬我國縣（市）政府的歲入自有財源？　(A)統籌分配稅款　(B)地價稅　(C)規費收入　(D)舉債收入。

（　）**28** 中央政府總決算審核報告送達立法院後，立法院應於1年內完成其審議，如未完成，應如何處理？　(A)自動延長審議時間1年　(B)視同審議通過　(C)暫時凍結新年度總預算案之審議，俟總決算審核報告完成審議時，再恢復總預算案之審議　(D)暫時凍結當年度歲出計畫之執行，俟總決算審核報告完成審議時再行恢復。

（　）**29** 有關設計計畫預算制度（Planning, Programming, Budgeting System）之敘述，下列何者錯誤？　(A)對資源長期負擔提供明確規劃　(B)美國詹森總統指示聯邦政府全面採行　(C)預算作業與管理功能結合　(D)以4年為週期，必須保持預算平衡。

（　）**30** 下列何者不是我國政府採購法所定義的招標方式？　(A)競爭性招標　(B)選擇性招標　(C)限制性招標　(D)公開招標。

(　　) **31** 公共管理在進行策略規劃時，常藉由SWOT分析方法，來釐清行政組織所面臨的內外環境情勢，以擬定最符合組織的發展策略。其中「T」意指下列何者？　(A)目標（target）　(B)威脅（threat）　(C)工具（tool）　(D)科技（technology）。

(　　) **32** 在員工績效管理中，一種利用管理者、部屬、顧客、同事與自己的評量作為依據的評估方法，稱為：　(A)六標準差　(B)360度評估　(C)平衡計分卡　(D)行為觀察尺度法。

(　　) **33** 成本效益分析（cost-benefit analysis）與成本效能分析（cost-effectiveness analysis）是方案評估常用的方法，下列敘述何者錯誤？　(A)成本效益分析比較方案的投入和產出　(B)成本效能分析須將比較項目轉為貨幣價值　(C)成本效能分析關注方案產生的結果　(D)成本效益重視經濟效率的分析。

(　　) **34** 甲是部屬們眼中公認的成功領導者，部屬形容這位上司是「成熟、充滿活力而且待人和善」。這些部屬最可能是採用何種途徑來評估領導成效？　(A)特質途徑　(B)行為途徑　(C)結構途徑　(D)權變途徑。

(　　) **35** 有關公務人員公共服務動機（public service motivation）的基本特徵，下列敘述何者正確？　(A)它是個人天生基因差異的產物　(B)一個人只有進入公共部門才能從事公共服務　(C)動機較高者追求的是內在報酬　(D)動機一旦形成後就無法改變。

(　　) **36** 有關危機特性的描述，下列何者錯誤？　(A)危機的形成具有階段性　(B)危機具有威脅性　(C)危機具有時間上的急迫性　(D)危機都具有可預期性。

(　　) **37** 下列對政府開放資料（government open data, GOD）的描述，何者錯誤？　(A)我國GOD現以使用者付費為原則、免費為例外　(B)GOD指政府以開放格式於網路公開，提供外部使用者，依其需求連結下載及利用　(C)資料型態包含文字、數據、圖片、影像、聲音、詮釋資料等　(D)GOD可強化民眾監督政府的力量。

(　　) **38** 有關非營利組織的敘述，下列何者錯誤？　(A)唯有政府失靈時，非營利組織才有存在必要　(B)國家衛生研究院為非營利組織　(C)可彌補政府公共服務輸送之不足　(D)非營利組織的出現有可能提升政府的績效。

(　　) **39** 下列何者為經濟管制政策的主要特色？　(A)處理政府失靈的問題　(B)以保障弱勢為主要目的　(C)可運用配額制度作為工具　(D)對事業營運造成的影響甚小。

(　　) **40** 下列何種政策型態最容易出現「肉桶政治（pork-barrel politics）」的現象？　(A)成本分散全民、利益集中少數人　(B)成本集中少數人、利益集

中少數人 (C)成本集中少數人、利益分散全民 (D)成本分散全民、利益分散全民。

( ) **41** 根據羅伊（T.Lowi）政治鐵三角理論，下列何者非屬鐵三角聯盟的成員？ (A)特殊利益團體 (B)司法體系 (C)行政官僚體系 (D)國會常設委員會。

( ) **42** 主管機關制訂出來的公共政策，因特定利益團體與其互動和刻意運作，造成公共利益損害但該團體受益的現象，稱之為： (A)增強現象 (B)月暈現象 (C)俘虜現象 (D)鄰避現象。

( ) **43** 有關民意的特性與潛在問題，下列敘述何者錯誤？ (A)民意經常呈現不穩定的現象 (B)民意具有常態分配的特徵 (C)民意存在內部的矛盾衝突 (D)民意如流水，東飄西流無常軌。

( ) **44** 下列何者非屬直轄市、縣（市）的自治事項？ (A)新聞行政 (B)下水道建設及管理 (C)消費者保護 (D)營業稅之稽徵。

( ) **45** 有關我國中央與地方財政劃分特徵之敘述，下列何者錯誤？ (A)稅課劃分為國稅、直轄市及縣（市）稅 (B)我國中央與地方政府的收支明訂於地方制度法 (C)從我國財政結構而言，中央政府始終扮演重要角色 (D)地方稅法通則是地方政府課徵租稅的法源基礎。

( ) **46** 有關非營利組織和非政府組織之敘述，下列何者錯誤？ (A)非營利組織是民間組織，強調公益和不以營利為目的 (B)非營利組織享有賦稅上的優惠且不得分配盈餘 (C)非政府組織大致可以涵蓋非營利組織的特質 (D)非政府組織強調不與政府機關互動。非政府組織仍會與相關政府機關互動。

( ) **47** 非營利組織主要人力來源，下列何者錯誤？ (A)契約進用者 (B)志願工作者 (C)終身雇用者 (D)外部協力者。

( ) **48** 下列何者非屬我國之國稅？ (A)贈與稅 (B)印花稅 (C)貨物稅 (D)菸酒稅。

( ) **49** 下列何者與「公民參與」的概念最接近？ (A)菁英主義 (B)代議民主 (C)寡頭鐵律 (D)直接民主。

( ) **50** 有關治理（governance）特性之描述，下列何者錯誤？ (A)重視多元行動者 (B)形成協力關係 (C)偏好大有能的政府 (D)強調自我組織（self-organizing）的網絡。

解答與解析 答案標示為#者，表官方曾公告更正該題答案。

1 **(C)**。 二者都重視效率及服務品質；二者都在管理人、財、事、物。尚有：治事組織及其運用相同：工商企業的組織，以股東大會或代表大會為最高權力機關，選舉董監事會，

代表股東為決策或監督機關，及聘請總經理、經理和重要職員，都和政府行政機關運作原理相同。

2 (D)。 公民參與是指可任何可以直接吸引公眾參與決策，協助解決問題，或藉由所提供之意見促成決策的一個過程，或是可以提供更完整考量方案或收集更多公眾意見投入的一個過程。增加民意代表人數是屬於間接民主，於提高直接民主的「公民參與」最無助益。

3 (C)。 古立克（L.H.Gulick）及尤偉克（L.F.Urwick）以「POSDCORB」來說明行政管理的七大項工作。
(1) P計劃（Planning）：擬出欲完成工作大綱及完成方法。
(2) O組織（Organization）：建立正式權威結構，使各部門得以協調分工。
(3) S用人（Staffing）：建立人事作業與措施，包括人員招募與甄選、員工培訓等。
(4) D指揮（Directing）：權責之分配，指揮隸屬系統設定，以及命令與服從關係的確立。
(5) CO協調（Coordinating）：組織中各部門間工作聯繫與協調。
(6) R報告（Reporting）：使組織成員知悉組織的進展情況。
(7) B預算（Budgeting）：有關財務運用方面之活動，包括預算編制、經費運用、會計作業及審計查核等。

4 (A)。 受1968年於美國召開第一次明諾布魯克會議，所發展「新公共行政運動」影響，許多學者普遍認為公共行政不應偏離民主社會所關切的公平、正義、自由等倫理價值，而應能彰顯公益與實踐公共目的，既對公眾期望與需求負起積極的回應責任。

5 (A)。 認為在一個正式組織中，主管是關鍵人物，就如同身體的中樞神經，應執行四項功能：維繫組織溝通、確保員工必要的服務、規劃組織的目標、建構「創造性道德」。

6 (C)。 黑堡宣言強調行政價值重塑與社會變遷推動，均須經由「集體懷抱價值、認知、態度以及行為」的改變，由行政人員與科層制度雙管齊下，才能提升行政績效。如果說新公共行政運動屬行政理念個人主義，那黑堡宣言就是「奠基於制度的明諾布魯克觀點」。

7 (C)。 官僚體系的中立性強調政府機關中的公務人員在推動各項政策及行政活動的過程中，應保持中立立場，並遵循依法行政原則、人民至上原則、專業倫理原則，不受政黨、派系、民意代表、利益團體、上司等之操縱、支配與關說的影響。

8 (C)。 依行政院及所屬各機關推動業務委託民間辦理實施要點第1點：「為使行政院及所屬各機關（構）、學校（各機關）善用民間資源與活力，活化公務人力運用，降低政府財政負擔，提升公共服務效率及品質，特訂定本要點。」

9 (B)。 根據公務員廉政倫理規範第4點的規定：「公務員不得要求、期約或收受與其職務有利害關係者餽贈財物。但有下列情形之一，且係偶發而無影響特定權利義務之虞時，得受贈之：(1)屬公務禮儀。(2)長官之獎勵、救助或慰問。(3)受贈之財物市價在新臺幣五百元以下；或對本機關（構）內多數人為餽贈，其市價總額在新臺幣一千元以下。(4)因訂婚、結婚、生育、喬遷、就職、陞遷異動、退休、辭職、離職及本人、配偶或直系親屬之傷病、死亡受贈之財物，其市價不超過正常社交禮俗標準。」同法第2點第3小點：「(3)正常社交禮俗標準：指一般人社交往來，市價不超過新臺幣三千元者。但同一年度來自同一來源受贈財物以新臺幣一萬元為限。」

10 (A)。 公務人員行政中立法適用對象是以常任公務人員為規範對象；不包括政治性任命之政務人員及民選地方首長。另依憲法或法律規定須超出黨派以外，依法獨立行使職權之政務人員，如監察委員準用本法之規定。

11 (D)。　政府公營事業的民營化的類型：

(1) 撤資（divestment）：指公營事業或國有資產移轉至民間，此種移轉民營化可經由出售、無償移轉及清理結算等策略進行。

(2) 委託授權（delegation）：指政府部門委託民間部門，為部份或全部財或與服務的生產活動，但政府部門保有監督的責任。

(3) 替代（displacement）：當大眾認為政府所提供的生產或服務，無法滿足社會需求，而民間部門意識到有此需求，進而提供生產或服務，以滿足社會大眾。

12 (#)。　依公職人員財產申報法第2條規定：「下列公職人員，應依本法申報財產：一、總統、副總統。二、行政、立法、司法、考試、監察各院院長、副院長。三、政務人員。四、有給職之總統府資政、國策顧問及戰略顧問。五、各級政府機關之首長、副首長及職務列簡任第十職等以上之幕僚長、主管；公營事業總、分支機構之首長、副首長及相當簡任第十職等以上之主管；代表政府或公股出任私法人之董事及監察人。六、各級公立學校之校長、副校長；其設有附屬機構者，該機構之首長、副首長。七、軍事單位上校編階以上之各級主官、副主官及主管。八、依公職人員選舉罷免法選舉產生之鄉（鎮、市）級以上政府機關首長。九、各級民意機關民意代表。十、法官、檢察官、行政執行官、軍法官。十一、政風及軍事監察主管人員。十二、司法警察、稅務、關務、地政、會計、審計、建築管理、工商登記、都市計畫、金融監督暨管理、公產管理、金融授信、商品檢驗、商標、專利、公路監理、環保稽查、採購業務等之主管人員；其範圍由法務部會商各該中央主管機關定之；其屬國防及軍事單位之人員，由國防部定之。十三、其他職務性質特殊，經主管府、院核定有申報財產必要之人員。

前項各款公職人員，其職務係代理者，亦應申報財產。但代理未滿三個月者，毋庸申報。總統、副總統及縣（市）級以上公職之候選人應準用本法之規定，於申請候選人登記時申報財產。前三項以外之公職人員，經調查有證據顯示其生活與消費顯超過其薪資收入者，該公職人員所屬機關或其上級機關之政風單位，得經中央政風主管機關（構）之核可後，指定其申報財產。

同法第4條：「受理財產申報之機關（構）如下：一、第二條第一項第一款至第四款、第八款、第九款所定人員、第五款職務列簡任第十二職等或相當簡任第十二職等以上各級政府機關首長、公營事業總、分支機構之首長、副首長及代表政府或公股出任私法人之董事及監察人、第六款公立專科以上學校校長及附屬機構首長、第七款軍事單位少將編階以上之各級主官、第十款本俸六級以上之法官、檢察官之申報機關為監察院。二、前款所列以外依第二條第一項各款規定應申報財產人員之申報機關（構）為申報人所屬機關（構）之政風單位；無政風單位者，由其上級機關（構）之政風單位或其上級機關（構）指定之單位受理；無政風單位亦無上級機關（構）者，由申報人所屬機關（構）指定之單位受理。三、總統、副總統及縣（市）級以上公職候選人之申報機關為各級選舉委員會。」

考選部公告，本題一律給分。

13 (#)。　總預算審議的法定期間大約4個月為最短。考選部公告，本題一律給分。

14 (D)。　首長制的事權通常較集中、責任歸屬較明確。

15 (D)。　(A)行政學傳統理論時期（1930年代之前）強調層級節制與專業分工的重要性。(B)行政生態學運用生態研究法，探討行政制度和其環境間的互動關係。(C)修正理論時期（1930-1960年代）強調組織內部人員的互動關係。

16 (B)。　穆尼（J.Mooney）與雷利（A.Reiley）提出組織原則

(1) 階梯原則：指組織內應有上下的層級節制，其原則在建立領導的系統，使上下有序，命令貫徹。

   (2) 功能原則：指同階層間的分工，即依工作性質的不同劃分若干平行單位。

   (3) 幕僚原則：組織中有的單位是實作單位，有的是輔助性的，前者執行任務，後者在提供諮詢，各有明確權限及職責。

   (4) 協調原則：各單位部門間應有良好的溝通網絡，以利協調的進行。

17 (D)。 管理者必須從X理論回歸為Y理論，以提升工作效率。

18 (C)。 (A)行政院為一級機關，其所屬各級機關依層級為二級機關、三級機關、四級機關。但得依業務繁簡、組織規模定其層級，明定隸屬指揮監督關係，不必逐級設立。(B)單位：基於組織之業務分工，於機關內部設立之組織。(D)一級機關置副首長一人，列政務職務。二級機關得置副首長一人至三人，其中一人應列常任職務，其餘列政務職務。三級機關以下得置副首長至多三人，均列常任職務。

19 (D)。 (A)直轄市山地原住民區民代表及直轄市山地原住民區長兩個地方公職人員為民選。(B)直轄市之區由山地鄉改制者，其區長以山地原住民為限。(C)山地原住民區之自治，除法律另有規定外，準用本法關於鄉（鎮、市）之規定；其與直轄市之關係，準用本法關於縣與鄉（鎮、市）關係之規定。

20 (B)。 非正式組織是正式組織的副產品，也是一種必然的現象，因為人在組織中會產生交互行為，彼此就會有瞭解與認同，這些認同的關係乃自然而然的使人員結合而成為團體。

21 (C)。 根據受考者在某種工作上的特徵或表現，推定其在其他工作層面上的表現亦類同。

22 (D)。 內陞制指凡機關職位有空缺時，由在職之低職等人員升任補充者。其缺點有：

   (1) 無法吸收卓越的人才。

   (2) 不符適才適所原則，所謂大事須大才、小事須小才。

   (3) 無新人加入，易陷於暮氣沉沉，比較不易帶入創新思維。

   (4) 選拔範圍有限，可供挑選對象不多。

23 (C)。 我國傳統上受「特別權力關係理論」影響，否認公務員有爭訟權，惟自釋字第187號解釋文後改採相對肯定見解，目前已以「公法職務關係」取代「特別權力關係」。

24 (C)。 考績委員會應有全體委員過半數之出席，始得開會；出席委員半數以上同意，始得決議。可否均未達半數時，主席可加入任一方以達半數同意。

25 (D)。 勞動派遣乃非典型工作類型之一。所謂勞動派遣係指派遣公司之雇主，與勞工訂立勞動契約，於勞工同意維持勞動契約關係之前提下，使其在要派公司指揮監督管理下為勞務給付，該勞工與要派公司間並無勞動契約關係存在而言。亦即，就三方間主要權責關係而言，派遣公司與派遣勞工具有勞雇關係，必須負起勞動基準法上的雇主責任；要派公司對於派遣勞工，僅在勞務提供的內容上有指揮監督權，兩者間並不具有勞動契約關係；要派公司對派遣公司應負擔給付派遣費用之責任。簡言之，基於勞動契約關係成立而發生之雇主義務，係存在於派遣公司，故有關勞動契約、解僱、工資及工作規則等事項皆只由派遣公司之雇主負擔法律上之主體責任。

26 (D)。 (A)公共財的提供是造成市場失靈的原因。(B)表示該財貨一旦被提供，就可以由多人同時消費，而且不能禁止別人免費享用該財貨。例如，陽光，空氣。(C)由於任何人都有權使用，無法排除未支付代價者之享用，民眾容易產生搭便車者（free rider）的僥倖心理。

27 (D)。 依地方制度法的64條規定：「下列各款為縣（市）收入：一、稅課收入。二、工程受益費收入。三、罰款及賠償收入。四、規費收入。五、信託管理收入。六、財產收入。七、營業盈餘及事業收入。八、補助及協助收入。九、捐獻及贈與收入。十、自治稅捐收入。十一、其他收入。」

28 (B)。　依決算法第28條規定：「立法院應於審核報告送達後一年內完成其審議，如未完成，視同審議通過。總決算最終審定數額表，由立法院審議通過後，送交監察院，由監察院咨請總統公告；其中應守秘密之部分，不予公告。」

29 (D)。　設計計畫預算制度將預算置於長程計劃內，計劃期程5年，但仍分年實施。

30 (A)。　依據政府採購法第18條第1款規定：「採購之招標方式，分為公開招標、選擇性招標及限制性招標。」

31 (B)。　SWOT分析由史坦納（G.A.Steiner）於1965年所提出，主要目的是為了尋找能使組織資源及潛能可與市場環境相互配的策略，利用內部優勢Strengths）、劣勢（Weaknesses分析，以發掘組織的核心能力；利用外部機會（Opportunities）、威脅（Threats）分析，來檢視特與一般環境的趨勢與變化，以協助組織制訂決策。

32 (B)。　360度評估是一種全方位評估，指由員工自己、上司、直接部屬、同仁同事甚至顧客等各個角度來瞭解個人的績效：溝通技巧、人際關係、領導能力、行政能力等，被評估者不僅可以從多種角度的反饋，也可從這些不同的反饋清楚地知道自己的不足、長處與發展需求，使以後的職涯發展更為順暢。

33 (B)。　成本效益分析須將比較項目轉為貨幣價值。

34 (A)。　認為領導者必有其異於常人的特質，如智慧、成熟、充滿活力、內在動機強、人際關係良好等，乃所謂「英雄造時勢」。

35 (C)。　(A)公共服務動機深受文化和制度的影響，因為動機是在個人社會化的過程中逐漸形成的。(B)公共服務動機是個人從事公共服務的動機，它是一內建於心中的服務取向，因此一個人並非只有入公部門才能從事公共服務。(D)動機一旦形成後還是會改變。

36 (D)。　危機的特性包括：形成具有階段性、具有威脅性、具有不確定性、具有時間上的急迫性、具有雙面效果性。

37 (A)。　政府開放資料（GOD）可增進政府施政透明度、提升民眾生活品質，滿足產業界需求，對於各級政府間或各部會間之決策品質均有助益可見其重要性。行政院所屬各機關今後將藉由「資料開放民眾與企業運用」、「以免費為原則、收費為例外」、「資料大量、自動化而有系統的釋放與交換」3步驟，並配合「主動開放，民生優先」、「制定開放資料規範」、「推動共用平臺（Data.gov.tw）」、「示範宣導及服務推廣」等4大焦點策略推動政府資料開放工作。

38 (A)。　非營利組織存在的原因，有其背景，可從經濟面、政治面及社會面三個層次加以探討。從經濟的角度來分析非營利組織，最具代表的看法為市場失靈與政府失靈理論。

39 (C)。　經濟管制主要是為了提升經濟效率和確保市場競爭，通常與特定產業、經營者或是市場有關，可以運用的工具包括費率管制、配額制度等。

40 (A)。　肉桶立法（pork-barrel legislation）：指立法機關決議撥款補助地方建設計畫，但實際上該計畫往往是不需要的，只因該地區所選出的民意代表，為了下一次選舉刻意討好選民，乃提案予以補助，並獲得其他選區民意代表支持通過。

41 (B)。　鐵三角理論（Theory of Iron Triangle）是由羅伊（T.Lowi）所提出，主要在說明公共政策為行政機關、國會委員與利益團體所把持，成為緊密相連共生的鐵三角聯盟。

42 (C)。　俘虜現象（capture）：政府機關受制於利益團體，被利益團體所俘虜，做出有利於特定利益團體卻傷害全民的決策，如美國的軍事-工業複合體。

43 (B)。 一般而言，民意具有以下幾項特性：

特性	説明
複雜性	同一個問題可能有不同的意見發生，有人贊成，有人反對亦有人中立，且所表示的強度又各有不同。
多變性	民意會隨著時間及空間變化，而改變其支持的方向及強度。
不普及性	在任何社會中，並非人人都關心政治與瞭解問題，所以許多人無法表示意見。相反的，有很多人卻對不知道的事表示知道，並提出意見。
不一致性	在社會上有很多人對於相關問題或類似問題所表示的意見前後並不一致。
不可靠性	有許多人對某些問題的意見並不可靠，因而常出現言行不一致的情形。
潛在性	社會中存在某些平時並不表現的潛在民意，只有在某些事件發生後或政府採取某種政策後才表現出來。
容忍性	真正的民意是多元的，亦即可以包容不同意見的表達。

44 (D)。 下列各款為直轄市自治事項：
(1) 關於組織及行政管理事項如下：A.直轄市公職人員選舉、罷免之實施。B.直轄市組織之設立及管理。C.直轄市戶籍行政。D.直轄市土地行政。E.直轄市新聞行政。
(2) 關於財政事項如下：A.直轄市財務收支及管理。B.直轄市稅捐。C.直轄市公共債務。D.直轄市財產之經營及處分。
(3) 關於社會服務事項如下：A.直轄市社會福利。B.直轄市公益慈善事業及社會救助。C.直轄市人民團體之輔導。D.直轄市宗教輔導。E.直轄市殯葬設施之設置及管理。F.直轄市調解業務。
(4) 關於教育文化及體育事項如下：A.直轄市學前教育、各級學校教育及社會教育之興辦及管理。B.直轄市藝文活動。C.直轄市體育活動。D.直轄市文化資產保存。E.直轄市禮儀民俗及文獻。F.直轄市社會教育、體育與文化機構之設置、營運及管理。
(5) 關於勞工行政事項如下：A.直轄市勞資關係。B.直轄市勞工安全衛生。
(6) 關於都市計畫及營建事項如下：A.直轄市都市計畫之擬定、審議及執行。B.直轄市建築管理。C.直轄市住宅業務。D.直轄市下水道建設及管理。E.直轄市公園綠地之設立及管理。F.直轄市營建廢棄土之處理。
(7) 關於經濟服務事項如下：A.直轄市農、林、漁、牧業之輔導及管理。B.直轄市自然保育。C.直轄市工商輔導及管理。D.直轄市消費者保護。
(8) 關於水利事項如下：A.直轄市河川整治及管理。B.直轄市集水區保育及管理。C.直轄市防洪排水設施興建管理。D.直轄市水資源基本資料調查。
(9) 關於衛生及環境保護事項如下：A.直轄市衛生管理。B.直轄市環境保護。
(10) 關於交通及觀光事項如下：A.直轄市道路之規劃、建設及管理。B.直轄市交通之規劃、營運及管理。C.直轄市觀光事業。

(11)關於公共安全事項如下：A.直轄市警政、警衛之實施。B.直轄市災害防救之規劃及執行。C.直轄市民防之實施。

(12)關於事業之經營及管理事項如下：A.直轄市合作事業。B.直轄市公用及公營事業。C.與其他地方自治團體合辦之事業。

(13)其他依法律賦予之事項。

45 (B)。　我國中央與地方政府的收支明訂於財政收支劃分法。

46 (D)。　非政府組織的活動通常是國際性的，強調有別於國家的非政府活動。
非政府組織仍會與相關政府機關互動。

47 (C)。　非營利組織人力來源以契約進用者、志願工作者、外部協力者為主，因其經費有限只能短期雇用無法終身雇用。

48 (B)。　賦稅收入為我國財政收入主要來源，而現行賦稅制度劃分，主要是根據「財政收支劃分法」，可分為國稅與地方稅。兩者區別如下：

國稅	地方稅
礦區稅、所得稅、菸酒稅、關稅、遺產稅及贈與稅貨物稅、證券交易稅期貨文易稅、營業稅	印花稅、使用牌造稅、地價稅、房屋稅、田賦、土地增值稅、契稅、娛樂稅

49 (D)。　參與式民主鼓勵公民直接參與公共事務，無須透過議員代公民表達意見，公民藉直接參與政治，以影響政府的施政。「公民參與」的概念最接近直接民主。

50 (C)。　Rodes研究治理時歸納出八種概念，第一個概念就提出最小限度國家，此種概念乃引進市場或準市場機制來輸送公共服務，而重新界定了公部門的範圍與類型，認為小而能的政府是最好的政府，並可藉由民營化與減少公共服務來縮減政府規模。

Note

111年 地特三等

📝 申論題

一、何謂組織文化？一般認為，政府部門與民間部門的組織文化有相當大的差異，請至少提出五項差異並說明之。

▶ **破題分析**：本題延續民國111年高考「公共行政與企業管理相同的與不同面相」，再加入組織文化議題，屬於基本題型應不難作答。

答：　組織文化就是以組織為範圍，所表現出來特定的文化風格。茲舉數位學者的定義，分別說明之：

(一) 意涵

1. 辛錫亞與葛理諾（Sethia & Van Glinow）的觀點：組織文化乃是組織成員持續共有的一組基本價值、信念與行為假設。

2. 雪恩（E.Chein）的看法：由特定的組織團體發明或發展出來之一種行為基本假定，用來適應外在環境，並解決內部整合的問題。此種假設若被證明有效，將透過社會化過程傳授給新進人員，使他們的思考、認知與感覺有所遵循，不致犯錯。

(二) 政府部門與民間部門的組織文化的差異

1. 政府部門不以利潤為重，較不重視市場導向；民間部門則以營利為目的，較重視市場取向。

2. 政府部門較須服從政治影響，如輿論、利益團體、大眾傳播等，受到公共監督；民間部門則較不受政治影響，比較重視顧客及股東的反應。

3. 政府部門比較為繁文縟節，如固定法規及指導方針，限制了行政人員的自由選擇；民間部門不受過多的程序法規限制，比較具有自主性與彈性。

4. 政府部門行政人員處世方式較須顧及倫理、公道與正義等問題；民間部門只須顧及企業倫理。

5. 政府部門須為整體社會發展與國家存亡負責；民間部門則只須為利害關係人負責。

6. 政府部門在評量方案效能與組織績效時，比民間部門更為困難。

▶ **觀念強化**

1. 名詞解釋
   (1) 組織文化：是指組織共同的信仰、價值觀與基本假設。
   (2) 組織氣候：是指組織內部環境持久的特性。

2. 觀念延伸
   雪恩（E.Schein）將組織文化的構成區分為三個層次。其中「基本假定層次」是組織文化的內在精髓，而「創造物、價值觀念層次」是基本假設的外在表現。
   (1) 器物與創造物層次：在文化中最常被看見的層次，包括：言詞的創造物（旗徽等象徵符號、組織的歷史典故、特定使用語言）、行為的創造物（儀式、慶典）、物品的創造物（組織建築物的風格、人員的服飾款式）。
   (2) 價值與信念層次：指個人或團體社會所偏好的事物、行為方式或有關生存的終極目標，包含價值、規則與倫理等內涵。
   (3) 基本假定層次：指成員對周遭人、事、物，以及組織本身所持有的一種潛藏信念，乃人員受組織社會化影響，在長期與他人互動過程中，潛移默化累積而來。

3. 相關試題
   (1) 試分別說明組織文化及組織氣候的意義，並比較兩者差異。【90地三】
   (1) 何謂「組織文化」？根據雪恩（E.H.Schein）的看法，組織文化又分為哪些不同分析層次？試舉實例配合說明。【94高考】

▶ **參考書目**

張潤書著，《行政學》，三民書局，2007。

二、何謂學習型組織（learning organization）？面對社會問題日益複雜與民眾多樣需求，若您是機關首長，請舉例說明該採取那些作法才能使機關成為學習型組織？

▶ **破題分析**：本題為考古題及基本題型，如有準備應不難得分。

答：彼得・聖吉（P.Senge）於1990年著《第五項修煉：學習型組織的藝術與實務》，首倡「學習型組織」（Learning Organization）。

　　(一) 意涵
　　　　1. 瓦特金與瑪席克（Watkins & Marsick）認為：「學習型組織是一種不斷在學習與轉化組織」。
　　　　2. 班尼特與布萊恩（Bennett & Obrien）則認為：「一種能夠將學習、適應、變革等能力升值為組織文化的組織」。

(二) 機關成為學習型組織的作法

如果我是機關首長，會採取以下作法來使機關成為學習型組織。

1. 強化個別學習：為使學習擺脫課堂式的教育，來自工作中的學習或實務上學習是必須的。其具體作法包括：

   (1)與員工溝通使組織目標與員工需求相結合。

   (2)管理者扮演協調者、顧問角色，對員工學習給予支持。

2. 強化團隊學習：為了克服個人防衛性慣例的障礙，學習型組織必須運用各種方法使成員去面對問題，而行動學習則是最佳的團隊學習方法。

3. 強化組織學習：為了成為真正的學習型組織，組織必須採取適當變革，其變革必須是整合性的、系統性的、雙向回饋的、團隊的學習。

▶ 觀念強化

1. 名詞解釋

   學習型組織：是一種因應組織變革的理想概念，也是一種策略的運用；在這種組織中，組織成員能營造共同的學習環境，致使組織中的每一成員，均會主動找出工作上的問題，再經由工作時持續實驗，以解決這些問題，並改善作業方式，因而增加組織適應外在環境、成長、學習、達成目標的能力。

2. 觀念延伸

   彼得‧聖吉（P.Senge）所提出學習型組織的五項修練或構成技藝而言，其內涵包括：

   (1)系統思維（system thinking）：是塑造學習型組織五項修練中的神髓，也是展開變革行動的哲學與理論基礎。系統思考就是幫助我們擺脫思考上的障礙，培養我們利用以簡馭繁的方法，來處理動態複雜外在事物。

   (2)自我超越（personal mastery）：自我超越是學習型組織的首要修練。人皆有肯定自我及追求成長的動機，本於此假設，組織可說是個人實現自我的場所。

   (3)改善心智模式（improving mental models）：學習型組織主管人員的職能在於促進屬員心智模式的開發，鼓勵多樣化的觀點與意見，讓部屬自己下結論，切勿強迫他人接受自己的想法；在「同中求異」而不強制「異中求同」。

   (4)建立共享願景（building shared vision）：願景是整個組織學習的動力，這個願景不是虛無縹渺、事不關己的，而是和個人的需求願景緊密聯繫；這個願景不是上級派定、被動勉強接受，而是出自於共通的想法與承諾。

   (5)團隊學習（team learning）：工作團隊是組織學習的基本運作單位，團隊指的是跨越部門層級等職務，因接觸互動的密切關係所自然形成的團體，而此種團體內互動結構有助於消弭上述各項修練所可能遭遇的學習情境。

3.相關試題

(1) 何謂學習型組織？政府機關為何要採取學習型組織？實現學習型組織的策略為何？【97國軍上校轉任】

(2) 彼得聖吉（Peter Senge）提出學習型組織的五項修練，包括：自我超越、改善心智模式、建立共同願景、團隊學習及系統思考等。請逐一說明五項修練的具體內涵？並闡釋這五項修練對政府高階主管從事管理工作有那些重要的啟發？【103國軍上校轉任】

▶ **參考書目**

張潤著，《行政學》，三民書局，2007。

▣ **測驗題**

( )　**1**　有關行政之敘述，下列何者錯誤？　(A)行政專指行政部門所管轄的事務　(B)行政與政治很難嚴格劃分　(C)從管理的觀點，行政是一種管理技術　(D)從公共政策的觀點，行政與公共政策不可分割。

( )　**2**　政府並非當前公共事務的唯一參與者，取而代之的是跨部門合作之趨勢遞增，下列概念中何者最能呼應這類現象？　(A)公共治理　(B)管制治理　(C)公司治理　(D)全球治理。

( )　**3**　我國衛生福利部成立之後，將原屬內政部的社會福利業務移撥至該部的作法，稱為：　(A)組織改造　(B)流程簡化　(C)人員精簡　(D)協力治理。

( )　**4**　有關我國訂定的「公民與政治權利國際公約及經濟社會文化權利國際公約施行法」，下列敘述何者錯誤？　(A)各級政府機關應依規定執行兩公約相關事項　(B)具有國內法律的效力　(C)顯示國際公約對公共行政的影響　(D)代表我國正式邁入先進國家。

( )　**5**　面對公共危機時，官僚常見採取避責（blame avoidance）的行為。有關避責行為的內涵與相關策略的敘述，下列何者錯誤？　(A)避責行為係指政治人物或官僚在面臨危機時，運用策略以降低危機對治理正當性的影響　(B)政治人物因連任或升遷的考量，傾向避免做出不受歡迎的決策　(C)民主國家因為重視課責機制才存在避責現象，威權國家則無此現象　(D)強化透明度有助於減少避責行為的發生。

( )　**6**　就美英兩國實施情形觀之，下列何者非屬支持「積極平權措施」（affirmative action）的理由？　(A)促進社會多元性　(B)彌補歷史集體錯誤　(C)矯正制度或文化的偏差　(D)解決反向歧視帶來的後果。

( )　**7**　下列那個解釋符合組織內「穀倉效應」的意思？　(A)政府部門能未雨綢繆，預先編列未來的預算　(B)政府部門之間各自為政，只有垂直的指揮

系統，欠缺水平的協調　(C)政府部門的各個系統如同生產線，串接順暢
(D)政府部門追求預算極大化，不斷追求擴大機關預算規模。

( )　**8** 近年來參與式預算在若干地方政府中大行其道，倘若部分公務人員採取消
極不配合或抵制態度，認為這項改革計畫終有謝幕之一天，這適合以下列
何種組織病象形容之？　(A)不稀罕效應　(B)白京生定律　(C)墨菲定律
(D)邁爾斯定律。

( )　**9** 有關我國六都行政機關的組織設計，下列敘述何者錯誤？　(A)一級機關內
「局、科、股」是組織垂直分化的象徵　(B)一級機關中「局、處、委員
會」是組織水平分化的象徵　(C)一級機關的組織規模必然大於二級機關
(D)一級機關的組織位階必然高於二級機關。

( )　**10** 有關柯麥隆（K.S.Cameron）及昆恩（R.E.Quinn）對於組織文化之類型
分類，下列敘述何者錯誤？　(A)家族型文化強調組織作為家父長制之
意象，限制彈性與自主發展　(B)階層型文化強調正式化與結構化，重視
穩定與控制　(C)創新型文化強調組織的創新開放，重視彈性與自主發展
(D)市場型文化強調外部焦點與差異性，重視競爭與結果。

( )　**11** 有關一般行政機關公務人員任用之敘述，下列何者錯誤？　(A)年終考績影
響同官等內職等之晉升　(B)具外國國籍者放棄外國國籍後得再任公務人
員　(C)現職委任第五職等公務人員得權理薦任第七職等職務　(D)具外國
國籍而被撤銷任用的公務人員要追還已支付之俸給。

( )　**12** 關於我國政府部門非典型人力特質之敘述，下列何者錯誤？　(A)屬不預
定期限（open-ended）僱用　(B)適用勞動基準法　(C)勞動承攬人力屬之
(D)並未透過國家考試方式任用。

( )　**13** 有關租稅制度之設計，下列何者錯誤？　(A)直接稅較間接稅能維持租稅中
立原則　(B)累進稅較比例稅容易達成財富重分配之功能　(C)我國個人綜
合所得稅採累進稅制　(D)營利事業所得稅為我國地方政府的重要租稅收
入。

( )　**14** 民國84年度起，中央政府各機關歲出概算額度皆由行政院主計總處事先予
以確定，有關此一預算籌編機制的敘述，下列何者錯誤？　(A)此一機制
稱為資源總額分配作業制度　(B)以控制政府歲出規模成長為目的　(C)激
化各機關與行政院主計總處預算審查的衝突　(D)堪稱是一種由上而下的
預算籌編政策。

( )　**15** 政府採購可以競標（competitive bidding）方式進行，有關競標的敘述，下
列何者錯誤？　(A)應公告、公開擬採購的物品需求　(B)對參與競標廠商
提出的採購計畫書有一定的要求　(C)政府機關通常會事先決定底價　(D)
係透過協商及議價方式來決定得標者。

（　）**16** 將卡普蘭（R.Kaplan）與諾頓（D.Norton）所提的平衡計分卡（balanced scorecard）概念導入政府的策略管理時，與企業部門相比，下列那一構面的重要性最可能降低？　(A)財務構面　(B)顧客構面　(C)內部流程構面 (D)學習與成長構面。

（　）**17** 職場中部屬對上司經常出現「報喜不報憂」的情形，是屬於那一種溝通上的障礙？　(A)地位上的障礙　(B)地理上的障礙　(C)語言上的障礙　(D) 文字上的障礙。

（　）**18** 根據馬斯洛（A.Maslow）的需求層級理論，下列那種方式恐怕無法激勵機關人員的生理生存需要？　(A)提高員工薪資　(B)改善辦公室硬體與環境 (C)給予員工一個工作願景與目標　(D)提供員工通勤加給。

（　）**19** 下列何者與開放政府的核心價值無直接關連性？　(A)透明治理　(B)參與協力　(C)公共課責　(D)經濟公平。

（　）**20** 近年來因COVID-19疫情，我國中央疫情指揮中心在2022年推動實聯制與隔離政策引，發若干爭議，批評者認為導致許多所謂「黑數」的產生。從公共政策的角度分析，黑數的產生與下列那個環節的關係最為密切？　(A) 議程設定　(B)政策終結　(C)政策順服　(D)政策合法化。

（　）**21** 有關公民參與，下列敘述何者錯誤？　(A)參與主體專指公民個人，而非公民組成的團體　(B)公民參與的條件是公民要能掌握充分資訊　(C)社會上應存在健全的參與管道　(D)公民參與的公共事務活動不限於政治層面。

（　）**22** 下列何者為我國地方政府自治事項發生權限爭議時提供解決的法源依據？ (A)地方自治通則　(B)地方制度法　(C)地方創生條例　(D)區域發展通則。

（　）**23** 有關非營利組織的敘述，下列何者正確？　(A)組織收入多寡與其所提供的公共服務績效之間，並不一定是正相關　(B)利潤由組織內的財源提供者共享　(C)非營利組織的成立門檻為50人　(D)非營利組織必須與政府區隔，不能接受政府財務支持。

（　）**24** 有關政府採用民營化的敘述，下列何者較為正確？　(A)易產生社會服務等級化疑慮　(B)通常以行政法人化加以執行　(C)擴大政府的職權及用人幅度　(D)意指政府釋出全部的持股。

（　）**25** 有關審議民主的敘述，下列何者正確？　(A)為了讓議題討論結果更具一致性，應選擇同質性較高的參與者　(B)不論採用何種審議形式，都強調參與者對議題的充分討論　(C)審議過程可取代代議制度的決策程序　(D)審議民主可確保理性最佳決策的達成。

解答與解析　答案標示為 #者，表官方曾公告更正該題答案。

1 (A)。　行政並不僅僅指行政部門所管轄的事務。行政是廣義上指行政機關和行政組織進行管理和執行的活動。

2 (A)。　「公共治理」這項概念所指涉的意義相當廣泛，「公共治理」被視為一種政府與社會共同管理的理念型，指涉公私部門間互動之過程，透過彼此協調、互動、協力等關係來決定社會價值如何分配、社會政策如何執行。

3 (A)。　民國102年配合行政院組織改造成立「衛生福利部」，將原衛生署署內22個單位與任務編組、5個所屬機關、內政部社會司、兒童局、家庭暴力及性侵害防治委員會、國民年金監理會以及教育部國立中國醫藥研究所等單位，一起整併為8司6處事權統一的新機關—「衛生福利部」及6個所屬三級機關（構）包括：「疾病管制署」、「食品藥物管理署」、「中央健康保險署」、「國民健康署」、「社會及家庭署」及「國家中醫藥研究所」，打造以人為中心的衛生福利網，提升國民的健康與幸福。

4 (D)。　代表我國正式邁入國際社會的一份子。

5 (C)。　民主國家因為重視課責機制才存在避責現象，威權國家也有此現象。

6 (D)。　反向歧視是指對於其他群體進行歧視或不公平待遇。積極平權措施的目標不是解決反向歧視的後果，而是糾正歷史上的不平等和歧視，並為被歧視的群體提供平等的機會。

7 (B)。　穀倉效應是指企業內部因缺少溝通，部門間各自為政，只有垂直的指揮系統，沒有水平的協同機制，就像一個個的穀倉，各自擁有獨立的進出系統，但缺少了穀倉與穀倉之間的溝通和互動。

8 (A)。　不稀罕效應（BOHICA）原文為"Bend it over , Here it comes again"，指組織成員對革新計畫採取抵制態度，認為只要忍耐即可不受影響。將組織的革新計畫視為「舊酒新瓶」的管理技倆，只要員工刻意忽視，久而久之，革新計畫就會無疾而終。

9 (C)。　一級機關的組織規模不必然大於二級機關。

10 (A)。　家族型文化強調組織內部的凝聚力和歸屬感，強調組織成員之間的關係和價值觀念的傳承。

11 (C)。　初任各職務人員，應具有擬任職務所列職等之任用資格；未具擬任職務職等任用資格者，在同官等高二職等範圍內得予權理。權理人員得隨時調任與其所具職等資格相當性質相近之職務。現職委任第五職等公務人員不得權理薦任第七職等職務，因為不同官等。

12 (A)。　依據行政院人事行政總處對於各機關之員額評鑑，將非典型人力區分為「臨時人員」、「派遣勞工」、「勞務承攬人員」、「志工」及「替代役」五種機關與非典型人力僅維持短期僱用關係，並非無期限的（open-ended）僱用。

13 (D)。　土地稅收入為我國地方政府的重要租稅收入。

14 (C)。　各主管機關編製歲出概算時，應在行政院核定之歲出概算額度內編列，並依「各主管機關在歲出概算額度範圍內編製概算時應行注意辦理事項」辦理，可避免各機關與行政院主計總處預算審查上的衝突。

15 (D)。　採購之招標方式，分為公開招標、選擇性招標及限制性招標。

16 (A)。　在政府的策略管理中，相對於企業部門，財務構面的重要性可能會降低。這是因為政府部門的目標通常不僅僅局限於財務績效，還包括社會和公共價值的實現，例如公共服務提供、社會福利改善等。

17 (A)。　部屬習慣對上司報喜不報憂、主管與部屬難以坦誠溝通，這兩種情形都是屬於地位上的溝通障礙。

18 (C)。　生理需求包括食、衣、住、行、育、樂的基本需求。給予員工一個工作願景與目標是屬於自我實現需求。

19 (D)。　在制定公共政策的過程中，漸進地把透明（transparency）、參與（participation）、課責（accountability）及涵容（inclusion）四個要素放進去，就是開放政府落實的方式。

20 (C)。　「政策順服」是指政策執行有關的人，包括執行者、標的人口、執行機關等，願意正面的接受、配合推動政策，以求達到政策目標。在COVID-19疫情期間，中央疫情指揮中心推動實聯制和隔離政策，要求公眾和企業執行相關的防疫措施和限制。然而，黑數的產生可能是由於一些個體或組織未能遵守政策的要求或故意提供虛假的數據和信息，導致統計數據不準確或不完整。

21 (A)。　參與主體指公民個人，以及公民組成的團體。

22 (B)。　地方制度法第77條規定：「中央與直轄市、縣（市）間，權限遇有爭議時，由立法院院會議決之；縣與鄉（鎮、市）間，自治事項遇有爭議時，由內政部會同中央各該主管機關解決之。直轄市間、直轄市與縣（市）間，事權發生爭議時，由行政院解決之；縣（市）間，事權發生爭議時，由中央各該主管機關解決之；鄉（鎮、市）間，事權發生爭議時，由縣政府解決之。」

23 (A)

24 (A)。　在政府採用民營化措施時，確實容易引發社會服務等級化的擔憂。民營化可能導致市場競爭和效率提升，但也可能帶來社會服務的不均等問題。例如，民營化可能導致私營企業更多關注利潤最大化，而忽視較為弱勢或貧困人群的需求，這可能導致社會服務的差異化和等級化現象。

25 (B)。　審議式民主，又稱商議民主，指稱公民就一項政策或議題，經過深思熟慮後，與不同意見者進行理性對話，在相互推理、辯論和論爭後，得出共同可以接受的意見的一種民主形式，以討論和協商為核心。審議民主無法取代代議民主，而是補強代議民主中一般公民「審議參與」不足之處；審議的目的乃是要達成一個由理性所促成的共識（Cohen,1989）。不過公民能夠擁有一個可以進行思考的場域並不能確保他們在審議後得到的結論必然具有正確性（Fishkin,1991）。

111年 地特四等

( ) **1** 下列何者非屬從政治觀點探討公共行政之論述？ (A)權力分立制衡是行政事務劃分範圍的重要基礎 (B)政治與行政的二分有其難度 (C)行政人員執行政治領導者所決定的政策 (D)行政是將科學方法運用於行政管理之上。

( ) **2** 某公務人員在接受民眾申請案件的過程中，只在乎是否符合法令規定，未能利用其裁量權合理幫助民眾解決問題。下列何者最能描述此一現象？ (A)目標錯置 (B)行政中立 (C)行政獨裁 (D)本位主義。

( ) **3** 下列何者是巴納德（C.Barnard）對於權威的看法？ (A)權威取決於職位之高低 (B)命令須落在無異議區（zone of indifference）之外才會被接受 (C)權威取決於受命者能否理解與認同 (D)權威應去除人的因素，根據情勢需要而運用。

( ) **4** 有關網絡治理與新公共管理在概念上之差異，下列敘述何者錯誤？ (A)前者強調多元群體，後者強調原子化的個體 (B)前者強調公共選擇途徑，後者強調運用公共價值途徑 (C)前者強調公民之重要性，後者強調市場及顧客之概念 (D)前者強調持續變化的系絡環境，後者強調競爭的系絡環境。

( ) **5** 湯普森（V.Tompson）曾經批評那一個時期的公共行政理論觀點有「偷竊人民主權的無恥企圖」，認為行政應該向政治負責，中立執行人民的意志，而不是成為政治的主人？ (A)新公共管理 (B)新公共行政 (C)新公共選擇 (D)新公共服務。

( ) **6** 下列何者不是針對新公共管理的批判？ (A)公共管理應是一種典範而非研究途徑 (B)市場的功能被過度膨脹 (C)過度強調顧客導向，在民粹主義的政治生態中，容易導致選票導向 (D)新公共管理所提倡的「小而能」政府，並非放諸四海皆適用的原則。

( ) **7** 企業型政府主張顧客導向之概念，下列何者並非此種概念之體現？ (A)在政府機關網站上進行滿意度調查 (B)在臉書官方網站上即時回應民眾問題 (C)建立民眾服務品質標準 (D)重視行政資源的投入面向，而非服務結果面向。

( ) **8** 有關促進性行政倫理（affirmative administrative ethics）之敘述，下列何者錯誤？ (A)不限於探討組織內部不法行為之探討 (B)希望達成行政人員的正面積極思維 (C)強調對於社會多元價值的追求和反思 (D)應由上級機關負責推動倫理措施。

( ) **9** 下列何者屬於行政機關內部政務人員和公務人員之間的互動機制？ (A)質詢與答詢 (B)彈劾與抗辯 (C)監督與報告 (D)陳情與裁決。

( ) **10** 有關公務人員行政中立法規定事項之敘述，下列何者錯誤？ (A)公務人員依規定請事假參選，長官不得拒絕 (B)公務人員得參加遊行及連署活動 (C)公務人員得在下班時間兼任黨職 (D)公務人員得為其公職候選人配偶公開站台。

( ) **11** 依權力分立為依據區分內外，下列何者非屬對行政權課責之內部正式途徑？ (A)中央政府對地方政府之自治監督 (B)主計單位對經費使用之審核 (C)立法院特別委員會的調查 (D)公務員向法務部廉政署檢舉違法。

( ) **12** 從組織設計的角度而言，行政機關在司、處、室等單位上冠以不同名稱，這主要是建立在以下何者之基礎上？ (A)工作性質 (B)責任輕重 (C)權力大小 (D)預算多寡。

( ) **13** 有關「價值」之特質及與行政倫理之關係，下列何者錯誤？ (A)價值具有驅動人類行為之動力 (B)價值乃是構成行政倫理概念體系之核心 (C)價值乃是個人短暫的信念和偏好 (D)社會上長久累積的公共價值體系會影響行政倫理的思考。

( ) **14** 有關矩陣式組織之敘述，下列何者錯誤？ (A)成員來自不同部門且往往各有所長 (B)組織型態有利於跨域溝通 (C)成員可能面臨到雙元領導的衝突 (D)較適用於執行小規模或簡單的專案。

( ) **15** 根據賽蒙（H.Simon）行政決策理論的假設，決策者實際上如何進行選擇？ (A)從廣泛多元選項中做出完全理性的判斷 (B)詳細考量各個方案的所有可能情境 (C)選擇某政策方案，因為該方案被視為滿意可行的 (D)建構所有可能方案的效用函數，設定概率分配。

( ) **16** 下列何者為高塔式組織結構的主要特徵？ (A)層級主管控制幅度較小 (B)組織員工互動能力較強 (C)採取專業及彈性化分工 (D)不易形成制式僵化行為。

( ) **17** 臺灣各主要城市都有1999市民當家熱線服務，這種設計屬於那類組織協調途徑？ (A)專案管理系統 (B)府會聯絡人機制 (C)行動規劃系統 (D)虛擬網絡系統。

( ) **18** 下列論述何者不符合馬師婁（A.Maslow）提出的需要層級理論？ (A)較低層次的需求獲得相當滿足後，會轉向較高層次的需求滿足 (B)生理的需求為人類最低、最基本的需要 (C)機關應該保障員工之工作不受剝奪及威脅，屬於滿足員工被尊重的需求 (D)組織舉辦體育競賽以及餐會活動，有助於員工人際關係的需求。

( ) **19** 國家人權委員會為下列何者所設置之組織？ (A)監察院 (B)立法院 (C)司法院 (D)行政院。

( ) **20** 依中央行政機關組織基準法之規定，機關依組織法規將其部分權限及職掌劃出，以達成其設立目的之組織，稱為： (A)機構 (B)獨立機關 (C)合議制機關 (D)單位。

( ) **21** 下列何者不是的主要理論假定？ (A)年資高低影響員工努力工作的程度 (B)員工的工作投入度會影響其績效高低 (C)工作績效會影響報酬的多寡 (D)物質報酬為重要的激勵工具。

( ) **22** 「行政機關成員感覺到個人的年終考績結果有失公允」，下列那一理論觀點最無助於直接解釋這類現象的「成因」？ (A)資訊不對稱 (B)官僚文化 (C)組織政治 (D)需求層次理論。

( ) **23** 甲為財政部選送國內全時進修之公務人員，依公務人員訓練進修法，應遵守下列何項規定？ (A)寒暑假期間，原則上應返回財政部上班 (B)其進修期間為3至5年 (C)應辦理留職停薪 (D)進修結束回原機關服務之期間，應為進修期間之3倍。

( ) **24** 職務分析主要目的是要決定不同工作的職責、任務或活動的內容。下列何者為職務分析所促成的主要產物？ (A)考績通知書 (B)職務說明書 (C)公務人員俸給表 (D)商調函。

( ) **25** 下列何種情形仍得任用為公務人員？ (A)未具或喪失中華民國國籍 (B)褫奪公權尚未復權 (C)曾服公務有貪污行為，經有罪判決確定 (D)於動員戡亂時期，曾犯內亂罪、外患罪，經有罪判決確定者。

( ) **26** 我國有些縣市政府在轄區內課徵「營建剩餘土石方特別稅」，其法源依據為何？ (A)地方稅法通則 (B)財政紀律法 (C)土地稅法 (D)縣市土地處理及經營條例。

( ) **27** 下列那一個機關在中央政府總預算籌編過程，負責供給「以前年度財政經濟狀況之會計統計分析資料」給行政院？ (A)財政部 (B)經濟部 (C)國家發展委員會 (D)行政院主計總處。

( ) **28** 美國因應新冠肺炎，總統和國會合作提出相關增加年度預算的法案，以支應疫苗開發、失業救濟、銀行貸款、醫療補助等之用，這在美國預算應用上稱為： (A)經費流用 (B)補充撥款 (C)扣留款項 (D)經費配額。

( ) **29** 下列針對預算制度之敘述，何者正確？ (A)零基預算制度下，所有計畫都站在同樣的立足點來競爭有限的預算資源 (B)設計計畫預算制度重視機關別和支出目的，並予以分類 (C)計畫與績效預算制度偏重各種資源的投入計算 (D)行政預算制度重視公民參與的程度。

（　）**30** 各級政府間可透過財政轉移支付來解決財政不均衡現象，下列何者不是財政轉移支付的方式？　(A)補助款　(B)統籌分配款　(C)協助金　(D)財產收入。

（　）**31** 有關平衡計分卡在公務機關的應用情形，下列敘述何者錯誤？　(A)重視員工學習成長　(B)強調內部流程改善　(C)偏好財務構面衡量　(D)發展績效管理策略地圖。

（　）**32** 關於目標管理的特性，下列敘述何者錯誤？　(A)重視員工參與　(B)重視人性的管理方法　(C)是一套整體、有系統的管理過程　(D)強調由組織管理階層為部屬訂定工作目標。

（　）**33** 甲擔任專員時喜歡背後批評科長作風保守，然而甲員升任科長後也如同前任科長一般保守而消極。上述現象最適合用下列何種觀點來形容？　(A)帕金森定律（Parkinson's Law）　(B)墨菲定律（Murphy's Law）　(C)麥爾斯定律（Miles'Law）　(D)不稀罕效應（BOHICA）。

（　）**34** 有關何茲柏格（F.Herzberg）「激勵保健理論」（二因子理論）中，保健因素為下列何者？　(A)薪資　(B)升遷　(C)長官賞識　(D)工作成就感。

（　）**35** 為了激勵部屬，主管對其採取「工作擴大化」（job enlargement）措施，這主要表現在下列何種層面？　(A)工作性質本身具有較高的能見度　(B)工作上享有更多自主權與責任　(C)可從事較多不同種類的工作　(D)薪資取決於其工作績效。

（　）**36** 就溝通管道而言，下列行政溝通方式何者最具豐富性，同時也可減少溝通障礙？　(A)以面對面的方式溝通　(B)以線上會議的方式溝通　(C)以電話的方式溝通　(D)以公文的方式溝通。

（　）**37** 我國各類型災害的防救業務中央主管機關，下列何者錯誤？　(A)震災：內政部　(B)水災：經濟部　(C)土石流：經濟部　(D)風災：內政部。

（　）**38** 有關電子治理之敘述，下列何者正確？　(A)電子治理主要是希望能夠運用資訊系統，強化對於私部門的管理，以增進稅收　(B)電子治理對於課責並無助益　(C)政府運用電子治理應考量數位落差的問題　(D)政府將重複性高的業務進行自動化的資訊處理，主要目的是能夠確保民眾的個資不會外流。

（　）**39** 對一項公共政策的本質、目的、價值與理念，進行討論、辯護與批判，所以它需要論證、說服、組織和行動的技巧，才可奏功。指下列何者？　(A)政策議程　(B)政策倡導　(C)政策合法化　(D)政策評估。

（　）**40** 政府將利益、服務或成本、義務分配給不同標的人口享受或承擔的政策，屬於下列那一種政策類型？　(A)管制性政策　(B)重分配政策　(C)自我管制性政策　(D)分配性政策。

( ) **41** 某一個經濟主體的經濟行為，影響了其他不相干第三者的效益或成本，是指下列何種現象？ (A)資訊不對稱 (B)政府失靈 (C)第三部門失靈 (D)外部性。

( ) **42** 下列四種政策評估的實驗設計中，何種內部效度最高？ (A)具有處理組（treatment group）與比較組（comparison group）的靜態比較設計 (B)實驗組與控制組成員隨機抽樣的真實驗設計 (C)單一個案研究（one-shot case study） (D)時間序列（time-series）設計。

( ) **43** 有關賽蒙（H. Simon）對於決策者如何做決策的敘述，下列何者最為正確？ (A)決策者追求最佳的決策 (B)決策者傾向於將新的問題連結到既存的問題上 (C)決策者需要完整的資訊才能進行決策 (D)決策者在資訊處理時高度仰賴情緒智商的捷徑。

( ) **44** 甲當選臺北市議員，其就職後得兼任下列何種職務？ (A)國立大學兼任教師 (B)私立大學專任教師 (C)悠遊卡公司董事 (D)里長。

( ) **45** 直轄市政府所擬訂之組織自治條例，經直轄市議會同意後，應如何處理？ (A)報行政院核定 (B)報行政院備查 (C)報內政部核定 (D)報內政部核備。

( ) **46** 關於政府捐助之財團法人之敘述，下列何者錯誤？ (A)依民法、特別法或設置條例設置 (B)人員係經由國家考試任用之 (C)業務性質多元 (D)受政府監督的密度高於民間捐助的財團法人。

( ) **47** 有關社會企業（social enterprise）之敘述，下列何者錯誤？ (A)尤努斯（Muhammad Yunus）於孟加拉成立的格拉明銀行（Grameen Bank）為社會企業概念的先驅 (B)社會企業不能是營利事業，一定要以非營利為目標 (C)社會企業強調運用商業模式來解決社會或環境問題，以改善人類和環境生存條件 (D)社會企業從事的是公益事業，不是為了股東或企業擁有者謀取最大的利潤。

( ) **48** 行政機關將某項業務委託民間廠商辦理，是屬於下列何種行政運作模式？ (A)政府採購 (B)單一窗口 (C)分層負責 (D)去任務化。

( ) **49** 下列何項不是促進民間參與公共建設法的規定？ (A)公共建設範圍包含政府廳舍 (B)非營利社團法人不得參與公共建設之營運工作 (C)一件促參案可以有多個民間參與方式 (D)有償BTO案也適用促參法。

( ) **50** 有關公民參與（civic engagement）之敘述，下列何者錯誤？ (A)依據阿恩斯坦（S.Arnstein）的公民參與理論，授權決策是影響力最低的參與層次 (B)民眾出席環境影響評估說明會屬於公民參與的活動 (C)民眾使用1999市民當家熱線管道屬於公民參與 (D)i-voting是公共政策過程中的網路公民參與。

解答與解析 答案標示為#者，表官方曾公告更正該題答案。

1 (D)。 行政是將科學方法運用於行政管理之上，是從管理觀點探討公共行政之論述。

2 (A)。 目標錯置（Displacement of goals）為美國著名社會學者墨頓（R. Merton）所提出，其意為：工作人員不把辦好事情當作目標，反而將「法規的嚴格遵守」視為其辦事的目標。

3 (C)。 (B)命令須落在無異議區（zone of indifference）之內才會被接受。

4 (B)。 前者強調運用公共價值途徑，後者強調公共選擇途徑。

5 (B)。 湯普森（V.Tompson）主張行政應該對政治負責，而不是成為政治的主人。並批評新公共行政時期的理論觀點有「偷竊人民主權的無恥企圖」，認為行政應該向政治負責，中立執行人民的意志，而不是成為政治的主人。

6 (A)。 從孔恩（Kuhn）「絕對的典範」概念來看，公共行政本身並不是典範，因此所謂的典範時期。由以上的分析也可得知新公共管理至多也只為一種新的研究途徑而已，還談不上是典範，所以何來典範替代之說。

7 (D)。 重視服務結果面向，而非行政資源的投入面向。

8 (D)。 促進性行政倫理強調行政倫理不只在負面不法行為的禁止，並應擴及正面思維的提倡，焦點多在對公平、正義、道德、良善、公益等多元憲政價值的深思、反省與實踐上。

9 (C)。 行政機關內部政務人員和公務人員間存在著監督及報告的互動機制。

10 (C)。 依公務人員行政中立法第5條規定：「公務人員得加入政黨或其他政治團體。但不得兼任政黨或其他政治團體之職務。公務人員不得利用職務上之權力、機會或方法介入黨派紛爭。公務人員不得兼任公職候選人競選辦事處之職務。」

11 (C)。 立法院特別委員會的調查是屬於立法機關對行政權進行監督和調查的程序，屬於行政責任外部的正式途徑。

12 (A)。 從組織設計的角度來看，行政機關在司、處、室等單位上冠以不同名稱，主要是建立在工作性質的基礎上。不同的工作性質和職能需要不同的組織單位來負責執行和管理。透過在司、處、室等單位上使用不同的名稱，可以更清楚地區分和識別各個單位的職能和責任。例如，司可能負責整體的規劃和策略制定，處可能負責具體的執行和操作，室可能負責支援和協助工作。

13 (C)。 價值乃是個人長期的信念和偏好。

14 (D)。 矩陣式組織適用於規模大、專案多的公司。

15 (C)。 賽蒙（H.Simon）反對「經濟人」主張，提出了「有限理性」的概念。認為人類的認知能力有限，無法完全處理所有資訊和情境。因此，會選擇某政策方案，因為該方案被視為滿意可行。

16 (A)。 (B)組織員工互動能力較差。
(C)採取專業分工及層級節制。
(D)容易形成制式僵化行為。

17 (C)。 組織協調是指控制與連結人員及單位之間的相關資訊、資源分配，以及任務安排，以朝向共同的目標發展。其中行動規劃系統明訂各單位與相關人員的政策執行細節。市民若透過1999專線通報，話務人員會先行判斷該案件為申訴案或派工案，再分案給權責機關進行後續處理。屬於行動規劃系統的組織協調途徑。

18 (C)。 機關應該保障員工之工作不受剝奪及威脅，屬於滿足員工安全的需求。

19 (A)。 為落實憲法對人民權利之維護，奠定促進及保障人權之基礎條件，確保社會公平正義之實現，並符合國際人權標準建立普世人權之價值及規範，監察院特依據監察院組織法第3條第2項規定，設「國家人權委員會」，並自民國109年8月1日第6屆監察委員就任日起正式運作。

20 (A)。 依中央行政機關組織基準法第3條規定：「本法用詞定義如下：
一、機關：就法定事務，有決定並表示國家意思於外部，而依組織法律或命令設立，行使公權力之組織。
二、獨立機關：指依據法律獨立行使職權，自主運作，除法律另有規定外，不受其他機關指揮監督之合議制機關。
三、機構：機關依組織法規將其部分權限及職掌劃出，以達成其設立目的之組織。
四、單位：基於組織之業務分工，於機關內部設立之組織。」

21 (A)。 績效待遇制度強調基於績效的報酬分配，著重於與員工的工作表現相連結，而不是僅僅根據年資高低來決定報酬。

22 (D)。 需求層次理論指出人類有生理需求、安全需求、社會需求、尊榮需求與自我實現需求等五種需求，而且呈現宛如階梯式的排列，需設法加以滿足。該理論觀點最無助於直接解釋題旨現象的「成因」。

23 (A)。 (B)各機關學校選送國內全時進修之公務人員，其進修期間為二年以內。但經各主管機關核准延長者，延長期間最長為一年。（公務人員訓練進修法第11條）
(C)選送全時進修之公務人員，於核定進修期間，准予帶職帶薪並得給予相關補助。自行申請全時進修之公務人員，其進修項目經服務機關學校認定與業務有關，並同意其前往進修者，得准予留職停薪，其期間為一年以內。但經各主管機關核准延長者，延長時間最長為一年；其進修成績優良者，並得給予部分費用補助。（公務人員訓練進修法第12條）
(D)公務人員帶職帶薪全時進修結束，其回原服務機關學校繼續服務之期間，應為進修期間之二倍。（公務人員訓練進修法第15條）

24 (B)。 職務分析所促成的主要產物為「職務說明書」，依公務人員任用法第3條規定：「職務說明書係說明每一職務之工作性質及責任之文書。」

25 (D)。 公務人員任用法第28條第1項：「有下列情事之一者，不得任用為公務人員：
一、未具或喪失中華民國國籍。
二、具中華民國國籍兼具外國國籍。但本法或其他法律另有規定者，不在此限。
三、動員戡亂時期終止後，曾犯內亂罪、外患罪，經有罪判決確定或通緝有案尚未結案。
四、曾服公務有貪污行為，經有罪判決確定或通緝有案尚未結案。
五、犯前二款以外之罪，判處有期徒刑以上之刑確定，尚未執行或執行未畢。但受緩刑宣告者，不在此限。
六、曾受免除職務懲戒處分。
七、依法停止任用。
八、褫奪公權尚未復權。
九、經原住民族特種考試及格，而未具或喪失原住民身分。但具有其他考試及格資格者，得以該考試及格資格任用之。
十、依其他法律規定不得任用為公務人員。
十一、受監護或輔助宣告，尚未撤銷。」

26 (A)。　依地方稅法通則第3條：「直轄市政府、縣（市）政府、鄉（鎮、市）公所得視自治財政需要，依前條規定，開徵特別稅課、臨時稅課或附加稅課。但對下列事項不得開徵：一、轄區外之交易。二、流通至轄區外之天然資源或礦產品等。三、經營範圍跨越轄區之公用事業。四、損及國家整體利益或其他地方公共利益之事項。」

27 (D)。　預算法第28條規定：「中央主計機關、中央經濟建設計畫主管機關、審計機關、中央財政主管機關及其他有關機關應於籌劃擬編概算前，依下列所定範圍，將可供決定下年度施政方針之參考資料送行政院：
一、中央主計機關應供給以前年度財政經濟狀況之會計統計分析資料，與下年度全國總資源供需之趨勢，及增進公務暨財務效能之建議。
二、中央經濟建設計畫主管機關應供給以前年度重大經濟建設計畫之檢討意見與未來展望。
三、審計機關應供給審核以前年度預算執行之有關資料，及財務上增進效能與減少不經濟支出之建議。
四、中央財政主管機關應供給以前年度收入狀況，財務上增進效能與減少不經濟支出之建議及下年度財政措施，與最大可能之收入額度。
五、其他有關機關應供給與決定施政方針有關之資料。」

28 (B)。　撥款法案是一項國會授權政府支出的法案。撥款法案通常是一項為特定開支預留資金的法案。在大多數民主國家，政府花錢必須得到立法機構的批准。

29 (A)。　(B)設計計畫預算制度強調將預算分配與機關的特定計畫和活動相關聯，著重於為每個計畫和活動設計預算。
(C)計畫與績效預算制度強調將預算與計畫目標和成果相關聯，關注計畫的執行和成效。它不僅考慮資源的投入，還關注計畫的成果和影響。
(D)行政預算制度主要關注政府部門和機關的預算編制和執行，並不特別強調公民參與的程度。

30 (D)。　各級政府自有財源與支出間的差距，可經由政府間的移轉支付及債務融通來填補。依財政收支劃分法的規定，各級政府之間的移轉性支付可分為協助款及補助款。中央統籌分配稅款是中央政府將全國稅收的部分，統籌分配發還給地方政府，以平衡地區發展的財政補助制度。

31 (C)。　平衡計分卡並不偏好財務構面衡量，每一個構面都很重要。平衡計分卡（BSC）在公務機關的應用，財務構面衡量重點並非股東價值，而應調整為公共價值。為了達成目標公部門必須以最低成本來創造價值，並且得到經費來源支持。所以其策略目標主要在維持財務穩定、管理成本。

32 (D)。　目標管理（MBO）指上下級人員經由會談方式，共同訂定組織目標與各部門目標，而人員於執行目標過程中，需作自我控制，於目標執行完後，尚須作自我考核。

33 (C)。　由麥爾斯（R.Miles）於1949年所提出，其原文為「職位決定立場」，1978年修正為「行政立場不僅取決於所擔任職位，亦來自對職位的堅持程度」。進一步推衍闡釋如「換了位置，換了腦袋」、「人在江湖，身不由己」、「在什麼位置，講什麼話」皆在說明此意。

34 (A)。　保健因素或稱不滿足因素，如果這些因素不理想，會導致人員不滿足，如薪資福利、工作條件、公司政策、人際關係、行政監督等。

35 (C)。　工作擴大化（Job Enlargement）指工作範圍水平方向的擴展，可讓員工從事較多不同種類的工作，亦即工作多樣化。

36 (A)。 在溝通管道中，最有效的還是面對面的溝通。在組織中，面對面溝通最具豐富性，有助雙方訊息的交流，對於誤解或不一致的觀念都可以馬上處理，使合作變得更容易。

37 (C)。 災害防救法第3條規定：「各種災害之預防、應變及復原重建，以下列機關為中央災害防救業務主管機關：
一、風災、震災（含土壤液化）、火災、爆炸、火山災害：內政部。
二、水災、旱災、礦災、工業管線災害、公用氣體與油料管線、輸電線路災害：經濟部。
三、寒害、土石流及大規模崩塌災害、森林火災、動植物疫災：行政院農業委員會。
四、空難、海難、陸上交通事故：交通部。
五、毒性及關注化學物質災害、懸浮微粒物質災害：行政院環境保護署。
六、生物病原災害：衛生福利部。
七、輻射災害：行政院原子能委員會。
八、其他災害：依法律規定或由中央災害防救會報指定之中央災害防救業務主管機關。」

38 (C)。 (A)電子治理的主要焦點是政府藉由網際網路的自由便利性促進使用資訊和通信技術及電子商務，以增進國家經濟的總體發展以及政府機構相互作用，更為公民提供透明參與系統。
(B)電子治理對於課責很有助益。
(D)政府將重複性高的業務進行自動化的資訊處理，主要目的是能夠提高效率。

39 (B)。 政策倡導是指推動特定公共政策或政府措施的過程，旨在影響政策決策者和公眾對特定政策議題的認知和支持。在政策倡導的過程中，倡導者需要論證和說服力地陳述政策的本質、目的、價值和理念，並組織相應的行動來實現政策目標。

40 (D)。 (A)政府機關設立某種特殊原則或規範，以指導或約束機關、團體、標的人口之特殊行動。
(B)政府機關將既得利益者之利益予以解除或將某標的人口之利益轉移給另一標的人口享受或承擔的政策，往往會造成財富、地位、權力的重新分配。
(C)政府機關對某標的人口的活動僅予以原則性規範，而由該標的人口自行決定活動進行方式。

41 (D)。 (A)指交易的一方擁有另一方所不知道的資訊，形成一方有資訊、一方沒有的不對稱。
(B)指政府在提供公共服務上不足或無效率的現象。
(C)又稱為「志願失靈」，指非營利組織在其志願活動運作過程中出現種種問題，使其活動無法正常進行的現象。

42 (B)。 在政策評估中，真實實驗設計具有較高的內部效度。透過隨機抽樣將研究對象分為實驗組與控制組，確保了兩組在初始特徵上的均衡。實驗組接受特定政策或措施，而控制組則不接受，這樣研究者可以比較兩組之間的差異，並將其歸因於所實施的政策或措施。這種隨機抽樣的設計有助於排除其他變數的影響，提高了因果推論的可信度。

43 (B)。 賽蒙（H.Simon）認為人是有限理性的行政人，因此決策者在面對複雜的問題時，並不追求最佳的決策，而是在有限的資訊和認知能力下，尋求滿足足夠條件的解決方案。亦即決策者會將新的問題與既有的問題相連結，利用已有的經驗和知識來處理新情境。這種連結既可以是相似性的連結，將新問題視為過去問題的變形或類似情境，也可以是聯想的連結，將新問題與既有的解決方法相關聯。

44 (A)。 依地方制度法第53條規定：「直轄市議員、縣（市）議員、鄉（鎮、市）民代表，不得兼任其他公務員、公私立各級學校專任教師或其他民選公職人員，亦不得兼任各該直轄市政府、縣（市）政府、鄉（鎮、市）公所及其所屬機關、事業機構任何職務或名義。但法律、中央法規另有規定者，不在此限。直轄市議員、縣（市）議員、鄉（鎮、市）民代表當選人有前項不得任職情事者，應於就職前辭去原職，不辭去原職者，於就職時視同辭去原職，並由行政院、內政部、縣政府通知其服務機關解除其職務、職權或解聘。就職後有前項情事者，亦同。」

45 (B)。 依地方制度法第62條規定：「直轄市政府之組織，由內政部擬訂準則，報行政院核定；各直轄市政府應依準則擬訂組織自治條例，經直轄市議會同意後，報行政院備查；直轄市政府所屬機關及學校之組織規程，由直轄市政府定之。」

46 (B)。 政府捐助之財團法人各自訂有「人員任用及核薪要點」，依規定聘用員工，不須經由國家考試來任用。

47 (B)。 社會企業是為解決特定社會問題的企業，亦即以企業手段、商業創新模式解決社會問題的企業。

48 (A)。 政府採購指工程之定作、財物之買受、定製、承租及勞務之委任或僱傭等，均須委託民間廠商辦理。

49 (B)。 依促進民間參與公共建設法第4條的規定：「本法所稱民間機構，指依公司法設立之公司或其他經主辦機關核定之私法人，並與主辦機關簽訂參與公共建設之投資契約者。」私法人包含營利或非營利機構或團體，私法人又可分為社團法人及財團法人，社團法人分為營利性（公司或商號）、非營利性（中間性及公益性）、財團法人（一般性如基金會及特殊性如私立醫院）。

50 (A)

112年 台電新進僱用人員甄試

( ) **1** 當團體規模愈來愈大，隱藏在團體中的個人，可能產生只享受權利卻不盡義務的問題，此屬下列何種現象？ (A)手錶定律（Watch Law） (B)搭便車（Free Rider） (C)莫非定律（Murphy's Law） (D)螃蟹效應（Carb Effect）。

( ) **2** 下列哪一項敘述非屬新公共行政理論所遭到的批判？ (A)欠缺原創性和可行性 (B)過於理想化而陷於形式主義 (C)太強調民主政治中的開放透明 (D)規範性價值難以界定。

( ) **3** 馬克思韋伯（M. Weber）所提理想的官僚組織具有某些特徵，下列何者不包括在內？ (A)依法行事 (B)專業分工 (C)專案管理 (D)工作導向。

( ) **4** 彼得聖吉（Peter Senge）提出傳統組織轉化為學習型組織，須達成學習型組織的5項修練，下列何者非屬其內容？ (A)團隊學習 (B)系統思考 (C)超越自我 (D)利己取向。

( ) **5** 制定行政績效指標有所謂的「SMART」原則，下列何者非屬其內容？ (A)可衡量原則 (B)可達成原則 (C)具體明確原則 (D)可回饋原則。

( ) **6** 事業部門制（Divisionalization）最先由美國運通公司總裁史龍（Alfred Sloan, Jr.）所設計出來，下列何者非屬其主要精神？ (A)總管理處具有陣容堅強的幕僚機構 (B)各事業部門即為其利潤中心 (C)採用分權式的政策和集權式的管理 (D)各事業部自身具有完整產品或服務中心。

( ) **7** 有關組織結構中控制幅度（Span of Control）的論述，下列何者有誤？ (A)控制幅度的大小和部屬能力的強弱成正比 (B)控制幅度的大小和工作的反覆性強弱成反比 (C)控制幅度的大小和權責劃分的明確程度成正比 (D)控制幅度的大小和工作環境變化大小成反比。

( ) **8** 由穆尼（J. Mooney）及雷利（A. Reiley）提出健全組織結構的4個原則，下列何者有誤？ (A)平衡原則 (B)協調原則 (C)階梯原則 (D)機能原則。

( ) **9** 在公私協力的夥伴關係中，「公共基礎設施之設計、興建、營運與資金調度權全部都委由私部門完成，但是建設完成後，將所有權轉移給行政機關」是屬於下列何種形式？ (A)BOO（Build-own-operate） (B)BOT（Build-operate-transfer） (C)BTO（Build-transfer-operate） (D)DBFO（Design-build-finance-operate）。

( ) **10** 哈及特（R. Hodgetts）所提出的有效溝通包含 (1)行動 (2)理解 (3)注意 (4)接受，其溝通順序，下列何者正確？ (A)(1)(3)(2)(4) (B)(2)(4)(3)(4) (C)(3)(2)(4)(1) (D)(3)(4)(2)(1)。

( ) **11** 依據比特（B.J Bitter）等人的分類，下列何者非屬「互益類」（Mutual Benefit）的非營利組織？ (A)私立基金會 (B)公會 (C)消費合作社 (D)社交俱樂部。

( ) **12** 下列何者非屬有機式管理型態的特性？ (A)強調較少的規章程序 (B)穩定的環境性質 (C)不具有標準化的工作和規則 (D)保持低程度的集權。

( ) **13** 根據浩思和米契爾（House & Mitchell）所提出的路徑-目標的領導理論（Path-goal Theory of Leadership），在任務模糊且結構化程度低的工作情境下，下列哪一種領導行為比較有效？ (A)指導型 (B)支援型 (C)成就型 (D)參與型。

( ) **14** 行政人員的角色立場皆由其所擔任的職位來決定，亦即職位決定立場，此種行政組織病象稱為？ (A)格勒善定律（Gresham's Law） (B)白京生定律（Parkinson's Law） (C)邁爾斯定律（Miles's Law） (D)彼得定律（Peter's Principle）。

( ) **15** 描述個人在追求目標過程當中，遭遇兩者對個人皆具威脅性，兩者皆想避免，但迫於情勢必需擇其一，此種心理衝突稱為？ (A)雙趨衝突 (B)雙避衝突 (C)趨避衝突 (D)逃避衝突。

( ) **16** 主管根據預先建立的標準，據以衡量員工工作績效，包含品質、數量乃至完成時限，此為下列哪一種考績評量法？ (A)強迫式選擇法 (B)重大事件法 (C)目標評量法 (D)評述報告法。

( ) **17** 明茲伯格（H. Mintzberg）將高階管理者分為3大類、10種角色，其中一類為人際角色，下列何者非屬人際角色中的內涵？ (A)傳播者（Disseminator） (B)聯絡人（Liasion） (C)頭臉人物（Figurehead）(D)領導人（Leader）。

( ) **18** 公務員行使行政裁量權發生個人利益與公務員義務相衝突之情形，將面臨下列何種行政裁量的倫理困境？ (A)角色的衝突 (B)管理的衝突 (C)權威的衝突 (D)利益的衝突。

( ) **19** 依據安蘇甜（S. Arustein）所建立的「公民參與階梯理論」，下列何者的公民參與影響力最大？ (A)補救式參與 (B)諮詢式參與 (C)公民控制式參與 (D)公告式參與。

( ) **20** 對某一種利益團體給予限制或拘束，但其所受限制或拘束的型態僅在增加選擇利益的方式，而不在減少取得利益的方式，係屬於下列何種政府政策？ (A)自我管制性政策 (B)管制性政策 (C)分配性政策 (D)再分配性政策。

( ) **21** 有關要徑法（Critical Path Method）之敘述，下列何者有誤？ (A)要徑為耗時最長且最久的作業流程 (B)要徑上的活動，延遲也不會影響專案完成期限 (C)適用於管理大型專案計畫 (D)目的在於進行時間與進度管理。

( ) **22** 公、私部門在進行公共事務合作時，強調私部門不再只是依存於公部門之下，也不再只是單純配合公部門，而是與公部門形成合作夥伴的互動關係，此種關係屬於公、私部門的何種合作模式？ (A)水平融合 (B)水平互補 (C)垂直分隔 (D)垂直互補。

( ) **23** 隨著時代的進步，政府部門也愈來愈重視大數據（Big Data）的應用，下列何者非屬大數據的3V特性？ (A)龐大性（Volume） (B)多樣性（Variety） (C)有效性（Validity） (D)快速性（Velocity）。

( ) **24** 政策規劃人員在進行方案設計時，應依循某些原則，以期成為較可行之方案，下列何者非屬學者卡普蘭（Abraham Kaplan）所提出的政策規劃原則？ (A)公正無私原則 (B)分配普遍原則 (C)人民自主原則 (D)團體受益原則。

( ) **25** 有關政策失靈的原因描述，下列何者有誤？ (A)目標與目的界定不明 (B)政策環境相對穩定 (C)政策規劃過程及內容不當 (D)政策執行能力不足。

解答與解析 答案標示為#者，表官方曾公告更正該題答案。

1 (B)。 (A)。僅有一只手錶，可以知道時間；擁有兩只或更多的錶，卻無法確定幾點。對管理學啟發，就是對同一個人或同一個組織不能同時採用兩種不同的方法，不能同時設置兩個不同的目標，甚至每一個人不能由兩個人來同時指揮，否則將使這個企業或者個人無所適從。(C)原文為「假如事情會出錯，一定發生」，強調看似細微或不起眼之處，經常是問題根源。(D)互相牽制和互相打壓的螃蟹們永遠爬不出那小小的籐籃，內部爭鬥、互相扯後腿，會使公司企業不能成長。

2 (C)。 依據林淑馨教授的整理，新公共行政所面臨之各項批評如下：(1)政治與行政二分法的迷思。(2)欠缺原創性與可行性。(3)過於理想化而陷入形式主義。(4)規範性價值難以界定。(5)需結構及法制之變革作為配套。(6)無法解決公共行政實務的雙環困境。

3 (C)。 馬克思韋伯（M. Weber）所倡議理想型科層組織特徵包括：專業分工、層級節制、依法辦事、工作導向、正式甄選與永業化、功績管理。

4 (D)。 彼得聖吉（Peter Senge）提出傳統組織轉化為學習型組織，須達成學習型組織的五項修練，內涵包括：系統思維（system thinking）、超越自我（personal Mastery）、改善心智模式（improving mental models）、建立共享願景（building shared vision）、團隊學習（team learning）。

5 (D)。 組織目標設計須符合SMART原則：具體明確（Specific）原則、可衡量（Measurable）原則、可達成（Attainable）原則、合適（Relevant）原則、時效性（Timely）原則。

6 (C)。 採用集權式的政策和分權式的管理。

7 (B)。 控制幅度的大小和工作的反覆性強弱成正比。

8 (A)。　穆尼（J.Mooney）與雷利（A.Reiley）提出健全組織結構的4個原則：階梯原則、機能原則、幕僚原則、協調原則。

9 (C)。　BTO（Build-transfer-operate）即興建、移轉、營運，可分為：
(1) 無償BTO：民間機構投資新建完成後，政府無償取得所有權，並委託該民間機構營運；營運期間屆滿後，營運權歸還政府。
(2) 有償BTO：由民間機構投資新建完成後，政府一次或分期給付建設經費以取得所有權，並委託該民間機構營運；營運期間屆滿後，營運權歸還政府。

10 (C)。　哈及特（R. Hodgetts）提出的有效溝通的順序：注意→理解→接受→行動。

11 (A)。　比特（B.Bitter）等人的分類：
(1) 公益組織：包括慈善事業、教育文化機構、科技研究組織、私立基金會、社會福利機構、宗教團體、政治團體。
(2) 互益類組織：包括社交俱樂部、消費合作社、互助會及類似組織、商業會及職業團體。

12 (B)。　動盪的環境性質。

13 (A)。　路徑—目標理論相關的研究預測：
(1) 在任務模糊，或任務不是高結構化，或沒有妥善安排的情況下，指導型領導會有較高的滿意度。
(2) 部屬在執行結構性任務時，支援型領導可以有較高的員工績效和滿意度。
(3) 對高認知能力和豐富經驗的部屬而言，指導型領導可能是多餘的。
(4) 在明顯和官僚的正式組織下，領導者應提供支援型行為，減少指導型行為。
(5) 當群體中有實質衝突時，指導型領導會有較高的員工滿意度。
(6) 內控傾向的部屬會較滿意於參與型的領導，因為這些部屬相信，他們能夠掌控周遭發生的事，所以會偏好參與決策。
(7) 外控傾向的部屬會較滿意於指導型的領導，因為這些部屬相信，他們所遭遇的事情，是由外部環境所致，所以他們較希望領導者告訴他們該做什麼。
(8) 當任務結構不明確時，成就導向型的領導將會增加部屬對「努力就可導致高績效」的期望。

14 (C)。　現代組織仍存有劣幣驅逐良幣現象，庸碌者多於優異者。(B)由英國教授白京生（C. Parkinson）所提出的對於組織的批評。其內容包括下列六點：(1)行政首長均喜好增加部屬，此即「建立王國」的現象。(2)機關成立年代越久，成員素質越低落。(3)機關開會時間長短和議題重要興成反比。(4)機關採委員會型態組織愈來愈多，效能卻相對低落。(5)機關內部行政效率日趨低落，但外面建築與設備卻日趨富麗豪華。(6)機關預算儘量用光，免得下年度的預算被刪減。(D)指在層級節制體系中，每一位成員傾向被擢升至其無法勝任職位上，除非經過進修與訓練，否則將無以為繼。

15 (B)。　即同時面臨兩種不利的事物或兩種不佳的情況，皆欲尋求避免，但客觀上卻又必須選擇其一，於是便產生「兩害相權取其輕」的無奈抉擇，此謂之「雙避衝突」。

16 (C)。　根據先前的工作分析和事先被認為影響良好績效表現的相關行為特質，在一份多重選擇地即定問題格式中，羅列出若干正面因素，然後由評鑑者指出一項和員工之工作表現最為相符的因素。(B)由主管對員工的工作表現作成紀錄，記載與目標相關之績效優良或不佳的代表事例，以為考核依據。(D)焦點在針對加強員工進一步訓練之所需，以及員工潛力與才能之開發所使用之考評技術。

17 (A)。　明茲伯格（H. Mintzberg）歸納出十種管理者角色，並劃分成人際角色、資訊角色、決策角色三大類：

(1) 人際角色：
　　A.頭臉人物（Fgurehead）。
　　B.領導人（Leader）。
　　C.聯絡人（Liaison）。
(2) 資訊角色：
　　A.監視者（Monitor）。
　　B.傳播者（Disseminator）。
　　C.發言人（Spokesperson）。
(3) 決策角色：
　　A.企業家（Entrepreneur）。
　　B.危機處理者（Disturbance handler）。
　　C.資源分配者（Resource distributor）。
　　D.協商者（Negotiator）。

18 (D)。　公務員行使行政裁量權發生個人利益與公務員義務相衝突之情形，將面臨行政裁量的利益的衝突困境。公職人員利益衝突法第5條就對利益衝突作定義：本法所稱利益衝突，指公職人員執行職務時，得因其作為或不作為，直接或間接使本人或其關係人獲取利益者。

19 (C)。　公民控制（citizen control）或稱「公民控制式參與」，指政府的各項政策性或事務性的運行，非由政府官員或政治精英來控制，概由公民意見的回饋，主導整個政府運行的方向。是安慈甜（S. Arustein）所建立的「公民參與階梯理論」中影響力最大者。

20 (A)。　又稱「自我規律性（Self-Regulative）政策」指私人部門或團體對影響到自己的政府政策或行動，自行決定其形式或內容。也是指對某一種利益團體給予限制或拘束，但其所受限制或拘束的形態，僅在增加選擇利益的方式，而不在減少取得利益的方式。

21 (B)。　要徑上的活動延遲，其延遲時間若少於寬裕時間，便不會影響專案完成之時間；反之則仍會影響專案工期。

22 (A)。　公私部門水平融合互動模式，這種模式強調私部門已不再是「依存」或「偏向」公部門之下的附合體，也不是單純「配合」公部門而採取行動，而是與公部門形成一種水平式鋸齒融合的互動模式。換言之，公私部門之間的互動，從傳統上的「指揮-服從」、「配合-互補」轉化為「協議、合作、合夥」的平等協力關係。

23 (C)。　大數據（Big Data）指更龐大且複雜的資料庫，這些數據的大小遠遠超出人類在可接受的時間下進行收集、管理與分析。根據Ahalt（2012）的分析，大數據具有「3V」特性：龐大性（Volume）、多樣性（Variety）、快速性（Velocity）。

24 (D)。　政策規劃人員在進行方案設計時，必須遵循某些原則，以期獲致較為可行的政策方案。卡普蘭（A.Kaplan）曾提出以下政策規劃原則：公正無私原則、個人受益原則、分配普遍原則、人民自主原則、劣勢者利益最大化原則、持續進行原則、緊急處理原則。

25 (B)。　政策失靈的原因很多，有源自政策問題特性及政策本身者；有源自政策運作過程參與者之因素者；亦有源自各種環境因素者，可謂不一而足。例如政策規劃過程及內容的不當、目標與目的界定不明、執行能力不足、政策環境發生變化等。

112年 高考三級

☑ 申論題

一、有關行政官僚專業責任的探討，學者的論點迭有變更而不同於傳統公共行政；請分別敘述新公共行政（New Public Administration）與黑堡宣言（Blacksburg Manifesto）的觀點為何？

▶ **破題分析**：追求卓越的當代理論：新公共行政、黑堡宣言、新公共管理、新公共服務四者都非常重要，是建構行政學成為獨立專業的「學術識別系統」，也是近年命題的重中之重。從民國94年到104年屢有題目出現，屬於考古題，如有準備應不難作答。

答：1968年在公共行政學者瓦爾多（Dwight Waldo）資助下，多位公共行政學者於美國紐約州的雪城大學召開研討會，討論公共行政面臨的問題與發展方向，由於所提觀點有別於傳統公共行政，一般稱為「新公共行政」。其後「黑堡宣言」以新公共行政的論點為基礎，並加入在憲政制度上的改革，又可稱為「奠基於制度的明諾布魯克觀點」。兩者對於行政官僚專業責任的探討，其觀點略有改變，茲闡述如下：

(一) 新公共行政的觀點

根據巴頓（R.Barton）的研究，行政人員認應扮演以下角色：

1. 社會公平促進者：行政人員不應過分強調行政中立，而是應解決弱勢群體困苦並改善其福祉，以提昇所有民眾的生活品質。

2. 機關變遷催生者：行政人員要做集權規劃及分權執行的連結者，並確保行政過程的公正性，以及發展機關的社會責任。

3. 代表性行政人：行政人員要使機關人力組合愈接近社會母體的人力組合，亦即行政人員要代表社會大多數人執行政務，並要兼顧少數人的利益。

4. 倡議性行政人：行政人員要遵守服務對象至上原則，並關懷服務對象，鼓勵民眾參與。

5. 非統一性行政人：行政人員要同時扮演多重角色，或經常轉換角色，以執行各種行政功能。

(二) 黑堡宣言的觀點

常任文官角色扮演：

1. 執行與捍衛憲法的角色：維持穩定有效運作的治理體系，進而提升公正平等並造福全民生活品質。

2. 人民受託者的角色；受人民間接託付公權力，不宜妄自菲薄，視己為執行工具，當以追求公共利益為公務職志。

3. 賢明少數者的角色：要扮演「賢明的少數，而非喧囂的多數或有權的少數」，透過民眾參與而說服其無知或彌補智識不足，使之成為賢明的多數。

4. 平衡輪的角色：須對外在環境有所回應，並肩負專業責任，維護憲政法律、公共利益、機關觀點，迴旋於治理過程中各方勢力，扮演平衡輪角色。

5. 分析者與教育者的角色：有意識地明察法律及政策的價值體系及基礎，扮起分析者及教育者的角色，俾能增加政務人員、民意代表、利益及社運團體、乃至一般民眾對公共事務及治理的了解，並灌輸渠等公共利益概念。

綜觀新公共行政與黑堡宣言二者的內涵，都在彰顯行政人員是「主權受託者」的理念角色，亦即行政人員必須秉持專業知識的良知，善用職權與裁量，以高尚的情操擇善固執，追求政府治理體系過程中公共利益的極大化，並爭取弱勢族群的公道正義，實踐「守護型行政」的真義。

▶ 觀念強化

1. 名詞解釋

施為觀點（Agency Perspective）指出了個體與總體處於一種往返互動的關係，那麼行政人員（個體）因而很有可能對制度結構（總體）產生影響力，進而造成制度結構的變遷。

2. 觀念延伸

(1) 黑堡宣言與新公共行政的關係：

A. 理念上志同道合。

B. 以制度為根基的論述彌新公共行政之不足。

(2) 黑堡宣言對公共行政的理念啟發：

A. 重建公共行政在治理過程的正當地位。

B. 正視治理當中政治與行政二者的複雜關係。

C. 重新界定專業主義以詮釋行政人員的角色內涵。

D. 以制度為根基的行政論述兼顧規範性與實用性。

E. 理想─過程取向的公共利益概念兼顧集體與個體。

3. 相關試題

(1) 晚近公共行政的發展出現了新公共行政（New Public Administration）及黑堡宣言（Blacksburg Manifesto）的觀點？二者主要的論點為何？與傳統公共行政有何不同的意涵及看法？【94身三】

(2) 新公共行政學派和「黑堡宣言」（Blacksburg Manifesto）的擁護者十分重視常任文官體系，原因為何？他們主張常任文官在治理過程中，應該扮演那些重要的角色？【98高考】

(3) 請分別說明黑堡宣言（Blacksburg Manifesto）對公共行政人員及公共行政人員專業主義的詮釋為何？以及這些詮釋對當前我國政府運作之啟示為何？【100年薦任升等】

▶ **參考書目**

吳定等人著，《行政學下》，國立空大，2007。

二、何謂「PDCA循環（PDCA Cycle）」（或稱戴明迴圈，Deming Cycle）？又如何將之應用在組織的員工訓練業務上？

▶ **破題分析**：PDCA循環是公共管理考科常考的議題，不管是選擇題或申論題。不過因應民國113年起國考減少考科，爾後公共管理的內容，恐怕會經常出現在行政學的考題中，不得不注意。

答：PDCA循環，又稱戴明循環，係由美國管理學者戴明（Deming）所提出，用以提升產品品質或改善生產流程，包含四大概念：計畫（Plan）、執行（Do）、查核（Check）、行動（Act）。

(一) PDCA的意涵

1. 規劃（Plan）：建立目標，制定計劃及程序。

2. 執行（Do）：執行上一步所制定的計劃和程序，並蒐集資訊以進行未來的修正和改善。

3. 檢查（Check）：研究所蒐集到的資訊，與規劃階段的目標進行對照，並提出修改方案，包括執行後改善和計劃的完善，使計劃可執行性能夠提高。

4. 行動（Act）：尋找有效的方法來減少目標和執行結果的差距，使下一次計劃趨於完美。

(二) PDCA如何將之應用在組織的員工訓練業務上

PDCA精神來建構其訓練流程，從訓練需求界定、設計規畫、訓練提供至訓練評估，每個環節皆強調其持續改善與流程監控精神，期以達成組織績效提升與永續經營目標。

1. 規劃（Plan）：需先確立教育訓練的需求及目標，再擬定教育訓練的計畫（5W1H），包括訓練的負責人、訓練的對象、訓練的地點等內容。

2. 執行（Do）：根據教育訓練內容，依序來加以執行，如聘請講師、通知受訓人員等。

3. 檢查（Check）：檢核訓練計畫與執行之間，是否出現落差，如學員於受訓後必須繳交反應表、學習心得等。

4. 行動（Act）：尋找有效的方法來減少目標和執行結果的差距，使下一次計劃趨於完美。如將教育訓練與晉升制度結合，以提升員工的受訓動機。

▶ 觀念強化

1. 名詞解釋

全面品質管理（Total Quality Management, TQM）：根據丹哈特（R.Denhardt）的界定，是「一種由組織所有的管理者和成員，使用量化方法和員工參與藉不斷地改進組織的過程、產品與服務，以迎合顧客需求與期待之全面性與整合性的組織途徑。」

2. 觀念延伸

PDCA循環圈（The PDCA Cycle）又稱戴明循環圈（The Deming Wheel），係指透過計畫（Plan）、實行（Do）、檢查（Check）、行動（Action）的循環過程以有效改進過程或系統。但後來又有許多學者加上第五項步驟：標竿學習（Benchmarking）：到標竿機關去進行深度的參訪學習，以吸收其卓越服務的原因，並且納入本機關的服務品質計畫中，如此就形成新的PDCAB模式。

3. 相關試題

(1)何謂PDCA模式？請以政府服務品質為例，說明PDCA模式如何應用於政府服務品質的改進過程？【100地三—公共管理】

(2)何謂目標管理的PDCA循環式品質管理過程？並請舉一個實際政府案例或公共政策加以說明試論之。【109原四—公共管理概要】

▶ 參考書目

丘昌泰著，《公共管理》，智勝文化，2012。

↘ 測驗題

（　　）1 公共行政常面臨多元價值衝突，有關公共行政追求之價值內涵，下列敘述何者正確？　(A)「效率」的考量點在於原定政策目標的達成程度　(B)「公平」意即對不同條件的公民提供完全一致的公共服務　(C)「效能」的考量在於如何使用較少資源來達成較多工作產出　(D)「回應」聚焦於如何滿足民意或政策利害關係人的期待。

( ) **2** 新公共服務（New Public Service）重新闡述服務、共享、信任合作、公共利益等理念，並對新公共管理及傳統公共行政有所批判。下列何者不是新公共服務的重要理論基礎？ (A)組織人文主義（organizational humanism） (B)委託—代理人理論（principal-agent theory） (C)民主的公民資格理論（theory of democratic citizenship） (D)社群與公民社會模型（model of community and civil society）。

( ) **3** 在「新公共管理」的觀點下，公務人員被設定的主要回應對象是下列何者？ (A)政務官 (B)專家 (C)顧客 (D)公民。

( ) **4** 下列何者不屬於1990年代以來西方先進國家推動政府再造的主流趨勢？ (A)契約人力逐步盛行 (B)市場競爭機制的建立 (C)擴充組織規模以滿足民眾需求 (D)追求提升民眾滿意度的公共服務。

( ) **5** 有關湯普森（D.F.Thompson）「行政倫理的可能性」分析，下列敘述何者錯誤？ (A)強調行政人員的獨立道德判斷是行政倫理重要的基礎 (B)組織會有「髒手」現象，驅使行政人員作出不是光明正大的「必要之惡」 (C)「中立倫理」可能會壓抑個人的獨立道德判斷 (D)「結構倫理」會強化個人在組織生活中的道德主動性。

( ) **6** COVID-19疫情爆發後，我國政府於2020年成立跨部會之中央流行疫情指揮中心。該中心屬於下列何種組織型態？ (A)非正式組織 (B)任務編組 (C)獨立機關 (D)事業型組織。

( ) **7** 甲是政府機關的主管，他能夠放下身段去服務他人，展現犧牲奉獻的精神，並從部屬、民眾的角度去了解他們的需要，傾聽他們的聲音，甲的行為最接近何種領導理論？ (A)轉換型領導（transformational leadership） (B)交易型領導（transactional leadership） (C)僕人式領導（servant leadership） (D)誠正領導（authentic leadership）。

( ) **8** 有關「弊端揭發」（whistle-blowing）之概念，下列敘述何者錯誤？ (A)弊端揭發者可能會遭受來自組織的報復 (B)弊端揭發係指向組織內部管道反映不法情事 (C)弊端揭發者應確認所揭露之內容為事實 (D)弊端揭發之動機應以公共利益為出發點。

( ) **9** 就地方自治團體的層級而言，下列何者與其他有明顯區別？ (A)屏東市 (B)嘉義市 (C)彰化市 (D)臺東市。

( ) **10** 下列何者並非「組織發展」的主要目的？ (A)增進組織中人際關係的和諧 (B)調整法規制度使其更具合理性 (C)提高組織成員的工作熱忱和態度 (D)增進組織適應環境的彈性與能力。

( ) **11** 有關我國公務人員考績制度之敘述，下列何者正確？ (A)另予考績用於平時有重大功過時考核 (B)年終考績列乙等者留原俸級 (C)專案考績一次記二大過者免職 (D)專案考績得與平時考核功過相抵。

( ) **12** 下列何者是我國一般公務人員擁有的合法權利？ (A)組織公務人員協會 (B)參與公務人員罷工 (C)免於民事賠償責任 (D)退休後可享受優遇。

( ) **13** 有關我國中央對直轄市及縣（市）政府的補助款，下列敘述何者錯誤？ (A)一般性補助款屬於地方政府的財政收入 (B)一般性補助款屬於中央政府的歲出 (C)計畫型補助款的補助比例與地方政府財政能力呈現負相關 (D)專案補助款用於補助自有財源比例低於50%的地方政府。

( ) **14** 根據預算法相關規定，有關政府預算執行之敘述，下列何者錯誤？ (A)總預算內各機關、各政事及計畫或業務科目間之經費，不得互相流用 (B)第一預備金於單位預算中設定之，其數額不得超過資本支出總額1% (C)依法律增設新機關時，各機關得另提出追加預算，但併入當年度總決算合計 (D)國家經濟遭遇重大變故，行政院得於年度總預算外另提出特別預算。

( ) **15** 有關租稅之敘述，下列何者正確？ (A)累進稅較比例稅更具所得分配效果 (B)如果租稅改變人們的消費模式，這樣的租稅不具有公平性 (C)稅式支出（tax expenditure）是政府直接支出的其中一個項目 (D)可以將租稅的法律義務轉嫁給他人者，是不具租稅效率的。

( ) **16** 公部門的策略管理常使用SWOT分析以評估機關所處的環境，對於SWOT的敘述，下列何者錯誤？ (A)SW分析是對組織內部的軟體和硬體都進行分析 (B)OT分析是對組織內部的機會與威脅尋找化解方法 (C)SW分析包括工作士氣和資訊管理的檢視 (D)OT分析包括社會經濟環境的分析。

( ) **17** 下列何者通常不被視為官僚體制內的正式溝通方式？ (A)公文往來 (B)機關手冊 (C)固定例行會議 (D)個別口頭解釋說明。

( ) **18** 有關災害管理四階段次序的敘述，下列何者正確？ (A)減災、整備、應變、復原 (B)應變、復原、減災、整備 (C)整備、應變、復原、減災 (D)應變、減災、整備、復原。

( ) **19** 下列何者不是《聯合國電子化政府調查報告》（United Nation E-Government Survey）中歷年調查的評比指標？ (A)民眾對廉能政府的評價 (B)是否有政府開放資料 (C)資通訊基礎設施的充足程度 (D)是否提供線上平台讓民眾得以參與政策決定。

( ) **20** 有關政策執行的工具，下列敘述何者錯誤？ (A)「使用者付費」是從需求面改變使用者的行為誘因 (B)「解除管制」是讓市場自由化 (C)「道德勸說」強調市場功能的發揮 (D)「過渡期補助」是政府提供民眾生活保障的一環。

( ) **21** 民意調查中的鐘形民意（bell-shaped）分布型態，一般又稱之為： (A)縱容的共識（permissive consensus） (B)政治極化（political polarization） (C)鐘擺效應（pendulum effect） (D)政策趨同（policy convergence）。

( ) **22** 下列何者為我國的地方自治團體，其區長及區民代表均由民選產生？ (A)臺南市安平區 (B)高雄市美濃區 (C)新北市烏來區 (D)臺北市大安區。

( ) **23** 有關非營利組織自律的內涵，下列敘述何者錯誤？ (A)自律規範是由專業人員相互約定、自願遵循的守則 (B)係自行訂定之自我要求規範 (C)自律規範可以取代法律 (D)自律是非營利組織專業倫理中重要的環節。

( ) **24** 政府採用民營化措施推動公共服務時，最可能出現下列那一項缺點？ (A)資源運用效率低落 (B)公共責任難以釐清 (C)政府職能大幅擴張 (D)服務品質明顯劣化。

( ) **25** 下列何者比較不適用於解釋地方政府之間跨域協調不力的原因？ (A)黨派競爭與黨同伐異 (B)管轄權認定不同 (C)地方公民素質不佳 (D)權責劃分不清。

解答與解析 答案標示為#者，表官方曾公告更正該題答案。

1 (D)。 (A)「效率」的考量在於如何使用較少資源來達成較多工作產出。
(B)「公平」指不分種族、性別、宗教、階級等，所有人都能享有平等的權利和機會。
(C)「效能」的考量點在於原定政策目標的達成程度。

2 (B)。 新公共服務的重要理論基礎：民主的公民資格理論、社群與公民社會模型、組織的人文主義、後現代公共行政。

3 (C)。 新公共管理的核心概念包括：顧客導向、公共組織內部市場化、企業型政府。其中「顧客導向」是指新公共管理以市場取向為起點，強調將人民視為消費者。

4 (C)。 自1980年代以來，政府部門過於龐大及其能力的相對不足，包括三個方面：政府的規模過大、政府的範圍太大、政府運作的方法不恰當。1990年代以來西方先進國家推動政府再造蔚為主流趨勢。

5 (D)。 結構倫理指為政策負起道德判斷之責任的主體應是組織或政府整體，而非組織單位或個人，亦即決策成敗應由組織而非個人負起全部責任。

6 (B)。 臨時性任務編組係由班尼士（W.Bennis）新造的術語，用以形容在動盪環境下為完成複雜而不確定的工作，所臨時組成的專案團隊（project team）。

7 (C)。 僕人式領導在領導模式中強調放下身段去服務他人，強調犧牲奉獻的精神，從部屬、顧客的角度去瞭解他們的需要，傾聽他們的聲音，才能成為一個真正的領導者。

8 (B)。 弊端揭發指公務人員把機關違法失職情事釋放消息讓外界知悉，並以媒體為常見的外露對象，其次為議會、檢調或上級機關，以避免行政體系的腐敗。

9 (B)。 省轄市：基隆市、新竹市、嘉義市。
縣轄市：竹北市、苗栗市、頭份市、彰化市、員林市、南投市、斗六市、太保市、朴子市、屏東市、宜蘭市、花蓮市、臺東市、馬公市。

10 (B)。 吳定認為：「組織發展乃是一項以行為科學的理論與技術為理論架構，以特殊的行動方案及執行技術為基礎，目的在維持更新及改變人為組織制度與人際關係的有計畫努力。」

11 (C)。　(A)專案考績用於平時有重大功過時考核。(B)年終考績列丙等者留原俸級。(D)專案考績不得與平時考核功過相抵銷。

12 (A)。　公務人員為加強為民服務、提昇工作效率、維護其權益、改善工作條件並促進聯誼合作，得組織公務人員協會。

13 (D)。　中央對直轄市及縣（市）政府之計畫型補助款，應依財力級次給予不同補助比率，除臺北市政府列為第一級外，其餘直轄市及縣（市）政府應依最近三年度決算審定數之自有財源比率之平均值為其財力，並依序平均分列級次如下：一、直轄市政府列為第二級至第三級。二、縣（市）政府列為第三級至第五級。

14 (B)。　預算法第22條規定：「預算應設預備金，預備金分第一預備金及第二預備金二種：
一、第一預備金於公務機關單位預算中設定之，其數額不得超過經常支出總額百分之一。
二、第二預備金於總預算中設定之，其數額視財政情況決定之。立法院審議刪除或刪減之預算項目及金額，不得動支預備金。但法定經費或經立法院同意者，不在此限。各機關動支預備金，其每筆數額超過五千萬元者，應先送立法院備查。但因緊急災害動支者，不在此限。」

15 (A)。　(B)用租稅來改變消費行為，比直接管制更能減少污染的排效。例如，對無鉛及含鉛汽油給予不同的租稅待遇，使用者自然會選擇無鉛汽油。
(C)為政府間接性支出，透過免稅、租稅抵減等獎勵措施達成政策目標，這樣的租稅具有公平性。
(D)對於個人消費來說，讓企業透過多階段銷售將稅額轉嫁給消費者，稅負則是會根據每個人的消費水準而有所不同；亦即消費金額越多的人所繳納的營業稅越多。稅收效率原則則指稅收活動要有利於經濟效率的提高。

16 (B)。　OT分析是對組織外部的機會與威脅尋找化解方法。

17 (D)。　正式溝通是指在官僚體系中的機構與人員，透過組織和層級關係為基礎的正式管道進行溝通。例如，機關手冊、公文往來、安排任務、例行會議、請示彙報等都屬於正式溝通的形式。

18 (A)。　美國聯邦危機管理局（FEMA）在1979年提出「整合性危機管理系統」（Integrated Emergency Management System，簡稱IEMS），將危機管理過程分為四個階段：減災或紓緩、整備或準備、應變或回應、復原或回復。

19 (A)。　聯合國的EPI指數，主要是透過各國入口網站上所提供的服務和資訊，由三個面向來做評比：
(1)電子資訊（e-information）：是否提供政府相關的線上內容與資訊。
(2)電子諮詢（e-consultation）：是否提供線上諮詢民意的管道。
(3)電子決策（e-decision-making）：是否透過線上平台讓民眾得以直接參與政策決定。

20 (C)。　「道德勸說」指藉由訴諸道德以達到影響或改變行為的目的。

21 (A)。　鐘形民意即為倒U型圖，贊成與反對者量少，中立者多，政府可以自行決定採取何種政策。具有放任功能，民意對該政策漠不關心而採放任態度，讓政府具有裁量權，這種分布V.O.Key稱之為「縱容的共識」（permissive consensus），因為民意沒有給政府清楚的指示，於是讓政府有更大的自由與空間依據專業角度制定與執行政策。（洪宇慶，〈數位時代下民意探索策略演變與網路民調民生議題之探〉，新北市政府研究發展考核委員會。）

22 (C)。 2010年起，我國部分縣市改制為直轄市，區域內的鄉鎮市也跟著改制為「區」。依《地方制度法》規定，直轄市管轄的「區」並非如同鄉、鎮、縣轄市屬於「地方自治團體」，因此無自治權，區公所為市政府派出機關。原本為尊重原住民自治精神所設立的山地鄉，也隨之改制為「區」，因而喪失自治權。2014年經多方爭取後，通過修正條文，於《地方制度法》中增列專章規範「直轄市山地原住民區」，明定其為地方自治團體，恢復原有的自治權，目前共有新北市烏來區、桃園市復興區、臺中市和平區，以及高雄市桃源區、那瑪夏區、茂林區六個直轄市山地原住民區。

23 (C)。 自律規範無法取代法律。

24 (B)。 政府採用民營化措施推動公共服務時，最可能產生的疑慮與問題：主權與正當性的問題、攸關國民生計事務、公共責任難以釐清、不穩定因素干擾、管理困境、營利事業參與弊病、特權與貪污發生等。

25 (C)。 影響跨域治理成效因素：
(1)土地管轄權的本位主義引發衝突。
(2)政黨屬性不同造成黨同伐異之爭。
(3)法令不足進而影響跨區域之合作。
(4)權責劃分不清。
(5)參與對象眾多而增加協商的成本導致未對外發放造成弊端叢生。

Note

112年 普考

( ) **1** 公共行政離不開對於效率之追求，下列何者非屬過分追求效率可能產生之弊病？ (A)忽視政府員工之真正需求，僅將其當作達成效率之工具 (B)過度簡化社會多元價值之衝突 (C)導致目標錯置和績效主義掛帥 (D)僅追求形式平等，不求實質平等。

( ) **2** 政府部門的運作存在「金魚缸效應（goldfish-bowl effect）」，其所指意涵為何？ (A)以民意為依歸 (B)追求公共利益 (C)善用行政裁量 (D)接受公共監督。

( ) **3** 下列何者不符合新公共管理理論的內涵？ (A)增加市場競爭誘因機制 (B)運用民間企業的力量 (C)鼓勵應用管理格道技術 (D)利用使用者付費的模式。

( ) **4** 下列何者非屬黑堡宣言的發展背景？ (A)政治人物批評常任文官為政策失靈的元凶 (B)政治體制中瀰漫著反官僚的風氣 (C)美國聯邦政府預算赤字失控 (D)法規漏洞百出卻必須由行政來事後補正，扛下責任。

( ) **5** 有關亨利（N.L.Henry）所提出的五個行政學典範發展過程，下列敘述何者錯誤？ (A)在政治與行政分立時期，強調行政研究可以價值中立 (B)在行政原理時期，認為行政原理具有放諸四海皆準的普遍性 (C)公共行政學即管理學時期，最重視「比較行政」研究 (D)1970年代開始了公共行政學獨立自主的發展階段。

( ) **6** 下列何者不是新公共行政（New Public Administration）的主要論點？ (A)重視行政倫理 (B)倡導社會公平 (C)強調公民精神與公民參與 (D)主張政策與行政的二分。

( ) **7** 1993年美國副總統高爾在國家績效評鑑報告中提出，將企業型政府作為政府再造的主軸，下列選項何者不是其主要原因？ (A)為了降低憲政上的爭議 (B)為了提升公共計畫的績效 (C)為了解決政府的預算赤字危機 (D)為了解決民眾對政府失去信心的危機。

( ) **8** 有關全球化對於公共行政之意涵，下列何者錯誤？ (A)單一國家之行政機構無法自外於全球體系 (B)跨國企業對政府的影響力提升 (C)公務人員應開拓個人的及專業的世界觀 (D)行政人員應視人民為消費者。

( ) **9** 行政倫理最主要的核心價值是公共利益，將公共利益主要界定為「弱勢族群的照顧」是公共行政那個理論時期的看法？ (A)古典公共行政 (B)新公共行政 (C)新公共管理 (D)新公共選擇。

( ) **10** 關心人性的卓越性,並強調勇敢、節制、謹慎、公正等四種美德者,屬於下列何種倫理觀? (A)功利主義式倫理 (B)對形式原則的義務 (C)權利倫理 (D)亞里斯多德倫理。

( ) **11** 關於「行政倫理」之敘述,下列何者錯誤? (A)我國目前對於公共行政者倫理行為的要求,企圖兼顧防弊與興利 (B)公務員服務法屬於對公務人員之政治行為的規範 (C)我國目前尚無公共服務倫理的專法,各項規範散見於不同法規中 (D)公務人員行政中立法的規範對象是法定機關依法任用、派用的有給專任人員及公立學校依法任用的職員。

( ) **12** 具備廣泛社會代表性的官僚可實現下列何種目標? (A)降低對代議士依賴 (B)提升行政立法制衡 (C)有助於分配性正義 (D)回應菁英階層利益。

( ) **13** 多年前發生之八掌溪事件主因在於各級機關分工協調不佳和相互卸責,這是行政課責所討論的何種議題? (A)左右為難(catch-22) (B)髒手(dirty hands)(C)多手(many hands) (D)組織擴增(organizational enlargement)。

( ) **14** 下列何者為矩陣組織的運作特徵? (A)通常為常設性組織編制 (B)僅需服從單一權威命令 (C)較無助於培養通才能力 (D)為解決特定任務而設立。

( ) **15** 下列針對組織中權力之敘述,何者正確? (A)平行部門之間的相對權力大小,隨著組織所面臨的問題而有所調整 (B)平行部門之間,接受資源的單位,其權力通常大於控制資源的單位 (C)組織中的基層人員,其權力基礎在於組織整體資源的分配 (D)在組織中,個人被替代性越高,權力越大。

( ) **16** 下列針對組織內部部門之間的衝突,何者錯誤? (A)部門之間的目標越不相容,越容易產生衝突 (B)部門之間在工作上互相依賴的程度越高,越不容易有衝突 (C)部門之間越需要互相競爭以爭取有限的資源,越容易產生衝突 (D)部門之間若職掌清楚,互動有法規或前例可循,比較不容易產生衝突。

( ) **17** 有關組織中非正式團體之敘述,下列何者錯誤? (A)非正式團體的存在,有時使組織內的溝通更有效率 (B)非正式團體本身的凝聚力強,可能會形成組織內的派系之爭 (C)非正式團體提供所屬成員的情感依歸 (D)非正式團體是組織中權威的基礎。

( ) **18** 我國行政院組織改造推動委員會所通過的機關業務改造方向,不包括下列何者? (A)集權化 (B)委外化 (C)地方化 (D)行政法人化。

( ) **19** 下列何者非屬我國中央行政機關的型態? (A)山地原住民區 (B)獨立機關 (C)委員會 (D)附屬機關。

（　）**20** 下列何者非屬行政法人的特質？　(A)執行公共任務，組織成員須具備公務人員資格　(B)符合行政機關的彈性化趨勢　(C)為公法人　(D)業務執行須強化成本效益及經營績效。

（　）**21** 當機關組織職位出缺時，若採用「外補制」方式任用，最可能得到下列何項優點？　(A)易於推動機關改革與創新　(B)易於保持機關的人事安定(C)易於維持機關的人際和諧　(D)易於激勵機關內部員工士氣。

（　）**22** 有關我國現行公務人員考績制度之敘述，下列何者正確？　(A)分優、甲、乙、丙、丁五等　(B)年終考績應以平時考核為依據　(C)不具備公務人員任用資格者辦理另予考績　(D)考績丙等者應予免職。

（　）**23** 依公務人員任用法之規定，下列敘述何者錯誤？　(A)公務人員依官等及職等任用之　(B)官等分委任、薦任、簡任、特任　(C)以第十四職等為最高職等　(D)薦任為第六至第九職等。

（　）**24** 下列機關中，何者不是「考試院」所轄之機關？　(A)考選部　(B)銓敘部(C)公務人員保障暨培訓委員會　(D)人事行政總處。

（　）**25** 下列何者為我國公務人員權利或利益遭致損害時，得提起復審之標的？(A)請求調整勤務　(B)改善工作環境　(C)一次記一大過　(D)年終考績丙等。

（　）**26** 國防部主管之「國軍營舍及設施改建基金」，係屬於下列何種類型的特種基金？　(A)資本計畫基金　(B)營業基金　(C)作業基金　(D)特別收入基金。

（　）**27** 有關「稅式支出（tax expenditure）」之敘述，下列何者錯誤？　(A)係指稅法或其他法令針對特定個人、團體或事項給予之租稅減免　(B)會造成稅基侵蝕與稅收之損失　(C)符合資格之新興重要策略性產業得減免營利事業所得稅之規定，即屬稅式支出　(D)會造成政府歲出規模的膨脹。

（　）**28** 依據預算法之規定，預算案經立法程序而公布者，稱為：　(A)歲定預算(B)審定預算　(C)法定預算　(D)分配預算。

（　）**29** 下列何者非屬行政院提出特別預算之法定情事？　(A)不定期或數年一次之重大政事　(B)氣候變遷和極端氣候之挑戰　(C)國家經濟重大變故　(D)國防緊急設施或戰爭

（　）**30** 我國政府總預算案如不能於法定期限內完成審議時，有關各機關預算執行的規定，下列何者錯誤？　(A)收入部分暫依上年度標準及實際發生數，覈實收入　(B)新興資本支出得依已獲授權之原訂計畫或上年度執行數，覈實動支　(C)應履行其他法定義務收支　(D)新增計畫，須俟本年度預算完成審議程序後始得動支。

（　）**31** 有關預算執行彈性之敘述，下列何者錯誤？　(A)各機關之歲出分配預算，其計畫之各用途別科目中有一科目之經費不足，而他科目有賸餘時，得辦理流用　(B)經費流用時，流入數額不得超過原預算數額20%　(C)各機關若有因應政事臨時需要必須增加經費時，得經行政院核准動支第二預備金　(D)各機關因緊急災害動支預備金者，應先送立法院備查。

（　）**32** 下列何者非屬策略規劃的工具？　(A)360度評估　(B)總體環境分析　(C)強弱機危分析（SWOT）　(D)目標管理。

（　）**33** 學者阿德福（C.Alderfer）於1969年提出的ERG理論中，其英文字母E代表下列那一種需要？　(A)效能（Effectiveness）　(B)效率（Efficiency）　(C)經濟（Economy）　(D)生存（Existence）。

（　）**34** 以領導者對於領導方式的區分，可以分為民主式領導、獨裁式領導以及放任式領導。關於其領導特色，下列敘述何者錯誤？　(A)在民主式領導中，領導者賦予部屬較大的自由空間　(B)獨裁式領導方式下常會出現怠工現象　(C)放任式領導很少主動給予部屬指導，除非部屬前來請示，否則不表示任何意見　(D)獨裁式領導是效果最差的一種領導方式。

（　）**35** 「讓風險利益相關者瞭解所面對的風險，並參與決策，進而瞭解風險管理的作用，在風險管理的過程中取得信任」。這段敘述在說明下列何種概念？　(A)風險評估　(B)風險轉移　(C)風險規避　(D)風險溝通。

（　）**36** 關於知識管理之敘述，下列何者錯誤？　(A)係針對既有經驗的整理，與創新無關　(B)是指能系統化建立、革新及應用組織中的核心知識　(C)使組織之核心知識發揮極大化效率，為組織帶來利益　(D)係指善用組織中的知識，以改善組織績效為導向。

（　）**37** 關於電子化政府的各項服務，下列何者屬於G2G的範疇？　(A)線上申報個人綜合所得稅　(B)健保APP開放下載　(C)公司設立登記之線上申辦　(D)跨機關電子公文交換。

（　）**38** 下列何者最能解釋「穀賤傷農，穀貴傷民」此公共問題發生的主要原因？　(A)第三部門失靈　(B)市場失靈　(C)政策失靈　(D)自然獨占。

（　）**39** 組織是理念鬆散的結合，而不是脈絡一致的結構，組織成員透過行動發現偏好，而不是偏好引導行動，屬於那一決策模式的論點？　(A)混合掃描模式　(B)政治決策模式　(C)垃圾桶決策模式　(D)漸進主義模式。

（　）**40** 根據巴達克（E.Bardach）的觀點，若行政機關發現某項政策對他們並不具吸引力，就會想辦法推拖工作給其他機關，此種「不關我們的事（not our problem）」的現象屬於下列那一種執行類型？　(A)資源的移轉（the diverse of resources）　(B)政策目標偏移（the deflection of policy goals）　(C)抗拒被控制（resistance to control）　(D)浪費能量（the dissipation of energy）。

( ) **41** 政策規劃人員在規劃政策方案時，考慮該政策問題是否可交由民間處理，如果民間願意且有能力處理該問題，允宜交由民間處理，屬於學者卡普蘭（A.Kaplan）所提出政策規劃原則中的何項原則？ (A)分配普遍原則 (B)持續進行原則 (C)人民自主原則 (D)公正無偏原則。

( ) **42** 從政策評估方法的演進歷程來看，下列何者是第四代政策評估所強調的重點？ (A)管制性 (B)回應性 (C)描述性 (D)群聚性。

( ) **43** 關於各級政府之間的權力劃分與互動而形成的府際關係，下列何者非屬其類型之一？ (A)單一制 (B)邦聯制 (C)聯邦制 (D)聯立制。

( ) **44** 依據地方制度法之規定，下列何者非屬直轄市的自治事項？ (A)觀光 (B)教育文化 (C)社會服務 (D)軍事召集。

( ) **45** 下列何者為非營利組織從事社會事業化難以避免的潛在難題？ (A)非營利目標容易受到質疑 (B)組織難以招募專職員工 (C)組織難以進行專業管理 (D)增加社會失業問題。

( ) **46** 關於公私協力的成功要件，下列何者錯誤？ (A)目的清楚 (B)雙方互信 (C)關係對等 (D)延長合約年限。

( ) **47** 新冠肺炎防疫期間，我國政府藉由開放資料（open data），民間工程師開發出多種的口罩查詢工具，這種公私協力模式是： (A)群眾外包（crowdsourcing） (B)ROT (C)BOO (D)BTO。

( ) **48** 我國透過下列何種方式完成中國鋼鐵公司的民營化？ (A)撤資出售 (B)租稅補貼 (C)行政法人化 (D)發行抵用券。

( ) **49** 政府對於配合辦理太陽能光電節能政策的廠商所實施的相對應鼓勵措施，應屬於： (A)供給面的管制手段 (B)需求面的管制手段 (C)供給面的補助手段 (D)需求面的補助手段。

( ) **50** 關於政府的公共服務事項，下列何者與跨部會、跨縣市合作較無直接相關？ (A)災害管理 (B)河川整治 (C)食品安全管理 (D)公立大學經營。

解答與解析 答案標示為#者，表官方曾公告更正該題答案。

1 (D)。 公共行政的價值，並不能純粹反應效率的觀點，甚至效率的價值須臣服於政治原則和法律考量之下。

2 (D)。 政府機關必須接受來自四面八方的意見、關注、批評與監督，包括議會、傳播媒體、利益團體、民眾等，且在運作上須開放讓外界知悉，俗稱「金魚缸效應」。

3 (C)。 管理格道技術強調管理者欲達成組織特定目的，在從事管理活動時，必須具有某種程度的關心工作產量與關心員工態度。而管理者對於兩者的關心情況就決定了他所採取的領導型態與其使用職權方式。公共管理主張政府機關應扮演導航者的角色，盡量將公共服務交由市場來處理，透過市場機制的運用，自然能產生令消費者與生產者皆滿意的產品組合。

4 (C)。 1970年代的美國由於60年代「反文化」的影響下，社會瀰漫著反官僚、反權威、反政府的風尚，加上80年代以來政黨輪替執政，政治人物經常以批判文官來爭取選票，並以意識型態或政黨的忠誠度作為專業能力的判準，對於民主治理的傷害莫此為甚。

5 (C)。 公共行政學即管理學時期，強調以管理科學及量化的方法從事公共事務的研究。

6 (D)。 主張政策與行政的二分，是Woodrow Wilson所提出，屬於傳統行政學的主張。

7 (A)。 解決政府支出浪費的問題。

8 (D)。 行政人員應視人民為消費者，屬於新公共管理的主張。

9 (B)。 新公共行政（New Public Administration, NPM）的基礎思想為新左派，強調社會公義、民主政治、倫理責任，極具公共性。

10 (D)。 亞里斯多德強調了發展人格卓越（美德）（希臘語：ēthikē aretē）的實際重要性，作為最終更重要的良好行為。而想要有德行，就必須表現出謹慎、節制、勇敢和正義，且須四者兼備。

11 (B)。 公務員服務法是我國公務員倫理行為的主要法律依據，其內容都屬公務員職務上及離職後義務之規定。

12 (C)。 代表性官僚（representative bureaucracy）之理論，其官僚之廣泛社會代表性可提升平等就業機會，將有助於社會正義與分配正義的實施。

13 (C)。 多手（many hands）泛指有許多行政官員以不同的方式去促進政府的決定與政策的實現，然由誰在道德上負起政治結果，卻難以確認。

14 (D)。 (A)通常為臨時動態的組織編制。(B)具有雙重的指揮鏈。(C)較有助於培養通才能力。

15 (A)。 (B)平行部門間，接受資源的單位，其權力通常小於控制資源的單位。
　　　　(C)組織中的基層人員，其權力基礎在於組織賦予。
　　　　(D)在組織中，個人被替代性越高，權力越小。

16 (B)。 部門之間在工作上互相依賴的程度越高，越容易有衝突。

17 (D)。 非正式組織是正式組織的副產品，也是一種必然的現象，因為人在組織中會產生交互行為，彼此就會有瞭解與認同，這些認同的關係乃自然而然的使人員結合而成為團體。

18 (A)。 目前我國行政組織改造係採「四化策略」，即：去任務化、地方化、法人化與委外化。

19 (A)。 我國中央行政機關的型態包括：機關、獨立機關、附屬機關、附屬機構、行政法人。中央行政機關名稱定名如下：(1)院：一級機關用之。(2)部：二級機關用之。(3)委員會：二級機關或獨立機關用之。(4)署、局：三級機關用之。(5)分署、分局：四級機關用之。
　　　　地方制度法在103年1月29日修正公布，賦予直轄市山地原住民區自治的法源，可辦理區長及區民代表選舉，任期均為4年。113年8月7日修正公布同法第33條，原住民縣市議員與鄉鎮代表保障員額。

20 (A)。 行政法人進用之人員，依其人事管理規章辦理，不具公務人員身分，其權利義務關係，應於契約中明定。

21 (A)。 外補制係職位空缺由外界挑選合格者擔任之，其優點有：(1)足以吸收卓越人才至政府機關服務。(2)可以達到因事選材、因才施用之效。(3)機關內有新份子加入，容易改革進步。

22 (B)。 (A)分甲、乙、丙、丁五等。
　　　　(C)另予考績係指各官等人員，於同一考績年度內，任職不滿一年，而連續任職已達六個月者辦理之考績。
　　　　(D)考績丁等者應予免職。

23 (B)。 公務人員依官等及職等任用之。官等分委任、薦任、簡任。職等分第一至第十四職等，以第十四職等為最高職等。委任為第一至第五職等；薦任為第六至第九職等；簡任為第十至第十四職等。

24 (D)。 行政院為辦理人事行政之政策規劃、執行及發展業務，特設行政院人事行政總處。

25 (#)。 公務人員對於服務機關或人事主管機關所為之行政處分，認為違法或顯然不當，致損害其權利或利益者，得依本法提起復審。一次記一大過、年終考績丙等會損害其權利或利益者。本題考選部公告選(C)或(D)均給分。

26 (A)。 為因應國家各項重大政經建設，考量國防戰備任務需要，配合整建國軍營舍及設施，加速辦理營區騰讓及興建，特設置國軍營舍及設施改建基金。本基金為預算法第4條第1項第2款所定之特種基金，編製附屬單位預算，以國防部為主管機關。處理政府機關重大公共工程建設計畫者，為資本計畫基金。

27 (D)。 「稅式支出」，指法或其他法令針對特定個人、團體或事項給予之租稅減免，一經立法公布施行，則造成稅基侵蝕與稅收損失。

28 (C)。 各主管機關依其施政計畫初步估計之收支，稱概算；預算之未經立法程序者，稱預算案；其經立法程序而公布者，稱法定預算；在法定預算範圍內，由各機關依法分配實施之計畫，稱分配預算。

29 (B)。 預算法第83條規定：「有左列情事之一時，行政院得於年度總預算外，提出特別預算：一、國防緊急設施或戰爭。二、國家經濟重大變故。三、重大災變。四、不定期或數年一次之重大政事。」

30 (B)。 新興資本支出及新增計畫，須俟本年度預算完成審議程序後始得動支。但依第88條規定辦理或經立法院同意者，不在此限。

31 (D)。 各機關動支預備金，其每筆數額超過五千萬元者，應先送立法院備查。但因緊急災害動支者，不在此限。

32 (A)。 又稱「360度績效回饋」或「全方位評估」，是指由員工自己、上司、直接部屬、同仁同事甚至顧客等全方位的各個角度來瞭解個人的績效。

33 (D)。 阿特福（C.Alderfer）將Maslow的五種需求層次簡化為三種需求類別：生存需求（Existence needs, E）、關係需求（Relatedness needs, R）、成長需求（Growth needs, G）。

34 (D)。 放任式領導是效果最差的一種領導方式。

35 (D)。 風險溝通係將評估資訊與相關單位、團體、機構或個人進行交流共享，團體可包括國內外產業團體、外國政府、消費者團體。

36 (A)。 係針對既有經驗的整理，與創新有關。

37 (D)。 (A)屬於G2C的範疇。(B)屬於G2C的範疇。(C)屬於G2B的範疇。

38 (#)。 政策失靈（policy failure）指當公共問題發生時，政府機關予以接納並轉變成政策問題；制定及執行政策以解決問題，經評估結果，發現問題不但未獲解決反而更為嚴重。本題考選部公告選(B)或(C)均給分。

39 (C)。 垃圾桶決策模式主張：組織並非一種結構嚴謹的體系，而是一種鬆散的、能夠容納各種理念的結合體。組織的決策者是透過行動來表達政策偏好，而非以政策偏好為基礎來採取行動。

40 (D)。 巴達克（Bardach）在執行賽局（Implementation Game）一書中，認為政策可能遭遇的四大障礙如下：(1)浪費能量（政策資源的浪費）：例如不關我們的事，某個機關若發覺某項政策會增加其工作量或超出其能力範圍時，會想辦法推給其他機關做，此種

現象會浪費機關很多的能量。例如不是每個縣市都全力配合該政策。(2)政策資源的移轉（政策資源的分散）：預算賽局的發生是因為政府有移動金錢的動機。(3)執行機構的困境……。(4)執行資源的浪費……。

41 (C)。 係指政策分析人員在從事政策方案設計時，應仔細考慮該政策問題是否可交由民間團體、企業或一般社會大眾去處理。凡是民間有能力以及有意願辦理之非國家核心功能之事項，原則上應當盡量交給民間辦理，包括公營事業及公共服務事項。

42 (B)。 第四代評估是「回應的一建構性評估」（responsive-constructive evaluation），研究著重概念性認知與思考的探討，特別著重政策利害關係人的內心感受，即利害關係人的訴求、關切、爭議等回應性觀點的表達。亦即透過與利害關係人的反覆論證、批判或分析的過程，建構出利害關係人對問題的共識。

43 (D)。 聯立制又稱為單一選區兩票制，是一種將單一選區制（FPTP）與比例代表制（PR）此兩種選舉制度加以結合的混合型選舉制度。亦即選民在投票時可同時拿到兩張票：第一張票為單一選區票，乃是用於對候選人進行選擇；第二張票為政黨票，乃是用於選擇自己支持的政黨。

44 (D)。 依地方制度法第18條直轄市的自治事項規定，軍事召集是中央主管事項。

45 (A)。 非營利組織從事社會事業化難以避免的潛在難題包括：(1)組織使命遭到質疑；(2)組織文化落差；(3)不公平的競爭。

46 (D)。 公、私部門間的協力若欲成功，其必要條件包括：清晰的目的、對等之關係、互信與互敬、目的之共有。

47 (A)。 群眾外包（crowdsourcing）是一種特定的取得資源的模式。在該模式下，個人或組織可以利用大量的網路使用者來取得需要的服務和想法。

48 (A)。 撤資（divestment）指政府透過出售、無償移轉和清理結算等方式，將公營事業或資產移轉給民間。中國鋼鐵公司的民營化是透過釋股方式，開放給國人公開登記購買，以公開、透明以及大眾可信服的方式釋出。

49 (C)。 供給面的補助手段係對具外部經濟生產者，給予相對補助款或免稅，例如政府對於配合辦理太陽能光電節能政策廠商，所實施的相對應鼓勵措施。

50 (D)。 公立大學經營與跨部會、跨縣市合作較無直接相關。我國政府與大學的關係，在過去基本上是由教育部扮演著規劃者、管理者，以及控制者的角色，立於相對優越的地位來支配各大學。在民國92年2月6日《大學法》修正公布後，已有較尊重大學自主權，但對公立學校的限制規範仍多，在人事、財務與預算運作方面，與一般行政機關相同，都受到相當拘束。

112年 地特三等

申論題

一、在公共服務的供給和輸送上，政府與非營利組織各有其優劣，試論述此兩大部門在公共治理運作上具有何種競爭與合作的關係？

▶ **破題分析**：非營利組織向來是《公共管理》考科申論題必考的議題，兩者的互動在行政學中較簡略敘述，因此，作答時也可用書中的論述，再輔以案例說明。以下擬答是由《公共管理》角度論述，較為深入，可做為參考。

答：政府與非營利組織之間，存在某種程度的緊張關係，但也有相互補充，甚至合作的時候，二者之間的關係是相互影響且制衡的。一方面，政府透過法令、管制、監督、立法來規範非營利組織；此外，政府也會透過財務補助、契約外包、租稅減免等途徑支持非營利組織的發展和活動。有關營利組織與公部門互動模式，學者有不同的分類：

(一) 甘威爾（Gamwell）的分類

政府與非營利組織的互動模式，學者Gamwell從「組織偏好的價值目標」與「達成目標偏好的手段」兩大構面，區分成以下四大模式：

1. 合作模式：指政府與非營利組織分享共同的價值目標以及達成目標的手段。

2. 衝突模式：政府與非營利組織彼此間有不同的價值目標以及達成目標的手段。

3. 互補模式：政府與非營利組織有著共同的目標，而透過不同的手段來各取所需。

4. 競逐模式：係指政府與非營利組織間雖看似擁有共同的手段，但卻在所欲達成的目標上迥然相異。

資料轉引自：吳定等20人，2011：481-482。

(二) 吉爾登（Gidron）等人的分類

學者吉爾登（Gidron）等人認為非營利組織的公共服務可以從兩個層面加以區分，一是服務經費的提供與授權，另一是實際服務的輸送者，並發展出四種關係模式：

1. 政府主導模式（government-dominant model）：政府扮演經費提供以及公共服務提供者的雙重角色。

2. 雙元模式（dual model）：非營利組織與政府處於平行的競爭狀態，各自提供資金與傳送服務，彼此各有其明確的範圍。

3. 合作參與模式（collaborative-partnership model）：由政府擔任經費的主要提供者，而非營利組織擔任服務的提供者。

4. 第三部門主導模式（third-sector dominant model）：非營利組織同時扮演資金提供者與服務的傳送角色。

▶ **觀念強化**

1. 名詞解釋

非營利組織：是一種組織，該組織限制將盈餘分配給任何監督與組織經營者。伍夫（T.Wolf）認為非營利組織至少應具備以下五項特徵：

(1) 具有公共服務的使命。

(2) 為不營利或慈善的法人組織。

(3) 排除自利營私的管理結構。

(4) 免除聯邦稅。

(5) 捐助者享有減稅的優惠待遇。

2. 觀念延伸

非營利組織與公部門間的互動關係：

(1) 互補關係：非營利組織可填補政府與人民間的差距，促使政府以更有效率與民主分權精神來發展行政。

(2) 非零和關係：兩者並不能全然取代對方，各有其不能為對方取代的獨特功能，故兩者實為相輔相成的互補關係。

3. 相關試題

非營利組織在公共服務上扮演什麼角色？與政府部門應如何互動？【102年原民三等】

▶ **參考書目**

1. 張潤書，《行政學》，三民書局，2007。

2. 林淑馨，《公共管理》，智勝文化，2023。

二、 組織衝突在實務上是難以避免的，當組織內部發生衝突時，從管理層面降低組織衝突的有效作法有那些？請分析說明之。

▶ **破題分析**：就像題旨所述組織衝突在實務上是難以避免的，更是管理階層所必須需面對的問題。屬於傳統基本題型，過去屢屢出現，如有準備應不難作答。

答：衝突解決意謂著衝突的減少或消除，強調消除衝突的手段或方法。消除組織衝突方法，學者意見不一，茲就勞倫斯與賽蒙看法分敘如下：

(一) 勞倫斯（P.Rawrence）認為解決方式有：
1. 面對問題：由上級居中協調，使衝突雙方不再各執己見，消弭紛爭，是三者最有效方式。
2. 滑潤歧異：只能減少雙方的摩擦，如潤滑油可減低機器間摩擦一般。
3. 強迫決定：迫使衝突雙方，對問題採行某種共同的行動，此種方式雖可收一時之效，但難以持久。

(二) 賽蒙（H.Simon）認為必須經由四個過程來反應衝突：
1. 問題解決：針對引發衝突問題，提出方法加以解決。
2. 說服：遊說衝突雙方，能接受另一方意見。
3. 協商：以協商方式，使雙方認知趨於一致。
4. 政治手段：運用各種政治手段，以解決團體間的衝突。

▶ 觀念強化

1. 名詞解釋
組織衝突：指兩個或兩個以上個人、團體，因意識、目標、利益不一致，所引起思想矛盾、語言攻訐、權力爭奪及行為爭鬥。

2. 觀念延伸
組織內團體對團體之間的衝突因素大約有以下七點：

(1) 目標的無法並存：這是衝突的最主要原因，也就是本位主義。

(2) 直線與幕僚間的衝突：各單位之間因專業分工的不同，形成人員的技術、人際取向和時間架構的區別，造成溝通的困難。

(3) 工作的互依性：互依性愈高，為免等待工作浪費時間，因此衝突的可能性也會增加。

(4) 競爭有限的資源：資源象徵權力與影響力，各單位為了實現他們的目標，就必須爭取有限的資源，往往在預算上誇大編列，因而引起衝突。

(5) 權力分配的差異：各平行單位在組織屬同一層級，但有的單位具有戰略上的關鍵條件，權力因而大些，如果實際的工作不能配合這樣權力的關係，可能就會引起衝突。

(6) 不確定與曖昧的部門關係：各部門如果職掌分明，角色清楚，彼此往來互動有法規或前例可循，衝突就會減少。相反地，如果環境變化得太快，新問題出現時，各單位對之職權不明，最易引起衝突。

(7) 激勵與報酬系統：激勵方式會影響團體之間的互動，如果在合作性的團體中，每一成員的考績都相同，則彼此增加合作、減少衝突；如果在競爭性團體中，每個人的考績不同，則合作減少、衝突增加。

3. 相關試題

(1)試闡述個人在組織中可能發生衝突的類型，以及組織衝突的正功能與負功能。【104年高考三級】

(2)造成行政組織中「團體衝突」的因素為何？有那些解決的途徑？試舉例說明。【106年薦任升等】

▶ **參考書目**

1. 張潤書，《行政學》，三民書局，2007。
2. 吳瓊恩，《行政學》，三民書局，2016。

◥ 測驗題

(　) **1** 有關公部門和私部門管理的不同之處，下列敘述何者錯誤？　(A)不同的環境背景造成不同的權力結構　(B)私部門適用更高密度的法律管制　(C)公部門的目標往往比私人企業更為多元與棘手　(D)公部門比私部門更重視社會基本價值的維持。

(　) **2** 關於黑堡宣言（Blacksburg Manifesto）的敘述，下列何者正確？　(A)與「新公共管理」支持者論點相近　(B)其論點可用以彌補新公共服務理論的不足　(C)學者賽蒙（H.Simon）是倡導黑堡宣言的創始者　(D)認為文官應具備批判性意識，且扮演睿智的少數。

(　) **3** 有關權變理論的敘述，下列何者錯誤？　(A)屬於整合時期的行政學理論　(B)強調組織的多變性　(C)認為組織是穩定機械的，對人性的看法比較消極　(D)試圖了解組織如何在不同的條件下運作。

(　) **4** 「新公共管理」的改革主張與下列何種學科的知識體系最為接近？　(A)政治學　(B)社會學　(C)經濟學　(D)哲學。

(　) **5** 我國針對公務人員任用與保障有不同的作法，下列何者較符合「代表性官僚」（Representative bureaucracy）的精神？　(A)規定行政機關進用身心障礙人員之比例　(B)放寬雙重國籍公民擔任公務人員的限制　(C)允許專門職業及技術人員轉任公務人員　(D)保障公務人員可籌組及加入工會的權利。

(　) **6** 某國營事業發生重大意外事故，引發民眾的強烈不滿，導致主管部會的部長請辭下臺，從責任政治的觀點，其所承擔的責任類型屬於下列何者？　(A)政治責任　(B)行政責任　(C)法律責任　(D)財務責任。

(　) **7** 有關「網絡式組織」的敘述，下列何者錯誤？　(A)運作較傳統科層組織更為靈活　(B)可藉由外包、補助模式來推動業務　(C)相較於傳統科層組織，其外部交易成本大幅降低　(D)較傳統科層組織更為專注核心業務。

( ) **8** 費德勒（F. Fiedler）的權變領導理論，提出三種情境因素，下列何者並不包含其中？ (A)工作結構 (B)組織願景 (C)領導者的職位權力 (D)領導者與部屬關係。

( ) **9** 有關政府捐助之財團法人的敘述，下列何者錯誤？ (A)可由公營事業捐助成立，且其捐助財產合計超過該財團法人基金總額百分之五十 (B)統一由財政部做為事業目的主管機關 (C)成立目的是要從事公益、增加民眾福祉 (D)設立登記許可後，可以對外募款。

( ) **10** 有關於組織發展及組織學習之概念區辨，下列何者錯誤？ (A)兩者均承繼人群關係學派的人本主義關懷 (B)兩者均預設個人與組織的目標應該要尋求調和一致 (C)組織發展主張人性本惡的X理論，而組織學習則主張人性本善的Y理論 (D)組織發展是領導者由上而下所發動，而組織學習則強調組織上下成員的合作共識。

( ) **11** 有關公務人員任用陞遷之敘述，下列何者錯誤？ (A)十二職等以上人員之調任不受職組職系限制 (B)某部總務司副司長得調任同司專門委員職務 (C)現職具有任用資格人員得調任機要職務 (D)同一序列副主管之遷調不必經甄審程序。

( ) **12** 關於促進性別平等相關法律，下列敘述何者正確？ (A)性別平等工作法保障工作權 (B)性騷擾防治法保障受教權 (C)性別平等教育法保障通訊權 (D)性自主權利法保障隱私權。

( ) **13** 有關政府預算編製的敘述，下列何者錯誤？ (A)應享權益（entitlement）支出為政府依法必須支付的項目 (B)行政首長過去做過的承諾常會影響預算編製 (C)立法部門可透過審查預算的附帶決議，達到凍結預算的效果 (D)指定用途的基金數額越大，政府規劃一般政事支出預算的自主性就越大。

( ) **14** 下列那一種政府預算制度，最強調支出的控制功能，而較不重視積極的管理與規劃功能？ (A)計畫預算（program budgeting） (B)項目預算（line-item budgeting） (C)零基預算（zero-based budgeting） (D)績效預算（performance budgeting）。

( ) **15** 依據政府採購法規定，若洽由其他機關代辦採購時，應考量的主要原則為何？ (A)代辦經費 (B)專業能力 (C)機關規模 (D)時程長短。

( ) **16** 對於績效管理工具中的目標管理（management by objectives）、平衡計分卡（balanced scorecard）、六標準差（six sigma）之敘述，下列何者正確？ (A)都是對政策執行過程的評估 (B)都偏重財務與產出之間的關聯 (C)都屬事先即擬訂評估指標的「事前定向」績效管理 (D)都跳脫績效指標過於量化的窠臼。

( ) **17** 下列那一項非屬組織進行策略規劃時會選擇的分析工具？　(A)SWOT（strength, weakness, opportunity, threat）分析　(B)PEST（political, economic, social, technological）分析　(C)策略地圖　(D)無異議區間（zone of indifference）分析。

( ) **18** 過去研究多指出「內在任務動機」（intrinsic task motivation）能提升員工績效，此敘述該如何解釋？　(A)員工認為該任務是有意義、可提高成就感，因而更願意投入　(B)員工內心衡量與上位者的權力距離，而接受工作　(C)員工期待能獲得獎酬，因而努力工作　(D)員工害怕考績受不利影響，因而接受工作。

( ) **19** 內政部地政司應用軟體設備，促進地方政府地政資料的整合，以提升行政效率。以上描述最適合用來解釋下列何種電子化政府的服務類型？　(A)政府對公民（G2C）　(B)政府對政府（G2G）　(C)政府對企業（G2B）　(D)公民對公民（C2C）。

( ) **20** 有關政策評估的標準，下列敘述何者錯誤？　(A)效能性指的是政策達成預期結果或影響的程度　(B)經濟性指的是政策目標達成後消除問題的程度　(C)公正性指的是與該政策有關的資源、利益、成本公平分配的程度　(D)回應性指的是政策執行結果滿足標的團體需求的程度。

( ) **21** 某地居民反對政府在其社區興建焚化爐，此一現象符合下列何種概念？　(A)鄰避效應（not in my back yard）　(B)比馬龍效應（Pygmalion effect）　(C)月暈效果（halo effect）　(D)巴瑞圖法則（Pareto principle）。

( ) **22** 有關政府治理創新工具採參與式預算的敘述，下列何者錯誤？　(A)強調投票結果重於審議過程，屬於民主的加總模型　(B)重視的是公共利益　(C)自利官僚有可能濫用裁量權推動自己喜好的參與式預算　(D)我國若干縣市採用議員工程建議款模式來推動參與式預算。

( ) **23** 近年來社會企業（Social Enterprise）的風潮蓬勃發展，有關社會企業內涵的敘述，下列何者錯誤？　(A)係指透過商業模式來解決社會或環境問題　(B)亦被稱為「營利驅動」的組織　(C)除了一般營利事業公司外，也可以非營利組織的型態存在　(D)喜憨兒烘焙事業是臺灣社會企業之重要典範。

( ) **24** 民眾參與的途徑具有多種不同的形式，下列何者是展現人民主權最具體、直接的方式？　(A)接受民意調查　(B)出席公聽會　(C)參與聽證　(D)參與公民投票。

( ) **25** 下列何者較不屬於政府推動民營化常見的策略？　(A)運用志願性組織的協助　(B)利用使用者付費的模式　(C)鼓勵應用管理格道技術　(D)增加市場競爭誘因機制。

解答與解析 答案標示為#者，表官方曾公告更正該題答案。

1 (B)。 公私部門適用更高密度的法律管制，強調依法行政。

2 (D)。 (A)與「新公共行政」支持者論點相近　(B)其論點可用以彌補新公共管理理論的不足　(C)由萬斯來（G.Wamsley）、顧塞爾（C.Goodsell）、羅爾（J.Rohr）、懷特（O.White）所共同提出。

3 (C)。 認為無放諸四海而皆可行方法，所謂「萬靈丹」是不存在的，管理者需視組織與環境互動性因時因地制宜。

4 (C)。 新公共管理的改革理論根植於新右派的意識型態，新古典經濟學的公共選擇理論，以及新制度經濟學的代理人理論、交易成本理論等，並以此來解釋行政的運作。

5 (A)。 代表性官僚體制代表性官僚體制是指，政府機關永業文官的人力組成結構應該要能反映社會人口的組合特性。

6 (A)。 針對決策者所追究的責任。凡是因為違反民意、決策錯誤、成效不彰等，而失去人民信任，並造成人民不滿，雖未違法，但須負擔政治責任。例：政府首長及政務官的施政。

7 (C)。 相較於傳統科層組織，其外部交易成本大幅提高。

8 (B)。 費德勒（F.Fiedler）的權變領導理論，認為領導者想要達成高度的成果，就必須採取適當的領導方式，並視三種情境因素而定，此三項變數為：領導者的職位權力、工作（任務）結構、領導者與部屬關係。

9 (B)。 政府捐助之財團法人有各自的主管機關，例如，財團法人中衛發展中心的主管機關為經濟部；財團法人臺灣電信協會的主管機關為交通部；財團法人國家衛生研究院的主管機關為衛生福利部。

10 (C)。 組織發展及組織學習兩者均承繼人群關係學派的人本主義關懷，主張人性本善的Y理論。

11 (B)。 在同官等內調任低職等職務，除自願者外，以調任低一職等之職務為限，均仍以原職等任用，且機關首長及副首長不得調任本機關同職務列等以外之其他職務，主管人員不得調任本單位之副主管或非主管，副主管人員不得調任本單位之非主管。但有特殊情形，報經總統府、主管院或國家安全會議核准者，不在此限。（公務員任用法第18條）

12 (A)。 民國112年行政院為因應社會性騷擾案件頻傳，掀起一連串「Me Too」運動，於112年7月13日通過《性騷擾防治法》、《性別工作平等法》及《性別平等教育法》等「性平三法」修正草案（同月底立法院三讀通過），以被害人保護為中心，目標為強化「有效」打擊加害人的裁罰處置、完備「友善」被害人權益保障及服務、建立專業「可信賴」的性騷擾防治制度。

    (1) 性騷擾防治法為防治性騷擾及保護被害人之權益，特制定本法。

    (2) 性別平等工作法為保障工作權之性別平等，貫徹憲法消除性別歧視、促進性別地位實質平等之精神。

    (3) 性別平等教育法為促進性別地位之實質平等，消除性別歧視，維護人格尊嚴，厚植並建立性別平等之教育資源與環境。性自主權之地位按憲法第22條規定：「凡人民之其他自由及權利，不妨害社會秩序公共利益者，均受憲法之保障。」

13 (D)。 指定用途的基金數額越大，政府規劃一般政事支出預算的自主性就越小。

14 (B)。 又稱「單式預算制度」，為傳統預算制度。預算編製特色是量出為入、收支平衡。「項目預算制度」主要的編製目的是控制支出，比較不重視積極的管理與規劃功能。

15 (B)。　依據政府採購法施行細則第42條規定：「機關依本法第四十條規定洽由其他具有專業能力之機關代辦採購，依下列原則處理：

一、關於監辦該採購之上級機關，為洽辦機關之上級機關。但洽辦機關之上級機關得洽請代辦機關之上級機關代行其上級機關之職權。

二、關於監辦該採購之主（會）計及有關單位，為洽辦機關之單位。但代辦機關有類似單位者，洽辦機關得一併洽請代辦。

三、除招標文件另有規定外，以代辦機關為招標機關。

四、洽辦機關及代辦機關分屬中央及地方機關者，依洽辦機關之屬性認定該採購係屬中央或地方機關辦理之採購。

五、洽辦機關得行使之職權或應辦理之事項，得由代辦機關代為行使或辦理。機關依本法第五條規定委託法人或團體代辦採購，準用前項規定。」

16 (C)。　(A)都是對政策執行結果的評估　(B)並無重財務與產出之間的關聯　(D)六標準差仍強調每100萬個產品或服務中，出現的瑕疵少於3、4個。

17 (D)。　巴納德（C.Barnard）在其所提出之「權威接受論」中，說明每一個人都有所謂的「無差異區」或「無異議區」（zone of indifference），而此一區域之概念實為影響力表現之結果。

18 (A)。　內在任務動機（Intrinsic task motivation）係指工作本身的內在價值即內在動機，包含工作的態度及對所從事工作的個人動機的知覺。研究顯示當員工認為該任務是有意義、可提高成就感，更願意投入。因此，「內在任務動機」能提升員工績效。

19 (B)。　政府對政府（G2G）指應用軟體設備，改善政府內在運作，其中包括會計、預算、人力資源等領域，另外也包括檔案管理的概念或所謂資料庫的解決方案等，這些通常能夠減輕資訊管理的負擔。G2G目標是促進資料的整合，以及經由除去分裂的系統來改善整個流程。這樣的系統，旨在建立整個組織的整合性解決方案，並非侷限在單一機關中行駛，也就是藉由建立資訊系統已進一步改善整個組織的決策效率。

20 (B)。　充分性是指政策執行後，消除問題的程度。如解決公共問題或滿足公眾需求的程度如何。

21 (A)。　鄰避效應（NIMBY）是一種「不要建在我家後院」的心理情結與政治訴求，全面性拒絕被認為有害於生存權與環境權的公共設施或企業建設的態度，如垃圾掩埋場、火力發電廠等。基本上是環境主義意識抬頭，強調應以環境價值作為是否興建公共設施依據。

22 (A)。　參與式預算（Participatory Budgeting）起源於1970年代的巴西愉港（Alegre）市，強調將預算決策交給市民決定。強調審議過程重於投票結果，最符合審議式民主的理念。

23 (B)。　社會企業是一種結合非營利組織目的與營利組織手法的混合組織，近年乙來成為學術與實務界熱門的討論議題。社會企業試圖扭轉傳統非營利組織缺乏效率、服務或生產品質不佳、公共服務欠缺多元選擇及補助角色的刻板印象，希望為非營利組織注入更多的活力與創新能力。其盈餘主要用在投資社會企業本身，解決社會或環境問題。

24 (D)。　選舉、罷免、創制、複決是我國憲法賦予人民的參政權，公民投票法公布施行後，人民可以用公民投票方式，來決定法律、立法原則或重大政策，是展現人民主權最具體、直接的方式。

25 (C)。　利用組織發展技術（Organization Development, OD）：專注於改變人們以及人際工作關係本質與品質的技巧與方案。可利用敏感度訓練、角色扮演、應用管理格道技術等組織發展技術來改變人員想法與行為。

112年 地特四等

( ) **1** 關於公共管理者的課責問題，下列敘述何者錯誤？ (A)傳統公共行政途徑的課責標準重視效率性與經濟性 (B)政治途徑的課責型態重視的是內控機制 (C)新公共管理途徑的課責來源為顧客 (D)新公共行政途徑的課責標準重視公平與正義。

( ) **2** 有關整合時期理論（1960年代以後）之敘述，下列何者錯誤？ (A)整合時期理論出現之背景，乃是當時需要整合的理論架構，以統合高度專化的知識 (B)將組織視為適應環境變遷之有機體的生態理論，亦屬於整合時期的理論之一 (C)整合時期理論特別強調人性心理層次之加強 (D)強調殊途同歸為權變理論之特色。

( ) **3** 有關霍桑實驗（Hawthorne Experiments）之敘述，下列何者正確？ (A)研究目的在於建立生產作業的標準程序 (B)主要係以問卷調查法蒐集工人的行為表現 (C)在其面談計畫中，人員的發言多以抱怨為主，該等抱怨發洩對於生產量並沒有幫助 (D)該實驗發現小團體自訂的工作標準對於生產量會有影響。

( ) **4** 中央政府各主管機關應遵照下列那一個機關頒行之「施政方針」，擬定其主管之施政計畫與歲入、歲出概算？ (A)總統府 (B)行政院 (C)財政部 (D)行政院主計總處。

( ) **5** 有關我國近年推動之行政院組織改造策略，下列何者錯誤？ (A)中央部會數量精簡 (B)推動組織法規鬆綁 (C)強調跨部會協調治理能力 (D)積極成立政府捐助之財團法人。

( ) **6** 從代理人理論（principal-agent theory）的觀點來看，下列何者是政府部門會出現貪腐、謀取個人利益等道德風險的原因？ (A)繁文縟節 (B)層級節制 (C)資訊不對稱 (D)永業制保障。

( ) **7** 有關民主行政（democratic administration）之概念，下列何者錯誤？ (A)採取企業管理之精神以促成行政革新和效率提升 (B)政府員工之組成應要能代表社會各族群 (C)強調對於公民的回應性 (D)文官作為公共利益的代言人。

( ) **8** 依據公職人員利益衝突迴避法的規定，下列敘述何者正確？ (A)公職人員執行職務時，若因不作為而間接使其關係人獲取利益，不算是利益衝突 (B)公職人員知有利益衝突的情況時，應口頭報告上級主管以免除責任 (C)民意代表不得參與個人利益相關議案之審議及表決 (D)三親等以外的共同居住家屬，不屬於關係人。

（ ） **9** 公務員甲認為所有公務資源來自民脂民膏不應浪費，紙張必定雙面使用並力行資源回收，甲行為最符合下列何種概念？ (A)三權分立 (B)繁文縟節 (C)公開透明 (D)公務倫理。

（ ） **10** 下列何者屬於弊端揭發（whistle blowing）機制的重要內涵？ (A)促進組織績效管理 (B)落實國民參審制度 (C)保護揭發人免遭受報復 (D)強調公開揭發更重於事實發現。

（ ） **11** 公務人員如果採取功利主義作為倫理決策依據，下列何者錯誤？ (A)以最大多數人之最大幸福作為準則 (B)以行動之結果作為判斷標準 (C)需要計算某項政策的成本及效益 (D)以道德義務原則作為行動與否之標準。

（ ） **12** 有關公務人員違反行政中立法之敘述，下列何者錯誤？ (A)行政機關得依公務員懲戒法移送懲戒 (B)行政機關得依公務人員考績法予以懲處 (C)公務人員得依法向監察院檢舉 (D)違反禁止事項責任限於行政責任。

（ ） **13** 組織將必須完成的工作，劃分給不同單位去處理。這樣的組織活動稱為： (A)層級化 (B)分部化 (C)整合化 (D)網絡化。

（ ） **14** 關於行政組織業務部門之敘述，下列何者錯誤？ (A)是行政組織中實際執行及推動工作的部門 (B)作為機關首長的襄贊角色 (C)直接對服務對象提供服務和執行管制 (D)和組織目標的完成有直接關係。

（ ） **15** 甲對於製作簡報和統計軟體的使用特別精通，其他同事若有相關問題都會請教他，這時甲就由此產生下列何種權力？ (A)專家權力 (B)參照權力 (C)正當權力 (D)報酬權力。

（ ） **16** 俗諺有云：官員「換了位置換腦袋」，這是指涉何種觀點下的組織病象？ (A)邁爾斯定律（Miles' Law） (B)墨菲定律（Murphy's Law） (C)寡頭鐵律（Iron Law of Oligarchy） (D)白京生定律（Parkinson's Law）。

（ ） **17** 下列何者不具備公法人資格？ (A)臺北流行音樂中心 (B)文化內容策進院 (C)中華經濟研究院 (D)國家災害防救科技中心。

（ ） **18** 行政院所推動的政府組織改造「四化」策略中，何者比較不涉及組織之間的權力移轉？ (A)去任務化 (B)委外化 (C)地方化 (D)法人化。

（ ） **19** 下列何種組織發展的策略與方法，強調讓參與訓練的人員在一種漫無結構的小團體情境裡，彼此交互影響中學習，以達成行為改變的目的？ (A)管理格道訓練 (B)工作豐富化 (C)敏感性訓練 (D)組織協調會議。

（ ） **20** 有關非正式組織之敘述，下列何者錯誤？ (A)成員因社會關係而結合，如同學、同鄉 (B)有固定的結構，屬於層級節制的組織 (C)無正式職位、權責及法制規範 (D)屬於不定型的組合。

（ ） **21** 下列何者非屬政府人事管理的主要目標？ (A)平衡社會勞工就業失調 (B)適當回應首長政策需求 (C)要求員工遵循行政中立 (D)增進員工工作生活品質。

( ) **22** 甲為任職於內政部警政署之警員，經確認有私下經營賭博性電玩公司之事實，依公務員服務法之規定，應先予如何處置？ (A)免職 (B)休職 (C)撤職 (D)不須做任何處置。

( ) **23** 我國人事機構有所謂「雙重隸屬關係」之性質，如以法務部人事處為例，該處受到那兩個機關（構）的直接指揮監督？ (A)法務部與司法院 (B)法務部與銓敘部 (C)銓敘部與行政院人事行政總處 (D)法務部與行政院人事行政總處。

( ) **24** 當行政機關特定職位出缺時，由該機關較低職級人員出任補充者，稱為： (A)外補制 (B)內升制 (C)折衷制 (D)恩寵制。

( ) **25** 下列何種情形我國公務人員仍得辦理陞任？ (A)最近1年內受減俸處分者 (B)最近2年內受休職處分者 (C)最近1年內考績列乙等者 (D)最近2年內受降級處分者。

( ) **26** 下列何者負責彙編中央政府總決算？ (A)中央銀行 (B)行政院主計總處 (C)行政院決算中心 (D)財政部。

( ) **27** 下列何者與擴大預算執行之彈性較無相關？ (A)經費流用 (B)第一預備金 (C)追加預算 (D)權責會計。

( ) **28** 下列那一項預算制度最符合審議式民主的理念？ (A)零基預算 (B)參與式預算 (C)設計計畫預算 (D)企業化預算。

( ) **29** 預算法第43條第1項規定：「各主管機關應將其機關單位之歲出概算，排列優先順序，供立法院審議之參考。」最接近下列何種預算制度的特徵？ (A)項目預算 (B)績效預算 (C)功能預算 (D)零基預算。

( ) **30** 下列何者非主張財政分權的理由？ (A)財政分權可以促進地方政府之間的良性競爭 (B)政府應利用預算工具來穩定國家經濟 (C)公共財的提供應由地方政府自主提供，因地制宜 (D)不同層級的政府應提供不同生產規模的公共財，這樣比較有效率。

( ) **31** 一切決策權皆集中於領導者的手中，用威脅手段推動工作，部屬完全處於被動地位，屬於那一種行政領導方式？ (A)民主式領導 (B)放任式領導 (C)專斷式領導 (D)權變式領導。

( ) **32** 關於何茲柏格（F.Herzberg）「保健激勵」兩因理論，下列敘述何者錯誤？ (A)保健因子多與工作的外在環境相關，如組織政策、人際關係、薪資等 (B)運用保健因子來刺激員工，可提升其工作滿足感 (C)意謂主管激勵員工的第一步，要先消除對工作不滿足的因素 (D)主管可透過工作豐富化，創造激勵因子的最佳組合

( ) **33** 下列何者為領導者所憑藉參照權力的意涵？ (A)領導者擁有他人所不及的專業 (B)領導者的能力處事皆堪為表率 (C)領導者擁有獎懲部屬的手段 (D)領導者可取得具有價值的資訊。

（　）**34** 下列何種管理措施最不易產生激勵效果？　(A)改善工作環境與設備　(B)鼓勵部屬進修與培訓　(C)採取工作單一化措施　(D)實施彈性工作時間制。

（　）**35** 沒有預警的情況下發生突發事件，權責機關或決策者必須即時作出決定，並採取有效行動。形容下列何者？　(A)風險評估　(B)壓力測試　(C)決策矩陣　(D)危機管理。

（　）**36** 下列何者非屬電子化政府的主要功能？　(A)充實資通科技人力　(B)促進公民參與　(C)增進政府與民眾的互動　(D)有助資訊透明化。

（　）**37** 網路霸凌、網路成癮已成為政府數位治理的重要工作，下列敘述何者錯誤？　(A)我國針對網路霸凌已立有專法，以保障人民權益　(B)世界衛生組織已將「網路遊戲成癮」列為一種精神疾病　(C)透過網路發送威脅、恐嚇、不雅訊息，騷擾他人，屬於網路霸凌的一種樣態　(D)把受害人容貌移花接木至他人相片中，或在這些相片旁加上誹謗性文字，屬於網路霸凌的一種樣態。

（　）**38** 下列那一種決策模式的經濟理性程度相對較低？　(A)合作賽局模式　(B)垃圾桶決策模式　(C)滿意決策模式　(D)古典決策模式。

（　）**39** 關於政策執行階段的主張，下列敘述何者錯誤？　(A)強調政策方案的可行性分析　(B)上下層級對於執行方式具有共識　(C)上下層級之間為互惠關係　(D)基層的執行者有一定的裁量權。

（　）**40** 政府推動MyData政策，假定執行結果以有多少民眾使用該平臺來呈現，是那類政策評估？　(A)產出評估　(B)規劃評估　(C)影響評估　(D)可評估性評估。

（　）**41** 有關政策執行工作，下列敘述何者錯誤？　(A)政策執行要確定負責推動方案的機關或單位　(B)政策執行不包括擬定執行政策方案的管理方法　(C)政策執行是一種不斷修正調整的動態性過程　(D)需要配置執行政策方案所需要的資源。

（　）**42** 政府訂定有線電視收費標準，係屬於下列何種的政府干預行為？　(A)經濟管制（economic regulation）　(B)社會管制（social regulation）　(C)風險管制（risk regulation）　(D)健康管制（health regulation）。

（　）**43** 依地方制度法之規定，下列何者非屬地方自治團體？　(A)桃園市復興區　(B)臺東縣綠島鄉　(C)高雄市小港區　(D)彰化縣。

（　）**44** 社會企業必須同時達成社會目的、經濟目的和環境目的，統稱之：　(A)新金字塔　(B)三重底線　(C)動態均衡　(D)使命漂移。

（　）**45** 關於非營利組織在公共服務上的角色，下列何者錯誤？　(A)推動公共政策　(B)監督政府　(C)提供政府無法提供的服務　(D)服務民選首長。

( ) **46** 參與式預算常利用「住民大會」形式進行資訊提供、討論與決策,下列何種公民參與途徑和住民大會的性質最接近? (A)1999專線 (B)公聽會 (C)公民會議 (D)國民參審制。

( ) **47** 學理上「空洞化國家」(hollow state)一詞的內涵,比較可能是下列何種行政組織改造策略執行不當所造成的負面影響? (A)地方化 (B)委外化 (C)法人化 (D)官僚化。

( ) **48** 有關公共服務民營化之敘述,下列何者正確? (A)政府仍須負擔營運成本提升責任 (B)通常採取行政法人化模式 (C)目標為提升公共服務效率 (D)擴大政府的職權及其用人彈性。

( ) **49** 下列何者最有助於促進都市土地有計畫的再開發利用、復甦都市機能,並且改善居住環境與景觀? (A)都市更新 (B)消防安檢 (C)標售市有土地 (D)環境影響評估。

( ) **50** 新北市與基隆市辦理跨區域自治事務遇有爭議時,應由下列何者協調處理? (A)行政院 (B)立法院 (C)司法院 (D)內政部。

解答與解析 答案標示為#者,表官方曾公告更正該題答案。

1 (B)。 政治途徑的課責型態重視的是外控機制。

2 (C)。 形成於1960年代,主要認為傳統理論與行為科學理論都有所偏頗,應將組織視為一種「開放型的系統」。其產生背景是在整合前兩時期優點並彌補其共同缺點。並認為:「沒有所謂單一最佳組織方法,需視組織與環境互動性因時制宜。」正因為考慮到外在環境因素,使得行政學研究得以大放光彩。

3 (D)。 (A)研究目的認為:提高照明設備有助於減少疲勞,使生產效率提高。
(B)主要透過實驗進行,如繼電器裝配試驗、繼電器裝配試驗、接線工作室的觀察實驗。
(C)面談計畫中的實行給人員提供了發洩機會。發洩過後心情舒暢,士氣提高,使產量得到提高。

4 (B)。 預算法第32條第1項規定:「各主管機關遵照施政方針,並依照行政院核定之預算籌編原則及預算編製辦法,擬定其所主管範圍內之施政計畫及事業計畫與歲入、歲出概算,送行政院。」同條第2項規定:「前項施政計畫,其新擬或變更部分超過一年度者,應附具全部計畫。」

5 (D)。 行政院組織改造的願景在「提升國家競爭力」,目標期能「打造一個精實、彈性、有效能的政府」。整體執行策略可從精實、彈性及效能三面向,分述如次:一、精實方面:中央部會數量精簡;二、彈性方面:推動組織法規鬆綁;三、效能方面:增強中央部會綜合規劃能力,強化跨部會協調治理能力。

6 (C)。 代理人理論主張因為「資訊不對稱」會產生道德風險。即委託人與代理人間將發生資訊不對稱現象,從而導致代理人的風險行為,代理人借資訊優勢刻意侵害委託人的利益,從而達到利己目的。

7 (A)。 民主行政是公共行政核心,亦即政府在行政過程中,應確實回應民眾的需求,講求過程的正當性,重視公道的分配,以及避免權力的濫用,貪污與無能。並善盡「主權受託者」的職責,以有效完成民意託付。

8 (C)。　(A)所稱利益衝突，指公職人員執行職務時，得因其作為或不作為，直接或間接使本人或其關係人獲取利益者。(B)公職人員知有利益衝突之情事者，應即自行迴避。(D)本法所定公職人員之關係人，其範圍如下：

公職人員利益衝突迴避法規定：「

一、公職人員之配偶或共同生活之家屬。

二、公職人員之二親等以內親屬。

三、公職人員或其配偶信託財產之受託人。但依法辦理強制信託時，不在此限。

四、公職人員、第一款與第二款所列人員擔任負責人、董事、獨立董事、監察人、經理人或相類似職務之營利事業、非營利之法人及非法人團體。但屬政府或公股指派、遴聘代表或由政府聘任者，不包括之。

五、經公職人員進用之機要人員。

六、各級民意代表之助理。」

9 (D)。　傳統帝制中國稱官吏的行政倫理為「官箴」，其中尤以「戒石銘」為典範，係源自於五代後蜀君主孟昶所撰，宋太宗時摘其重點：「爾俸爾祿，民脂民膏，下民易虐，上天難欺」並引以戒官吏。另外，南宋呂本終將之歸納為「清、慎、勤」三字。

10 (C)。　弊端揭發係指公務人員把機關違法失職情事釋放消息讓外界知悉，並以媒體為常見的外露對象，其次為議會、檢調或上級機關，以避免行政體系的腐化。公務員的舉發弊端行為在美國是被認可的，受到正式的保護始於1978年的「文官改革法」，接著美國於1989年依據「弊端舉發人保護法」成立「特別檢查官辦公室」，用以保護弊端舉發人免受報復或傷害。

11 (D)。　義務論的倫理決策強調對的行為在於是否遵守道德原則，相較於功利主義以行動之結果，更在乎行動本身是否符合道德義務。

12 (D)。　公務人員違反行政中立法，應按情節輕重，依公務員懲戒法、公務人員考績法或其他相關法規予以懲戒或懲處；其涉及其他法律責任者，依有關法律處理之。因此，違反禁止事項責任不限於行政責任。

13 (B)。　分部化是一種組織水平擴張過程，並依工作性質歸類在分部化組織中，且同一階層各部門是平行的，其主要目的在藉由分工以求取組織更大的利益及工作效率。

14 (B)。　業務部門又稱實作部門或運作部門，乃行政組織中實際執行或推動工作的部門。是對外的，與人民發生直接往來，並擔任直接完成組織目標的工作單位。業務部門對於目標達成具有直接責任與權限。

15 (A)。　專家權力指某人之所以能夠影響他人，乃因其具有別人所不及的專業知識、學術技能等。

16 (A)。　由邁爾斯（R.E.Miles）於1949年所提出，其原文為「職位決定立場」，1978年修正為「行政立場不僅取決於所擔任職位，亦來自對職位的堅持程度」。進一步推衍闡釋如「換了位置，換了腦袋」、「人在江湖，身不由己」、「在什麼位置，講什麼話」皆在說明此意。

17 (C)。　1979年1月美國與我國斷絕外交關係，中央決策當局為因應此一突變形勢，並確保國家經濟穩定發展與持續成長，乃提出「財政經濟改革措施」，建議由政府撥款與工商界捐助，以財團法人方式，成立獨立之研究機構，網羅國內外學者專家，研究國內外經濟情勢，提出政策建言，備供政府諮詢參考。行政院指示由經濟建設委員會輔導策劃，經妥善規劃後，於1981年7月1日正式成立「中華經濟研究院」。依據「中華經濟研究院設置條例」規定，本院創立基金為新臺幣十億元，除由中央政府及中美經濟社會發展基金分年共捐助9億元外，其餘1億元由工商界捐助之。

18 (A)。 去任務化即解除管制，使政府機關不再負有執行部份業務的任務，以節約公共資源。在行政院所推動的政府組織改造「四化」策略中，比不涉及組織之間的權力移轉。

19 (C)。 敏感性訓練又稱「T團體訓練法」，是將個人置於一個漫無結構的小團體情境中，由一個受過專業訓練的訓練員加以指導。目的在使組織成員了解自己與他人相處關係，以改進個人溝通技巧，增進團體和諧。

20 (B)。 正式組織的產生是人為設計的結果，有固定的結構，屬於層級節制的組織。非正式組織則是順乎自然形成的，屬於網狀交織的鬆弛結構。

21 (A)。 政府人事管理的主要目標：
(1) 回應政務首長的政策需求。
(2) 確保公務員行政中立。
(3) 工作生活品質的重視。
(4) 工作能力的提昇。

22 (#)。 依公務員服務法第23條規定：「公務員違反本法規定者，應按情節輕重，分別予以懲戒或懲處，其觸犯刑事法令者，並依各該法令處罰。」免職、休職、撤職均屬於懲戒處分。

23 (D)。 人事、主計、政風雙重隸屬監督體制：既所謂「雙隸屬監督」體制，指人事、經費、品德等管理在我國行政生態上，是為特定組織設計，行政系統內部雙重監督較能確保責任，達到控制目的。如以法務部人事處為例，該處受到法務部與行政院人事行政總處兩個機關（構）的直接指揮監督。

24 (B)。 內升制是凡機關職位有空缺時，由在職之低職等人員升任補充者。而外補制則是職位空缺由外界挑選合格者擔之之。

25 (C)。 依公務人員陞遷法第12條規定：「各機關人員有下列情形之一者，不得辦理陞任：
一、最近三年內因故意犯罪，曾受有期徒刑之判決確定。但受緩刑宣告，不在此限。
二、最近二年內曾依公務員懲戒法受撤職、休職或降級之處分。
三、最近二年內曾依公務人員考績法受免職之處分。
四、最近一年內曾依公務員懲戒法受減俸或記過之處分。
五、最近一年考績（成）列丙等，或最近一年內平時考核曾受記一大過之處分。
六、最近一年內因酒後駕車、對他人為性騷擾或跟蹤騷擾，致平時考核曾受記過一次以上之處分。
七、經機關核准帶職帶薪全時訓練或進修六個月以上，於訓練或進修期間。但因配合政府重大政策，奉派參加由中央一級機關辦理與職務相關須經學習評核，且結束後須指派擔任該項特定業務工作之六個月以上訓練或進修，不在此限。
八、經機關核准留職停薪，於留職停薪期間。但下列情形不在此限：
　(一)因配合政府政策或公務需要，奉派國外協助友邦工作或借調其他公務機關、公民營事業機構、法人服務，經核准留職停薪。
　(二)育嬰留職停薪人員得於陞任之日實際任職。
九、依法停職期間或奉准延長病假期間。有前項各款情事之一者，於各機關辦理外補陞任時，亦適用之。」

26 (B)。 決算法第21條規定：「中央主計機關應就各單位決算，及國庫年度出納終結報告，參照總會計紀錄，編成總決算書，並將各附屬單位決算包括營業及非營業者，彙案編成綜計表，加具說明，隨同總決算，一併呈行政院，提經行政院會議通過，於會計年度結束後四個月內，提出於監察院。各級機關決算之編送程序及期限，由行政院定之。」

27 (D)。　權責基礎（權責發生制）是以「實際交易之發生」作為交易入帳的依據，故不論是否收付現金，只要交易發生均須入帳即使尚未有現金收付，只要交易一旦發生，就必須認列。權責會計與擴大預算執行之彈性較無相關。

28 (B)。　參與式預算（Participatory Budgeting）是透過公民審議及溝通協調方式，將政府公共資源做有效合理分配的決策程序，讓公民在政府預算決策過程中，決定一部分公共預算支出的優先順序，直接參與並決定公共資源應如何配置。

29 (D)。　零基預算（ZBBS）要求每一單位主管申請預算時，應自計畫起點開始，故名之為零基，並將審核與驗證工作仍由各單位主管負責，詳為說明需求預算的適當性。亦即將每一項業務或活動視為一項個別的「決策案」，然後以系統化的分析方法，就個別決策案加以評估，再按其重要程度，逐一評定決策案的排名高低優先順序。

30 (B)。　主張財政分權的理由：
(1) 以補助款解決地區發展不均衡問題：上級政府可利用補助款解決各地發展不均問題。
(2) 以協調合作方式解決外部性問題：外部性問題可透過府際合作（跨域治理）來解決。
(3) 不同公共財有不同的生產規模：理想制度是不同層級的政府負責不同生產規模公共財之提供，例如公園規模不一定要大，像是社區公園。
(4) 因地制宜：各地對公共財的需求不一，由地方政府來提供較能符合居民需求。
(5) 促進地方政府間競爭：眾多地方政府提供相同或雷同的公共財如同市場般具有競爭性，民眾可依公共服務良窳選擇居住的地方，促進地方政府間的競爭，例如各縣市重陽敬老禮金發放標準、金額不一。
(6) 各級政府各有所司：中央主要負責所得重分配與經濟穩定，即財政應集權的理由，地方則從事地方資源的分配（因地制宜），各有所司，不須將財政集權化。

31 (C)。　又稱「獨裁式領導」，所有決策均由領導者決定，部屬均處於被動地位。其主要特色為：決策權屬於首長，部屬鮮有參加機會；部屬於奉命行事前，對政策或命令內容及執行方法，一無所知；部屬執行政策或命令若不能貫徹，首長常予以處罰。

32 (B)。　保健因素（hygiene factor）：這些因素涉及工作的消極因素，也與工作的氛圍和環境有關，如果欠缺或不滿意將造成企業員工的不滿。但此類因素本身並沒有激勵作用，亦無法提高工作效率，僅能預防不滿與因工作所造成的績效損失。

33 (B)。　或稱歸屬權力，指由某人在學識、能力、技能與為人處事等各方面均表現優異，使他人對他產生由衷的敬仰，願意以他為學習榜樣，自然願意接受其影響。

34 (C)。　採取工作多元化措施，如實施工作擴大化或工作豐富化。

35 (D)。　危機管理是一種有計畫的、連續的及動態的管理過程，也就是組織針對潛在或當前的危機，於事前、事中或事後利用科學方法採取的一連串因應措施，以有效預防危機、處理危機、化解危機。

36 (A)。　電子化政府（E-government）根據我國行政院研考會的定義，是指透過資訊與通訊科技，將政府機關、民眾及資訊串連一起。其功能在增進政府與民眾的互動、促進公民參與、增進行政效率。

37 (A)。　網路霸凌問題在臺灣存在許久，是否訂定專法至今未有定案。

38 (B)。　決策理性程度由低至高分別為：政治性決策模式→漸進式決策模式→垃圾桶決策模式→混合掃描決策模式→滿意決策模式→理性廣博決策途徑（古典決策模式）。

合作賽局理論（cooperative game theory）是賽局理論中的一種理論，又稱正和賽局。是指一些參與者以形成聯盟、互相合作的方式所進行的賽局。在合作賽局中，參與者未必會做出合作行為，會有一個來自外部的機構用不同方式（例如合約）懲罰非合作者。

39 (A)。 政策方案可行性研究是屬於政策規劃階段的主張。

40 (A)。 為推動個人化資料自主運用，將過去民眾需至各機關申請之個人紙本證明文件資料或申辦服務，優化為數位應用方式，爰建置「個人化資料自主運用（MyData）平臺」，以「民眾自主同意、資料安全取得」為核心理念，提供多元個人化資料下載及服務申辦。政府推動MyData政策，假定執行結果以有多少民眾使用該平臺來呈現，是屬於產出評估類的政策評估。

41 (B)。 政策執行依鍾斯（C.Jones）的界定，乃是一套導向某方案付諸實施的有關活動。其主要活動可分三大類：

(1) 闡釋性活動：將方案內容轉換成一般人所能接受的計畫或指令。

(2) 組織性活動：設立專責機關與擬定實行細則，俾被方案付諸實行。

(3) 應用性活動：所有提供服務、給付及其他達成方案所作相關活動。

政策執行包括擬定執行政策方案的管理方法。

42 (A)。 整個國家發展過程中，政府為達成特定的經濟與社會目的，會透過立法程序與行政程序使國家機器介入市場與社會的運作，而形成經濟管制與社會管制兩種主要管制型態。

(1) 經濟性管制：主要考量是肇因於市場失靈，而致力於透過政府對市場的干預以矯正之。亦即指政府對產業生產活動所做的控制與限制，例如價格、產品、利潤等都透過行政程序來決定。目的在於達到特定經濟目標。

(2) 社會管制：社會管制的目的在於以確保勞工權益、消費者安全、環境保護等社會目的，而針對勞資關係、消費者權益以及環境污染等問題進行管制。

43 (C)。 地方自治團體：指依本法實施地方自治，具公法人地位之團體。省政府為行政院派出機關，省為非地方自治團體。直轄市、縣（市）、鄉（鎮、市）為地方自治團體，依本法辦理自治事項，並執行上級政府委辦事項。

44 (B)。 學者約翰·埃爾金頓（John Elkington）提出三重底線（Triple Bottom Line）的概念，就認為企業要永續發展，必須要堅持營運獲利（經濟面）、社會責任與環境責任三個面向。所謂的「底線」，是因為在衡量企業是否賺錢時會查看財務報表，而財報的最後一行就是企業獲利的數字，因此「底線」有企業是否獲利的意涵。三重底線就是企業或組織在營運的時候，必須同時兼顧財務獲利、善盡社會責任而且能夠保護環境，在三個面向都能「獲利」、「受益」。

45 (D)。 非營利組織在公共服務上扮演的角色包括：發展公共政策、監督市場、監督政府、提供政府無法提供的服務、支持地方利益及少數團體、創造新的想法並促進變遷、溝通各部門、促進積極之公民資格與利他主義。

46 (C)。 公民會議（Consensus Conference）在1980年代中期由丹麥發展出來，係邀請不具專業知識的公眾，針對具有爭議性的政策，事前閱讀相關資料並作討論，設定這個議題領域中他們想要探查的問題，然後在公開的論壇中，針對這些問題詢問專家，最後，他們在有一定知識訊息的基礎上，對爭議性的問題相互辯論並作判斷，並將他們討論後的共識觀點，寫成正式報告，向社會大眾公布，並供決策參考。公民會議和住民大會的性質最接近。

47 (B)。　學者米勒渥（Milward）所提出之空洞化國家（Hollow State）的概念，是指由於大量地透過民營化措施將公共服務委外，造成政府不再直接提供公共服務的結果，可能形成家家「空洞化」的現象。

48 (C)。　民營化（Privatization）一詞最早於1969年彼得杜拉克（P.Drucker）所撰《斷續的年代》一書所提出。係將公共服務移轉由民間提供或公民事業之所有權或經民權移轉給民間的過程。民營化的目標為改善公營事業資產與服務功能的經濟績效；減除經濟決策不必要政治影響；降少公共支出；提升公共服務效率；增加用人的彈性。不過民營化之後政府仍須監督的責任。

49 (A)。　都市更新又稱都市再開發、都市改造，是指都市內因為早期欠缺都市計畫或是建築物日久失修，而作出全面或部份性的重新興建或整理及修繕計劃或工程。都市更新最有助於促進都市土地有計畫的再開發利用、復甦都市機能，並且改善居住環境與景觀。

50 (A)。　地方制度法第77條規定：「中央與直轄市、縣（市）間，權限遇有爭議時，由立法院院會議決之；縣與鄉（鎮、市）間，自治事項遇有爭議時，由內政部會同中央各該主管機關解決之。直轄市間、直轄市與縣（市）間，事權發生爭議時，由行政院解決之；縣（市）間，事權發生爭議時，由中央各該主管機關解決之；鄉（鎮、市）間，事權發生爭議時，由縣政府解決之。」

Note

113年　台電新進僱用人員甄試

(　) **1** 檢視行政學發展歷程，可從4種不同的觀點進行剖析，不包括下列何者？ (A)公平　(B)公共性　(C)政治　(D)公共政策。

(　) **2** 行政學傳統理論時期之官僚體系學派，以韋伯（Max Weber）為代表，下列何者非屬其理論之內容？　(A)依功能不同而分工　(B)一切依法辦理　(C)對人不對事　(D)以工作能力決定人員任用及升遷。

(　) **3** 行政學的發展歷程中，修正理論時期是以下列何者為理論基礎？　(A)開放系統　(B)行為科學　(C)權變途徑　(D)科學管理。

(　) **4** 賽蒙（Herbert A. Simon）認為組織有4種途徑解決個人或團體間的衝突，其中「使個人放棄己見不再堅持個人目標」係屬下列何種途徑？　(A)協商　(B)政治　(C)問題解決　(D)說服。

(　) **5** 艾桑尼（Amitai Etzioni）以人員的順從程度作為組織型態之分類，不包括下列何者？　(A)強制型的組織　(B)功利型的組織　(C)規範型的組織　(D)服務型的組織。

(　) **6** 下列何者非屬首長制的優點？　(A)事權集中，責任明確　(B)指揮靈敏，行動迅速　(C)易於保守秘密　(D)能容納各方意見，集思廣益。

(　) **7** 哈理生（Albert Harrison）根據組織決策過程的特性，將組織文化分為4類，其中「強調競爭，崇尚弱肉強食」係屬下列何種組織文化？　(A)人員取向　(B)權力取向　(C)工作取向　(D)角色取向。

(　) **8** 下列何種理論是從經濟學的角度分析非營利組織存在的原因？　(A)市場失靈理論　(B)權變理論　(C)行政理論　(D)歸因理論。

(　) **9** 有關公務人員薪給制度之敘述，薪給應與物價指數保持平衡，當物價指數上升時薪給亦隨之調整，係屬下列何種薪給原則？　(A)平等性　(B)適應性　(C)平衡性　(D)效率性。

(　) **10** 人事業務的科學管理方法主要有3項，不包括下列何者？　(A)充分授權　(B)人員分類　(C)統一管理　(D)管理科學及電腦的應用。

(　) **11** 依據史金納（Burrhus F. Skinner）的增強理論，強化或改變個人行為的增強有4種類型，不包括下列何者？　(A)正增強　(B)負增強　(C)關懷　(D)消滅。

(　) **12** 費德勒（Fred E. Fiedler）的權變領導理論，以3種情境因素來界定領導型態的影響，不包括下列何者？　(A)工作結構　(B)職位權力　(C)組織規模　(D)領導者與部屬之關係。

( ) **13** 考試的目的為選拔人才，有關考試的4項基本要求，不包括下列何者？ (A)差異性 (B)正確性 (C)可靠性 (D)廣博性。

( ) **14** 信賞必罰對組織成員而言，可產生積極的鼓勵作用，亦能產生消極的嚇阻作用，係屬下列何種考績原則？ (A)公平確實 (B)重德識才 (C)客觀周密 (D)認真嚴格。

( ) **15** 組織發展策略是指提高組織效率，達成組織目標之整體計畫，根據勞倫斯及勞西（Lawrence & Lorsch）的看法，不包括下列何者？ (A)發展個人 (B)發展團體 (C)發展組織 (D)發展目標。

( ) **16** 有關政府會計之應用，年度預算內請求權或責任之發生均應計帳，係屬下列何種會計基礎？ (A)應計基礎 (B)契約責任基礎 (C)現金基礎 (D)衡量基礎。

( ) **17** 下列何者非屬審計制度之作用？ (A)加重行政機關之財務責任 (B)防止行政機關之不法收支 (C)防止中飽私囊與浪費公帑 (D)增進行政績效。

( ) **18** 下列何者不屬於非正式組織的缺點？ (A)使正式組織的離職率增加 (B)反對改變 (C)傳播謠言 (D)任務上的衝突。

( ) **19** 德國學者諾馬克（Fritz Neumark）提出8點傳統預算原則，其中「預算應對真正的支出有約束力，並力求與決算一致，否則預算將失其作用」，係屬下列何種原則？ (A)明確原則 (B)限定原則 (C)事前決定原則 (D)嚴密原則。

( ) **20** 根據克拉馬（Ralph M. Kramer）的看法，非營利組織扮演批評者、看守者或給予壓力者，以促使政府改善服務，係屬下列何種角色？ (A)先驅者 (B)改革或倡導者 (C)價值守護者 (D)服務提供者。

( ) **21** 下列何者非屬韓默（Michael Hammer）和錢辟（James Champy）對組織再造的定義？ (A)徹底更新作業流程 (B)在成本、品質的表現上獲得明顯改善 (C)汰除效率不彰的成員 (D)從組織最基本的問題重新思考。

( ) **22** 有關民間機構參與公共建設，其中「政府投資興建完成之建設交由民間機構營運，營運期間屆滿後，營運權歸還政府」，係屬下列何種形式？ (A)OT（Operate-Transfer） (B)BOT（Build-Operate-Transfer） (C)BTO（Build-Transfer-Operate） (D)ROT（Rehabilitate-Operate-Transfer）。

( ) **23** 團體在達成目標的過程中，可能會與其他團體發生衝突，下列何者非屬造成團體衝突的因素？ (A)參與決策的需要 (B)職位的競爭 (C)目標的差異 (D)個人認知的差異。

( ) **24** 各主管機關依其施政計畫初步估計的收支，稱之為下列何者？ (A)預算案 (B)概算 (C)法定預算 (D)分配預算。

( ) **25** 我國目前採用之人事分類制度為下列何者？ (A)品位分類 (B)職位分類 (C)混合制 (D)授權制。

解答與解析 答案標示為#者，表官方曾公告更正該題答案。

1 (A)。 「行政」一詞，由字義上而言，是指政務或公務的推行，舉凡政府機關或公務機構的業務，如何使之有效的推行，就是行政，這是最廣義的解釋。但是如果從行政學發展的歷程來看，可從四種不同的角度來剖析，即由最初的「政治」觀點，經歷「管理」的觀點，到後來的「公共政策」觀點，以迄最近強調的「公共性」觀點。

2 (C)。 應是對事不對人、層級節制、正式甄選與永業化。

3 (B)。 修正理論時期是以行為科學為理論基礎，著重於組織中人員行為的研究，如人性激發、人格尊重、意見溝通、非正式組織的影響、領導方式等，試圖建立通則，以運用到各個社會科學領域。

4 (D)。 賽蒙（H.Simon）認為必須經由四個過程來反應衝突：
(1) 問題解決：針對引發衝突問題，提出方法加以解決。
(2) 說服：遊說衝突雙方，能接受另一方意見。
(3) 協商：以協商方式，使雙方認知趨於一致。
(4) 政治手段：運用各種政治手段，以解決團體間的衝突。

5 (D)。 艾桑尼（A.Etzioni）以機關人員下級對上級「順從」程度，以及上級對下級權力運作關係來建立組織分類的標準，他認為機關長官都掌握了三種權力，即強制權力、功利權力、規範的權力。因此根據這種權力來加以運用，就形成了強制型的組織、功利型的組織、規範型的組三種不同類型的組織。

6 (D)。 首長制又稱為獨任制或部長制，指一機關之事權完全交由一人單獨負責處理者，即部、處或局的組織，美國總統可為代表。其優點：(1)事權集中，責任明確；(2)指揮靈敏，行動迅速，易於爭取時效；(3)容易保守祕密；(4)易於減少不必要衝突與摩擦。

7 (B)。 哈理生（A.Harrison）根據組織決策過程的特性，將組織文化分為4類：
(1) 權力取向的組織文化：組織強調「控制、競爭」的信念，人員為求己利，甚至可以不顧道義，組織崇尚弱肉強食的「叢林法則」。
(2) 角色取向的組織文化：組織重視合法性與正當性與責任歸屬的價值，一切職務工作與權責範圍皆有明文規定，並予嚴格執行。
(3) 工作取向的組織文化：組織內部以能否達成上級交付任務為最高美德，一切不合時宜，有礙工作推行的法規制度皆須檢討修訂。
(4) 人員取向的組織文化組織一切皆以人員為中心，倡導關懷、互助、體恤的價值，偏好集體共識的決策型態。

8 (A)。 從經濟學的角度分析非營利組織存在的原因：市場失靈理論、政府失靈理論。

9 (B)。 薪給的原則：
(1) 平等性：凡是工作相同或等級相同的工作人員，其薪給應當一樣。
(2) 適應性：薪給應與物價指數保持平衡，即物價指數上升，薪給亦應調整。
(3) 平衡性：公務員薪給應與社會上其他行業，保持平衡，不能相差太遠。
(4) 效率性：薪給須不僅能維持溫飽，應該使其有多餘財力，從事育樂活動。
(5) 年資性：凡公務員年資增加，而地位未晉升時，其薪給亦應增加。

10 (A)。 人事業務的科學管理方法主要有3項，包括人員分類、統一管理、管理科學及電腦的應用。

11 (C)。 史金納（Burrhus F. Skinner）的增強理論，強化或改變個人行為的增強有4種類型，包括正增強、懲罰、負增強、消滅。

12 (C)。 費德勒（Fred E. Fiedler）的權變領導理論，認為有3種情境因素會領導型態，包括職位權力、任務或工作結構、領導者與部屬之關係。

13 (A)。 考試4項基本要求，包括：正確性、可靠性、客觀性、廣博性。

14 (D)。 考績的原則：
(1) 公平確實：考績不應採取片斷或臨時資料，也不應受主觀因素的影響，因此考績應加以制度化、體系化，並以客觀公正地態度來辦理考績。
(2) 重德識才：除了學識才能，品德也要特別重視，所以考績應才德並重。
(3) 客觀周密：考績應就各種人才職能之內涵，分別評定客觀的考績標準，不必強求一致。
(4) 認真嚴格：信賞必罰對組織成員而言，可產生積極的鼓勵作用，亦能產生消極的嚇阻作用。

15 (D)。 組織發展策略是指提高組織效率，達成組織目標之整體計畫，根據勞倫斯及勞西（Lawrence & Lorsch）的看法，包括發展個人、發展團體、發展組織。

16 (B)。 政府會計基礎：
(1) 現金基礎：亦稱現收現付基礎，即凡收入現金及支付現金，亦須記帳，與現金收支無關之事項，不予記帳。
(2) 應計基礎：亦稱應收應付基礎，不僅現金之收入與支付應予記帳，即應收未收或應付未付，亦須記帳。
(3) 契約責任基礎：亦稱責任發生基礎，即政府會計遇有年度預算內請求權或責任之發生，均應記帳。

17 (A)。 審計制度的作用包括：防止行政機關之不法收支、防止中飽私囊與浪費公帑、解除行政機關之財務責任、增進行政績效。

18 (A)。 非正式組織的缺點或反功能：對抗改變、任務上的衝突、傳播謠言、高度順適、徇私不公。

19 (D)。 德國學者諾馬克（F.Neumark）提出八點原則，是傳統預算原則最具代表性：

預算的原則	說明
(1)公開原則	政府的預算、決算應公開，以便國民瞭解財政狀況。
(2)明確原則	政府收支的分類、內容，支出的來源、用途，應明確。
(3)事前決定原則	要求預算必須在會計年度開始時，即應由議會通過決定。
(4)嚴密原則	預算應對真正的支出有約束力，應力求與將來的決算相一致，否則預算將失其作用。
(5)限定原則	預算的各個項目相互間應有明確的界限，禁止經費相互流用；禁止預算超額支出；限定須在同一年度支出。

預算的原則	說明
(6)單一原則	國家財政收支應納入一個預算內,而作綜合表示,不得另有獨立預算;預算須單一,不得重複,亦即預算以內,同一預算項目不得隱藏兩個以上。
(7)不相屬原則	任何財政收入與支出,不得發生個別相屬或連繫。
(8)完全原則 (總括原則)	所有收入與支出完全列計入預算,亦即除預算外,不得發生任何收入、支出行為,以維持國家財政的完整。

20 (B)。 根據克拉瑪看法,非營利組織扮演以下角色:
(1) 先驅者(vanguard):即非營利組織常先會有豐富的創意或示範性的構想,再被政府所採用。
(2) 改革或倡導者(improver or advocater):即非營利組織被期待成為批評者、看守者或給予壓力者,以促使政府改善或建立合乎需要的服務。
(3) 價值守護者(value guardian):即非營利組織被期待等本著倡導、參與及改革的精神,以改善社會,並主動關懷少數團體。
(4) 服務提供者(service provider):即非營利組織是有彈性的,經常是選擇政府未做、不想做或較不願意做,但符合大眾需要的服務來做。

21 (C)。 韓默(Michael Hammer)和錢辟(James Champy)對組織再造的定義:「根本重新思考,徹底翻新作業流程,以便在現今衡量表現的關鍵上,如成本、品質、服務和速度等,獲得戲劇性的改善。」

22 (A)。 (B)BOT:即興建、營運、移轉:由民間機構投資興建並為營運;營運期間屆滿後,移轉該建設之所有權予政府。(C)BTO:無償BTO即興建、移轉、營運:由民間機構投資新建完成後,政府無償取得所有權,並委託該民間機構營運;營運期間屆滿後,營運權歸還政府。有償BTO:由民間機構投資新建完成後,政府一次或分期給付建設經費以取得所有權,並委託該民間機構營運;營運期間屆滿後,營運權歸還政府。(D)ROT:即擴建或整建營運、移轉:由政府委託民間機構,或由民間機構向政府租賃現有設施,予以擴建、整建後並為營運;營運期間屆滿後,營運權歸還政府。

23 (B)。 影響團體衝突主要有三個因素:
(1) 參與決策的需要:單位間常為參與決策的需要而起衝突,參與決策的需要包括資源的分配,以及時間的配合。
(2) 目標的差異:分工制度使各單位的目標都不同,各單位也自然的以自己的目標為中心,忽略了溝通協調。
(3) 個人認知的差異:兩單位的主管對決策的意見不同,例如:形成A方案和B方案。

24 (B)。 各主管機關依其施政計畫初步估計之收支,稱概算;預算之未經立法程序者,稱預算案;其經立法程序而公布者,稱法定預算;在法定預算範圍內,由各機關依法分配實施之計畫,稱分配預算。

25 (C)。 我國在民國76年1月16日開始施行「新人事制度」,即將簡薦委制度與職位分類制度混合,亦稱「官等職等併立制」。

113年　高考三級

☑ 申論題

一、組織管理的功能包含規劃、組織、領導與控制等四項，請舉政府部門實例申論各項功能。

▶ **破題分析**：本題屬於應用題，應不難作答。比較難的地方在「請舉政府部門實例申論各項功能」，可以在各分項各別舉例，也可就某一政策綜合說明。

答：組織管理的功能包含規劃、組織、領導與控制等四項，茲概敘如下：
(一) 規劃（planning）
是根據機關使命與目標，審查現勢，展望未來，預先決定所要達成的任務及其實施的方法與步驟，以為執行的張本。
(二) 組織（organizing）
管理者需要安排工作來達成組織目標，包括決定任務的指派、任務的部門化、資源分派、工作執掌、執行人選、任務編組等。
(三) 領導（leading）
管理者運用影響力來激勵、指揮、協調及化解爭議的活動。
(四) 控制（controlling）
監督活動的進度，對於偏離原先目標所設定之活動加以修正，確保所有工作均按計畫執行以達成目標。
政府部門組織管理實例說明——我國新南向政策：
政府107年提出「新南向政策政策綱領」，全方位發展與東協、南亞及紐澳等國家的關係，促進區域交流發展與合作，同時也打造臺灣經濟發展的新模式，並重新定位我國在亞洲發展的重要角色，創造未來價值。
1. 規劃
從長期深耕、全方位發展的方向，尋求與東協10國、南亞6國及紐澳等18個目標國家，建立策略性夥伴關係，共創區域的發展和繁榮。並提出具體工作計畫：
(1)經貿合作：擴大與夥伴國產業供應鏈整合、內需市場連結及基建工程合作，建立新經貿夥伴關係。
(2)人才交流：強調以「人」為核心，深化雙邊青年學者、學生、產業人力的交流與培育，促進與夥伴國人才資源的互補與共享。

(3)資源共享：運用文化、觀光、醫療、科技、農業、中小企業等軟實力，爭取雙邊及多邊合作機會，提升夥伴國生活品質，並拓展我國經貿發展縱深。

(4)區域鏈結：擴大與夥伴國的多邊與雙邊制度化合作，加強協商及對話，同時善用民間團體、僑民網絡及第三國力量，共同促進區域的安定與繁榮。

2. 組織

政府透過新南向工作小組之運作機制，提升資訊分享、資源整合及部會合作之效能。參與部會有：內政部、外交部、財政部、教育部、經濟部、交通部、勞動部、文化部、衛生福利部、海洋委員會、僑務委員會、國家發展委員會等20餘個機關。

3. 領導

由行政院經貿談判辦公室負責各機關政策協調與執行。

4. 控制

經貿辦指出，新南向政策推動迄今的執行成效顯著，至108年度截至第3季的成果，例如在觀光方面，新南向國家來臺人數超過190萬人，國內累計已取得清真驗證的廠商共計1,082家；在電子商務方面，在新南向電商平臺（澳洲eBay、印尼blibli、越南TIKI、泰國PChome Thai）的臺灣館，累計上架超過27.7萬項商品；在工程輸出方面，我國業者已取得總金額約新臺幣234億元的外國標案；在學生交流方面，去年新南向國家來臺學生將近52,000人，年增幅達25％，我國赴新南向國家的學生人數也首次超過21,000人；在國際醫療服務（非健保之自費就診）方面，截至6月底新南向國家病患來臺就醫人數約6.7萬人次，占全部國際醫療病患37.9％；此外，亦積極洽簽與更新雙邊投資保障協定，大幅提升對臺商的保障。

▶ 觀念強化

1. 名詞解釋

組織管理：藉由群體合作的組織力以達成某些任務或目標的一種人類社會活動。管理可視為一種程序，經由這種程序，組織得以運用其資源以求達成其既定目標。

2. 觀念延伸

行政管理乃指政府行政部門的管理工作，所以有學者將行政管理界定為：是協調集體的努力，來實現公共政策。行政管理的四大基本功能或程序包括：

(1) 規劃：設定目標、建立達成目標之策略，以及發展一套有系統的計畫，來整合並協調企業的各項活動。

(2) 組織：建立組織的系統架構及劃分各部門執掌，並確定部門間的權責關係。

(3) 領導：激勵員工，指揮與協調員工的活動。

(4) 控制：監督組織的績效，對於偏離原先所設定之目標的活動加以修正，使組織能朝正確的目標方向前進。

行政管理之目的在提高行政效率與效能、有效運用有限資源、使機關組織有系統運作、達成合法政治目標。

3. 相關試題

何謂行政管理？行政管理之目的為何？

▶ **參考書目**

1. 張潤書，《行政學》，三民書局，2007。

2. 陳德禹，《行政管理》，三民書局，2006。

3. 行政院重要施政成果：新南向政策。

二、 請闡釋目標管理（Management By Objectives, MBO）應用於政府績效管理所具有的重要特徵為何？

▶ **破題分析**：目標管理（MBO）議題自民國100年之後就很少被拿來命題，本題屬於開放式問題（Open Question），並無標準答案，可依書本MBO內容作答。但題旨特別強調MBO應用於政府績效管理所具有的重要特徵，近年來OKR在業界相當的夯，也在111年高考公共管理考科出現。本題引以OKR為擬答似乎比KPI洽當，也可為讀者補充參考。

答： 我國政府部門多年來慣用以進行績效管理之主要工具－關鍵績效指標（KPI），已遭受許多公私部門的質疑和抨擊，認為KPI制度對於組織所造成的傷害遠大於其對組織績效所帶來的正面影響。近年來，一項由Intel和Google所採用的新興管理工具－目標與關鍵成果（OKR），開始受到全球矚目，期望能以此工具來取代傳統的KPI制度。

依據John Doerr的定義，OKR乃是「一套管理方法，有助確保組織聚焦，集中處理整體組織裡重要的議題」；簡單地說，這就是一套協助組織達到「聚焦」目的之工具。為達成此一目的，OKR期望組織能聚焦在兩件事情上，即「目標」（objectives）和「關鍵成果」（key results），同時藉此回答兩項主要問題：一是「我們期望達成什麼？」（即目標為何之WHAT問題），及另一是「我們要如何達成？」（即要如何獲致關鍵成果之HOW問題）。

OKR背後的理論原理相當簡單，就是彼得・杜拉克（Peter F.Drucker）的目標

管理（Management by Objectives, MBO），並進而針對目標管理在實務操作上所產生的缺點加以改進；換句話說，OKR在本質上乃是一種目標管理工具。立基於目標管理的OKR，在實際操作上有幾項重要特徵：

1. 固定週期設定和檢視

   OKR便非常強調組織必須能夠以固定的週期來做「目標」（O）和「關鍵成果」（KR）的滾動設定、檢視和檢討，俾使組織能夠適應和回應快速變遷的外部環境。

2. 量少而聚焦

   由於OKR的主要任務就是要協助組織能夠聚焦，讓組織在每個固定週期中，都能將心力聚焦在這3-5組的OKRs上，使組織得以獲致具體的成果。

3. 由上而下＋由下而上

   KPI的目標訂定是由上而下，且屬於回溯性考核，得到回饋的時間較為落後；而OKR目標訂定方式「由上而下」加上「由下而上」，動態檢視與調整，即時回饋。相較於KPI，OKR更符合目標管理的精神。

4. KR設定須具體明確

   和KPI的設計概念相似，OKR運用中KR的設定，期望盡可能是可量化的具體成果，以及必須要能與目標（O）之間具有因果關係。

5. 即時回饋與公開透明

   OKR非常強調必須以固定的週期和頻率來做設定與檢視調整，其核心目的就在於OKR極為重視「即時回饋」這項機制。

6. 與考績、獎金脫鉤

   在OKR的設計和運作理念上，再三強調雖然採取固定週期檢視的機制，但是檢視的結果卻必須堅持與人員的考績和獎金脫鉤。這樣的設計，主要期望避免落入過往因KPI結果與考績和獎金連結，反卻造成組織成員過於在意考績或獎金的得失，因而一方面刻意降低KPI的預期目標值。

7. 保持彈性

   OKR的一大特色，組織便可以審度實際情況進行檢討和滾動調整，確保了組織在目標設定上的靈活與彈性。

8. 季度、年度OKR可雙軌並行

   設定組織的年度OKR，並再依年度OKR的內容，依季劃分應有的進度和成果，並隨著每季進度的推進，於年底時做總驗收和檢視，二者可以並行不悖。

9. 打破迷思的評價觀點

   OKR這項管理工具另一項令人矚目之處，在於其有別於傳統的成果評價觀點。似乎也打破了國內公務機關習於追求「達標」（達成率100%），甚或是「超標」（達成率100%以上）的迷思。

▶ 觀念強化

1. 名詞解釋
   (1) 目標管理：上下級人員經由會談方式，共同訂定組織目標與各部門目標，而人員於執行目標過程中，需作自我控制，於目標執行完後，尚須作自我考核。
   (2) 政府推動績效管理目標管理途徑：以目標為導向，以人員為中心，以結果為標準而使組織與個人取得最佳績效的現代化途徑。

2. 觀念延伸
   目標管理的最高理想是把每一個人的力量，與整個組織的重點目標，作最有效的集結運用，所以具有以下特質：
   (1) 目標管理是人與事的結合；　　　(2) 目標管理是個體與團體的結合；
   (3) 目標管理是意見與責任的結合；　(4) 目標管理是進度與監督的結合；
   (5) 目標管理是人性與創意的結合。

3. 相關試題
   何謂目標管理（management by objectives）？其性質與功能為何？設定目標的原則為何？試分別說明之。【96年地特三等】

▶ 參考書目

1. 陳德禹，《行政管理》，三民書局，2006。
2. 胡龍騰，〈政府績效管理與OKR應用之可行性〉，《主計月刊》第766期，2019年10月。

測驗題

( ) **1** 以行政學的發展演進之歷史來看，下列理論何者最適合被歸類在修正理論時期（約1930～1960年）？ (A)權變理論 (B)激勵保健理論 (C)科學管理理論 (D)社會系統理論。

( ) **2** 「組織的存在，有賴於組織與成員之間彼此保持貢獻與滿足的平衡」，下列何者符合前述論點？ (A)組織的激勵作用有助於成員持續投入 (B)組織提供的誘因，是指有形的物質報償 (C)貢獻與滿足之間存在一個不變的均衡點 (D)組織可透過權威來補充誘因的不足。

( ) **3** 有關「傳統公共行政」、「新公共管理」與「新公共服務」三種治理模式與思潮，其協調機制分別建立在下列何者為基礎？ (A)權威、價格與政治 (B)權威、價格與網絡 (C)政治、價格與網絡 (D)權威、網絡與政治。

( ) **4** 下列何者為推動民營化的主要立論依據？ (A)增加事業的自主權 (B)紓解通貨膨脹壓力 (C)免除政府業務監督的責任 (D)擴大政府預算規模。

( ) **5** 考試委員在院會上爭論公務人員應該具備什麼特質，看起來應該是什麼樣子的公僕，考試委員的爭論反映那個倫理學說？ (A)亞里斯多德（Aristotle）的德行論 (B)羅斯（W.D.Ross）的直覺論 (C)彌勒（J.S.Mill）的行為效益論 (D)康德（I.Kant）的義務論。

( ) **6** 若臺灣發生重大傷亡事故，相關主管機關除了組成專家委員會進行事故原因的調查外，部會首長亦請辭下臺。從行政倫理的觀點，此係屬於何種價值的積極展現？ (A)效率性 (B)公平性 (C)課責性 (D)自主性。

( ) **7** 完整的組織架構圖有助於瞭解一個組織的狀況，但社會大眾無法從組織架構圖中獲得下列何種資訊？ (A)業務職掌 (B)指揮系統 (C)組織層級 (D)授權程度。

( ) **8** 當前組織事務溝通越來越依賴電子溝通方式，包括電子郵件、視訊會議和即時通訊軟體，下列何者不是電子溝通可能產生的問題？ (A)電子溝通可能產生組織機密或個人隱私洩漏之風險 (B)即時通訊軟體會造成同仁下班時間仍得接受交辦事項之壓力 (C)電子溝通會讓爭議性高的公共議題缺乏面對面的審議對談 (D)電子溝通會增加訊息傳遞的時間成本。

( ) **9** 政府為了充分顧及政治和社會多元價值，執行專業化、去政治化的公共事務而設置獨立機關，根據我國法律規定，下列何者屬於「獨立機關」？ (A)行政院公共工程委員會 (B)公平交易委員會 (C)國家發展委員會 (D)原住民族委員會。

( ) **10** 非正式組織有其優點，但也有缺點。下列何者不是非正式組織的缺點？ (A)高度彈性 (B)反對改變 (C)角色衝突 (D)循私不公。

( ) **11** 關於人力運用措施，下列敘述何者錯誤？ (A)工作豐富化（job enrichment）授予員工更多決策權 (B)工作擴大化（job enlargement）授予員工更多自主權 (C)自我管理工作團隊（self-managing work teams）授予員工更多工作設計權 (D)工作輪調是工作擴大化常採用的措施。

( ) **12** 下列何者是由公務人員保障暨培訓委員會辦理的訓練？ ①公務人員專業訓練 ②行政中立訓練 ③一般管理訓練 ④升官等訓練 (A)②④ (B)①② (C)③④ (D)①③。

( ) **13** 我國公共債務法對各級政府的債務有所限制，下列對於舉債限制的描述，何者錯誤？ (A)該法僅對「一年以上債務的舉借」設有限制 (B)該法對債務的限制，包含未償還的總額及新舉借的額度 (C)特別預算常以特別條例排除公共債務法的某些限制 (D)直轄市的公共債務由行政院監督。

（　）**14** 我國中央政府預算過程包含預算籌編、預算審議、預算執行、決算審核等階段。上述四階段各有不同的主責機關，下列敘述何者錯誤？　(A)行政院主計總處負責預算籌編　(B)立法院負責預算審議　(C)各機關負責預算執行　(D)審計部負責審議總決算審核報告。

（　）**15** 關於臺北市政府推動參與式預算（participatory budgeting）之經驗，下列敘述何者錯誤？　(A)參與預算的提案審議過程耗費時間與精力　(B)公民提案獲通過後，當年度預算可納入者，立即執行　(C)當年度預算無法納入，但急迫者則動支預備金　(D)提案通過後，民眾主導預算的編列、審議與執行。

（　）**16** 影響政府機關行政效率的因素非常多元，下列何者與行政效率的關聯性最低？　(A)層級節制程度　(B)控制幅度大小　(C)競爭壓力大小　(D)選區劃分方式。

（　）**17** 從資訊管理的觀點，「原始、未經歸納和分析的事實」稱之為：　(A)資訊（information）　(B)知識（knowledge）(C)證據（evidence）　(D)資料（data）。

（　）**18** 假設某機關想針對首度推出的政策進行民意調查，那一種民意的分布最需要政府重新調整該項政策？　(A)多數民眾對該政策的態度沒有強烈的偏好或厭惡　(B)多數民眾對該政策的態度有強烈反彈　(C)多數民眾對該政策的態度有強烈偏好　(D)對該政策有極端偏好、極端反彈與中立態度的民眾人數比例相當。

（　）**19** 有關福德烈克遜（H.G.Frederickson）對於公民精神要件的敘述，下列何者錯誤？　(A)須立基於憲法的規範　(B)必須是品德高尚的公民　(C)專注回應次級政府的利益　(D)具備仁道與愛心的公共政策制定者。

（　）**20** 有關審慎思辯民調（deliberative poll）之敘述，下列何者錯誤？　(A)是由美國學者費希金（J.Fishkin）所提出　(B)採取立意抽樣方式精選優質樣本(C)可以降低受訪者理性無知的問題　(D)執行成本比傳統一般民調高。

（　）**21** 有關社會影響評估（social impact assessment）之敘述，下列何者錯誤？(A)社會影響評估與公共參與為同義詞　(B)是一種分析、監測或管理的過程　(C)包括政策的意圖與非意圖結果　(D)包括量化與質化評估。

（　）**22** 下列施政項目中何者最無涉地方政府之間的府際關係與合作？　(A)大眾運輸規劃　(B)敬老津貼的發放　(C)河川整治工程　(D)社會治安維護。

（　）**23** 非營利組織與公司進行跨界合作有多種模式，由公司另行創造一個非營利實體，並透過該實體來管理公司的慈善目標，係屬於下列那一種模式？　(A)參與型贊助（joint issue promotions）　(B)以交易為基礎的贊助（transaction-based promotions）　(C)公司基金會（corporate foundations）　(D)合資（joint ventures）。

( ) **24** 有關民眾參與的困境，下列敘述何者錯誤？ (A)數位落差可能導致特定群體逐漸被排除於公共政策參與過程之外 (B)因社群媒體的興起，造成民眾公共參與管道大幅限縮 (C)部分政府官員為求快速展現績效，會視民眾參與為畏途 (D)若民眾在參與時缺乏民主素養，只依賴情緒而非理性，容易形成民粹政治。

( ) **25** 「社會發展計畫由國家發展委員會會同財政部、行政院主計總處及相關機關審議後報行政院核定。」以上敘述符合何種概念？ (A)財主關係 (B)跨域治理 (C)公私合夥 (D)群眾外包。

解答與解析 答案標示為#者，表官方曾公告更正該題答案。

1 (B)。 修正理論時期著重於組織中人員行為的研究，如人性激發、人格尊重、意見溝通、非正式組織影響、領導方式等，試圖建立通則，以期運用至各社會科學領域。激勵保健學派將人類需求分保健、激勵因素，最適合被歸類在此時期。

2 (A)。 貢獻與滿足之平衡：人之所以向組織貢獻心力，主要原因在組織能給他最的大滿足。貢獻就是提供工作，而滿足就是誘導或動機，誘導不能只靠物質條件，更應重視非物質條件。因此，組織的激勵作用有助於成員持續投入。

3 (B)。 傳統公共行政（PA）、新公共管理（NPM）與新公共服務（NPS）三種治理模式，其協調機制分別建立在權威、價格與網絡基礎上。

4 (A)。 公營事業民營化的主要目的是在於增加事業經營自主權、提高經濟效率。

5 (A)。 亞里士多德認為幸福是政治所追求的最高目的，而幸福則是與德行不可分的行為。

6 (C)。 課責性（Accountability）是指當行政人員或政府機關有違法或失職之情勢發生時，必須要有某人對此負起責任。

7 (D)。 組織架構圖之使用有益於組織，因為它透過圖像呈現不同的部門，以及當下實施的職務頭銜。此圖可協助團隊成員了解如何與他人彼此協作，並清晰了解自己的角色和責任。

8 (D)。 電子溝通比較不會增加訊息傳遞的時間成本。

9 (B)。 依據行政院組織法第9條規定：「行政院設下列相當中央二級獨立機關：一、中央選舉委員會。二、公平交易委員會。三、國家通訊傳播委員會。」

10 (A)。 非正式組織的缺點或反功能：反對改變、角色衝突、傳播謠言、高度順適、徇私不公。

11 (B)。 工作擴大化係透過在職訓練，擴大工作人員的專業工作領域，增加工作人員水平的活動種類，有利於實施工作輪調。

12 (A)。 公務人員訓練進修法第2條規定：「公務人員訓練進修法制之研擬，事關全國一致之性質者，由公務人員保障暨培訓委員會辦理之。公務人員考試錄取人員訓練、升任官等訓練、高階公務人員中長期發展性訓練及行政中立訓練，由公務人員保障暨培訓委員會辦理或委託相關機關（構）、學校辦理之。公務人員專業訓練、一般管理訓練、進用初任公務人員訓練及前項所定以外之公務人員在職訓練與進修事項，由各中央二級以上機關、直轄市政府或縣（市）政府（以下簡稱各主管機關）辦理或授權所屬機關辦理之。各主管機關為執行本法規定事項，有另定辦法之必要者，由各該機關以命令定之。」

13 (A)。 公共債務指中央、直轄市、縣（市）及鄉（鎮、市）為應公共事務支出所負擔之債務：(1)中央公債、國庫券、國內外借款及保證債務。(2)直轄市、縣（市）公債、庫券及國內外借款。(3)鄉（鎮、市）國內外借款。所稱借款，指中央、直轄市、縣（市）及鄉（鎮、市）向國內外所借入之長期、短期及透支、展期款項；所稱舉債額度，指彌補歲入歲出差短之舉債及債務基金舉新還舊以外之新增債務。各級政府舉借公共債務除法律別有規定外，應以調節資本支出為目的。（公共債務法第4條）所以並非僅對「一年以上債務的舉借」設有限制，還包括一年以下債務的舉借。

14 (D)。 決算審核報告之審編依憲法第105條、審計法第34條暨決算法第26條規定，審計長應於行政院提出中央政府總決算後3個月內，依法完成其審核，編造最終審定數額表，並提出審核報告於立法院。

15 (D)。 「參與式預算」是由公民來決定一部分公共預算支出的優先順序，亦即由住民和社區群體代表，以正式或非正式會議共同討論各類攸關民眾生活的公共預算支出優先順序，並可藉由提出計畫，並且投票等方式來決定。公民循SOP程序提案獲通過後，預算編列方式（各局處評估），一是當年度預算可納入者即執行；二是當年度預算無法納入，但急迫者則動支第二預備金；三是當年度預算無法納入，且不急迫者則循預算編列程序。

16 (D)。 選區（選舉區）劃分方式，根據學理而言有依行政區劃分或人口多寡劃分。此部分與行政效率的關聯性最低。

17 (D)。 資料（data），是原始、未經歸納和分析的事實。
資訊（information），則是經過整理有意義的資料。
知識（knowledge），等於資訊加上規則，這些規則協助我們釐清事物背後的效應。
智慧（wisdom），擁有經驗法則，能判斷哪一種知識最為適用。

18 (B)。 民意調查的結果若顯示，多數民眾對該政策的態度有強烈反彈，則政府就必須重新調整該項政策。

19 (C)。 福德烈克遜（H.G.Frederickson）指出，公民精神必須具備下列要件：(1)必須立基於憲法的基礎上、(2)必須是品德高尚的公民（virtuous citizen）、(3)對集體與非集體公眾的回應、(4)具備仁道與愛心的公共政策制定者。

20 (B)。 立意抽樣（Purposive sampling）是由研究人員直接（而非隨機）選取一群應該要能充分代表母體的子群體。這種抽樣方式又稱為「判斷抽樣」或「專家抽樣」，因為涉及某個熟悉特定人群及其特徵的研究人員所做的判斷。立意抽樣與其它非機率抽樣（如配額抽樣）擁有類似的性質，但多了一層人為干預。
審議式民調可以減輕「理性無知」的問題，提供參考者一個理性思辯的場所與充分的資訊，以找出審議後的民意，而由於受訪者係隨機方式抽取產生，其意見足以代表全體民眾在審慎思辯後所可能形成之意見，兼顧了平等參與及審議的價值。

21 (A)。 社會影響評估（SIA），又可稱為「社會效益評估」，是一套預先對預計項目或政策的社會影響做出評估的知識體系。它是有效的決策及管理發展項目的工具。

22 (B)。 敬老津貼的發放最無涉地方政府之間的府際關係與合作。

23 (C)。 公司基金會（corporate foundations）或稱企業基金會，是由公司企業捐贈基金，委由基金會管理，從事慈善公益，以財務來支援其他非營利組織。

24 (B)。 因社群媒體的興起，造成民眾公共參與管道大幅增加。

25 (B)。 所謂跨域治理係指跨越轄區、跨越機關組織藩籬的整合性治理作為。許多公共問題影響的範圍及其性質往往超越了某種特定功能的政府部門，必須跨部門來共同因應或解決問題。

113年 普考

( ) **1** 政府部門為了避免決策或資源分配時過度偏袒特定的族群或團體,應從人口或地域等多元面向來考慮行政機關的人力結構,以求充分反映各個階層的利益或意見。下列那一個概念與此一主張最為相近? (A)審議式民主 (B)代表性官僚 (C)代議式民主 (D)行政中立化。

( ) **2** 針對公共行政中所追求的效率,下列何者錯誤? (A)效率是公共行政領域中最早被強調的價值 (B)效率指的是產出與投入的比例 (C)效率指的是投入資源所產生的影響 (D)政府對效率的注重,最早是建立在科學管理的基礎上。

( ) **3** 有關黑堡宣言之敘述,下列何者正確? (A)認為公共利益的意涵有明確的定義 (B)公共行政應多師法企業,採用私部門的管理方式以提升效率 (C)行政人員應可成為自我意識的公共利益受託者 (D)司法與立法有所衝突時,公共行政將受制於前述兩者而應妥協。

( ) **4** 下列何者不是分贓制可能產生的缺點? (A)政治回應性降低 (B)任用私人情形增加 (C)貪污可能性提高 (D)人員更迭頻繁。

( ) **5** 有關當代公共治理應該採取之原則,下列敘述何者錯誤? (A)重視資訊科技在公共治理中的角色 (B)組織層級節制體系應予揚棄 (C)非政府組織扮演服務提供與價值倡議等多元角色 (D)主張對於行政人員進行人力資本的投資。

( ) **6** 「霍桑實驗」的結果發現那一個因素是影響工人生產量的重要因素? (A)工作環境的改善 (B)薪資待遇的提高 (C)人格尊嚴的重視 (D)專業分工的落實。

( ) **7** 關於新公共管理的敘述,下列何者錯誤? (A)主張增加預算執行的彈性 (B)吸納企業管理與新古典經濟學的概念 (C)強調市場導向、管理主義 (D)期望建立公民治理。

( ) **8** 甲收到業務相關廠商餽贈之高級禮盒,下列何者並非符合公務員廉政倫理規範之作法? (A)予以拒絕或退還廠商 (B)簽報長官 (C)知會政風機構 (D)直接轉贈給慈善機構。

( ) **9** 有關行政機關外部用以確保行政責任的途徑,下列何者錯誤? (A)議會質詢 (B)上級機關對下級機關之監督 (C)法院判決 (D)公民參與。

( ) **10** 下列何者同時有公務員服務法及公務員懲戒法的適用? (A)立法委員、現役軍士官 (B)立法委員、未兼行政職之公立大學教授 (C)聘用人員、現役軍士官 (D)聘用人員、未兼行政職之公立大學教授。

( ) **11** 有關行政倫理之敘述，下列何者錯誤？ (A)規範公務員的私利欲求 (B)符合行政倫理的行為通常也較具合理性 (C)針對職務外行為規範 (D)與社會倫理相關。

( ) **12** 甲公務員發現所任職之機關圖利特定廠商，在進行弊端揭發時應考量之因素，下列何者錯誤？ (A)該件弊端是否屬實 (B)組織內部是否有其他管道可反映 (C)遭受組織報復之可能性 (D)揭發該弊端是否可以帶來個人利益。

( ) **13** 有關行政機關首長制與委員制之敘述，下列何者正確？ (A)我國行政機關並未採用委員制 (B)相較於委員制，首長制決策速度通常較為冗長 (C)首長制因為較符合民主原則，故比委員制更優 (D)委員制因由多人共同討論及決策參與，故責任歸屬較不明確。

( ) **14** 有關控制幅度之敘述，下列何者正確？ (A)事務愈複雜，控制幅度應愈大 (B)部屬能力愈佳，控制幅度應愈大 (C)監督責任愈重大，控制幅度應愈大 (D)管理所花費的時間愈多，控制幅度應愈大。

( ) **15** 「某行政首長試圖增加該機關的編制員額以便擁有更大的權力、甚至彰顯其官威，但實際上並沒有足夠的業務可供執行」，此最近似於何種組織病象？ (A)邁爾斯定律（Miles'Law） (B)墨菲定律（Murphy's Law） (B)寡頭鐵律（Iron Law of Oligarchy） (D)白京生定律（Parkinson's Law）。

( ) **16** 某主管總是樂於授予部屬更多執行工作的權限，讓部屬在工作中得以享有一定的自我管理能力。這種現象稱為： (A)工作擴大化 (B)工作豐富化 (C)工作輪調 (D)專業分工。

( ) **17** 下列何者屬於機關的內部單位？ (A)中央銀行 (B)行政院性別平等處 (C)勞動部中彰投分署 (D)交通部中央氣象署。

( ) **18** 下列那一種財團法人目前不列入「財團法人法」的管理對象？ (A)由政府機關（構）捐助成立之財團法人 (B)由公法人、公營事業捐助成立之財團法人 (C)宗教財團法人或由宗教財團法人捐助成立之財團法人 (D)民國34年接收日本政府或人民遺留財產捐助成立之財團法人。

( ) **19** 下列何者非屬組織發展的限制？ (A)無法創造百分之百和諧的組織 (B)無法使組織完全有效能及完全有效率 (C)無法適用於開放系統 (D)無法在一夜之間將一個失敗的組織轉變為成功的組織。

( ) **20** 有關組織文化之敘述，下列何者錯誤？ (A)具有共享性 (B)內容包括對人群關係本質的假定 (C)人力穩定有助強化組織文化 (D)可與組織氣候直接交換使用。

( ) **21** 建構工作內容、執行方法,並建議由誰或那個單位執行該工作內容,以達成組織目標的活動,稱為: (A)作業研究 (B)人因工程 (C)工作設計 (D)工作分析。

( ) **22** 依據柯派崔克(D.Kirkpatrick)觀點,於公務人員考試筆試錄取人員訓練結訓前,評量學員對教學內容、師資、教授方式等是否滿意,屬於: (A)行為評量 (B)反應評量 (C)結果評量 (D)績效評量。

( ) **23** 有關內陞制之敘述,下列何者錯誤? (A)員工需要較長的調整及職前訓練時間 (B)員工可能被陞任至無法勝任的位置 (C)不易獲得外部的人力資源 (D)有助於保持員工的士氣與動機。

( ) **24** 組織員工不論有無獎酬,均辛勤工作,表現超越法定職責的盡責行為,稱為: (A)員工社會化行為(socialization behavior) (B)員工標竿學習行為(benchmarking) (C)組織公民行為(organizational citizenship behavior) (D)知識分享行為(knowledge sharing behavior)。

( ) **25** 依公務人員考績法,公務人員之考績,機關首長以外之其餘人員,應以下列何者為考績之比較範圍? (A)同職等 (B)同官等 (C)同職系 (D)同職位。

( ) **26** 依照我國現行財政收支劃分法,下列何者非屬中央收入? (A)獨占及專賣收入 (B)自治稅捐收入 (C)證券交易稅收入 (D)礦區稅收入。

( ) **27** 有關中央政府總預算案審查程序之相關敘述,下列何者錯誤? (A)行政院院長、主計長和財政部部長須列席立法院院會,分別報告施政計畫及預算編製之經過 (B)立法委員得對行政首長提出之施政計畫,以及預算上一般重要事項提出質詢 (C)有關預算案之質詢和答復,須公開透明,全程以公開會議行之 (D)立法院各委員會分組審查預算案時,得邀請有關機關首長列席報告、備詢。

( ) **28** 民眾到地政事務所申請地籍謄本時須繳交費用,此費用屬於那一類財政收入? (A)財產收入 (B)營業盈餘收入 (C)規費收入 (D)信託收入。

( ) **29** 訂有中央總預算及特別預算每年度舉債額度上限之法規為下列何者? (A)中央政府建設公債及借款條例 (B)公共債務法 (C)財政紀律法 (D)預算法。

( ) **30** 下列何者非屬中央統籌分配稅款的來源? (A)所得稅總收入10% (B)證券交易稅總收入10% (C)營業稅總收入減除依法提撥之統一發票給獎獎金後之40% (D)貨物稅總收入10%。

( ) **31** 下列何者不是目標管理的基本原則? (A)目標之間不應設定輕重緩急,以示公平 (B)所有目標必須明確且具體 (C)目標必須確實可行,以符合工作人員的期望 (D)目標必須能因應環境變遷,適時做必要的調整。

（　）**32** 某人基於工作的保障和健全的退休制度而報考公務人員考試，屬於馬斯洛（A.H.Maslow）那一個層次的需求？　(A)生理　(B)安全　(C)社會　(D)自我實現。

（　）**33** 在行政激勵的討論中，下列何者不是構成「公平理論」的重要元素？　(A)關係與成長　(B)相對剝奪感　(C)參照的對象　(D)投入與結果。

（　）**34** 下列何者非屬「轉換型領導者」的特質？　(A)樹立個人權威　(B)掌握人性需求　(C)展現工作熱情　(D)啟發部屬自覺。

（　）**35** 關於政府資訊公開與開放資料，下列敘述何者正確？　(A)政府開放資料加值應用以經濟效益為唯一目標　(B)行政法人不適用我國政府資料開放作業原則　(C)政府各機關以自建資料開放平臺為原則　(D)開放資料應滿足「開放授權」、「方便近用」、「開放格式」三項條件。

（　）**36** 針對世界各國線上公民連署（e-petition）的發展，下列敘述何者正確？(A)設置在政府網站的線上民意調查（online polls），以快速了解公民對某個政策議題或法案的看法，屬於線上公民連署　(B)我國國家發展委員會推出「公共政策網路參與平臺（JOIN）」中的提點子屬於線上公民連署　(C)世界各國推行線上公民連署，都沒有連署人數門檻限制　(D)線上電子連署可增加民眾參與公共事務的比率，至今已完全消弭參與不公平的現象。

（　）**37** 關於知識管理的意涵，下列何者錯誤？　(A)資料未經過系統化整理，難以與他人分享與交流　(B)經驗是很重要的外顯知識，但其重要性往往被忽略　(C)內隱知識通常是只可意會不可言傳　(D)網際網路是顯現知識非常有效率的方式。

（　）**38** 根據金頓（J.Kingdon）的看法，政府內部的議程設定者不包括下列何者？(A)總統幕僚　(B)官僚體系　(C)民意機關　(D)政黨智庫。

（　）**39** 對於我國積極推動開放政府資料（open government data）政策，下列敘述何者錯誤？　(A)各機關於職權範圍內取得或作成，且依法得公開之各類電子資料，包含文字、數據、影像等　(B)應滿足「開放授權」、「方便近用」、「最低付費」三項條件　(C)資料開放格式以機器可讀、批次不零散，其格式規格可被自由公開披露　(D)資料開放授權必須不可撤回地允許或容許作品被使用、再散布。

（　）**40** 在進行政策執行評估時，下列何者屬於非量化的績效結果變數？　(A)社福補助結案之案件數目　(B)接受戶政事務所公共服務民眾的次數　(C)訪問地區運動中心使用者，實際使用的感受　(D)比較執行新教學方法前後，學生成績的變化。

( ) **41** 在政策方案的規劃階段，選定一試辦區域進行可行性評估，我們稱這樣的作法為何？ (A)政策過程評估　(B)政策結果評估　(C)政策標的效能評估 (D)政策預評估。

( ) **42** 公務人員甲針對衛生福利部正在推動的長照政策，學習運用各種行銷策略，爭取民眾對於該政策的支持和認同，這個作法接近於下列何種概念？ (A)置入性行銷　(B)企業行銷　(C)政策行銷　(D)社會行銷。

( ) **43** 在民主國家中，行政機關經常出現「權威的割裂」（fragmentation of authority），下列何者與此一現象較無直接相關？　(A)中央與地方分權 (B)民意機關的監督　(C)非營利組織林立　(D)公私協力的擴展。

( ) **44** 如果你是戶籍在臺北市的居民，下列何者是你享有的權利或應盡的義務？ (A)罷免臺北市議員　(B)繳納個人綜合所得稅給臺北市政府　(C)免費就讀臺北市立大學　(D)選舉臺北市信義區區長。

( ) **45** 有關我國社會企業發展之敘述，下列何者正確？　(A)由民間社會自主發展，政府不得介入　(B)以追求企業利潤為首要目標　(C)必須以財團法人的形式組成　(D)涉及經濟、社會、環境等包容成長等議題。

( ) **46** 下列何者在法律定位上並不屬於非營利組織？　(A)公共電視文化基金會 (B)臺灣民主基金會　(C)臺北流行音樂中心　(D)荒野保護協會。

( ) **47** 政府業務委託民間辦理包含各種不同的型態，下列何者屬於「行政助手」的模式？　(A)機關內部餐廳委外經營　(B)警察局筆錄之錄音繕寫委外 (C)建築物安全檢查業務委外　(D)汽機車檢驗業務委外。

( ) **48** 公私部門在公共基礎設施的興建、管理與營運合作協力上有多種模式，有關「公辦民營」之敘述，下列何者錯誤？　(A)政府負責建設公共基礎設施，私部門擔任管理與營運的角色　(B)臺北101大樓是著名的公辦民營個案　(C)屬於公共基礎設施出租　(D)OT（Operate-Transfer）模式屬於公辦民營。

( ) **49** 關於跨域治理所包含的核心要素，下列敘述何者錯誤？　(A)需以民意為基礎，故應博採眾議，以凝聚共識　(B)方式多元，涵蓋跨轄區、跨部門、跨政策領域之間的夥伴合作關係　(C)法制化程度不一，可採行完全法制化的方式，亦可採取任務編組　(D)應避免引進企業和第三部門的資源，以免因參與者人數過多而引發紛爭。

( ) **50** 強調國內公私部門下產官學三方組織，透過互動網絡的建立，以強化知識創造與技術擴散的理論為何？　(A)學習型組織理論　(B)國家創新體系理論　(C)蝴蝶效應理論　(D)鑽石模型理論。

解答與解析 答案標示為#者，表官方曾公告更正該題答案。

1 (B)。 在當代公共行政研究之中，提出了代表性官僚（representative bureaucracy）的概念與理論，並具體地將種族、族群、性別等各部門的代表性，落實在文官體制的人口組成中，來保障少數、弱勢與非主流團體，以實現民主政治的核心價值。

2 (C)。 效率係指企業以最少的資源投入獲得最大的產出，重視投入資源的有效利用。而效能又稱效果，是指企業目標實際上達成的多寡程度。

3 (C)。 黑堡宣言的主張：
(1) 行政人員應可成為具有自我意識的公共利益受託者。
(2) 行政組織基本上應具有專業能力，提供特定社會功能，以成為公共利益的制度性寶庫。
(3) 公共行政可成為憲政秩序下，政府治理過程的正當參與者。
(4) 公共行政的權威實繫於政府治理過程中，能夠涵蓋不同的利益，藉以促進公共利益的實現。

4 (A)。 「分贓制度」，係指：傳統以政黨關係取得公職的制度。分贓制是一種「一旦政黨所屬候選人當選，其同黨與支持者即獲得出任公職以為回報」的人事制度。選舉勝利的政黨可以從事政治分贓，因此分贓制的實施曾引起高度的政治競爭。

5 (B)。 層級節制體系不會因為治理轉型而被取代，只是要能與之配合得更好。

6 (C)。 霍桑實驗（Hawthorne Studies）是開啟人群關係學派學派的先河，其重要發現包括：(1)人格尊重、參與及情緒的發洩、(3)小團體及其約束力、(4)社會平衡與士氣。

7 (D)。 新公共管理主張政府機關應扮演導航者的角色，盡量將公共服務交由市場來處理，透過市場機制的運用，自然就能產生令消費者與生產者皆滿意的產品組合。

8 (D)。 公務員廉政倫理規範第5點：「公務員遇有受贈財物情事，應依下列程序處理：
(1) 與其職務有利害關係者所為之餽贈，除前點但書規定之情形外，應予拒絕或退還，並簽報其長官及知會政風機構；無法退還時，應於受贈之日起三日內，交政風機構處理。
(2) 除親屬或經常交往朋友外，與其無職務上利害關係者所為之餽贈，市價超過正常社交禮俗標準時，應於受贈之日起三日內，簽報其長官，必要時並知會政風機構。
各機關（構）之政風機構應視受贈財物之性質及價值，提出付費收受、歸公、轉贈慈善機構或其他適當建議，簽報機關首長核定後執行。」

9 (B)。 行政機關用以確保行政責任的內部正式確保途徑：議會控制、司法控制、行政監察員（ombudsman）、選舉。行政機關用以確保行政責任的外部正式確保途徑：公民參與、傳播媒體、資訊自由。

10 (C)。 公務員服務法適用於受有俸給之文武職公務員及公營事業機構純勞工以外之人員。前項適用對象不包括中央研究院未兼任行政職務之研究人員、研究技術人員。公務員懲戒法並無明文規範其適用對象，實務見解主要係以服務法之適用對象。因此，聘用人員、現役軍士官同時有公務員服務法及公務員懲戒法的適用。

11 (C)。 行政倫理主要是針對職務內行為來進行規範。

12 (D)。 在行政批判意識的養成過程中，最為顯著的一個事實，就是舉發弊端（whistle-blowing），那麼在何種請況下舉發弊端才合乎公務倫理道德，依Peter French在《政府倫理》一書中，提出以下四項必要條件：
(1)在向媒體、利益團體或其他政府機關單位舉發不法情事之前，必須先行透過其他適當的表達管道。

(2) 必須確定那些作法違反了政策的、程序的、道德的或法律的限制。

(3) 必須要確認檢舉事項已對國家或社會造成明顯而立即有害影響。

(4) 必須要具有明確的證據,以支持其作的特別指控。

13 (D)。 (A)我國行政機關有採用委員制。

(B)相較於委員制,首長制決策速度通常較為快速。

(C)委員制因為較符合民主原則,首長制或委員制各有優缺點。

14 (B)。 (A)事務愈複雜,控制幅度應愈小。

(C)監督責任愈重大,控制幅度應愈小。

(D)管理所花費的時間愈多,控制幅度應愈小。

15 (D)。 白京生定律(Parkinson's Law)

(1) 行政首長喜好增加用人,以彰顯其權勢。

(2) 首長不用才能高於己的人以免競爭,年代愈久,職員素質愈低。

(3) 開會時間長短與討論議題重要性成反比,因為大事無人發言。

(4) 機關採委員會型態組織愈來愈多,委員數量也愈多,效能卻相對低落。

(5) 機關內部行政效率日趨低落,但外面建築與設備卻日趨富麗豪華。

(6) 機關預算儘量用光,免得下年度的預算被刪減。

16 (B)。 工作豐富化係透過良好工作設計,給予員工更挑戰性工作內容與自主性,以提高員工個人工作效率,進而達到自我發展目標。

17 (B)。 中央銀行為二級機關,勞動部中彰投分署為四級機關,交通部中央氣象署為三級機關。行政院性別平等處則為行政院的內部單位。根據中央行政機關組織基準法規定:中央行政機關只設四級:一級機關名稱為「院」、二級機關為「部」或「委員會」、三級機關為「署」或「局」、四級機關為「分署」或「分局」。各機關內部一級單位單位,院與相當二級機關之獨立機關及二級機關委員會均定名為「處」、部則為「司」、三級機關為「組」,四級機關為「課」;二級單位名稱一律為「科」。

18 (C)。 依財團法人法第1條規定:「為健全財團法人組織及運作,促進財團法人積極從事公益,增進民眾福祉,特制定本法。財團法人之許可設立、組織、運作及監督管理,除民法以外之其他法律有特別規定者外,適用本法;本法未規定者,適用民法規定。」同法第75條:「宗教財團法人之許可設立、組織、運作及監督管理,另以法律定之。於完成立法前,適用民法及其他相關法律之規定。前項宗教財團法人之範圍,由中央目的事業主管機關認定之。」

19 (C)。 組織發展乃是透過外在技術與人力資源來賦予組織新的刺激、活力與生機的一種過程。所以組織發展除可增進組織適應外在環境變遷,亦可培養組織自我更新能力,可說是治標與治本兼具。

20 (D)。 組織文化是指組織共同的信仰、價值觀與基本假設。而組織氣候是指組織內部環境持久的特性。組織文化包含了外顯價值與對基本價值的詮釋,較難以控制與管理。而組織氣候則是可以塑造,較為容易控制與管理。所以兩者無法交換使用。

21 (C)。 (A)利用統計學,數學模型和資料科學等方法,去尋找複雜問題中的最佳的解答。

(B)主要研究內容為人-機器-環境系統的相互關係。

(D)定義工作內容,制定工作所需的人才標準、條件,通常可透過通做分析得到工作規範、工作說明書。

22 (B)。 柯派崔克(D.Kirkpatrick)認為訓練方案應該分別從參訓者的反應狀況、學習成果、行為改變、以及產生的結果等四個層次進行評估。

(1)反應層次（Reaction）：指學員對於整個訓練課程的學習感受，亦即對於訓練實施後的整體滿意程度，包括：課程內容、講師表現、教學方式、訓練設備等項目。

(2) 學習層次（Learning）：主要衡量學員在訓練課程結束後，對於訓練課程理解的程度，亦即評量受訓學員能夠從訓練課程中學習到專業知識及技能提升的程度。

(3) 行為層次（Behavior）：主要在評估受訓者接受訓練之後，是否能將學習成果移轉到工作上，而且訓練對其行為產生改變。

(4) 結果層次（Results）：主要是評估學員經過訓練後對組織所能提供的具體貢獻，藉以探討訓練對組織績效的影響效果。

23 (A)。　內陞制是指凡機關職位有空缺時，由在職之低職等人員升任補充者，員工通常不需要較長的調整及職前訓練時間。

24 (C)。　組織公民行為（organizational citizenship behavior, OCB）是指：組織中的成員自發性所做的超越其職責內容的表現，這個行為與組織中的賞酬制度並沒有直接關係。例如幫助其他同事、主動承擔更多責任、奉獻額外個人時間在工作，是一種自發性的利他行為。

25 (B)。　依公務人員考績法第9條規定：「公務人員之考績，除機關首長由上級機關長官考績外，其餘人員應以同官等為考績之比較範圍。」

26 (B)。　我國現行財政收支劃分法第6條規定：「稅課劃分為國稅、直轄市及縣（市）稅。」同法第8條第1款：「下列各稅為國稅：一、所得稅。二、遺產及贈與稅。三、關稅。四、營業稅。五、貨物稅。六、菸酒稅。七、證券交易稅。八、期貨交易稅。九、礦區稅。」自治稅捐收入為直轄市或縣（市）收入。」

27 (C)。　立法委員對於前項各首長報告，得就施政計畫及關於預算上一般重要事項提出質詢；有關外交、國防機密部分之質詢及答復，以秘密會議行之。

28 (C)。　行政規費是政府機關因為提供了特定服務、設備，或設定某種權利，或為達成某種管制政事目的，而對特定對象按成本或其他標準所計收的款項。不是經常性，也沒有延續性，通常採取使用者或受益者付費的原則，依據個人需要計收，比如戶籍謄本、地籍謄本、土地登記費等；有一些規費的徵收範圍比較廣，也像稅捐一樣具有強制性，例如汽、機車的燃料費。

29 (B)。　公共債務法第5條第7款規定：「中央總預算及特別預算每年度舉債額度，不得超過其總預算及特別預算歲出總額之百分之十五。」

30 (B)。　依中央統籌分配稅款分配辦法第3條規定：
「中央統籌分配稅款之來源如下：
一、本法第八條第二項規定之下列款項：
(一)所得稅總收入百分之十。
(二)營業稅總收入減除依法提撥之統一發票給獎獎金後之百分之四十。
(三)貨物稅總收入百分之十。
二、本法第十二條第二項規定之土地增值稅在縣（市）徵起收入之百分之二十。但不包括準用直轄市之縣轄內徵起土地增值稅收入之百分之二十。
三、其他收入。」

31 (A)。　目標管理的SMART原則是由明確且具體（Specific）、可衡量且可量化（Measurable）、可以實現確實可行（Achievable）、有關聯性（Relevant）和有時間性（Time-bound）。當然目標必須和組織、策略相關的（Relevant）且能因應環境變遷，適時做必要的調整。

32 (B)。 安全的需求（safety needs）包括對人身安全、生活穩定以及避免遭受痛苦、威脅或疾病等的需要。對許多人員而言，安全需求表現為安全而穩定的工作以及有醫療保險、失業保險及退休福利等。

33 (A)。 公平理論是巴納德「貢獻與報酬均衡」概念的進一步引申，認為無論何時，一個人覺得其工作結果及工作投入比率，與他人（參照對象）的結果及投入不相稱時，相對剝奪感不公平感即存在。

34 (A)。 轉換型領導的特質包括：創造前瞻遠見、啟發自覺意識、掌握人性需求、鼓舞學習動機、樹立個人價值、樂在工作。

35 (D)。 (A)政府開放資料可增進政府施政透明度、提升民眾生活品質，滿足產業界需求。為鼓勵民眾與企業對政府開放資料作創新加值應用，依據「行政院及所屬各級機關政府資料開放作業原則」，開放資料，期透過民間無限創意，整合運用政府開放資料，衍生出新興的營運服務及造就經濟產值。
(B)行政法人也適用我國政府資料開放作業原則。
(C)政府各機關應運用政府資料開放平臺集中列示開放資料集，以不自建資料開放平臺為原則。已自建資料開放平臺者，應依據「政府資料開放跨平臺介接規範」，於資料集新增或異動當日起3日內將詮釋資料同步更新至政府資料開放平臺；另為定位機關自建平臺之特色，平臺命名方式應以機關「業務屬性」加上「資料開放平臺」。

36 (B)。 (A)設置在政府網站，線上即時投票平臺得以快速的了解公民對某個政策議題或法案的看法，是個簡單能夠立即知道網路聲量的工具，但回覆者的代表性則易受到質疑。
(C)世界各國推行線上公民連署，都有連署人數門檻限制。
(D)線上電子連署可增加民眾參與公共事務的比率，但仍無法完全消弭參與不公平的現象。

37 (B)。 經驗是很重要的內隱知識，但其重要性往往被忽略。

38 (D)。 政策制定過程分為三個階段，第一階段是設定議題與定義問題；第二階段是選擇或修訂政策；第三階段是執行政策。政策制定第一階段主要參考遊說倡議智庫、政黨智庫與學術智庫的意見。智庫有稱「影子政府」，未參與政府內部的議程設定，但其意見會影響政府的決策。

39 (B)。 開放（Open）：依據國際「開放定義」（Open Definition），具開放性的作品在散布上，應滿足「開放授權」、「方便近用」、「開放格式」三項條件，允許任何人都可以自由存取、使用、修改，以及分享，且最多僅受限於引註出處。

40 (C)。 「訪問地區運動中心使用者，實際使用的感受」是屬於非量化（質性）的績效結果變數。

41 (D)。 預評估係指對於政策方案在規劃階段時進行可行性評估、優缺點評估、優先順序的評估。

42 (C)。 政策行銷是指，政府機關及人員採取有效的行銷策略，促使內部執行人員及外部服務對象，對公共政策產生共識或表示贊同的動態性過程。

43 (C)。 權威的割裂（Fragmentation of Authority）指公部門設計其權力應分散，而非集中於單一團體或個人。為防範絕對的權力使人絕對的腐化，政治愈民主的國家，愈重視權威的分立與制衡，行政亦必須接受各方面不同的監督。此與非營利組織林立較無相關。

44 (A)。 依地方制度法第16條規定：
「直轄市民、縣（市）民、鄉（鎮、市）民之權利如下：
一、對於地方公職人員有依法選舉、罷免之權。
二、對於地方自治事項，有依法行使創制、複決之權。
三、對於地方公共設施有使用之權。
四、對於地方教育文化、社會福利、醫療衛生事項，有依法律及自治法規享受之權。
五、對於地方政府資訊，有依法請求公開之權。
六、其他依法律及自治法規賦予之權利。」
同法第17條規定：「直轄市民、縣（市）民、鄉（鎮、市）民之義務如下：一、遵守自治法規之義務。二、繳納自治稅捐之義務。三、其他依法律及自治法規所課之義務。」
所以罷免臺北市議員是臺北市的居民應享有的權利。(B)繳納個人綜合所得稅給國稅局。(C)就讀臺北市立大學須繳費。(D)臺北市信義區區長由市長任命。

45 (D)。 社會企業（social enterprise）是以解決社會或環境問題為使命，以市場策略為方法的企業組織。其盈餘主要用來投資社會企業本身、解決社會或環境問題。我國社會企業仍受公司法約束，以追求公共利益為首要目標，並非以財團法人的形式組成。

46 (C)。 臺北流行音樂中心是臺北市成立的第一個行政法人，位於臺灣臺北市南港區的流行音樂園區。園區內包括表演廳、流行音樂文化館、產業區及戶外開放空間。

47 (B)。 「行政助手」，係指受行政機關指揮監督，從事活動，且非以自己名義獨立行使公權力，以協助完成行政職務。亦即行政機關執行特定任務時，受行政機關委託予以協助，並按其指示完成工作之自然人。例如：義消、義警等。

48 (B)。 臺北101（Taipei 101），位於信義商圈，緊鄰臺北市政府，同時也是臺北地區的新興金融大樓，是臺灣繼高鐵案之後，政府獎勵民間投資的大型BOT開發案；由臺灣12家銀行及產業界共同出資興建，造價逾新臺幣580億元，Taipei 101除了利用底部群樓作為購物商場外另為臺北金融商業重鎮，臺灣股市證券交易所也遷移至此。

49 (D)。 跨域治理是指當兩個或兩個以上的不同部門、團體或行政區，因彼此之間的業務、功能或疆界相接及重疊而逐漸模糊，而導致權責不明、無人管理與跨部門的問題發生時，藉由公部門、私部門及非營利組織（第三部門）的結合，透過協力、社區參與、公私合夥或契約等聯合方式，以解決問題。

50 (B)。 創新與學習的制度，或稱之為「國家創新體系」（national system of innovation），係指由參加技術發展和擴散的企業、大學和研究機構組成，是一個為創造、儲蓄和轉讓知識、技能和新產品相互作用的網路系統，政府對創新政策的制定著眼於創造、應用和擴散知識的相互作用過程以及各類機構間的相互影響和作用上。

高普｜地方｜各類特考
共同科目

名師精編・題題精采・上榜高分必備寶典

編號	書名	作者	定價
1A011141	法學知識－法學緒論勝經	敦弘、羅格思、章庠	近期出版
1A021141	國文--多元型式作文攻略(高普版) 👑榮登博客來暢銷榜	廖筱雯	近期出版
1A031131	法學緒論頻出題庫　👑榮登金石堂暢銷榜	穆儀、羅格思、章庠	570元
1A041101	最新國文多元型式作文勝經	楊仁志	490元
1A961101	最新國文－測驗勝經	楊仁志	630元
1A971081	國文－作文完勝秘笈18招	黃淑真、陳麗玲	390元
1A851141	超級犯規！國文測驗高分關鍵的七堂課	李宜藍	近期出版
1A421131	法學知識與英文(含中華民國憲法、法學緒論、英文)　👑榮登博客來、金石堂暢銷榜	龍宜辰、劉似蓉等	690元
1A831122	搶救高普考國文特訓　👑榮登博客來暢銷榜	徐弘縉	630元
1A681131	法學知識－中華民國憲法(含概要)	林志忠	590元
1A801131	中華民國憲法頻出題庫	羅格思	530元
1A811141	超好用大法官釋字+憲法訴訟裁判(含精選題庫)	林俐	近期出版
1A051141	捷徑公職英文：沒有基礎也能快速奪高分	德芬	590元
1A711141	英文頻出題庫	凱旋	近期出版

以上定價，以正式出版書籍封底之標價為準

千華數位文化股份有限公司

- 新北市中和區中山路三段136巷10弄17號　■ 千華公職資訊網 http://www.chienhua.com.tw
- TEL: 02-22289070　FAX: 02-22289076　■ 服 務 專 線：(02)2392-3558・2392-3559

高普│地方│原民
各類特考

一般行政、民政、人事行政

1F181131	尹析老師的行政法觀念課 ---- 圖解、時事、思惟導引 ♔ 榮登金石堂暢銷榜	尹析	690 元
1F141141	國考大師教你看圖學會行政學　　♔ 榮登金石堂暢銷榜	楊銘	690 元
1F171141	公共政策精析	陳俊文	590 元
1F271071	圖解式民法 (含概要) 焦點速成＋嚴選題庫	程馨	550 元
1F281131	國考大師教您輕鬆讀懂民法總則　　♔ 榮登金石堂暢銷榜	任穎	510 元
1F351131	榜首不傳的政治學秘笈	賴小節	610 元
1F361131	公共人力資源管理	沙斌邱	460 元
1F591091	政治學 (含概要) 關鍵口訣＋精選題庫	蔡先容	620 元
1F831131	地方政府與政治 (含地方自治概要)	朱華聆	690 元
1E251101	行政法 -- 獨家高分秘方版測驗題攻略	林志忠	590 元
1E191091	行政學 -- 獨家高分秘方版測驗題攻略	林志忠	570 元
1E291101	原住民族行政及法規 (含大意)	盧金德	600 元
1E301111	臺灣原住民族史及臺灣原住民族文化 (含概要、大意) ♔ 榮登金石堂暢銷榜	邱燁	730 元
1F321131	現行考銓制度 (含人事行政學)	林志忠	560 元
1N021121	心理學概要 (包括諮商與輔導) 嚴選題庫	李振濤 陳培林	550 元

以上定價，以正式出版書籍封底之標價為準

千華數位文化股份有限公司

■ 新北市中和區中山路三段136巷10弄17號　　■ 千華公職資訊網 http://www.chienhua.com.tw
■ TEL: 02-22289070　FAX: 02-22289076　　■ 服 務 專 線：(02)2392-3558・2392-3559

高普│地方│各類特考
頻出題庫系列

名師精編題庫・題題精采・上榜高分必備寶典

共同科目

1A031131	法學緒論頻出題庫 👑 榮登金石堂暢銷榜	穆儀、羅格思、章庠	570元
1A571131	國文（作文與測驗）頻出題庫 👑 榮登金石堂暢銷榜	高朋、尚榜	450元
1A581131	法學知識與英文頻出題 👑 榮登博客來暢銷榜	成宜、德芬	530元
1A711141	英文頻出題庫	凱旋	近期出版
1A801131	中華民國憲法頻出題庫	羅格思	530元

專業科目

1E161081	地方政府與政治(含地方自治概要)頻出題庫	郝強	430元
1E201141	行政學(含概要)頻出題庫	楊銘	近期出版
1E591121	政治學概要頻出題庫	蔡力	530元
1E601131	主題式行政法(含概要)混合式超強題庫 👑 榮登金石堂暢銷榜	尹析	590元
1E611131	主題式行政學(含概要)混合式超強題庫	賴小節	560元
1E621131	政治學(含概要)混合式歷屆試題精闢新解	蔡力	近期出版
1N021121	心理學概要(包括諮商與輔導)嚴選題庫	李振濤、陳培林	550元

以上定價，以正式出版書籍封底之標價為準

千華數位文化股份有限公司

■ 新北市中和區中山路三段136巷10弄17號　■ 千華公職資訊網 http://www.chienhua.com.tw
■ TEL: 02-22289070　FAX: 02-22289076　■ 服務專線：(02)2392-3558・2392-3559

國家圖書館出版品預行編目(CIP)資料

(高普考)國考大師教你看圖學會行政學 / 楊銘編著. --
第十五版. -- 新北市 : 千華數位文化股份有限公司,
2024.09
　　面 ; 　公分
ISBN 978-626-380-687-0(平裝)

1.CST: 行政學

572　　　　　　　　　　　　　113013262

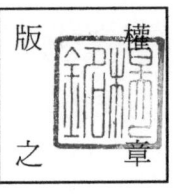

50th 千華五十
築夢踏實

[高普考] **國考大師教你看圖學會行政學**

編 著 者：楊 銘

發 行 人：廖 雪 鳳
登 記 證：行政院新聞局局版台業字第 3388 號
出 版 者：千華數位文化股份有限公司
　　　　　地址：新北市中和區中山路三段 136 巷 10 弄 17 號
　　　　　電話：(02)2228-9070　　傳真：(02)2228-9076
　　　　　客服信箱：chienhua@chienhua.com.tw

法律顧問：永然聯合法律事務所
編輯經理：甯開遠
主　　編：甯開遠
執行編輯：張振昕
校　　對：千華資深編輯群
設計主任：陳春花
編排設計：林婕瀅

千華官網
／購書

千華蝦皮

出版日期：2025 年 2 月 15 日　　第十五版／第二刷

本書如有勘誤或其他補充資料，
將刊於千華官網，歡迎前往下載。